Hermenêutica da Obra de Arte

Hans-Georg Gadamer
Hermenêutica da Obra de Arte

Seleção e tradução
MARCO ANTONIO CASANOVA

SÃO PAULO 2020

Os artigos que compõem esta obra foram publicados originalmente em alemão por Verlag Mohr Siebeck e K. Tubingen, in Hans-Georg Gadamer, Gesammelte Werke, vols. 8 e 9 (Ästhetik und Poetik).
Os títulos em alemão dos artigos encontram-se na abertura de cada capítulo deste livro.
Copyright © 2010, Editora WMF Martins Fontes Ltda.,
São Paulo, para a presente edição.

1ª edição *2010*
2ª tiragem *2020*

Seleção e tradução
MARCO ANTONIO CASANOVA

Acompanhamento editorial
Luzia Aparecida dos Santos
Revisões
Renato da Rocha Carlos
Produção gráfica
Geraldo Alves
Paginação
Studio 3 Desenvolvimento Editorial

Dados Internacionais de Catalogação na Publicação (CIP)
(Câmara Brasileira do Livro, SP, Brasil)

Gadamer, Hans-Georg, 1900-2002.
  Hermenêutica da obra de arte / Hans-Georg Gadamer ; seleção e tradução Marco Antonio Casanova. – São Paulo : Editora WMF Martins Fontes, 2010.

  ISBN 978-85-7827-183-1

  1. Arte – Filosofia 2. Hermenêutica I. Título.

09-08004   CDD-701

Índices para catálogo sistemático:
1. Obra de arte : Filosofia   701

Todos os direitos desta edição reservados à
Editora WMF Martins Fontes Ltda.
Rua Prof. Laerte Ramos de Carvalho, 133 01325-030 São Paulo SP Brasil
Tel. (11) 3293.8150 e-mail: info@wmfmartinsfontes.com.br
http://www.wmfmartinsfontes.com.br

ÍNDICE

Apresentação à edição brasileira VII

1. Estética e hermenêutica (1964) 1
2. Arte e imitação (1967) 11
3. Sobre a verdade da palavra (1971) 25
4. O jogo da arte (1977) 49
5. Mito e razão (1954) 57
6. Mitos e logos (1981) 65
7. A posição da poesia no sistema da estética hegeliana e a pergunta sobre o caráter de passado da arte (1986) 69
8. Filosofia e poesia (1977) 81
9. Filosofia e literatura (1981) 91
10. Voz e linguagem (1981) 111
11. Ler é como traduzir (1989) 125
12. Sobre a leitura de construções e quadros (1979) 133
13. A atualidade do belo: (1974) 143
14. Hölderlin e a Antiguidade (1943) 195
15. Do curso espiritual do homem (1949) 215
16. A naturalidade da linguagem de Goethe (1985) 249
17. Prometeu e a tragédia da cultura (1946) 265
18. O deus do sentimento mais íntimo (1961) 277
19. Perecibilidade (1991) 287
20. O poeta Stefan George (1968) 297
21. Eu e tu a mesma alma (1977) 317
22. O verso e o todo (1979) 323
23. A interpretação da existência feita por Rainer Maria Rilke (1955) 333
24. Inversão mitopoiética nas *Elegias de Duíno* de Rilke (1967) 345
25. Rainer Maria Rilke depois de cinquenta anos (1976) 363

26. Poema e diálogo (1988) 379
27. Os poetas estão emudecendo? (1970) 393
28. À sombra do niilismo (1990) 399
29. Quem sou eu e quem és tu? (1986) 417

APRESENTAÇÃO À EDIÇÃO BRASILEIRA

A palavra "hermenêutica", hoje, é imediatamente associada com o nome do filósofo alemão Hans-Georg Gadamer. A razão de ser de tal associação repousa inicialmente sobre a envergadura das contribuições gadamerianas para o desenvolvimento da tradição hermenêutica, assim como sobre o resgate sistemático dessa tradição presente em sua obra. Gadamer não foi apenas alguém que se valeu explicitamente do termo "hermenêutica" para descrever a essência de seus esforços de pensamento; ele também procurou incessantemente elevar a hermenêutica clássica a um estágio compatível com os problemas e questões essenciais do filosofar contemporâneo, com seus impasses e suas peculiaridades específicas. O projeto hermenêutico gadameriano nasce ele mesmo de um diálogo com a tradição e de uma tentativa de se apropriar dessa tradição para vivificá-la e elevá-la ao horizonte de nossa existência atual. Considerar esse diálogo e essa tentativa é, portanto, condição indispensável para compreendermos o cerne da hermenêutica gadameriana e sua articulação com o campo de realização da arte. Antes de levarmos a termo tal consideração, porém, algumas perguntas surgem como que por si mesmas. Ora, mas o que significa afinal a palavra "hermenêutica"? Qual é a diferença fundamental entre a hermenêutica clássica e a gadameriana? Quais são os elementos centrais da hermenêutica gadameriana e como o problema da arte entra nessa hermenêutica? A hermenêutica **em sua relação com a poética, a hermenêutica** da obra de arte, aponta para um campo particular da hermenêutica filosófica ou, antes, revela muito mais de **maneira paradigmática** o próprio caráter dessa hermenêutica?

A tradição hermenêutica remonta originariamente a um momento histórico bem anterior a Gadamer. Em verdade, a palavra "hermenêutica" foi usada pela primeira vez por Johann Conrad Dannhauer no livro *Hermenêutica sacra*, de 1654. Esse título revela de certa maneira o que de início se entendia pelo termo. **Hermenêutica é a princípio uma técnica interpretativa voltada fundamentalmente para a exegese de textos bíblicos e de textos jurí-**

dicos. Em contraposição a essa compreensão da hermenêutica como uma espécie de prática interpretativa dotada de um conjunto de elementos sedimentados que deveriam orientar desde o princípio os esforços de dedução dos sentidos e dos significados presentes em um conjunto particular de textos, a hermenêutica clássica procura elevar o pensamento hermenêutico ao nível de uma ciência. O que Friedrich Schleiermacher empreende em sua obra é antes de tudo a transformação da hermenêutica em um princípio metodológico universal que não estaria voltado simplesmente para a exegese de textos bíblicos e jurídicos em sua particularidade, podendo estender-se para todo e qualquer contexto interpretativo em geral. Para Schleiermacher, hermenêutica é a "arte de compreender corretamente o discurso de um outro, principalmente o discurso escrito"[1]. Dito de maneira ainda mais clara, o que distingue a hermenêutica schleirmacheriana é o fato de ela ter buscado questionar pela primeira vez a compreensão não de algo em particular, mas a compreensão enquanto tal. No momento em que empreende tal busca, Schleirmacher abre espaço para a instauração da hermenêutica em um horizonte diverso de problematização.

Nesse contexto, a posição de Wilhelm Dilthey é decisiva. Em ressonância de fundo com a tentativa schleiermacheriana de determinar o modo de ser da compreensão enquanto tal, Dilthey leva a termo uma fundamentação das ciências humanas em sua diferença constitutiva ante as ciências naturais a partir justamente da noção de compreensão. Tal como encontramos exposto em diversas formulações na obra de Dilthey, enquanto as ciências naturais explicam fenômenos localizáveis espácio-temporalmente, as ciências humanas se mostram apenas como compreensivas. O que Dilthey entende por compreensão aponta, por sua vez, para um contexto teórico que podemos reconstruir aqui rapidamente. Para Dilthey, todo homem está imediatamente ligado à visão de mundo de seu tempo por meio de suas vivências. As vivências, contudo, na medida em que são imediatas, mostram-se como particulares e unilaterais. As visões de mundo, por outro lado, são universais. Desse modo, é preciso haver alguma instância capaz de produzir um alargamento da experiência vivencial imediata e uma rearticulação com a visão de mundo comum. Para Dilthey, essa instância é a compreensão. A compreensão torna possível aqui que me coloque no lugar do outro; ela viabiliza "a transferência do próprio si mesmo para o interior de um dado modelo de manifestações vitais"[2].

Tanto Schleiermacher quanto Dilthey, portanto, trabalham com o elemento que se tornou decisivo para todo e qualquer pensamento hermenêu-

---

1. Friedrich Schleiermacher, *Hermeneutik und kritik* [*Hermenêutica e crítica*], p. 71.
2. Wilhelm Dilthey, *Der Aufbau der geschichtlichen Welt in den Geistes Wissenchaften* [A construção do mundo histórico nas ciências humanas], GSVII, p. 214.

tico a partir de então: a compreensão. Para Gadamer, no entanto, o problema desses dois autores centrais para a tradição hermenêutica é o fato de seus projetos filosóficos se aproximarem de uma consideração da essência da compreensão e do acontecimento compreensivo a partir do modelo da ciência, em particular da ciência natural. Na medida em que tematizam a compreensão no âmbito de uma fundamentação epistemológica do ato interpretativo, eles em certa medida restringem a própria vida da compreensão. A hermenêutica gadameriana procura justamente lutar contra tal restrição.

"A partir da experiência da arte e da tradição histórica, nossos estudos hermenêuticos procuram tornar visível o fenômeno hermenêutico em sua plena amplitude. O que importa é reconhecer nele uma experiência de verdade, que não precisa ser justificada apenas filosoficamente, mas que é ela mesma um modo do filosofar. A hermenêutica que é aqui desenvolvida não é, portanto, uma doutrina do método das ciências humanas[3], mas a tentativa de um entendimento quanto àquilo que as ciências humanas são para além de sua autoconsciência metodológica e quanto àquilo que as une com o todo de nossa experiência de mundo."[4] Essas palavras de Gadamer nos abrem uma via de acesso ao modo de ser originário de seu projeto de uma hermenêutica filosófica. Em primeiro lugar, mencionam-se dois âmbitos preferenciais do pensamento hermenêutico: a arte e a tradição histórica. Com a menção a esses dois âmbitos, Gadamer não pretende apresentar uma espécie de circunscrição primordial da hermenêutica. Ao contrário, ele procura antes designar duas regiões paradigmáticas para a consideração do acontecimento hermenêutico enquanto tal. Tanto na arte quanto na tradição histórica, deparamos com fenômenos hermenêuticos por excelência. Na arte, toda e qualquer relação com a obra sempre envolve necessariamente um processo interpretativo no interior do qual o que está a cada vez em jogo é determinar o que a obra tem efetivamente a nos dizer. Já na tradição histórica, vemos imediatamente em questão a suposta distância daquilo que nos é respectivamente legado. Quer se trate de um documento histórico ou de um texto legado pela tradição, o fato de o documento ou o texto terem sido redigidos em um tempo diverso do nosso induz a pensar que a tarefa fundamental da interpretação seria justamente acessar a verdade contida nesse horizonte temporal já perfeito. O problema de tal suposição, contudo, é o próprio distanciamento que ela produz entre o que precisa ser interpretado e o acontecimento da interpretação. Se essa distância persiste, não há como escapar de um dilema estrutural. Ou bem tento me colocar no horizonte de realização do que deve ser interpretado, sem que ao mesmo tempo consiga me livrar totalmente do horizonte que trago comigo, ou bem aquiesço ao ho-

---

3. O que caracteriza evidentemente para Gadamer a hermenêutica diltheyana.
4. Hans-Georg Gadamer, *Wahrheit und Methode* [*Verdade e método*], Introdução, p. 3.

rizonte incontornável que trago comigo e vejo-me então aparentemente condenado a falsificar de algum modo o que deve ser interpretado. "Tornar visível o fenômeno hermenêutico em sua plena amplitude", com isso, é superar desde o início a suposição de tal distância e as consequências incontornáveis que surgem a partir dela. Ora, mas tal suposição depende de um reconhecimento nesse fenômeno de uma experiência da verdade que se confunde ela mesma com um modo do filosofar. Bem, mas qual é a relação, afinal, entre o fenômeno hermenêutico e tal experiência da verdade?

De modo algo sintético, podemos afirmar que a hermenêutica gadameriana procura ultrapassar desde o início a suposição de que os processos interpretativos são marcados pelo intuito primordial de alcançar uma verdade previamente dada e constituída. Tradicionalmente, a filosofia assumiu a posição de que a verdade é algo que precisa ser conquistado por meio de uma aproximação de estruturas universais. Essas estruturas podem se encontrar em alguma dimensão da realidade ou em nosso aparato cognitivo. As aporias oriundas desse posição encontram-se em sintonia com o que dissemos acima sobre a distância pressuposta nos processos hermenêuticos. Se a verdade se acha em algum lugar da realidade como um dado, vemo-nos presos ao problema do acesso a essa verdade. Como não contaminar de alguma forma a verdade a ser conhecida com a particularidade de nosso próprio conhecimento? Se ela se mostra como um elemento de nossa economia cognitiva, não temos como escapar em última instância da suspeita de que tudo talvez não passe de uma ilusão subjetiva. Além disso, como toda economia cognitiva é marcada pela particularidade de um sujeito específico do conhecimento, também não parece possível deixar de restringir a universalidade da verdade em meio ao processo mesmo do conhecimento. Em meio ao modo tradicional de pensar o problema da verdade, portanto, não parece haver saída para a questão do conhecimento verdadeiro. Esse problema, por sua vez, não encontra uma solução em meio à hermenêutica clássica, porque tanto Schleiermacher quanto Dilthey continuam pensando como possível uma retomada do próprio horizonte de constituição originária da fala de um texto e uma reconstrução do sentido inicialmente visado pelo autor (pela suposição schleiermacheriana da coetaneidade entre interpretação e aquilo a ser interpretado ou pela tentativa diltheyana de retomada da ligação direta entre as expressões vivenciais e as visões de mundo). Em contraposição a essa posição, Gadamer leva efetivamente a sério o *caráter circular* de todo e qualquer acontecimento hermenêutico. Nesse contexto, é importante frisar em primeiro lugar o caráter decisivo da redenção dos pressupostos para Gadamer[5].

---

5. Cf. Hans-Georg Gadamer, *Wahrheit und Methode*, pp. 270 ss.

Normalmente, orientados pelo projeto iluminista de suspensão de todos os pressupostos e de autonomia radical da razão, pensamos que um conhecimento só encontra seu ponto de legitimidade quando zeramos por assim dizer nossas crenças. O problema de tal pressuposto, contudo, é que ele passa completamente ao largo do que propriamente acontece em todo e qualquer processo hermenêutico. Na verdade, não é apenas impossível produzir tal suspensão de nossos pressupostos; se realmente conseguíssemos alcançar algo assim, o que teríamos seria por fim ao mesmo tempo indesejável. A suspensão de nossos pressupostos significaria propriamente uma dissolução de toda orientação prévia e de toda expectativa de sentido em relação ao que se deveria interpretar. Sem tal orientação e tal expectativa, porém, não teríamos nem mesmo como nos aproximar do que deveria ser interpretado, uma vez que é essa orientação e essa expectativa que conduzem a aproximação. Do mesmo modo, não há como imaginar a interpretação como um processo que se constrói paulatinamente do zero e vai ascendendo a um campo de sentido determinado por meio de cada um de seus passos. Se já não lêssemos um texto, por exemplo, guiados por uma expectativa de sentido específica, jamais poderíamos reunir as diversas palavras do texto com vistas a esse sentido, de tal modo que a leitura permaneceria presa a uma pluralidade de frases desconexas. Gadamer parte aqui de uma posição claramente platônica, que se apresenta com uma nova evidência e com um poder ainda maior de explicitação. Quando nos interessamos por um determinado tema, a coisa sobre a qual refletimos fornece imediatamente o horizonte no interior do qual precisamos incessantemente nos movimentar. Um diálogo sobre o amor retira do próprio horizonte hermenêutico do amor enquanto tal a possibilidade de, em meio a uma pluralidade de palavras, continuar falando sempre sobre a mesma coisa. Com isso, se atentarmos para o que está em jogo nessa posição, poderemos responder à pergunta que fizemos acima sobre a relação entre fenômeno hermenêutico e experiência da verdade.

No fenômeno hermenêutico, em todo fenômeno hermenêutico, há uma experiência de verdade. Não porque o fenômeno hermenêutico se faz a partir de uma correspondência imediata com o que é ou porque ele se baseia na construção de representações acuradas sobre as coisas ou estados de coisa nele em questão, mas antes porque todo fenômeno hermenêutico sempre parte de uma expectativa de sentido que nasce de uma copertinência inicial ao horizonte de aparição da obra. Por mais que nunca tenhamos lido nada de filosofia, ao abrirmos uma obra como a *Crítica da razão pura*, por exemplo, o próprio título da obra nos projeta para um campo de sentido inicial que jamais se mostra completamente apartado da obra. Essa copertinência inicial, baseada a princípio unicamente em nossos preconceitos e em nossas ideias previamente instituídas, não se apresenta como um momento insignificante, fadado a ser imediatamente superado pela leitura científica. Ao contrário, é ele que viabiliza todo e qualquer movimento ulterior de correção de nossas posições primárias. Na verdade, sempre nos encaminhamos para o texto a partir de uma expectativa de sentido construída fundamentalmente com base em nossos pressupostos. Ao mesmo tempo, essa expectativa de sentido torna possível um esboço de totalidade em conformidade com o qual nós desde o princípio nos movimentamos. Esse esboço funciona como o horizonte originário do acontecimento do processo hermenêutico propriamente dito. Com ele, Gadamer procura fazer frente a um problema primordial. A leitura ou a interpretação de uma coisa ou de um estado de coisas nunca pode ser uma simples coletânea de elementos ou de componentes esparsos. Uma reunião de tais elementos jamais daria conta da unidade específica de uma interpretação, uma unidade que sempre se apresenta desde o início e orienta nossos passos. Gadamer retoma aqui a ideia heideggeriana do círculo hermenêutico, tal como apresentada pela primeira vez de maneira sistemática na obra *Ser e tempo*, parágrafos 31 e 32[6]. Nenhuma interpretação se movimenta para além de um espaço previamente aberto pela compreensão. Esse espaço não é um espaço restrito qualquer, mas aponta muito mais para uma totalidade que determina de maneira integral todas as possibilidades interpretativas subsequentes. A compreensão realiza, em outras palavras, incessantemente o projeto de um horizonte globalizante, que funciona como campo de sentido prévio. No interior desse campo, uma série de coisas se mostram como possíveis, outras como impossíveis, enquanto outras não chegam nem mesmo a vir à tona segundo a chave do possível e do impossível. A interpretação atualiza, então, aquilo que a compreensão abre como possível e retém por meio disso a articulação originária com o horizonte compreensivo. Nessa atualização, porém, a interpretação conta ainda com um conjunto de estruturas prévias (preconceitos no sentido mais próprio do termo) que promovem a performance interpretativa mesma. Nesse movimento, contudo, o intérprete não se vê condenado a seus preconceitos. O que caracteriza o acontecimento hermenêutico é muito mais uma revisão incessante da expectativa de sentido e do esboço de totalidade inicialmente projetados. Assim, Gadamer nos diz em uma passagem central de *Verdade e método*: "Quem quer compreender um texto, sempre realiza uma projeção. Ele estabelece de antemão para si um sentido do todo, logo que um primeiro sentido se mostra no texto. Tal sentido, por sua vez, só se mostra porque já se lê o texto com certas expectativas de um sentido determinado. Na elaboração de tal projeto prévio, naturalmente revisado de maneira constante a partir do que vem à tona em meio à penetração ulterior no sentido, consiste a compreensão daquilo que se encontra presente."[7] Bem, mas o que tudo

---

6. Martin Heidegger, *Sein und Zeit* [*Ser e tempo*], §§ 31-32.
7. Hans-Georg Gadamer, *Wahrheit und Methode*, GS1, p. 271.

isso tem em comum com a relação entre arte e hermenêutica? Como é que essas reflexões gadamerianas reaparecem no interior do âmbito estético? Conforme indagamos anteriormente, a arte possui um lugar paradigmático para a hermenêutica gadameriana? Se a resposta é positiva: por quê?

A hermenêutica gadamerina possui, como já insinuamos, uma pretensão inequívoca de universalidade. Ela não se restringe à interpretação de textos escritos tradicionais, estendendo-se desde o princípio até mesmo à "leitura de construções e imagens". Apesar dessa pretensão de universalidade, porém, a obra de arte possui para ela um lugar privilegiado. Duas são as razões para tanto. Em primeiro lugar, o fato de a arte ser em sua essência diálogo e de o diálogo ser o traço fundamental de toda atividade compreensiva para Gadamer. E, em segundo lugar, o fato de a arte ser ao mesmo tempo um espaço de diálogo em que a linguagem perde completamente seu pretenso caráter de instrumento de comunicação e se faz propriamente linguagem. Gadamer escreve em um texto chamado "Filosofia e literatura", que se encontra traduzido na presente coletânea: "Parti da intelecção simples de que só compreendemos aquilo que compreendemos como resposta a uma pergunta[8]. Essa constatação trivial alcança o seu foco propriamente dito no fato de sempre precisarmos ter compreendido anteriormente uma questão, para que possamos dar uma resposta a ela ou para que possamos compreender algo como resposta a ela. Todos nós conhecemos a situação em que algo nos é perguntado e não sabemos responder corretamente porque não compreendemos o que o outro quer saber. Nesses casos, a contrapergunta natural é: por que você está perguntando isso? É somente quando sei por que o outro pergunta – o que ele quer propriamente saber – que posso responder. Essa descrição, por mais óbvia que soe, possui uma dialética realmente abismal. Quem é que formula a primeira questão, quem é que compreende essa questão de tal modo que pode respondê-la corretamente – isto é, realmente dizer aquilo que ele mesmo tem em vista? Quem é que já não tomou consciência junto à compreensão de uma pergunta que com ela já estava previamente contida a sua resposta? Pertence à dialética de pergunta e resposta, que toda pergunta seja ela mesma, em verdade, uma vez mais uma resposta que motiva uma nova pergunta. Assim, o processo do perguntar e do responder aponta para a estrutura fundamental da comunicação humana, para a constituição originária do diálogo. Essa estrutura é o fenômeno central do compreender humano." Portanto, a linguagem é aqui concebida como marcada originariamente pelo modo de ser do diálogo. Ora, mas em que medida a arte exige de nós a inserção na dinâmica de realização do diálogo?

Em primeiro lugar, Gadamer acentua o fato de as obras de arte não representarem nada. Por representação, o que ele tem em vista é a suposição

---

8. Cf. *Wahrheit und Methode* (GWS Vol. 1), pp. 368 ss.

de que a obra possui um sentido e uma determinação que se encontram para além dela, um sentido e uma determinação aos quais precisamos aceder por um método reconstrutivo qualquer. Na obra de arte, tudo o que ela tem a dizer encontra-se imediatamente presente nela e constitui propriamente sua fenomenalidade. Com isso, Gadamer quebra ao mesmo tempo duas tendências fundamentais da estética tradicional: a tendência de pensar a obra como se ela contivesse alguma intenção específica do autor e a de tomá-la como possuindo uma realidade metafórica a ser intelectivamente desvendada. Para que a alcancemos em sua essência, precisamos nos colocar efetivamente no ponto para o qual a obra de arte se mostra em seu horizonte próprio de mostração. Não representar nada, contudo, não significa de maneira alguma o mesmo que não dizer nada. Muito ao contrário, é apenas no momento em que ultrapassamos a pressuposição de que a arte representa alguma coisa e de que podemos descobrir o que ela representa em um caminho que leva para além dela que encontramos efetivamente o que ela tem a dizer. Gadamer retoma aqui um gesto tipicamente fenomenológico e procura pensar sua hermenêutica em sintonia com a ideia de uma relação intencional, ou seja, não impositiva, entre o horizonte do intérprete e o horizonte da obra de arte. Ao fazer isso, no lugar da noção de representação [*Vorstellung*] entra a ideia de apresentação [*Darstellung*]. A obra de arte apresenta algo completamente, de tal modo que todo o problema está justamente em nos inserirmos na lógica da apresentação. Nessa lógica reina desde o princípio o diálogo em sua estrutura de pergunta e resposta, porque alguma coisa só revela o apresentado em meio à dinâmica da própria apresentação. Bem, mas quando começa a apresentação? Na verdade, à pergunta levantada acima sobre quem coloca a primeira questão não cabe propriamente nenhuma resposta. O diálogo com a arte nunca chega realmente a se iniciar, porque jamais experimenta realmente uma interrupção. É nesse contexto que precisamos compreender a afirmação gadameriana de que vivemos na tradição. Nós nos encontramos incessantemente imersos na tradição, e a tradição se constitui a partir de uma circularidade que torna inviável o discurso sobre seu início. De algum modo, sempre nos encontramos diante da arte como questão. Assim, ao nos aproximarmos de uma obra de arte, independentemente de essa aproximação se dar em um museu, em um anfiteatro ou em uma casa de espetáculo na qual escutamos alguém tocando uma peça qualquer ou declamando poesia, a primeira questão sempre se deixou formular: o que significa afinal o que agora está acontecendo? No momento em que essa pergunta se deixa formular, inicia-se um diálogo entre o intérprete e a obra que jamais se dá simplesmente a partir da imposição de sentidos por parte do intérprete ou da determinação total prévia daquilo que se procura interpretar. Nenhum diálogo se mostra como uma mera troca de posições ou informações entre duas instâncias previamente dadas e constituídas. Um dos pressupostos mais importantes de um diálogo é que os parceiros se encontrem desde o princípio abertos à possibilidade de transformação oriunda do diálogo. Se um dos dois já se encontra pronto e não se abre para o acontecimento dialógico, o que se tem é sempre ou o fracasso do diálogo em meio a discursos em si mesmos fechados, ou a supressão da lógica dialógica pela retomada de um processo monológico de doutrinamento. Assim, para que o diálogo se dê plenamente, é imprescindível que os dois parceiros de diálogo se achem inicialmente entregues ao movimento mesmo da determinação de si a partir da relação. Tal entrega não implica, contudo, de maneira alguma uma supressão inicial de determinação. Só há diálogo onde dois têm algo a dizer um ao outro, o que pressupõe necessariamente a presença inicial de determinações prévias. Na linguagem de Gadamer, o diálogo acontece a partir de uma fusão entre horizontes. Cada um dos parceiros de diálogo traz consigo um horizonte prévio. Esses horizontes, no entanto, não permanecem isolados em si, de tal modo que o diálogo seria algo como uma constatação da posição já constituída dos dois. Ao contrário, o que acontece em meio ao diálogo é uma fusão de horizontes na qual cada um se determina justamente a partir do modo como se integra ao outro. A essa fusão, por sua vez, corresponde a noção gadameriana de jogo que possui um papel central em sua hermenêutica da obra de arte.

Vários elementos caracterizam a compreensão gadameriana da arte como jogo. Em primeiro lugar, o prazer de jogar e o potencial libertador característico do jogo. Gadamer acentua em diversos contextos a alegria criativa intrínseca ao jogo e o poder lúdico daí emergente. Tal como acontece em Kant, temos aqui a afirmação do jogo como potencializando nossas capacidades compreensivas. Com a diferença marcante de que Gadamer retira da concepção kantiana todos os seus traços subjetivos e acentua o espaço de jogo da arte como um espaço em si mesmo libertador. Em segundo lugar, é muito importante para Gadamer o fato de o jogo não poder se constituir sem regras, mas as regras do jogo permitirem justamente seu pleno desenvolvimento. Ao mesmo tempo, é decisivo nesse contexto o fato de as regras e do sentido do jogo humano dependerem da imersão no campo mesmo de sua realização. Ele nos diz, por exemplo, em um texto central da presente coletânea intitulado "A atualidade do belo": "Aquilo que é particular ao jogo humano é, então, o fato de o jogo também poder abarcar em si a razão, esse traço distintivo mais próprio do homem que consiste em poder estabelecer metas para si e aspirar a elas conscientemente, em poder encerrá-las em si e dissimular a distinção da razão que estabelece os fins. É isto justamente que constitui a humanidade do jogo humano, o fato de ele por assim dizer disciplinar e ordenar para si no jogo do movimento os seus movimentos de jogo, como se existissem aí fins; por exemplo, quando uma criança conta quantas vezes ela consegue quicar a bola no chão antes de a bola escapar de suas mãos." O que temos em meio ao jogo, portanto, é uma experiência de liberdade em meio a um campo no qual surgem incessantemente regras e finalidades, em meio a um campo que possui ele mesmo sua razão e no qual imergimos com o gosto de jogar. Essa acepção do jogo é essencial, por sua vez, para o modo como Gadamer vai pensar a obra de arte. Ao nos colocarmos diante da obra de arte de um modo compatível com o caráter de jogo da arte, nós nos deixamos guiar inicialmente por uma estrutura hermenêutica. Deixamo-nos guiar aqui incessantemente pela expectativa de sentido e pelo esboço de totalidade, de tal modo que acolhemos o aceno da arte para que perguntemos por seu significado. No momento em que seguimos tal aceno, adentramos o campo de jogo do acontecimento da hermenêutica da obra de arte. Nesse campo, há regras que precisam ser incessantemente seguidas. É preciso seguir as orientações fornecidas pelo próprio horizonte de mostração da obra e escapar incessantemente da tendência de se lançar para além desse horizonte. Quando fazemos isso, o jogo da arte se revela como diálogo com a obra. Descobrimos uma série de coisas, na medida em que deixamos a obra falar e em que lhe emprestamos nossa voz. Nesse mesmo movimento, o jogo vai abrindo o espaço de suas finalidades e potencializando o aprofundamento/enriquecimento da compreensão. Dar voz à arte não significa outra coisa senão abrir novas possibilidades compreensivas que não põem um fim ao jogo, mas o mobilizam cada vez mais. Dessa determinação do caráter de jogo da arte, Gadamer deduz, então, outras duas determinações que atravessam como um todo seus diversos textos sobre estética: as noções de símbolo e de festa.

Em verdade, a hermenêutica gadameriana aquiesce à finitude de todo e qualquer processo compreensivo. Jamais se começa uma interpretação do zero, assim como nunca chegamos efetivamente ao fim de todas as possibilidades interpretativas. A finitude da compreensão implica ao mesmo tempo uma situação deveras peculiar que merece agora uma rápida consideração. Como vimos, não há para Gadamer o ser do que interpretamos para além da interpretação. Ao contrário, é só no decurso mesmo da interpretação que aquilo a ser interpretado apresenta a verdade que é a sua. Assim, aquilo que buscamos interpretar depende do intérprete como parte indispensável de seu movimento de chegar a si mesmo. Todavia, no momento em que o movimento da interpretação leva a coisa diretamente a si mesma, é aí justamente que a coisa vem à tona em seu caráter simbólico, um caráter que conquista uma dimensão paradigmática na obra de arte. Gadamer vê a essência da arte como constitutivamente simbólica. Não porque a arte nos remeta a alguma instância para além dela ou porque ela tenha uma parte material e outra semântica – porque ela é o que aparece e ainda algo mais. O caráter eminentemente simbólico da arte se expressa aqui justamente pelo fato de a arte depender do outro, do intérprete, para recuperar a integridade que perde no instante em que se autonomiza do fazer artístico. Outra passagem de

"A atualidade do belo" deixa claro esse ponto: "Nós nos formulamos a pergunta: o que é propriamente transmitido pela experiência do belo e, em particular, pela experiência da arte? A intelecção decisiva que precisou ser conquistada aqui foi a de que não se pode falar de uma simples transferência ou mediação de sentido. Com esta expectativa, aquilo que é experimentado no belo artístico seria desde o princípio inserido na expectativa universal de sentido da razão teórica. Enquanto definirmos juntamente com os idealistas, por exemplo, juntamente com Hegel, o belo artístico como a aparência sensível da ideia – em si uma retomada genial do aceno platônico acerca da unidade do bem e do belo –, continuaremos pressupondo necessariamente que podemos ir além desse tipo de aparição do verdadeiro e que o pensamento filosófico que pensa a ideia é mesmo a forma mais extrema e apropriada da apreensão dessa verdade. O erro ou a fraqueza de uma estética idealista parece-nos ser o fato de ela não ver que justamente o encontro com o particular e a aparição do verdadeiro só se dão na particularização em que a arte conquista para nós a sua distinção como algo que nunca pode ser sobrepujado. Este era o sentido de 'símbolo' e de 'simbólico': o fato de ter lugar aqui um tipo paradoxal de referência que incorpora ao mesmo tempo em si mesma e até mesmo garante a significação à qual ela se refere. A arte só vem ao nosso encontro nessa forma que resiste ao puro conceber – ela é um empurrão violento que nos comunica a grandeza na arte – porque sempre somos expostos de modo indefeso à supremacia de uma obra de arte convincente. Por isso, a essência do simbólico ou daquilo que possui o caráter de símbolo consiste precisamente em não estar relacionado com uma finalidade significativa que precisa ser resgatada intelectualmente, mas reter a sua significação em si." No jogo da arte, portanto, tudo acontece como um diálogo em que compreendemos tanto mais quanto mais fazemos jus à arte como símbolo, ou seja, quanto mais seguimos não nosso ímpeto por buscar sentidos transcendentes e universais em relação à obra, mas antes as referências da obra a seu sentido intrínseco. Exatamente esse processo abre a possibilidade de pensar a arte como festa e como memória, como repetição de uma experiência que jamais nos retém presos a um ponto do passado, mas que sempre renova a cada celebração a alegria do encontro com a obra, potencializando ao mesmo tempo o enriquecimento de nosso manancial compreensivo. A arte constitui aqui lembrança: lembrança do que pode a relação com a arte, do que pode a obra de arte, do que pode o olhar capaz de seguir as indicações da obra. Esse é, em essência, o cerne das reflexões gadamerianas reunidas nos diversos textos da presente coletânea. Aqui a presente apresentação se cala e se retira, para que o leitor possa iniciar ele mesmo o diálogo com a hermenêutica da obra de arte.

Marco Antonio Casanova

1. ESTÉTICA E HERMENÊUTICA (1964)
[Ästhetik und Hermeneutik]

Se considerarmos a tarefa da hermenêutica como consistindo na construção de uma ponte sobre a distância humana ou histórica entre os espíritos, então a experiência da arte parece excluída de seu âmbito. Dentre todas as coisas que vêm ao nosso encontro na natureza e na história, porém, a arte não é aquilo que nos fala da maneira mais imediata e inspira uma familiaridade enigmática que mobiliza todo o nosso ser – como se não houvesse aí nenhuma distância e todo encontro com uma obra de arte significasse um encontro com nós mesmos! Quanto a esse ponto, podemos nos reportar a Hegel. Ele incluiu a arte entre as figuras do espírito absoluto, isto é, ele viu na arte uma forma de autoconhecimento do espírito, na qual não vem à tona nada alheio e irresgatável, nenhuma contingência do real, nenhuma incompreensibilidade do que é apenas dado. De fato, existe entre a obra e o seu respectivo observador uma simultaneidade absoluta que se mantém inconteste apesar da crescente lucidez da consciência[1] histórica. A realidade da obra de arte e a sua força enunciativa não podem ser reduzidas ao horizonte histórico original no qual o observador vivia efetivamente ao mesmo tempo que o criador da obra. Parece pertencer muito mais à experiência da arte o fato de a obra de arte possuir sempre o seu próprio presente, de ela só reter em si de maneira muito condicionada a sua origem histórica e de ser em particular expressão de uma verdade que não coincide absolutamente com aquilo que o seu autor intelectual propriamente imaginou aí. Quer denominemos agora esse fato a criação inconsciente do gênio ou consideremos a partir do observador a inesgotabilidade conceitual de cada enunciado artístico – em todos os casos, a consciência estética pode se reportar ao fato de a obra de arte comunicar[2] a si mesma.

---

1. Gadamer utiliza aqui o termo *Bewußtheit*, que não significa simplesmente "consciência" [*Bewußtsein*], mas a apreensão ou a realização de algo com clareza de consciência. Para acompanhar o sentido do texto, optamos pela expressão "lucidez da consciência". (N. do T.)

2. Gadamer joga com o sentido etimológico do termo "comunicar". *Mitteilen* significa literalmente "tornar comum". (N. do T.)

Por outro lado, o aspecto hermenêutico possui algo tão abrangente que ele também envolve necessariamente a experiência do belo na natureza e na arte. Se é próprio à constituição fundamental da historicidade do ser-aí[3] humano mediar-se compreensivamente consigo mesmo e se isso significa necessariamente mediar-se com a totalidade da própria experiência de mundo, então toda a tradição também pertence a uma tal mediação. Essa tradição não abarca apenas textos, mas também instituições e formas de vida. Antes de tudo, porém, o encontro com a arte faz parte do processo de integração que é entregue como tarefa à vida humana que se encontra imersa em tradições. Sim, é preciso mesmo colocar em questão se a atualidade particular da obra de arte não consiste precisamente em se achar ilimitadamente aberta para sempre novas integrações. O criador de uma obra pode ter em vista respectivamente o público de seu tempo: o ser propriamente dito de sua obra é aquilo que ela consegue dizer, e o que ela consegue dizer sempre se lança por princípio para além de toda limitação histórica. Nesse sentido, a obra de arte possui um presente atemporal. Todavia, isso não significa que ela não estabeleceu uma tarefa para a compreensão e que também não se precisaria encontrar nela a sua origem histórica. Por menos que a obra de arte queira ser compreendida historicamente e por mais que se ofereça em uma presença pura e simples, justamente o fato de não admitir formas de concepção quaisquer, mas permitir, mesmo exigir junto a toda abertura e a toda amplitude de jogo de suas possibilidades de concepção a instauração de um critério de determinação do caráter apropriado das concepções, legitima a requisição de uma hermenêutica histórica. Nesse caso, pode ser que não esteja decidido e permaneça mesmo sem ser decidido se a requisição pelo reconhecimento do caráter apropriado de uma concepção é correta. Aquilo que Kant disse com razão sobre o juízo de gosto, que se exige para ele uma validade universal apesar de seu reconhecimento não poder ser imposto por razões, vale também para toda interpretação de obras de arte, para as interpretações realizadas pelo artista reprodutor, pelo leitor tanto quanto pelo intérprete científico.

Podemos nos perguntar ceticamente se um tal conceito de obra de arte enquanto algo que sempre se encontra aberto para uma nova concepção já não pertence a um mundo cultural estético secundário. Em sua origem, a obra que denominamos uma obra de arte não é portadora de uma função vital significativa em um espaço de culto ou em um espaço social e não é apenas no interior desse espaço que ela possui a sua plena determinação de sentido? Todavia, parece-me que a pergunta também pode ser invertida. As coisas dão-se realmente de um tal modo que uma obra de arte proveniente

---

3. Em Gadamer, o termo *Dasein* significa normalmente o mesmo que "existência". Nesse caso, porém, o contexto conceitual indica claramente uma proximidade com a terminologia heideggeriana. Exatamente por isso, utilizamos a tradução técnica de *Dasein* por "ser-aí". (N. do T.)

de mundos da vida passados ou alheios e transposta para o interior de nosso mundo historicamente formado se transforma em mero objeto de um prazer estético-histórico ou não diz mais nada sobre aquilo que ela originariamente tinha a dizer? "Dizer algo", "ter algo a dizer": será que essas expressões não passam de metáforas que têm por base como verdade propriamente dita um valor estético configurador indeterminado? Ou será inversamente que toda qualidade estética configuradora não é senão a condição para que a obra porte sua significação em si mesma e tenha algo a dizer? Junto a essa questão, o tema "estética e hermenêutica" conquista a dimensão de sua problemática propriamente dita.

    O modo de formulação da questão desenvolvido até aqui transporta conscientemente o problema sistemático da *estética* para o interior da pergunta sobre a essência da *arte*. Em verdade, é correto afirmar que o surgimento propriamente dito da estética filosófica e, além disso, a sua fundamentação na *Crítica da faculdade de julgar* se estenderam por um âmbito muito mais amplo, na medida em que abarcaram o belo na natureza e na arte, e, até mesmo, o sublime. Tampouco há como contestar que, para as determinações fundamentais do juízo estético de gosto em Kant, e, em particular, para o conceito do prazer desinteressado, o belo na natureza possui uma prioridade metodológica. Inversamente, precisamos reconhecer que o belo na natureza não diz algo no mesmo sentido em que as obras criadas pelos homens e para os homens, as obras que denominamos obras de arte, nos dizem algo. Podemos dizer com razão que uma obra de arte não agrada no mesmo sentido de maneira "puramente estética" como uma flor ou, em todo caso, um ornamento. No que concerne à arte, Kant fala de um prazer "estabelecido por meio do intelecto". Mas isso não ajuda em nada: esse prazer "impuro" por ser um prazer "estabelecido por meio do intelecto", esse prazer estimulado pela obra de arte é exatamente o que nos interessa propriamente enquanto estetas. Sim, a reflexão mais aguda empreendida por Hegel sobre a relação entre o belo natural e o belo artístico obteve um resultado válido: o belo natural é um reflexo do belo artístico. O modo como algo na natureza é visto e gozado enquanto belo não aponta para uma forma de se dar do objeto "puramente estético" desprovida de tempo e de mundo que possui o seu fundamento apresentável na harmonia das formas e das cores e na simetria do traço, tal como um entendimento matemático pitagórico conseguiria depreender da natureza. O modo como a natureza nos agrada pertence muito mais ao contexto de um interesse de gosto que é respectivamente cunhado e definido pela criação artística de um tempo. No que diz respeito a esse ponto, a história estética de uma paisagem, tal como, por exemplo, a paisagem dos alpes, ou o fenômeno transitório da arte da jardinagem são um testemunho irrefutável. Portanto, é justo partir da obra de arte se queremos definir a relação entre estética e hermenêutica.

Em todo caso, não é nenhuma metáfora para a obra de arte que ela nos diga algo e pertença enquanto algo que diz algo ao contexto de tudo aquilo que temos de compreender. Ao contrário, esse fato possui um bom sentido que pode ser apresentado. Com isso, contudo, a obra de arte se mostra como objeto da hermenêutica.

De acordo com a sua definição originária, a hermenêutica é a arte de explicar e de mediar com base em um esforço interpretativo o que é dito pelos outros e o que vem ao nosso encontro no interior da tradição, sempre que o que é dito não é imediatamente compreensível. Não obstante, essa arte de filólogos e essa prática própria a mestres de escola já assumiu há muito tempo uma forma modificada e ampliada. Pois desde então o despertar da consciência histórica trouxe à luz a equivocidade e a possível equivocidade de toda tradição. Além disso, a decadência da sociedade cristã ocidental – no prosseguimento de uma individualização iniciada com a reforma – transformou o indivíduo em um enigma derradeiramente insolúvel para o indivíduo. Assim, desde o romantismo alemão, a tarefa da hermenêutica foi definida em vista da necessidade de evitar incompreensões. Com isso, ela possui um âmbito que alcança por princípio até o ponto em que se estende efetivamente o enunciado dotado de sentido. Enunciados dotados de sentido são inicialmente todas as declarações linguísticas. Enquanto a arte de transmitir o que é dito em uma língua estrangeira para a compreensão de uma outra pessoa, não é sem razão que a hermenêutica recebe o seu nome de Hermes, o tradutor da mensagem divina para os homens. Se nos lembrarmos desse esclarecimento nominal do conceito de hermenêutica, ficará inequivocamente claro que se trata aqui de um acontecimento linguístico, da tradução de uma língua em uma outra, ou seja, da relação entre duas línguas. No entanto, na medida em que só podemos transpor algo de uma língua para a outra se compreendemos o sentido do que foi dito e se conseguimos reconstruí-lo em meio à outra língua, um tal acontecimento linguístico pressupõe o compreender.

Essas obviedades tornam-se então decisivas para a questão que nos ocupa aqui: a questão acerca da linguagem da arte e da legitimidade do ponto de vista hermenêutico em relação à experiência artística. Toda interpretação de algo compreensível, que auxilie outros a alcançarem a compreensão, tem com certeza caráter linguístico. Nessa medida, o conjunto da experiência do mundo é mediado linguisticamente e, a partir daí, se determina um conceito maximamente amplo de tradição que não é, em verdade, enquanto tal linguística, mas que, de qualquer modo, é capaz de interpretação linguística. Esse conceito de tradição estende-se desde o "uso" de instrumentos, técnicas e coisas afins, passando pela tradição do artesanato na produção de protótipos de utensílios, formas ornamentais etc., pelo cultivo de usos e hábitos até a instauração de modelos. Será que a obra de arte também pertence a esse campo ou será que ela assume uma posição privilegiada? Uma vez que não se trata propriamente de obras de arte linguísticas, a obra de arte parece de fato pertencer a uma tal tradição não linguística. E, no entanto, a experiência e a compreensão de uma obra de arte significam algo diverso do que, por exemplo, a compreensão de instrumentos ou usos que nos são legados a partir do passado.

Se seguirmos uma antiga definição da hermenêutica droyseniana[4], então poderemos fazer uma distinção entre fontes e resíduos. Resíduos são fragmentos de mundos passados que se conservaram e nos auxiliam a reconstruir intelectualmente o mundo do qual são o resto. Fontes, em contrapartida, cunham a tradição linguística e ajudam, com isso, a compreender um mundo linguisticamente interpretado. A que lugar pertence então, por exemplo, uma imagem arcaica dos deuses? Ela é um resíduo como todo utensílio? Ou um pedaço da interpretação do mundo como tudo o que é legado linguisticamente?

Fontes, diz Droysen, são anotações legadas com a finalidade da lembrança. Ele denomina monumentos uma forma mista de fontes e resíduos e inclui aí documentos, moedas etc. "Obras de arte de todos os tipos". Para o historiador, as coisas podem parecer assim. No entanto, a obra de arte não é enquanto tal um documento histórico; nem segundo a sua intenção, nem segundo aquela significação que ela conquista na experiência da arte. Em verdade, fala-se de monumentos artísticos como se a produção de uma obra de arte contivesse uma intenção documental. Esse modo de falar tem uma certa verdade na medida em que a duração é essencial a toda obra de arte – às artes transitórias certamente apenas sob a forma da repetibilidade. A obra bem-sucedida "permanece" (tal como até mesmo os artistas de variedades podem dizer de seus números). Todavia, não está dada com isso uma intenção de lembrança por meio de uma indicação prévia tal como a que cabe ao documento propriamente dito. Não queremos nos reportar aqui – por meio de uma indicação prévia – a algo que aconteceu. Tampouco há uma garantia de sua duração, uma vez que a obra de arte depende do gosto afirmativo ou do sentido qualitativo de gerações futuras para a sua manutenção. Justamente essa dependência de uma vontade preservadora, porém, significa que a obra de arte é legada no mesmo sentido em que se realiza o legado de nossas fontes literárias. Em todo caso, ela não "fala" apenas como os resíduos do passado falam ao pesquisador da história, nem tampouco apenas como o fazem os documentos históricos que fixam algo. Pois aquilo que denominamos a linguagem da obra de arte, a linguagem em função da qual a obra de

---

4. Johann Gustav Droysen (1808-1884): historiador e pensador da hermenêutica histórica. (N. do T.)

arte é conservada e legada, é a linguagem que a própria obra de arte conduz, quer ela possua uma natureza linguística ou não. A obra de arte diz algo a alguém, e isso não apenas como um documento histórico diz algo ao historiador – ela diz algo a cada um como se isso fosse dito expressamente a ele, enquanto algo atual e simultâneo. Desse modo, vem à tona a tarefa de compreender o sentido daquilo que ela diz e de torná-lo compreensível – para si e para os outros. Por isso, mesmo a obra de arte não linguística cai no âmbito propriamente dito das tarefas da hermenêutica. Ela precisa ser integrada à autocompreensão de cada um[5].

Nesse sentido abrangente, hermenêutica inclui estética. A hermenêutica vence a distância entre os espíritos e abre a estrangeiridade do espírito alheio. Abertura do elemento alheio, porém, não visa aqui apenas à reconstrução histórica do "mundo" no qual uma obra de arte possuía a sua significação e a sua função originárias. Ela também visa à apreensão daquilo que nos é dito. O que é digo também é sempre mais do que o seu sentido indicável e captado. Como aquele que diz algo a alguém, aquilo que nos diz algo é alheio no sentido de que se estende para além de nós. Nessa medida, na tarefa própria ao compreender é dada uma dupla estrangeiridade que é, em verdade, uma e a mesma. As coisas se dão exatamente como em todo discurso. O discurso não diz apenas algo, mas alguém diz algo a alguém. O compreender do discurso não é o compreender do teor literal do que é dito na realização paulatina das significações das palavras. Ao contrário, ele realiza o sentido uno do que é dito – e esse sentido reside sempre para além daquilo que o que é dito enuncia. Aquilo que ele diz pode ser difícil de compreender caso se trate, por exemplo, de uma língua estrangeira ou antiga – mais difícil ainda, mesmo se compreendemos sem mais o que é dito, é se dispor a dar ouvidos a algo que foi dito[6]. As duas coisas pertencem à tarefa da hermenêutica. Não se pode compreender sem querer compreender, isto é, sem se dispor a dar ouvidos ao que foi dito. Seria uma abstração inadmissível achar que seria preciso primeiro gerar a simultaneidade com o autor ou com o leitor originário por meio da reconstrução de seu horizonte histórico para só então começar a compreender o sentido daquilo que é dito. Uma espécie de expectativa de sentido regula muito mais desde o início o empenho por compreensão.

Assim, aquilo que vale para todo discurso vale de uma maneira eminente para a experiência da arte. Aqui há mais do que expectativa de sentido,

---

5. Nesse sentido, critiquei em *Wahrheit und Methode* [*Verdade e método*] (GW 1, p. 101) o conceito kierkegaardiano do plano estético (com o auxílio do próprio Kierkegaard).

6. A expressão alemã *sich etwas sagen lassen* significa literalmente "deixar que algo seja dito" e designa normalmente o ato de escutar o que é dito por alguém, de seguir o conselho dado por alguém. (N. do T.)

aqui há aquilo que gostaria de denominar o encantamento[7] pelo sentido daquilo que é dito. A experiência da arte jamais compreende apenas um sentido cognoscível, tal como acontece na questão da hermenêutica histórica e em sua lida com os textos. A obra de arte que diz algo confronta-nos com nós mesmos. Isso quer dizer: ela enuncia algo que, de acordo com o modo como esse algo é dito, se mostra como uma descoberta, isto é, como o desencobrimento de algo encoberto. Nisso repousa aquele encantamento. Nada que conhecemos é "tão verdadeiro, tão essente". Tudo o que conhecemos é aqui excedido. Portanto, compreender o que a obra de arte diz a alguém é certamente um encontro consigo mesmo. Como um encontro com o que é propriamente, porém, como uma familiaridade que encerra um exceder-se a si mesmo, a experiência da arte é *experiência* em um sentido autêntico e sempre tem de dominar novamente a tarefa apresentada pela experiência: integrá-la no todo da própria orientação pelo mundo e da própria autocompreensão. Justamente isso constitui a linguagem da arte, o fato de sua fala alcançar[8] a própria autocompreensão de *cada um* – e ela faz isso como uma arte respectivamente atual e por meio de sua própria atualidade. Sim, precisamente a sua atualidade deixa a obra ganhar voz. Tudo depende do modo como algo é dito. Isso não significa, contudo, que as pessoas refletem nesse caso sobre os meios do dizer. Ao contrário – quanto mais convincentemente algo é dito, tanto mais óbvia e natural parece a unicidade e a singularidade desse enunciado, isto é, tanto mais ele concentra aquele que é interpelado naquilo que lhe é dito aí, impedindo-lhe no fundo de passar para uma diferenciação estética distanciada. Além disso, a reflexão sobre os meios do dizer também é secundária em relação ao que propriamente se denomina a intenção do que é dito e permanece em geral excluída quando os homens dizem algo uns aos outros em presença uns dos outros. Pois o que é dito não é de maneira alguma aquilo que se oferece como uma espécie de conteúdo judicativo na forma lógica do juízo. Ele visa muito mais àquilo que alguém quer dizer e ao que se deve dar ouvidos. O compreender não se dá quando alguém pretende deter já de antemão aquilo que alguém quer lhe dizer, na medida em que afirma já o saber.

Tudo isso vale em uma medida eminente para a linguagem da arte. Naturalmente não é o artista que fala aqui. Com certeza, aquilo que o artista

---

7. O termo alemão *Betroffenheit* é um termo de difícil tradução. Em verdade, ele indica a ação de se sentir tocado por algo de uma tal forma que esse algo provoca não apenas perturbação, confusão, perplexidade, mas também admiração, comoção, consternação. No presente contexto, o que está em questão é a capacidade de a obra de arte cativar de tal modo que venhamos a nos sentir tomados por ela. Como o termo "encantamento" traz consigo esse campo semântico específico, optamos por essa tradução. (N. do T.)

8. *Hineinsprechen* significa literalmente "falar em algo". No presente contexto, Gadamer procura realçar por meio daí a peculiaridade da linguagem artística, o fato de ela se inserir na dinâmica vital de cada um. Para acompanhar esse sentido particular, optamos pela expressão "sua fala alcança". (N. do T.)

tem a dizer para além do que é dito em uma obra e aquilo que ele diz em outras obras também podem despertar um interesse possível. A linguagem da arte, porém, tem em vista o excesso de sentido que reside na própria obra. Sobre esse excesso repousa a sua inesgotabilidade, que a distingue de toda transposição conceitual. Segue-se daí que, junto à compreensão de uma obra de arte, não podemos nos contentar com a regra hermenêutica comprovada em sua eficácia de que a "mens auctoris"[9] limita a tarefa de compreensão apresentada por um texto. Justamente a partir da extensão do ponto de vista hermenêutico à linguagem da arte fica claro quão pouco a subjetividade do opinar é suficiente para designar o objeto do compreender. Isso tem uma significação principal, e, nessa medida, a estética é um elemento importante da hermenêutica geral. Em conclusão, aludiremos a esse fato.

Tudo aquilo que, no sentido mais amplo possível, nos fala enquanto tradição coloca a tarefa própria ao compreender, sem que o compreender signifique em geral atualizar em si novamente as ideias de um outro. Não é apenas a experiência da arte, tal como expusemos acima, que nos ensina isso com uma clareza convincente, mas também do mesmo modo a compreensão da história. Pois a tarefa propriamente histórica não consiste de maneira alguma na compreensão das opiniões, dos planos e das experiências subjetivas dos homens que sofrem os efeitos da história. O que quer ser compreendido é a grande conexão de sentido da história para a qual se volta o esforço interpretativo do historiador. As opiniões subjetivas dos homens que se encontram no processo histórico só são muito raramente ou mesmo nunca são de um tipo tal que uma homenagem histórica tardia dos acontecimentos confirme a sua avaliação pelos seus contemporâneos. A significação dos acontecimentos, o seu entrelaçamento e as suas consequências, tal como eles se apresentam no olhar histórico retrospectivo, deixam para trás a "mens actoris"[10] tanto quanto a experiência da obra de arte deixa para trás a "mens auctoris".

A universalidade do ponto de vista hermenêutico é uma universalidade abrangente. Se formulei as coisas certa vez da seguinte forma[11]: *ser que pode ser compreendido é linguagem*, então essa não é certamente nenhuma tese metafísica. Ao contrário, ela descreve a partir do centro do compreender a amplitude ilimitada de sua visão de conjunto. O fato de, tanto quanto a experiência da natureza, toda experiência histórica satisfazer esse princípio é fácil de ser demonstrado. Por fim, a locução genérica de Goethe "tudo é símbolo" – e ela significa certamente: todas as coisas apontam para uma outra – contém a mais abrangente formulação do pensamento hermenêuti-

---

9. Do latim: a opinião do autor. (N. do T.)
10. Do latim: a opinião daquele que age. (N. do T.)
11. *Wahrheit und Methode* (GW 1), p. 478.

co. O "tudo" de Goethe não é um enunciado sobre todo e qualquer ente que é, mas sobre o modo como o ente vem ao encontro do compreender humano. Nada pode ser que não consiga significar algo para ele. Mas há ainda outra coisa aí: nada vem à tona na significação una que ele oferece precisamente a alguém. No conceito goethiano do simbólico reside tanto o caráter inabarcável de todas as relações quanto a função representacional do particular para a representação do todo. Pois somente na medida em que a omnirreferencialidade do ser é velada para o olhar humano carece-se da descoberta. Por mais universal que seja o pensamento hermenêutico correspondente à sentença de Goethe, em um sentido eminente ele só é concretizado pela experiência da arte. Pois a linguagem da obra de arte distingue-se pelo fato de a obra de arte singular reunir em si e trazer à aparência o caráter simbólico que, visto em termos hermenêuticos, advém a todo ente. Em comparação com todas as outras tradições linguísticas ou não, vale dizer sobre a obra de arte que ela se mostra para o presente respectivo como um presente absoluto, e, ao mesmo tempo, que ela mantém sua palavra à disposição de todo futuro. De uma maneira enigmática, a familiaridade com a qual a obra de arte nos toca é ao mesmo tempo abalo e derrocada do habitual. Não é apenas o "É isso que tu és!" que ela descobre em um espanto alegre e terrível – ela também nos diz: "Tu precisas mudar a tua vida."

2. ARTE E IMITAÇÃO (1967)
   [Kunst und Nachahmung]

O que significa a arte moderna desprovida de objeto? Os antigos conceitos estéticos com os quais estávamos acostumados a conceber a essência da obra de arte ainda possuem alguma validade? Com uma ênfase particular, a arte moderna rejeita em muitos de seus insignes representantes a expectativa da imagem com a qual nos dirigimos a ela. É realmente um efeito chocante que costuma partir de tais obras. O que aconteceu? Qual é essa nova postura do pintor que rompe com todas as expectativas e tradições? Qual é a exigência que nos é apresentada aí?

Há muitos céticos que consideram a pintura "abstrata" uma moda e procuram até mesmo tornar por fim o comércio de obras de arte responsável pelo sucesso dessa pintura. No entanto, uma visão das artes vizinhas já mostra que a coisa precisa residir em uma dimensão mais profunda. Trata-se de uma verdadeira revolução da arte moderna que se iniciou pouco antes do começo da Primeira Guerra Mundial. Na mesma época surge a assim chamada música atonal, que já contém em sua denominação algo do mesmo caráter paradoxal que o conceito de uma pintura desprovida de objeto. Do mesmo modo começou outrora – pensemos em Proust ou em Joyce – a dissolução do eu-narrador ingênuo que, como um olho de Deus, contempla os acontecimentos que transcorrem veladamente e lhes entrega sua expressão épica. Um novo tom aparece no poema lírico que represa e quebra o fluxo óbvio da melodia e faz finalmente uma experiência com princípios formais totalmente novos. Por fim, é possível sentir algo similar no teatro – talvez no teatro menos do que em qualquer outra arte, mas sem dúvida alguma também aí. Primeiro apenas na recusa ao palco ilusionista do naturalismo e da psicologia, e, finalmente, na quebra consciente da magia cênica pura e simples por meio do assim chamado teatro épico.

Não somos certamente da opinião de que essa visão das artes vizinhas é suficiente para tornar compreensível o acontecimento revolucionário na pintura moderna. Esse acontecimento guarda uma aparência de arbitrariedade e de mania de experimentação. Mas não, o exercício do experimento, tal como o conhecemos a partir da ciência natural na qual possui a sua origem metodológica propriamente dita, é algo totalmente diverso. Nesse caso, um experimento é uma questão formulada de maneira engenhosa à natureza para que ela exponha o seu segredo. Na pintura não se trata de experimentos junto aos quais deve vir à tona algo que se quer saber. Ao contrário, o experimento é aqui, juntamente com o seu êxito, por assim dizer autossuficiente. Ele mesmo é aquilo que vem à tona. Diante dessa arte que repele todas as possibilidades de compreensão do tipo tradicional, como devemos nos orientar no pensamento?

Em primeiro lugar, é importante não levar tão a sério a autointerpretação do artista. Essa é uma exigência que não fala contra os artistas, mas a favor deles. Pois ela contém o fato de os artistas precisarem criar artisticamente. Se eles pudessem dizer em palavras o que querem dizer, eles não se disporiam a criar, nem precisariam configurar. Não obstante, é inevitável que o elemento universal da comunicação, o elemento que nos sustenta e congrega enquanto sociedade humana, a linguagem, sempre acabe também por motivar uma vez mais a necessidade comunicativa dos artistas de se exporem em palavras, de se autointerpretarem e de se tornarem compreensíveis por intermédio de palavras claras. Em verdade, os artistas se encontram nesse caso – e isso não é de espantar – em uma dependência em relação àqueles cujo instrumento é a interpretação: em relação aos estetas, a todos os tipos de pessoas que escrevem sobre a arte, assim como em relação à filosofia. Se citarmos, por exemplo, o livro importante e magistral de Kahnweiler[1] como um testemunho da conexão entre a filosofia e a arte nova[2] – e Kahnweiler é uma autêntica testemunha contemporânea –, então desconheceremos que mesmo nesse caso a coruja de Minerva só iniciou o seu voo à noite: as exposições sutis de Kahnweiler atestam a inspiração da interpretação, não a inspiração da criação. As coisas me parecem similares no que diz respeito à literatura artística em geral, e, em particular, às constantes autointerpretações dos grandes pintores de nossa época. Em vez de partir da autointerpretação e das interpretações contemporâneas que não têm consciência dos preconceitos oriundos de doutrinas dominantes, gostaria de me voltar com consciência metodológica para a grande tradição da formação conceitual estética que chegou até nós nas realizações de pensamento da filosofia, interrogando essa tradição quanto ao modo como ela se encontra ante a nova forma da imagem e quanto ao que tem a dizer sobre essa nova forma.

Gostaria de realizar essa reflexão em dois momentos subdivididos em três passos cada um, nos quais primeiro discutirei os conceitos estéticos que

---

1. D.-H. Kanhweiler, *Juan Gris. Sa vie, son oeuvre, ses écrits*, Paris, 1946. Tradução alemã Stuttgart (1968).

2. Como o faz A. Gehlen, cf. *Begriffene Malerei?* [Pintura compreendida?], (Nr. 27).

dominam a consciência geral como algo óbvio e comum a todos, sem que prestemos contas sobre a sua proveniência e a sua legitimação, e, em seguida, questionarei alguns filósofos cujas teorias estéticas parecem as mais próprias para fazer frente à tarefa de expor o segredo da pintura moderna.

O primeiro dos três conceitos a partir dos quais procurarei me aproximar do problema da pintura moderna é o conceito de imitação, um conceito que pode ser concebido de maneira tão ampla que, como veremos, sempre continua mantendo por fim sua verdade. Esse conceito que possui a sua origem na Antiguidade teve o seu florescimento estético e político-artístico no classicismo francês do século XVII e início do século XVIII, tendo influenciado a partir daí o classicismo alemão. Ele articulou-se com a doutrina da arte como imitação da natureza. Esse axioma da tradição antiga é então manifestamente articulado com representações normativas tais como, por exemplo, a de que pertence a todo exercício artístico uma expectativa legítima pelo verossímil. A exigência de que a arte não se choque contra as leis do verossímil, a convicção de que, na obra de arte consumada, as próprias configurações da natureza aparecem em sua manifestação mais pura, a crença na força idealizadora da arte que oferece à natureza o seu verdadeiro acabamento – essas são as representações conhecidas que dominam a expressão "imitação da natureza". Nós excluímos daí a teoria trivial de um naturalismo extremo que acha que a mera similaridade com a natureza constitui o sentido da arte. Essa teoria não reside de maneira alguma na grande tradição do conceito de imitação.

Não obstante, o conceito de mimesis parece não ser suficiente para a modernidade. Uma rápida olhada na história da formação das teorias estéticas ensina que um outro conceito se impôs de maneira nova e vitoriosa no século XVIII: o conceito de expressão. Podemos perceber a sua presença antes de tudo na estética musical – e isso não é nenhum acaso. Pois a música é o gênero artístico no qual um tal conceito de imitação se mostra manifestamente como menos elucidativo e como mais limitado em sua amplitude. Na estética musical do século XVIII cresce com isso o conceito de expressão que dominou de modo inconteste nos séculos XIX e XX a avaliação estética[3]. A força e a autenticidade expressivas são a legitimação de seu predicado artístico. Assim pensa a consciência geral, mesmo que não possa deixar de formular a questão inquietante sobre o que é afinal o *kitsch* – esse fenômeno que possui efetivamente um tipo penetrante de força expressiva e cuja inautenticidade artística não diz com certeza nada contra a autenticidade subjetiva do sentimento do produtor ou do consumidor do *kitsch*. Em face do destroçamento formal com o qual a modernidade se nos presenteou e em con-

---

3. Cf. o livro instrutivo de E. Fubini, *L'estetica musicale dal Settecento a oggi* [A estética musical do século XVII até hoje], Torino, 1968.

sequência do qual nenhuma figura idealizada da natureza e nenhuma interioridade que se descarregue expressivamente apresenta mais o conteúdo de uma imagem, imitação e expressão parecem, contudo, fracassar.

 Um terceiro conceito é oferecido: o conceito de sinal e de linguagem de sinais. Esse conceito também possui uma história digna de ser pensada. Não é preciso senão lembrar que, nos primórdios da era cristã, a arte se legitimou para aqueles que não sabiam ler e escrever como a bíblia *pauperum*[4], como a apresentação e celebração da história sagrada e do anúncio da graça. Nela tinha lugar a depreensão de uma série de histórias conhecidas. As imagens modernas parecem exigir uma depreensão similar; com certeza não de imagens, mas de sinais, tal como junto à leitura de uma escrita. Apesar de toda abstração presente nos sinais dessa escrita, eles não são do tipo das letras. Não obstante, existe uma correspondência. A invenção da escrita alfabética tornou possível o feito descomunal de fixar tudo aquilo que atravessa o espírito do homem em sinais particulares abstratos que se oferecem à combinatória racionalizável denominada por nós ortografia – certamente um dos maiores acontecimentos revolucionários na cultura humana. Algo desse acontecimento passou já desde o princípio para o nosso modo de ver imagens. Dessa forma, "lemos" todas as pinturas da esquerda para a direita de cima para baixo, e reconhecidamente a inversão especular da esquerda com a direita, que, tal como Heinrich Wölfflin mostrou, é facilmente possível com os meios da moderna técnica de reprodução, conduz aos disparates e às perturbações mais esdrúxulas em termos de composição. Muito mais desse nosso hábito de escrita e de leitura também parece ter passado para o tipo de escrita imagética como a qual buscamos ler os quadros modernos. Nós não os vemos mais como reproduções que concedem uma visualização uniforme e que podem ser conhecidas em seu sentido. Nesses quadros não se tem senão uma assinalação, ou seja, uma justaposição, levada a termo por meio de sinais imagéticos e de traços relativos à escrita, daquilo que deve ser apreendido um depois do outro e, por fim, fundido um no outro. Lembro-me, por exemplo, do quadro de Malewit "Senhora na grande cidade de Londres", no qual ainda se consegue reconhecer de maneira totalmente clara o princípio do destroçamento formal em uma variante psicologista. Os conteúdos particulares, que a senhora retratada – completamente atordoada pelo modesto fluxo do tráfego do ano de 1907 – apreende, toda uma torrente de impressões estabelecidas por si, são aí como que enumerados e compostos em um todo imagético. Daquele que vê, do espectador, do contemplador exige-se a realização da síntese de todos esses aspectos e facetas, tal como conhecemos enquanto princípio formal universal a partir dos estilos produtores de face-

---

 4. Em latim no original: dos pobres. (N. do T.)

tas[5], por exemplo, de Picasso e de Juan Gris. Ainha há conhecimento aí, mas todo conhecimento é sempre ao mesmo tempo reabsorvido em uma unidade imagética que já não se funde em uma totalidade plástica e enunciável em seu sentido imagético. Essa escrita de imagens que forma como uma taquigrafia o elemento composicional da composição da imagem está ligada a uma rejeição do sentido. O conceito de sinal perde a sua determinação propriamente dita; e, de fato, a exigência de legibilidade de tal escrita imagética moderna emudeceu cada vez mais desde então[6].

É possível encontrar um elemento verdadeiro e válido nas três categorias por mim caracterizadas. Em todo caso, porém, elas não são suficientes para responder especificamente ao novo que experimentamos na arte de nosso século.

Assim, é preciso voltar o olhar uma vez mais ao passado. Pois todo olhar que retorna à profundidade histórica de nosso presente aprofunda a consciência de nosso horizonte conceitual hoje já sedimentado em nós. Gostaria de conclamar uma vez mais três testemunhas do pensamento filosófico para a interpretação da arte moderna: Kant, Aristóteles e, por fim, Pitágoras.

Se me volto de início para Kant, isso se deve principalmente ao fato de não apenas Kahnweiler e todos aqueles estetas e escritores da arte que acompanharam a nova revolução da pintura se remeterem de algum modo a Kant no caminho que leva para além da filosofia neokantiana da época, mas de as tentativas de tornar a estética kantiana útil para a pintura desprovida de objetos também prosseguirem por parte da filosofia até os dias de hoje[7]. O ponto de partida oferecido pela estética kantiana é: o gosto que julga algo como belo não é apenas um prazer sem interesses, mas também um prazer sem conceito. Isso significa que não se julga um ideal de objeto quando se acha bela uma determinada representação do objeto. Com isso, Kant pergunta sobre aquilo que nos permite denominar bela a representação de um objeto. Sua resposta é: quando a representação provoca uma vivificação das forças de nosso ânimo em um jogo livre entre imaginação e entendimento. Esse jogo livre de nossa faculdade de conhecimento, essa vivificação do sentimento de vida por meio da visão do belo, não é, assim ensina Kant, nenhuma concepção de seu conteúdo objetivo e não tem em vista nenhum ideal de um objeto. De maneira consequente, Kant exemplificou essa ideia inicialmente a partir do ornamento. Pois onde seria mais claro do que junto ao ornamento o fato de não se ter em vista o conteúdo conceitual do que é apresentado (mesmo que se possa conhecê-lo)? Não se precisa pensar nesse caso senão naquelas crianças desditosas, em cujos quartos é possível reco-

---

5. O termo *facetierend* significa "dotar de facetas". (N. do T.)
6. Cf. já a observação crítica de Picasso ao Juan Gris tardio em *Kahnweiler* (aqui citado).
7. Cf., por exemplo, W. Bröcker em *Kant Studien 48* (1956), pp. 485-501.

nhecer sobre os tapetes determinados objetos em uma repetição sem fim (acompanhando seus sonhos febris). Não há dúvida de que um bom ornamento impede efetivamente algo desse gênero. O que deve adornar o espaço vital sob o modo de um acompanhamento decorativo do estado de humor não pode chamar a atenção para si mesmo.

No entanto, é incorreto deduzir da *Crítica da faculdade de julgar* de Kant uma estética do ornamento. Antes de mais nada, Kant sempre tem em vista em primeira linha o belo da natureza ao perguntar sobre o que se dá propriamente quando denominamos algo como belo. Para ele, o caso do belo artístico não é nenhum caso puro do problema estético, pois a arte é feita realmente para agradar. Ao mesmo tempo, uma obra de arte sempre está presente de maneira intelectiva, ou seja: em termos potenciais, há constantemente um momento conceptualizante na obra de arte. Certamente, a bela arte não deve ser a apresentação correta de conceitos ou de ideais que elevamos e honramos[8] enquanto tais juntamente com nosso entendimento ético. As coisas dão-se muito mais de tal forma que a arte se legitima para Kant por meio do fato de ser arte do gênio, isto é, de emergir de uma capacidade inconsciente, como que inspirada pela natureza, de criar algo paradigmaticamente belo, sem que regras conscientes sejam aplicadas e sem que o artista possa aí mesmo apenas dizer como ele o realiza. Por isso, é o conceito de gênio – e não a " livre beleza" do ornamento – que forma a base propriamente dita da teoria kantiana da arte[9].

Precisamente o conceito de gênio, porém, tornou-se hoje suspeito. Ninguém mais – e menos do que qualquer outro aqueles que acompanham com simpatia interior a arte nova – está disposto a acreditar piamente no discurso sobre a segurança onírica e sonâmbula da produção genial. Sabemos hoje – e acho que isto sempre foi verdadeiro – com que sobriedade e lucidez interior o pintor faz com tinta e pincel as suas tentativas e experiências na tela, tentativas e experiências que, contudo, são marcadas em última instância por um esforço de seu espírito. Portanto, precisaremos ter cuidado quando aplicarmos a filosofia kantiana à pintura moderna.

Apesar de todos os preconceitos classicistas e anticlassicistas, gostaria agora de dar novamente voz à principal testemunha da teoria classicista da imitação, Aristóteles, para que ele nos ajude a pensar o que acontece na nova arte. Pois o seu conceito fundamental de mimesis é, compreendido correta-

---

8. O termo alemão *hochhalten* significa literalmente "manter no alto". Seu sentido confundese, porém, com o campo semântico dos verbos "honrar" e "venerar" por conta do comportamento que a elevação de algo normalmente traz consigo. No presente contexto é exatamente isso que está em questão: a elevação de conceitos e ideais por parte do entendimento prático e a veneração desses conceitos e ideais. (N. do T.)

9. Ver quanto a esse ponto *Wahrheit und Methode* (GW 1), pp. 48 ss. e o artigo "Anschauung und Anschaulichkeit" [Intuição e plasticidade] no volume 8 da obra reunida, nr. 17.

mente, de uma evidência elementar. Para ver isso, precisamos insistir inicialmente no fato de Aristóteles não ter desenvolvido nenhuma real teoria da arte no sentido mais amplo da expressão, nem muito menos uma teoria das artes plásticas, apesar de ter formado as suas ideias no século IV a.C., o século da pintura grega. Em verdade, só conhecemos a sua teoria da arte a partir de sua teoria da tragédia, da conhecida doutrina da *kátharsis*, segundo a qual a purificação dos afetos acontece por meio de temor e compaixão. Esse é o segredo da mimesis trágica. Portanto, é em vista da tragédia que Aristóteles utiliza o conceito de imitação, de mimesis, que conhecemos como palavra-chave da crítica platônica aos poetas. Esse conceito recebe em Aristóteles uma significação positiva fundamental.

Manifestamente, ele também deve ser válido para a essência da arte poética, e Aristóteles, de maneira análoga, lança um olhar de relance para as artes plásticas, em particular para a pintura. O que ele tem em vista ao dizer que a arte é mimesis, imitação? Para essa tese, ele recorre inicialmente ao fato de imitar ser um impulso natural do homem e de haver uma alegria natural do homem com a imitação. Nesse contexto, vem à tona, então, o enunciado que despertou crítica e resistência na modernidade, mas que é pensado em Aristóteles de modo puramente descritivo, o enunciado de que a alegria na imitação é uma alegria com o reconhecimento. O contexto em que isso é dito é evidentemente um contexto totalmente popular. Aristóteles também recorre ao fato de as crianças gostarem de fazer algo desse gênero. O significado da alegria junto ao reconhecimento pode ser observado na alegria em se fantasiar – em particular, junto às crianças. Para as crianças, não há nada tão repulsivo em que elas não possam se ver se fantasiando. Desse modo, o que deve ser reconhecido na imitação não é de maneira alguma a criança que se fantasiou, mas muito mais aquele que é apresentado. Esse é o grande impulso em todo comportamento e apresentação miméticos. O reconhecimento gera e confirma que algo se torna presente por meio do comportamento mimético, que algo está aí. O sentido da apresentação mimética não é de modo algum que devemos considerar no reconhecimento daquilo que é apresentado o grau da equiparação e da similitude com o original.

É assim que podemos ler certamente na crítica platônica às artes. A arte é tão condenável porque se acha distante da verdade em mais de uma dimensão. A arte só imita efetivamente aquilo que as coisas são. As próprias coisas, porém, também não são senão imitações de suas figuras eternas, de sua essência, de sua ideia. Portanto, a arte, afastada três pontos da verdade, é uma imitação da imitação, sempre afastada por uma distância gigantesca daquilo que verdadeiramente é.

Acho que essa é uma doutrina muito irônica de Platão, pensada dialeticamente, à qual Aristóteles se refere, adequando-a conscientemente ao seu contexto. Aristóteles quer colocar sobre as suas bases esse pensamento dialético de Platão. Pois não há nenhuma dúvida: a essência da imitação consiste justamente em que vejamos naquele que representa o que é representado[10]. A representação quer ser tão verdadeira, tão convincente, que não venhamos absolutamente a reflitir sobre o fato de o representado não ser "real". O modo no qual o reconhecimento se realiza enquanto o conhecimento do verdadeiro não é o modo da diferenciação entre a representação e aquilo que é representado, mas o da não diferenciação, da identificação. Pois o que significa propriamente reconhecimento? Reconhecer não significa ver ainda uma vez mais uma coisa que já se viu um dia. Não se trata seguramente de reconhecimento quando vejo ainda uma vez sem notar algo que já vi um dia. Reconhecer significa muito mais conhecer algo como aquilo que já vi um dia. Todo enigma reside, contudo, nesse "como". Não tenho em vista a maravilha da memória, mas a maravilha do conhecimento que se esconde aí. Pois, se reconheço alguém ou algo, então vejo o que é reconhecido liberado tanto da contingência atual quanto da de outrora. Reside no reconhecimento o fato de se considerar o que é visto em função do que permanece, do essencial, daquilo que já não é turvado pelas circunstâncias contingentes do ter-visto-um-dia e do ter-visto-uma-vez-mais. É isso que constitui o reconhecimento e é assim que ele é efetivo na alegria junto à imitação. Com isso, aquilo que é visível na imitação é precisamente a essência propriamente dita da coisa. Isso está muito distante daquela teoria naturalista, assim como de todo classicismo. Imitação da natureza não implica, portanto, que a imitação precisaria ficar retida atrás da natureza por ser apenas imitação. Sem dúvida alguma, compreendemos da melhor forma possível o que Aristóteles tem em mente quando pensamos naquilo que também denominamos o elemento mímico. Onde é que o elemento mímico vem ao nosso encontro na arte, onde está a arte mímica? Antes de tudo no teatro. Mas não apenas aí. Tais coisas como o reconhecimento de bonecos são vivenciadas em toda festa popular, por exemplo no carnaval. No carnaval, todos se alegram ao tomarem conhecimento daquilo que é representado. Além disso, o cortejo religioso, o transporte de imagens divinas ou símbolos pelas ruas possui evidentemente os mesmos componentes mímicos. Nesse sentido, seja no contexto solene, seja no contexto profano, o elemento mímico está propriamente presente na realização imediata da representação.

No reconhecimento, porém, também há ainda algo mais. Não é apenas o universal, por assim dizer a figura persistente, purificada das contingências do modo como vem ao nosso encontro, que se torna visível. Também reside aí o fato de, em certo sentido, as pessoas conhecerem concomitantemente a

---

10. O termo alemão *Darstellung* significa "representação" no sentido artístico do termo. Ele diferencia-se assim de *Vorstellung* enquanto a representação que construímos de algo e que possui uma relação direta com ideia e pensamento. (N. do T.)

si mesmas. Todo reconhecimento é uma experiência de familiaridade crescente, e todas as nossas experiências de mundo são em última instância formas nas quais estabelecemos a familiaridade com esse mundo. A arte, como quer que ela seja, isso é o que parece dizer de maneira totalmente pertinente a doutrina aristotélica, é um modo de reconhecimento no qual o conhecimento de si próprio e, com isso, a familiaridade com o mundo se aprofundam juntamente com o reconhecimento.

Mas uma vez mais nos perguntamos com sobressalto como é que a pintura moderna consegue contribuir com essa tarefa do autorreconhecimento no mundo familiar. O reconhecimento, tal como é pensado por Aristóteles, tem por pressuposto o fato de subsistir uma tradição obrigatória na qual todos se compreendem e encontram a si mesmos. No caso do pensamento grego, essa tradição é o mito. O mito é o conteúdo comum da representação artística, cujo reconhecimento aprofunda nossa familiaridade com o mundo e com a própria existência, mesmo que esse aprofundamento se dê por meio de temor e compaixão. O conhecimento expresso na sentença "Isso é o que tu és", um conhecimento que tem lugar diante de nossos olhos por meio dos acontecimentos terríveis no teatro grego, esse autoconhecimento no reconhecimento, era suportado por todo o mundo da tradição religiosa dos gregos, por meio de seu céu repleto de deuses e da dedução de seu dia presente a partir do passado mítico-heroico. O que temos, porém, a ver com isso? Mesmo a arte cristã, como não podemos esconder de nós, perdeu há 150 anos a força mítica de seu dizer. Não foi a revolução da pintura moderna, mas já o fim do último grande estilo europeu, o fim do barroco, que trouxe consigo um fim real – o fim da plasticidade natural da tradição ocidental, de sua herança humanista assim como da mensagem cristã. Com certeza, mesmo o espectador moderno ainda conhece o objeto de tais imagens – na medida em que ainda sabe dessa herança. Mesmo na maior parte das imagens modernas continua havendo algo a conhecer – ainda que aquilo que seja reconhecido e compreendido aí sejam apenas gestos fragmentários, ainda que elas não sejam mais histórias que significam muitas coisas. Dessa forma, parece permanecer algo verdadeiro no antigo conceito de mimesis. Até mesmo na construção da imagem moderna a partir de elementos significativos que pairam em meio ao desconhecido ainda continuamos pressentindo algo, um último resto de familiaridade, e levamos a termo um pouco de reconhecimento.

Mas isso ainda se sustenta? Não recuamos imediatamente e percebemos que o construto propriamente dito que se acha aqui diante de nós não é compreendido se o lemos em vista de sua capacidade puramente objetiva de reprodução?[11] O que isso significa para uma língua falada por imagens

---

11. O verbo alemão *abbilden* significa "reproduzir", "copiar", "retratar". *Abbildhaftigkeit* é um neologismo criado por Gadamer para designar o caráter reprodutor de algo, a capacidade de algo re-

modernas? Ora, uma língua na qual gestos brilham por instantes em sua transparência de sentido, para imediatamente se obscurecerem uma vez mais, é uma língua incompreensível. Na língua de tais imagens parece haver menos exposição e mais recusa de sentido[12]. Imitação e reconhecimento acabam fracassando e nós permanecemos perplexos.

A mimesis e o conhecimento dado com ela, porém, talvez possam ser apreendidos em um sentido ainda mais genérico. E assim, junto à tentativa de encontrar a chave também para a arte moderna em um conceito de mimesis tomado mais profundamente, retorno ainda um passo atrás em relação a Aristóteles, retorno a Pitágoras – naturalmente não a Pitágoras enquanto uma figura histórica, de cujas doutrinas poderíamos, por exemplo, nos apossar ou reconstruir. A pesquisa-Pitágoras está entre as mais controversas que existem. No entanto, para nos colocarmos no caminho certo, são suficientes alguns poucos fatos dos quais ninguém duvida.

Entre esses fatos indubitáveis está a afirmação aristotélica[13] de que, com a doutrina da participação das coisas nas ideias, Platão só alterou a denominação de algo que os pitagóricos já tinham ensinado, a saber, o fato de as coisas serem imitações, "mimeseis". O contexto esclarece o que se entende nesse caso por imitação. Pois se fala manifestamente de imitação quando o universo, a abóboda celeste, e, igualmente, as harmonias sonoras que escutamos se apresentam da maneira mais espantosa possível em relações numéricas, isto é, em relações de números inteiros. Os comprimentos das cordas encontram-se em determinadas relações, e até mesmo o indivíduo sem sensibilidade musical sabe que há aí uma exatidão que parece possuir algo de uma força mágica. As coisas dão-se realmente de modo tal como se essas puras relações de intervalo se ordenassem por si mesmas, como se os sons ansiassem diretamente por alcançar a sua realidade propriamente dita em meio à afinação do instrumento e só estivessem totalmente presentes quando o puro intervalo ressoa. Agora aprendemos com Aristóteles – contra Platão: mimesis não é esse anseio, mas a sua realização. Nela está presente o milagre da ordem que denominamos "cosmos". Um tal sentido de mimesis, de imitação e de reconhecimento na imitação parece-me suficientemente amplo para que também compreendamos o fenômeno da arte moderna, pensando um passo adiante.

Segundo a doutrina pitagórica, o que é afinal imitado? Os números, dizem os pitagóricos, e as relações entre os números. O que é, porém, um nú-

---

tratar fidedignamente aquilo de que é reprodução. Para acompanhar o sentido do texto, optamos pela locução "capacidade de reprodução". (N. do T.)

12. Cf. no volume 8 dos escritos conjuntos o texto "Vom Verstummen des Bildes" [Do emudecimento da imagem] (Nr. 28).

13. *Metafísica*, A 6, 987b12.

mero e o que é uma relação entre números? Sem dúvida alguma não é nada visível, mas uma relacionalidade só apreensível intelectualmente, aquilo que se acha na essência do número. E aquilo que vem a termo no visível por meio da manutenção dos puros números, manutenção essa que é denominada "mimesis", não é apenas a ordem dos sons, a música. De acordo com a doutrina pitagórica, ele também é muito mais a ordem espantosa que nos é bem conhecida junto à abóboda celeste. Nela vemos, abstraindo-nos da desordem que os planetas apresentam porque não parecem realizar círculos regulares em torno da Terra, que tudo retorna na mesma ordem. Ao lado dessas duas experiências de ordem, a experiência da música dos sons e a experiência da música das esferas, entra em cena, então, como um terceiro elemento a ordem da alma – talvez essa também já seja uma autêntica ideia pitagórica antiga: a música pertence ao culto e auxilia, assim, na "purificação" da alma. As regras de pureza e a doutrina da transmigração das almas copertencem-se manifestamente. Portanto, são três ordens de manifestações que estão implicadas nesse antiquíssimo conceito de imitação: a ordem do mundo, a ordem musical e a ordem da alma. O que significa, então, o fato de essas ordens repousarem sobre a mimesis dos números, sobre a imitação dos números? Claramente o seguinte: que números e relações numéricas constituem a realidade desses fenômenos. Não que tudo aspire à exatidão numérica. Ao contrário, é essa ordem numérica que possui existência em tudo. Sobre ela repousa toda ordem. Foi Platão quem também fundou a ordem do mundo humano na pólis em vista da manutenção e da conservação pura da ordem musical das escalas tonais.

Gostaria de prosseguir aqui e perguntar: será que também não se experimenta ordem em toda arte – mesmo em suas extravagâncias mais extremas? Com certeza, a ordem que podemos experimentar por meio da arte moderna não possui mais nenhuma semelhança com o grande modelo da ordem natural e da construção do mundo. Ela também já não reflete uma experiência humana exposta em conteúdos míticos ou um mundo corporificado em manifestações familiares das coisas, manifestações que foram se tornando diletas. Tudo isso está em desaparecimento. Nós vivemos no moderno mundo industrial. Esse mundo não impeliu apenas as formas visíveis do rito e do culto para as margens de nossa existência, ele também destruiu para além disso aquilo que uma coisa é. Nessa constatação não deve residir nada da atitude queixosa de um *Laudator temporis acti*[14] – ela é um enunciado sobre a realidade que vemos à nossa volta e que, se não estamos mortos, precisamos aceitar. No entanto, vale para essa realidade o seguinte: não há mais coisas com as quais lidamos. Cada ente é uma peça que se pode comprar de

---

14. A expressão refere-se à *Ars poetica* (173) de Horácio e significa "elogiador do tempo passado". (N. do T.)

maneira arbitrariamente frequente porque ela pode ser produzida de maneira arbitrariamente frequente – até cessar a produção desse modelo. É completamente apropriado à situação que só continuemos a produzir essas "coisas" na fabricação em série, que só as coloquemos de lado por meio de uma propaganda grandiosamente estabelecida e que as joguemos fora quando quebram. Todavia, não fazemos a experiência da coisa junto a elas. Nada do que nelas ganha a presença subtrai-se à possibilidade de substituição, nenhuma pedaço de vida, nenhuma parte historicamente constituída. Essa é a aparência do mundo moderno. Qual é o ser pensante que poderia esperar que, não obstante, em nossas artes plásticas, as coisas que não são mais realmente, que não nos envolvem mais constantemente e não significam mais nada para nós, seriam oferecidas ao reconhecimento, como se nos familiarizássemos por meio daí uma vez mais com o nosso mundo? Contudo, isso não significa absolutamente que essa pintura e essa escultura moderna, precisamente na medida em que não mimetizam uma familiaridade desvanecente (também haveria muito a dizer sobre a arquitetura nesse contexto), não criam produtos que possuem uma consistência em si e não são eles mesmos substituíveis. Toda obra de arte continua sendo algo assim como era antigamente uma coisa em cuja existência brilhava e na qual era gerada uma ordem na totalidade. Talvez elas não sejam mais uma ordem que possa se conjugar em termos de conteúdo com as nossas representações das ordens que outrora unificavam as coisas familiares com o mundo familiar, mas elas trazem consigo um emprego constantemente novo e vigoroso de energia espiritual ordenadora.

Por isso, é por fim totalmente desinteressante saber se um pintor ou um escultor trabalha objetiva ou inobjetivamente. Interessante é apenas saber se encontramos aí uma energia espiritual ordenadora – ou se somos apenas lembrados desse ou daquele conteúdo de nossa cultura ou mesmo desse ou daquele artista. Pois essas são de fato objeções contra o valor artístico de uma obra. Na medida, porém, em que uma obra eleva aquilo que representa ou aquilo como o que ela se representa a uma nova forma, a um novo ínfimo cosmos, unido em si e ordenado em si, ela é arte, quer se fale aí de conteúdos de nossa cultura, de figuras familiares de nosso mundo circundante, quer não seja representado senão o elemento completamente mudo e, não obstante, originariamente familiar das puras harmonias pitagóricas de formas e cores. E assim, se devesse sugerir uma categoria estética universal que abarcasse em si as categorias inicialmente desenvolvidas da expressão, da imitação e do sinal, gostaria de me articular com o conceito arcaico de mimesis, com o qual não se tinha em vista outra coisa senão a representação da ordem. Geração de ordem – isso parece desde sempre válido porquanto toda obra de arte, mesmo em nosso mundo que tem se tornado cada vez mais uniforme e serial, sempre gera a força de ordenação espiritual que constitui a realidade de nossa vida. Na obra de arte acontece paradigmaticamente aquilo que todos nós fazemos na medida em que estamos aqui: estruturação constante do mundo. Ela encontra-se em meio a um mundo em decomposição do habitual e familiar como um penhor de ordem, e talvez todas as forças de conservação e manutenção que sustentam a cultura humana repousem sobre aquilo que vem ao nosso encontro de maneira exemplar no fazer dos artistas e na experiência da arte: o fato de sempre ordenarmos uma vez mais aquilo que nos decompõe.

3. SOBRE A VERDADE DA PALAVRA (1971)
[Von der Wahrheit des Wortes]

Ilusão por meio da linguagem, suspeita de ideologia ou mesmo suspeita de metafísica são hoje expressões tão comuns que soa como uma provocação falar sobre a verdade da palavra. Completamente, se falamos "da" palavra. Pois se há algo que parece assegurado e fora de toda discussão é o fato de o discurso sobre a verdade só ter a sua aplicação junto ao elemento composto (ἐν συνθέσει ἀεί); e, ainda que possamos denominar "alethes" – juntamente com os gregos – a percepção que apreende as qualidades sensíveis específicas e o conteúdo quidditativo daquilo que é visado, é em todo caso sem sentido falar da verdade da palavra onde ela é completamente absorvida naquilo que o discurso tem em vista. Ela já não seria nenhuma palavra se pudesse ser falsa enquanto palavra. O discurso formado a partir de palavras só pode ser falso ou verdadeiro no sentido em que se acha em questão a opinião que é expressa nele sobre um estado de coisas.

Não obstante, "a" palavra não é apenas a palavra particular, o singular das noções ou das palavras que formam juntas o discurso[1]. O termo articula-se muito mais com um uso linguístico específico, segundo o qual "a palavra" tem um significado coletivo e implica uma relação social. A palavra que é dita a alguém, também a palavra que é dada a alguém, ou ainda a palavra em jogo quando alguém diz em relação a um assentimento: "assim é que se fala"[2], não têm em vista uma única palavra; e mesmo quando não se trata se-

---

1. O termo alemão *Wort* designa tanto uma "palavra" quanto uma "noção". No entanto, o plural de *Wort* possui uma forma específica para cada um desses dois significados: *Wörter* [palavras] e *Worte* [noções, termos]. Gadamer faz aqui menção ao termo *Wort* como o singular dessas duas formas plurais. (N. do T.)

2. Em alemão a expressão correlata "assim é que se fala" envolve o termo *Wort*: *das ist ein Wort* (traduzindo ao pé da letra: "Essa é uma palavra"). Para acompanhar o intuito do texto, sem tornar, porém, a tradução artificial, optamos por inserir a locução "a palavra em jogo" antes de "assim é que se fala". (N. do T.)

não de uma única palavra, da palavra "sim", ela diz infinitamente mais do que se pode "pensar". Quando Lutero usa o termo "palavra" para designar o Logos do prólogo de João, então o que está por detrás desse uso é toda uma teologia da palavra que remonta no mínimo às interpretações agostinianas da trindade[3]. O leitor simples, porém, também está em condições de resgatar o fato de Jesus Cristo ser para os fiéis a promessa viva e encarnada. Se a seguir formulamos a pergunta sobre a verdade da palavra, então não temos em vista nenhuma palavra determinada segundo o seu conteúdo, tampouco a palavra da promessa da graça. Todavia, precisamos levar em conta que a palavra "vive entre os homens" e possui uma existência própria confiável e constante em todas as formas de manifestação nas quais ela é totalmente aquilo que é. Por fim, é sempre a palavra que "fica"; seja na medida em que alguém defende a sua palavra ou responde por ela como aquele que a disse ou como aquele que tomou ao pé da letra a palavra dita por um outro. A própria palavra fica. Apesar da unicidade de sua proferição, ela está presente de maneira duradoura: como mensagem da salvação, como bênção ou praga, como oração – ou mesmo como ordem, lei e juízo pronunciado, ou ainda como o dizer dos poetas e o princípio dos filósofos. Parece mais do que um fato extrínseco que se possa dizer dessa palavra que ela "se acha escrita" e documenta a si mesma. Em vista desses modos de ser da palavra que, segundo o seu próprio sentido de validade, "faz coisas" e não quer apenas comunicar algo verdadeiro, precisamos formular a questão sobre o que pode significar o fato de eles serem verdadeiros e de serem verdadeiros enquanto palavra. Com isso, articulo-me com o famoso questionamento de Austin, a fim de tornar visível a palavra poética em seu *status* ontológico.

Para fazer com que essa questão tenha realmente sentido, precisamos entrar em um acordo quanto ao que pode significar aqui "verdade". É claro que o conceito tradicional de verdade – a "adaequatio rei et intellectus" – não possui nenhuma função quando a palavra não é absolutamente pensada como enunciado sobre algo, mas levanta e concretiza em si mesma uma requisição de ser enquanto uma existência própria. Suponhamos, porém, que o caráter único em termos numéricos[4], o singular que é atribuído "à" palavra, contenha em si mesmo uma inadequação lógica essencial, uma vez que a palavra remete a uma infinidade intrínseca de respostas[5] possíveis que são todas – e com isso nenhuma – "apropriadas". Com certeza, pensaremos

---

3. Gadamer refere-se fundamentalmente à obra *De trinitate* de Santo Agostinho. (N. do T.)

4. *Einzahl* é normalmente traduzido por "singular". No entanto, como Gadamer utiliza dois termos sinônimos em alemão, *Einzahl* e *Singular*, optamos por uma explicitação literal do sentido do termo *Einzahl*: o caráter único [*Ein-*] em termos numéricos [*-zahl*]. (N. do T.)

5. Gadamer hifeniza nesse caso o termo *Ant-wort* [resposta], a fim de realçar a presença de *Wort* [palavra] na raiz desse termo. Traduzido literalmente *Antwort* significa "ir ao encontro da palavra proferida com outra palavra". (N. do T.)

nesse caso na *alétheia* grega cuja significação fundamental Heidegger nos ensinou a enxergar. Não tenho em vista apenas o sentido privativo de *a-létheia* como desvelamento ou como desencobrimento. Enquanto tal, essa não foi nenhuma afirmação tão nova assim. Há muito já se tinha visto que, em conexão com os verbos ligados ao dizer, *alétheia* tinha o sentido de desocultamento (Humboldt): "Não faça algo nas minhas costas"[6] (ἥ ε λάθηφ), diz Zeus a Hera. Além disso, a fantasia florescente e a língua afiadíssima[7] dos gregos tinham deixado a *alétheia* se distinguir já em Homero como não velamento. O que torna significativa a renovação heideggeriana da intelecção do sentido privativo é o fato de essa palavra grega não ser restrita ao discurso, mas também ser usada em um âmbito que alcança a esfera significativa do termo "autêntico" no sentido de "não falsificado". Assim, também se diz em grego: um amigo verdadeiro, um ouro verdadeiro, isto é, autêntico, que não desperta a falsa aparência de ser ouro. Em um tal contexto, "desencobrimento" ganha uma significação ontológica, isto é, não caracteriza um comportamento ou o expor-se de alguém ou de algo, mas o seu ser (assim como *alétheia* também pode significar a propriedade de caráter da sinceridade). É realmente espantoso o fato de não ser apenas o ente capaz de falar, dissimular e mesmo mentir que possa se distinguir por meio da "aletheia", mas de o ente enquanto tal também poder ser "verdadeiro", tal como acontece com o ouro. O que pode ser isso que aí encobre, oculta ou dissimula de tal modo que o não velamento – e não por meio de nossa ação – possa ser dito do ente? Como é que o ser precisa "ser" se o ente "é" de tal modo que ele pode ser falso?

A resposta precisará partir da experiência mais imediata: vem à tona aí como as coisas se dão. Não foi por acaso que Heidegger dedicou uma atenção particular ao conceito aristotélico de *phýsis*, um conceito que caracteriza o *status* ontológico daquilo que cresce por si mesmo. O que significa, contudo, que o próprio ser seja de tal modo que o ente precisa primeiro vir à tona como aquilo que é? E mesmo que possa ser "falso" como o ouro falso? Que tipo de encobrimento é esse que pertence ao ente tanto quanto o desencobrimento com o qual ele ganha a presença? O desvelamento que advém ao ente e no qual ele emerge, porém, parece em si mesmo como um aí absoluto, como a luz na descrição aristotélica do *noûs poietikós* e como a "clareira" que se abre no ser e enquanto ser.

---

6. O verbo alemão *hintergehen* possui o sentido de "enganar, iludir". No presente contexto, porém, a tradução direta por esses correlatos tornaria difícil o acompanhamento da relação com *alétheia* (desvelamento, desocultamento). Exatamente por isso, optamos por uma tradução mais literal que resgatasse o intuito do original: "fazer algo nas minhas costas" indica ao mesmo tempo uma tentativa de enganar e mantém a relação com velamento. (N. do T.)

7. *Zungenfertigkeit* significa literalmente "a prontidão da língua" e se confunde com o que normalmente designamos como "língua afiada". (N. do T.)

Enquanto Heidegger procurou colocar a questão do ser a partir de uma analítica existencial do ser-aí, foi difícil escapar da consequência de que é o ser-aí propriamente dito que é o seu aí e de que é para ele que algo diverso está "aí". Em verdade, todo o interesse de Heidegger estava voltado para a contraposição da mobilidade histórica do ser-aí, de sua estrutura enquanto um projeto jogado, ao idealismo da subjetividade transcendental e às suas representações ultra-abstratas. Além disso, a estrutura do cuidado constitutiva do ser-aí procurava certamente se diferenciar de maneira fundamental dos conceitos idealistas diretrizes de uma "consciência efetiva" ou de um "saber absoluto". Não há também como desconhecer que propriedade e impropriedade pertencem "cooriginariamente" à totalidade estrutural do ser-aí e que, por isso, o falatório é tão constitutivo do ser-aí quanto a palavra e o silêncio. Um sentido de propriedade ou autenticidade não pôde afluir apenas a partir daquilo que o primeiro Heidegger tinha denominado "decisão pronta a angustiar-se"; e decisão não apenas pelo silêncio, mas também pela quebra do silêncio, ou seja, pela palavra. E, sem dúvida alguma, já tinha sido assumido em *Ser e tempo* o desafio que o conceito grego de Logos representara desde o princípio para o "teólogo cristão" Heidegger. (Heidegger ainda continuava se denominando assim no momento em que estava se dedicando como professor precário[8] de filosofia ao trabalho de sua vida.) Já em *Ser e tempo*, a linguagem é pensada como um existencial, a saber, como uma determinação do ser-aí que se distingue pela compreensão de ser. No entanto, como a essência da verdade, a partir do manter-se-em-si e a insistência do ser-aí, continuava relacionada com o "mistério" e com o seu velamento absoluto como com o seu outro, a palavra e a linguagem também podiam ter efetivamente uma relação existenciária com o ouvir e o silenciar, mas o que era "verdadeiro" nessa relação e "vinha à tona" nesse caso era justamente a existência, o ser-aí na expectativa de seu ser ante o nada. Com certeza, mesmo nesse caso a palavra não era o enunciado da *apóphansis* aristotélica, um enunciado que é absorvido enquanto algo dito naquilo que ele diz e mostra (ἐν τῷ δηλοῦν). Ao contrário, ela tinha o caráter temporal da unicidade e de um acontecimento apropriativo[9]. Mas o que significava aqui acontecimento

---

8. Na verdade, não temos nenhum correlato direto em nosso sistema universitário para designar aquilo que os alemães compreendem pelo termo *Privatdozent*. *Privatdozent* é um cargo não estável de professor universitário que se inicia logo depois da escrita de uma tese de habilitação à docência (trabalho realizado na Alemanha depois do doutorado) e que pode se estender pelo período de até dois anos. Durante esse tempo, os *Privatdozente* podem se candidatar a vagas estáveis no ensino universitário alemão. (N. do T.)

9. *Ereignis* é um dos termos mais centrais do assim chamado pensamento heideggeriano posterior à virada [*Kehre*]. Em seu uso comum, *Ereignis* significa fundamentalmente acontecimento, evento, ocorrência. Heidegger, porém, realça a presença de *eigen* [próprio] e *äugen* [visualização] na palavra *Ereignis* e a utiliza, assim, para designar um acontecimento muito peculiar: o acontecimento no

apropriativo? E o que acontecia apropriativamente aí? Heidegger viu outrora muito bem como essa "palavra" acabou por "ganhar o espaço do falatório" e decair nesse espaço com uma necessidade interna e que o destino do pensamento também estava disposto nessa ambiguidade entre propriedade e decadência, ser e aparência. Todavia, o fato de a palavra enquanto palavra não ser apenas desencobrimento, mas também do mesmo modo, e, precisamente por isso, palavra que abriga e encobre, não tinha como ser apreendido pela analítica transcendental do ser-aí. Na célebre confrontação em Davos[10] com o autor da "Filosofia das formas simbólicas", Heidegger ainda insistiu na autocompreensão do ser-aí em contraposição ao mundo intermediário das formas.

Não obstante, se desencobrimento e encobrimento são realmente pensados como momentos estruturais do "ser", se a temporalidade pertence ao ser e não apenas ao ente que guarda o lugar para o ser, então o que distingue o homem continua sendo efetivamente "ser aí", e, do mesmo modo, o fato de não ser apenas ele mesmo que está em casa na linguagem, mas de o "ser" estar presente na linguagem que falamos uns com os outros. E tudo isso não a partir de uma decisão existencial que também poderia ser deixada de lado, mas porque o ser-aí é decisão, abertura constante para o "aí". Nesse sentido, porém, não se pode pensar a partir do ser-aí no sentido de que a palavra propriamente dita seria a palavra da propriedade – e não a palavra do falatório. Aquilo que a palavra propriamente dita é – a palavra enquanto palavra verdadeira – será muito mais definido a partir do ser, como a palavra na qual a verdade acontece. Assim, podemos nos articular com a intelecção tardia de Heidegger e formular a pergunta sobre a verdade da palavra. Na formulação dessa questão, talvez possamos nos aproximar de maneira concreta de expressões enigmáticas como a "clareira do ser".

O que é a palavra propriamente dita – ou seja, não a palavra, por exemplo, na qual algo verdadeiro ou mesmo a verdade suprema é dita, mas a palavra que é "palavra" no sentido mais próprio possível? Ser palavra significa ser na medida em que diz[11]. Para que possamos encontrar no interior da multiplicidade infinita em que recaem as palavras aquelas que mais incorporam

---

qual o ser-aí se apropria de si mesmo enquanto ser-aí na medida em que se deixa apropriar pelo ser e em que experimenta a partir daí a abertura para o desvelamento do ente na totalidade. Para acompanhar minimamente a riqueza do termo *Ereignis* em alemão, optamos pela expressão "acontecimento apropriativo". (N. do T.)

10. Encontro de Ernst Cassirer e Martin Heidegger realizado na cidade de Davos na Suíça entre os dias 17 de março e 6 de abril de 1929. O encontro assumiu a forma de uma série de preleções ministradas pelos dois filósofos e de uma espécie de *disputatio* entre eles. (N. do T.)

11. *Sagend sein* significa literalmente "ser dizendo", "ser em meio ao dizer", "ser na medida em que diz". (N. do T.)

a dinâmica do dizer[12], recordamo-nos uma vez mais do caráter intrínseco àquilo que verdadeiramente é "uma palavra": o fato de ela ficar e de a defendermos. Já está evidentemente implicado aí que a palavra levante uma requisição de validade duradoura com aquilo que diz ou que, dizendo, faz; e já me referi ao fato de o mistério da escrita confirmar essa requisição. Portanto, não é tão arbitrário e absurdo quanto soa à primeira escuta se eu definir enquanto "texto" a palavra que incorpora propriamente a dinâmica do dizer. Essa definição não tem obviamente senão um sentido metodológico. Por meio daí não deve ser contestada a autenticidade, a originariedade, a força significativa, o poder de decisão que reside no discurso vivo ou na oração, na pregação, na bênção e na maldição ou no discurso político. Com isso, a pergunta sobre aquilo que pode fazer com que a palavra seja verdadeira enquanto palavra é muito mais isolada metodologicamente. O fato de mesmo os textos só reconquistarem o seu caráter de palavra na realização viva de sua compreensão, de sua leitura em voz alta, de seu pronunciamento, não altera nada quanto ao fato de ser o conteúdo do texto e nada além disso que renasce aqui, isto é, a palavra potencial que diz algo. Por isso, o modo como a palavra está aí quando é "texto" torna visível o que ela é enquanto palavra que diz, ou seja, o que constitui o seu ser-na-medida-em-que-diz.

Denomino "enunciado" o ser na medida em que diz assim isolado que é próprio à palavra. Pois de fato, apesar de toda problemática do uso e do abuso que se faz dele, por exemplo, nos processos judiciais onde aparece como depoimento[13], o enunciado é fixável segundo a sua essência, e, mesmo que não seja irrevogável, ele é de qualquer modo válido sem tal revogação, ou seja, válido por agora. Sua validade inclui o fato de aquilo que é dito nele e unicamente isso valer; por mais que uma vez mais a contenda em torno do conteúdo inequívoco de um enunciado e sobre se a referência a ele é ou não justificada confirme indiretamente a requisição por inequivocidade. O fato de depoimentos de testemunhas no tribunal só conquistarem efetivamente valor de verdade a partir do contexto da investigação é claro por si só. Assim, a palavra alemã *Aussage* [enunciado] também se impôs precisamente no con-

---

12. É sempre uma questão delicada traduzir o uso adjetivo do particípio presente em alemão. Na passagem acima, Gadamer vale-se da seguinte expressão: *diejenigen (...), die am meisten sagend sind*. Uma tradução ao pé da letra seria: "aquelas (...) que são mais dizentes" ou "aquelas que são mais na medida em que dizem". A primeira opção envolve a criação de um neologismo que traz consigo uma clara artificialidade. A segunda não consegue trazer à tona com clareza o que está realmente em questão nesse contexto: a realização da essência da palavra junto ao próprio dizer. Por isso, para seguir esse intuito específico do texto, optamos pela locução "aquelas (...) que incorporam mais a dinâmica própria ao dizer". (N. do T.)

13. O termo alemão *Aussage* significa tanto "enunciado" quanto "depoimento, testemunho". Como não há simetria nesse caso entre o alemão e o português, vimo-nos diante da necessidade de inserir um adendo ao texto: "onde aparece como depoimento". (N. do T.)

texto hermenêutico, por exemplo na exegese teológica ou na estética literária, porque conseguiu acentuar o fato de se tratar aqui puramente daquilo que é dito enquanto tal, sem consideração da ocasionalidade do autor, e o fato de nada senão a interpretação do texto como um todo tornar visível a sua significação. Dessa forma, não é senão um grande engano dizer que, por meio de uma tal concentração no texto que o enunciado é como um todo, o caráter de acontecimento da palavra seria enfraquecido – é só aí que esse caráter vem à tona em sua plena significação.

Mas também pode haver certamente uma fixação escrita daquilo que é falado, sem que se trate de um texto no sentido da palavra que fica. Assim, por exemplo, anotações privadas, apontamentos e resumos do que foi falado não devem senão servir como apoios para a memória. Aqui fica claro que a anotação escrita só obtém vida em recurso à memória fresca. Um tal texto não se enuncia por si mesmo e não seria, por isso, caso fosse publicado isoladamente, nada que "diz" algo. Um tal texto não passa do rastro escrito de uma lembrança que vive a partir de si. Na distinção em relação a ele fica claro em que sentido há textos que realmente possuem o caráter de enunciado, ou seja, que são uma palavra no sentido acima caracterizado, uma palavra que é dita (e não apenas algo transmitido). Portanto, podemos definir de maneira mais fina a palavra enquanto palavra que diz por meio do fato de ela ser dita como uma palavra que diz e perguntar uma vez mais: qual é a palavra dita assim que mais incorpora a dinâmica do dizer e, nessa medida, pode ser "verdadeira"?

Diferenciamos três modos de ser de textos que se mostram nesse sentido como "enunciados": o texto religioso, o texto jurídico e o texto literário; sendo que o texto literário talvez ainda precise ser mais bem diferenciado, para poder abarcar formas de enunciado tão diversas quanto a palavra poética, a sentença especulativa dos filósofos e a unidade lógica fundamental do juízo predicativo. Pois mesmo o juízo predicativo pertence a esse contexto, porquanto o caráter genérico da palavra é ser na medida em que diz. Com isso, nenhuma palavra é cindível do deixar-presentificar-se indicador que denominamos juízo quando esse se encontra no contexto de uma argumentação.

No entanto, a diferenciação entre esses modos de ser da palavra não deve residir agora exclusivamente no caráter de palavra e afluir até ela de fora, a partir das circunstâncias em que é dita. Em todas as suas formas de manifestação, o que é dito pertence à "literatura". Pois o que caracteriza a literatura é justamente o fato de seu ter-sido-escrito não representar uma atenuação de seu ser originário, de seu ser vivo e oral, mas de sua própria forma original admitir e requisitar por sua vez uma realização secundária da leitura ou da fala. A esses três modos de ser fundamentais dos textos podemos associar três formas fundamentais do dizer: a promessa, o anúncio e o enunciado[14] em um sentido mais estreito, que pode se mostrar como enunciado em um sentido eminente, isto é, como aquilo que conduz o dizer ao seu *télos* verdadeiro[15], e que, assim, é a palavra que mais incorpora a dinâmica do dizer.

Com isso, não se deve restringir o fato de o texto religioso, por exemplo, assim como o texto jurídico, se mostrar como "enunciado" na plena abrangência de nosso conceito, isto é, de ele conter no modo como se dá em termos de linguagem e de escrita o caráter específico de seu dizer. Portanto, as coisas não se acham de tal forma que um enunciado que ainda não fosse uma promessa só se tornaria uma por meio do fato de alguém emiti-la para alguém, por exemplo, como consolo ou augúrio. Ele é muito mais um tal enunciado que possui em si mesmo o caráter de promessa e que precisa ser compreendido enquanto tal. Isso significa, porém, que junto ao assentimento a linguagem excede a si mesma. Quer em vista do antigo ou do novo laço, a promessa não se realiza em si mesma, como um poema, por exemplo, realiza a si mesmo. Por isso, a promessa de um bom augúrio encontra a sua realização como que na suposição da crença – do mesmo modo que todo compromisso só se torna obrigatório quando é assumido. De maneira similar, um texto jurídico, que formula uma lei ou um juízo, também só se torna obrigatório no momento em que é promulgado, não se realizando, contudo, em si mesmo enquanto texto promulgado, mas somente em sua apresentação ou execução. Mesmo um mero relato histórico diferencia-se de um texto poético pelo fato de esse último realizar a si mesmo. Tomemos o exemplo do evangelho. Nesse caso, o evangelista conta uma história. Um cronista ou um historiador também poderiam contar uma tal história, ou mesmo ainda um poeta. Todavia, a requisição do dizer que é levantada com a "leitura" dessa história – e cada ato de ler é no fundo uma leitura – é desde o princípio manifestamente um dizer próprio que denomino promessa. Pois trata-se aqui da boa-nova. Com certeza, também podemos ler esse texto de outra forma, por exemplo com o interesse do historiador que quer comprovar criticamente o valor de suas fontes. No entanto, se o historiador não compreendesse o enunciado do texto em seu caráter de promessa, ele também não poderia fazer nenhum emprego adequado em termos de crítica das fontes. Como diz a hermenêutica: o texto tem seu escopo, em vista do qual ele precisa ser compreendido. Uma vez mais, também podemos ler o mesmo texto literariamente, por exemplo em vista dos meios artísticos que dão vida e cor à sua

---

14. Os três termos em alemão possuem o termo *Sage* [dizer] em seu radical: *Zu-sage*, *An-sage* e *Aus-sage*. (N. do T.)

15. Assim como a palavra alemã *Aussage*, e-nunciado significa etimologicamente em português "levar o dizer para fora", "explicitar [*ek-*] o dizer [*nunciare*]". No momento em que se expõe o dizer, contudo, o que se faz não é apenas lançá-lo para fora, mas também conduzi-lo ao seu limite mais pleno, ao seu fim no sentido grego do termo *télos*. (N. do T.)

apresentação, em vista de sua composição, de seus meios estilísticos sintáticos e semânticos. Além disso, sem dúvida alguma há, em particular no Antigo Testamento, elevada poesia cujos meios artísticos saltam aos olhos. E, no entanto, mesmo um texto como, por exemplo, o cântico dos cânticos se acha no contexto do livro sagrado, isto é, exige ser compreendido como promessa. Certamente, é o contexto que entrega aqui o caráter de promessa ao cântico dos cânticos, mas esse contexto não é por sua vez senão um texto que se dá de maneira puramente linguística. Também é preciso, então, associar ao mesmo escopo textos literariamente tão modestos e desprovidos de caráter artístico como os evangelhos sinópticos. Ou seja, é preciso deduzir o caráter de promessa de tais textos a partir do escopo que o contexto indica.

Podemos perguntar aqui criticamente se o caráter religioso de tais textos, um caráter que fala a partir deles mesmos, já constitui enquanto tal o seu caráter de promessa ou se não é o caráter particular das religiões salvacionistas e revelacionistas, religiões que, em sentido próprio, são religiões ligadas a um livro, tal como é o caso da religião judaica, da cristã e da islâmica, que empresta aos seus escritos o caráter de promessa. O mundo do mito, isto é, de toda a tradição religiosa que não conhece algo assim como textos canônicos, poderia abrir uma problemática hermenêutica totalmente diversa. Nesse caso, por exemplo, encontram-se os "enunciados" que podem ser descobertos por detrás do texto poético dos gregos em seus mitos e sagas. Com certeza, eles mesmos não possuem já a estrutura do texto, isto é, da palavra que fica. Não obstante, eles são "sagas"[16], ou seja, eles não falam senão por meio de seu ser-dito. Será que teríamos efetivamente tomado ou tomaríamos conhecimento desses mundos da tradição religiosa, se eles não se encontrassem por assim dizer nas formas literárias da tradição? Apesar de respeitar os métodos de investigação estruturalistas do mito, o interesse hermenêutico não começa tanto com a pergunta sobre o que os mitos nos revelam, mas antes sobre o que eles nos dizem quando vêm ao encontro na poesia. O que eles nos dizem reside no enunciado que são e que impele, sim, necessariamente à fixação; e, talvez, até mesmo à fixação cumulativa por meio da poesia que interpreta os mitos. Assim, o problema hermenêutico da interpretação dos mitos tem o seu lugar legítimo sob as formas da palavra literária[17].

Uma consideração similar pode ser realizada em relação ao caráter próprio ao anúncio[18]. Ele parece caber especificamente aos enunciados jurídicos e abarca a ampla escala que vai das ordens judiciais divulgadas publicamen-

---

16. O termo "saga" em alemão [*Sage*] é formado diretamente a partir do verbo dizer [*Sagen*]. Gadamer leva em conta esse fato na passagem acima. (N. do T.)

17. Desde o livro *Anatomy of Criticism* de Northrop Fryes, a consciência geral passou a ter clareza quanto à significação da tradição religiosa para a conquista do estilo poético. Também é importante conferir a restrição crítica feita por Paul Ricoeur à "geometria" estruturalista.

18. *Ansage* também pode ter o sentido específico de notificação judicial. (N. do T.)

te e da promulgação de leis até chegar aos códigos e às constituições escritas, sentenças etc. Os níveis textuais que são aqui percorridos e o caráter literário no qual emerge paulatinamente a tradição jurídica retêm de maneira clara o seu próprio caráter de dizer. Eles dizem algo que possui vigência no sentido jurídico da palavra e só podem ser compreendidos sob o escopo de uma tal requisição por vigência. Nesse caso, é evidente que uma tal requisição por vigência da palavra não se anexa a ela por meio da escrita, mas que mesmo a codificabilidade de tais vigências não é inversamente assessória e contingente. É só nestas vigências que chega a termo em certa medida o sentido de dizer de tais enunciados. Pois o fato de uma ordem judicial ou de uma lei genérica serem fixáveis por meio da escrita em seu pleno sentido vocabular repousa manifestamente sobre a sua vigência invariável para todos. O que permanece *aí* e o que aí *permanece* enquanto não cai por terra constitui sem dúvida alguma o caráter essencial de vigência do anúncio, um caráter que cabe a um tal texto. Por isso, fala-se da promulgação ou da publicação de uma lei como a data do início de sua vigência legal. O fato de a interpretação de tal palavra ou texto ser uma tarefa própria juridicamente criativa não altera coisa alguma nem em relação ao anseio por inequivocidade do enunciado, nem em relação à imperatividade jurídica. A tarefa hermenêutica aqui formulada é uma tarefa jurídica. De maneira secundária, ela pode ter um lado relativo à história do direito e talvez até mesmo à história da literatura. Em todo caso, porém, mesmo sob essa forma do anúncio, a palavra permanece enunciado, ou seja, ela quer ser verdadeira enquanto palavra.

Se nos voltamos agora para os enunciados no sentido eminente da palavra, para os enunciados que pertencem antes de tudo ao sentido mais estreito de literatura, então a profusão de modos de ser dos enunciados que se encontram aí se mostra como atordoante. Parece-me justificado em termos metodológicos restringir nossa questão à palavra própria às assim chamadas "belas-letras". Evidentemente não é por acaso que a "literatura" compreendida em sentido mais restrito designa as "belas-letras", a saber, os textos que não são subordinados a nenhum outro contexto significativo ou junto aos quais podemos nos abstrair de todas as subordinações possíveis, por exemplo, da classificação relativa ao uso litúrgico, jurídico, científico e mesmo filosófico – se bem que esse uso possa funcionar como um caso particular. Desde sempre, esse foi o sentido do belo, do "kalon": ser desejável em si mesmo, isto é, não ser elucidado em virtude de nenhuma outra coisa, mas somente com base em sua própria manifestação que exige aprovação de uma maneira óbvia. Com isso, o problema hermenêutico não deve ser de maneira alguma transportado para o interior do âmbito de competência da estética. Ao contrário, a pergunta sobre a verdade da palavra é aqui formulada conscientemente junto à palavra literária precisamente porque essa pergunta não conquistou na estética tradicional nenhum direito propriamente dito à cidadania. Com certeza, a arte da palavra, a poesia, foi desde sempre um objeto particular de reflexão; em todo caso, muito tempo antes da tematização de outros gêneros artísticos. Se quisermos levar em conta aqui alguém como Vitrúvio[19] ou, em outro campo, os teóricos da música, então nos dois casos trata-se de doutrinas práticas da arte e, assim, no fundo tudo não passa senão de *ars poetica*[20]. – Para os filósofos, foi antes de tudo a poesia que se tornou objeto de reflexão; e não por acaso. A poesia era a antiga rival da própria requisição da filosofia. Isso é atestado não apenas pela crítica platônica à poesia, mas também pelo interesse particular de Aristóteles pela poética. A isso alia-se ainda a vizinhança entre a poesia e a retórica, à qual já tinha sido dedicada muito cedo uma reflexão abalizada em termos artísticos[21]. Em muitos aspectos, essa reflexão foi produtiva. Além disso, ela foi fundamental para a formação de muitos conceitos no âmbito da consideração artística. O conceito de estilo, de "*stilus scribendi*"[22], já presta por si só um testemunho convincente quanto a esse ponto.

Apesar disso é preciso que nos perguntemos se o papel da poesia no interior da estética conquistou algum dia o seu pleno direito. Nesse contexto deparamos com o conceito estético fundamental que se mostrou dominante por dois mil anos: o conceito de *mimesis*, de *imitatio*, de imitação[23]. Originariamente, esse conceito estava ligado estreitamente com as artes transitórias, com a dança, a música e a poesia, e ele encontrou antes de tudo uma aplicação na arte teatral. Já em Platão, porém, são utilizadas artes visuais como a escultura e a pintura para a sua ilustração – o mesmo se dá com Aristóteles. Foi antes de tudo Platão que, contudo, por meio de seu conceito ocular de *eidos*, interpretou o mundo que é como imitação e a poesia como imitação desse mundo, ou seja, como uma imitação da imitação. Platão continua ressoando na definição "hegeliana" do belo como aparência sensível da ideia, e toda a proclamação romântica da poesia universal não suprimiu o embaraço que mantém a arte da palavra como entalada entre a retórica e a estética.

Desse modo, a pergunta sobre a verdade da palavra não pode se apoiar em ricas preparações. No romantismo, e, antes de tudo, na sistemática hegeliana das artes, só se encontram pontos de partida não desenvolvidos. A ruptura heideggeriana com a conceptualidade tradicional da metafísica e da estética abriu nesse caso uma nova via de acesso, na medida em que Heidegger interpretou a obra de arte como o pôr-se-em-obra da verdade e defen-

---

19. Marco Vitrúvio: arquiteto romano do século I a.C. Autor de *Da arquitetura*. (N. do T.)
20. Em latim no original: arte poética. (N. do T.)
21. Pensemos na συναγωγη τεχνων de Aristóteles.
22. Em latim no original: estilo de escrever. (N. do T.)
23. No que concerne ao conceito de mimesis, conferir, além do texto precedente, as seguintes contribuições: "Dichtung und Mimesis [Poesia e mimesis – GW 8]" e "O jogo da arte".

deu a unidade ético-sensível da obra de arte contra todos os dualismos ontológicos[24]. Assim, ele dignificou novamente para todas as artes a intelecção romântica da posição-chave da criação poética. No entanto, mesmo em relação a ele parece muito mais fácil dizer como uma obra pictórica traz à tona o verdadeiro ser da cor ou como a obra arquitetônica o verdadeiro ser da pedra, do que como a palavra verdadeira vem à tona na obra poética. É aqui que reside a nossa questão.

O que significa a emergência da palavra na poesia? Assim como as cores brilham mais na obra pictórica, assim como a pedra é mais basilar na obra arquitetônica, a palavra diz mais na obra poética do que em qualquer outro lugar. Essa é a nossa tese. Se pudermos torná-la convincente, então a pergunta genérica sobre a verdade da palavra poderá ser respondida a partir dessa sua consumação[25]. Mas o que significa o fato de a palavra "dizer mais"? Para esse ponto, o nosso encadeamento metodológico entre palavra e texto é uma boa preparação. Evidentemente, a letra morta da escrita não pode ser computada ao ser da obra de arte, mas apenas a palavra ressuscitada (falada ou lida). Só o transcurso através de sua decadência na escrita, contudo, dá à palavra a transfiguração que pode ser designada como sua verdade. Nesse caso, a pergunta sobre a significação histórica e genética da escrita pode ser deixada completamente de lado. O que o transcurso através da escrita empreende metodologicamente não é aqui senão a descoberta do modo de ser caracteristicamente linguístico da palavra e, em particular, do enunciado poético. Precisaremos colocar à prova se o transcurso através da escrita não descortina no caso das "belas-letras" algo diverso daquilo que precisa viger para os outros casos do texto real.

De início, algo comum torna-se com certeza visível, por exemplo o desaparecimento do autor ou a sua transformação na figura ideal de um falante. No caso de documentos religiosos, isso é frequentemente elevado à ficção de que Deus seria o falante; e no que concerne à sentença judicial diz-se expressamente: "em nome da lei". Portanto, compreender tais textos não pode certamente significar o que é dito desde Schleiermacher: reproduzir o ato produtivo. Dever-se-ia retirar daí a mesma conclusão para o texto literário, a conclusão de que também aqui a interpretação psicológica não possui a conveniência hermenêutica que lhe é atribuída. Em todos esses casos, não

---

24. Cf. quanto a esse ponto "Die Wahrheit des Kunstwerkes" [A verdade da obra de arte] em GW 3, pp. 249-61. No que diz respeito ao que vem em seguida, cf. no presente volume "Filosofia e poesia".

25. *Vollendung* designa o ato de concluir alguma coisa, de levar algo plenamente [*voll*] ao seu fim [*Ende*]. Em vista dessa sua relação com a noção de fim, ele foi elevado inicialmente por Heidegger ao *status* de termo central, a fim de designar o ponto de culminação de um processo, de acabamento e radicalização da essência de algo. Gadamer segue nitidamente esse uso na passagem acima. (N. do T.)

se pode compreender o enunciado do texto como um fenômeno de expressão de uma interioridade anímica (e, com frequência, ele não é nem mesmo passível de ser reconduzido a um único autor). Não obstante, são notoriamente falantes ideais muito diversos que prometem a alguém um anúncio religioso de salvação ou que pronunciam um julgamento em nome da lei ou... – Mas ficamos preso a esse "ou". Não se deveria dizer realmente: pessoas que nos falam como poetas? Não seria mais apropriado se só disséssemos aqui que a poesia fala? E eu acrescentaria: melhor e mais propriamente por meio do ouvinte, do espectador – ou mesmo apenas do leitor – do que por meio daquele que realmente fala algo aí, do recitador, do autor ou daquele que faz a leitura em voz alta. Pois esses falantes (mesmo que seja o próprio autor que se coloque no papel daquele que apresenta o texto ou do ator) encontram-se sem dúvida alguma em uma função secundária diante do texto, na medida em que o impelem para a contingência de uma única apresentação. É um desconhecimento cabal daquilo que é a literatura querer reduzir mesmo o construto literário ao ato de opinar ao qual o autor deu expressão. Aqui, a diferença em relação às anotações que alguém faz para si ou às comunicações que alguém faz para os outros é totalmente convincente. O texto literário não é, como essas anotações e comunicações, secundário em relação a um falante primeiro que tem originariamente algo em vista. Ao contrário, as coisas dão-se aí de tal modo que toda interpretação posterior – mesmo a própria interpretação do autor – se subordina ao texto, e não, por exemplo, de tal modo que o autor queira refrescar a sua lembrança obscura de algo que tinha querido dizer por meio do recurso a seus trabalhos prévios. Toda produção de um texto pressupõe, contudo, a sua compreensão. Quem em face dessa situação teme pela objetividade da interpretação deveria antes se preocupar em saber se a remissão de um texto literário à expressão de opiniões do autor não destrói completamente o sentido artístico da literatura.

É certo que isso não passa inicialmente de uma delimitação negativa, por meio da qual se torna convincente a autonomia da palavra ou do texto. Onde é, porém, que essa autonomia se funda? Como é que a palavra pode incorporar tanto a dinâmica do dizer e dizer tantas coisas das quais mesmo o autor não sabe, mas que ele precisa escutar da palavra? Um primeiro sentido do eminente ser dizente próprio a um texto literário é seguramente encontrado com a constatação negativa da autonomia da palavra. É realmente algo singular que um texto literário levante sua voz por assim dizer a partir de si mesmo e não fale em nome de ninguém, nem mesmo de Deus ou de uma lei. Por isso, afirmo: o falante ideal de tal palavra é o leitor ideal. Seria preciso expor mais detalhadamente aqui o fato de essa sentença também não conter nenhuma limitação histórica. Mesmo para culturas pré-literárias, por exemplo para a tradição oral das epopeias, permanece verdadeiro dizer que há um tal "leitor" ideal, isto é, um ouvinte que escuta através de toda (ou de uma única) recitação aquilo que só o ouvido interior apreende. A partir desse critério, ele sabe até mesmo julgar o rapsodo – como vemos efetivamente a partir do antigo motivo do concurso de poetas[26]. Desse modo, um tal ouvinte ideal é como o leitor ideal[27]. Seria preciso expor de maneira mais fina o fato de e o porquê de a leitura não ser, em contraposição à leitura em voz alta e à recitação, nenhuma reprodução do original, mas compartilhar imediatamente da idealidade do original, uma vez que a leitura não se deixa compelir de maneira alguma para o interior da contingência de uma reprodução. Quanto a esse ponto, as investigações do fenomenólogo polonês Roman Ingarden[28] sobre o caráter esquemático da palavra literária indicaram a direção. Também seria de grande poder explicativo colocar aqui em comparação o problema da música absoluta e da escrita das notas musicais, uma escrita com a qual essa música é fixada. Poder-se-ia mostrar juntamente com o musicólogo Georgiades[29] que tipo de diferença existe entre escrita aqui e escrita lá, assim como palavra aqui e som lá, e, com isso, também entre a obra literária e o andamento musical. O exemplo da música tem sem dúvida alguma a particularidade de que é preciso fazer música e de que mesmo o ouvinte da música precisa acompanhar a sua realização, quase como alguém que canta junto. A leitura de uma partitura não é como a leitura de um texto linguístico. Ela só o seria se fosse uma ação "interior" por meio da qual não nos deixássemos prender e se possuíssemos a liberdade do fluxo da imaginação. No caso da música, porém, a interpretação é previamente fornecida pelo músico ao ouvinte, por maior que possa ser a liberdade que este exerça aí. Enquanto aquele que toca e eventualmente enquanto dirigente, o músico tem uma posição intermediária: ele tem de ser um intérprete no sentido mais verdadeiro possível, justamente um intérprete entre o ouvinte e o compositor. Isso é o mesmo que conhecemos a partir do teatro. No teatro, a apresentação é uma interpretação que se encontra entre o texto poético e o espectador. Para o espectador, essa não é uma realização similar àquela da leitura que tem lugar quando lemos algo em voz alta para nós mesmos. Nós mesmos é que "reproduzimos" aqui, que posicionamos no ser algo a partir de nós mesmos. Quando alguém lê para si mesmo com a sua própria voz, tal como sempre acontecia na Antiguidade e até o final da Idade Média em

---

26. O termo *Sängerwettbewerb*, que traduzimos aqui pela expressão "concurso de poetas", aponta para as competições entre rapsodos que eram comuns na Grécia antiga. Nessas competições, os rapsodos apresentavam oralmente poemas épicos que possuíam forma cantada. Exatamente por isso diz-se em alemão *Sänger-wettbewerb*, ao pé da letra: "concurso de cantores". (N. do T.)

27. Esse ponto é tratado mais detalhadamente no artigo presente nesse volume intitulado "Voz e linguagem" e em "Hören – Sehen – Lesen" [Ouvir – ver – ler, GW 8].

28. Fenomenólogo polonês (1893-1970): autor de *Das literarische Kunstwerk* [*A obra de arte literária*]. (N. do T.)

29. Thrasybulos Georgiades (1907-77): teórico da música alemão. (N. do T.)

meio à leitura, só se executa em verdade a própria leitura e se permanece junto a si mesmo, compreendendo o texto, e não junto a um outro que lê em voz alta para alguém e que compreendeu aí o texto à sua maneira. Sim, mesmo nesse caso, uma tal leitura em voz alta não é nenhuma real reprodução, mas um serviço prestado ao senhor que quer compreender como se ele mesmo estivesse lendo. Por isso, soa de modo completamente diverso quando alguém apenas lê em voz alta ou recita e quando alguém se empenha como um ator por verdadeiramente produzir o texto novamente. Há aqui seguramente transições fluidas. Alguém que lê em voz alta de maneira tão genial quanto Ludwig Tieck[30], antes de tudo quando lia Schakespeare em voz alta, parece ter dominado tão perfeitamente as variações da língua que acaba por se mostrar como um teatro-de-um-homem-só.

Mas como se dão as coisas em relação ao teatro real, ao teatro literário que apresenta um texto poético? Aí, as mímicas têm de desempenhar o seu papel e seguir mais ou menos a concepção do diretor. Somente no caso ideal, um tal diretor é capaz de familiarizar tanto os seus atores com o todo de sua interpretação da poesia que ela acabe por configurar concomitantemente a incorporação dos papéis singulares. Quer com ou sem diretor, quer com ou sem dirigente, a peça sempre será em sua apresentação uma interpretação que é previamente dada ao espectador como uma realização própria.

No entanto, tudo isso precisa recuar diante da pergunta urgente que precisamos dirigir à *palavra* "que diz": o que ela faz afinal em meio à dinâmica do dizer, ao ser em sentido eminente uma palavra que diz? Aqui se abate sobre nós toda a profusão de gêneros e estilos literários: epopeia, drama, lírica, prosa artística, narrativa ingênua, simplicidade cancioneira, formas enunciativas próprias aos mitos, aos contos de fadas, à reportagem, formas enunciativas doutrinárias, meditativas, reflexivas, herméticas, até à *poésie pure*. Se tudo isso pode ser literatura, isto é, se em todos esses gêneros e estilos literários a palavra fala enquanto palavra, com a autonomia acima descrita, então o falante ou o leitor ideal que procuramos construir se dissolve completamente, e eles não nos ajudam nada na pergunta sobre o modo como a palavra que diz é a palavra cuja execução lhe demos como tarefa realizar. Não é certamente apenas a pluralidade daquilo que a palavra da literatura diz, contudo, nem os modos diversos como ela diz sua palavra que nos deixam aqui emperrados. De antemão, parece muito mais convincente o fato de a palavra que consegue falar a partir de si mesma não poder ser caracterizada unicamente a partir daquilo ao que ela remete em termos de conteúdo. O mesmo dá-se nas artes plásticas e pela mesma razão. Quem só tem em vista o conteúdo objetivo representado em um quadro perde manifestamente de vista aquilo que torna esse quadro uma obra de arte, e as obras de arte "despro-

---

30. Ludwig Tieck (1773-1853): escritor ligado ao romantismo alemão. (N. do T.)

vidas de objeto" de hoje deixam isso claro para qualquer um. O valor informativo contido, por exemplo, em uma gravura em um catálogo de vendas de flores é com certeza maior do que o da orgia de cores de uma imagem de flores de Nolde[31]. Inversamente, pode-se compreender a partir daqui por que composições de cores que abandonam todo e qualquer elemento objetivo podem ser, apesar disto, tão convincentes quanto uma natureza-morta holandesa que retrata flores. As coisas parecem mesmo como se acenos de sentido, ressonâncias e possibilidades de articulação sempre estivessem em jogo em nossa visão objetiva habitual, mas não chamassem a atenção para si, voltando antes nosso olhar para as novas estruturas ordenadas que transformam tais composições de cores em uma imagem, sem serem uma cópia. Algo assim não é oferecido pelo mundo prático da vida sob o domínio de suas metas. Tudo parece exatamente assim junto à palavra poética. Certamente ela nunca pode deixar de consistir em palavras ou rudimentos de palavras que possuem significações e de formar a unidade de um todo discursivo e de um todo de sentido, nem mesmo como *poésie pure*. A estrutura ordenada a partir da qual são formadas, todavia, não pode mais ser elucidada a partir do direcionamento habitual de sentido do discurso sintático-gramatical que domina nossas formas de comunicação.

Não obstante, junto à pergunta sobre a verdade da obra de arte – e, em nosso caso, da palavra poética –, a situação extrema das artes plásticas modernas parece-me auxiliar muito em termos metodológicos para a exclusão da orientação equivocada pelo conteúdo comunicativo. Mas ela também previne contra o equívoco inverso de tomar as coisas como se aquilo que é representado e dito e que se reconhece não interessasse absolutamente. A palavra que diz mais não é certamente, porém, uma palavra que se impõe e salta aos olhos como mero construto sonoro. O dizer não permanece junto a si mesmo, mas diz algo. E, se o que é dito por meio do dizer está totalmente presente, então a palavra que diz é aquela sem a qual algo não seria; e, no entanto, a palavra se dissipou e não atentamos para ela mesma. Se a atenção fosse dirigida primariamente para o modo do dizer, para o que foi dito de maneira bela, então, como acontece em todo discurso empolado, perder-se-ia o poder ontológico e a força objetiva do discurso. E, contudo, o fato de um texto falar a partir de si precisa depender do modo como é dito enquanto tal, se é que as coisas não se dão também de tal maneira que a estrutura formal enquanto tal seria o enunciado, abstraindo-se da intenção de sentido do discurso ou (junto ao quadro) do que é representado. Precisamente o conteúdo objetivo também se mostra como aquilo que é alçado por meio da arte da linguagem e por meio das artes plásticas a uma presença tão absolu-

---

31. Emil Nolde (1867-1956): pintor e gravurista alemão. (N. do T.)

ta que toda relação com um ser ou com um ter-sido real se desvanece – sim, até mesmo toda digressão em direção ao modo como é dito também acaba ao mesmo tempo por se desvanecer. Tudo se dá como se o modo de ser dito, um modo que distingue sem dúvida alguma a arte daquilo que não é arte, só se mostrasse para se suspender totalmente – mesmo que seja apenas em nome de uma estrutura ordenada que aparentemente "não diz nada", mas que é em si composta a partir de algo dotado de caráter imagético ou de elementos de sentido e de elementos sonoros, como na lírica hermética moderna. A escultura ou a palavra da poesia não "dizem mais" por meio das características de primeiro plano da forma e do conteúdo: *Ars latet arte sua*[32]. Por meio de seus métodos, a ciência pode transformar muitas coisas da obra de arte em tema. Todavia, ela não consegue tematizar o uno e o todo de seu "enunciado".

Permaneçamos junto à palavra da poesia: o que é que vem a termo aí em tudo que ela diz, na medida em que o enunciado se realiza? Penso: autopresença, ser do "aí", e não aquilo que ela expressa como o seu resultado objetivo. Não há objetos poéticos, há apenas uma representação poética de objetos (assim podemos variar uma famosa sentença nietzschiana).

Mas esse seria apenas um primeiro passo para o desdobramento de nosso problema. Pois agora levanta-se a pergunta sobre como o objeto representado poeticamente deve se tornar poético por meio da linguagem. Se Aristóteles profere a sentença convincente de que a poesia é mais filosófica do que a história, quer dizer, de que ela contém mais conhecimento real, mais verdade, uma vez que não apresenta as coisas tal como aconteceram, mas como poderiam ter acontecido, então impõe-se a pergunta: Como é que a poesia faz isso? Na medida em que apresenta algo idealizado ao invés de algo concretamente real? Nesse caso, porém, o enigma é justamente saber por que o que é idealizado na palavra poética vem à tona como concretamente real, sim, como mais real do que algo real e não, como normalmente se dá com o que é idealizado, como enfraquecido pela palidez do pensamento dirigido para o universal. Além disso, como é que tudo aquilo que reluz na palavra poética toma parte nessa transfiguração em algo essencial (que só de maneira muito imprópria se pode denominar o "idealizado")? No que concerne a essa questão, a múltipla diferenciação do discurso poético não precisa nos confundir. Ao contrário, ela torna a tarefa mais inequívoca. Não questionamos senão aquilo que torna todos esses modos de dizer textos, isto é, que lhes empresta aquela identidade "linguística" ideal que consegue se transformar completamente em texto. A ampla escala de modos de apresentação que se desenvolveram e se tornaram gêneros literários com exigências

---

[32]. A passagem provém das *Metamorfoses* de Ovídio (*Met.* X, 243-97) e refere-se ao célebre episódio do escultor Pigmaleão e da bela estátua Galatea: a arte esconde-se por meio da arte. (N. do T.)

estilísticas próprias pode ser completamente omitida. A todos eles é comum o fato de serem "literatura". O que é escrito, contudo, quase nunca se mostra totalmente sem coerência linguística. Com certeza, não há senão um tipo de expressão linguística fixada por meio da escrita que quase não realiza mais essa exigência fundamental de identidade linguística feita ao texto, e esse tipo de expressão é o "texto" cuja forma linguística é arbitrariamente cambiável, tal como acontece por vezes com a prosa científica desprovida de caráter artístico. Também podemos dizer em vez disso: onde é possível tradução sem perda – mesmo por meio do computador – porque tudo depende apenas da função informativa do texto. Um tal caso pode ser um caso-limite ideal. Ele encontra-se no limiar da não linguagem dos simbolismos artificiais cujo uso de sinais é arbitrário, assim como possui o privilégio (e a desvantagem) da inequivocidade, na medida em que se acha em ligação fixa com aquilo que é designado. Assim, nas ciências naturais, por exemplo, a publicação dos resultados acontece diretamente em inglês. No entanto, mesmo enquanto caso-limite, ele é elucidativo, a saber, como o ponto zero daquele grau de coerência da palavra singular que é próprio aos textos literários de uma maneira insigne. Neles, a palavra possui a mais extrema coerência com o todo do texto. Não queremos continuar perseguindo aqui o difícil problema dos diferentes graus de coerência no interior da literatura. A amplitude de sua tensão fica clara junto à intraduzibilidade que culmina no poema lírico e, em particular, na *poésie pure*. As observações seguintes só querem tornar visíveis as ligas que atam os textos em suas identidades linguísticas e tentar tirar uma conclusão em relação ao "ser" de tais textos, isto é, em relação à "verdade da palavra".

Trata-se inteiramente de meios linguísticos que a linguagem reconecta com sua ressonância própria ou interior, por mais que ela também se deixe absorver pela entrega àquilo que é dito, e que fazem precisamente com que essa entrega se deva à força mobilizadora singularmente evocativa que distingue os textos literários. Entre esses meios está o ritmo, uma pura gênese configuradora do tempo. O ritmo também está em casa na música. No âmbito linguístico, porém, ele se submete a uma relação de forças própria com a referência de sentido e pode ser, com isso, limitado na maioria das vezes a formas exatas de repetição. É difícil dizer o que articula esse ritmo poético de uma tal maneira, que sentimos de modo totalmente exato na leitura em voz alta quando o ritmo se perde. Será preciso dizer fundamentalmente que se trata de um equilíbrio sensível que tem de ser mantido entre o movimento do sentido e o movimento do som. As duas tendências do movimento que sempre se fundem – às vezes não sem violência – em um único movimento possuem os seus meios sintáticos específicos. No âmbito sonoro, esses meios estendem-se desde as figuras extremas da medida temporal (da metrificação) e da rima até as figurações sonoras que permanecem abaixo de todo limite da perceptibilidade consciente, e que, além disso, de maneira mais ou menos densa, são transpassadas por ligas mais ou menos expressas em termos de lógica do sentido. Aquilo que vem assim a termo e em que a coerência instaurada da linguagem poética se apresenta claramente é o que gostaria de denominar juntamente com Hölderlin o *tom*. O tom é aquilo que se retém no todo da construção linguística e que, antes de tudo, demonstra a sua força de determinação integral no caso da perturbação por meio de um tom dissonante que aparece. Um tom dissonante não é efetivamente apenas um tom falso, mas um tom que afeta toda a afinação. Isso não é diferente na literatura do que acontece na vida da sociedade humana. Inversamente, o tom que se mantém é de um tal modo que conserva a unidade do construto[33] – com todas as diferenças e distinções de grau intrínsecas à sensibilidade para a perturbação e à densidade da coerência que são possíveis. Esse tom que se mantém liga os elementos do discurso uns aos outros. Ele junta o construto enquanto construto de tal forma que esse se distingue dos outros discursos (de modo que podemos reconhecer, por exemplo, uma citação pelo tom). Antes de tudo, porém, ele se distingue de todo e qualquer tipo de discurso que não seja "literatura" e que não possua sua consonância em si mesmo, mas a procure ou encontre fora de si.

Em questões críticas, os casos-limite sempre são os mais elucidativos. Assim, os modos como Píndaro, por exemplo, introduz a cada vez a homenagem à vitória no contexto de suas canções contém um momento ocasional. Todavia, o poder e a coerência da formação linguística são demonstrados precisamente pelo fato de o construto poético saber comportar plenamente essa homenagem – e isso se dá do mesmo modo em Hölderlin, que segue Píndaro em seus Hinos. A questão é formulada de maneira ainda mais elucidativa do que em tais partes ocasionais de um texto, quando o próprio texto como um todo se refere à realidade extralinguística, tal como acontece no romance histórico ou no drama histórico. Não se pode pensar, por exemplo, que a obra de arte literária autêntica suprime completamente tal referência. A requisição histórica por realidade ressoa sem dúvida alguma concomitantemente no texto formado. A coisa não é simplesmente "inventada", e mesmo a menção à liberdade artística concedida ao poeta para alterar as relações reais apresentadas pelas fontes o confirma. Precisamente o fato de ele poder alterá-las, sim, de ele poder imaginá-las de várias maneiras para além de todos os limites das relações históricas autênticas, demonstra inversamente

---

33. A palavra alemã *Gebilde* não possui nenhum correlato direto em português. Em sua relação com o verbo *bilden*, ela descreve aquilo que surge a partir de um processo de formação (das *Gebildete*). Normalmente, traduz-se com isso *Gebilde* por formação, produto, composição ou mesmo por estrutura. No presente contexto, optamos pelo termo "construto" em função de sua relação com a construção poética e de seu campo semântico um pouco mais neutro. (N. do T.)

quanto a matéria-prima real histórica é suspensa na formação poética; e isso mesmo lá onde ela é mantida fielmente. Isso diferencia claramente esse caso da mistura de elementos artísticos que a arte de apresentação de um historiador pode mostrar.

Na mesma linha encontra-se o caso importante sobre quão amplamente a conceptualidade da retórica pode ser efetivamente aplicada às ligas por nós caracterizadas. Os meios artísticos da retórica são meios artísticos do discurso que enquanto tal não é originariamente "literatura". Um exemplo para a problemática desse tema é o conceito de metáfora. Contestou-se com razão a legitimidade poética do conceito de metáfora – certamente não no sentido de que não pode haver o uso de metáforas na poesia (como toda e qualquer outra figura discursiva da retórica). O que se tem em vista nesse caso é muito mais o fato de a essência do discurso poético não residir na metáfora e no uso de metáforas. O discurso poético não é de fato alcançado por meio da poetização do discurso não poético por meio do uso de metáforas. Quando Gottfried Benn[34] vocifera contra o uso poetizante do "como" no poema, ele seguramente não desconhece, com isso, as comparações extremamente expressivas realizadas por Homero. Em verdade, a comparação e a metáfora em Homero são sustentadas a tal ponto pelo tom épico do narrador que esse tom forma um único mundo com elas. A ironia poética que reside na força contrastante das alegorias homéricas descreve exatamente a perfeição de sua construção. Desse modo, não é apenas no caso de Kafka, em que o realismo fictício da narrativa o motiva particularmente, mas também em relação à palavra poética como um todo, que se pode dizer que a palavra possui o caráter de uma metáfora "absoluta" (Allemann), isto é, que ela se acha em contraposição a todo discurso cotidiano em geral. Portanto, o discurso poético possui o caráter da suspensão e da solenidade, um caráter que vem a termo por meio da neutralização de todo posicionamento ontológico e provoca a transformação no construto. Se Husserl utiliza para isso a expressão "modificação da neutralidade" e diz que, no caso da poesia, a redução eidética "é realizada espontaneamente", é certo que se continua descrevendo nesse caso a situação a partir da intencionalidade da consciência. Essa é primariamente uma intencionalidade posicional. Husserl vê a linguagem da poesia como uma modificação do posicionamento ontológico puro e simples. No lugar da relação objetiva acaba entrando em cena a autorreferencialidade da palavra, algo que também pode ser efetivamente denominado autorreferência. Exatamente aqui, porém, é preciso pensar de maneira inversa, e a crítica heideggeriana à fenomenologia transcendental e ao seu conceito de consciência também se mostra neste caso como produtiva. O que a lin-

---

34. Gottfried Benn (1886-1956): escritor e médico alemão. (N. do T.)

guagem é enquanto linguagem e o que buscamos determinar enquanto a verdade da palavra não é apreensível se partirmos das assim chamadas formas "naturais" da comunicação. Ao contrário, tais formas da comunicação só se tornam apreensíveis em suas próprias possibilidades a partir daqueles modos poéticos de falar. A formação poética da língua pressupõe a dissolução de todo elemento "positivo", de tudo aquilo que é válido convencionalmente (Hölderlin). Isso significa justamente que essa formação é uma gênese da língua e não uma aplicação consonante a regras de palavras e a construção paralela da convenção. A palavra poética instaura sentido. O modo como a palavra "vem à tona" no poema possui uma nova força expressiva[35] que com frequência se acha velada no que há de mais usual. Para dar um exemplo, em alemão o termo "*Geräusch* [barulho]" é uma palavra tão sem cor e sem força quanto o vocábulo inglês "*noise*" junto ao qual certamente não se escuta a sua proveniência do termo "náusea", a doença do mar. E como ela vive de maneira nova no verso de George: "E o barulho do monstruoso mar [*Und das Geräusch der ungeheuren See*]!" O que temos nesse caso é tudo menos uma aplicação poetizante experimentada por uma palavra cotidiana. Essa palavra permanece a palavra cotidiana. Não obstante, ela está aqui tão amarrada às relações de ritmo, métrica e vocalização que repentinamente se torna uma palavra que diz mais, que ela subitamente reconquista a sua força expressiva original. Assim, o "barulho" [*Geräusch*] é tão intensificado pelo "mostruoso" [*ungeheuren*] que ele marulha [*rauschen*] novamente[36], e, por meio da consonância do "r" em "*Rausch*" [embriaguez] e em "*-heuren*"[37], os dois são amarrados uma vez mais um ao outro. Essas amarrações colocam a palavra como que em si mesma e a liberam, com isso, para si mesma. Elas deixam-na entrar em um novo jogo com as outras – e com certeza não sem que também tomem parte nesse jogo as referências de sentido tais como, por exemplo, a visão da costa do mar do norte e o seu mundo antipódico no Sul[38]. Por meio daí, a palavra se torna uma palavra que diz mais e o que é dito está mais essencialmente "presente" do que nunca. Tal como falei em um outro contexto sobre a valência ontológica do quadro[39], na medida em que através do quadro o que é representado por ele ganha ser, também gostaria de falar agora de uma valência ontológica da palavra. Sem dúvida alguma, há aí uma diferença: não é tanto o que é dito no sentido do conteúdo objetivo que amplia aqui o seu ser, mas o ser na totalidade. Aqui

---

35. Ao pé da letra uma força [*Kraft*] do dizer [*Sagen*]. (N. do T.)
36. Em alemão, *Geräusch* possui uma relação com *rauschen* [marulhar] e com *Rausch* [embriaguez]. (N. do T.)
37. A letra "h" em alemão é uma gutural que só se diferencia do "r" por ser surda. (N. do T.)
38. No que concerne à interpretação do poema de George, ver neste volume "Eu e tu a mesma alma".
39. Cf. *Wahrheit und Methode*, GW 1, pp. 139 ss.

há uma diferença essencial entre o modo como o mundo colorido se transforma na obra de arte plástica e o modo como a palavra oscila e entra em jogo. A palavra não é um elemento do mundo como o são as cores ou as formas que são compostas em uma nova ordem. Toda palavra já é muito mais por si mesma elemento de uma nova ordem e, com isso, potencialmente, essa própria ordem na totalidade. Onde uma palavra ressoa, toda uma língua é evocada e tudo aquilo que ela consegue dizer – e ela sabe dizer tudo. Desse modo, na palavra "que diz mais", não vem tanto à tona um elemento particular de sentido do mundo, mas muito mais a presença do todo produzida pela linguagem. Aristóteles distinguiu a visão porque esse sentido apreende o maior número de diferenças, mas efetivamente e com maior razão ainda o ouvir porque o ouvir consegue apreender sobre o caminho que passa pelo discurso simplesmente tudo aquilo que pode ser diferenciado. A "presença" universal do ser na palavra é o milagre da linguagem, e a possibilidade extrema do dizer consiste em ligar o seu perecimento e o seu surgimento e em fixar a proximidade com o ser. Ele é proximidade, presença, não disso ou daquilo, mas da possibilidade de tudo. É isso que distingue a palavra poética. Ela realiza-se em si mesma porque é a "manutenção da proximidade" e se esvazia em direção à palavra vazia quando é reduzida à sua função de sinal que, precisamente por isso, carece da realização comunicativamente mediadora. Assim, a partir da autorrealização na palavra poética fica claro por que a linguagem pode ser meio de informação e não o contrário.

Apenas totalmente de passagem retomaremos uma vez mais a pergunta que já foi acima levemente levantada sobre se a palavra mítica, a saga e talvez mesmo a palavra filosófica, ou seja, a sentença especulativa, não compartilham da distinção da palavra poética de ser pura e simplesmente aquilo que dizem. Essa reflexão conduzir-nos-á a um último passo de nossa apresentação. O problema é claro: a saga não é nem escrita nem texto, mesmo que fale na poesia e assuma uma figura textual. Enquanto saga, contudo, ela parece não ter absolutamente se inserido na subsistência firme da coerência poético-linguística, mas impele para lá e para cá em uma corrente de sabedoria de proveniência arcaica que se alimenta da memória ligada ao culto. Não obstante, parece razoável denominar a "saga" um enunciado em um sentido insigne. Ela com certeza não é um enunciado na organização linguística de seu modo de narração, mas seguramente em seu cerne, nos nomes evocativos, cuja força secreta de denominação banha a narração da saga. Pois, ao que parece, a saga que vem à tona por meio da narração se acha velada nos nomes. Convém dizer que o *nome* é respectivamente como que o ponto zero da traduzibilidade, isto é, da possibilidade de separar o dizer daquilo que é dito. O que é, porém, o nome senão a condensação derradeira na qual a existência ouve a si mesma?!? Pois isto é o nome: o fato de um homem ou uma mulher escutá-lo – e o nome próprio enquanto aquilo que somos e que é por nós preenchido⁴⁰. Assim, a palavra da poesia também realiza a si mesma – e se acha como que diante de seu autodesdobramento no discurso da palavra pensante. Essa é a "sintaxe" da poesia, ser "na palavra". Os graus de coerência das palavras também determinam os níveis da traduzibilidade (cf. I. A. Richards)⁴¹.

Não devemos discutir aqui de maneira genérica quão amplamente o enunciado filosófico também se mostra como uma tal "saga", mas apenas indicá-lo em vista da "sentença especulativa". Sua estrutura é análoga à autorreferencialidade própria à palavra poética. Hegel descreveu de fato de maneira totalmente análoga à essência da sentença especulativa e levou em conta com isso não apenas o seu próprio método dialético, mas também a linguagem da filosofia em geral, na medida em que essa se encontra em sua possibilidade propriamente dita. Ele mostra que na sentença especulativa a progressão natural do discurso em direção ao predicado que é atribuído como um outro ao sujeito é como que quebrada e sofre um "rechaço"⁴². O pensar não encontra no predicado nada diverso, mas o próprio sujeito. Assim, o "enunciado" retorna a si mesmo, e isso constitui para Hegel o discurso filosófico, o fato de o esforço do conceito se reter em seu "enunciado" na medida em que elabora dialeticamente os momentos aí colocados – o que significa, porém, que este esforço se insere cada vez mais profundamente no "enunciado". Não é válido apenas para Hegel e seu método dialético o fato de a filosofia não progredir, mas aspirar ao retorno em todos os seus caminhos e descaminhos. O limite da traduzibilidade que é designado pela fusão do dizer com o que é dito também é aqui rapidamente alcançado.

Denominamos o ser na medida em que diz da palavra a "manutenção da proximidade" e vimos que não é esse ou aquele conteúdo admissível do discurso que está próximo, mas a própria proximidade. Certamente, isso não está limitado apenas à obra de arte da palavra, mas vale para toda arte. "The silence of the Chinese vase"⁴³, o silêncio e a tranquilidade enigmática que emanam de todo objeto artístico convincente, indica, para falar como Heidegger, que a verdade "é posta aqui em obra"; e Heidegger mostrou-nos que a verdade da obra de arte não é o ter-sido-dito do Logos, mas um "fato que" e uma presença ao mesmo tempo, uma presença que se encontra na contenda entre o desencobrimento e o abrigo. A questão que nos orientou aqui foi qual é a aparência desse estado de coisas em particular no caso da obra de

---

40. Cf. Max Warburg, *Zwei Fragen zum Kratylos* [Duas perguntas em relação ao Crátilo], Berlin, 1929 (Neue Philol. Untersuchungen, H 5).
41. Igor Amstrong Richards (1893-1979): teórico da literatura inglês e um dos fundadores do criticismo literário moderno. (N. do T.)
42. Cf. quanto a esse ponto a contribuição "Filosofia e poesia", presente neste volume, p. 81.
43. Em inglês no original: "o silêncio do vaso chinês". (N. do T.)

arte linguística, onde o abrigo no "construto" da arte já pressupõe o ser-na-linguagem e o ser-em do ser na linguagem. O limite da traduzibilidade designa exatamente quão amplamente o abrigo se estende na palavra. Em seu derradeiro velamento, ela é aquilo que abriga. Somente quem está em casa em uma língua consegue experimentar o enunciado que se mantém e se apruma em si, o enunciado que ainda oferece um outro estar-em-casa em meio ao elemento não familiar. Mas quem é que está em casa em uma língua? Parece que aquilo que a pesquisa moderna denomina a "competência linguística" diz mais respeito ao estar-fora-de-casa da fala, à ilimitação do uso do discurso – ou seja: a sua dissipação[44] pronta para tudo.

Por isso, a palavra poética ainda me parece ter uma determinação adicional em relação a toda e qualquer outra obra de arte. Não lhe cabe apenas a proximidade estupefaciante de toda arte, mas ela precisa e consegue mesmo manter essa proximidade, ou seja, fornecer uma base ao que escapa. Pois falar é expor-se e escapa a si mesmo. Mesmo a palavra poética nunca pode deixar de se tornar discurso (ou balbucio), a fim de sempre colocar uma vez mais em jogo as suas novas possibilidades de sentido. Como as coisas são diferentes no que diz respeito ao som no sistema de sons! Como a obra de arte plástica ou a obra arquitetônica se colocam em seu lugar! A palavra parece-me ter a sua consistência no manter-se-em-si e no comportar-se da palavra poética, e isso significa, aqui ela encontra a sua possibilidade extrema. A palavra realiza-se na palavra poética – e imerge no pensar daquele que pensa.

---

44. *Verhallen* não designa uma dissipação qualquer, mas aquela que acontece em virtude da própria propagação do discurso. O termo possui uma relação direta com o verbo *hallen* [ressoar] e indica o movimento do discurso de ir se perdendo, na própria medida em que vai se difundindo. (N. do T.)

4. O JOGO DA ARTE (1977)
[Das Spiel der Kunst]

O fenômeno elementar do jogo (brincadeira)[1] e do jogar domina todo o mundo animal. É evidente que esse fenômeno também determina o ser natural que o homem é. No entanto, a criança humana também compartilha de muitas outras coisas com todas as espécies de filhotes, cuja alegria no jogo e na brincadeira é por nós admirada – tantas coisas que o observador humano costuma ser tomado por um encanto que se mistura com temor junto ao estudo do comportamento dos animais, em particular dos animais mais desenvolvidos. Se o animal e o homem são tão parecidos um com o outro em tantas coisas, não desaparece completamente o limite entre animal e homem? A moderna pesquisa comportamental tornou cada vez mais claro, de fato, a questionabilidade de tais delimitações em relação ao animal. Para nós, ela não é mais tão fácil quanto imaginava o século XVII. Naquela época, embriagadas pela distinção humana oriunda da autoconsciência, uma distinção que foi a intelecção determinante de Descartes, as pessoas viam no animal o mero autômato e somente no homem a criatura de Deus distinta pela autoconsciência e pela livre vontade.

Esta embriaguez dissipou-se de maneira fundamental. Há um século vem crescendo a suspeita de que o comportamento humano – o comportamento do indivíduo e mais ainda o de grupos – é muito mais determinado pelas determinantes naturais do que corresponde à consciência dos que escolhem e agem livremente. Faz muito tempo que nem tudo aquilo que acompanhamos com a consciência de nossa liberdade é realmente consequência de uma decisão livre. Fatores inconscientes, compulsões e interesses

---

[1]. O termo alemão para jogo [*Spiel*] abarca também o campo semântico do que denominamos em português com a palavra "brincadeira". Em alemão, utiliza-se este termo tanto para os jogos esportivos quanto para as brincadeiras, as encenações teatrais ou o ato de tocar um instrumento. No caso do mundo animal, o que se tem em vista é claramente o jogo no sentido de uma brincadeira. (N. do T.)

não dirigem apenas nosso comportamento, mas também determinam nossa consciência.

Nós nos perguntamos se muitas daquelas coisas que tomamos por uma exclusividade de nossa escolha volitiva humanamente consciente não são muito mais bem "compreendidas" pelas compulsões institivas do comportamento animal. Será que o jogar e o brincar humanos também não tomam parte, por fim, de uma tal determinação natural? Será que mesmo a criação artística não será talvez senão uma interpretação de um impulso para o jogo?

Em verdade, sempre achamos que estamos jogando "alguma coisa" e nos acreditamos, com isso, completamente distintos do comportamento dos animais e das crianças pequenas em meio ao jogo. Com certeza, os animais e as crianças pequenas também jogam "com alguma coisa". No entanto, eles não "têm em vista" propriamente esse ou aquele jogo: eles não têm em vista outra coisa senão o seu jogar, o excesso de vida e de movimento do qual desfrutam. Em contrapartida, o jogo que iniciamos, inventamos ou aprendemos porta uma determinação em si, à qual "visamos". Temos consciência das regras e das condições do comportamento próprio ao jogo, seja na medida em que o que está em questão é um jogo que se joga com os outros, seja sob a forma da competição esportiva que porta o caráter de jogo em um sentido indireto. Por meio de tais determinações, o comportamento próprio ao jogo distingue-se de todos os outros comportamentos mundanos de uma maneira aguda[2] – de uma maneira muito mais aguda do que junto aos animais, cujos jogos e brincadeiras se imiscuem facilmente com os seus outros modos de comportamento. O fato de serem apresentadas regras e exigências que só valem no espaço fechado do mundo do jogo constitui o caráter de jogo dos jogos humanos. Todo jogador está em condições de escapar delas, saindo do jogo. No interior do jogo, porém, essas regras e exigências possuem a sua própria obrigatoriedade, que não podemos ferir assim como qualquer outra regra obrigatória que determina a convivência. Que tipo de validade é essa que é ao mesmo tempo obrigatória e limitada? Sem dúvida alguma, nessa particularidade dos jogos humanos de conterem exigências de validade cunha-se uma espécie de objetividade e de referência objetiva que é característica do homem. Os filósofos a denominam a intencionalidade da consciência.

É certamente um momento estrutural universal da existência humana o fato de se poder considerar justamente a objetividade do jogar e do saber-jogar humanos como um traço distintivo especificamente humano. Como se sabe, costuma-se falar do elemento de jogo que é próprio a todas as culturas humanas. Descobrem-se formas de jogo nas atividades humanas mais sé-

---

2. Quanto ao conceito de jogo e de jogar, ver também o que é apresentado em *Wahrheit und Methode* (GW 1), pp. 107 ss. e "Die Aktualität des Schönen" [A atualidade do belo] em GW 8, pp. 113 ss.

rias, por exemplo no culto, na justiça, no comportamento social em que se fala diretamente de um jogo de papéis etc. Parece pertencer à construção da cultura enquanto tal uma certa autolimitação da arbitrariedade livre.

Mas isso significa que somente onde a cultura humana se apresenta o jogar se objetiva na determinação de um comportamento "visado"? Jogo e seriedade parecem se entreter em um sentido muito mais profundo. Parece imediatamente evidente que a toda forma de seriedade se liga um possível comportamento de jogo como a projeção de sua própria sombra. "Agir como se" parece ser especialmente possível em todo agir que não seja um mero comportamento instintivo, mas que tenha algo em vista. O "como-se" é uma modificação tão universal que mesmo o comportamento de jogo dos animais parece às vezes animado por um sopro de liberdade, particularmente quando eles brincam e dão a impressão de atacar, de se assustar, de morder ou coisas do gênero. E o que significa aquele gesto de submissão que pode ser observado como a decisão e o término de combates entre animais? Nenhum animal vencedor ao qual é oferecido o gesto de submissão morde realmente. Aqui entram em cena ações simbólicas em vez da realização dessas ações. Como é que isso se coaduna com o fato de que lá tudo obedece a compulsões instintivas e de que junto ao homem tudo segue a decisão livre?

Parece-me indicado procurar precisamente tais fenômenos de transição entre o homem e o animal, se quisermos evitar o esquema de interpretação de um cartesianismo dogmático da autoconsciência. Tais fenômenos de transição relativos ao jogo e ao jogar permitem prolongar as linhas até um âmbito que não é mais acessível de maneira imediata, mas apenas naquilo que é efetuado e realizado por meio daí. Estou pensando no âmbito da arte. Nesse caso, não me parece nenhum fenômeno de transição convincente a observação do impulso artístico genérico nas formações da natureza, um impulso junto ao qual talvez possamos mesmo observar um caráter excessivo que caracteriza o jogo conformador intrínseco à natureza para além do que é necessário e consonante a fins. Não é precisamente o caráter impulsivo da obra de arte que é espantoso, mas o sopro de liberdade que adere a suas formações. Com isso, ações simbólicas como as acima descritas são de um interesse particular. Na ação conformadora humana, o momento decisivo da habilidade artística também não consiste em que tenha chegado a termo aí algo de uma utilidade ímpar ou de uma beleza supérflua, mas em que a produção humana possa se colocar diversas tarefas e proceder segundo planos que se distinguem por um momento de livre contingência. O fazer humano conhece uma gigantesca variabilidade entre o experimentar e o rejeitar, o ter sucesso e o ter fracasso. A "arte" só começa realmente quando também podemos agir de outra forma. Justamente onde se fala de arte e de criação artística em sentido eminente, o decisivo não é a realização de algo feito, mas o fato de aquilo que é feito possuir uma peculiaridade particular. Ele "tem algo em vista" e não é, contudo, aquilo que tem em vista. Ele não é uma peça que, como todas as peças oriundas do trabalho humano, é determinada pela sua serventia. Em verdade, ele é um produto, isto é, algo que foi produzido pelo fazer humano e que agora está aí, à disposição para o uso. No entanto, a obra de arte nega precisamente todo uso. Ela não é "pensada" assim. Ela tem algo do caráter de "como-se" que reconhecemos como um traço fundamental da essência do jogar. Ela é uma obra por ser como algo que se joga. Assim como um gesto simbólico não é apenas ele mesmo, mas expressa algo diverso por meio daí, a obra de arte também não é apenas ela mesma enquanto aquilo que é feito. Podemos defini-la precisamente pelo fato de não ser uma obra bruta[3], ou seja, de não ser nada que simplesmente se fez e que pode se fazer uma vez mais, mas algo que chegou a termo de uma maneira impassível de ser repetida e que alcançou sua aparição única. Por isso, parece-me quase mais correto não chamá-la de uma obra, mas de um construto. Pois nessa palavra "construto" reside o fato de o fenômeno ter deixado para trás de uma maneira incomum o processo de seu surgimento ou de tê-lo banido para o cerne do indeterminado e, colocado totalmente sobre si mesmo, se apresentar em sua própria aparência e manifestação.

O construto [*das Gebilde*] não remete tanto para o processo de sua formação [*Bildung*], mas exige que seja apreendido em si mesmo como puro fenômeno. Isso é particularmente palpável nas artes transitórias. Poesia, música e dança não possuem absolutamente nada da palpabilidade da coisa em si, e, todavia, a matéria fugaz e fluida da qual são feitas se estrutura na unidade fixa de um construto – que permanece sempre o mesmo. Dizemos, por isso, que esses construtos, textos, composições e criações da dança enquanto tais são com certeza obras de arte que, porém, na mesmidade de sua essência, permanecem dependentes da reprodução. O construto que a obra de arte é precisa ser sempre novamente erigido nas artes reprodutoras. Aquilo que é assim totalmente palpável nas artes transitórias ensina-nos em verdade sobre o fato de não serem apenas essas artes reprodutivas que exigem a apresentação, mas, de certa maneira, todo construto que denominamos uma obra de arte. Esse construto exige ser construído pelo observador ante o qual ele se oferece. Ele não é efetivamente aquilo que é. Ele é algo que ele não é: ele não é nada definido segundo fins que possamos utilizar ou mesmo uma coisa material a partir da qual podemos fazer algo diverso. Ao contrário, ele

---

3. A palavra alemã *Machwerk* designa a obra [*Werk*] que é feita de maneira rudimentar e que, por isso, se mostra como de pouco valor: algo malfeito e mal-acabado. Ao pé da letra, contudo, a palavra significa "obra feita". No presente contexto, Gadamer faz alusão a esse sentido do termo em alemão, a fim de produzir uma diferenciação entre a obra de arte e todos os outros produtos do fazer humano marcados pela utensiliaridade e pela serventia. (N. do T.)

é algo que só se estabelece como aquilo que aparece e se mostra naquele que o considera.

Um fenômeno transitório peculiar pode concretizar isso de maneira plástica: a leitura. Em sentido rigoroso, se não for nenhuma leitura em voz alta ou mesmo uma recitação, a leitura não é uma produção do tipo das artes reprodutivas. Ela não gera nenhuma nova realidade autônoma – e, no entanto, está sempre a caminho daí – e de todas as maneiras.

Assim, sempre houve uma tendência para articular a experiência da arte com o conceito de jogo. Kant descreveu a ausência de interesses, a liberdade em relação a finalidades e a não conceptualidade próprias ao prazer com o belo como um estado do ânimo no qual nossas faculdades intelectuais, entendimento e imaginação, se interagem em um jogo livre. Schiller transportou essa descrição para a base da doutrina fichtiana dos impulsos e atribuiu ao comportamento estético um impulso para o jogo que desdobra a sua própria possibilidade livre no ponto central entre o impulso material e o impulso formal. Nessa medida, por meio do pensamento estético da modernidade, atentou-se plenamente para a "parcela do sujeito" na construção da experiência estética. No entanto, a experiência da arte também oferece aquele outro lado, no qual o caráter de jogo enquanto tal do construto, o seu mero ser-jogado, assume o primeiro plano. Para tanto, o antigo conceito grego de "mimesis" continua sendo a base propriamente dita[4].

Os gregos diferenciam duas formas de produção, a produção artesanal que fabrica utensílios e a produção mimética que não cria nada "real", mas apenas representa algo. Mesmo em nosso próprio uso linguístico conservamos algo dessa última forma de aparição da produção, a saber, no momento em que falamos de "mímica". Não utilizamos essa palavra apenas quando procuramos caracterizar o jogo mímico, os gestos de alguém, mas também em particular quando o que está em questão é a imitação consciente de todo o comportamento de uma pessoa – seja a imitação de um outro desprovida de caráter artístico, seja a incorporação plenamente artística de um "papel" por um ator. O que importa no sentido do elemento mímico é o fato de o próprio corpo ser portador da expressão mímica e representar algo enquanto arte que o próprio corpo não é. O papel é "desempenhado" (jogado)[5]. Isso inclui uma requisição ontológica peculiar. Ele é algo diverso do espanto simulado (jogado) ou de um interesse fingido (jogado)[6], hipócrita, que têm lugar na lida humana. A representação mímica não é nenhum jogo de fingimento, mas um jogo que se manifesta enquanto jogo de modo que não

---

4. Ver quanto a isso "Arte e imitação" no presente volume, assim como *Dichtung und Mimesis* [Poesia e mimesis], GS 8.

5. Em alemão, não se diz desempenhar um papel, mas jogar um papel: *eine Rolle spielen*. (N. do T.)

6. O verbo *spielen* [jogar] também significa fingir, simular. (N. do T.)

é tomado por nenhuma outra coisa senão pelo que gostaria de ser: mera representação. Essa é a clara diferença. O interesse hipocritamente fingido, por exemplo, quer que acreditemos nele – essa requisição permanece mesmo quando pressentimos sua inautenticidade ou artificialidade. A imitação mímica, em contrapartida, não quer que "acreditemos" nela. Ao contrário, ela quer ser compreendida enquanto imitação. Ela não é fingida, não é uma aparência falsa, mas, de maneira clara, uma aparência "verdadeira", ela é "verdadeira" enquanto aparência. Ela é apreendida *enquanto aparência*, tal como é visada.

Mesmo se deixarmos de lado o difícil problema acerca do que é propriamente o ser da *aparência*, fica claro em todo caso que, onde o estar-em-jogo está implicado, a aparência que assim se manifesta pertence à dimensão daquilo que denominamos comunicação[7]. O jogo da aparência artística se transcorre entre mim e você. Exatamente como você, eu apreendo o construto enquanto um mero construto. E é justamente isto que denominamos "comunicação": o fato de o outro tomar parte naquilo que lhe comunico; e, em verdade, não apenas acolher, por exemplo, uma parte daquilo que é comunicado, mas compartilhar a tal ponto comigo o conhecimento do todo, que nós dois temos este conhecimento completamente. Isto diferencia manifestamente uma comunicação autêntica do interesse hipocritamente fingido. A "aparência" deste interesse não é a aparência comum a mim e a você, mas a falsa aparência que só deve ser despertada para os outros. Aparência verdadeira – este é o construto da arte. Este construto é de tal modo comum a todos, que mesmo o criador de tais construtos não possui nenhum privilégio em relação àquele que o acolhe. Justamente porque se expôs, ele não guarda nada para si, mas se comunica completamente. A "obra" fala por ele.

Não poderemos perder de vista esse sentido ontológico de mímica e de mimesis se quisermos perceber em que sentido essencial a arte possui o caráter de jogo. Mímica é imitação. Este fato não tem nada em comum com uma relação entre cópia e modelo original ou mesmo com uma teoria da arte, segundo a qual a arte seria uma imitação da "natureza", do ente que é a partir de si mesmo – uma incompreensão naturalista crassa. Precisamente a lembrança da essência do elemento mímico pode nos proteger contra uma tal incompreensão. A relação mímica originária não é uma imitação reprodutora, junto à qual nos empenhamos por chegar o mais próximo possível do modelo original – ela é muito mais uma indicação. Indicação não significa apresentação no sentido da apresentação de uma prova com a qual é demonstrado algo que de outra maneira não seria mais acessível. Indicar não

---

7. *Mitteilen* significa literalmente "com [*Mit*]-partilhar [-*teilen*]". Gadamer joga evidentemente com esse sentido do termo: comunicar é tomar parte em alguma coisa que é comum a todos. (N. do T.)

significa absolutamente ter em vista uma relação entre aquele que indica e o que é indicado enquanto tal. Ele lança muito mais para além de si. Não se consegue indicar nada para aquele que olha para quem está indicando, tal como o cachorro olha para a mão esticada. A indicação tem em vista muito mais o fato de aquele ao qual se mostra algo ter de ver por si mesmo e de maneira correta. É nesse sentido que imitação é indicação. Pois sempre se torna visível na imitação algo mais do que aquilo que a assim chamada realidade oferece. Aquilo que é indicado é por assim dizer retirado da aglomeração da pluralidade por meio da leitura[8]. Todo o resto não é visado – apenas o que é indicado é visado. Ele é apreendido enquanto aquilo que é visado e, com isso, elevado a uma espécie de idealidade. Ele não é mais essa ou aquela coisa visível, mas é indicado e visado enquanto algo. Quando vemos aquilo que alguém indica a alguém, esse é sempre um ato de identificação e, deste modo, de reconhecimento.

Onde o que está em questão é arte, é notável que com frequência não se possa desconhecer isso nem mesmo junto às repetições reprodutivas. É espantoso com que infalibilidade sabemos diferenciar junto às reproduções muitas vezes excelentes que são fotografadas em jornais diários ilustrados as reportagens fotográficas reais e as reproduções de um quadro pintado ou mesmo de uma cena – por mais completamente realista – de um filme. Isso não significa que as cenas dos filmes teriam permanecido em algum lugar irreais ou que o quadro realista não teria sido pintado de maneira suficientemente realista. Neste caso, impõe-se muito mais algo diverso, mesmo nesse meio da reprodução jornalística. Aristóteles tem razão: a poesia torna o universal mais visível do que a história, isto é, do que a descrição fiel de fatos e acontecimentos reais consegue fazer. No "como-se" da invenção poética, da configuração plástica ou pictural de imagens é evidentemente possível uma participação que não é alcançável da mesma maneira pelas realidades contingentes com as suas condições limitadoras. A documentação fotográfica de uma tal realidade contingente, por exemplo a tomada fotográfica de um estadista no poder, só conquista a sua significação a partir de um contexto conhecido de antemão. A reprodução de um quadro artístico expõe a sua própria significação – mesmo que não saibamos quem é apresentado. Ela não deixa apenas *reconhecer* o universal, mas nos reúne justamente por meio daí em vista do que é comum a todos. Precisamente porque o que é reproduzido é "apenas" um quadro e não uma fotografia "real", porque ele, portanto, só é "algo em jogo", ele nos abarca como cojogadores. Sabemos como ele é visado e o tomamos assim.

---

8. *Herauslesen* designa o ato de depreender algo de um texto [*heraus-*] a partir da leitura [*-lesen*]. O verbo alemão *lesen* não designa apenas o ato de ler, mas também o ato de colher os frutos e de selecioná-los. Gadamer joga aqui com esse amplo campo significativo do termo. (N. do T.)

Podemos avaliar a partir daqui quão impróprios se tornaram a compreensão da arte e o funcionamento da arte na era da indústria cultural, que degrada os companheiros de jogo e os transforma em meros consumidores a serem explorados. É uma falsa obviedade achar que as pessoas são ultraexigidas aí. Não há de maneira alguma o mero espectador que se entrega em uma distância intocada no teatro ou na sala de concertos, no museu ou no refúgio da leitura a um gozo estético ou cultural. Neste caso, ele compreende mal a si mesmo. É um movimento de fuga da autoevidência estética ver no encontro com a obra de arte transposição ou encantamento – ou seja, uma mera libertação da pressão da realidade – e desfrutar o gozo de tal liberdade aparente.

O que temos de aprender com a comparação entre os jogos que as pessoas inventaram e criaram para si e o movimento de jogo desatrelado que é próprio do puro excesso de vida é justamente o fato de aquilo que é jogado no jogo da arte não ser nenhum mundo sobressalente ou um mundo de sonho no qual se produz esquecimento. O jogo da arte é muito mais um espelho que sempre emerge novamente através dos milênios diante de nós, um espelho no qual olhamos para nós mesmos – com frequência de maneira por demais inesperada, com frequência de maneira por demais estranha – no qual olhamos como somos, como poderíamos ser, o que acontece conosco. Por fim, não é sempre uma falsa aparência quando cindimos jogo e seriedade tão intensamente que o jogo só é admitido em âmbitos limitados, em áreas marginais de nossa seriedade – no "tempo livre" que se mostra como uma relíquia de uma liberdade perdida? Jogo e seriedade, o movimento da vida a partir de excesso e exuberância e a força tensa de nossa energia vital, estão em verdade profundamente entretecidos. Um reage imediatamente ao outro. O fato de o poder jogar ser o exercício de uma seriedade extrema não foi desconhecido por conhecedores da natureza humana que olharam mais profundamente. Assim, lemos em Nietzsche: "A maturidade do homem, ou seja, a redescoberta da seriedade que tínhamos quando criança – em meio ao jogo." Nietzsche também sabia, porém, do contrário e festejou na leveza divina do jogo o poder criador da vida – e da arte.

A insistência na contradição entre vida e arte[9] não passa da experiência de um mundo alienado e o desconhecimento da amplitude universal e da dignidade do jogo não é senão uma abstração que nos torna cegos para o entretecimento entre arte e vida. O jogo não é tanto o outro lado da seriedade, mas antes o verdadeiro fundamento vital da naturalidade do espírito, vinculação e liberdade ao mesmo tempo. Precisamente porque o que se encontra diante de nós nas configurações criadoras da arte não é a mera liberdade própria à contingência e ao excesso cego da natureza, ele consegue penetrar todas as ordens de nossa vida social, atravessando todas as classes, raças e níveis culturais. – Pois essas configurações de nosso jogar são formações de nossa liberdade.

---

9. Cf. *Wahrheit und Methode* (GW 1), pp. 88 ss.

5. MITO E RAZÃO (1954)
[Mythos und Vernunft]

O pensamento moderno tem uma dupla origem. Segundo o traço fundamental de sua essência, ele é esclarecimento – pois quem se dedica hoje à ciência já começa com a coragem de pensar por si mesmo, uma coragem que é atestada e confirmada pela difusão ilimitada das ciências experimentais, assim como pelo conjunto da transformação da vida humana na era da técnica, uma transformação que partiu dessas ciências. Não obstante, há ainda uma outra origem a partir da qual vivemos hoje. Esta origem aponta para a filosofia do idealismo alemão, a poesia romântica e a descoberta do mundo histórico que teve lugar no romantismo. Estas se mostraram no interior da via iluminista da modernidade como um contramovimento até hoje eficaz. Se olharmos para o conjunto do mundo civilizado, então precisaremos dar com certeza razão antes de tudo a Ernst Troeltsch, que disse certa vez que o idealismo alemão era apenas um episódio. Não apenas o mundo anglo-saxão como um todo, mas também os países do Leste dominados pela doutrina comunista são marcados pelo ideal do esclarecimento, pela crença no progresso da cultura sob o domínio da razão humana. Além disso, há uma esfera do mundo que está tão profundamente perpassada pela imutabilidade das medidas e ordens naturais que o pensamento moderno não consegue abalar essa convicção. Esse é o mundo latino que, formado pelo catolicismo, permanece um defensor constante do pensamento ligado ao direito natural. Todavia, na Alemanha e a partir dela, o esclarecimento moderno ligou-se a impulsos românticos em uma unidade efetiva duradoura, cujos polos extremos são o esclarecimento radical e a crítica romântica do esclarecimento.

Um dos temas nos quais essa bipolaridade do pensamento moderno se cunhou de maneira particular é a relação entre mito e razão. Pois esta relação mesma é um tema do esclarecimento, uma formulação da crítica clássica que o racionalismo moderno fez à tradição religiosa. Nesse caso, o termo "mito" é pensado como um contraconceito em relação à explicação racional do mundo. A imagem de mundo científica compreende-se como a dissolução da imagem de mundo mítica. O pensamento científico, porém, considera mitológico tudo aquilo que não pode ser verificado por meio da experiência metodológica. Assim, com uma racionalização progressiva, mesmo toda religião acaba por cair sob a crítica. Max Weber via justamente no desencantamento do mundo a lei de desenvolvimento da história que conduz com necessidade do mito ao logos, à imagem de mundo racional. A validade desse esquema é, contudo, questionável[1]. Em verdade, é possível reconhecer em todo e qualquer desenvolvimento cultural um tal impulso para a intelectualização, e, portanto, uma tendência para o esclarecimento. Nunca antes desse último, porém, nunca antes do esclarecimento cristão europeu moderno, toda a tradição religiosa e ética fora submetida à crítica da razão, e, assim, o esquema do desencantamento do mundo não pode ser nenhuma lei universal de desenvolvimento. Ao contrário, ele mesmo é um fato histórico. Ele é o resultado daquilo que enuncia: a secularização do cristianismo só atualizou esta racionalização do mundo – e hoje entendemos por quê.

Pois foi o cristianismo que, na pregação do Novo Testamento, empreendeu pela primeira vez uma crítica *radical* ao mito. Em face do Deus do além, que é próprio à religião judaico-cristã, todo o mundo dos deuses pagãos, e não apenas o mundo desse ou daquele povo, é desmascarado como um mundo de demônios, isto é, como um mundo de falsos deuses e de uma essência diabólica; e, em verdade, porque todos esses são deuses mundanos, figuras do próprio mundo experimentado como superpotente. Sob a luz da mensagem cristã, porém, o mundo é compreendido justamente como o ser não verdadeiro do homem, como o ser carente de redenção. Assim, a partir do ponto de vista do cristianismo, a ciência empenhada em uma explicação racional do mundo certamente se vê diante da ameaça de ser abjurada por Deus, na medida em que o homem se atreve no interior dela a se apoderar por si mesmo da verdade. Neste ponto, contudo, o cristianismo preparou o caminho para o esclarecimento moderno e tornou possível pela primeira vez a sua inaudita radicalidade – que também não deveria parar ante o próprio cristianismo –, porquanto levou a termo a destruição radical da concepção mítica de mundo, ou seja, da concepção de mundo dominada pelos deuses mundanos.

Todavia, a relação entre mito e razão também é do mesmo modo um problema romântico. Se compreendermos por romantismo todo pensamento junto ao qual se conta com a possibilidade de que a ordem verdadeira das coisas não exista hoje ou venha a existir um dia, mas tenha existido outrora, e de que o conhecimento de hoje ou amanhã não alcança da mesma forma as verdades que foram um dia conhecidas, então as coisas recebem acentos

---

1. Cf. quanto a isso GW 8, *Reflexionen über das Verhältnis von Religion und Wissenschaft* [Reflexões sobre a relação entre religião e ciência], Nr. 12.

totalmente diversos. O mito torna-se o portador de uma verdade própria, inalcançável para a explicação racional do mundo. Ao invés de ser ridicularizado enquanto uma charlatanice sacerdotal ou enquanto uma história da carochinha, ele é considerado pelo romantismo como a voz de um tempo imemorial mais sábio. De fato, foi o romantismo que, com essa transvaloração do mito, abriu todo um campo amplo para uma nova investigação. As pessoas pesquisam os mitos e os contos de fadas em virtude de sua significação, isto é, em virtude de sua sabedoria. Mesmo sem uma tal pesquisa, porém, a razão reconhece o limite da realidade por ela dominada, por exemplo o limite do mecanismo da sociedade, na medida em que utiliza imagens orgânicas para a vida social ou considera a Idade Média "mais sombria" a partir da reluzência de sua cristianidade ou procura por uma nova mitologia que seja uma autêntica religião de um povo, tal como foi outrora a situação dos povos da Antiguidade pagã. Nietzsche não deu senão um pequeno passo adiante quando, em sua *Segunda consideração intempestiva*, viu no mito as condições vitais de toda cultura. De acordo com ele, uma cultura só pode florescer em um horizonte envolto por mitos. A doença da atualidade, a doença histórica, consiste justamente em destruir este horizonte fechado por meio de um excesso de história, isto é, por meio do hábito de pensar a partir de tábuas valorativas sempre novamente diversas. E não é uma vez mais senão um pequeno passo que conduz desta avaliação do mito para a cunhagem de um conceito político do mito, tal como esse conceito ressoa no "nouveau christianisme"[2] de Saint Simon e é desenvolvido expressamente por Sorel e seus seguidores. A dignidade de uma antiga verdade é atribuída à finalidade política de uma ordem futura, na qual devemos acreditar conjuntamente tanto quanto outrora se acreditava no mundo compreendido miticamente.

É importante iluminar a conexão entre esses dois aspectos do problema, a fim de conquistar a partir daí um conhecimento histórico. Uma análise dos conceitos de "mito" e de "razão" que, como toda autêntica análise conceitual, é ela mesma uma história de conceitos e uma concepção de história deve preparar o terreno para tanto.

I. O termo "mito" não designa inicialmente outra coisa além de um tipo de certificação. Mito é o dito, a saga[3]; no entanto, ele o é de um tal modo, que o que é dito nessa saga não admite nenhuma outra possibilidade de experiência senão justamente a de acolher o dito. Por isso, a palavra grega que é traduzida pelos latinos como "*fabula*"[4] apresenta-se em uma contradição conceitual com o logos que pensa a essência das coisas e possui a partir daí um saber a qualquer momento dedutível sobre as coisas.

---

2. Em francês no original: novo cristianismo. (N. do T.)
3. O termo "saga" [*die Sage*] em alemão provém diretamente do verbo "dizer" [*Sagen*]. (N. do T.)
4. Em latim no original. (N. do T.)

A partir desse conceito formal de mito, contudo, também segue um conceito ligado ao seu conteúdo. Pois aquilo que não pode ser submetido fundamentalmente a nenhuma certificação por meio da própria razão pensante e não pode se tornar acessível por meio da ciência possui o modo de ser de todo acontecimento único, que não pode ser conhecido de outra forma senão pelo testemunho ocular e pela tradição fundada em um tal testemunho. Aquilo que vive assim na saga é, porém, o tempo originário, no qual os deuses ainda deviam ter um contato visível com os homens. Mitos são antes de tudo histórias sobre os deuses e suas ações junto aos homens. No entanto, a palavra "mito" também designa a história dos próprios deuses, tal como essa história é contada, por exemplo, por Hesíodo em sua *Teogonia*. Na medida em que a religião grega tem, então, sua essência no culto público e a tradição mítica não quer outra coisa senão realizar a exegese desta tradição constante e permanente do culto, o mito é exposto incessantemente à crítica e à reestruturação. A religião grega não é nenhuma religião de uma doutrina correta. Ela não conhece nenhum livro sagrado e, justamente por isso, aquilo que o esclarecimento grego empreende, a saber, a crítica ao mito, não está em uma real contradição com a tradição religiosa. É só assim que se compreende como foi possível para os grandes filósofos áticos, sobretudo Platão, interconectar filosofia e tradição religiosa. Os mitos filosóficos platônicos atestam quanto a antiga verdade e a nova intelecção são um e o mesmo.

Em contrapartida, no interior do pensamento moderno, a crítica feita pelo cristianismo ao mito leva a pensar a imagem de mundo mítica como o conceito contrário à imagem de mundo científica. Na medida em que a imagem de mundo científica é caracterizada pelo fato de o mundo ter se tornado calculável e dominável por meio do saber, todo reconhecimento de poderes indisponíveis e indômitos que limitam ou subjugam nossa consciência é considerado agora como mitologia. Pois aquilo que é assim reconhecido não pode ser realmente um ente. No entanto, isso significa que toda experiência não verificada pela ciência é alijada para o interior do caráter não imperativo[5] da fantasia, de modo que a fantasia formadora de mitos tanto quanto a imaginação estética não podem mais levantar uma petição de verdade.

II. No que diz respeito à palavra, o conceito "razão" é um conceito moderno. Ele designa tanto uma faculdade do homem quanto uma constituição das coisas. Todavia, precisamente essa correspondência interna entre a consciência pensante e a ordem racional do ente foi pensada na ideia grega originária do logos, uma ideia que se encontra na base da filosofia ocidental

---

5. A palavra alemã *Unverbindlichkeit* designa aquilo que não impõe necessariamente um modo de comportamento específico e que não possui com isso um caráter impositivo. No que concerne à passagem acima, o que está em jogo é a ausência de necessidade e imperatividade do que se dá no âmbito da fantasia. Por isso, optamos pela expressão "caráter não imperativo". (N. do T.)

como um todo. O modo mais elevado no qual o verdadeiro é revelado e no qual, portanto, a "logocidade"[6] do ser se manifesta no pensamento humano chama-se *noûs*. A esse conceito de *noûs* corresponde no pensamento moderno a razão. Ela é a faculdade das ideias (Kant). Sua necessidade fundamental é a necessidade de uma unidade, na qual se reúna o elemento disparatado da experiência. A mera pluralidade do "isto e isto" não satisfaz a razão. Onde quer que haja pluralidade, ela quer apreender o que a produz e como ela se forma. Por isso, a série numérica é o modelo do ser racional, do "ens rationis"[7]. Na lógica tradicional, a razão significa a faculdade de tirar conclusões, isto é, a capacidade de conquistar conhecimentos a partir de puros conceitos, sem o auxílio de uma nova experiência. O traço fundamental comum que se delineia em todas essas determinações conceituais da "razão" é o fato de a razão residir onde o pensamento está junto a si mesmo, no uso matemático e lógico, e, além disso, na reunião de uma multiplicidade na unidade de um princípio. Dessa maneira, na essência da razão temos o seguinte: a razão possui absolutamente a si mesma e não depara com nenhuma barreira oriunda do elemento alheio e contingente dos meros fatos. Assim, enquanto representa intelectivamente o acontecimento natural em cálculos, a ciência da natureza é razão; e a plenificação extrema da razão que é ela mesma dar-se-ia no momento em que mesmo o curso da história humana não experimentasse em lugar algum o "*factum brutum*"[8] do acaso e da arbitrariedade como uma barreira, mas (com Hegel) deixasse a razão se tornar compreensível na história.

A irresgatabilidade dessa exigência por conhecer racionalmente todo o real significa o fim da metafísica ocidental e conduz a uma desvalorização do próprio conceito de razão. A razão não é mais a faculdade da unidade absoluta, ela não é mais a apreensão das últimas metas incondicionadas. Ao contrário, o termo "racional" designa agora a descoberta dos meios corretos para fins dados, sem que a racionalidade dessas finalidades seja ela mesma comprovada. Com isto, a racionalidade do aparato da civilização moderna é em seu cerne derradeiro uma irrazão racional, uma espécie de levante dos meios contra os fins predominantes – em suma, a liberação daquilo que denominamos "técnica" em todos os âmbitos vitais.

Tal como este esboço ensina, mito e razão possuem uma história comum que transcorre a partir das mesmas leis. As coisas não se dão de um modo tal, como se a razão tivesse desencantado o mito e assumisse, então, sua po-

---

6. Gadamer vale-se aqui de um neologismo: *Logoshaftigkeit*. Ao pé da letra, esse termo expressa o caráter de logos. Nós apenas acompanhamos nesse caso a formação do termo em alemão e criamos o neologismo "logocidade". (N. do T.)

7. Em latim no original: do ente racional. (N. do T.)

8. Em latim no original: fato bruto. (N. do T.)

sição. A razão que remeteu o mito para o interior do caráter não imperativo da imaginação em jogo logo vê a si mesma impelida para fora de sua pretensão de liderança. O esclarecimento radical do século XVIII mostra-se como um episódio. Porquanto o próprio movimento do esclarecimento se enuncia agora segundo o esquema "do mito ao logos", este esquema também carece de uma revisão. Do mito ao logos, ao desencantamento da realidade: este só seria o sentido em direção ao qual se movimenta a história, se a razão desencantada se apoderasse de si mesma e se realizasse em um autoposicionamento absoluto. O que vemos, porém, é a dependência fática da razão em relação ao poder econômico, social, estatal superior. A ideia de uma razão absoluta é uma ilusão. A razão só é enquanto razão histórica real. É difícil para o nosso pensamento reconhecer isto. Tão grande é o domínio exercido pela metafísica antiga sobre a autocompreensão da existência humana que se sabe histórica e finita. Nós aprendemos a perceber com o trabalho filosófico de Martin Heidegger como os gregos, na medida em que pensaram o ser verdadeiro na atualidade e na comunhão do logos, fundamentaram e decidiram a experiência do ser do Ocidente. Ser significa ser-sempre. Aquilo que a razão conhece como verdadeiro sempre deve ser verdadeiro. Com isto, é preciso que a razão continue sempre podendo ser a instância que conhece o verdadeiro. Em verdade, contudo, todas as vezes que a razão se torna consciente de si enquanto ela mesma – e isso significa: sempre que ela se conscientiza da racionalidade de algo –, ela não tem a si mesma de maneira atual e disponível. Ela se experimenta em algo, sem se assenhorar aí de si mesma previamente. Sua autopossibilitação está constantemente ligada a algo que não lhe pertence, mas que lhe sucede. Nesta medida, ela não é senão resposta, assim como o eram aquelas outras respostas míticas. Também ela é sempre interpretação de uma crença, não necessariamente de uma tradição religiosa ou de um tesouro mítico a partir da tradição poética. Mas todo saber que a vida histórica possui de si mesma é suportado pela vida que acredita em si mesma, uma vida que é realização da vida histórica.

Com isso, a consciência romântica que critica a razão esclarecida também mantém positivamente um novo direito. Em relação àquele traço do esclarecimento, também há um contramovimento da vida que acredita em si mesma, um movimento para a proteção e conservação da magia mítica na própria consciência, sim, o reconhecimento de sua verdade.

O fato de uma verdade própria se tornar apreensível no mito exige certamente o reconhecimento da verdade dos modos de conhecimento que se acham fora da ciência. Estes não podem continuar sendo repelidos para o interior do caráter não imperativo das meras configurações da fantasia. O fato de a experiência de mundo da arte possuir uma imperatividade própria e de essa imperatividade ser similar à verdade artística da experiência mítica é algo que se mostra em seus pontos estruturais comuns. Em sua *Filosofia das formas simbólicas*, Ernst Cassirer abriu um caminho no interior da filosofia criticista para o reconhecimento destas formas extracientíficas da verdade. O mundo mítico dos deuses apresenta como fenômenos mundanos os grandes poderes espirituais e éticos da vida. Não é preciso senão ler Homero para reconhecer a racionalidade imponente com a qual a mitologia grega interpreta a existência humana. O coração assombrado expõe sua experiência – como a superpotência de um deus que age. Mas que outra coisa é a poesia hoje e sempre senão justamente uma tal apresentação de um mundo, no qual se anuncia algo verdadeiro que não é ele mesmo mundano? Mesmo onde não há nenhuma tradição religiosa fixa que nos vincule, a experiência de mundo poética vê miticamente. Isto é: o real verdadeiramente superpotente se apresenta como vivo e agente. Pensemos nos poemas-coisa de Rilke. A vivacidade das coisas não é nada além do desdobramento de seu sentido de ser superior, com o qual elas se apoderam de e abalam uma consciência que se imagina como estando de posse absoluta de si mesma. E o que é, por exemplo, a figura do anjo em Rilke senão a visibilidade daquele invisível[9] que tem o seu lugar no próprio coração, naquilo "que bate elevadamente", enquanto a incondicionalidade do puro sentir ao qual ele se entrega? O mundo verdadeiro da tradição religiosa é do mesmo tipo que essas figuras poéticas da razão. Sua imperatividade é a mesma. Pois nenhum dos dois é uma formação arbitrária de nossa imaginação, como fantasias ou sonhos que emergem e desaparecem. Eles são respostas levadas a termo, respostas nas quais se compreende duradouramente a existência humana. Justamente isso é o racional em uma tal experiência, o fato de se conquistar nela uma autocompreensão – e é preciso perguntar se a razão foi, é ou será algum dia mais racional do que em uma tal conquista de uma autocompreensão junto a algo que ultrapassa a essa razão mesma.

---

9. Mais detalhadamente quanto a esse ponto, ver minha contribuição "Inversão mitopoiética nas *Elegias de Duíno* de Rilke", neste volume, pp. 345-61.

6. MITO E LOGOS (1981)
   [Mythos und Logos]

1. O problema do mito na situação do pensamento do esclarecimento

As palavras contam nossa história. É um fato extremamente digno de reflexão que a palavra "mito" tenha se lançado para além da língua dos eruditos e possua há mais ou menos duzentos anos o seu timbre próprio, preponderantemente positivo. Na era da ciência em que vivemos, o mito e o mítico não possuem nenhum visto de permanência, e, no entanto, foi justamente nesta era da ciência que a palavra grega se impôs como expressão seleta para aquilo que se encontra para além do saber e da ciência na vida da linguagem e das línguas.

Assim, a relação entre mito e ciência é francamente inata à palavra "mito" – e, todavia, é difícil pensar em uma relação mais tensa e que tenha uma história tão significativa a contar. O fato de a "ciência" ser o signo sob o qual o Ocidente greco-cristão se desenvolveu e se transformou na civilização mundial dominante de hoje envolve o fato de a própria "ciência" ter percorrido uma história e de só ter se tornado "a ciência" no decurso desta história. Por detrás de sua autoridade e de seu caráter anônimo salva-se toda exigência de verdade. Desse modo, a relação entre mito e ciência, desde os primórdios gregos de nossa cultura científica, possui uma história que tem muito a dizer e que abriga muitas coisas em si.

Se olharmos para o surgimento da civilização ocidental, veremos que o impulso para o esclarecimento parece ter atravessado essa história como que em três ondas: a onda de esclarecimento que culminou na sofística radical do final do século V a.C. em Atenas, a onda de esclarecimento do século XVIII, que encontrou seu ponto mais elevado no racionalismo da época da Revolução Francesa, e, assim se pode com certeza dizer, o movimento de esclarecimento de nosso século, que alcançou seu ápice provisório com a "religião do ateísmo" e sua fundação institucional nas modernas ordens estatais ateístas. O problema do mito está ligado da maneira mais estreita possível com essas três etapas do pensamento do esclarecimento. Nós precisaremos considerar como um desafio particular o fato de justamente a última onda, a onda mais radical do esclarecimento, ter conduzido a formas e estratégias de formação de opiniões humanas, que são introduzidas artificialmente, isto é, com fins ligados ao estado ou com fins de dominação, assim como o fato de ter sido transferido para estas estratégias por assim dizer de maneira ilegítima a dignidade de uma validade mítica, ou seja, de uma validade que não carece de nenhuma certificação ulterior. Tanto mais importante é a questão de saber em que a tradição mítica pode fundar sua pretensão de verdade. Há algo como um mito inautêntico – e o que é um mito autêntico? O que significa "mito"?

2. Delineamento do perfil conceitual do "mito" no pensamento grego

Mŷtho [mito] é uma palavra grega. No antigo uso linguístico homérico, ela não designa outra coisa senão "discurso", "proclamação", "anúncio", "aporte de notícias". No interior desse uso linguístico, não há nada que indique que um tal discurso denominado "mito" não seja particularmente confiável, que ele seja mera mentira ou invenção, nem tampouco que ele tenha algo em comum com o divino. Lá onde a mitologia – na significação posterior da palavra – é expressamente tematizada, na *Teogonia* de Hesíodo, o poeta é conclamado pelas musas à sua obra e essas musas estão totalmente conscientes da ambiguidade de seu dom: "Nós sabemos contar muitas coisas falsas que se assemelham ao verdadeiro (...), mas também sabemos contar coisas verdadeiras (Theog. 26)." A palavra "mito", porém, não aparece de maneira alguma neste contexto. Foi somente séculos mais tarde, em virtude do esclarecimento grego, que o vocabulário épico sobre "*mŷtho*" e "*mythein*"[1] deixou de ser usado, sendo reprimido pelo campo semântico de "*lógos*" e "*légein*"[2]. Justamente com isto, contudo, tem início o delineamento do perfil que cunha o conceito de mito e realça o "mito" como um modo de falar particular contra o "logos", o discurso esclarecedor e demonstrativo. A palavra designa, então, antes de tudo aquilo que só pode ser narrado: histórias de deuses e filhos de deuses.

A palavra "logos" também conta nossa história, desde Parmênides e Heráclito. A significação originária da palavra, "reunir", "enumerar", aponta para o âmbito racional dos números e das relações numéricas, para o âmbito no qual o conceito de logos se constituiu pela primeira vez. Isto vem ao nosso encontro na matemática e na teoria musical da ciência pitagórica. A partir deste campo de objetos, a palavra "logos" se introduz como o con-

---

1. Do grego: contar histórias, trazer notícias, informar. (N. do T.)
2. Do grego: dizer, falar. (N. do T.)

traconceito de "mito". Em contraposição àquilo que tem em vista o anúncio mediatizado pela mera narração, a "ciência" é o saber que repousa sobre fundamentação e demonstração.

Com a clara consciência linguística crescente que acompanha no final do século V o novo ideal de educação retórico-dialética, o mito quase se transforma, então, em um conceito retórico para um modo de apresentação narrativa em geral. Narrar não é efetivamente "demonstrar", mas algo que só quer convencer e ser crível. Os mestres da retórica comprometem-se agora a apresentar seu tema, sempre de acordo com o que se deseja, sob a forma de um mito ou sob a forma do logos (*Protágoras* de Platão). Destaca-se por detrás de uma tal arbitrariedade virtuosista a nova contradição entre uma história bem descoberta ou inventada e a verdade enumerável, indicável, demonstrável. O mito torna-se "fábula" – porquanto ele não alcança sua verdade por meio de um logos.

Era assim que as coisas se apresentavam mais ou menos para Aristóteles. Para ele, o "mito" é um contrário natural do logos e daquilo que é verdadeiro. No entanto, ele também conhece a utilização retórico-poética da palavra. Heródoto aparece aos seus olhos como o contador de histórias ("*Mythologikos*") e, em sua teoria da tragédia, Aristóteles designa com a palavra "mito" o conteúdo passível de narração da ação. Em um tal contexto, tampouco se pode falar em Aristóteles da incisividade da contradição entre mito e ciência que nos é familiar. As histórias inventadas possuem igualmente verdade. Sim, Aristóteles formulou este fato de maneira legítima: elas possuem mais verdade do que as informações que relatam os acontecimentos reais e que são legadas pelos historiadores. Sob o conceito de saber da Antiguidade, de acordo com o qual a "ciência" [*epistéme*] designa a pura racionalidade e de maneira alguma empiria, isso é de uma evidência plena. Aquilo que os poetas narram ou inventam tem, em comparação com o relato histórico, algo da verdade do universal. Por meio daí, o primado do pensamento racional ante a verdade mítico-poética não é de modo algum limitado. Nós só deveríamos tomar cuidado para não chamarmos os mitos de "histórias inventadas" em nosso sentido. Eles são "encontrados" – ou melhor: no interior daquilo que já é há muito e desde sempre conhecido, o poeta encontra algo novo que renova o antigo. O mito é em todos os casos o conhecido, a notícia que se difunde sem carecer de nenhuma determinação de proveniência e de certificação.

No pensamento grego, a relação entre mito e logos não vem ao nosso encontro apenas na agudeza da contradição própria ao esclarecimento, mas também precisamente no reconhecimento de uma correlação e de uma correspondência que continua existindo entre o pensamento que presta contas e o manancial de sagas que é legado de maneira inquestionada. Isso se mostra particularmente na virada peculiar com a qual Platão soube ligar a herança racional de seu mestre Sócrates com a tradição mítica da religião popular. Apesar de rejeitar simultaneamente a pretensão de verdade dos poetas, ele assumiu sobre o solo de sua própria compreensão racional e conceitual a forma de narração do acontecimento que é constitutiva do mito. A argumentação racional prolongou-se como que para além dos limites de suas próprias possibilidades de legitimação e se estendeu até o interior do âmbito que só é alcançado pela narrativa. Assim, nos diálogos platônicos, o mito aparece ao lado do logos e frequentemente como a sua coroação. Os mitos platônicos são narrativas que não requisitam com efeito uma verdade plena, mas que representam uma espécie de atmosfera de verdade e que levam o pensamento em busca da verdade até o além mundo. Pode ser espantoso para o leitor de hoje como a tradição primeva se mistura aqui com a agudeza intensificada da reflexão conceitual e como se constrói diante de nós um composto de brincadeira e seriedade que não se espraia apenas sem quebra, mas até mesmo com uma espécie de exigência religiosa, sobre o todo do pensamento em busca da verdade.

Para o leitor grego, isso certamente não era tão peculiar e inusitado quanto pode parecer para o pensamento moderno que atravessou o cristianismo. No entanto, a tradição religiosa dos gregos como um todo se realizou em uma corrente nunca quebrada, que foi formada a partir de tais tentativas de colocar o próprio potencial de experiências e a própria intelecção pensante em consonância com o anúncio que continua vivo no culto e na saga. A tarefa do rapsodo épico, tal como a tarefa do poeta trágico, sim, mesmo do poeta cômico, era manifestamente configurar sempre de maneira nova este entrelaçamento de tradição religiosa e pensamento próprio. Mesmo Aristóteles vê na tradição "mítica" sobre os deuses uma espécie de anúncio de conhecimentos desaparecidos, nos quais ele reconhece a sua metafísica do primeiro motor (*Met.* L 8, 1074b1). Desse modo, é necessário se perguntar o que torna a tradição mítica propriamente capaz de uma tal racionalização, e, inversamente, por que, sob o signo das religiões ligadas à ideia de revelação, a relação entre crença e saber assume traços antagônicos. A pergunta precisa ser formulada em termos genéricos e desenvolvida a partir dos dois lados. Pois, mesmo se o caminho até a racionalização da imagem de mundo mítica só é atravessado desde os gregos até a ciência – que se denominou "filosofia" –, a tradição mítica contém em si mesma por toda parte um momento de apropriação pensante e se realiza na medida em que se prossegue interpretativamente a narração da saga.

7. A POSIÇÃO DA POESIA NO SISTEMA DA ESTÉTICA HEGELIANA E A PERGUNTA SOBRE O CARÁTER DE PASSADO DA ARTE (1986)
[Die Stellung der Poesie im System des Hegelschen Ästhetik und die Frage des Vergangenheitscharakters der Kunst]

Quem lê a redação feita por Hotho das *Preleções sobre estética* de Hegel não poderá escapar da impressão de um texto estabelecido de maneira extremamente legível – em particular, se compararmos esta preleção com as outras preleções da grande edição Hegel organizada por uma associação de amigos do filósofo após a sua morte. Agora, tomamos conhecimento por meio das pesquisas mais recentes de que a autenticidade deste texto é comparativamente menor do que até aqui tínhamos involuntariamente suposto. É evidente que um escritor e um estilista habilidoso como Hotho, a partir do desejo de tornar as doutrinas hegelianas tão determinantes para ele palatáveis ao gosto da época de sua própria geração, acrescentou por si mesmo algumas coisas que não estão em concordância com as concepções de Hegel[1].

Onde menos se faz valer a falta de autenticidade é nos elementos propriamente conceituais da construção da preleção de Hegel. Há com certeza uma grave intervenção de Hotho, para a qual já tínhamos atentado desde a tentativa (em si fracassada) de Lasson de reeditar a preleção sobre estética. Tenho em vista aqui a autonomização da seção sobre o belo natural em um segundo capítulo próprio paralelo e antecedente à seção sobre o belo artístico. Esta autonomização conduz a erro. Em verdade, Hegel concebeu a sua estética totalmente a partir do ponto de vista da arte e inseriu reconhecidamente a beleza natural no nível de um reflexo do belo artístico. Essa significativa intervenção de Hotho, uma intervenção que encobre algo essencial, possui um lastro tanto maior porque a esquemática conceitual com a qual

---

1. Para informações sugestivas sobre os pós-escritos das preleções sobre estética realmente ministradas por Hegel, vejo-me obrigado a agradecer à organizadora deste material no arquivo Hegel, a senhora Dra. A. Gethmann-Siefert. Cf. em particular as seguintes publicações da autora: *Einleitung und Edition der Nachschrift Hothos von 1823: Die Philosophie der Kunst. Nach dem Vortrage des Herrn Professor Hegel. Im Sommer 1823. Berlin. Nachgeschrieben von H. Hotho*. Hamburg, 1986; *Die Funktion in der Geschichte. Untersuchungen zu Hegels Ästhetik*. Bonn, 1984 (Hegel Studien. Vol. 25).

Hegel trabalha em sua estética – ao lado do mal-estar que ela provoca – contém um interesse elevado para o filósofo. A esse interesse correspondem o zelo e a persistência com os quais Hegel sempre recapitula em todos os capítulos particulares de sua preleção as ideias fundamentais de sua esquemática. Hegel repetiu tanto e tão exatamente a esquemática construtiva de sua preleção, que podemos considerar esta esquemática como autêntica e, por isso, devemos entregar uma atenção especial às suas implicações.

Neste caso chama a atenção junto à formação conceitual diretriz, junto à divisão das épocas da arte em arte simbólica, clássica e romântica, o fato de não ser na poesia que esta formação encontra uma justificação correta, mas manifestamente nas artes sensório-intuitivas, na arquitetura, na escultura, na pintura ou na música. Isto tem uma boa razão de ser. As artes sensório-intuitivas estão muito mais submetidas ao caráter extrínseco do gosto. A mudança do gosto acha-se abertamente à luz e se oferece, por isto, de maneira particular à articulação da história da arte. Como Hegel bem o viu, o gosto não é em verdade o essencial na arte, mas ele forma por assim dizer a sua pele sensível, da qual precisamos para nos proteger contra a provocação e a afluência de tudo aquilo que vem ao nosso encontro, e, com isso, também contra a provocação de nossos próprios construtos, de nossas obras e obras de arte. Esta "pele" relativa ao gosto é passível de ser ferida pelo elemento sensório-intuitível em um grau mais elevado do que acontece por meio das cruezas mais crassas que possuem uma forma linguístico-literária.

Desde o *Laocon* de Lessing, isso é algo extremamente conhecido. Corresponde a isto o fato de Hegel, ao discutir o tema genérico da arte em contextos sistemáticos, nunca ter tido particularmente em vista pela "arte" a poesia, mas sim ou bem a arquitetura, ou bem as artes plásticas. Tal como Hegel com certeza o vê, a poesia é a "arte universal" em uma medida específica. Não obstante, a poesia assume uma posição insigne no interior da esquemática da preleção sobre estética. Na hierarquia relativa ao afastamento cada vez mais intenso do sensível e à crescente espiritualização, ela representa o último nível. Como Hegel o diz, ela tem a sua existência somente na própria consciência. Não são senão as formas interiores da representação e da intuição que tornam aqui a obra de arte uma obra de arte ou que a apresentam enquanto obra de arte. Nesta medida, a poesia é a contraparte extrema da arquitetura, que quase não é mais espírito – só o é simbólica e alusivamente –, e, segundo sua natureza, só pertence às cercanias do espírito.

Na redação da *Estética* feita por Hotho, Hegel parece não ter retido em seu uso linguístico a cunhagem terminológica que conhecemos a partir do capítulo conclusivo da *Fenomenologia do espírito*, segundo o qual a religião artística se acha fundada sobre o ponto de vista da intuição, a religião da revelação sobre o ponto de vista da representação e a filosofia sobre o ponto de vista do conceito; e isto apesar de, no que diz respeito à coisa mesma, Hegel manter claramente essa concepção ao longo de toda a sua obra. Na *Preleção sobre estética*, ele fala de uma maneira deveras livre sobre intuição, representação, sensação e coisas do gênero, sem se ligar à sua própria esquematização conceitual. A posição destacada que atribui à poesia torna-se, então, particularmente clara quando os conceitos de forma, conteúdo e matéria, que ele utiliza para a sua construção esquemática, também são aplicados à poesia, onde estes conceitos são particularmente inadequados (cf. III, 226 s.). A formação do material só pode ser evidentemente afirmada no caso da poesia em um sentido muito impróprio. Já junto à música, o discurso acerca do material sonoro é insatisfatório. No caso da poesia, tal como Hegel o diz expressamente, transforma-se completamente toda a relação com o material, uma vez que o "material" não é de maneira alguma algo que aparece sensivelmente, mas aquilo que é trazido à aparição na imaginação interior (III, 231). Com estes conceitos, Hegel justifica aqui a pretensão da poesia de ser a arte universal. Ela não é restrita em suas condições de realização por nenhum material sensível.

Em suas preleções, Hegel parece não ter tornado plausível aos seus ouvintes o acesso à divisão das artes e à posição privilegiada da poesia apenas desta maneira, mas também em múltiplas variações. Para dar apenas um exemplo: ele parte por um lado de espaço e tempo enquanto formas universais da intuição, às quais a pintura e a música ainda estão presas. O elemento sensível do espaço pertence à pintura, o elemento sensível do tempo à música. Os dois mostram-se na poesia enquanto "ponto do espírito, enquanto o sujeito pensante que concecta em si o espaço infinito da representação com o tempo do som" (Hotho, 1823, Ms. 421). Com isto, Hegel não segue em verdade apenas a Kant, mas também a um tópico extremamente conhecido da filosofia aristotélica. Se Aristóteles entrega à visão o primado em relação a todos os outros sentidos na célebre frase introdutória à *Metafísica* porque a visão apreende a maior parte das diferenças, então advém em um outro aspecto precisamente à escuta, tal como ele a considera, um primado ainda mais elevado. Pois como a escuta consegue ouvir a linguagem, o logos, não se lhe torna acessível apenas a maior parte, mas desta maneira pura e simplesmente todas as diferenças. Hegel articula-se com isto e utiliza expressamente o conceito de totalidade de uma maneira similar para a distinção da poesia, um conceito por meio do qual a poesia se distingue de todas as outras formas artísticas.

Com isto, a posição da poesia na construção da estética adquire uma significação que abre caminhos. Nela já se prepara a passagem para o modo de representação religioso próprio à religião da revelação e para a prosa do pensar científico, isto é, da filosofia, que são por fim formas de apreensão do absoluto menos contaminadas com a sensibilidade (III, 233). O pavoroso comparativo com "não contaminado com a sensibilidade" acentua indiretamente o fato de não apenas a poesia, mas também a prosa do pensamento ainda ter uma base real e sensível em uma configuração de sons e sinais. Todo o modo de consideração segue justamente a tradição conceitual da metafísica aristotélica. A definição conjunta da arte introduzida por Hotho em sua redação da *Preleção sobre estética*, a definição da arte enquanto "a aparição sensível da ideia" (I, 144), certamente não deve ser com isso enfraquecida, mesmo que Hegel atribua à poesia, em comparação às outras artes, uma espiritualidade crescente e uma sensibilidade descrescente.

É importante que experimentemos o fato de essa fórmula no fundo platônica (*Fedro*, 250d) não ser manifestamente comprovável nas preleções berlinenses de Hegel. De fato, Hotho utiliza esta bela formulação em um contexto tradicionalista, a saber, em meio à discussão da relação entre verdade e beleza. Este tema fundamental platônico não deve ser aplicado propriamente ao belo artístico e aos tipos de arte, mas ele abrange concomitantemente o belo natural – de mais a mais, ele só é pertinente para a poesia em um sentido inexato. Pois é claro que o "aparecer sensível da ideia" só se realiza aqui sob a forma da representação, ou seja, na imaginação.

No entanto, nosso tema propriamente dito é precisamente a posição marginal e transitória que advém à poesia enquanto a mais espiritual de todas as artes e vale a pena, assim, insistir nas formulações referentes ao "ideal do belo" que são mais bem certificadas pelos pós-escritos. Se Hegel descreve o ideal como o ser-aí da ideia ou como a existência da ideia, ele segue no fundo a terminologia kantiana. De acordo com Kant, o ideal é "a ideia *in individuo*"[2]. Estes ideais são certamente de um tal modo que "não se poderia lhes conceder imediatamente realidade objetiva (existência)" (CRP, B 597). Isto também vale com certeza para o "ideal da beleza" que é designado na *Crítica da faculdade de julgar* (§ 17) como um ideal da imaginação. Mesmo na terminologia hegeliana, nunca se poderá compreender a "existência" no sentido da "realidade objetiva" kantiana, mas sim como o ser-aí da ideia "*in individuo*", e se Kant só encontra o ideal da beleza na figura humana, a saber, na expressão do elemento ético, então este é um encurtamento classicista, do qual Hegel extraiu, em verdade, toda a amplitude do espírito e a espiritualidade da beleza. Neste contexto, a virada do gosto para a espiritualidade da arte já se insinua em Kant, quando se afirma que a arte consegue "por assim dizer tornar visível em uma exteriorização corporal (enquanto efeito do interior)" as ideias morais. O que se torna assim visível, quer intuitivamente, quer "por meio da representação", é em todo caso uma ideia, e não pode haver nenhuma dúvida quanto ao fato de que, para Hegel, no caso da poesia, a ideia aparece na representação, ou seja, ela é representada como sensório-intuitiva. Ela é "*in individuo*" enquanto algo representa-

---

2. Em latim no original: no indivíduo, individualizado. (N. do T.)

do – tal como o ideal do sábio que Kant introduz como exemplo na *Crítica da razão pura*.

Sobre o solo da suposição fundamental de que a arte é uma modalidade do espírito absoluto, Hegel desenvolve então com certeza uma hierarquia relativa à espiritualidade. Esta hierarquia permite dizer da poesia que "ela vai a tal ponto no tratamento negativo dos elementos sensíveis que, em vez de configurar o oposto da matéria espacial pesada, o som, como um símbolo alusivo, tal como a arquitetura faz com o seu material, ela o degrada muito mais ao nível de um sinal desprovido de significação. Por meio daí, contudo, ela dissolve a um tal grau a fusão da interioridade espiritual com a existência exterior, que começa a não corresponder mais ao conceito originário da arte". É evidente que o próprio Hegel não escapou totalmente do perigo aí existente ao se atrever a pronunciar a sentença espantosa de que é "indiferente" para a poesia "se a obra poética é lida ou escutada" (III, 27). Essa sentença é quando muito aceitável se pensamos como concomitantemente presente na "leitura" algo assim como uma escuta interior. Hegel, porém, ainda vai além e chega até mesmo à tese de que a tradução de uma obra de arte está em condições de intermediar a passagem de uma obra de arte para uma outra língua sem uma perda essencial do caráter propriamente poético. Com certeza, tudo indica que isto tenha sido realmente pensado por Hegel e não apenas por Hotho. É possível que isto esteja ligado ao novo entusiasmo próprio à época romântica pela literatura mundial. O fato de também serem traduzíveis é certamente válido para as formas de narrativa poética e para o drama, mas não para o poema lírico – e não há dúvida alguma de que Hegel viu essa diferença. Em todo caso, porém, este continua sendo um enunciado espantoso. No caso da tradução da lírica, a aparição sensível na linguagem é tão profundamente alterada que o enunciado hegeliano só é efetivamente compreensível – com certeza não justificado – se temos em vista aí a concretude plástica despertada na imaginação pela linguagem e de maneira alguma a imediatidade daquilo que soa nos fonemas. Mesmo neste caso, contudo, permanece vigente o fato de ser aquilo que soa nos fonemas que eleva antes de tudo a concretude plástica da criação poética a uma evidência e presença irresistíveis.

É evidente que se precisa entender os excessos hegelianos questionáveis a partir de seu intuito por tornar bem clara a distinção da poesia em relação à música que tinha sido tratada anteriormente. É certamente correto que o som da música é fundamentalmente diverso do elemento estrutural dos textos poéticos, da palavra. Em geral, um som só conquista a sua determinação concreta por meio da relação com outros sons. A palavra, em contrapartida, já é sempre a palavra de uma língua e tem com isto em si mesma no interior dessa língua uma determinação que, por mais vaga e passível de variações, permanece limitada e ligada a certas significações. Por isto, pertence por boas razões à música a efetiva apresentação. Somente com a apresentação, a música conquista o seu *status* ontológico – e não já sob a posse interior da imaginação. O "estabelecimento das notas musicais na partitura" não é mesmo comparável com a fixação escrita da linguagem poética. Se consideramos como o estado atrasado do conhecimento musical o fato de as pessoas ainda escutarem música, em vez de só lerem por si mesmas as partituras, e se nos reportamos ao fato de as pessoas já terem aprendido há muito tempo na poesia a escutar com o ouvido interior aquilo que é escrito, então isto permanece um exagero cometido neste caso por Adorno. Evidentemente trata-se do mesmo exagero, proveniente do mesmo intuito que se encontra à base da afirmação hegeliana de que um poema lírico não experimenta nenhuma perda na tradução.

A própria posição hegeliana em relação à música confirma indiretamente que ele não tomava por muito redutora a perda poética que a tradução da poesia precisa sofrer. Manifestamente, enquanto as portadoras propriamente ditas do sentido, as palavras são para ele o essencial. Em face da música absoluta, isto vem à tona por assim dizer no sentido inverso. Ele acentua o seu distanciamento em relação a esta música porque falta a ela a palavra: "Preciso considerar um infortúnio o fato de a música se constituir de maneira tão autônoma" (*Marb. Bibl.*, 1826, Ms. 180). Manifestamente, ele é da opinião de que onde falta a reserva espiritual da palavra o homem deixa um "campo de jogo" grande demais "para as suas representações". Do mesmo modo que falta aí a palavra portadora de sentido, a palavra portadora de sentido é para ele praticamente tudo no caso da tradução da poesia. Isso fica imediatamente claro quando levamos em conta a relação da poesia com o pensamento especulativo, tal como Hegel a descreve na *Estética*. Ele diz aí, por exemplo, que o pensamento especulativo se encontra em estreito parentesco com a imaginação poética, e expressa a diferença entre eles da seguinte forma: "O pensamento dissolve a forma da realidade na forma do puro conceito. Por meio daí, o mundo fenomenal surge em face de um novo reino que é com certeza a verdade daquilo que é real e efetivo – uma verdade, porém, que não se revela uma vez mais no próprio real como um poder configurador e como a sua própria alma. Assim, o pensamento não significa senão uma reconciliação do verdadeiro e da realidade no pensamento. Em contrapartida, a criação e a construção poéticas são uma reconciliação sob a forma do próprio fenômeno real, quando esta ordem é representada espiritualmente (III, 243)." Declarações deste tipo precisam ter inspirado de maneira particular a crítica característica do jovem Hegel à reconciliação em pensamentos. Para esta crítica, foi precisamente a inconsistência da reconciliação no pensamento que se transformou em pedra de toque. Mesmo a crítica kierkegaardiana ao estágio estético, contudo, obscurece o argumento hegeliano.

Isto é típico de Hegel. O desdobramento exaustivo de todos aspectos[3] da reflexão permite-lhe distinguir a poesia mesmo em face da prosa do pensamento que, no entanto, como a verdade do conceito, assume para ele o nível mais elevado. O mesmo se mostra quando Hegel confronta explicitamente o mundo poético da contemplação e da sensação interiores, um mundo no qual a poesia lírica ganha vida, com o pensamento filosófico, e, de maneira espantosa, também põe neste caso o pensamento filosófico aquém da poesia. Tal como se encontra aí formulado, o pensamento filosófico é justamente "marcado pela abstração de só se desenvolver no elemento do pensamento enquanto a mera universalidade, de modo que o homem concreto também pode se achar impelido a expor o conteúdo e os resultados de sua consciência filosófica de uma maneira concreta como penetrados pelo ânimo e pela intuição, pela fantasia e pela sensação, a fim de ter e fornecer aí uma expressão total de sua interioridade como um todo". É de supor que o que Hegel tem em vista aqui sejam os poemas filosóficos de Schiller. Todavia, permanece uma declaração espantosa, quando ele atribui aqui uma limitação ao pensamento especulativo e diz: "só no elemento do pensamento". Este "só" encontra-se em contradição crassa com a sua concepção sistemática fundamental, mas mostra inversamente quanto ele estava pronto a reconhecer as formas reflexivas da poesia em sua imperecibilidade. Seu elogio do *Divã ocidental-oriental* também pertence a este contexto.

Desse modo, o exame da incorporação sistemática da poesia à estrutura conjunta da *Preleção sobre estética* teve por resultado o fato de a reflexão desdobrada exaustivamente em todos os seus aspectos, uma reflexão em relação à qual Hegel também se mostra neste caso como mestre, deixar em aberto a questão que nos orienta. É muito difícil esperar uma resposta imediata à pergunta já muito discutida sobre o significado da doutrina hegeliana do caráter de passado da arte a partir do lugar sistemático da poesia no âmbito da *Estética*. Como sabemos, o capítulo sobre a poesia encontra-se na conclusão da *Preleção sobre estética* em geral e é apresentado assim na versão organizada por Hotho, sem que este capítulo se reconheça explicitamente como momento de transição. Será este um erro da redação – um erro que talvez possa tornar provável a autenticidade desta conclusão? Em todo caso, a preleção não termina com a passagem para a religião, tal como corresponderia à sistemática hegeliana. É provável que se expresse aí o fato de Hegel

---

3. O termo alemão *Allseitigkeit* designa literalmente o caráter de algo que cobre todos [*alle*] os lados [*Seiten*]. Uma das opções comuns para a sua tradução é a palavra "universalidade". No entanto, nós geralmente compreendemos o universal como o elemento comum a todo um conjunto de particulares, como o uno genérico que se refere a todos os particulares, sem ser igual a nenhum deles em específico. Neste caso, ele descreve quase o oposto daquilo que Gadamer procura realçar aqui: a polifonia constitutiva do pensamento hegeliano. Exatamente por isto, optamos por uma locução explicativa: o "desdobramento exaustivo de todos os aspectos". (N. do T.)

ter introduzido outrora explicitamente a cisão entre estética e filosofia da religião – também se poderia dizer: a elevação religiosa das belas artes até a "arte" –, ao retomar uma vez mais em Berlin a sua preleção sobre estética, cuja primeira aparição precisa ser datada no tempo de Heidelberg.

Com certeza, podemos nos reportar aqui ao fato de a relação entre arte e religião em Hegel ter sido desde o princípio complicada em uma medida deveras peculiar. Na *Fenomenologia,* a arte não aparece senão como a religião artística. A vinculação recíproca percebida por Hegel entre arte e religião faz com que a questão sistemática sobre uma passagem se torne bastante difícil. Não segue de maneira alguma de sua distinção histórico-filosófica da "religião artística" grega um juízo artístico estreito estabelecido em termos classicistas. Não é preciso pensar senão no apreço hegeliana pelos holandeses. Em contrapartida, faz muito sentido discutir explicitamente a passagem da arte, e, com isso, antes de tudo da poesia, para a filosofia – e isto significa: para o pensamento especulativo. No que concerne à coisa mesma, esta discussão acontece em muitas passagens da redação feita por Hotho da *Preleção sobre estética*. Assim, é preciso focalizar novamente a partir daí a doutrina do caráter de passado da arte. Eu defendi reiteradamente a tese de que a doutrina do caráter de passado da arte significa em verdade a liberação da arte enquanto arte;[4] uma tese para a qual tenho inicialmente a meu favor a evidência linguística. A terminologia ensina como foi somente no tempo de Hegel que se afrouxou a tal ponto o laço entre as habilidades artísticas de todos os tipos e a "arte", que a adição do termo "belo", ou seja, que a expressão "belas artes" se tornou supérflua. Se quisermos elucidar a partir daí a doutrina do caráter de passado da arte, será preciso lembrar fundamentalmente que mesmo as declarações de Hegel sobre as passagens de uma forma artística para outra precisam indicar algo sobre o sentido do fim da arte e sobre o caráter de passado da arte. Pois estas declarações também têm por meta uma tal "passagem". Desse modo, porém, aprendemos que estes enunciados não são enunciados sobre o transcurso do acontecimento, mas sobre a ordem na reflexão filosófica. Eles têm em vista a verdade que o conhecimento filosófico consegue distinguir nas realidades fenomenais. Com isto, a questão sobre o passado da arte encontra-se na mesma linha que a posição inicial da arquitetura ou que a posição final da poesia no sistema das artes – e, por fim, até mesmo que o problema conhecido do fim da história. Esta é uma analogia extremamente instrutiva. Ninguém pode duvidar aqui de que o fim da história não tinha outra coisa em vista senão o fato de nenhum princípio superior poder sobrepujar o ideal da "liberdade de todos". O que é dito com isto não é que a história está no fim, mas que a história não pode mais ter lugar como um progresso no sentido da consciência da liberdade.

---

4. Cf. GW 8, o artigo "Ende der Kunst?" [Fim da arte?], pp. 208 s.

Sim, talvez a história não possa ser vista absolutamente como progresso, mas seja o esforço que nunca se plenifica por produzir na realidade aquilo que corresponderia à autoconsciência da liberdade. Portanto, pode-se dizer que a história se passa desde então totalmente como o acontecimento "exterior" com todas as suas vicissitudes, retrocessos e progressos ilusórios – na luta pela liberdade de todos. As coisas parecem-me similares no que diz respeito ao fim da arte, tal como Hegel o afirma em sua *Estética*. Ele enuncia algo para a reflexão filosófica e nada sobre o futuro enquanto aquilo que acontecerá. Não se pode ter em vista outra coisa com isto senão aquilo que o próprio Hegel expressa: o fato de a arte não poder mais realizar a necessidade mais elevada do espírito. A arte não é senão a aparição sensível do divino e não do divino tal como ele surge por meio da revelação – na igreja cristã – enquanto o Deus verdadeiro e a verdadeira salvação e tal como ele, ao final de um longo esforço de concepção, de acordo com Hegel, atinge ao mesmo tempo a forma do conceito no interior do pensamento especulativo.

    O caráter de passado da arte, caso ele seja compreendido assim, não significa por isto de maneira nenhuma o fim da arte, mas implica tão somente o fato de a arte exercer a partir daí a sua função no interior de uma exigência de verdade mais elevada. Esta subordinação determinou de fato a história primeva da arte ocidental logo após a aparição do cristianismo. A arte alcançou a sua justificação em lutas penosas contra a proibição às imagens característica dos judeus e à revelação cristã, contra a pretensão à salvação da igreja. Na estética hegeliana, essa arte possui o nome genérico de arte "romântica" – o que quer dizer que ela remete a uma figura mais elevada da verdade. Aqui podemos nos lembrar do que era no fundo a forma romântica de arte aos olhos de Hegel. Em verdade, tal como ele diz, o mundo romântico só realizou uma única obra absoluta, e essa obra foi a difusão do cristianismo. Este elemento novo, o fato de o cristianismo ter chegado ao mundo e trazido consigo o fim da arte clássica, significa para a arte romântica, ou seja, para as mais múltiplas figuras da criação artística, que a sua verdade é uma verdade romântica, isto é, não mais uma verdade absoluta, não mais a concordância entre fenômeno e ser. Por isso, em um grau particular, a pintura e a música são – e, naturalmente, antes de tudo a poesia – formas da espiritualização e dissensibilização, mesmo que a sua própria forma de apresentação seja e permaneça sendo uma vez mais a forma do "aparecer sensível da ideia". Portanto, aquilo que Hegel denomina a arte romântica abarca toda a história da arte desde o aparecimento do cristianismo, e esta história da arte é caracterizada precisamente por meio do fato de nela não aparecer nenhuma obra de arte absoluta, isto é, nenhuma obra na qual o próprio divino esteja presente sensivelmente, tal como as figuras dos deuses na arte clássica. Nisto reside ao mesmo tempo o fato de a história da arte se desdobrar a partir de então em uma multiplicidade de formas, nas quais o espírito de um povo entrega respectivamente a si mesmo a sua expressão artística, com base em sua própria experiência do mundo, sob a luz da revelação cristã e do pensamento.

A história da arte que se desdobra aqui tende, então, em certo sentido para um fim, que pode ser caracterizado pelo presente no qual Hegel escreve. Este fim, que Hegel também denomina a "dissolução da forma de arte romântica", confunde-se completamente com a liberação da energia artística, com o desprendimento total dos dados prévios relativos a conteúdos substanciais ante os quais os artistas não tinham outrora nenhuma escolha livre. O fato de todo o âmbito da experiência mundana ter sido percorrido na criação artística, um fato que podemos denominar juntamente com Hegel a autoexcedência romântica da arte, também significa, porém, como Hegel nos diz, "tanto um retorno do homem a si mesmo, uma descida para o interior de seu próprio peito, algo por meio do que a arte elimina de si toda limitação fixa e torna o humano o seu novo campo sagrado, as profundezas e as alturas do ânimo humano enquanto tal, o genericamente humano em suas alegrias e sofrimentos, em suas aspirações, feitos e destinos". Em conexão com esta descrição entusiástica é dito explicitamente que a arte não está mais restrita a apenas representar aquilo que, em um de seus níveis determinados, está absolutamente em casa, mas tudo aquilo em que o homem tem efetivamente a capacidade de se sentir em sua terra natal (II, 235). Assim, Hegel pode dizer: "O estar ligado a um conteúdo particular e a um tipo de representação que se ajusta apenas a esta matéria é algo passado para o artista atual, e a arte se tornou por meio daí um instrumento livre que, segundo a medida de sua habilidade subjetiva, ele pode manusear ante todo conteúdo, qualquer que seja o seu modo de ser." No mesmo contexto encontramos a seguinte formulação: "Não há hoje em dia nenhuma matéria, que se ache em si e por si acima desta relatividade." Aqui, o acento recai sobre o "em si e por si". Manifestamente, isto não deve significar outra coisa senão que também não é mesmo possível renovar uma vez mais com uma arbitrariedade livre as formas passadas da configuração artística. A crítica hegeliana à conversão ao catolicismo e à tentativa de viver em meio a uma "visão de mundo" religiosa, que não era mais realmente comum e abrangente, expressou-se por razões artísticas de maneira suficientemente clara contra essa ilusão.

Neste caso, é possível que a ressonância com o discurso acerca do caráter de passado da arte provoque confusão. Com certeza, aos olhos de Hegel, a arte cristã da Idade Média também "passou" e não é capaz de nenhuma renovação oriunda de uma nostalgia romântica da terra natal. Em verdade, junto ao discurso sobre o caráter de passado da arte, o que está em questão não é um estágio final da arte romântica, e, por isto, é errado transpor o sentido deste discurso na direção de um fim da arte em geral. Ao contrário, não há nenhuma dúvida para Hegel de que a arte "passou" e de que, porém, neste sentido, é preciso esperar que ela sempre venha a criar uma vez mais algo novo em toda a sua realidade universal.

É certo que Hegel – em toda a sua distância especulativa em relação aos fatos terríveis – tampouco pôde deixar de tirar algumas conclusões mais determinadas enquanto homem de seu tempo a partir de seu pensamento, conclusões que se mostravam no interior das expectativas e esperanças deste tempo. O ponto de vista do espírito absoluto é mesmo difícil em face da limitação humana. Assim, o acontecimento da revolução de julho de 1830 o abalou profundamente. Não é possível imaginar como Hegel teria reagido aos acontecimentos do século XX e aos seus "progressos" em direção à "liberdade de todos". Analogamente, também só se pode lidar com os seus juízos casuais constantes sobre o presente e o futuro da arte em uma perspectiva histórica. Permanece característico o fato de o capítulo supracitado, "O fim da forma de arte romântica" (II, 228 ss.), um capítulo que expressa ao máximo o seu hoje, não se encontrar de maneira alguma em uma posição acentuada. O humor objetivo que Hegel outorga à criação poética de seu tempo e que remonta à sua crítica incisiva ao humor subjetivo de Jean Paul é tomado por ele como realizado na imagem árabe e persa de Rückert[5] e do *Divã ocidental-oriental* de Goethe. O que ele celebra aí está certamente em plena ressonância com a nova arbitrariedade desvinculada que é própria ao espírito artístico liberto de todo ligação com a tradição, uma arbitrariedade que ele descreve. Permanece espantoso, contudo, o fato de a dependência temporal do juízo artístico hegeliano remeter muito menos ao seu futuro que olhamos hoje retrospectivamente como o nosso passado do que, por exemplo, o seu sonho histórico filosófico da meta final da história na liberdade de todos. Se quisermos realmente ampliar o discurso sobre o humor objetivo, cuja significação Dieter Henrich[6] realçou tão intensamente a ponto de torná-lo um conceito totalmente universal, então encontraremos um grau espantoso de concordância em vista do nosso presente e das suas expectativas de futuro.

Hegel não é confirmado apenas pelo historicismo dos estilos, pela multiplicidade das escolas e correntes ou pela particularidade dos grupos a cada vez formados em torno de cada artista criador. Ainda mais importante é o fato de aquilo que denominamos a consciência histórica reunir artistas tanto quanto amantes da arte em uma experiência constante da arte das épocas passadas e dos mundos relativos a culturas alheias. Tudo isto foi já funda-

---

5. Friedrich Rückert (1788-1886): poeta alemão. (N. do T.)
6. Dieter Henrich, *Kunst und Kunstphilosophie der Gegenwart. Überlegungen mit Rücksicht auf Hegel* [Arte e filosofia da arte do presente. Reflexão com respeito a Hegel]. In: *Immanente Ästhetik – Ästhetische Reflexion. Lyrik als Paradigma der Moderne*, org. por Wolfgang Iser. Munique, 1966, pp. 11-32. Cf. também GS 8, pp. 62 ss.

mentalmente antecipado na caracterização hegeliana de seu "hoje". Se ainda significa humor deixar o substancial emergir da casualidade, então este humor é com certeza a determinação permanente de toda arte em tempos de uma liberdade incondicionada de invenção e de um ensaio ousado. Na apresentação hegeliana, em contrapartida, a arte "de hoje" é apenas uma vez mais uma forma transitória, na qual a poesia mantém a posição-chave claramente vista. Se Hegel admirava a forma refletida da poesia de Goethe no *Divã ocidental-oriental*, que só ascendeu muito mais tarde ao nível de um sucesso literário mundial, e se ele tivesse vivenciado em nosso século a redescoberta do barroco e da alegoria, assim como todas as outras formas às quais se encontram presas em redes intelectuais a arte moderna e a antiarte, talvez ele tivesse incorrido até mesmo no erro de ver na passagem da poesia para a filosofia uma passagem histórica. No entanto, o fim da arte não pode ser prescrito assim.

8. FILOSOFIA E POESIA (1977)
[Philosophie und Poesie]

Não é senão uma proximidade enigmática a que vige entre filosofia e poesia e que, por fim, desde Herder e do romantismo alemão, ganhou a consciência universal. Nem sempre com assentimento. Com certeza, esta proximidade foi considerada antes como uma prova da indigência da era pós-hegeliana. A filosofia universitária dos séculos XIX e XX perdeu a sua posição hierárquica – não apenas em consequência das tiradas injuriantes de Schopenhauer – ante os grandes *outsiders* e os grandes escritores da estirpe de um Kierkegaard e de um Nietzsche; e este fato acirrou-se ainda mais por meio da sombra que foi lançada sobre ela pelos astros brilhantes da grande literatura do romance, em particular os franceses Stendhal, Balzac e Flaubert e os Russos Gogol, Dostoievski e Tolstoi. Ela perdeu-se nos campos da pesquisa histórico-filosófica ou procurou defender a sua cientificidade em meio à esterilidade da problemática empistemológica. Quando a filosofia universitária reconquistou, porém, um certo prestígio em nosso século – gostaria de denominar apenas a assim chamada filosofia da existência de Jaspers, Sartre, Merleau-Ponty, Gabriel Marcel e, antes de qualquer outro, Martin Heidegger –, isto não aconteceu sem que as pessoas se lançassem de maneira ousada na periferia da linguagem poética – o que provocou com frequência o aparecimento de uma crítica ácida. O pregueado do profeta cai mal ao filósofo que quer ser levado a sério na era da ciência. Por que as pessoas deixam de lado as grandes realizações da lógica moderna que, nos últimos cem anos, fez progressos outrora inimagináveis para além de Aristóteles, e se obscurecem em uma medida cada vez mais intensa por detrás das sombras das nuvens poéticas?

Todavia, falamos de proximidade e distância, de tensão frutífera entre poesia e filosofia – e este não é um problema de ontem e de anteontem. Este problema acompanha todo o caminho do pensamento ocidental, que se distingue de todo discurso relativo à sabedoria oriental justamente por meio do fato de ter de equilibrar em si esta tensão. Platão fala sobre a antiga discórdia (παλαιὰ διαφορά) entre poesia e filosofia, remete a poesia para além do reino das ideias e do bem – e a acolhe ao mesmo tempo em si como um narrador de mitos que sabe misturar de maneira inimitável festividade e ironia, a distância própria à saga e a clareza do pensamento. Do mesmo modo, pode-se perguntar quem gostaria de distribuir entre poesia e filosofia, entre imagem e conceito aquilo que o Antigo e o Novo Testamento, assim como o milênio de interpretação cristã do mundo, reúnem em si.

Assim, é uma questão antiquíssima saber por que e de que modo a linguagem, o único meio daquilo que é pensado e criado poeticamente, consegue transmitir este elemento comum e este elemento diferente. Certamente não é no uso cotidiano da linguagem que uma tal afinidade se evidencia ou mesmo é plenificada e transformada em interferência. Em verdade, todo e qualquer discurso sempre está em condições de evocar estas duas coisas, imagem e pensamento. Mas o discurso dos homens conquista em geral uma determinação e uma univocidade plenamente significativas a partir de uma conexão da vida que mantém a sua concretude por meio de situação e destino. Portanto, a palavra expressa em uma tal conexão concreta de ação não se acha estabelecida por si. Ela não "fica" de maneira alguma parada, mas "passa para" – segue em direção àquilo que é dito. Mesmo a fixação escrita de uma tal fala não altera nada aí, ainda que a tarefa da compreensão do texto assim destacado possua algumas dificuldades hermenêuticas. Em contrapartida, tanto quanto a palavra filosófica, a palavra poética está em condições de ficar e de se enunciar com uma autoridade própria independentemente do texto no qual se articula. Como é que a linguagem pode fazer algo assim?

É incontestável que, tal como vem ao nosso encontro no emprego cotidiano, a linguagem não está em condições de fazer isto, nem necessita tampouco de uma tal realização. A linguagem cotidiana pode se aproximar do ideal da designação inequívoca daquilo que se tem em vista ou mesmo estar muito distante deste ideal – pensemos, por exemplo, no discurso político. Em todo caso, ela não se acha estabelecida por si, mas em vista de algo que vem ao encontro na prática da vida experimentada ou da experiência da ciência e na qual se afirmam ou fracassam pontos de vista declarados. As palavras não "se encontram estabelecidas" em si mesmas. É somente a conexão de vida que as torna completamente resgatáveis – enquanto faladas ou escritas. Em uma alegoria brilhante – que certamente alude aos antigos tempos do padrão-ouro –, Paul Valéry distinguiu a palavra poética do uso cotidiano da linguagem. Segundo ele, a linguagem cotidiana é como as moedinhas de baixo valor (e como todas as nossas notas), na medida em que não possui por si mesma o valor que simboliza – em contraposição à famosa moeda antiga de ouro anterior à Primeira Guerra Mundial, que possuía o valor em metal que correspondia à sua impressão. Assim, a palavra poética não seria nenhuma mera indicação de algo diverso, mas – como a peça de ouro – aquilo que representa.

Não conheço nenhum enunciado similar sobre a palavra do filósofo – se é que um tal enunciado não está veladamente presente na famosa crítica platônica à escrita e à sua impotência para se defender do abuso por parte daquele que a utiliza. Pois essa crítica aponta certamente para o modo de ser do pensamento filosófico, para a dialética do diálogo que se acha por sua vez a tal ponto estabelecida por si que conseguiu ganhar pé até mesmo na mimesis poética do diálogo platônico – em um texto com certeza de um tipo muito particular, que sempre enreda o leitor novamente no diálogo que apresenta. Pois a filosofia só se constrói no diálogo ou naquela sua interiorização que denominamos pensamento – a filosofia, o empenho infinito do conceito. Ela deixa para trás o discurso cotidiano com as suas opiniões (δ όξαι), que são levadas de um lado para o outro. Mas isso não significa que ela deixa para trás a mera palavra?

Assim, porém, a proximidade entre a poesia e a filosofia, uma proximidade que reside na destituição levada a termo pelas duas da troca de palavras intrínseca à prática e da pretensão das ciências particulares, parece se dissolver por fim completamente. Elas não são extremos: a palavra que fica e a palavra que perece junto ao indizível? Em todo caso, a sua proximidade mantém o seu direito e se deixa fundamentar. A essa tarefa é dedicada a discussão seguinte.

O fato de o pensador que fundamentou a filosofia fenomenológica, Edmund Husserl, defendendo-se de todas as incompreensões naturalistas e psicologistas da filosofia propagadas pelo final do século XIX, ter desenvolvido para a essência da filosofia uma autocompreensão metodológica que ele denominou "redução eidética" pode servir como uma primeira indicação para tanto. A experiência da realidade contingente é metodicamente afastada. Isto acontece *de facto*[1] em todo filosofar real. Pois são somente as estruturas *a priori* da essência de todas as realidades que formam – desde sempre – o reino do conceito ou, como Platão o denominou, o reino das "ideias". Mas aquele que procura descrever a particularidade enigmática da arte, e, com isto, também e antes de tudo a particularidade da poesia, não poderá evitar se expressar de maneira similar. Ele falará sobre a sua tendência idealizante. Mesmo que um artista persiga uma direção extremamente realista ou, ao inverso, uma direção que ele aspira a alcançar em completa abstração, ele não poderá negar a idealidade de sua criação, a sua elevação a uma realidade ideal e espiritual. Husserl, que ensinou enquanto método da filosofia a redução eidética que inclui a suspensão de todo posicionamento da reali-

---

1. Em latim no original: de fato. (N. do T.)

dade, pôde dizer, com isto, que essa redução eidética é "espontaneamente realizada" no âmbito da arte. Onde a arte é experimentada, a suspensão do posicionamento da realidade, a assim chamada "epoche", já sempre aconteceu – uma vez que ninguém toma efetivamente um quadro ou uma estátua, por exemplo, por real, nem mesmo no caso extremo da pintura ilusionista, que levanta a ilusão de realidade à esfera da idealidade e joga com ela como um estímulo estético. Pensemos, por exemplo, nas abóbadas em Santo Ignácio, em Roma, que ilustram bem este ponto.

Assim, onde a linguagem é o meio, levanta-se a questão que trabalha particularmente entre a filosofia e as artes linguísticas, a questão acerca do modo como estas duas formas eminentes e ao mesmo tempo contrárias de linguagem se comportam uma em relação à outra: o texto da poesia que se acha estabelecido em si e a linguagem do conceito que se autossuspende e deixa para trás todo acontecimento.

De acordo com um bom princípio fenomenológico, nós gostaríamos de abordar essa questão a partir dos extremos e de escolher por isso como ponto de partida o poema lírico e o conceito dialético. O poema lírico é um extremo porque ele implica sem dúvida alguma da maneira mais pura possível a inseparabilidade da obra de arte linguística de sua aparição linguística original – como a intraduzibilidade do poema lírico para outras línguas o comprova. No interior da lírica, recorreremos à sua figura mais radical, à *poésie pure*[2], tal como ela foi configurada de maneira programática por Mallarmé. Já a questão sobre a traduzibilidade – por mais negativamente que ela seja respondida – comprova que se trata mesmo nos casos extremos, em meio a uma musicalidade da palavra poética elevada ao extremo, da musicalidade da *língua*. O que se constrói como configuração poética é o equilíbrio constantemente alterado de maneira sutil entre som e sentido. Se seguirmos a analogia sugerida por Heidegger ao dizer que uma cor nunca é tanto uma cor como quando ela aparece no quadro de um grande pintor, que uma pedra nunca é tanto uma pedra como quando ela pertence a uma coluna que suporta a cumeeira de um templo grego – e todos nós sabemos certamente que o som da música é o som efetivamente primevo –, então se levantará a questão acerca de saber o que deve significar o fato de a palavra e a língua serem o máximo possível palavra e língua no poema. O que significa isso para a constituição ontológica da linguagem poética? A estruturação dos sons, as rimas, os ritmos, a vocalização, a assonância etc. formam os fatores estabilizadores que resgatam a palavra que se perde e que aponta para além de si, eles são os fatores que a levam a se estabelecer em si. Desta maneira, eles constituem uma unidade do "construto". Mas este é um construto que se mostra ao mesmo tempo como a unidade de um discurso. Isto significa que no poema

---

2. Em francês no original: poesia pura. (N. do T.)

as outras formas lógico-gramaticais de construção do discurso plenamente dotado de sentido estão concomitantemente em obra, mesmo quando conseguem se retrair em favor deste momento de estruturação do construto. Os meios sintáticos da língua podem ser empregues de maneira extremamente econômica. Por meio de seu autoestabelecimento, as palavras singulares conquistam presença e força de irradiação. As conotações que dão à palavra a plenitude de seu conteúdo e ainda mais a gravitação semântica que habita por si mesma em toda palavra, de modo que sua significação atrai muitas coisas, isto é, o saber se determinar de modo multifacetado, conseguem interagir livremente graças a esta indeterminação sintática. A plurivocidade que chega a termo por meio daí e a obscuridade do texto podem levar o intérprete ao desespero – elas são um elemento estrutural de tal poesia.

Tudo isto reconduz o papel da palavra no discurso à sua possibilidade mais originária, à *nomeação*. Com a nomeação, algo é constantemente presentificado. Em verdade, uma palavra isolada enquanto tal, sem determinação contextual, nunca pode evocar a unidade de um sentido que só é produzido no todo de um discurso. E até mesmo quando, como no poema moderno, a unidade de uma representação imagética é quebrada e se abandona totalmente toda postura descritiva – em favor da plenitude relacional surpreendente daquilo que é dissociado e heterogêneo –, nós nos perguntamos o que significam propriamente as palavras que levam a termo aí a nomeação. O que é aí nomeado? Com certeza, uma tal lírica encontra-se na sucessão do poema barroco. No entanto, ela faz com que venhamos a sentir uma vez mais a falta do pano de fundo uno de uma tradição imagética e cultural comum, tal como a que a época do barroco possuía. Como é que um todo pode se formar a partir de figuras sonoras e de um farrapo de sentido? Isso conduz ao caráter hermético da *poésie pure*.

Por fim, o caráter hermético de tal lírica mostra-se como uma necessidade compreensível na era dos meios de comunicação de massa. Como é que a palavra deve ainda se destacar da torrente daquilo que é comunicado? Como é que ela deve se reunir em si se não por meio da quebra inesperada das expectativas discursivas por demais habituais? A justaposição dos blocos de palavras sedimenta-se lentamente e cunha um todo da construção; e isto não sem trazer à tona expressamente os contornos de cada um desses blocos. Isto chega a um ponto tal, que a unidade de sentido do discurso é por vezes absolutamente recusada por alguns autores como uma exigência imprópria. E eu acho neste caso: sem razão. Onde quer que o discurso se apresente, a unidade de sentido não é abandonada. No entanto, ela ganha espessura de um modo complexo. As coisas quase parecem se mostrar de um tal modo, como se não se pudesse realmente ter em vista as "coisas" evocadas pela nomeação, uma vez que a sequência das palavras não se submete à unidade de uma sequência de pensamentos ou se deixa fundir na unidade de uma intuição. E, porém, é justamente a intensidade do campo das *palavras*, a tensão entre as suas energias sonoras e significativas que se encontram e estabelecem uma troca, que forma o todo. Aquilo que as palavras evocam são intuições – com certeza, intuições que se acumulam, que se entrecruzam e se suspendem –, mas ainda assim intuições. Nenhuma palavra de um poema deixa de ter em vista aquilo que diz. Mas ela se restabelece ao mesmo tempo em si mesma, a fim de manter afastado o risco de recair na prosa do discurso e na retórica que lhe é pertinente. Esta é a exigência e a legitimação da *poésie pure*.

Compreende-se que o caso extremo da *poésie pure* faz com que as outras formas de discurso poético também se tornem descritíveis. Há efetivamente toda uma escala de traduzibilidade crescente que vai do poema lírico, passa pela epopeia e pela tragédia – uma caso especial da passagem para a visibilidade, μετάβασις εἰς ἄλλο γ ένοφ[3] – até atingir o romance e a prosa de um nível elevado. Por toda parte aqui, não são apenas os meios linguísticos acima citados que suportam a estabilidade da obra. Há a recitação ou o palco. Ou há um narrador ou mesmo um autor que – como um orador – fala na medida em que escreve. Precisamente por isso, no que concerne à traduzibilidade, as coisas se acham correspondentemente bem melhores junto a estas formas. Mesmo no interior do gênero lírico, porém, há formas como a canção, que compartilha com o canto os seus meios estilísticos, a estrofe e a rima, por exemplo, ou o poema politicamente engajado, que se utiliza das mesmas formas e acrescenta a essas formas retóricas expostas de maneira diversa. Não obstante, mesmo nestes casos, no que diz respeito à aparição linguística, o caso ideal da *poésie pure* continua determinante – tanto que o gênero lírico da canção raramente permite a transposição sem quebras para o meio da música; e isto tanto menos onde esse gênero se estabelece maximamente em si. Para falar como Hölderlin, ele possui neste caso por demais o seu "tom", para querer se transpor para o interior de uma outra melodia. Para a poesia "engajada" vale a mesma medida. Aí com maior razão. Pois tudo aquilo que é bem intencionado, por exemplo a poesia sobre a guerra ou a revolução, distingue-se claramente daquilo que é "arte", e, manifestamente, esta distinção não se estabelece senão por meio da densidade formal poética daquilo que se pôde realizar, uma densidade que se desvia do que é meramente bem-intencionado. A simultaneidade da poesia através dos tempos, a sua filtragem por meio do distanciamento temporal, a sua renovação e o seu retorno contínuo no decurso dos tempos, também repousa sobre este fato. Apesar de todo esvaecimento dos elementos contemporaneamente relevantes – no caso da tragédia grega até mesmo sem todo o

---

3. Em grego no original: transposição para um outro gênero. (N. do T.)

acompanhamento coreográfico-musical –, o puro texto permaneceu vivo porque se encontra em si como uma configuração linguística.

Mas o que tudo isso tem em comum com a filosofia e com a proximidade entre poema e pensamento? O que significa linguagem na filosofia? Parece fazer mais do que sentido tematizar a dialética, em particular em sua forma hegeliana, a partir do mesmo princípio fenomenológico dos casos extremos. Com certeza, trata-se aí de um tipo totalmente diverso de distanciamento em relação ao discurso cotidiano. Não é a sua prosa que ameaça se imiscuir sub-repticiamente aqui na linguagem do conceito, mas é a lógica da proposição que conduz ao erro – para usar uma expressão de Hegel: "A forma da proposição não é adequada para expressar verdades especulativas."[4] Aquilo que Hegel descreve com este enunciado não está de maneira alguma restrito ao seu próprio método dialético. Ao contrário, Hegel expõe com isto o traço comum a todo filosofar – ao menos desde a "virada" platônica "em direção aos logoi". No interior de um tal filosofar, o seu próprio método dialético cunha apenas uma modalidade particular. O pressuposto comum a todo filosofar é que a filosofia não possui enquanto tal nenhuma linguagem que seja apropriada ao seu próprio encargo. A forma da proposição, a estrutura lógica da predicação, a atribuição de um predicado a um sujeito dado, é em verdade tão inevitável quanto em qualquer discurso. No entanto, ela pressupõe equivocadamente que o objeto da filosofia estaria dado e seria conhecido como as coisas e os processos observáveis no mundo. A filosofia, contudo, movimenta-se exclusivamente no meio do conceito, "em ideias, por meio de ideias e em direção a ideias" (Platão)[5]. A relação dos conceitos entre si não se explicita em uma reflexão "extrínseca", que visa de fora a um conceito de sujeito, isto é, sob esse ou aquele ponto de vista escolhido por alguém. Hegel designou de maneira direta essa "reflexão extrínseca" "a sofística da percepção", justamente em virtude de uma tal visualização da coisa que é enunciada como a predicação desta ou daquela propriedade de um sujeito. O meio da filosofia é muito mais a especulação, o reflexo das determinações de pensamento umas nas outras, um reflexo no qual e por meio do qual o pensamento da coisa se movimenta e se articula em si mesmo. Em si mesmo – quer dizer: em vista do conceito, daquilo que é visado no pensamento na totalidade e na concreção que ele é – ser e espírito. O diálogo *Parmênides* de Platão era considerado por Hegel como a maior obra de arte da dialética antiga, justamente porque Platão demonstrou neste escrito a impossibilidade de determinar uma ideia por si mesma, separada do todo das ideias; e Hegel reconheceu corretamente que mesmo em Aristóteles a lógica

---

4. Cf. quanto a esse ponto *Wahrheit und Methode* (GW 1), pp. 470 ss. e meu artigo "Die Idee der Hegelschen Logik" [A ideia da lógica hegeliana] em GW 3, pp. 65-86.

5. *Politeía*, 511c2: εἴδεσιν αὐτοῖς δι' αὐτῶν εἰφ αὐτά.

da definição, o instrumento de toda classificação compreensiva da experiência, encontra o seu limite na dimensão propriamente dita dos princípios filosóficos. Estes princípios são primeiros (ἀρχαί) e não classificáveis. Eles só são acessíveis a uma reflexão de outro tipo, que Aristóteles denominou *"noûs"* juntamente com Platão. Estas determinações primeiras do pensamento, determinações máximas, transcendentais, isto é, determinações que ultrapassam todo âmbito objetivo limitável segundo o gênero, formam em toda a sua pluralidade uma unidade. Com um uso significativo do singular, Hegel as denomina "a categoria". Todas elas se mostram como "definição do absoluto", não definições de coisas e de âmbitos de coisas no estilo da lógica classificatória de Aristóteles, de acordo com a qual a essência de uma coisa se define por meio de um conceito de gênero e de uma diferença específica. Elas são limite e limitadoras em um sentido muito mais literal do termo *"hóros"*[6]. Elas são delimitações que se destinguem reciprocamente na totalidade do conceito e que só são todas juntas a verdade total do conceito. Com isso, tais proposições refletem a suspensão de seu próprio posicionamento em si mesmas. Elas se chamam proposições especulativas, proposições especulares, tal como as sentenças de Heráclito que, em contrapartida, dizem o um, o que é sábio (ἓν τὸ σοφ όν)[7]. Elas retêm em si o pensamento, retiram-no de toda exteriorização, de modo que ele é refletido "em si". Assim, a linguagem da filosofia é uma linguagem que suspende a si mesma – uma linguagem que não diz nada e que se dirige ao mesmo tempo ao todo.

Exatamente como a linguagem da *poésie pure* que deixa para trás toda prosa – ou melhor: todas as figuras habituais do âmbito retórico – é um caso-limite e um critério de medida, a dialética hegeliana também é um caso-limite e, ao mesmo tempo, um critério de medida. A própria tentativa hegeliana de alcançar este limite segundo um método cartesiano por meio da determinação contínua e dialeticamente mediadora do pensamento permanece ela mesma uma mera aproximação, talvez mesmo uma interpretação limitada de uma maneira similar à interpretação de todo e qualquer poema. Em todo caso, Hegel estava completamente consciente de que a totalidade maciça do pensamento permanece uma tarefa que nunca pode ser alcançada totalmente. Ele mesmo falou da possibilidade de aprimoramento de sua lógica e fez frequentemente com que novas deduções dialéticas aparecessem no lugar de deduções antigas. Como todo contínuo, o contínuo do pensamento é divisível ao infinito. E como as coisas se dão junto à poesia? Não é apenas o esgotamento interpretativo de um poema que é aqui uma tarefa inalcançável – a ideia da *poésie pure* permanece para a própria atividade poética uma tarefa que nunca é totalmente alcançável. Por fim, isso vale para

---

6. O termo grego para limite. (N. do T.)
7. Ver quanto a isso meus estudos sobre Heráclito in: GW 7, pp. 43-82.

todo poema. O criador da *poésie pure*, Mallarmé, parece ter tido clareza quanto a esta equivalência. Em todo caso, sabemos que ele dedicou anos a um estudo intensivo de Hegel e que os construtos mais deliciosos de sua poesia foram aqueles nos quais ele trouxe à palavra o encontro com o nada como a súplica do absoluto. Entregando-se, retirando-se? Para o poeta tanto quanto para o filósofo, de Platão a Heidegger, parece viger a mesma dialética entre descoberta e retração no mistério da linguagem.

Os dois modos do discurso, o modo poético tanto quanto o modo filosófico, compartilham, por isto, um traço comum. Eles não podem ser "falsos". Pois não há aí nenhum critério dado extrinsecamente a eles, a partir do qual eles poderiam se medir e ao qual poderiam corresponder. E, no entanto, eles são tudo menos arbitrários. Eles constituem um risco de um tipo particular – eles podem perder a si mesmos. Isto não acontece nos dois casos de um tal modo que faltaria uma correspondência com as coisas, mas sim de um tal modo que a palavra se torna "vazia". No caso da poesia, isto significa que ela, em vez de soar, "ressoa", seja uma outra poesia, seja a retórica da vida cotidiana. No caso da filosofia, isso se dá na medida em que o discurso filosófico permanece preso ao elemento formal da mera argumentação ou à sofística vazia.

Nas duas formas de decadência da linguagem – no poema que não é poema algum porque não possui nenhum "tom" próprio e na fórmula vazia do pensamento que não chega à coisa –, a palavra perde a si mesma. Onde ela se realiza plenamente, isto é, onde ela se torna linguagem, temos de tomá-la literalmente.

9. FILOSOFIA E LITERATURA (1981)
[Philosophie und Literatur]

O fato de, no interior de todo fenômeno linguístico, a obra de arte literária possuir uma relação privilegiada com a interpretação, e, com isto, ganhar a vizinhança da filosofia, parece comprovável com meios fenomenológicos. Para tornar isto convincente é preciso lembrar antes de mais nada que a posição central do interpretar só surgiu a partir do desenvolvimento tardio da pesquisa fenomenológica. Para Husserl, a apreensão-de-algo-enquanto-algo ou mesmo o ato de julgá-lo ou tratá-lo em vista de sua significação, em vista de seu valor, era uma forma de atividade espiritual de um nível mais elevado, uma atividade que se constrói sobre a camada fenomenal fundamental da percepção sensível.

Nesta medida, a dimensão hermenêutica só vinha à tona para ele mais tarde. Segundo ele, o primeiro elemento era a dação corporal do objeto percebido na "pura" percepção. Em verdade, o próprio Husserl se comportava de maneira inteiramente hermenêutica em seu cuidadoso trabalho descritivo, e seu esforço era dedicado constantemente à tarefa de "interpretar" os fenômenos em horizontes cada vez mais amplos e com uma exatidão cada vez mais elevada. No entanto, ele não refletiu sobre quanto o próprio conceito do fenômeno está entrelaçado com a "interpretação". – É isto que fazemos desde Heidegger. Heidegger mostrou-nos que o ponto de partida fenomenológico husserliano continha um preconceito dogmático secreto. Já Scheler, cujo espírito ativo tinha trabalhado temas do pragmatismo americano e de Nietzsche, assim como os resultados da moderna pesquisa sensorial, tinha demonstrado que não há nenhuma percepção pura. A percepção "pura", "adequada aos estímulos", é uma abstração, por assim dizer o ponto de desaparecimento de toda orientação de mundo vivida. O grande mérito de Heidegger foi mostrar que esta abstração relativa à concreção plena da vida vivida é em verdade um dos pressupostos fundamentais da "objetividade" da pesquisa científica, mas contém por detrás de si um preconceito ontológico passível de ser vislumbrado a partir da história da metafísica. O pragmatismo americano e – de uma outra maneira – a psicologia da *Gesalt* já tinham transformado em objeto de seus estudos o fato mesmo de o perceber vir ao nosso encontro no interior de um contexto de vida pragmático e de, nesta medida, o fenômeno primário ser sempre o algo-enquanto-algo e não a percepção sensível que concebe supostamente a pura dação do sujeito. Todo ver é sempre já "apreender enquanto". Aquilo que só passamos a compreender a partir de Heidegger, porém, foi o fato de ter sido a tradição metafísica dos gregos que trouxe à luz o dogmatismo da "percepção pura" e assim encurtou a nossa teoria do conhecimento.

O que possibilitou a Heidegger a sua intelecção radical baseia-se na coincidência singular de ele ter tomado parte ao mesmo tempo na escola de Husserl e de Aristóteles. Diferentemente de outros fenomenólogos e, com maior razão ainda, diferentemente do neokantismo que dominava outrora em minha juventude completamente a cena alemã, preparado por sua proveniência e por sua formação, apoiado pela força sã de seu pensamento e fomentado pela elevada qualidade de alguns de seus professores acadêmicos na faculdade de teologia de Freiburg, Heidegger alcançou uma compreensão radicalmente nova e concreta de Aristóteles. Esta compreensão acabou fazendo época. Eu mesmo venho da escola neokantiana de Marburgo. Em Marburgo, não se levava Aristóteles absolutamente em consideração. Hermann Cohen tinha uma expressão particularmente drástica para a sua avaliação de Aristóteles: "Aristóteles era um farmacêutico..." Com isto, ele tinha em vista o fato de Aristóteles ter sido um pensador meramente classificador, que agira como o farmacêutico que tem as suas gavetas, as suas latas e vidros, nos quais sempre cola uma etiqueta. Com certeza, esta não foi a intelecção mais profunda sobre a contribuição que Aristóteles trouxe para o pensamento filosófico da humanidade.

Heidegger conhecia melhor as coisas e adorava o "banho de aço" do pensamento aristotélico. Ele ensinou-nos, então, que o pensamento grego aristotélico continuava inconscientemente determinante no começo husserliano com a assim chamada percepção pura e instabilizou a sua virada fenomenológica "para as coisas mesmas". A tradição grega manifesta-se no cerne da linguagem em meio à virada da filosofia ocidental da substância para o sujeito. "Substância" e "sujeito" são mesmo duas traduções possíveis de "hypokeimenon" e "ousia". Eles designam propriamente o mesmo: o subsistente e o subjacente[1] que se encontram presentes de maneira inalterada, duradoura e constante em toda mudança dos acidentes, na mudança dos fenômenos. Todo o caminho do pensamento ocidental está reunido neste fato terminológico como que em uma noz. Quando dizemos hoje "sujeito", não

---

1. Ao pé da letra, os termos *das Darunterstehende* e *das Darunterliegende* significam "aquilo que se encontra abaixo" e "aquilo que reside abaixo". (N. do T.)

notamos mais absolutamente que temos em vista com isto um caso especial do caráter basilar próprio a algo duradouro em contraposição ao que se altera, um caso especial da substância, a saber, o caso da consciência, na qual todas as suas representações e todas as suas "ideias" mudam, mas "ela mesma" permanece e se mostra nesta medida como autoconsciência. Lembremo-nos da célebre locução kantiana, desta palavra mágica, cujo som misterioso não leva, em verdade, aquele que está iniciando a filosofia a pensar em nada, "a síntese transcendental da apercepção", a expressão técnica de Kant para o fato puro e simples de que o "eu penso" precisa poder acompanhar todas as minhas representações. Não pode haver nenhuma representação que não seja representação daquele que possui esta representação mesma. É somente com a aplicação kantiana do conceito de sujeito que se inicia a diferenciação significativa entre "substância" e "sujeito". A partir de então, toda a filosofia moderna é marcada pela estrutura reflexiva da subjetividade.

Aquilo que Heidegger reconheceu com isto é que existe uma tensão profunda entre a linguagem conceitual dos gregos, que tinham desenvolvido a sua experiência do mundo enquanto física e enquanto metafísica, ou seja, em vista do cosmos, e a nossa própria experiência moderna de mundo formada e codeterminada essencialmente pelo cristianismo, na medida em que coração, interioridade, autoconsciência ou talvez algo que está ainda mais profundamente enraizado do que a autoconsciência determinam enquanto alma a nossa própria compreensão da existência, a pergunta acerca do ser histórico-finito que somos. De fato, acho que Heidegger viu corretamente que a dimensão na qual esse questionamento humano se acha em casa não se restringe à questão fascinante pelo todo do ente. Com certeza, até os dias de hoje, todo nós fazemos a experiência de que não há quase nada tão popular na filosofia, ou seja, nada que consiga interessar tanto todos os círculos, quanto as questões cosmológicas. Isto permanece verdadeiro. Todavia, é igualmente verdadeiro que a orientação cosmológica fundamental dos gregos e que a transposição dos conceitos desenvolvidos pelos gregos com vistas à formulação do problema cosmológico na tradição cristã apresentam uma problemática para a nossa cultura que diz respeito a todos nós de uma maneira muito profunda. Para dizer isto com uma fórmula plástica: a existência confiável do universo, cuja garantia de duração era vista por Aristóteles no fato de ele considerar necessário demonstrar por meio da força da argumentação conceitual o seu caráter incriado e a sua indestrutibilidade, é superacentuada pela questão do homem sobre a sua própria existência finita e sobre o seu futuro. Foi a descoberta judaico-cristã do primado do futuro, a escatologia e a sua promessa, que abriu violentamente uma dimensão da compreensão de mundo que se achava para os gregos totalmente à margem, a dimensão da história. O fato de a história não ser apenas histórias, coisas que se contam porque aconteceram e porque – enquanto destinos humanos – são interessantes, mas de ela determinar o curso da espécie humana através dos tempos, ainda que seja sob a forma da história da graça e da expectativa da graça, impeliu para o primeiro plano um outro aspecto da experiência humana: a esperança. A história conjunta do pensamento ocidental é transpassada pela tensão entre esta experiência humana que se desenvolve historicamente e que está dirigida ao mesmo tempo para o futuro e para uma formação conceitual que foi criada junto ao cosmos. Esta tensão atravessa toda a metafísica até Hegel e, ainda no interior da dissolução desta tradição metafísica, manifesta-se o mesmo na oposição tensa entre os conceitos de consciência e de autoconsciência de um lado e a historicidade do outro. Nós conhecemos isto como o problema do historicismo, que dominou a história do modo de pensar pós-romântico e romanticamente determinado do final do século XIX. Não se conseguia vislumbrar uma solução para esse problema até Heidegger aparecer. Ele abriu por assim dizer os nossos olhos – os meus e os de muitos outros – para o fato de os conceitos nos quais pensamos já terem sido sempre pensados para nós. Expresso de outra forma, para o fato de a conceptualidade na qual costumamos formular nossos pensamentos ser cunhada previamente e determinar de maneira prévia aquilo que podemos articular de nossas próprias experiências de pensamento. Para o problema do historicismo, isso significa o questionamento crítico de seu pano de fundo, porquanto não são mais agora o sujeito, o objeto, a consciência e a autoconsciência que ganham a posição central, mas a temporalidade da compreensão, o compreender-se-em-vista-de-algo enquanto compreender-se-como-algo. Em verdade, isto significou que a fenomenologia se tornou mais fenomenológica, na medida em que não tem mais o seu ponto de partida junto à "dação" do "objeto" da percepção supostamente "pura", mas no engajamento da experiência prática de vida que é sempre uma experiência histórico-temporal.

Esta introdução estabelecida em grandes linhas deveria tornar simplesmente visível a significação filosófica da "hermenêutica" e preparar a questão: o que é a literatura e o que significa literatura (no sentido da arte linguística) para a filosofia? Em meus próprios trabalhos, desdobrei mais amplamente em uma direção determinada a dimensão hermenêutica do compreender-algo-enquanto-algo e do compreender-se-em-vista-de-algo, esta futuridade essencial que somos, o caráter de projeto em vista do qual vivemos – Bloch o denominava o princípio esperança. Parti da intelecção simples de que só compreendemos aquilo que compreendemos como resposta a uma pergunta[2]. Esta constatação trivial alcança o seu foco propriamente dito no fato de sempre precisarmos ter compreendido anteriormente uma questão, para que possamos dar uma resposta a ela ou para que possamos com-

---

2. Cf. *Wahrheit und Methode* (GW 1), pp. 368 ss.

preender algo como resposta a ela. Todos nós conhecemos a situação em que algo nos é perguntado e não sabemos responder corretamente porque não compreendemos o que o outro quer saber. Nestes casos, a contrapergunta natural é: por que você está perguntando isto? É somente quando sei por que o outro pergunta – o que ele quer propriamente saber – que posso responder. Esta descrição, por mais óbvia que soe, possui uma dialética realmente abismal. Quem é que formula a primeira questão, quem é que compreende esta questão de tal modo que pode respondê-la corretamente – isto é, realmente dizer aquilo que ele mesmo tem em vista? Quem é que já não tomou consciência junto à compreensão de uma pergunta que com ela já estava previamente contida a sua resposta? Pertence à dialética de pergunta e resposta que toda pergunta seja ela mesma, em verdade, uma vez mais uma resposta que motiva uma nova pergunta. Assim, o processo do perguntar e do responder aponta para a estrutura fundamental da comunicação humana, para a constituição originária do diálogo. Esta estrutura é o fenômeno central do compreender humano.

Como as coisas se encontram agora no caso da obra de arte literária? O que significa "aí" compreender? Quando leio uma frase em um ensaio qualquer, em um texto científico qualquer, em uma carta ou em uma notícia, então é simples dizer o que significa aí "compreender" – a saber, o fato de eu saber o que o outro quer dizer. Eu compreendi a pergunta em vista da qual o que é dito conquista a sua significação. Este modelo de pergunta e resposta caracteriza todo o nosso conhecimento na ciência tanto quanto na vida prática. Como as coisas se dão, porém, em relação à arte da linguagem, cujas obras denominamos em sentido eminente "literatura"? Gostaria de preparar a questão em três passos.

1. Não é estranho que designemos as "obras-primas" da arte da linguagem a partir de seu caráter escrito? O "ter-sido-escrito" forma o pano de fundo da palavra "literatura". Mas o que torna afinal o ter-sido-escrito significativo ante a originariedade do ser-falado em geral? Em que medida, tal como é o caso aqui, a literatura pode se tornar justamente um conceito valorativo, de modo que dizemos de um mau poema: isto não é literatura – ou, inversamente, de uma obra-prima da prosa científica: isto é claramente literatura? Como se chega a isto e o que significa dizer que o escrito é colocado aqui em um nível superior? Lembremo-nos da história contada por Sócrates no *Fedro* de como Teuto inventou a escrita e louvou-a ante o rei egípcio como uma invenção que possuía um valor descomunal para a humanidade porque fortaleceria infinitamente a sua memória. O sábio rei do Egito, porém, retrucou: o que tu inventaste não conduzirá ao fortalecimento da memória, mas ao seu enfraquecimento. Sócrates não via aí, portanto, um progresso. Para não falar que lhe tenha algum dia ocorrido que a palavra falada pudesse ser

por assim dizer excedida por algo mais elevado. Ao contrário, ele a via muito mais como abandonada, exposta à prostituição, ao abuso, à deturpação. A autenticidade, a propriedade da troca de palavras imperativa se perde no elemento dúbio. Em contraposição ao discurso, a escrita é aqui caracterizada por meio do fato de não poder defender a si mesma. O autor se extradita na escrita, enquanto na troca viva inerente ao diálogo ele evita toda incompreensão e todo abuso do discurso por meio da réplica. Essa é uma intelecção platônica que Platão ainda fundamentou expressamente em sua famosa 7.ª carta[3]. Ele chega aí ao ponto de dizer que se precisaria ser abandonado por todos os deuses, caso se acreditasse que se poderia assentar sob a forma escrita o realmente essencial e verdadeiro.

2. Em todo caso, a transposição para a escrita significa a perda da imediatidade própria à fala. Em tudo aquilo que é escrito falta a modulação, os gestos, o acento etc. Nós todos conhecemos o problema da leitura em voz alta[4]. No caso da aula, esta é uma experiência genérica: quando um estudante tem de ler uma frase em voz alta que ele não compreendeu, então também não o compreendemos mais. Só conseguimos compreender quando alguém lê como se falasse, isto é, quando ele lê em voz alta de tal modo que não se trata mais de um desenrolar-se por assim dizer soletrante de palavras, uma depois da outra, mas do processo vivo da fala, na medida em que, como dizemos em uma bela formulação alemã, *ein Wort das andere gibt* [uma palavra vai logo ao encontro da outra][5]. Isto também pode ser esclarecido a partir de uma outra experiência. Reconhecemos de maneira infalível o ator que não é muito bom pelo fato de ele sempre começar a falar um segundo antes do que deveria e de também continuarmos de mais a mais tendo a sensação de que ele lê e não fala realmente. Este é de fato um fenômeno extremamente interessante em termos hermenêuticos. No século XVIII, na época do pietismo, ele foi de início considerado no contexto da hermenêutica do sermão. A passagem da antiga leitura em voz alta ou da apresentação de um texto para a leitura silenciosa marca, então, uma nova fase que cria novas condições tanto para a arte da escrita quanto para a leitura. A análise estilística da "literatura" precisaria ter isto em vista. Em todo caso, este fato também indica que a transposição para a escrita implica uma redução.

---

3. Ver quanto a isso "Dialektik und Sophistik im Siebenten platonischen Brief" [Dialética e sofística na sétima carta platônica]. GW 6, pp. 90-115.

4. Cf. quanto a esse ponto o artigo "Voz e linguagem" neste volume e "Hören – Sehen – Lesen" [Ouvir –Ver – Ler], no GW 8.

5. A expressão alemã *ein Wort gibt das andere* é normalmente usada no contexto dialógico para indicar uma troca rica e veloz que não é interrompida por pausas de reflexão. No presente caso, o que está em questão para Gadamer é acentuar a vivacidade da linguagem em meio à leitura em voz alta, que recupera traços fundamentais do discurso oral. (N. do T.)

3. Não obstante, a transposição para a escrita tem por outro lado uma autenticidade espantosa. Nós formulamos algo por escrito quando queremos nos assegurar daquilo que foi dito, e acreditamos antes no que é dito por escrito. Mas será que é efetivamente possível manter por meio da comunicação por palavras que se estabelece na forma congelada da escrita o sentido pleno do que é dito, de modo que a escrita faça com que o dito esteja uma vez mais totalmente "presente"?!? Ele fala uma vez mais quando alguém o lê.

Com certeza, aquilo que o ler significa e como a leitura acontece parece-me uma das coisas mais obscuras e carentes de uma análise fenomenológica.

Se definirmos a "leitura" por meio do fato de a linguagem fixada por escrito ser trazida uma vez mais à fala, conquistaremos um conceito maximamente amplo de literatura e de texto. Em todos os casos, a passagem pela transposição para a escrita significa uma desarticulação em relação ao acontecimento originário da linguagem. Todavia, aquilo que distinguimos como literatura e, com maior razão, a obra de arte literária não podem ser determinados apenas negativamente. Não é somente aquilo que é fixado da palavra falada que sempre se mostra como palavra enfraquecida em sua força de comunicação. A literatura e, com maior razão, a obra de arte linguística se mostram muito mais como uma palavra estabelecida a partir de si mesma em vista do correto ser-lido.

Por isto, a fixação escrita sempre se modifica de acordo com as condições sob as quais aquilo que é escrito deve ser utilizado. Assim, precisaremos distinguir, por exemplo: as anotações feitas para uso próprio, cuja utilização pressupõe a própria memória; indo além, a carta que, graças à determinação de seu destino, pode pressupor certas condições da compreensão; e, por fim, todas as formas de publicação que se dirigem a um leitor indeterminado. Para que a intenção comunicativa seja preenchida aqui, necessita-se em maior ou menor intensidade de uma espécie de arte da escrita. Em todos os casos, a transposição para a escrita comunica a intenção da fala, porquanto se aspira à transmissão de um conteúdo fixável. Com isto, todas estas formas de transposição para a escrita levam a termo uma desarticulação em relação ao ato de fala originário e não remetem primariamente ao falante, mas àquilo que é por ele visado. Portanto, uma espécie de idealidade é própria a toda transposição para a escrita[6].

Para tanto, não conheço nenhuma outra palavra senão a introduzida por Platão. Esta palavra também pode ser utilizada para designar o modo de ser do elemento matemático, sem que isto implique a teoria metafísica platônica das ideias. Em verdade, a "idealidade" não cabe apenas à transposição para a escrita, mas também à fala e à escuta originárias, na medida em que

---

6. Cf. *Wahrheit und Methode* (GW 1), pp. 393 ss.

seu conteúdo se desarticula da concreção do ato de fala e se deixa restituir novamente. O ideal-idêntico mostra-se no fato de que uma tal restituição é possível e pode ser mais ou menos apropriada. O mesmo vale para a leitura. É apenas porque o texto está presente em pura idealidade que é possível para nós dizer se alguém está lendo bem ou mal. Um texto bem lido em voz alta é um texto lido com compreensão e é correspondentemente compreensível. Ninguém consegue compreender um texto que é mal lido.

Mas entra em cena, então, uma violenta modificação, quando se trata de um texto literário no sentido da obra de arte linguística. O que está em questão aí não é simplesmente compreender aquilo que é visado, mas também realizá-lo precisamente em sua aparição linguística. A palavra fixada literariamente é estabelecida em tal caso em vista do ser-ouvido. Isto pode ser observado muito bem, por exemplo, a partir da *Oral poetry*[7] hoje em dia muito discutida. A codificação da tradição épica ou lírica que vive nas "canções" já está estabelecida nas qualidades de tais construções linguísticas para a remoração. Temos uma situação extremamente diferente, quando não se pressupõe absolutamente nenhuma apresentação ou leitura em voz alta, mas apenas a leitura própria ou silenciosa. No caso da obra de arte literária, porém, também se espera neste caso mais do que a mera transmissão de um conteúdo abstraível. A aparição linguística deve ser igualmente transmitida, mas certamente não a aparição do ato de fala original. Mesmo esta transmissão pressupõe muito mais a dissolução da fala original e compartilha da idealidade que advém a toda transposição para a escrita, a toda literatura e a todo texto. Para uma exemplificação concreta deste ponto, pensemos no modo como nos sentimos quando ouvimos o próprio poeta ler em voz alta versos ou textos em prosa dos quais gostamos particularmente e que temos na cabeça. Gostaria de supor aqui que ele faz bem o seu trabalho, o que não é absolutamente óbvio. Um bom poeta nem sempre é um bom orador. Mas em todos os casos experimenta-se algo como um susto. Por que ele tem exatamente esta voz? Por que é que ele escande, acentua, modula e estabelece um ritmo para seus versos exatamente assim como ele o faz e não exatamente como eu os tenho na cabeça? Mesmo se concordo que ele acentua corretamente e apresenta sua própria criação literária com sensibilidade para a estrutura sonora, resta aí um momento de contingência, algo inessencial que parece ocultar aquilo que é essencial. A minha tese é, então, a de que a obra de arte literária tem em uma medida maior ou menor a sua existência voltada para o ouvido interior. O ouvido interior apreende a construção linguística ideal – algo que ninguém nunca pode ouvir. Pois a construção linguística ideal exige da voz humana algo inatingível – e justamente este é o modo de

---

7. Em inglês no original: poesia oral. Trata-se de um campo de pesquisa e de criação literária que envolve a poesia épica, a balada, odes, poesia lírica etc. (N. do T.)

ser de um texto literário[8]. Esta idealidade também se torna naturalmente vigente quando nós mesmos tentamos ler algo em voz alta ou declamá-lo. Com a nossa própria voz e com o grau em que sua modulação e acento acontecem, nós somos igualmente contingentes para nós mesmos.

Com o que é que deparamos aqui de repente? Com uma transposição para a escrita que é anterior mesmo à linguagem, e, em verdade, inatingivelmente anterior! A "literatura" não permanece, como parecia no primeiro acesso à transposição para a escrita, inevitavelmente aquém da linguagem. Ao contrário, a literatura é efetivamente uma obra de arte literária, mas uma obra de arte literária que se mostra enquanto tal como algo escrito que é anterior a toda possibilidade de elucidação. Isto não deve significar naturalmente que não se pode ler também a poesia em voz alta. Isto depende do tipo de literatura em questão. O epos em verso pede mais a "recitação" do que o romance. A peça de "teatro" impele sem mais ao palco. Mas, mesmo quando é pensada apenas para a leitura e não para o palco, ela só conquista plenamente a sua existência na leitura em voz alta. No entanto, segundo a minha convicção, há uma grande literatura que não pode ser lida em voz alta porque a fala precisaria ser aqui um falar-para-o-interior-de-mim-mesmo; e isto se dá antes de tudo junto à lírica. Eu diria, por exemplo, que Rilke é um tal poeta que reclama mais meditação do que recitação. Enquanto afirmaria, por exemplo, inversamente, que Schiller, Goethe ou George são exemplos na língua alemã de uma arte linguística que se dispõe à escuta como a música – mesmo se esta permanece sempre uma tarefa infinita que, como indicamos, nunca pode ser realizada de maneira tão ideal quanto o ouvido "interior" gostaria. Não obstante, aquilo que há de comum em toda "literatura" reside manifestamente no fato de em todos os casos o escritor mesmo desaparecer porque, segundo a ideia, ele determinou tão plenamente a manifestação linguística que nada pode ser acrescentado. Tudo está nas palavras do texto, tal como ele se apresenta enquanto texto. Nós denominamos isto a arte do escrever.

É em si trivial dizer que a arte do escrever é constitutiva de uma obra de arte literária. Mas em que consiste esta arte? Nós também falamos de arte em todas as aproximações possíveis, por exemplo junto à narrativa oral assim como escrita. O que acontece aí, onde denominamos algo um poema ou uma poesia? Que salto qualitativo foi dado? Parece-me que a linguística do texto de hoje não formula suficientemente esta questão (por exemplo, Ricoeur ou Derrida).

É preciso distinguir aqui no conceito de texto um sentido mais amplo de um mais estreito. O conceito de texto é ele mesmo um conceito hermenêutico. Nós nos remetemos ao texto quando não estamos em condições de seguir interpretações dadas. Inversamente, nós nunca permanecemos parados

---

8. Ver quanto a isso "*Text und Interpretation* [Texto e interpretação]" em GW 2, pp. 330-60, assim como "*Zwischen Phänomenologie und Dialektik* [Entre fenomenologia e dialética]", idem, pp. 17 ss.

junto à "mera letra" do texto quando o "compreendemos". A oposição entre "spiritus" e "littera"[9] é suspensa na compreensão. Nesta medida, em seu conceito maximamente amplo, o "texto" também está ligado à "compreensão" e é apto à "interpretação". Todavia, um texto que se mostra como uma obra de arte literária parece-me um texto em sentido eminente. Ele não é apto à interpretação, mas carente de interpretação. Talvez eu possa dar um passo em direção à fundamentação desta tese dizendo: a primeira experiência que fazemos com a "literatura" é a de que a sua manifestação linguística não é, como acontece de resto com aquilo que é linguístico, progressivamente atravessada por compreensão e deixada para trás em uma compreensão. Há uma comparação muito plástica, na qual Paul Valéry apresenta a diferença entre a palavra poética e a palavra cotidiana por meio da diferença entre as moedas de ouro de outrora e as notas de hoje. Em minha época, ainda aprendíamos na escola o seguinte: se tu pegares um martelo e bateres em uma moeda de ouro de 20 marcos até desaparecer o cunho e se tu fores em seguida a um joelheiro, ele lhe dará novamente 20 marcos. A moeda tem o valor de seu conteúdo – este valor não se acha apenas impresso sobre a moeda. Isto é um poema: linguagem que não significa apenas algo, mas que é aquilo que significa. As notas de hoje não possuem valor algum, elas só significam algo enquanto a aparência[10] que ele é, e é assim que ele pode desempenhar a sua função comercial.

No que diz respeito à palavra que é dita no cotidiano e que possui uma função puramente comunicativa, é válido na mesma medida o fato de ela apenas significar algo. Ela não é nada em si mesmo. Ou seja: eu já estou sempre junto daquilo que me é dito e comunicado. Quando recebo uma carta e a leio, ela cumpre a sua tarefa. Algumas pessoas rasgam todas as cartas logo depois de as terem lido. Neste ato ganha voz aquilo que pertence à essência de uma tal comunicação linguística: o fato de ela cumprir a sua tarefa quando a recebemos. Em contrapartida, todos nós sabemos que um poema, por exemplo, não é colocado de lado porque o conheço. Ninguém poderá dizer de um bom poema: "Eu já conheço isso!" e virar as costas. Aí as coisas se passam de maneira inversa. Quanto melhor o conheço, quanto mais o compreendo – e isto significa: quanto mais o interpreto exegeticamente e quanto mais o componho[11] uma vez mais – e isto até mesmo quan-

---

9. Em latim no original: espírito e letra. (N. do T.)

10. Gadamer joga aqui com o fato de o termo "aparência" em alemão [*Schein*] estar presente no étimo da palavra "nota" [*Geldschein*]. Ao pé da letra, *Geldschein* significa a "aparência de dinheiro". (N. do T.)

11. Gadamer alude aqui à proximidade etimológica entre os verbos *auslegen* e *zusammenlegen* em alemão. Nós traduzimos normalmente estes verbos por "interpretar" e "juntar, reunir, compor". Ao pé da letra, porém, eles indicam o movimento de "colocar" [*legen*] "para fora" [*aus*] e de "colocar junto" [*zusammen*]. Para seguir a riqueza semântica dos termos em alemão, optamos por: "interpretar exegeticamente" e "compor". (N. do T.)

do o conheço por dentro e de cor, tanto mais digo para mim mesmo que se trata realmente de um bom poema. Ele não fica mais pobre, mas cada vez mais rico. Também conhecemos este fato a partir de outros âmbitos da arte. É a distinção característica das obras de arte em geral que se apresenta assim – e é por isto que permanecemos junto a elas. A experiência do belo – ninguém descreveu-a tão bem quanto Kant na *Crítica da faculdade de julgar* – significa uma vivificação de nosso sentimento conjunto de vida. Nós deixamos uma coletânea de grandes obras das artes plásticas, assim como um teatro ou uma sala de concertos em meio a uma elevação de nosso sentimento conjunto de vida. O encontro com uma grande obra de arte é sempre, eu diria, como um diálogo frutífero, um perguntar e responder ou um ser indagado e precisar responder – um verdadeiro diálogo junto ao qual algo veio à tona e "permanece".

Isto pode ser apresentado de maneira particularmente simples junto à obra de arte literária. Por razões metodológicas, gostaria de tomar aqui uma orientação diversa da de Ingarden, apesar de ter sido justamente a investigação ingardeniana[12] sobre a obra de arte literária junto ao romance, que produziu resultados muito frutíferos. O romance parece-me, contudo, um gênero literário tardio e representa uma forma mista, na qual as funções essenciais da palavra poética não podem ser deduzidas tão claramente. Por isto, tomo o poema lírico que, em sua forma extrema, no ideal mallermésiano da *poésie pure*, deixou para trás quase completamente todas as formas da retórica, isto é, do uso cotidiano do discurso. Os meios da gramática e da sintaxe são empregues de maneira tão econômica quanto possível. No fundo, tudo permanece confiado à própria força de gravitação da palavra, de modo que o movimento do som e o movimento do sentido do todo linguístico coincidem em uma unidade estrutural indissolúvel. Não se deveria desconsiderar o fato de justamente as significações das palavras e o sentido do enunciado por elas visado também serem comunicados na unidade estrutural do construto literário. Parece-me haver claramente uma fraqueza nas importantes realizações dos estruturalistas, na medida em que eles subacentuam no campo da literatura – em uma reação conceitual ao modo prosaico difundido de ler poesia e ao modo prosaico não menos difundido de compreendê-la – a melodia significativa da poesia e se direcionam de maneira por demais unilateral para a estruturação sonora. No caso dos estruturalistas, na escola de Roman Jakobson, por exemplo, há um perigo que ele mesmo provavelmente não desmentiria[13]. Tudo depende ao mesmo tempo do movimento do sentido, e isto

---

12. Roman Ingarden, *A obra de arte literária. Uma investigação na região limítrofe da ontologia, da lógica e da teoria da literatura* (1931), Tübingen, 1972.

13. Cf. o meu *laudatio* a Roman Jakobson, in: R. Jakobson/H.-G. Gadamer/E. Holenstein, *Das Erbe Hegel II* [A Herança Hegel II]. Frankfurt, 1984.

mesmo quando este movimento parece estar muito distante da compreensibilidade explícita.

Tal como me parece, estão em voga aí terríveis confusões. Mesmo expertos do primeiro nível defendem – desde o famoso livro de Hugo Friedrich[14] – que a literatura moderna é incompreensível e não percebem a consequência de que eles precisariam recusar-lhe com isto o seu caráter linguístico em geral. Algo é sempre compreendido – e compreender sempre significa a conquista de uma certa familiaridade com aquilo que é plenamente dotado de sentido. Há certamente graus diversos de uma tal familiaridade – por exemplo, com aquilo que se poderia denominar o "dito"[15]. Um mito tão autocentrado e apresentado de maneira tão inabitual quanto o mito de Hölderlin em seus *Hinos* tardios[16] se mostrou mesmo para os seus contemporâneos habituados com a mitologia humanístico-cristã, até mesmo para os seus amigos dentre os poetas românticos, que tinham proclamado uma nova "mitologia estética", como uma obra incompreensível proveniente da loucura. A arte do século XX não é mais absolutamente alimentada por uma tradição mítica obrigatória e não é compreendida no sentido em que uma tradição mítica viva compreende a si mesma. No entanto, ela é linguagem, ela é discurso. Além disso, algo é dito, e, tal como é dito, se encontra aí presente: um dito que diz muito. Com certeza, é possível que, ainda mais do que até aqui, as coisas se mostrem agora de um tal modo, que não consigamos apreender conceitualmente aquilo que é dito. Não há nada aí para reconhecer, nada que já conheçamos e que saberíamos dizer ou indicar por nós mesmos a outras pessoas. Por fim, contudo, o dito conquista algo como uma identidade hermenêutica. Ele começa a falar.

Necessitaríamos de uma análise mais exata para decompor o entrelaçamento próprio à força de evocação poética da linguagem, uma força que é produzida pelo som e pela significação. Neste caso encontra-se aquela primeira camada de significação da palavra, que entra em jogo com o atrelamento linguístico enquanto tal e que Husserl descreveu por meio dos conceitos de "intenção" e "preenchimento". A esta primeira camada corresponde sem dúvida alguma na criação da imagem o aspecto iconográfico – em

---

14. Hugo Friedrich, *Die Struktur der modernen Lyrik* [A estrutura da lírica moderna]. Reinbeck bei Hamburg, 1956 (edição ampliada, 1967).

15. Esse é um trecho de difícil tradução porque Gadamer se vale de vários derivados do verbo "dizer" [*sagen*] em alemão e os compreende quase em sentido etimológico. No caso do termo "dito", ele aponta para o vocábulo *die Sage*. Normalmente, a tradução vernacular deste termo é "saga". Como esta tradução corrente obscureceria aqui completamente o intuito mesmo do autor, vimo-nos obrigados a reconstruir a relação semântica em questão. A palavra alemã *die Sage* descreve a sedimentação do dizer: na experiência da língua alemã, a saga nada mais é do que o discurso que se destaca do movimento incessante das palavras em sua corrente cotidiana. Como o termo "dito" possui em português um campo significativo análogo, nós optamos por ele. (N. do T.)

16. Cf. quanto a isso o meu estudo "Hölderlin e a Antiguidade" neste volume.

outros tipos de arte deve haver algo similar. Pensemos no cisne de Pawlowa na dança artística ou na assim chamada música programática[17]. Nos dois casos tem lugar um reconhecimento comparável. – Uma segunda camada é aquela que Ingarden trabalhou junto ao romance como o caráter esquemático da linguagem. O preenchimento do esquema é variável, mesmo quando o texto é um e o mesmo enquanto construto linguístico – e isso a tal ponto que ele mesmo perde a força de evocação por meio do melhor convencimento. – Por fim, precisaremos distinguir uma terceira camada, na qual a evocação linguística se plenifica. Esta camada aponta para aquilo que, em um contexto mais genérico, denominei a antecipação da perfeição[18], e algo deste gênero é constitutivo de toda apreensão de sentido. Na realização especificamente poética, esta antecipação encontra a sua plenificação no fato de transformar o poema em "ditado", que não podemos senão acolher.

Podemos nos perguntar se essas três camadas são diferenciáveis em todos os gêneros artísticos – em particular, se o elemento mimético e o conceito de cópia são abandonados[19]. Em todos os casos permanece o fato de um primeiro plano de signos plenamente significativos e dotados de sentido linguístico estar implicado junto à obra de arte linguística, um plano que não é encontrado em nenhum outro gênero artístico. Além disso, podemos nos perguntar se é possível encontrar para o preenchimento do esquema da obra de arte linguística algo análogo em outros gêneros artísticos. Mais ou menos como se a música que executa uma partitura não fosse tanto compreendida enquanto reprodução – tal como, no interior do teatro literário, poderíamos considerar como dado o caso da reprodução –, mas enquanto execução de uma mera indicação de ação que permite um preenchimento livre no interior daquilo que é prelineado. Em verdade, porém, há diferenças claras na música entre a partitura a ser executada e as liberdades particulares presentes na "exposição" e mesmo nos assim chamados "ornamentos". Também há boas razões para contar a música e o teatro como artes reprodutivas. Trata-se aqui de uma nova matéria-prima real, na qual a obra é apresentada como uma e a mesma para todos da mesma maneira. Em contrapartida, a leitura não é uma apresentação teatral interior, mas corresponde muito antes ao acompanhamento do espectador ou do ouvinte em uma apresentação. Nos dois, a imaginação é ativa para preencher espaços livres deixados pelo texto ou pelo ato de tocar.

---

17. *Programmusik* é um termo que designa a música instrumental que procura explicitar uma temática, ideias ou vivências do compositor e que denota assim o conteúdo extramusical da composição. (N. do T.)

18. *Wahrheit und Methode* (GW 1), pp. 299 ss. Cf. também GW 2, pp. 61 ss.

19. Ver quanto a este ponto *Wahrheit und Methode* (GW 1). Cf. além disso neste volume "Arte e imitação" (Nr. 2) e "O jogo da arte" (Nr. 4), e, em GW 8, "Dichtung und Mimesis" [Poesia e mimesis].

No entanto, aquilo que me parece ser completalmente comum a todas as artes é a terceira camada. Assim como a antecipação da perfeição advém efetivamente a toda apreensão de sentido – o que experimentamos de modo constante ao deixarmos de perceber em meio à leitura falhas como, por exemplo, os erros de ortografia e de impressão –, é próprio a toda obra de arte que nós a ergamos em nós como um enunciado impositivo, a fim de deixá-la vigorar totalmente. É bastante paradoxal que, contudo, se fale de crítica de arte. Em verdade, esta crítica não consiste tanto no fato de diferenciarmos algo bom de algo ruim na obra de arte, mas muito mais de distinguirmos algo enquanto uma obra de arte "bem-sucedida" de algo malsucedido ou mesmo de uma mera obra malfeita. Kant viu isto corretamente em sua análise do juízo de gosto. O juízo de gosto não é um juízo sobre aquilo que se achou belo, mas é o próprio achar belo. Com isto, não se está contestando que também há objeções críticas possíveis. A estrutura, porém, permanece a mesma: o não-ter-sido-bem-sucedido é experimentado "criticamente". Nisso reside inteiramente o fato de o crítico poder realizar melhor a obra ou de ele saber dizer positivamente como poderíamos aprimorá-la.

Também seria preciso refletir sobre o elemento instável na prontidão para um tal "preenchimento", de modo que a "qualidade" permanente se tornasse distinguível das relevâncias e ressonâncias ocasionais.

Análoga é a experiência negativa que faz com que a antecipação da perfeição fracasse no caso da literatura. O que está em questão aí não é uma objeção crítica ao texto (ou uma série de tais objeções). Ao contrário, tem lugar aí uma transformação que não permite mais que se fale de obra de arte – mesmo que isto aconteça por acharmos o texto entediante ou vazio, ridículo, sentimental ou plagiante, e por "desistirmos" dele.

Mas retornemos à alegoria de Valéry: como é que acontece de um tal pedaço de ouro composto por palavras ter repentinamente valor por si mesmo? Ele é aquilo que é, e isto significa que o elemento linguístico conquista aqui uma estabilidade valorativa própria e emerge no interior do presente constante. Desta maneira, o construto linguístico adquire precisamente um presente temporal peculiar. Em um famoso ensaio, Heidegger afirmou que tudo vem à tona pela primeira vez verdadeiramente na obra de arte. Que a cor nunca é tão cor quanto no colorido de um grande pintor, que a pedra nunca é tão pedra como quando suporta a arquitrave de uma coluna grega. O que significa, então, se dissermos de maneira correspondente: a palavra nunca é tão palavra como na obra de arte linguística?[20] Como é que uma palavra pode ser mais palavra do que uma outra, a palavra poética mais do que a palavra que transcorre no uso cotidiano?

---

20. Cf. quanto a isso "Text und Interpretation" [Texto e interpretação], in: GW 2, pp. 352 ss. Ver também nesse volume "Von der Wahrheit des Wortes" [Sobre a verdade da palavra], pp. 46 ss.

Há uma ilustração muito natural para tanto, que nos apresenta imediatamente o problema: a intraduzibilidade da lírica. No poema lírico, a unidade entre sentido e som é manifestamente tão profunda que, em uma outra matéria-prima linguística, só conseguimos criar aproximações mediadas ou precisamos mesmo colocar poesias totalmente novas no lugar das poesias originais. Em um bom poema temos uma rede indissolúvel, um entrelaçamento tão espesso e efetivo de som e significação, que já pequenas alterações no texto são capazes de destruir todo o poema.

Gostaria de mostrar este fato a partir de um exemplo concreto e de recordar, ao mesmo tempo, que a conexão de sentido também é imprescindível no poema e pode ser decisiva para a construção como um todo (e de maneira alguma apenas a "estrutura" dos fonemas). Há um famoso poema de Hölderlin que remonta a Sófocles. Nas edições antigas lia-se aí: "Elevada virtude compreende, quem para o mundo olhou, e para o belo inclina-se por fim o sábio (Hohe Tugend versteht, wer in die Welt geblickt, und es neiget der Weise am Ende dem Schönen sich)." Há mais ou menos 30 anos sabemos que teve lugar aí um erro de impressão ou de leitura e que o poema diz: "Elevada juventude (Jugend) compreende, quem para o mundo olhou, e para o belo inclina-se por fim o sábio." De um momento para o outro, o poema ficou completamente diferente e só agora ele está verdadeiramente presente. Enquanto o antigo texto se manteve, o poema estava mais para Schiller do que para Hölderlin. Isto não diz nada contra Schiller. No entanto, se Hölderlin fosse como Schiller – e é assim que os antigos editores escutavam o jovem Hölderlin –, ele não seria ele mesmo. Se em vez de "virtude" (Tugend) lemos "juventude" (Jugend), isto não implica quase nenhuma alteração no som; e isto mesmo que a leitura correta apresente uma condução sonora mais suave, talhada segundo o esmalte brilhante da juventude. Somente agora, porém, no que diz respeito ao sentido, o fechamento da construção foi alcançado plenamente. A medida do passo de dança poético que atravessou o círculo está realmente presente. Agora sabemos de repente por que o sábio ao final se inclina "para o belo", para o que é belo por sua juventude, e que nenhuma compreensão resignada do mundo dissuade de acreditar naquilo que é elevado. Com isto, a poesia encontra o seu balanceamento pleno e sentimos que uma letra fechou pela primeira vez o todo em si.

É naturalmente um exemplo extremo este de que uma letra decide tudo. No legado dos textos há algumas letras que são incertas, sim, mesmo palavras como um todo, terminações de versos etc. No que concerne ao estado de conservação, por exemplo, de nossa literatura grega e latina, seria terrível se todas as letras tivessem a mesma importância. Todavia, o extremo torna compreensível qual é o milagre propriamente dito – que a linguagem retorne no poema àquilo que ela no fundo é, à unidade mágica entre pensamento e acontecimento que ressoa vindo ao nosso encontro de maneira cheia de presságios a partir do crepúsculo do tempo primevo. Portanto, aquilo que distingue a literatura é esta emergência da palavra, de modo que nesta emergência a unicidade insubstituível do som enuncia o sentido do todo com uma plurivocidade indeterminável de sentido. É isto que tinha em vista com o exemplo de Mallarmé. O poema abre espaço para a força de gravitação da palavra e se entrega confiantemente a esta força, em contraposição à gramática e à sintaxe que regulam nosso "emprego" das palavras. Nisto consiste a encarnação poética do sentido na linguagem: no fato de ela não precisar se adaptar à unidimensionalidade dos contextos de argumentação e das linhas de dependência lógica, mas entregar ao poema por meio da pluriposicionalidade de cada palavra – assim Paul Celan o denominou certa vez – por assim dizer uma terceira dimensão.

Assim é realmente. Em um poema, não pensamos tanto no delineamento ou mesmo na designação de algo conhecido, mas antes de tudo na escultura, na plasticidade e talvez quiçá nos espaços sonoros pluridimensionais da música. Trata-se de um entrelaçamento peculiar da unicidade da manifestação sonora com a plurivocidade, um entrelaçamento que inscreve a palavra singular em um sistema de relações e propicia o aparecimento do todo como um único tecido. Nós utilizamos uma palavra muito eloquente para essa estrutura da construção poética quando a denominamos "texto". O texto significa "textura", ele designa um tecido que se constitui a partir de fios singulares tão intrinsecamente entrelaçados, que o todo se torna um tecido dotado de uma textura própria. Pode-se dizer que isto é de certa maneira válido para toda unidade de um enunciado e não se restringe à obra de arte literária. Na obra de arte poética, contudo, o tecido do texto alcança uma nova aptidão. É isto que é efetivamente um poema – um texto que se mantém coeso em si mesmo por meio de sentido e som e se fecha na unidade de um todo indissolúvel.

Como tive a oportunidade de justificar, o meu exemplo estava voltado para o caso do poema lírico. É claro que outras formas de linguagem tais como a linguagem épica ou dramática produzem a formação de uma unidade estrutural similar. Graus crescentes de traduzibilidade indicam que nestes casos as linhas sonoras possuem uma função restrita e que a formação da unidade pode ser suportada por algo diverso.

Gostaria de elucidar este fato a partir de uma história que tem por base o caso com certeza algo complicado da reprodução: tomemos uma experiência teatral. A história pode demonstrar como a obra literária ou artística se fecha e forma por si mesma uma unidade, como ela se constitui por assim dizer autonomamente. Estive certa vez no teatro de Mannheim, na apresentação de um dramaturgo italiano de nome Ugo Betti (um parente do conhecido hermeneuta Emílio Betti). Nós nos sentamos ansiosos na plateia. De repente, antes de a apresentação começar, um policial apareceu no palco diante das cortinas e disse: "O carro de placa número AU 27 C 6 está estacionado em local proibido. Solicita-se ao proprietário que se dirija imediatamente...". Todos viraram-se para trás, a fim de ver quem é que sairia. Neste momento, as cortinas se levantaram e se revelou que esta aparição do policial era o começo da peça. De um instante para o outro, ninguém mais se virou para trás – nós todos nos voltamos para o palco. Nós tínhamos compreendido que o policial e a sua declaração faziam parte da "peça" que transcorria aí diante de nós sob a forma de uma peça teatral.

Seguramente, uma história drástica junto à qual tivemos a oportunidade de ver como algo concede aqui a si mesmo a sua autonomia. Mas é exatamente o mesmo que sempre experimentamos uma vez mais em face dos textos puramente linguísticos. Acho que Husserl deu uma boa indicação de como se realiza a supressão da expectativa de realidade no caso da obra de arte, sem que precisemos colocar em jogo categorias inadequadas como ficção, ilusão etc. No contexto da doutrina sobre a redução eidética, ele observou com frequência que essa redução é "preenchida espontaneamente" no caso da obra de arte[21]. A história narrada acima ilustra de maneira primorosa o caráter espontâneo de uma tal "suspensão" da realidade, assim como a nova expectativa de que não apenas uma expectativa tenha sido frustrada, mas de que a "representação teatral"[22] também nos diga algo.

Darei ainda um outro exemplo oriundo do âmbito visual que todos conhecemos. Junto à arte reprodutiva atual, vemos nos jornais muitas reproduções similares a fotografias – e reconhecemos de maneira infalível quando se trata de uma reprodução teatral ou cinematográfica ou da reprodução de um quadro e não de uma reportagem real[23]. Por quê? Elas são reais demais. A realidade não é tão real assim. Tudo é tão condensado e tão composto, que não nos equivocamos facilmente, nem tomamos a imagem por um acontecimento por sorte registrado, mas sim por um adensamento poético.

Poderíamos prosseguir e ilustrar a transição para a autonomia do texto literário mesmo junto aos dados puramente linguísticos. Neste caso estaria, por exemplo, a relação entre a representação histórica e o romance histórico, ou, no que diz respeito aos compositores, a relação entre uma "canção" e seu texto, uma relação que consegue até mesmo se fundir em uma semi-identidade. Quem consegue escutar "Du bist Orplid, mein Land" [Tu és Orplid,

---

21. Segundo o relato de Oskar Becker em "Gelegentlichen Äusserungen E. Husserls in Vorlesungen und dgl. [Declarações eventuais de E. Husserl em preleções e coisas do gênero]" (Oskar Becker, Von der Hinfälligkeit des Schönen und der Abenteuerlichkeit des Künstlers. In: Festschrift Edmund Husserl. Halle a. S, 1929, p. 36, Anm. 1). Cf. também *Ideen I* [Ideias I – Husserliana Vol. III, pp. 50 s., p. 163].

22. A palavra alemã *Spiel* [jogo, brincadeira] também é usada para descrever a representação teatral [*Theaterspiel*]. (N. do T.)

23. Cf. quanto a esse ponto "O jogo da arte" presente neste volume.

minha terra"] sem pensar na frase melódica de Hugo Wolf?[24] Tais fenômenos de transição deixam aquilo que é quase indiferenciável aparecer para o pensamento justamente em sua diferença.

Por fim, contudo, lancemos ainda um olhar para a filosofia que também é vinculada linguisticamente e só possui existência na linguagem. Não é preciso quase justificar o fato de nós nos ocuparmos enquanto filósofos particularmente com a literatura e com a maravilha da linguagem que ela é. Platão falou sobre a dissensão imemorial entre a filosofia e a poesia. Além disso, desde o começo, a crítica ao mito tanto quanto às histórias e atrocidades dos deuses narradas por Homero, e, em particular, por Hesíodo, sempre foi com certeza inata ao impulso ao conhecimento que se denominou filosofia. Até onde a conhecemos, e, no caso da poesia, isso já aponta para a poesia de Homero e, com maior razão, nos séculos seguintes, para Píndaro, a própria poesia grega também mostra uma parcela de crítica constante aos deuses. De fato, uma dissensão tal como a existente entre filosofia e poesia – exatamente como qualquer dissensão – pressupõe pontos em comum. Temos aqui o ponto comum da palavra e de sua verdade possível. Portanto, depois de termos discutido a palavra enquanto palavra poética, perguntemos, por fim, como a filosofia chega à palavra, como a filosofia chega à linguagem.

Como é que a linguagem está presente na filosofia? Agora, todos nós sabemos que aquilo de que os filósofos falam é em certo sentido um nada: a totalidade do ser, "o ser" e sua articulação em uma conceptualidade categorial – nada disso é "dado" em lugar algum. É nisso que se funda desde sempre a penúria linguística do filósofo, no fato de a linguagem na qual os homens falam estar primariamente determinada para a orientação no mundo e não para continuar nos auxiliando nos transcursos da reflexão de nosso próprio questionamento sobre tudo aquilo que é "dado". O fato de a linguagem da filosofia se encontrar disposta em uma tensão peculiar entre o uso cotidiano da linguagem e as suas possibilidades especulativas de enunciação se tornou consciente para os pensadores do idealismo alemão desde o romantismo alemão; e isto do mesmo modo que vemos desde o romantismo alemão – acolhendo as ideias de Vico e de Herder – a poesia como a linguagem originária da humanidade. Por fim, é algo assim como a poesia originária da linguagem que está em obra tanto na força criadora do pensamento quanto nas configurações poéticas.

Mas, mesmo se as coisas tivessem de ser assim, permanece um problema o que é propriamente um texto filosófico. Ou será preciso mesmo dizer que não há absolutamente nenhum texto filosófico? Platão talvez tenha razão. Em verdade, os textos filosóficos que denominamos assim são interven-

---

24. Famoso refrão de uma música folclórica da Baviera. (N. do T.)

ções em um diálogo que segue em direção ao infinito. Nós nos tornamos escolásticos no mau sentido do termo, quando tratamos "textos" da filosofia como textos literários e não como meras marcas do caminho no curso da articulação conceitual de nossas intenções de pensamento. Talvez resida uma vizinhança interna entre a filosofia e a poesia justamente no fato de elas se encontrarem em um contramovimento extremo. A linguagem da filosofia ultrapassa constantemente a si mesma – a linguagem do poema (de todo real poema) é inexcedível e única. Acho que as coisas poderiam ser assim e, não obstante, continua sendo sempre interessante ver que um pensador como Hegel tinha completa clareza quanto à problemática da proposição predicativa, da forma do juízo, para o pensamento filosófico e que ele – muito mais do que vem à luz no método autocristalizante de sua dialética – fez jus ao movimento do pensamento. O mesmo Hegel, que defendeu a doutrina da proposição especulativa, exerceu manifestamente uma força de atração totalmente particular sobre o poeta da *poésie pure*: sobre Mallarmé[25]. Há entre os primeiros poemas e os poemas mais antigos de Mallarmé aqueles que parecem conter uma terminologia quase hegeliana, e, no entanto, por exemplo, em "Igitur" ou em "Coup de Dés", eles se aproximam ao máximo do seu ideal poético da poesia "pura".

Esta não é de maneira alguma uma opção por um determinado ideal artístico contra outras formas de arte linguística, nem tampouco uma teoria da *art-pour-l'art*[26]. É precisamente o fato de a arte poética – apesar da autonomia "ontológica" que procurei demonstrar a partir da obra de arte linguística – possuir figuras alternantes na conexão vital, que faz com que ela seja arte. No entanto, assim como as artes plásticas, despontando com documentações pré-históricas e primevas, passando pela "arte religiosa" dos gregos, pelas grandes criações das culturas da Ásia, atravessando toda a Idade Média cristã e a sua secularização nos tempos mais recentes, possuem a sua presença, a produção poética dos povos também está inscrita em contextos religiosos e mundanos e nunca se realiza na produção de um estímulo puramente estético. O fato de ela conseguir entregar uma tal presença aos mais diversos conteúdos se mostra por meio de sua própria força enunciativa enquanto arte.

O que a poesia enquanto linguagem tem efetivamente em comum com a filosofia é o fato de o filósofo – diferentemente da ciência –, ao dizer algo, também não remeter a algo diverso que existe em um lugar qualquer, tal como a cobertura que as notas possuem no banco. Quando o pensamento se vê impelido à explicitação de suas formulações, ele está totalmente junto a si mesmo, de modo que ele por assim dizer enreda a si mesmo na palavra e se

---

25. Cf. quanto a isso o ensaio precedente neste volume "Filosofia e poesia", pp. 81 ss.
26. Em francês no original: arte pela arte. (N. do T.)

verbaliza. Para o filósofo, portanto, não existe um texto como "literatura". Talvez ele não possa reconhecer nenhum texto ou sentença dados como pura e simplesmente verdadeiros, mas precise acolhê-los sempre apenas no progresso do diálogo pensante da alma consigo mesma, para usar a famosa formulação platônica. O pensamento é este diálogo constante da alma consigo mesma. Desse modo, pode-se certamente dizer que a filosofia possui o mesmo tipo de distância intangível e de efeito a distância, assim como o mesmo tipo de presença absoluta que advém para nós todos ao panteão da arte. Não há progresso nem na filosofia, nem na arte. Nas duas e em relação às duas, tudo depende de algo diverso: tudo depende de alcançar uma participação.

10. VOZ E LINGUAGEM (1981)
[Stimme und Sprache]

Um aspecto que se abre por si mesmo de maneira direta e imediata para o tema "voz e linguagem – fala e linguagem" é a tríade falar, escrever e ler. Estes três conceitos que atravessam como experiências e modos de comportamento todo o espaço que se estende entre voz e linguagem não são simplesmente uma sequência, na qual o primeiro é o primeiro, o segundo é o segundo e o terceiro é o terceiro. Eles se mostram muito mais em um entrelaçamento recíproco peculiar, tanto em sua realização própria quanto na reflexão sobre aquilo que eles propriamente são. Por isto, gostaria de colocar em primeiro plano a significação essencial da escrita para a linguagem. Falo apenas sobre uma tríade – e não sobre a escuta. Pois escutar é obviamente constitutivo de tudo aquilo que a linguagem deve ser, quer ela seja falada, escrita ou silenciada. Todavia, é uma coisa digna de meditação saber em que medida escrever e ler são constitutivos da linguagem.

É preciso lembrar por meio de algumas palavras qual é a perda atribuída à troca viva da linguagem por meio da escrita e da fixação escrita. Em uma célebre passagem do *Fedro* de Platão, conta-se como o inventor da escrita chega até o imperador do Egito para louvar-lhe entre outras coisas a sua mais recente invenção como um suporte e um fortalecimento da memória. O sábio imperador não fica, contudo, feliz com a invenção e retruca: "Tu não inventaste um meio para o fortalecimento da memória, mas um meio para o seu enfraquecimento". Na era da xerox, todos nós temos clareza quanto à verdade desta sabedoria imperial.

Não se necessita de nenhuma exposição detalhada para que se perceba quanto se perde com a dominação da transposição para a escrita e de sua reprodução. No entanto, seria um tema interessante saber em que grau, por exemplo, a reflexão sobre as perdas da força de comunicação que entram em cena por meio da transposição para a escrita consegue mostrar que estas perdas são atenuadas pela arte de escrever enquanto uma arte do estilo. Pensemos, por exemplo, em como nos séculos XVII e XVIII a arte da leitura preparou o solo para uma cultura da escrita e da leitura em conexão com o movimento pietista; e, em geral, com o papel central da interpretação das escrituras nos sermões protestantes. Outrora, a conta foi primeiramente apresentada – ou melhor: foram nomeadas as compensações que eram esperadas da arte do escrever, se é que ela deveria competir com a imediatidade do discurso e no tratamento pessoal.

O aspecto negativo da transposição para a escrita é tão claro que prefiro falar sobre a relação positiva entre linguagem e escrita. Gostaria de aguçar o olhar para a percepção de quanto a possibilidade da fixação escrita da linguagem lança uma luz importante e mesmo esclarecedora sobre a essência da própria linguagem. É evidente que os dois, a configuração sonora do discurso e a configuração dos signos da escrita, possuem em si uma idealidade que os constitui. A palavra "idealidade" é usada aqui de maneira puramente descritiva – não se deveriam condenar de antemão as verdades platônicas apenas porque elas provêm de Platão. É simplesmente verdadeiro que, segundo a sua própria essência, exatamente como se dá com a escrita, a linguagem é idealizada em um espaço de jogo próprio ao contingente e variável em vista de constantes essenciais. Os fonemas são fonemas sem possuir nem mesmo de longe a precisão do caráter sonoro que os sons musicais requisitam para si no sistema dos sons. Eles possuem um amplo espaço de jogo de uma arbitrariedade variável. A sua função comunicativa repousa exatamente sobre o fato de este espaço de jogo do contingente jamais ir tão longe a ponto de aquilo que é comum a todos e de, com isto, a constante em face de toda variação serem encobertos em relação a isto. O mesmo vale claramente para a escrita e para os signos da escrita. Pensemos apenas nas diferenças no traço das letras, diferenças que tornam com frequência necessária a decifração de um manuscrito por assim dizer por intérpretes de óraculos. Este espaço de jogo, porém, também está preso a limites. Estes são os limites da legibilidade, que se encontram em uma relação alternante imediata com a articulação da fala.

Isto está manifesto em nossa cultura ocidental já nas reflexões mais antigas sobre estas coisas. Penso antes de tudo em Platão que, em suas reflexões, assim como os atomistas, parte da expressão para a letra e não da expressão para o som [*phonê*]. O termo grego é *stoikheîon*. Quando Platão reflete sobre a idealidade dos sistemas linguísticos, dos meios linguísticos, dos diversos sons, das vogais, das consoantes etc. e apresenta a única conexão sistemática que torna possível pela primeira vez a competência linguística e a fala, ele pode ser igualmente compreendido a partir da escrita, a partir do escrever e do ler. Não é à toa que a palavra *grammê* usada para designar os caracteres escritos está presente na palavra "gramática", que não tem em vista primariamente a linguagem, mas antes a arte do escrever. A idealidade que advém aos dois, aos sons da linguagem e aos signos da escrita, enuncia algo sobre o ser da linguagem. O espaço que ela articula e a visão daquilo que é comum oferecida por ela são de um tal modo, que este espaço e esta visão não se perdem por meio da fixação escrita. Justamente por meio daí, o falar diferencia-se de outras formas de expressão vocais como o grito, o gemido, o riso etc. Manifestamente, nenhum destes fenômenos possui a mesma idealidade daquilo que é visado em si, a idealidade que a linguagem documenta precisamente por meio de sua capacidade para a escrita, ainda que estas formas de expressão do psíquico não possam existir, por sua vez, sem valores expressivos convencionais, tal como, por exemplo, o sorriso arcaico. Posso lembrar que, em sua célebre definição da linguagem, Aristóteles emprega o termo *synthéke;*[1] κατὰ συνθήκην significa "de acordo com a convenção". Com isto, Aristóteles rejeita certas teorias que reconduzem a linguagem e a formação das palavras à imitação da natureza e destaca o caráter convencional de todas as formas de comunicação linguística. Esta convencionalidade é de um tipo tal, que uma convenção nunca é concluída enquanto convenção, nunca é encontrada enquanto um acordo firmado. Trata-se de uma convenção que se realiza por assim dizer enquanto a essência de todo acordo e através deles. Sem que já tenhamos desde sempre chegado a um acordo neste sentido, nenhuma fala é possível, e, no entanto, não começamos primeiramente com um acordo quando aprendemos a falar. Todavia, a conexão interna essencial entre linguagem e convenção diz apenas que a linguagem é um acontecimento da comunicação, no qual os homens chegaram a um acordo. Justamente isto é evidentemente a dimensão extremamente prospectiva, na qual as duas, linguagem e escrita, assim como a sua relação recíproca, se movimentam.

A estreita relação entre os dois reflete-se no fato de conhecermos a "tradição" sob a forma da literatura, isto é, de as "litterae", as letras, e, com isso, a transposição para a escrita, experimentarem aqui uma distinção central. Esta distinção vem à tona na medida justamente em que nenhuma perda se apresenta, quando algo é legado sob a forma literária. Em contrapartida, todos os outros momentos permanecem mudos enquanto resíduos da vida vivida em comparação com a tradição escrita. Eles promovem o conhecimento de muitas coisas, revelam muito sobre o que se deu, mas não *dizem* algo por si mesmos. Por outro lado, inscrições não decifradas não são elas mesmas mudas – nós é que ainda somos surdos para elas. Aqui, é a existência plena das coisas "pensadas" que está por assim dizer contida em comunicações formuladas linguisticamente, de modo que receberíamos algo comunicado por meio da decifração. Com certeza, este algo não precisa ser "literatura". Onde empregamos a palavra "literatura" em um sentido eminente,

---

1. *De Int.* 2, 16a 19,27; 4, 17a1.

onde dizemos, por exemplo, "bela literatura", é evidente que, com o conceito de "literatura", distinguimos algo no interior da pluralidade infinita daquilo que é escrito (e expresso). Talvez também digamos de um bom livro de um gênero científico ou mesmo de uma carta: trata-se claramente de literatura! O que queremos expressar com isto é o fato de que a verdadeira arte da linguagem se deixa documentar aí. Com a mesma frequência dizemos de textos que querem ser literatura: bem, literatura isto não é. Portanto, o conceito de "literatura" representa terminologicamente um conceito valorativo no interior das possibilidades da linguagem. Este sentido também pode ser dotado com um sinal negativo, por exemplo quando em um contexto político de ação dizemos com desprezo de maneira crítica que isto é "literatura": esta qualificação designa em realidade inutilidade para a prática. Com certeza, o conceito "literatura" também pode ser usado em um sentido muito mais amplo. Nós precisamos ter em vista toda a amplitude deste conceito para ordenar nossas ideias sobre estas coisas. Não obstante, eu diria que todos nós concordamos que as anotações que se encontram sobre este papel não são literatura, apesar de estarem escritas. De que diferença se trata aqui? Ora, é manifesto que aquilo que é escrito e que não é nem quer ser literatura possui a sua própria delimitação e função comunicativa. Esta delimitação e esta função remetem a transposição para a escrita à rearticulação com algo originariamente falado ou visado. Assim, as anotações que alguém faz para si mesmo são efetivamente coisas que ajudam a memória, como também costumamos dizer, e só estão aí para que aquilo que é visado no ato originário do pensamento e da fala se torne reprodutível em certa extensão para aquele que escreve as anotações. Esta relação experimenta a sua inversão no instante em que algo se torna literatura. Quando leio um livro, não se fala mais que eu sou remetido ao ato originário do falar e do escrever, por exemplo, à voz real ou à essência individual do escritor. Aí encontro-me em um acontecimento comunicativo de um tipo totalmente diverso. Teremos de falar disto em detalhes.

Um segundo exemplo é naturalmente a carta que torna possível para o destinatário dar voz uma vez mais ao seu correspondente e ao que ele quer dizer, isto é, que torna possível a troca por meio da escrita em vez da troca viva. Nós pressupomos a mesma coisa junto à carta. Quando uma carta se mostra como literatura – tomemos como exemplo as cartas de Rilke, que são efetivamente verdadeiros textos de um gênero literário: elas quase não são mais cartas. O próprio Rilke dedicou uma grande parte de seu tempo de trabalho, e completamente enquanto tempo de trabalho, para a escrita de tais cartas. Não há dúvida de que elas são "textos" e de que representam uma parte de suas criações intelectuais. Assim, dizemos neste caso de maneira totalmente óbvia: isto é literatura – precisamente porque eles não nos remetem para a situação de compreensão entre aquele que escreve e o seu destinatário. Não precisamos saber quem é a Condessa Nostitz ou qualquer outra daquelas dignas senhoras, para as quais Rilke escreveu suas cartas profundas sobre a morte enquanto o outro lado da vida. Elas não são mais autênticas cartas. Em contrapartida, autênticas cartas são de um tipo tal, que elas se referem àquilo que pressupõem para o entendimento com o destinário e têm em vista uma resposta como toda palavra em um diálogo. Ao menos sob a forma de um tal substrato, elas ainda possuem em si algo da orquestração do diálogo vivo. Não há nenhuma dúvida quanto ao fato de que, justamente por meio da passagem da fala para a escrita, também podem surgir incompreensões que seriam dissipadas oportunamente na presença corporal de um em frente do outro, enquanto elas se tornam com frequência indissolúveis quando passadas para o papel. Apesar de as cartas se mostrarem manifestamente como esta possibilidade de prosseguir e continuar tecendo de certa maneira o diálogo, todos nós conhecemos de qualquer modo as incompreensões que podem surgir mesmo entre amigos em uma correspondência e que seriam eliminadas no discurso vivo por meio de uma autocorreção imediata. Este era também o famoso argumento de Platão de que aquilo que é escrito não pode ajudar a si mesmo e, por isto, é exposto desamparadamente ao abuso, à deturpação e à incompreensão. Enquanto carta, aquilo que é escrito já se volta sempre para o interior de uma zona de abstração ou de idealidade, mesmo se, segundo a sua ideia, ele tenha querido se constituir como o prosseguimento do diálogo vivo – ou ao menos como a reconexão de um diálogo vivo – em nosso mundo mais literário. Em contrapartida, há outras formas de transposição para a escrita, que denomino literatura em sentido amplo. Isto se dá quando, por exemplo, no lugar da anotação, se é que posso me expressar assim, nomeio a codificação. Emprego intencionalmente o termo "codificação", ainda que não pense na terminologia linguística de hoje, mas tenha em vista apenas o uso linguístico natural e a sua base, a saber, o fato de que aquilo que é escrito sempre "se encontrar escrito", como Lutero diz em sua tradução da Bíblia. Ele encontra-se escrito, ele conquistou uma determinada condição por meio do ter-sido-escrito, e esta condição designa evidentemente que agora o próprio escrito fala e não é capaz de enunciação por meio somente do retrocesso a uma situação original de fala. Este é o sentido de todas as fixações penosas em nosso mundo dominado pela transposição para a escrita, fixações nas quais se formula, por exemplo, um acordo "legalmente em vigor". Como precisamos reconhecer com grande pesar, os documentos mais antigos da humanidade não são em sua grande maioria obras elevadas do espírito, mas contratos comerciais ou listas de impostos, na melhor das hipóteses tábuas de leis. Em todo caso, trata-se de coisas dotadas de um caráter documental nas quais não se lança notoriamente um olhar retrospectivo sobre uma situação original de fala, mas se olha diretamente para uma implicação do que é aí fixado. Isto é de uma grande significação hermenêutica. Só posso me lembrar do fato de que o jurista, por exemplo, em relação àquilo que é escrito – o código, o livro de leis ou o que quer que seja –, não remonta de maneira alguma às intenções originais do legislador para a interpretação da lei. Não passa de uma forma secundária e mais do que duvidosa de fomentar a interpretação das leis o fato de se estudar, por exemplo, as atas das comissões legisladoras no parlamento moderno. Um historiador e não um jurista é que teria de se satisfazer com a reconstrução das intenções originais do legislador. O que está em questão para o jurista é a *"ratio legis"*[2]. O que está em questão é a função que aquilo que é fixado por escrito possui de acordo com o seu próprio conteúdo para a ordem jurídica e para a sua defesa.

Portanto, constato que se encontram aqui justapostas duas formas diversas, nas quais a transposição para a escrita possui uma relação com a linguagem: em primeiro lugar, enquanto um substituto para o diálogo vivo, e, em segundo lugar, quase enquanto algo assim como uma nova criação, um ser-linguagem de um tipo novo e próprio que, justamente por meio do fato de ter sido escrito, recebeu uma exigência de sentido e de forma que não advém ao teor literal que passa rumorejando enquanto tal. Agora, está claro que o conceito "literatura" pertence de maneira mais próxima a esta segunda forma, na qual o que se tornou decisivo não foi o recurso a uma situação original de fala, mas a indicação prévia – aqui a indicação de um deixar falar e de um compreender corretamente o texto. Já toquei no fato de podermos compreender muito bem a partir daqui por que a assim chamada "bela literatura" consegue preencher da maneira mais própria possível o sentido de literatura. A bela literatura se chama "bela" porque não está ligada ao uso e, com isto, às consequências imediatas da ação. Este é o antigo conceito do "kalon"[3] e das *artes liberales*[4]. Mesmo junto ao "saber" pode existir liberdade em face daquilo que é utilizável, e, por isso, pode haver "kalon". É isto que define completamente o conceito de bela literatura, o fato de ela não ser nenhuma literatura aplicada.

Aquilo que gostaria de considerar em relação a estas coisas é como este conceito mais estreito e "eminente" de literatura se efetiva necessariamente de um tal modo que apresenta uma espécie de exigência[5]. Escrever não é neste caso simplesmente assentar por escrito algo para si mesmo ou para um outro. Ao contrário, ele transforma-se em um escrever autêntico que "cria" algo para o leitor esperado ou a ser conquistado. É isto que constitui o escri-

---

2. Em latim no original: a racionalidade ou o princípio fundamental da lei. (N. do T.)
3. Do grego: belo. (N. do T.)
4. Em espanhol no original: artes livres. (N. do T.)
5. Cf. quanto a esse ponto o artigo "Der 'eminente' Text und seine Wahrheiten" [O texto "eminente" e suas verdades], in: GW 8, Nr. 25.

tor no sentido propriamente dito do termo. Ele precisa poder "escrever", e isto significa que ele compensa tudo aquilo que a troca imediata de palavras contém de colorido emocional, de gestos simbólicos, de condução da voz, de modulação etc. por meio de sua arte estilística. Pode-se avaliar o escritor a partir de quão amplamente ele consegue alcançar a mesma força linguística no escrever que está em obra na troca imediata de palavras entre os homens – e talvez torná-la ainda maior. Pois, no caso da poesia, a força linguística é tão intensificada, que o leitor permanece cativado de maneira duradoura. É claro para onde é que isto aponta – para uma arte linguística que torna aquilo que é escrito potente em termos de linguagem. Esta arte é uma arte do escrever. Aquilo que vem assim a termo é literatura. É claro o que isto significa. Com isto, a união entre linguagem e escrita que é realizada pela leitura atinge a sua mais extrema profundidade.

O "falar" aparece na duplicidade entre escrever e ler. Esse é o fundamento para a minha terceira palavra-chave. Ele deve mostrar que o ler não é, por exemplo, um terceiro elemento que também se acrescenta aí em seguida, mas que o terceiro é justamente aquilo que unifica a escrita com a linguagem.

É somente por meio do fato de a escrita ser lida, que ela se mostra efetivamente como um fenômeno linguístico. Acho que vale a pena submeter as maneiras de ler e o processo da leitura a uma análise mais exata. Estou consciente de que estarei tratando com isto de certo modo do tema oposto ao tema central "Voix et langage"[6]. Mas um tema oposto sempre tem a vantagem de produzir demarcações e, assim, tornar visível aquilo que é demarcado. Perguntamos por isto: o que é a leitura? Gostaria de passar por uma série de fenômenos que talvez possam tornar claro para todos nós qual é respectivamente a aparência da reconexão da escrita com a linguagem. Eu diferencio por ordem. De início, como uma primeira constatação: ler não é soletrar. Enquanto soletramos não conseguimos ler. A leitura já pressupõe desde sempre determinados processos antecipatórios de apreensão do sentido e possui em si enquanto tal uma determinada idealidade. Assim como conseguimos ler manuscritos, apesar de cada um possuir a sua própria escrita individual, ou assim como prosseguimos em geral a leitura sem nos deixarmos perturbar por erros de impressão. O inferno dos erros de impressão é a prova mais conhecida para o fato deveras consolador de que somos portados em geral por um contexto compreensivo e prosseguimos a leitura para além da precariedade fática da estado visível dos sinais. Isto tem naturalmente os seus limites, mas em seus limites se mostra algo da teleologia de sentido que dirige a leitura.

---

6. Em francês no original: voz e linguagem. (N. do T.)

Mas há formas intermediárias que foram ganhando a consciência nos últimos tempos. Não existe apenas a leitura da literatura escrita, mas também a escuta da literatura não escrita. Pensemos no fenômeno da *oral poetry*[7]. Trata-se de uma intelecção muito importante há pouco alcançada a de que a tradição épica dos povos pode se manter viva durante muito tempo de modo oral. Foi a famosa investigação sobre as canções épicas albanesas, que foi conduzida nos Balcãs por uma expedição americana no início dos anos 1930 e que chegou a resultados tão espantosos, que fez, por exemplo, com que toda a nossa pesquisa sobre Homero aparecesse hoje sob uma nova luz. Sabemos agora muito mais sobre a durabilidade de formas épicas de tradição de um gênero oral. Conto isso em função de um ponto que, tal como me parece, é em geral desconsiderado. Acredito que o novo entusiasmo pelo fato de formas de tradição se manterem vivas durante tanto tempo de maneira oral tenha obscurecido, em contrapartida, a percepção sobre o caminho para a escrita que já se acha imerso nos meios linguísticos da *oral poetry*. Não tenho em vista com isto apenas as obviedades de um tipo mnemotécnico, tais como, por exemplo, a métrica, o verso de conexão[8] e coisas do gênero. Mas também pertence mnemotécnica a isto. Há aí formas de repetição e recorrências, que têm o sentido de fixar de uma maneira determinada a unicidade da exposição repetida. As investigações nesta área são extremamente interessantes. Mostrou-se que também há aí uma grande extensão de fidelidade da memória intrínseca à saga – e um certo espaço de jogo para o seu preenchimento. Em um nível de liberdade mais elevado, este espaço de jogo para o preenchimento é exatamente o mesmo que aquele que descrevi de início ao falar do espaço de jogo próprio à configuração de todos os sinais convencionais, tanto de nossos fonemas quanto de nossos sinais escritos.

Gostaria, então, de discutir um certo clímax dos fenômenos, um clímax que possui uma significação talvez nem sempre suficientemente atentada para a nossa relação com a linguagem e para a tradição linguística de nossa cultura. Tenho em vista o clímax relativo a recitar, apresentar um texto, ler em voz alta e ler silenciosamente. Este clímax possui uma lógica racional, e é preciso que nos perguntemos o que muda aí a cada vez. Tal como se mostrará, todas estas formas de leitura são mais ou menos distintas de maneira principial do ideal imediato do falar reprodutor enquanto um falar novo e real. Apresentar um texto não significa falar, mesmo se a apresentação acontece em voz alta. As coisas são mais difíceis no que concerne ao recitar. Aqui

---

7. Em inglês no original: poesia oral. (N. do T.)
8. Traduzido ao pé da letra, um *Füllvers* é um verso de preenchimento. A ideia aqui é a de um verso que não possui nenhum papel significativo no todo do poema, mas que é pensado apenas como momento de conexão entre duas partes. Exatamente por isto, traduzimos o termo por "verso de conexão". (N. do T.)

podemos nos perguntar: recitar é reproduzir? Conhecemos a reprodução autêntica, por exemplo, na fala do ator no palco teatral. Neste caso, é de fato verdadeiro dizer que o autêntico ator realmente "fala", apesar de o texto lhe ser prescrito, enquanto o mau ator não – ele nos deixa sempre a impressão de uma mera repetição mecânica. Ele começa um segundo antes do que deveria – fenômeno conhecido no teatro –, e nunca nos livramos completamente da sensação de que ele já conhece a próxima palavra quando fala. Falar, porém, significa inserir a fala em um espaço aberto. O real ator reproduz uma fala autêntica, de modo que esquecemos que ela lhe é prescrita. De fato, a arte da improvisão pertence por isto ao ator autêntico, ao menos em certas formas de teatro. Mesmo no teatro literário, contudo, o texto deixa aberto um campo de jogo para o preenchimento. Por meio desta distinção em relação à arte cênica fica claro que mesmo o recitar que conclama uma vez mais um texto à sua forma sonora ainda não é fala, mas se mantém de algum modo "leitura". Ele ainda não é tanto fala quanto a fala do ator que incorpora o seu papel. Quando consegue fazer isso, então ele fala realmente, isto é, ele quebra o silêncio ou emudece, ele toma a palavra ou silencia.

Nós falamos primariamente sobre *recitar* junto à épica e à lírica. Conhecemos o recitar antes de tudo como a arte do rapsodo. Como as formas literárias da épica parecem nos mostrar, o rapsodo não é propriamente a reencarnação de um cantor originário ou de um falante originário. No *Ion* de Platão descreve-se um rapsodo homérico que configura a sua apresentação de maneira tão virtuosa que, quando qualquer cena apavorante acontece, os seus próprios cabelos ficam arrepiados, e quando se trata de alguma cena triste os seus próprios olhos se enchem de lágrimas etc. Platão descreve isto evidentemente com consciência crítica. Ele vê aí um determinado fenômeno de dissolução da tradição épica e religiosa da Grécia. O rapsodo transforma-se em virtuoso. O autêntico rapsodo era um mero mediador dos acontecimentos míticos e épicos e não queria de maneira alguma ser ele mesmo denominado. Por outro lado, será preciso dizer que o cantor profissional não é um simples narrador, mas que ele já começa a colocar a narrativa sob determinadas condições literárias. É um problema difícil saber quais são as relações que existem, por exemplo, entre a arte da narração que aparece como obra da literatura e a arte da narração que também vem ao nosso encontro fora da literatura. Quais são as transições que transformam o dom de um bom narrador na arte narrativa de um novelista? Se é verdade que o recitar retém uma determinada relação com a transposição para a escrita – ou ao menos com o texto memorizado –, então isto precisa se refletir na possibilidade da própria literatura. Lembremo-nos do drama voltado para a leitura. Neste caso, temos um drama que não apenas também é lido, mas que é escrito apenas para a leitura – ou que ao menos fracassa em sua tentativa de ser transposto para o teatro. Pensemos, por exemplo, em Maeterlinck, cujas instruções cênicas já excluem a apresentação por meio de sua própria densidade linguística. Aqui, portanto, na *oral poetry*, na tradição oral da epopeia ou mesmo em sua retomada, pertence à recitação uma relação com a leitura. Este é aliás um problema mais amplo que ganhou entrementes a discussão com a *oral poetry* e que nunca deveríamos esquecer. Talvez não seja mais importante saber se uma tradição foi ou não fixada por escrito, mas sim se ela só foi efetivamente ouvida na apresentação da recitação ou se houve também uma utilização imediata do texto pelo leitor, sem a mediação do recitador, do rapsodo. Um fenômeno no qual todo o problema da recitação alcança o seu ápice me parece ser o falar de cor. Outrora, em relação à poesia, isto era algo totalmente louvável, e, segundo a minha convicção, continua sendo. Um poema que realmente se sabe de cor é recitado quer interiormente ou mesmo em voz alta. Ele não é reproduzido. Não é um tipo originário qualquer de fala que deve ser desperto uma vez mais. Ao contrário, o poema possui aqui a sua relação única com a idealidade do próprio texto: em verdade, ele possui a sua arte linguística documentada na escrita, mas ela continua viva na memória. No saber de cor, esta arte da linguagem apresenta-se manifestamente em sua realidade plena. Há muito venho me ocupando com a questão de saber até que ponto o recitar sempre diz respeito ao saber de cor. Esta é a questão.

Não acredito que toda poesia que alguém sabe de cor também possa ser realmente declamada diante dos outros. Há poesias que se apresentam para a recitação. E eu não tenho em vista aqui apenas aquelas poesias que foram originariamente expostas, tal como a lírica do coro, por exemplo os hinos de Píndaro. Como as coisas se comportam em relação aos poemas de Horácio? Com maior razão é de perguntar se é possível recitar Rilke. (Os exemplos que vivenciei levam-me a duvidar disto!)

Esta não é uma questão relativa à arte da apresentação oral, mas sim à forma artística da obra de arte linguística, ou seja, da própria poesia. Somente um direcionamento silensioso da fala para diante de si corresponde à postura linguística deste tipo de poema. Coisas diversas são diferentes. É naturalmente possível recitar George. Ele mesmo utilizou diretamente a expressão "dizer de cor" para designar o ato de recitar e exercitou um tal dizer com os seus jovens e com os seus pupilos. Mas será que Rilke, Hölderlin ou Trakl são recitáveis? Na poesia alemã, precisamos estabelecer uma diferença entre aquilo que é realmente transponível para a materialidade de uma voz e aquilo que só pode ser escutado com o ouvido interior. A este último grupo pertence obviamente a linguagem lírica. A poesia é a emergência do próprio fenômeno linguístico e não uma mera travessia em direção ao sentido. É por meio de uma constante ressonância conjunta da apreensão do sentido com a manifestação sonora, que o sentido ganha corpo. Mas isso não significa que precisa haver a voz real, que ela realmente tem de ser escutada. Ou melhor, trata-se apenas de algo como uma voz a ser ouvida que não precisa e não pode mesmo ser uma voz real. No fundo, esta voz a ser escutada que nunca fala é um padrão e uma medida. Por que estamos em condições de dizer afinal que alguém apresenta bem um texto? Ou: o texto foi mal apresentado – que instância nos diz isso? Com certeza, não o modo como o próprio poeta lê. É verdade que poetas podem ser muito instrutivos por meio do modo como leem. No entanto, eles não são por isto modelos para o modo como os seus poemas devem ser ouvidos. Não apenas que eles não sejam frequentemente artistas da fala. Reside muito mais na essência da literatura que a obra se desvincule a tal ponto de seu criador, que o poeta é na melhor das hipóteses um bom intérprete, nunca um intérprete privilegiado de si mesmo. Assim, em verdade, considero a conexão entre literatura e voz totalmente essencial, onde quer que tenhamos a literatura no sentido poético eminente. No entanto, a forma na qual a voz está aqui presente não precisa ser a voz materializada. Ao contrário, ela é primariamente algo que se acha em nossa imaginação de maneira modelar como um cânone que nos permite julgar todo tipo de realização da recitação.

A relação entre voz e texto torna-se ainda mais clara junto à *apresentação de um texto*. Neste caso, não se aspira à imediatidade da fala que é constitutiva do palco teatral. O que deve ser apresentado aqui é algo que foi escrito e que deve ser escutado como um "texto". Isto pressupõe certas restrições da imediatidade da fala. É uma questão do ritmo e uma questão da compreensão. Nós conhecemos bem demais a situação em que, por exemplo, pedimos em sala de aula a um estudante que leia em voz alta uma frase determinada e este estudante não compreendeu a frase. Neste momento, todos nós também deixamos de compreendê-la. Não se consegue compreender nenhuma frase lida em voz alta sem que aquele que a lê a tenha compreendido. Por que isso é assim? Com que tipo de "idealização" deparamos aqui? Que "idealização" é esta capaz de instaurar algo comum? Eu a denominaria uma idealização "hermenêutica", pois ela é dependente da compreensão: ela é um tipo de elucução, de estar falando, de estar dizendo, que conquista o seu peso por intermédio do sentido. Com compreensão – isto não significa com "expressão". As coisas já ficam bem ruins quando alguém lê com "expressão". O ator que incorpora um papel precisa entregar força expressiva a todo o personagem que representa, mas apenas nesta medida também ao "texto". Mas será que aquele que lê em voz alta deve dar expressão a um texto a partir de um recurso ao falante ou ao escritor originais? E em que medida ele deve fazer isto? A expressão exigida, por exemplo, pelo texto narrativo não precisa ter algo da consistência de sentido e da concretude plástica impessoais? É possível elucidar isto a partir de uma analogia com as artes plásticas. Em contraposição aos pintores da *renaissance*[9], nós

---
9. Em francês no original: renascença. (N. do T.)

descobrimos junto aos pintores da escola de Siena que a curva de uma roupagem de anjo, por exemplo, pode ser extremamente expressiva, enquanto o rosto e o gestual propriamente ditos não mostram enquanto tais nenhuma "expressão", antes de tudo os olhos. Algo de um tal caráter anônimo da expressão reside no estilo correto da leitura em voz alta de uma narrativa. O meu ponto decisivo é em todo caso o seguinte: todo uso da voz se subordina à leitura e se mede a partir da idealidade que só é escutada pelo ouvido interior, no qual o elemento contingente da própria voz e do próprio falar desaparece.

Ainda posso me demorar aqui por um instante para deixar efetivamente claro como é que a apresentação de um texto se modifica no caso em que se trata da arte da linguagem e não de uma mera transferência de sentido para a transmissão de um conteúdo determinado, de uma mensagem determinada. Nesse caso, é o modo como algo é dito, a linguagem que aparece e soa, que devem ser muito mais conjuntamente construídos em oposição a uma comunicação da qual dizemos: sim, sim, agora eu entendo! – e não prestamos mais atenção alguma. Em contraposição a isto, quando lemos, por exemplo, um poema, não dizemos: eu já conheço este poema! – e paramos. Quem lê um poema uma vez mais não acha que não é mais preciso lê-lo. Ao contrário, ele só começa realmente a ler e só o compreende plenamente quando o sabe de cor. Em contrapartida, o gênero épico é muito bem caracterizado pela expectativa tensa pelo progresso da narração e por suas surpresas. Aqui também, os problemas relativos à configuração temporal desempenham um papel decisivo. Que tipo de demora surge quando lidamos com a arte? O decurso enquanto tal não é como que resgatado, trazido para uma espécie de presente plasticamente mais concreto? É isto que é a arte da linguagem. Naturalmente, a linguagem enquanto linguagem está presente de maneira muito diversa nos diversos gêneros artísticos. Junto ao teatro, isto é relativamente simples, apesar de permanecer um problema saber por que continuamos sempre podendo pressentir em uma representação magistral o estilo do poeta por detrás do modo de falar daquele que representa. Na leitura com papéis distribuídos permanece havendo sempre algo da "leitura", assim como na leitura em voz alta de peças dramáticas – outrora um evento social de alto nível, para o qual não preciso lembrar senão de Ludwig Tieck – as coisas também não se dão sem dúvida alguma de tal modo que o falante se perde no personagem, cujas palavras ele fala neste instante. Graças à mesma voz que só se modifica de maneira levemente característica e mantém na consciência a existência de um texto lido, permanece um certo tom conjunto da leitura em voz alta. Mesmo no caso de um fenômeno como, por exemplo, o de um Tieck, que dava ele mesmo voz a todos os papéis de um drama de Shakespeare, de modo que ele se mostrava quase como uma fala viva com papéis distribuídos, não há dúvida de que foi empreendida uma certa redução em comparação com o palco. Pois com certeza a apresentação de Tieck tinha uma unidade estilística de um tipo único. Na arte narrativa, a coisa se mostra uma vez mais de maneira diversa. É certo que se deve pressentir aí o estilo de um narrador. No entanto, este pressentimento acontece de um tal modo que somos trazidos quase sem percebermos para um acompanhamento da narrativa, no qual esquecemos de nós mesmos – ainda que se possa admirar posteriormente a arte da linguagem.

Em geral, já teremos de lidar aqui com a leitura *silenciosa*. Não tenho clareza quanto a este ponto e também não sei quanto o conhecemos. Desde quando lemos propriamente sem ler em voz alta? Na Antiguidade, era óbvio que se devia ler em voz alta. Sabemos disto por uma observação espantosa feita por Agostinho sobre Ambrósio. Mas ainda além: desde quando "se" lê silenciosamente e não se é ouvinte? Desde quando o fato de se ler sem ler um som é importante para aquele que escreve? Quando isso acontece, acho que ele passa a escrever para um tipo de recriação de sua arte linguística na leitura que é diverso daquele que tinha lugar na leitura em voz alta. Não pode haver certamente nenhuma dúvida quanto ao fato de a passagem para a cultura da leitura universal também ter sido antecipada por aquele que escreve e de ela ter modificado as formas estilísticas do escrever. No caso da poesia, isto é por vezes impassível de ser desconsiderado. Por exemplo, quando, na lírica barroca, temos diante de nós formas anagramáticas que também foram determinadas para os olhos. O mesmo pode se mostrar no jogo mallarmésiano com a ordem da impressão de "Un Coup de Dés". Ordenações visuais podem auxiliar aquele que escuta (externa ou internamente) a linguagem do poema – assim como a escrita de George exige precisamente o "dizer de cor", a fim de se distinguir das artes teatrais da recitação.

Só posso tangenciar aqui de maneira periférica um tema particular: a configuração temporal da leitura. Trata-se aqui da questão de saber como se realiza a construção da linguagem no ouvido interior do leitor e em seu espírito[10]. Há aí modificações como, por exemplo, o caso da canção que se decanta ou do poema que se sabe de cor e que se diz para si mesmo, e, do outro lado, a literatura pura vinculada à leitura, o romance. No entanto, mesmo se pudermos supor em algumas narrativas um decurso temporal ininterrupto da leitura, o autor de um romance tem clareza quanto à descontinuidade que a literatura narrativa como um todo precisa assumir. Musil certamente não contava com que as pessoas lessem sem pausa o seu *Homem sem qualidades*. A literatura épica pretende justamente que a descontinuidade seja conduzida aqui a uma nova continuidade. Ela conta com isto, e isto também lhe oferece liberdades junto à narrativa no tratamento da sequência temporal.

---

10. Mais detalhadamente sobre esse tema em minha contribuição "Hören – Sehen – Lesen" [Ouvir – ver – ler], in: GW 8, Nr. 23.

Todavia, isto também apresenta novas exigências à arte do escrever, tais como, por exemplo, motivar ou intensificar a tensão. Em contraposição a um livro científico, não se trata de nenhuma recomendação de um romance, quando precisamos folheá-lo de trás para a frente. A configuração temporal da leitura permanece ainda em uma certa correspondência com a configuração temporal do texto. Mas ela não é a mesma e em todo caso não é assim como a unidade de realização que tem lugar junto à leitura de um poema ou à escuta de uma peça musical. Com todas as diferenças, contudo, um traço comum se mantém. Enquanto a centralização no ponto médio, Dilthey denominou este traço comum "estrutura" e este conceito se encontra totalmente no primeiro plano da moderna pesquisa francesa da estrutura. Assim, o processo da leitura varia de múltiplas maneiras, quando a dimensão temporal sucessiva se entrecruza com a dimensão temporal cíclica na realização da leitura. A estrutura temporal da leitura tanto quanto a estrutura temporal da fala representam mesmo um vasto campo de problemas.

11. LER É COMO TRADUZIR (1989)
   [Lesen ist wie Übersetzen]

Uma sentença famosa de Benedito Croce diz: "traduttore-traditore". Toda tradução é uma traição. Como é que isso poderia passar despercebido por um homem tão poliglota quanto o significativo esteta italiano – ou por um hermeneuta que aprendeu a atentar durante toda a sua vida para os tons secundários, para os tons superiores e inferiores da língua?!? Ou por alguém que olha retrospectivamente para uma longa vida?!? Com o passar dos anos vamos nos tornando cada vez mais sensíveis para as semiaproximações e para as aproximações ainda mais precárias da língua realmente viva, que vêm ao nosso encontro sob a forma de traduções. Achamos cada vez mais difícil suportá-las e, além disso, cada vez mais difícil compreendê-las.

Em todo caso, é um mandamento hermenêutico não refletir tanto sobre o grau de traduzibilidade quanto sobre o grau de intraduzibilidade. É importante prestar contas até sobre aquilo que se perde quando se traduz e talvez também sobre aquilo que se conquista aí. Mesmo junto à operação deficitária aparentemente desesperançada que é própria ao traduzir não há apenas uma maior ou menor perda, também há ao mesmo tempo algo assim como um ganho, ao menos um ganho de interpretação, um aumento de clareza, e, às vezes, também de inequivocidade, quando este se mostra como um ganho.

A coisa linguística que vem ao nosso encontro como texto é alienada de sua vida dialógica originária, na qual a língua tem a sua existência propriamente dita. Em verdade, o próprio falar jamais é dotado de uma exatidão tão plena que sempre se escolhe e encontra a palavra correta. No diálogo já há muitas falas que não ficam senão dando voltas, e o mesmo acontece no texto em meio à busca por um subterfúgio nas formas vazias da retórica trivial. No diálogo vivo, tudo isto é dissimulado e passa despercebido. No entanto, quando uma tal fala artificial vem ao nosso encontro como texto e este texto é então traduzido por fim literalmente, isto produz um efeito fatídico. Neste momento faz-se presente o autor que escreve e que, em vez de se servir da palavra conveniente, cai em convenções vazias; e, então, o mesmo ameaça se dar uma vez mais com o tradutor que toma o convencional e vazio pelo que é realmente dito. Desse modo, a mensagem do texto, que já é sempre inexata em sua forma fixa, torna-se completamente inexata na tradução, e, em verdade, exatamente porque se quer ser exato e restituir cada palavra, mesmo as palavras vazias. Para o autor, trata-se precisamente de uma educação para a clareza e para a concisão da expressão, quando ele faz uso, por exemplo, enquanto um alemão, do inglês ou mesmo apenas – como uma criança que se queimou e tem medo do fogo – quando escreve para um tradutor, e isto significa, tendo em vista os leitores da tradução por vir. Neste caso, evitam-se as complicadas flores da retórica e foge-se dos longos períodos – que nós alemães tanto amamos e que nos foram inculcados pela admiração humanista de Cícero –, assim como das obscuridades extremamente engenhosas para as quais estes períodos nos atraem.

Tal como a arte do discurso vivo e mesmo no âmbito teórico-científico, a arte de escrever sempre visa por fim a "obrigar" o outro "a compreender" (para falar como Fichte). Neste caso, nada daquilo que é oferecido pelos meios do discurso vivo auxilia àquele que escreve. Quando não se trata justamente de uma carta privada, aquele que escreve não conhece efetivamente o seu leitor. Ele não tem como pressentir onde é que o outro deixa de acompanhá-lo e também não pode, portanto, ajudar onde falta o poder de convencimento. O que aquele que escreve deve poder apresentar como força de convencimento, ele precisa alcançar por meio dos sinais rígidos da escrita. A articulação, a modulação, a ritmização do discurso, feita em voz alta ou silenciosamente, a ênfase e a alusão sutil – e aquele que é o meio mais forte de todo discurso convincente, a hesitação, a pausa, a busca e o encontro da palavra: tudo se dá como uma feliz descoberta, da qual o ouvinte participa com um espanto quase eufórico – tudo isto deve ser substituído por nada menos do que pelos sinais assentados. Neste ponto, há muitos de nós que não são absolutamente reais escritores, conhecedores e artistas da escrita, mas cientistas sólidos, pesquisadores que se lançaram ousadamente no desconhecido e que querem apenas fazer um relato do desconhecido: um relato sobre como ele se parece e sobre como ele acontece.

Mas o que não se exige aí do tradutor! Poder-se-ia aplicar a ele uma engraçada passagem expressa certa vez por Friedrich Schlegel para designar o leitor que compreende, o intérprete: "Para compreender alguém, é preciso primeiramente ser mais inteligente do que ele, em seguida, igualmente inteligente, e, então, igualmente burro. Não é suficiente que se compreenda o sentido propriamente dito de uma obra confusa melhor do que o autor a compreendeu. É preciso que se possa também conhecer, caracterizar e construir a própria confusão até os seus princípios".

Este último ponto é o mais difícil de todos. Nós nos arriscamos a ser mais burros do que o outro, quando queremos dar voz de maneira convincente à opinião do texto lido a partir de nossa própria visão de conjunto mais ampla e de nossa intelecção mais clara e quando não percebemos de maneira alguma quão facilmente inserimos por nós mesmos algo através da leitura. O ler e o traduzir têm de superar uma distância. Este é o estado de fato hermenêutico fundamental. Como mostrei, toda distância, e não apenas a distância temporal, significa muito para a compreensão, ela significa perda e ganho. Às vezes pode parecer um alívio, quando não se trata absolutamente da transposição de uma língua para a outra na odisseia da escrita contemporânea. Aí, o tradutor se expõe em verdade ao mesmo perigo no qual se encontra todo poeta, que se vê constantemente ameaçado pela recaída na assim chamada linguagem corrente ou na débil imitação dos modelos poéticos. Isto vale para o tradutor nos dois casos, mas também para o leitor. A partir da lida humana, no diálogo e no discurso, afluem incessantemente ofertas para os dois, para o próprio anseio por configuração do tradutor e para o anseio de compreensão do leitor. Elas podem inspirar, mas também podem induzir ao erro. O tradutor precisa se haver com tudo isto. Ler textos traduzidos é em geral decepcionante. Falta a respiração daquele que fala, a respiração que anima a compreensão. Falta à linguagem o volume do original. Não obstante, exatamente por isto, as traduções são às vezes, para o conhecedor do original, autênticos apoios à compreensão. Traduções de escritores gregos ou latinos para o francês ou de escritores alemães para o inglês são com frequência de uma inequivocidade assombrosa e iluminadora. E isto é sem dúvida alguma um ganho. Ou?

Onde a única coisa que está em questão é o conhecimento ou mesmo apenas a apreensão daquilo que é visado em um texto, uma tal inequivocidade intensificada pode certamente ser um ganho – assim como, por exemplo, a tomada e a ampliação fotográficas de uma escultura só muito dificilmente visível em uma catedral sombria trazem um ganho. Também em alguns livros ligados à pesquisa ou à teoria, não se depende de maneira alguma tanto da arte da escrita e, com isto, talvez nem mesmo da arte do traduzir, mas apenas da mera "correção". Especialistas em uma disciplina compreendem-se mutuamente (quando querem) de maneira muito fácil e, com certeza, é antes enfadonho para eles quando se utilizam muitas (ou mesmo belas) palavras, assim como é enfadonho na conversa oral quando alguém quer continuar explicitando aquilo que já se compreendeu há muito tempo. Uma anedota pode elucidar as coisas. Conta-se do jovem Karl Jaspers que ele um dia, ao falar com um colega sobre o seu primeiro livro e ao ouvir deste que o livro estava mal escrito, respondeu: "Tu não poderias ter me dito uma coisa mais agradável". – Era até esse ponto que Jaspers seguia outrora o *páthos* da objetividade de seu grande modelo Max Weber. O Karl Jaspers amadurecido, que se transformou em um pensador de estatura própria, passou certamente a escrever por si mesmo com um estilo extremamente dotado de qualidades artísticas e tão individual que ele é quase intraduzível.

Pode-se compreender o fato de o inglês se impor cada vez mais em muitas ciências, de modo que os pesquisadores escrevem os seus trabalhos originais diretamente em inglês. Neste caso, eles não se asseguram com certeza apenas em relação às suas próprias "belas palavras", mas também em relação ao tradutor. Em muitas áreas, tais como, por exemplo, a navegação, a aviação e a técnica de transmissão de notícias, o inglês já foi há muito padronizado em um além do bem e do mal característico da arte de traduzir. Não é por acaso que o que está em questão aí é realmente a compreensão correta. Nestas áreas, incompreensões podem ser fatais. – Mas há a literatura. Na literatura não é perigoso ser mal compreendido pelo tradutor. Nela, porém, também não é uma vez mais suficiente ser compreendido. Como todo autor, um poeta também escreve para os homens que falam a mesma língua, e a língua materna comum separa um autor de uma outra língua. A literatura tampouco é apenas a bela literatura, mas abrange todo o âmbito no qual a palavra impressa deve substituir plenamente o discurso vivo. É preciso realmente perguntar (contra o jovem Jaspers) se é uma vantagem real para um historiador ou um filólogo e mesmo para um filósofo (onde é possível haver contestação) escrever "mal". Com maior razão, isto também é válido para as traduções. Em verdade, o "estilo" é mais do que uma decoração prescindível ou mesmo suspeita. Ele é um fator que constitui a legibilidade – e, com isto, ele também representa naturalmente para a tradução uma tarefa infinita de aproximação. Esta não é uma questão apenas de técnica artesanal. Quando ainda consegue ser em alguma medida "confiável", uma tradução legível já é muito, sim, ela é quase tudo aquilo que se pode desejar como autor ou como tradutor (ou como leitor). A situação é, contudo, totalmente diversa quando se trata da tarefa de transpor textos realmente poéticos. Esta transposição fica sempre entre uma tradução e uma adaptação poética.

A arte supera todas as distâncias, mesmo a distância temporal. Assim, o tradutor de textos poéticos encontra-se em uma identificação contemporânea que lhe permanece inconsciente, e isto exige dele uma nova configuração própria que deve, porém, restituir a figura do modelo. As coisas dão-se de maneira totalmente diversa no que diz respeito ao mero leitor, cuja formação humanística e histórica (ou a sua falta) desperta uma consciência da distância temporal. Enquanto leitores, estamos mais ou menos conscientes deste fato quando lidamos com traduções da literatura clássica grega ou latina ou com traduções da história da literatura moderna. Neste caso, os textos já vêm se mostrando há séculos como objetos de tais esforços que trazem consigo toda uma bibliografia traduzida há no mínimo 200 anos. Enquanto leitores dotados de um sentido histórico, nós fazemos nesta história a experiência do modo como a literatura atual em sua ligação com o tradutor de outrora se sedimentou na figura das traduções. Uma tal presença diante de nós de toda uma história da tradução, que apresenta uma multiplicidade de traduções do mesmo texto, é para um novo tradutor em certo sentido um alívio, e, no entanto, também um desafio que só muito dificilmente se consegue satisfazer. A antiga tradução tem a sua capa de ferrugem.

Em todo caso, quando se trata realmente de "literatura", o critério da legibilidade não pode ser suficiente. O grau de intraduzibilidade ergue-se de maneira ameaçadora como uma montanha gigantesca dotada de muitas camadas, cuja última cumeada se mostra como sendo a poesia lírica, encoberta por uma neve eterna. Com os diversos gêneros literários também se diferenciam certamente as exigências e os critérios para o sucesso da tradução. Tomemos como exemplo de reprodução determinadas traduções como as que existem hoje para peças teatrais. Este exemplo mostra que o palco auxilia aqui com tudo aquilo que a "literatura" em outras circunstâncias não possui. Por outro lado, a própria tradução não deve ser apenas legível, mas também precisa ser pronunciável e apropriada para o palco, quer em prosa ou em versos. Dizem que a tradução de Shakespeare feita por Gundolf e aprimorada poeticamente com o auxílio de George, uma tradução que – depois da de Tieck-Schlegel – quase precisa ser denominada uma nova germanização, não é encenável. Hoje, é possível que alguns não a achem nem mesmo legível. As cores "se perderam".

Por outro lado, temos uma questão particular com a tradução de narrativas. Neste caso, quase não se pode esperar mais consenso quanto à representação da meta de uma tradução. Será que a meta é a fidelidade literal ou a fidelidade significativa e formal? O mesmo vale igualmente para toda e qualquer prosa "acentuada". Qual é a meta? Quando se pensa na grande literatura traduzida que trouxe, por exemplo, o romance inglês para a Alemanha, ou nas traduções dos grandes romances russos para as outras línguas do mundo, vê-se imediatamente que a perda de caráter próprio, de proximidade com o povo, de força e sumo que incontornavelmente se apresenta aí quase não possui peso algum ante a presença daquilo que é contado. Não é tão importante saber como é que são escolhidas as palavras com as quais se narra. O que está aí em questão é algo diverso, a concretude plástica, a concentração da tensão, a profundidade da alma, a magia do mundo. A arte da grande narrativa é um milagre próprio, que permanece quase intacto mesmo em traduções. Conhecedores do russo asseguram que, com a sua elegância e legibilidade, a tradução de Dostoievski da editora Piper (uma tradução feita por Rahsin) é menos adequada ao estilo hesitante, desigual e descuidado de Dostoievski; e, no entanto, quando tomamos em vez dela a "melhor" tradução feita por Nötzel ou por Eliasberg, ou ainda quando nos valemos das mais novas que foram lançadas pela editora Aufbau, não notamos absolutamente a diferença enquanto leitores. As barreiras da intraduzibilidade são aqui – abstraindo-se de casos particulares como o de Gogol – extraordinariamente baixas.

Desse modo, não foi por acaso que a cunhagem do conceito de literatura mundial, inseparável das traduções, aconteceu simultaneamente à difusão da arte do romance (e da literatura dramática pensada para a leitura). Foi a difusão da cultura da leitura que transformou a literatura em "literatura". Assim, hoje precisamos quase dizer que a "literatura" reclama a tradução – precisamente porque ela é uma coisa ligada à cultura da leitura. De fato, o segredo da leitura é como uma grande ponte entre as línguas. Em níveis totalmente diferentes, traduzir ou ler parecem apresentar a mesma performance hermenêutica. Já a leitura de "textos" poéticos na própria língua materna é como uma tradução, quase como uma tradução em uma língua estrangeira. Pois ela é conversão de signos rígidos em um fluxo torrente de pensamentos e imagens. Em verdade, a mera leitura de textos originais ou traduzidos já é uma interpretação por meio de som e tempo, modulação e articulação – e tudo isto reside na "voz interna" e está presente para o "ouvido interior" do leitor. Ler e traduzir são já "interpretação". Os dois criam uma nova totalidade textual a partir de sentido e som. Os dois exigem uma conversão que se estende até o elemento criador. Pode-se ousar formular o paradoxo: todo leitor é como um semitradutor. Por fim, o milagre maior não é verdadeiramente o fato de que se consiga efetivamente superar a distância entre as letras e o discurso vivo, mesmo quando se trata "apenas" da mesma língua? Há muito mais no fato de dissimularmos a distância entre duas línguas diversas na leitura de traduções? Em todo caso, é a leitura que supera tanto um distanciamento quanto o outro, o distanciamento entre texto e discurso.

Apesar das distâncias, o entendimento oral entre línguas diversas não é antes natural? Ler é como um traduzir de uma margem para uma outra distante, de escrita em linguagem. Da mesma forma, a ação do tradutor de um "texto" é tradução de costa a costa, de uma terra firme para a outra, de texto para texto. Os dois são tradução. As figuras sonoras de línguas diversas são aí intraduzíveis. Elas parecem-se com astros afastados uns dos outros por anos-luz. E, contudo, o leitor compreende o seu "texto".

Como as coisas se dão, porém, no caso do poema que não se deve apenas ler e compreender, mas que se precisa ouvir? Aqui, os tradutores não sabem mais o que fazer com o seu latim. Ou melhor: o que eles apresentam permanece latim. Com certeza, há casos especiais. Quando um verdadeiro poeta transpõe os versos de um outro poeta para a sua própria língua, esta transposição pode se tornar um verdadeiro poema. Neste caso, contudo, o poema passa quase a se mostrar mais como o seu próprio poema do que como o poema do autor original. As traduções de Baudelaire feitas por George ainda continuam sendo efetivamente *Flores do mal*? Elas não ressoam antes como os primeiros sons de uma nova juventude? Ou as traduções de Valéry feitas por Rilke? Onde fica a luminosidade e a dureza da *provence* nas meditações maravilhosamente sensíveis de Rilke sobre o "cemitério junto ao mar"? Em verdade, faríamos bem em não denominar tanto algo deste gênero versões poéticas, mas sim repoetizações. Poder-se-ia chamar antes as partes transpostas por George da *Divina comédia* de uma versão poética. No todo, um verdadeiro poeta só atua como tradutor quando a poesia por ele escolhida se insere em sua própria obra poética. Somente então ele pode manter o seu próprio tom mesmo quando traduz. Para o verdadeiro poeta, o seu tom é a sua segunda natureza. A consequência é com isto a seguinte: quando um tradutor que não é realmente um poeta pede empréstimos poéticos equivalentes à sua própria língua e os reúne de maneira artisticamente engenhosa em uma linguagem "poética", esta composição sempre soa como latim, isto é, artificial e estranha. Por mais que possa haver aí muitas ressonâncias poéticas e pérolas linguísticas oriundas da literatura da língua final, falta o tom, o τόνος, a corda tensa que precisa tremer sob as palavras e os sons, se é que a música deve ter lugar. Como é que as coisas poderiam ser de outra forma?

Não se precisaria encontrar equivalentes apenas para as significações das palavras, mas do mesmo modo também para os sons. Mas não, nem palavras (por mais correspondentes que fossem), nem mesmo sons (por mais impactantes que fossem) poderiam realizar algo assim. Versos são frases. Mas não, nem mesmo isto procede. Eles são versos, e o todo é um poema, um canto, uma melodia – não precisa haver nem mesmo uma melodia que se repete. Constantemente dá-se uma ressonância, um som significativo a partir de uma coisa e de muitas, uma harmonia velada, que é mais forte do que uma harmonia aberta, tal como Heráclito bem o sabia.

Dessa forma, deveríamos admirar todos os tradutores de poesia que não nos ocultam totalmente a distância em relação ao original e, no entanto, constroem uma ponte sobre esta distância. Eles são quase como intérpretes. Mas eles são mais. Intérpretes produzem interrupções. A maior ambição daquele que interpreta não pode ser outra senão que nossa interpretação também permaneça uma fala intermediária, que ela se insira na releitura dos textos originais como óbvia e aí desapareça. Em contrapartida, o rastro copoetizante do tradutor permanece para toda a nossa leitura e compreensão um arco firmemente fundado, uma ponte que é trafegável dos dois lados. A tradução é por assim dizer uma ponte entre duas línguas como entre duas margens em uma mesma terra. Sobre tais pontes passa um tráfego constantemente fluente. Esta é a marca distintiva do tradutor. Não se precisa esperar por nenhum barqueiro que traduza alguém. Alguns certamente precisarão de ajuda para se orientar do outro lado – e permanecerão viandantes solitários. Talvez ele encontre vez por outra alguém que o ajude junto à leitura e à compreensão. Toda leitura de um poema é a cada vez um traduzir. "Todo poema é uma leitura da realidade, esta leitura é uma tradução que transforma o poema do poeta no poema do leitor" (Otávio Paz).

12. SOBRE A LEITURA DE CONSTRUÇÕES E QUADROS (1979)
[Über das Lesen von Bauten und Bildern]

Partindo da constatação totalmente simples e trivial de que toda proposição, toda declaração só é no fundo compreendida quando pode ser compreendida como resposta a uma pergunta possível, analisei a estrutura pergunta-resposta da compreensão. Este fato já pode ser encontrado embrionariamente em certos sucessores do modo de pensar hegeliano, em particular em Collingwood. Articulei-me com isso e desvelei a dialética na relação entre pergunta e resposta[1]. Esta dialética destrói a aparência de que o que está em questão na compreensão é um método passível de ser utilizado. O jogo alternante característico do desafio que é apresentado pelo outro, pelo incompreensível, e ao qual aquele que quer compreender responde, na medida em que o interroga e em que procura compreendê-lo como resposta, não transcorre apenas entre mim e ti e aquilo que nós queremos dizer um ao outro, mas precisamente também entre mim e a "obra", se é que me mostro como aquele para quem ela diz algo e que sempre gostaria de saber uma vez mais o que ela lhe diz. Junto a esta estrutura da compreensão, coloquei no primeiro plano a reconquista da pergunta.

Mas será que esta estrutura universal da questão e da dialética entre pergunta e resposta é suficiente como ponto de partida para uma reflexão sobre a experiência das obras de arte? Parece totalmente obscuro o modo como a estrutura dialógica de pergunta e resposta deve ser efetivamente afirmada na lida com a obra de arte. Que perguntas são afinal levantadas em uma obra de arte – e, com isto: que respostas da compreensão são disparadas em nós, e, em verdade, de um modo tal que, por fim, compreendemos a própria obra de arte como a resposta a tais perguntas?

Gostaria de apresentar alguns exemplos concretos para retirar daí as minhas conclusões teóricas. Já estive várias vezes na catedral de St. Gallen e ex-

---

1. Cf. *Wahrheit und Methode* (GW 1), pp. 375 ss.

perimentei aí a impressão espacial que é peculiar a esta construção. Esta impressão surge do fato de uma longa nave, ampliada de maneira extremamente acentuada por quatro extensões laterais e dotada de um coro, estar unificada de uma forma estranhamente tensa e grandiosa. A nave e as quatro extensões laterais são manifestamente a grande questão de engenharia, uma questão a que a construção ocidental de igrejas procurou responder através dos séculos. Toda solução para esta unificação da ideia da construção central e da ideia da nave no curso da história de nossa arquitetura ocidental é, como me parece, aquilo que os historiadores da arte denominam a seu modo "a ideia da construção". Sem dúvida alguma, esta é uma questão que, no momento em que tomamos consciência dela e a formulamos por assim dizer por nós mesmos, dá voz ao construto diante do qual nos encontramos. Ele oferece-nos uma resposta. A resposta da igreja de St. Gallen é uma resposta muito tardia e condicionada ao mesmo tempo pela história da arquitetura, uma resposta particularmente atrasada, cuja grandiosidade, porém, convence apesar disto todo visitante. Ela reúne e unifica por assim dizer uma vez mais como um derradeiro resumo a tensão entre a nave e a parte central da construção, mas o faz de um tal modo que o espaço para aqueles que a atravessam muda formalmente, como se pudesse ser lido de duas maneiras.

Quando entramos no espaço da igreja, experimentamos esta tensão como uma resposta. A experiência que fazemos aí me parece uma boa exemplificação daquilo que significa a interpretação. A contribuição feita pelo historiador da arte a partir de um conhecimento da história da arquitetura e do estilo não conduz, por fim, senão à interpretação de algo que todos nós sentimos e compreendemos de maneira francamente corporal, quando atravessamos esta abóbada.

Ou um outro exemplo. Lembro-me do famoso quadro de Giorgione[2], que se acha em exposição na *Accademia* em Veneza. Não se pode ver o original senão por detrás de um vidro porque as cores estão muito danificadas. Ele é particularmente interessante porque ninguém sabe o que está sendo propriamente representado no quadro. Reconhecem-se naturalmente as suas particularidades. Em uma parte temos um rapaz jovem, em outra uma mãe com uma criança e atrás há uma tempestade sobre uma cidade, cujas ameias e telhados são visíveis, mas parecem como que sem vida. As pessoas deram ao quadro o título "A tempestade". No entanto, até hoje continua sendo um tema de discussão em aberto o que ele quer dizer propriamente, o que é representado aí. Trata-se de uma pintura de gênero ou de uma composição alegórica?

Como quer que seja, porém, gostaria de apresentar a partir deste quadro e de sua enigmaticidade as diversas possibilidades do levantar-a-ques-

---

2. Giorgione de Castelano (1478-1511), pintor italiano. (N. do T.)

tão³. Deve-nos auxiliar muito no curso de nossa apresentação teórica que possamos pensar todos juntos nesse quadro que também representa por conta de sua mistura de cores um dos grandes pontos de virada da história da pintura renascentista.

As questões que foram levantadas até hoje apontam manifestamente em duas direções muito diversas. Aquilo que o quadro de Giorgione propriamente representa nos é obscuro. Isso também significa evidentemente o seguinte: se alguém nos mostrasse de maneira convincente que tais e tais coisas estão sendo representadas aí, teríamos compreendido algo que até aqui não tínhamos compreendido. Este seria um ganho hermenêutico. Com certeza, eu arriscaria dizer, este não seria senão um ganho hermenêutico muito modesto. Será que a tarefa de compreender esse quadro, uma obra-prima da pintura, se confunde realmente com o interpretá-lo de modo iconográfico? Não será antes talvez justamente a atmosfera que dá voz a uma paisagem misteriosa e que constitui para o historiador da arte a significação desse quadro no decurso da história da pintura ocidental aquilo que é "compreendido" por todos nós quando somos como que eletrificados pela visão desse quadro?

E se é assim, qual é a pergunta que temos de levantar para que possamos dizer: agora compreendi melhor? Como é que estas duas questões se coadunam – a questão que denominamos na ciência da arte a questão iconográfica (literalmente: a descrição do ícone, daquilo que é representado, reproduzido) e a outra questão: o que nos "diz" o quadro – e isto mesmo quando, como nesse caso, não sabemos qual é o seu conteúdo iconográfico? Seguramente, o quadro de Giorgione permanece se mostrando para todos aqueles que o viram um dia como uma impressão profunda, e mesmo na reprodução pressente-se aí a presença de algo misterioso, de algo dotado de muitas camadas, que não nos deixa em paz. Alguns observadores apontam para a cidade sem uma alma viva no plano de fundo, outros falam sobre a ausência de articulação entre o jovem pintado de maneira bela – sabemos que Giorgione tinha concebido aí originariamente uma menina, isto veio à tona nesse ínterim com o auxílio da técnica moderna – e a mãe com a criança do outro lado, a mãe que olha para nós. O que significa a coluna chanfrada que serve como pórtico? Em verdade, aqui não se precisa perguntar o que ela significa. Nós sabemos imediatamente o que ela significa. Nós a reconhecemos imediatamente como a imagem significativa daquilo que está pela metade,

---

3. Gadamer fala literalmente em ganhar a questão [Die-Frage-Gewinnen]: nós optamos aqui pela expressão "levantar a questão" para escapar de uma certa artificialidade na tradução. No entanto, é importante realçar que esta expressão também guarda uma certa relação metafórica com a conquista de uma questão, pois o verbo "levantar" aponta neste contexto para um movimento de dar voz a algo que se encontrava antes calado. (N. do T.)

que é finito, arruinado. Mas o que significa aqui este símbolo conhecido? Ou o contraste entre o primeiro plano arcádico e a tempestade que se agita furiosamente a distância, mas não traz evidentemente nenhuma ameaça? De maneira consciente, apresento estas questões ao quadro, a fim de expor uma questão teórica: o que é que procuramos compreender aí? A solução do enigma iconográfico responderia a todas estas questões? Que outras questões gostaríamos de ver respondidas, quando se trata da compreensão desta obra de arte?

A metáfora "ela está começando a falar" impõe-se. Esta é a determinação mais simples possível daquilo que é a hermenêutica no âmbito da arte e da história. Ela é a arte de deixar algo falar uma vez mais. Não há dúvida de que pressupomos neste caso para a arte de deixar algo falar o fato de este algo não falar ou não se expor suficientemente sem o nosso empenho. Por isto, o exemplo mais palpável do esforço por deixar algo falar uma vez mais é a leitura daquilo que é escrito ou impresso e que possui a estrutura do texto. No entanto, só temos o direito de denominar algo uma obra "literária", uma obra poética, se ela ainda exige muita coisa além do saber ler. Não obstante, a requisição elementar que a obra nos apresenta de saber ler não é tão trivial quanto parece. Saber efetivamente ler ainda não é "realmente" saber ler, e isto vale em termos genéricos.

Também é válido dizer em relação às obras das artes plásticas que se precisa aprender a vê-las e que elas não são compreendidas, isto é, experimentadas enquanto uma resposta, na visão ingênua do todo plasticamente concreto que se encontra aí diante de alguém. Nós precisamos "ler" este todo, nós precisamos mesmo soletrá-lo até que possamos lê-lo. De maneira similar, pode-se dizer em relação à obra arquitetônica que nós precisamos "lê"-la; e isto significa que não a contemplamos apenas – como uma reprodução fotográfica –, mas que vamos até ela, giramos em torno dela e entramos nela, construindo-a por assim dizer progressivamente para nós.

Precisamos tornar útil para nós esta analogia entre uma obra literária e as criações das artes plásticas[4]. Tais analogias incorporam a grande sabedoria de algo universal que ainda não foi formulado. Este fato pode ser muito bem ilustrado a partir de um exemplo clássico da grande literatura filosófica mundial. Como se sabe, o grande diálogo platônico sobre o estado ideal é concebido como uma analogia para a intelecção da justiça enquanto a virtude suprema da alma. Platão apresenta-nos o estado ideal como uma tarefa de construção, a fim de deixar que a "constituição" da alma se torne visível. Alma e estado precisam se tocar como duas pederneiras, para que emerja daí a centelha da compreensão.

---

4. Ver quanto a isto antes de tudo o penúltimo estudo do GW 8: "Wort und Bild" [Palavra e imagem – Nr. 35].

Assim, a obra de arte literária e a obra de arte oriunda das artes plásticas devem se tocar aqui um pouco, para que possamos formular de maneira correta a tarefa que nos ocupa. O que é que precisa ser compreendido e qual é a questão, em razão da qual uma "obra" pode ser compreendida enquanto resposta? Mesmo em nosso tempo, um tempo no qual há tanta produção artística notável na área da arte informal e da arte desprovida de objetos – ou como quer quer possamos denominar uma tal arte –, não se deveria contestar que o reconhecimento de algo, indispensável para que conheçamos este algo como aquilo que é representado, constitui um momento da compreensão na contemplação[5]. Assim, por exemplo, as particularidades do quadro giorgiônico eram conhecidas e óbvias para nós todos, mesmo se a pergunta "O que está acontecendo aí, o que é representado aí?" – e, com maior razão, a pergunta propriamente dita "O que nos fala aí?" – tenha permanecido para nós sem resposta.

A questão é: como podemos dar conta deste primado daquilo que é passível de ser reconhecido no quadro? Pois está claro: o fato de reproduzir algo ainda está longe de tornar algo um quadro. Sem dúvida alguma, a reprodução em um catálogo de compras não é um quadro. No quadro temos um "como" determinado próprio àquilo que é representado, um "como" por meio do qual aquilo que é representado não aparece como um exemplar a partir de uma coletânea encontrável na realidade, mas sim de um tal modo que ele se mostra subitamente como único em seu gênero. Nós todos conhecemos os incômodos sutis que sentimos quando um mestre modula de maneira por demais frequente o tema de um quadro: uma quantidade um pouco exagerada de girassóis, uma quantidade um pouco exagerada de sapatos de camponeses torna as coisas difíceis para nós. Não quero dizer com isto que esta seria sempre uma crítica justa. No entanto, não é muito fácil para o observador concretizar realmente a unicidade de cada quadro de Van Gogh, que mostra um par de sapatos de camponês ou girassóis. E, todavia, estes quadros só são manifestamente compreendidos quando a imagem não é mais subsumida sob a conexão compreensiva "sapato de camponês" ou "girassol" (ou mesmo sob a conexão compreensiva "Ah, de novo um girassol!" ou "De novo um sapato de camponês!"), mas quando deixamos a obra falar em sua própria função representativa e não apenas aquilo que é representado.

Este é o problema: como é que essas duas coisas podem se coadunar? O fato de conhecermos algo enquanto algo implica que precisamos reconhecer até mesmo uma função diretriz para aquilo que é uma vez mais objetivamente reconhecível, quando o que está em questão é a penetração na obra.

---

5. Cf. *Wahrheit und Methode* (GW 1), pp. 118 ss.

Por exemplo, quando entalhes em madeira de Dürer[6] são projetos em um auditório, novas dificuldades de decifração surgem repentinamente já apenas por meio da enorme ampliação característica do formato da projeção. Somente depois de termos reconhecido aquilo que é representado, o jogo do preto e do branco, das linhas e dos planos, recebe o seu fechamento pleno. Quadros cubistas como os de Picasso também querem ser decifrados assim.

O fato de uma determinada função unificadora do vocabulário usado para o quadro (como o sentido de unidade do discurso) só emergir muito frequentemente no conhecimento daquilo que é representado não pode, como penso, ser negado. Subsiste uma conexão propriamente dita entre o caráter iconográfico – ao menos em sua potência mais fraca, no reconhecimento dos elementos passíveis de serem conhecidos do quadro – e a unidade da figura da obra, uma relação recíproca que se mostra como uma espécie particular de leitura.

Pois como as coisas se dão junto à leitura? Voltemo-nos para o texto linguístico. Neste caso, a leitura não se dá de um tal modo que primeiro soletramos. A criança que está aprendendo a ler reconhecidamente ainda não sabe ler. Isto evidencia-se completamente na leitura em voz alta[7]. A maioria dos adultos também não sabe ler em voz alta. Este fato tem uma boa razão: só podemos ler em voz alta algo que também compreendemos. Quando, na leitura silenciosa, de repente não conseguimos acompanhar o texto, com certeza também paramos; e, quando na leitura em voz alta, sem compreendermos, continuamos lendo, o outro deixa de compreender. Esta é uma prova segura do fato de que na leitura em voz alta, mesmo na leitura silenciosa efetivamente realizada, tudo aquilo que é apreendido mesmo de uma maneira por demais articulada conflui por fim para a unidade concreta da compreensão. Será que o conteúdo iconográfico de um quadro, por exemplo, também não pertence a outra coisa senão às letras?

Como aprendemos a ler? Como aprendemos a compreender? Na leitura paramos, abandonamos a obviedade da continuação da leitura, precisamos retroceder porque um horizonte de expectativa manifestamente não se preencheu. Isto acontece como um choque. Nós retornamos. Nós lemos uma vez mais, corrigimos, alteramos o acento e modificamos tudo aquilo em relação ao que todos sabemos que ele é capaz de levar novamente à fala algo escrito ou impresso. Reconhecidamente, porém, uma obra de arte distingue-se pelo fato de, por meio do modo como é formada linguisticamente, ela mesma prescrever e comunicar ao ouvido como temos de ler, como temos de

---

6. Albrecht Dürer (1471-1528). Pintor, desenhista, gravurista e teórico da arte alemão. Um dos artistas mais importantes do período de transição da alta Idade Média para o Renascimento na Alemanha. (N. do T.)

7. Cf. neste volume "Voz e linguagem", pp. 111 ss.

atribuir os acentos. Os assim chamados apoios à leitura são secundários. Em verdade, a interpunção no poema lírico[8] é coisa para fracotes. Neste caso, George tinha toda razão em suprimir o máximo possível a interpunção. Se não estamos em condições de construir a figura sonora e significativa de um verso por meio do fato de produzirmos por nós mesmos as suas modulações, ritmizações e fraseamentos corretos, não o compreendemos. Pelo exercício musical também sabemos qual é o papel desempenhado pelo fraseamento, que não se encontra na composição e que, contudo, está na música.

É evidente que lidamos na leitura com um tal processo de construção de uma figura temporal. O problema com o qual venho me ocupando há décadas é, então, o que significa propriamente ler[9]. Será que a leitura é um tipo de reprodução interna, assim como uma apresentação teatral é uma reprodução exposta no elemento sensorial? Sem dúvida alguma, dir-se-á imediatamente: não. A apresentação teatral transpõe-nos obviamente para um novo meio de realidade. Algo deste gênero não está absolutamente em questão na leitura. Aí tudo não passa de fantasias, produtos internos da imaginação que produzimos por meio de nossa leitura. Esta afirmação, porém, está longe de ser clara. A leitura não é nenhuma apresentação teatral interior. O espantoso, porém, é aqui o fato de as produções incansáveis de nossa imaginação impelirem para aí em uma torrente que nos arrasta, de modo que não apreendemos primeiro um quadro e, então, um outro em sua unidade pictórica.

Roman Ingarden, o fenomenólogo, mostrou muito bem a partir do romance qual é o poder de evocação que se esconde na função esquemática de uma descrição, de modo que, em uma obra poética, uma descrição, por mais minuciosa que seja, sempre será concretizada de maneira diversa por cada leitor – e, no entanto, a mesma coisa é descrita. Por mais trivial que isto possa soar, este fato é extremamente amplo em suas consequências teóricas. Ele mostra justamente o fato de aquilo que é evocado pelas palavras possuir uma espécie de virtualidade. Ele não tem nenhuma realidade efetiva, nenhuma determinação atualizada, mas deixa ressoar precisamente em sua virtualidade uma espécie de campo de jogo para possibilidades de atualização.

Desta maneira, a "leitura" parece-me de fato um protótipo da exigência que é apresentada a toda e qualquer contemplação de obras de arte, mesmo justamente de obras oriundas das artes plásticas. Trata-se de ler com todas estas antecipações e retomadas, com esta articulação crescente, com estas sedimentações que se enriquecem; mas isto de um tal modo, no entanto, que ao final de uma tal performance da leitura o construto esteja uma vez mais

---

8. Para um exemplo instrutivo ver "Poesie und Interpunktion" [Poesia e interpunção], in: GW 9, pp. 282-8.

9. Ver quanto a isso o artigo "Hören – Sehen – Lesen" [Ouvir – ver – ler], in: GW 8, Nr. 23.

amalgamado, presente em toda a riqueza de conteúdo articulada, na plena unidade de um enunciado.

Minha tese é, então, a seguinte: interpretar não é outra coisa senão ler. Esta posição é válida no sentido que designamos de maneira primorosa, penso, com a palavra alemã *"Auslegen"* [exegese][10]. O termo "interpretação [*Interpretation*]" é frequentemente traduzido ou vertido por "exegese [*Auslegung*]" – e isto é pertinente. "Realizar uma exegese" é algo que já contém em sua dimensão especulativa o fato de não acrescentarmos aqui nada à leitura. Ela tem em vista, por um lado, que não inserimos nada. Pensemos no conselho de Mefistófeles: "Se vós não interpretares, então imputai algo."[11] Em segundo lugar, porém, ela tem em vista o fato de, tomada em sentido estrito, a exegese apenas explicitar aquilo que já está presente, a fim de recompô-lo, em seguida, uma vez mais.

Isto acontece obviamente em meio a um procedimento que pode ser aprendido em certos limites como um saber metodológico e sobre um caminho metodológico. No entanto, mesmo isto não é tão simples. Nós apresentamos muito mais todo um processo de formação até que possamos começar a encontrar os pontos de vista "corretos" para as observações sobre um quadro ou um texto, os pontos de vista que se mostram como realmente frutíferos para o contexto compreensivo daquilo que é dado. Mesmo onde conduzimos o nosso *metier* e procedemos metodologicamente como filólogos, historiadores ou críticos de arte, a tarefa propriamente dita é a aplicação plenamente dotada de sentido do método, e esta tarefa não é ela mesma mediada uma vez mais por métodos.

Posso tirar agora a conclusão. Aquilo que procurei mostrar por meio da analogia da leitura do texto e da penetração nas construções artísticas de um outro tipo é o fato de as coisas não se darem de um tal modo, que um contemplador ou um observador apreendem aí como uma espécie de juiz neutro um objeto. Os aspectos metodológicos, com os quais trabalham as ciências humanas e cujo emprego precisamos aprender, são em verdade desse gênero. Todavia, o caráter propriamente dito é evidentemente algo diverso, a saber, o fato de tomarmos parte na figura de sentido que vem ao nosso encontro. Esta figura como um todo é manifestamente algo que não se deixa fixar e determinar em sua dação objetiva, mas que, no direcionamento do sentido, na irradiação da significância que a distingue enquanto construto, como dizemos, nos "absorve".

---

10. A palavra alemã *Auslegen* compõe-se a partir da junção do verbo *legen* [pôr, colocar] com a preposição *aus* [para fora]. Deste modo, o interpretar compreendido como *Auslegung* designa em alemão o ato de "pôr algo para fora", de "ex-por", de "ex-plicar" algo que já se encontra presente no texto. Para seguir o sentido específico do termo, optamos pelo substantivo "exegese", uma vez que este substantivo possui um certo parentesco etimológico com o vocábulo alemão. (N. do T.)

11. "Legt ihr's nicht aus, so legt was unter." (N. do T.)

Nós somos como que inseridos pela obra em um diálogo. Com isto, se devemos descrever corretamente a oposição aparente entre uma obra de arte ou uma obra literária e o seu intérprete, a estrutura do diálogo não é de maneira alguma ampliada a tal ponto que acaba por se tornar vazia. Esta oposição é em verdade uma relação recíproca de participação. Como acontece em todo diálogo, o outro é sempre um ouvinte que vem ao encontro, de modo que o seu horizonte de expectativa, o horizonte com o qual ele me escuta, por assim dizer acolhe e modifica concomitantemente a minha própria intenção de sentido. Na análise da estrutura do diálogo mostra-se como surge uma língua comum, na medida em que os falantes se transformam e encontram algo em comum.

Isto também me parece válido no caso da nossa lida com as "obras". O termo técnico que costumamos utilizar para tanto é comunicação. Comunicação não significa: apreender, conceber, apoderar-se e colocar à disposição, mas sim participar do mundo comum em que nos compreendemos. Manifestamente, aquilo que denominamos uma obra não é separável desta corrente de participação comum, por meio da qual a obra fala para o seu tempo ou para o mundo posterior. Além disso, na medida em que nós todos pertencemos uns com os outros a este mundo do entendimento e da comunicação, no qual algumas pessoas e algumas coisas têm algo a nos dizer, as coisas, que não têm algo a nos dizer apenas por um instante, mas sempre uma vez mais, encontram-se certamente em primeiro lugar.

13. A ATUALIDADE DO BELO
Arte como jogo, símbolo e festa (1974)
[Die Aktualität des Schönen]

Parece-me muito significativo o fato de a questão da justificação da arte não ser um tema atual, mas um tema muito antigo. Dediquei os meus próprios passos iniciais como intelectual a esta pergunta ao publicar um escrito intitulado "Platão e os poetas" (1934)[1]. De fato, foram a nova atitude filosófica e a nova exigência de conhecimento levantada por Sócrates que, até onde sabemos, colocaram pela primeira vez na história do Ocidente a arte diante de sua requisição por legitimação. Pela primeira vez tornou-se visível aqui o fato de não se compreender por si mesmo que a transmissão de conteúdos tradicionais sob a forma plástica ou narrativa, que experimentam de uma maneira vaga acolhimento e interpretação, possua o direito à verdade que ela requisita. Assim, este é de fato um sério tema antigo, que sempre é levantado quando uma nova pretensão de verdade se contrapõe à forma da tradição que continua se expressando na figura da invenção poética ou da linguagem artística das formas. Pensemos na cultura da alta Antiguidade com a sua aversão frequentemente deplorada às imagens. Outrora, quando as paredes foram cobertas por incrustação, mosaico e decoração, os artistas plásticos da época reclamaram que o *seu* tempo tinha chegado ao fim. Algo similar é válido quanto à limitação e ao fim da liberdade do discurso e da configuração poética, que se abateu sobre o mundo da alta Antiguidade com o império romano e que Tácito deplorou em seu célebre diálogo sobre a decadência da arte retórica, em seu *Dialogus de oratoribus*[2]. Mas pensemos antes de tudo – e com isto já nos aproximamos mais de nosso momento atual do que talvez nos apercebamos conscientemente em um primeiro instante – na posição que o cristianismo assumiu em relação à tradição artística com a qual, ele deparou. Foi uma decisão de um tipo secular rejeitar a tempestade de imagens que se iniciou com o desenvolvimento posterior da igreja cristã do primeiro

---
1. Agora em GW 5, pp. 187-211.
2. Publius Cornelius Tácito (ca. 55-ca. 120). (N. do T.)

século, nos séculos VI e VII antes de tudo. Nesta época, a igreja encontrou uma nova dotação de sentido para a linguagem das formas que é própria aos artistas plásticos, assim como mais tarde também para as formas de discurso da poesia e da arte da narrativa, uma dotação de sentido que trouxe para a arte uma nova legitimação. Esta foi uma decisão fundamentada, na medida em que era somente no novo conteúdo da mensagem cristã que a linguagem das formas tradicionais podia se legitimar novamente. A "Biblia pauperum"[3], a bíblia para os pobres que não sabiam ler ou que não sabiam latim e que, por isso, não podiam acolher a mensagem com uma compreensão plena, foi – como narrativa de imagens – um dos motivos principais da justificação da arte no Ocidente.

Em nossa consciência cultural, nós vivemos amplamente a partir dos frutos desta decisão, isto é, a partir da grande história da arte ocidental que desenvolveu por sobre a arte cristã da Idade Média e a renovação humanista da arte e da literatura gregas e romanas uma linguagem de formas comum para o conteúdo compartilhado de nossa autocompreensão – e isto até os dias do século XVIII evanescente, até o grande reagrupamento social e a transformação política e religiosa, com os quais teve início o século XIX.

Na consciência cultural austríaca e alemã do sul, não é preciso tornar visível com palavras a síntese de conteúdos arcaico-cristãos, que se eleva como espuma nas ondas violentas da rebentação da criação artística barroca. Com certeza, esta época da arte cristã e da tradição arcaico-cristã, humanístico-cristã, também teve as suas contestações e experimentou revoluções, dentre as quais conta antes de tudo a influência da reforma. De uma maneira particular, ela colocou por sua vez no ponto central um novo gênero artístico, a forma, sustentada pelo canto paroquial, de uma nova música que reanimou a partir da palavra a linguagem das formas musicais – pensemos em Heinrich Schütz e em Johann Sebastian Bach –, e, com isso, deu prosseguimento a toda a grande tradição da música cristã, inserindo-a em algo novo; uma tradição sem quebras que se iniciou com o coral, ou seja, em última instância com a unidade da linguagem latina do hino e da melodia gregoriana que foi entregue como um presente ao grande papa.

O problema, isto é, a pergunta sobre a justificação da arte, conquista sobre este pano de fundo uma primeira orientação determinada. Para este questionamento, podemos nos servir do auxílio daqueles que formularam outrora a mesma questão. Neste caso, não há como negar que a nova situação artística vivenciada em nosso século tem de ser agora realmente considerada como a quebra de uma tradição una, cuja última onda tardia foi representada pelo século XIX. Quando Hegel, o grande mestre do idealismo especulativo, apresentou pela primeira vez em Heidelberg, e, então, em Berlin, as

---

3. Livro ilustrado contendo uma rica quantidade de iconografias medievais. (N. do T.)

suas preleções sobre estética, um de seus temas diretrizes foi a teoria do "caráter de passado da arte"[4]. Se reconstruirmos o questionamento hegeliano e o pensarmos completamente de maneira nova, descobriremos com espanto quanto ele orienta previamente a formulação de nossa própria questão à arte. Gostaria de apresentar isto de maneira extremamente breve em uma consideração introdutória, para que compreendamos a motivação, em razão da qual precisamos recolocar a pergunta por detrás da autoevidência do conceito de arte dominante e temos de descobrir os fundamentos antropológicos sobre os quais o fenômeno da arte repousa e a partir dos quais precisamos nos empenhar por alcançar a sua nova legitimação.

"O caráter de passado da arte" – esta é uma formulação de Hegel, com a qual ele expressou de uma forma radicalmente acentuada a exigência característica da filosofia, uma exigência que chega ao ponto de tornar mesmo o nosso conhecimento da própria verdade objeto de conhecimento e de saber o nosso próprio saber sobre a verdade. Esta tarefa e esta exigência levantadas desde sempre pela filosofia só são plenificadas aos olhos de Hegel quando a filosofia concebe em si a verdade, tal como ela veio à tona no tempo em um desdobramento histórico, em uma grande soma e em uma grande colheita. Com isto, a exigência da filosofia hegeliana era justamente elevar ao nível do conceito também e antes de tudo a verdade da mensagem cristã. Isto vale até mesmo para o mistério mais profundo da doutrina cristã, o mistério da trindade, do qual pessoalmente acredito que ele tenha mobilizado como desafio para o pensamento tanto quanto como promessa que ultrapassa constantemente os limites da concepção humana o curso da reflexão humana no Ocidente.

De fato, a exigência ousada de Hegel foi a de que a sua própria filosofia abarcasse este mistério extremo da doutrina cristã, um mistério junto ao qual vem se extenuando, acirrando, refinando e aprofundando o pensamento dos teólogos tanto quanto dos filósofos há muitos séculos, e reunisse a plena verdade desta doutrina cristã sob a forma do conceito. Sem apresentar aqui esta síntese dialética de uma trindade por assim dizer filosófica, de uma ressurreição constante do espírito, da maneira como Hegel tentou realizá-la, precisei mencioná-la para que a posição de Hegel em relação à arte e sua declaração sobre o caráter de passado da arte pudessem se tornar efetivamente compreensíveis. Em primeira linha, aquilo que Hegel tem em vista não é

---

4. Cf. quanto a isso os meus dois estudos sobre Hegel que se encontram um neste volume (Nr. 7) e o outro nas GW 8 (Nr. 18), assim como o artigo "Kunst und Kunstphilosophie der Gegenwart. Überlegungen mit Rücksicht auf Hegel" [Arte e filosofia da arte do presente. Reflexões em consideração a Hegel] de Dieter Henrich, in: *Immenente Ästhetik – Ästhetische Reflexion. Lyrik als Paradigma der Moderne* [Estética imanente – reflexão estética. Lírica como paradigma da modernidade], org. por Wolfgang Iser (Munique, 1966) e minha recensão in: *Philosophische Rundschau 15* (1968), agora nas GW 8, pp. 62 ss.

justamente o fim da tradição imagética cristã ocidental, um fim que foi outrora de fato alcançado – como pensamos hoje. O que ele pressentiu enquanto um indivíduo de seu tempo não foi absolutamente uma queda na alienação e na provocação, tal como vivenciamos a arte hoje, enquanto homens de nosso tempo, junto à criação da arte abstrata e da arte plástica desprovida de objeto. Também não foi certamente uma reação própria a Hegel, uma reação que sucede hoje a todo visitante do Louvre ao entrar nesta coleção grandiosa da pintura elevada e madura do Ocidente e se ver confrontado em primeiro lugar com os quadros ligados ao tema da revolução e do coroamento feitos pela arte revolucionária do final do século XVIII e início do século XIX.

Hegel certamente não achava – como é que ele poderia achar afinal? – que com o barroco e com as suas formas tardias do rococó tinha subido ao palco da história da humanidade o último estilo ocidental. Ele não sabia aquilo que sabemos a partir de uma visão retrospectiva: ele não sabia que começava, então, o século historicizante e não tinha a menor ideia de que no século XX, a partir dos vínculos históricos do século XIX, a ousada autolibertação tornaria verdadeiro em um outro sentido, em um sentido audaz o fato de toda a arte até aqui aparecer como algo do passado. Quando falava do caráter de passado da arte, ele tinha muito mais em vista o fato de a arte não se compreender mais por si mesma da maneira como ela tinha se compreendido com obviedade no mundo grego e em sua representação do divino. No mundo grego tratava-se da aparição do divino na escultura e no templo que, aberto em uma luz meridional, se encontrava imerso na paisagem, nunca se fechando contra as forças eternas da natureza. Tratava-se da grande escultura, na qual o divino se apresentava com concretude plástica na configuração feita pelos homens e com a figura dos homens. A tese propriamente dita de Hegel é a de que Deus e o divino se revelaram expressa e efetivamente para a cultura grega sob a forma de seu próprio dizer cunhador e configurador e de que já com o cristianismo e com a sua intelecção nova e profunda do caráter transcendente de Deus já não foi possível uma expressão adequada de sua própria verdade na linguagem das formas da arte e na linguagem de imagens do discurso poético. A obra da arte já não é o próprio divino que veneramos. O caráter de passado da arte apresenta uma tese que inclui o fato de com o fim da Antiguidade a arte precisar aparecer como carente de justificação. Já indiquei que a realização desta justificação por meio da arte cristã e da fusão humanista com a tradição antiga foi apresentada no correr dos séculos da maneira grandiosa que denominamos a arte cristã do Ocidente.

É convincente dizer que a arte outrora, quando ela se encontrava em uma grande conexão de justificação com o mundo à sua volta, levava a termo uma integração evidente entre a comunidade, a sociedade e a igreja e a autocompreensão do artista criador. Nosso problema, porém, é justamente o fato de esta evidência e, com isso, o compartilhamento de uma autocompreensão abrangente não continuarem existindo – e, em verdade, já não continuarem existindo no século XIX. É isto que se expressa na tese hegeliana. Já nesta época, os grandes artistas começaram a se ver mais ou menos sem lugar em uma sociedade em processo de industrialização e comercialização, de modo que o artista viu confirmada no próprio destino da boemia a antiga má fama dos errantes. As coisas já se encontravam no século XIX de um modo tal, que todo artista estava plenamente consciente de que não existia mais a obviedade da comunicação entre ele e os homens com os quais vivia e para os quais criava. O artista do século XIX não se acha em uma comunidade, mas ele cria para si uma comunidade, com toda a pluralidade que é apropriada a esta situação e com toda a expectativa excessiva que está necessariamente relacionada com isto, quando uma pluralidade reconhecida precisa se articular com a exigência de que somente a própria forma do criar e a mensagem da criação sejam verdadeiras. Esta é de fato a consciência messiânica do artista no século XIX. Na exigência que faz aos homens, ele sente-se como uma espécie de "nova terra sagrada" (Immermann)[5]. Ele traz uma nova mensagem de reconciliação e, como um *outsider* da sociedade, paga por esta exigência na medida em que, com a sua atividade artística, não se mostra mais senão como o artista para a sua arte.

Mas o que significa tudo isto em comparação com a estranheza e o choque, que a criação artística mais recente de nosso século confia à nossa autocompreensão pública?

De forma sutil, não gostaria de falar sobre quão precário é, por exemplo, para o artista reprodutor propiciar a escuta da música moderna em uma sala de concertos. Na maioria das vezes, ele não consegue fazer isto senão como uma peça intermediária de um programa – senão os ouvintes ou bem não chegam na hora certa, ou bem saem antes do fim: expressão de uma situação que não podia existir antes e sobre cuja significação precisamos refletir. O que ganha voz aí é a tensão entre a arte enquanto religião cultural de um lado e a arte enquanto provocação feita pelos artistas modernos de outro lado. Momentos embrionários desta tensão e o acirramento paulatino deste conflito podem ser seguidos, por exemplo, junto à história da pintura do século XIX. Quando, na segunda metade do século XIX, um dos pressupostos fundamentais da autocompreensão das artes plásticas nos últimos séculos se fragilizou, a validade da perspectiva central, já se tratava de uma preparação da nova provocação[6].

Isto pode ser observado primeiramente nos quadros de Hans von Marée, e, mais tarde, articula-se com estes quadros o grande movimento revo-

---

5. Karl Leberecht Immermann (1796-1840): escritor alemão. (N. do T.)
6. Cf. Gottfried Boehm, *Studien zur Perspektivität. Philosophie und Kunst in der Frühen Neuzeit* [Estudos sobre perspectividade. Filosofia e arte no começo da modernidade]. Heidelberg, 1969.

lucionário que se fez valer mundialmente antes de tudo na maestria de Paul Cézanne. Com certeza, a perspectiva central não é um dado óbvio característico da visão e da criação nas artes plásticas. Ela não existia de maneira alguma na Idade Média Cristã. Foi no renascimento, nesta época do novo e intenso revigoramento do entusiasmo construtivo nas ciências naturais e na matemática, que a perspectiva central, enquanto um dos grandes milagres do progresso humano na arte e na ciência, se tornou obrigatória para a pintura. Foi o lento fim da obviedade desta expectativa ligada à perspectiva central, que nos abriu efetivamente pela primeira vez os olhos para a grande arte da alta Idade Média, para o tempo no qual a imagem ainda não se perdia como em um mirante através de uma janela que conduzia do primeiro plano bem próximo até o horizonte distante, mas, claramente visível como uma escrita de sinais, como uma escrita composta por sinais imagéticos, nos instruía intelectualmente na medida mesmo em que nos elevava espiritualmente.

Assim, a perspectiva central não foi senão uma forma passageira de configuração de nossa criação nas artes plásticas, que possui a sua gênese histórica. No entanto, a sua irrupção foi a precursora de desdobramentos da criação moderna muito mais amplos, que produzem um estranhamento muito maior em relação à nossa tradição formal. Lembro-me do destroçamento formal cubista no qual, por volta de 1910, quase todos os grandes pintores da época se lançaram experimentalmente ao menos por um período, assim como da revolução desta ruptura cubista com a tradição na suspensão completa da referência ao objeto própria ao processo de dotação de formas nas artes plásticas. Podemos deixar em aberto, se esta suspensão de nossas expectativas objetivas é realmente total. De qualquer modo, uma coisa é certa: evidentemente, a obviedade ingênua de que o quadro é um aspecto – tal como o aspecto que nos é oferecido por nossa experiência diariamente vivida da natureza ou da natureza configurada pelos homens – é fundamentalmente destruída. Não podemos mais ver "uno intuitu", ou seja, com uma visão pura e simplesmente acolhedora, um quadro cubista ou um quadro da arte desprovida de objeto. Além disso, temos de realizar uma performance particular de nossa atividade: é preciso sintetizar em um trabalho próprio as diversas facetas, cujos traços aparecem na tela, e, então, podemos por fim ser tomados e elevados pela consonância profunda e pela correção de uma criação, exatamente como acontecia de maneira inquestionada em tempos mais antigos com base em um conteúdo imagético comum. Teremos de perguntar o que isto significa para a nossa reflexão[7]. Ou lembro-me da música moderna, do vocabulário totalmente novo em termos de harmonia e dissonância,

---

7. Cf. quanto a isso neste volume a contribuição "Arte e imitação", e, nas GW 8, "Vom Verstummen des Bildes" [Do emudecimento da imagem – Nr. 28].

do espessamento peculiar que é alcançado por meio da ruptura com as antigas regras de composição e com a arquitetura frasal da grande música clássica. Não podemos nos subtrair a isto, assim como não podemos nos subtrair ao fato de que, quando andamos por um museu e entramos nas salas voltadas para o desenvolvimento artístico mais recente, deixamos verdadeiramente algo para trás. Quando tomamos contato com algo novo, notamos, ao voltarmos ao mais antigo, um esvaecimento peculiar de nossa prontidão para o acolhimento. Esta é certamente uma reação de contraste e de modo algum a experiência permanente de uma perda definitiva. Precisamente aí, porém, fica clara a agudeza do contraste entre estas novas formas de arte e as antigas.

Lembro-me da poesia hermética, que vem há muito tempo despertando o interesse particular dos filósofos. Pois onde ninguém mais compreende algo, o filósofo parece ser chamado a atuar. A poesia de nosso tempo avançou de fato até o limite daquilo que é significativamente compreensível, e talvez justamente as maiores realizações dos maiores dentre estes artistas da palavra sejam marcadas pelo emudecimento trágico no indizível[8]. Lembro-me do novo drama, para o qual a doutrina clássica da unidade entre tempo e ação soa há muito como um conto de fadas esquecido e no qual mesmo a unidade do caráter é consciente e acentuadamente violada; sim, há mesmo o caso no qual a violação desta unidade se transforma em princípio formal da nova configuração dramática, tal como, por exemplo, em Bertold Brecht. E lembro-me da arquitetura moderna: que ato de libertação – ou de tentação? – não se tornou a possibilidade de, com o auxílio dos novos materiais, opor às leis da estática algo que não possui mais nenhuma similitude com o construir, com o empilhamento de pedra sobre pedra, mas que representa muito mais uma criação completamente nova! Estas edificações que se acham por assim dizer no topo ou sobre colunas estreitas e frágeis, e nas quais os muros, as paredes, a caixa protetora são substituídos pela abertura para telhados e coberturas similares a uma barraca. Esta rápida visão de conjunto deveria nos conscientizar apenas daquilo que propriamente aconteceu e da razão pela qual a arte hoje levanta uma nova questão – ou seja: a razão pela qual a compreensão do que é a arte hoje constitui uma tarefa para o pensamento.

Gostaria de desdobrar esta tarefa em diferentes níveis. Inicialmente, parto do princípio supremo de que, no pensamento sobre esta questão, precisamos lançar mão dos critérios de um tal modo, que eles abarquem as duas artes: a grande arte do passado e da tradição e a arte dos modernos, que não apenas se lhe contrapõe efetivamente, mas também retira dela as suas próprias forças e impulsos. Um primeiro pressuposto é o de que as duas preci-

---

8. Cf. meu artigo "Verstummen die Dichter?" [Emudecem os poetas?], agora em: GW 9, pp. 362 ss.

sam ser compreendidas como arte e de que as duas são copertinentes. E isso não significa apenas que nenhum artista de hoje teria realmente podido desenvolver as suas próprias atividades ousadas sem a familiaridade com a linguagem da tradição, nem tampouco somente que aquele que apreende a arte também está constantemente envolvido pela simultaneidade de passado e presente. Com certeza, este não se vê em uma tal situação somente quando vai ao museu e sai de uma sala para a outra ou quando – talvez contra a sua inclinação – é confrontado em um programa de um concerto ou em uma peça teatral com a arte moderna ou mesmo apenas com uma reprodução modernista da arte clássica. Isso sempre acontece. Nossa vida diária é um constante caminhar através da simultaneidade entre passado e futuro. Poder caminhar assim, com esse horizonte de um futuro aberto e de um passado impassível de ser repetido, é a essência daquilo que denominamos "espírito". Mnemosyne, a musa da memória, a musa da apropriação rememoradora que reina aí, é ao mesmo tempo a musa da liberdade espiritual. A memória e a lembrança que acolhe em si a arte passada e a tradição de nossa arte, assim como a ousadia da nova experimentação com formas inauditas e avessas aos processos de formação, mostram-se como a mesma atividade do espírito. Precisaremos nos perguntar o que se segue desta unidade entre aquilo que foi e aquilo que é hoje.

Esta unidade, porém, não é apenas uma questão de nossa autocompreensão estética. Não se trata apenas da tarefa de nos conscientizar do modo como uma continuidade mais profunda conecta as linguagens formais passadas com a ruptura formal característica do presente. Há um novo agente social na requisição do artista moderno. Trata-se de uma espécie de posição de combate contra a religião cultural burguesa e o seu cerimonial do gozo, uma posição que atraiu de múltiplas maneiras o artista de hoje para o caminho da inserção de nossa atividade em suas próprias requisições, tal como acontece em toda estruturação de um quadro cubista ou abstrato, no qual as facetas das visualizações alternantes do observador devem ser sintetizadas progressivamente. Reside na requisição de o artista colocar em obra a nova reflexão artística, a partir da qual ele cria ao mesmo tempo como uma nova solidarização, como uma nova forma de comunicação de todos com todos. Não tenho em vista com isto apenas o fato de as grandes realizações criadoras da arte terem mergulhado de mil maneiras no mundo utilitário e na configuração decorativa de nosso mundo circundante – ou digamos: não afundado, mas se difundido, se propagado e assim preparado uma certa unidade de estilo de nosso mundo humanamente elaborado. Isto sempre foi assim, e não há dúvida alguma de que a reflexão construtiva que encontramos nas artes plásticas de hoje e na arquitetura também continua efetiva até o fundo dos aparelhos, com os quais lidamos cotidianamente na cozinha, em casa, no tráfego e na vida pública. Não é absolutamente por acaso que o artista supera naquilo que cria uma tensão entre as expectativas nutridas pela tradição e os novos hábitos, que ele introduz de maneira codeterminante. Tal como bem o mostra o tipo de conflito e de tensão aí presentes, a situação de nossa ultramodernidade sobressai. Ela coloca a reflexão em face de seu problema.

Duas coisas parecem vir aqui ao encontro uma da outra: nossa consciência histórica e a reflexividade do homem e do artista modernos. A tomada de consciência histórica, a consciência histórica não é nada com o que se devam articular representações por demais eruditas ou estabelecidas em termos de visões de mundo. Temos simplesmente de pensar naquilo que é óbvio para todos, quando eles são confrontados com qualquer criação artística do passado. Tudo é tão óbvio que eles não estão nem mesmo conscientes de que se aproximam daí com consciência histórica. Eles reconhecem os trajes do passado como trajes históricos, aceitam os conteúdos imagéticos da tradição em trajes alternantes, e ninguém se espanta quando Altdorfer[9] coloca obviamente em marcha na "Batalha de Alexandre" guerreiros medievais em "modernas" formações de tropas, como se Alexandre, o Grande, tivesse vencido os Persas com esta roupagem[10]. Isto é de uma tal obviedade para a nossa disposição histórica, que ousaria dizer: sem uma tal disposição histórica, talvez não fosse absolutamente perceptível a correção, isto é, a maestria na conformação da arte mais antiga. Quem ainda se espantasse com o outro enquanto outro, tal como teria feito ou faria aquele que não foi historicamente educado (alguém que quase não existe mais), não poderia experimentar em sua obviedade justamente esta unidade de conteúdo e configuração formal que pertence manifestamente à essência de todas as configurações artísticas verdadeiras.

Portanto, a consciência histórica não é uma atitude erudita particular ou uma atitude metodológica condicionada em termos de visões de mundo. Ao contrário, ela é uma espécie de instrumentalização da espiritualidade de nossos sentidos, que já determina de antemão o nosso ver e a nossa experiência da arte. Está manifestamente de acordo com isto – esta também é uma forma da reflexividade – o fato de não exigirmos nenhum reconhecimento ingênuo, que coloque uma vez mais diante de nossos olhos o nosso próprio mundo em uma validade firmada para durar, mas de podermos refletir e, justamente por meio daí, nos apropriar da mesma maneira em sua alteridade da grande tradição de nossa própria história, assim como das tradições e conformações de mundos e culturas totalmente diversos que não determinaram

---

9. A. Altdorfer (1480-1538): pintor, gravurista e arquiteto alemão. (N. do T.)
10. Cf. Reinhart Koselleck, "Historia magistra vitae" [A história é mestra da vida]. In: *Natur und Geschichte. Karl Löwith zum 70. Geburtstag*, org. por Hermann Braun e Manfred Riedel. Stuttgart, 1967, pp. 196-219.

a história ocidental. Trata-se de uma elevada reflexividade que todos nós trazemos conosco e que autoriza o artista de hoje a realizar sua própria configuração produtiva. Discutir a questão sobre como é que isto pode acontecer de uma maneira tão revolucionária e por que a consciência histórica e sua nova reflexividade se articulam com a exigência nunca renunciável de que tudo aquilo que vemos esteja presente e nos fale imediatamente como se se confundisse com nós mesmos é evidentemente tarefa do filósofo. E, assim, determino como um primeiro passo de nossa meditação a tarefa de elaborar os conceitos para o nosso questionamento. A partir da situação da estética filosófica, apresentarei inicialmente os meios conceituais com os quais pretendo dominar o tema exposto, e, então, mostrarei que neste caso três conceitos anunciados no tema desempenham um papel diretriz: o retorno ao *jogo*, a elaboração do conceito de *símbolo*, isto é, a elaboração da possibilidade do reconhecimento de nós mesmos, e, por fim, a *festa* como suma conceitual da comunicação reconquistada de todos com todos.

A tarefa da filosofia é encontrar o elemento comum mesmo entre o diferente. "Aprender a direcionar a visão para o uno"[11]: essa é para Platão a tarefa do dialeta filosófico. Quais são os meios que a tradição filosófica nos proporciona para que possamos cumprir ou mesmo apenas levar ao encontro de uma autocompreensão mais clara a tarefa que nos colocamos aqui, a saber, a tarefa de estabelecer uma ponte sobre a ruptura descomunal entre a tradição formal e de conteúdo das artes plásticas ocidentais e os ideais dos indivíduos criadores de hoje? A primeira orientação nos é dada pela palavra "arte". Não podemos jamais subestimar aquilo que uma palavra pode nos dizer. A palavra é certamente a realização prévia do pensamento, uma realização que foi levada a termo antes de nós. Assim, a palavra "arte" é aqui o ponto a partir do qual temos de começar nossa orientação. Qualquer um que tenha recebido um pouco de educação histórica sabe imediatamente que não faz nem mesmo 200 anos que esta palavra porta o sentido excludente e distintivo, com o qual a articulamos hoje. No século XVIII ainda era evidente que, caso se tivesse em vista a arte, era preciso dizer "as *belas* artes". Pois achavam-se ao seu lado, como o âmbito manifestamente muito maior da destreza[12] humana, as artes mecânicas, a arte no sentido da técnica, da produção artesanal e industrial do trabalho. Por isso, não encontraremos na tradição um conceito de arte em nosso sentido. O que temos de aprender com os pais do pensamento ocidental, com os gregos, é justamente isto: o fato de a

---

11. *Fedro* 265d3: ειφ ιαν ιδεαν συνοραν.

12. O termo que traduzimos acima por "destreza" é *Kunstfertigkeit*. Ao pé da letra, ele significa habilidade artística. Em alemão, porém, ele não possui uma relação direta com a arte, mas acompanha a relação histórica entre arte e ofício. A "destreza" aqui em questão é a habilidade em algum campo específico da produção ou da lida com utensílios. (N. do T.)

arte pertencer ao conceito conjunto daquilo que Aristóteles denominou "poietiké epistéme", isto é, o conhecimento e o saber-fazer próprios ao produzir[13]. Aquilo que é comum à produção do artesão e à criação do artista e aquilo que diferencia um tal saber da teoria ou do saber e da decisão prático-políticos é o descolamento da obra em relação ao próprio fazer. Isto pertence à essência do produzir, e será certamente preciso manter um tal fato em vista se quisermos compreender e avaliar em seus limites a crítica ao conceito de obra que é dirigida pelos homens modernos de hoje contra a arte da tradição e contra o gozo cultural burguês ligado a esta arte. Em todo caso, uma obra vem aí à tona. Este é evidentemente um traço comum. A obra, enquanto o alvo intencional de um esforço de trabalho regulado, é liberada como aquilo que é, ela é desvinculada do laço do fazer produtivo. Pois a obra é *per definitionem*[14] determinada para o uso. Platão costuma acentuar que o conhecimento e o saber-fazer do produtor estão subordinados ao uso e dependem do saber próprio àquele que assume o uso[15]. O navegador indica aquilo que o construtor de navios tem de construir. Este é o velho exemplo platônico. Desta forma, o conceito da obra aponta para uma esfera do uso comum e, com isto, para uma compreensão comum, para uma comunicação oriunda de uma compreensibilidade. Neste caso, porém, a questão propriamente dita é saber como é que a "arte" se diferencia afinal no interior desse conceito conjunto do saber produtivo das artes mecânicas.

A resposta antiga a esta pergunta, uma resposta que ainda nos dá a pensar, é que se trata aqui de um fazer imitativo, de imitação. Neste caso, o termo "imitação" está ligado ao horizonte conjunto da "phýsis", da natureza. Na medida em que a natureza ainda deixa algo a ser configurado no interior de seu fazer conformador, na medida em que ela entrega um espaço vazio de configuração a ser preenchido pelo espírito humano, a arte é possível. No entanto, uma vez que a arte que denominamos "arte" é sobrecarregada com toda a sorte de coisas enigmáticas em comparação com esta atividade conformadora genérica do produtor, porquanto a "obra" não é realmente aquilo que representa, mas só funciona de modo imitativo, está associada com ela toda uma multiplicidade de problemas filosóficos extremamente sutis, e, antes de tudo, o problema da aparência que é. O que significa o fato de não ser produzido aqui nada real, mas somente algo cujo "uso" não é um uso real e que só se realiza propriamente na permanência contemplativa junto à aparência? Nós ainda teremos de dizer algo sobre isto. Inicialmente, porém, está claro que não pode ser esperada nenhuma ajuda imediata dos gregos, se é que eles compreendem na melhor das hipóteses aquilo que denomina-

---

13. *Met.* E1, 1025b18 ss.
14. Em latim no original: por definição. (N. do T.)
15. *Politeía* 601d,e.

mos "arte" como uma espécie de imitação. Uma tal imitação, contudo, não tem nada da falsa inferência naturalista e realista da teoria moderna da arte. Isto pode ser confirmado por uma célebre citação da *Poética* de Aristóteles, na qual este diz: "A poesia é mais filosófica do que a história"[16]. Enquanto a história só narra justamente o que aconteceu, a poesia nos conta como as coisas sempre podem acontecer. Assim, porém, o universal constitui manifestamente a tarefa da filosofia, e, com isto, a arte, como ela visa ao universal, é mais filosófica do que a história. Este é de qualquer modo um primeiro aceno, que nos é dado pela herança antiga.

Um aceno com uma amplitude muito maior, que também se remete para além dos limites de nossa estética contemporânea, nos é dado pela segunda parte de nosso entendimento sobre a palavra "arte". A arte designa as "belas artes". Ora, mas o que é o belo?

O conceito do belo também vem ainda hoje ao nosso encontro em múltiplos empregos nos quais segue vivendo algo do sentido antigo e em última instância grego da palavra "kalon". Nós também continuamos articulando por vezes com o conceito do belo o fato de algo ser reconhecido na esfera pública, pelos hábitos e costumes ou qualquer outra coisa em geral; o fato de ele – como dizemos – se apresentar bem[17] e ser determinado em vista da aparência. Segue vivendo em nossa memória linguística a locução "bela eticidade", por meio da qual o idealismo alemão caracterizou o mundo ético dos gregos com as suas cidades-estado em contraposição ao mecanismo inanimado das modernas máquinas estatais (Schiller, Hegel). A "bela eticidade" não tem em vista neste caso que ela é uma eticidade plena de beleza, isto é, plena de uma pompa e de um fausto decorativo, mas que ela se apresenta e imiscui em todas as formas da vida conjunta, ordenando completamente o todo e deixando os homens se encontrarem desta maneira constantemente em seu próprio mundo. Mesmo para nós, continua sendo uma determinação convincente do "belo", que ele seja assim suportado pelo reconhecimento e pela concordância de todos. Por isso, no que diz respeito ao nosso sentimento mais natural, também pertence ao conceito do "belo" que não se pergunte a razão pela qual ele agrada. Sem nenhuma relação com fins, sem nenhuma utilidade a ser esperada, o belo realiza-se em uma espécie de autodeterminação e respira a alegria com a autoapresentação. Isto é o bastante sobre a palavra.

Onde é que o belo vem ao nosso encontro de um tal modo, que ele preenche de maneira convincente a sua essência? Para conquistar desde o

---

16. *Poet.* 9, 1451b ss.

17. A expressão alemã traduzida acima por "apresentar-se bem" é: *sich sehen lassen*. Ao pé da letra, esta expressão significa "se deixar ver", "não ter problemas em ser visto". O pressuposto aqui em questão é o de que o belo não nos constrange em meio à esfera pública, mas de que ele precisa antes do reconhecimento daí oriundo. (N. do T.)

princípio todo o horizonte real do problema do belo e talvez também daquilo que é a "arte", é necessário lembrar do fato de que, para os gregos, o cosmos, a ordem do céu, representa a concretude plástica propriamente dita do belo. Trata-se de um elemento pitagórico no pensamento grego do belo. Na ordem regular do céu, temos uma das maiores plasticidades que efetivamente existem ligadas à noção de ordem. Os períodos relativos à passagem dos anos, à passagem dos meses e à mudança dos dias e das noites formam as constantes confiáveis da experiência da ordem em nossa vida – precisamente em contraste com a ambiguidade e a instabilidade de nossa própria ação e de nossos próprios movimento humanos.

Nesta orientação, o conceito do belo conquista, em particular no pensamento de Platão, uma função que ilumina e penetra de maneira ampla nossa problemática. Em seu diálogo *Fedro*, Platão descreve sob a forma de um grande mito a determinação do homem, a sua limitação em relação ao divino e a sua decadência sob o peso terreno de nossa existência corporal, impulsiva. Ele descreve o grandioso cortejo das almas, no qual se reflete o cortejo noturno dos astros. Trata-se de uma espécie de viagem de carruagem até o topo do firmamento, conduzida pelos deuses olímpicos. As almas humanas também conduzem da mesma forma carruagens com uma parelha de cavalos e seguem os deuses que participam diariamente deste cortejo. Lá em cima, no topo do firmamento, abre-se, então, a visão do mundo verdadeiro. O que se pode ver aí não é mais este movimento cheio de alternâncias e desprovido de ordem de nossa assim chamada experiência terrena do mundo, mas as verdadeiras constantes e as configurações permanentes do ser. Enquanto os deuses, neste encontro com o mundo verdadeiro, se entregam agora plenamente à visão, as almas humanas são perturbadas porque se mostram como uma parelha de almas desordenadas; como o elemento impulsivo na alma humana confunde a visão, elas só conseguem lançar uma visão fugidia e instantânea sobre estas ordens eternas. Em seguida, porém, elas caem na terra e são cindidas da verdade, da qual elas não detêm senão uma lembrança totalmente vaga. E, então, surge aquilo que tenho para contar. Há para as almas banidas para o interior da gravidade do terreno, almas que por assim dizer perderam a sua plumagem, de modo que não podem mais se elevar até a altura do verdadeiro, uma experiência junto à qual a plumagem começa de novo a crescer e a elevação entra em cena uma vez mais. Esta é a experiência do amor e do belo, do amor ao belo. Em descrições maravilhosas e ultrabarrocas, Platão pensa esta vivência do amor que nos desperta juntamente com a apreensão intelectual do belo e da verdadeira ordem do mundo. Graças ao belo, é possível se lembrar duradouramente do mundo verdadeiro. Este é o caminho da filosofia. Ele denomina o belo aquilo que mais aparece e atrai, por assim dizer a visibilidade do ideal. Aquilo que vem à tona e brilha desta maneira antes de todas as outras coisas, aquilo que possui em si uma tal luz da verdade e da correção convincentes é o que nós todos apreendemos como o belo na natureza e na arte e que nos impele ao assentimento: "Isto é o verdadeiro!"

O que podemos deduzir desta história como uma importante referência é que a essência do belo não consiste justamente em ele ser contraposto ou oposto à realidade. Ao contrário, por mais inesperadamente que venha ao nosso encontro, a beleza é como uma garantia: em toda a desordem do real, em todas as suas imperfeições, perfídias, equivocidades, unilateralidades e confusões fatídicas, o verdadeiro não reside inatingível à distância, mas vem ao nosso encontro. A função ontológica do belo é fechar o abismo entre o ideal e o real. Assim, o adjetivo que qualifica a arte como "bela arte" fornece-nos um segundo aceno essencial para a nossa meditação.

Um terceiro passo conduz-nos imediatamente para a proximidade daquilo que, na história da filosofia, denominamos "estética". A estética é uma invenção totalmente tardia e coincide – de maneira suficientemente significativa – mais ou menos com a saída do sentido eminente de arte do contexto das destrezas e com a sua liberação para a função quase religiosa, que o conceito e a coisa mesma da arte têm para nós.

Enquanto disciplina filosófica, a estética só surgiu no século XVIII, isto é, na era do racionalismo. Ela foi evidentemente fomentada pelo próprio racionalismo moderno, que se alça sobre a base das ciências naturais construtivas, tal como estas foram desenvolvidas no século XVII e determinam até hoje a face de nosso mundo, na medida em que se transformam em técnica em um ritmo cada vez mais vertiginoso.

O que leva a filosofia a meditar sobre o belo? Em face de toda a orientação racionalista pela estrutura legal matemática da natureza e por sua significação para a dominação das forças naturais, a experiência do belo e da arte parece um âmbito marcado pela arbitrariedade subjetiva extrema. Este foi o grande advento do século XVII. O que é que o fenômeno do belo pode requisitar aqui efetivamente? A lembrança antiga pode tornar claro para nós o fato de vir ao nosso encontro no belo e na arte uma significância que se lança para além de todo o elemento conceitual. Como é que sua verdade é apreendida? Alexander Baumgarten, o fundador da estética filosófica, falou de uma *"cognitio sensitiva"*, de um conhecimento sensível. Para a grande tradição do conhecimento que cultivamos desde os gregos, o "conhecimento sensível" é inicialmente um paradoxo. Algo nunca se mostra como conhecimento senão quando deixa para trás o condicionamento sensível subjetivo e concebe a razão, o universal e aquilo que nas coisas é consonante à lei. Deste modo, o sensível em sua particularidade não vem à tona senão como um mero caso de uma legislação universal. Mas não é certamente próprio à experiência do belo, nem na natureza nem na arte, que computemos aquilo que vem ao nosso encontro apenas como o esperado e o registremos como um caso de algo universal. Um pôr do sol que nos encanta não é um caso dos pores de sol. Ao contrário, ele é este pôr de sol único que nos é apresentado pelo *Himmel Trauerspiel*[18]. É no âmbito da arte que surge efetivamente como óbvio que a obra de arte não é experimentada enquanto tal quando é inserida apenas em outras conexões. A "verdade" que ela tem para nós não consiste em uma legislação universal que se apresenta nela. "Cognitio sensitiva" designa muito mais o fato de, mesmo naquilo que é aparentemente apenas o particular da experiência sensível e que costumamos relacionar sempre com um universal, algo nos reter repentinamente em face do belo e nos obrigar a permanecer junto ao que aparece individualmente.

O que nos interessa aí? O que é conhecido aí? O que é importante e significativo neste elemento singularizado de tal modo que ele possa levantar a contraexigência de também ser verdadeiro e de tal modo que não apenas o "universal", tal como as leis naturais formuladas matematicamente, seja verdadeiro? Encontrar uma resposta para estas perguntas é a tarefa da estética filosófica[19]. Para a meditação sobre esta sua problemática própria parece-me útil formular a questão: qual das artes nos promete dar a resposta mais apropriada a estas perguntas? Nós sabemos quão diverso é o espectro das criações artísticas humanas, quão diversas as artes discursivas ou a música enquanto arte transitória são em relação às artes estatuárias, por exemplo, às artes plásticas e à arquitetura. Os meios nos quais a configuração humana é aqui ativa deixam o mesmo aparecer sob luzes muito diversas. Uma resposta insinua-se a partir do plano histórico. Baumgarten também definiu a estética certa vez como a *"ars pulchre cogitandi"*, como a arte de pensar de maneira bela. Quem tem ouvido presente aí imediatamente que essa formulação é uma construção analógica, e, em verdade, uma construção analógica da definção da retórica como a *"ars bene dicendi"*, como a arte de falar bem. Isto não se dá por acaso. Retórica e poética compertencem-se desde a Antiguidade, e neste contexto a retórica tem em certa medida o primado. Ela é a forma universal da comunicação humana que mesmo hoje continua determinando a nossa vida social de maneira incomparavelmente mais profunda do que a ciência. Para a retórica, a sua definição clássica enquanto *"ars bene dicendi"*, enquanto a arte de falar bem, é imediatamente convincente. Baumgarten se valeu manifestamente desta definição da retórica em sua definição da estética e a definiu como a arte de "pensar" de maneira bela. Nisto reside uma referência importante ao fato de as artes linguísticas talvez possuírem uma função particular na resolução da tarefa que nos colocamos. Isto é

---

18. Coletânea de poemas póstumos de Georg Heyms. Traduzido ao pé da letra o título significa algo como o "luto do céu". (N. do T.)

19. Cf. Alfred Baeumler, *Kants Kritik der Urteilskraft. Ihre Geschichte und Systematik* [A crítica da faculdade de julgar de Kant. Sua história e sistemática], vol. 1. Halle, 1923. Introdução.

tanto mais importante porque os conceitos diretrizes, sob os quais empreendemos considerações estéticas, são orientados normalmente de maneira inversa. Nossa reflexão orienta-se quase sempre pelas artes plásticas, e é nelas que aplicamos o mais facilmente possível a nossa conceptualidade estética. Isto tem boas razões de ser. Não apenas por causa da fácil indicabilidade da obra estatuária, em contraposição ao processo transitório de uma peça teatral, de uma música ou de uma obra poética que só se apresenta aí em um movimento fugidio, mas antes de tudo com certeza porque o nosso pensamento sobre o belo continua tendo uma herança platônica onipresente. O ser verdadeiro é pensado por Platão como imagem originária e toda a realidade fenomênica como cópia de uma tal realidade imagética originária. Para a arte, se afastarmos todos os sentidos triviais, isto tem algo de convincente. Assim, para apreendermos a experiência da arte, estamos tentados a mergulhar nas profundidades do tesouro linguístico místico e ousar novas palavras, tal como, por exemplo, a palavra "*Anbild* [imagem]"[20], um termo no qual se concentra a visualização da imagem. Pois as coisas se comportam efetivamente de um tal modo – e trata-se de um único e mesmo processo – que vemos a imagem a partir das coisas e imaginamos a imagem nas coisas. Assim, é pela imaginação, pela capacidade dos homens de formarem para si uma imagem[21], que se orienta a reflexão estética antes de todas as coisas.

Aqui reside, então, a grande realização kantiana, uma realização por meio da qual ele deixou muito para trás o fundador da estética, o racionalista pré-kantiano Alexander Baumgarten. Kant foi o primeiro a reconhecer na experiência do belo e da arte uma problemática própria à filosofia. Ele buscou uma resposta para a pergunta sobre aquilo que deve ser propriamente imperativo na experiência do belo quando "achamos algo belo" e que não expressa uma reação meramente subjetiva do gosto. Não há aí nenhuma universalidade como a universalidade das leis da natureza, que tornam a singularidade do que vem ao nosso encontro sensivelmente explicável como um caso. Qual é a verdade que se torna comunicável e que vem ao nosso encontro no belo? Ora, certamente não é uma verdade e uma universalidade, para as quais conseguiríamos estabelecer a universalidade do conceito ou do entendimento. Apesar disto, o tipo de verdade que vem ao nosso encontro na experiência do belo levanta de uma maneira inequívoca a exigência de

---

20. A palavra *Anbild* é formada a partir do prefixo *an* [em, junto a] e do substantivo *Bild* [imagem]. O *Anbild* é uma espécie de imagem concentrada, de imagem que acompanha a aproximação da visão, sem se tratar de uma cópia [*Abbild*]. Gadamer joga aqui com a existência do termo *Anblick* em alemão (uma visualização que se detém junto à imagem) e procura pensar a imagem em sua correspondência a esta visualização. (N. do T.)

21. Gadamer simplesmente analisa aqui o sentido próprio ao termo "imaginação" em alemão. Traduzido ao pé da letra, *Einbildungskraft* designa a força ou a capacidade [*Kraft*] de se formar uma imagem [*Einbildung*]. (N. do T.)

não ser válida apenas subjetivamente. Ou seja: sem nenhuma obrigatoriedade e correção. Quem acha algo belo não pensa apenas que este algo o agrada tal como um prato, por exemplo, está ao seu gosto. Se acho algo belo, então sou da opinião de que ele *é* belo. Para me expressar com Kant: eu "exijo a concordância de todos os homens". Esta exigência de que todos os homens venham a concordar comigo não significa que posso convencê-los na medida em que construo um discurso para eles. Não é esta a forma, na qual mesmo um bom gosto consegue se tornar universal. O sentido de cada indivíduo singular para o belo precisa ser muito mais cultivado, de modo que se tornem diferenciáveis para ele o que é belo e o que é menos belo. Isto não acontece de uma tal forma, que conseguimos apresentar boas razões para o nosso próprio gosto ou mesmo demonstrações concludentes. O campo da crítica de arte que empreende algo deste gênero reluz entre a constatação "científica" e um sentido qualitativo que não é substituível por nenhuma cientificização e que determina o juízo. "Crítica", isto é, a diferenciação do belo ante o menos belo, não é propriamente um juízo ulterior, nem um juízo oriundo da subordinação científica do "belo" a conceitos, nem um oriundo da avaliação comparativa da qualidade de algo – ela é a experiência do próprio belo. É plenamente significativo que o "juízo de gosto", ou seja, o fato de acharmos algo belo, visto a partir do fenômeno e exigido de todos os homens, seja ilustrado em primeira linha por Kant junto ao belo natural e não junto à obra de arte. É esta beleza "desprovida de significação", que nos adverte a não conceptualizar o belo da arte[22].

Nós recorremos aqui à tradição filosófica da estética apenas como um ponto de apoio para a colocação da questão que elaboramos para nós: em que sentido podemos estabelecer em um conceito comum e abrangente aquilo que foi a arte e aquilo que ela é hoje? O problema reside no fato de não podermos falar nem de uma grande arte que pertença totalmente ao passado, nem de uma arte moderna que só se mostre como arte "pura" depois da rejeição de tudo aquilo que é significativo. Temos aqui um estado de coisas curioso. Quando nos transpomos um instante para o interior de uma postura reflexiva, a fim de pensar sobre aquilo que entendemos por "arte" e de que falamos como falamos da "arte", então se dá um paradoxo. Na medida em que temos em vista a assim chamada arte clássica, o que está em questão é uma produção de obras que não foram compreendidas elas mesmas em primeira linha como arte, mas como configurações que vêm ao encontro em âmbitos respectivamente religiosos ou mesmo mundanos da vida, como ornamentos do próprio mundo da vida e de seus atos acentuados: o culto, a representação dos senhores e coisas do gênero. Todavia, no momento

---

22. Cf. quanto a isso o meu artigo "Anschauung und Anschaulichkeit" [Intuição e plasticidade], in: GW 8 (Nr. 17) e *Wahrheit und Methode* (GW 1), pp. 48 ss.

em que o conceito de "arte" assumiu o tom que nos é próprio, no momento em que a obra de arte começou a caminhar totalmente por si mesma, desprendida de todas as relações com a vida, e a arte se tornou arte, isto é, o *musée imaginaire*[23] no sentido de Malraux – quando a arte não quis ser outra coisa senão arte –, neste momento iniciou-se a grande revolução na arte, uma revolução que se intensificou na modernidade até a dissolução de todas as tradições de conteúdo da imagem e de todos os enunciados compreensíveis e que se tornou questionável segundo os dois lados: será que isto ainda é arte? E: será que isto ainda quer efetivamente ser arte? – O que se esconde por detrás deste estado de coisas paradoxal? Será que a arte é capaz de se mostrar algum dia como arte, nada além de arte?

Tínhamos alcançado uma certa orientação para prosseguirmos sobre este caminho, na medida em que apontamos para o fato de Kant ter sido o primeiro a defender a autonomia do plano estético ante a finalidade prática e o conceito teórico. Ele fez isto na célebre formulação do "prazer desinteressado", que é a alegria com o belo. "Prazer desinteressado" significa obviamente: não estar interessado praticamente naquilo que é apresentado ou que aparece. Portanto, o termo "desinteressado" tem em vista apenas a distinção própria ao comportamento estético, o fato de ninguém poder formular com sentido a pergunta acerca do "para quê" da serventia: "Para que serve que tenhamos alegria naquilo com o que nos alegramos?"

Com certeza, esta continua sendo a descrição de um acesso relativamente extrínseco à arte, a saber, à experiência do gosto estético. Todo mundo sabe que o gosto representa o momento nivelador na experiência estética. Enquanto momento nivelador, contudo, ele também se distigue como o "senso comum", tal como Kant diz com razão[24]. O gosto é comunicativo – ele representa aquilo que marca a todos nós de maneira mais ou menos intensa. Um gosto apenas individual e subjetivo é algo evidentemente sem sentido no domínio do elemento estético. Nesta medida, devemos a Kant uma primeira compreensão da pretensão estética de ser válida e de não ser subsumida a conceitos ligados a metas. Ora, mas quais são as experiências nas quais se realiza ao máximo este ideal de um prazer "livre" e desinteressado? Kant pensa no "belo natural", por exemplo o belo desenho de uma flor, ou mesmo em algo do tipo de um tapete decorativo, cujo jogo de suas linhas nos confere uma certa elevação do sentimento de vida. A tarefa da arte decorativa consiste em transcorrer assim ao nosso lado. Belo e nada além de belo significam ou bem coisas da natureza, nas quais absolutamente nenhum sentido é estabelecido pelos homens, ou coisas oriundas da própria configuração humana, que se subtraem conscientemente a todo registro de

---
23. Em francês no original: museu imaginário. (N. do T.)
24. *Crítica da faculdade de julgar*, §§ 22, 40.

sentido e que não se mostram senão como um jogo de formas e cores. Aqui não há nada que deva ser conhecido ou reconhecido. Não há certamente nada mais terrível do que um tapete gritante, cujos conteúdos imagéticos particulares chamam realmente a atenção para si como uma representação imagética. Os sonhos febris de nossa infância podem nos contar algumas coisas sobre isto. O que está em questão nesta descrição é o fato de não estar aqui em jogo senão o movimento estético do agrado sem concepção. No entanto, esta é apenas a descrição correta de um caso extremo. Nele fica claro que algo é apreendido com satisfação estética, sem que seja relacionado com alguma coisa significativa, em última instância comunicável conceitualmente.

Esta não é, contudo, a questão que nos mobiliza. Pois nossa questão é: o que é a arte? E certamente não pensamos com ela em primeira linha na forma trivial do artesanato decorativo. *Designers* podem ser evidentemente artistas significativos. Segundo a sua própria função, porém, eles possuem uma tarefa auxiliar. Kant distinguiu exatamente isto como a beleza propriamente dita ou, como ele a denominou, como a "beleza livre". A expressão "beleza livre" designa, portanto, uma beleza livre de conceitos e de significações. Mesmo Kant não quis evidentemente dizer que o ideal da arte seria criar uma tal beleza livre de significações. No caso da arte, já sempre nos encontramos, em verdade, em uma tensão entre o puro caráter de aspecto da visualização e da imagem que se oferece à visualização [*Anbild*] – tal como o denominei – e a significação que compreendemos de maneira intuitiva na obra de arte e que reconhecemos no peso que todos estes encontros com a arte têm para nós. No que se baseia esta significação? O que é o mais que se acrescenta e por meio do qual unicamente a arte se torna o que ela é de um modo patente? Kant não quis determinar este mais em termos de conteúdo; por razões que ainda veremos, uma tal determinação é realmente impossível. O seu grande mérito, no entanto, foi o de não ter ficado parado junto ao mero formalismo do "puro juízo de gosto", mas ter superado o "ponto de vista do gosto" em favor do "ponto de vista do gênio"[25]. Por uma intuição própria e vital, o século XVIII designou com o termo "gênio" a inserção shakespeariana violenta e contrária ao gosto no gosto da época, um gosto marcado pelo classicismo. Foi Lessing que, contra a estética classicista das regras intrínseca à tragédia francesa, com certeza de uma maneira muito unilateral, festejou Shakespeare como a voz da natureza, cujo espírito criador é incorporado enquanto gênio e no gênio[26]. De fato, o gênio também é compreendido por Kant como força da natureza – ele denomina o gênio o "favorito da

---

25. Cf. minha análise em *Wahrheit und Methode* (GW 1), pp. 58 ss.
26. Cf. Max Kommerell, *Lessing und Aristoteles. Untersuchungen über die Theorie der Tragödie* [Lessing e Aristóteles. Investigações sobre a teoria da tragédia]. Frankfurt junto ao Main, 1970.

natureza", isto é, alguém que é tão favorecido pela natureza que, tal como ela e não a partir da adaptação consciente a regras, cria algo que é como se fosse feito segundo regras – sim, mais ainda, como se fosse criado como algo nunca antes visto e segundo regras nunca antes apreendidas. Isto é a arte: criar algo modelar, sem produzir algo meramente condizente com regras. Neste caso, a determinação da arte enquanto a criação do gênio nunca pode manifestamente ser cindida realmente da cogenialidade daquele que apreende. Os dois mostram-se como um jogo livre.

O gosto também era um tal jogo livre entre imaginação e entendimento. Trata-se do mesmo jogo livre que não é senão estimado de outro modo na criação da obra de arte porquanto conteúdos significativos se articulam por detrás das criações da imaginação, conteúdos que são absorvidos na compreensão, ou, como Kant o expressa: que permitem "acrescentar por meio do pensamento um número indizível de coisas". Evidentemente, isto não significa que nós simplesmente alocamos na representação artística conceitos previamente concebidos. Isto significaria dizer que subsumimos no universal o intuitivamente dado como um caso do universal. Não é esta, porém, a experiência estética. As coisas comportam-se muito mais de tal forma, que é só na visualização do particular, da obra individual, que os conceitos são efetivamente "levados em conta em sua ressonância própria"[27], tal como Kant se expressa – uma bela expressão que provém da língua musical do século XVIII e alude ao som peculiar e ressonante do instrumento preferido do século XVIII, do clavicorde[28], cujo efeito particular consiste em deixar o som ecoar muito mais longamente do que a corda é efetivamente tocada. Kant pensa manifestamente que a função do conceito é formar uma espécie de base de ressonância capaz de articular o jogo da imaginação. Até este ponto muito bem. Mesmo o idealismo alemão como um todo reconheceu a significação ou a ideia – ou como quer que se queira denominar – no fenômeno, sem transformar por isto o conceito em ponto de referência propriamente dito da experiência estética. Mas será que podemos resolver deste modo o nosso problema, o problema da unidade entre a tradição artística clássica e a arte moderna? Como se pretende compreender as rupturas formais da criação artística moderna, o jogo com todos os conteúdos que é levado tão longe que nossas expectativas são incessantemente quebradas? Como se pretende compreender aquilo que os artistas de hoje e certas direções da arte

---

27. A expressão alemã *in Anschlag bringen* é uma expressão idiomática que possui o sentido de "levar em conta", "estimar". No entanto, ela se compõe a partir de um substantivo que possui uma certa ressonância com a experiência musical. *Anschlag* significa entre outras coisas "golpe", "ataque violento", mas também pode descrever a batida no teclado de um piano e a reverberação daí proveniente. Para acompanhar minimamente a alusão a este sentido de fundo da expressão, acrescentamos a locução "em sua ressonância própria". (N. do T.)

28. Instrumento medieval similar ao cravo, mas com dimensões um pouco menores. (N. do T.)

atual designam precisamente como antiarte – o *happening*? Como se pretende compreender a partir daí o fato de Marcel Duchamp apresentar repentinamente um objeto de uso, isolando-o, e, com isso, exercer uma espécie de estímulo estético de choque? Não se pode simplesmente dizer: "Que tosco disparate!" Ao fazer isto, Duchamp descortinou algo das condições da experiência estética. Todavia, em face deste uso experimental da arte de nossos dias, como é que se pretende buscar um auxílio junto aos meios da estética clássica? Para tanto é evidentemente necessário um retrocesso a experiências humanas mais fundamentais. Qual é a base antropológica de nossa experiência da arte? Estas questões devem ser desenvolvidas a partir dos conceitos de "jogo", de "símbolo" e de "festa".

I

Em particular, o que está em questão é o conceito de "jogo". A primeira evidência que precisamos alcançar aí é a de que o jogo é uma função elementar da vida humana, de modo que a cultura humana não é absolutamente pensável sem um elemento próprio ao jogo. O fato de as práticas religiosas humanas no culto envolverem um elemento próprio ao jogo foi há muito ressaltado por pensadores como Huizinga, Guardini e outros. Temos muito a ganhar com a presentificação do modo como o jogo humano se dá em suas estruturas, para que o elemento de jogo da arte não se torne visível apenas negativamente, enquanto liberdade de vinculações a metas, mas também enquanto um impulso livre. Quando é que falamos de jogo e o que está implícito aí? Seguramente em primeiro lugar a oscilação de um movimento que se repete de maneira constante – pensemos simplesmente em certos modos de falar tal como, por exemplo, "o jogo das luzes" ou o "jogo das ondas", em que um tal ir e vir constante, um para lá e para cá se apresenta, isto é, um movimento que não está ligado a nenhuma finalidade do movimento. É isto manifestamente que distingue o movimento para lá e para cá, de tal modo que nem um nem o outro fim se mostram como a sua finalidade, como a finalidade no qual ele encontra a quietude. Além disto, é claro que pertence a um tal movimento um espaço de jogo. Particularmente no que concerne à questão da arte, isto nos dará o que pensar. A liberdade do movimento que é visada aqui implica de mais a mais o fato de este movimento ter necessariamente a forma de um automovimento. Automovimento é o caráter fundamental do vivente em geral. Isto já foi descrito por Aristóteles, que formulou o pensamento de todos os gregos. Aquilo que vive possui o ímpeto do movimento em si mesmo, é automovimento. O jogo se mostra, então, como um automovimento que não aspira por meio de sua dinâmica a metas e finalidades, mas que tem vista o movimento enquanto movimento, algo que é por assim dizer um fenômeno do excesso, da autoapresentação do ser-vivente. É isto de fato que vemos na natureza – o jogo dos enxames, por exemplo, e todos os espectáculos comoventes relativos ao jogo que podemos observar no mundo animal, em particular em filhotes. Tudo isto provém evidentemente do caráter elementar de excesso que na vitalidade enquanto tal impele à apresentação. Aquilo que é particular ao jogo humano é, então, o fato de o jogo também poder abarcar em si a razão, este traço distintivo mais próprio do homem que consiste em poder estabelecer metas para si e aspirar a elas conscientemente, em poder encerrá-las em si e dissimular a distinção da razão que estabelece as metas. É isto justamente que constitui a humanidade do jogo humano, o fato de ele por assim dizer disciplinar e ordenar para si no jogo do movimento os seus movimentos de jogo, como se existissem aí metas; por exemplo, quando uma criança conta quantas vezes ela consegue quicar a bola no chão antes de a bola escapar de suas mãos.

O que estabelece aqui por si mesmo regras para si sob a forma de um fazer livre de metas é a razão. A criança fica triste quando a bola escapa de suas mãos já na décima vez e fica orgulhosa como um rei quando consegue quicar a bola trinta vezes. Esta racionalidade livre em relação a metas que está presente no jogar humano indica um traço no fenômeno, que nos ajudará a ir além. Mostra-se justamente aqui, em particular no fenômeno da repetição enquanto tal, que se tem em vista identidade, mesmidade. Em verdade, a finalidade à qual se chega aqui é um comportamento desprovido de metas. No entanto, este comportamento é ele mesmo visado enquanto tal. Ele é aquilo que o jogo tem em vista. Com esforço, ambição e a mais séria entrega, algo é visado desta maneira. Este é um primeiro passo no caminho até a comunicação humana: quando algo é apresentado aqui – mesmo que seja apenas o próprio movimento do jogo –, também vale para o espectador o fato de ele o "visar" – assim como me defronto comigo mesmo como um espectador no jogo. Trata-se da função da apresentação do jogo que, por fim, não se encontre algo qualquer, mas o movimento do jogo que é determinado desta ou daquela maneira[29]. Portanto, o jogo é em última instância autoapresentação do movimento do jogo.

Posso acrescentar imediatamente: uma tal determinação do movimento do jogo significa ao mesmo tempo que jogar exige sempre um jogar-com. Mesmo o espectador que fica olhando, por exemplo, para uma criança que brinca para cá e para lá com uma bola não pode fazer outra coisa. Se ele realmente "acompanha", o que tem lugar não é outra coisa senão "participatio", a participação interior neste movimento que se repete. Em formas mais elevadas do jogo, isto conquista com frequência uma concretude plástica: não

---

29. Cf. neste volume "O jogo da arte" e as páginas correspondentes em *Wahrheit und Methode* (GW 1, pp. 107 ss.).

precisamos senão ver na televisão, por exemplo, o público em um torneio de tênis! Todos ficam torcendo o pescoço o tempo inteiro. Ninguém consegue deixar de jogar com. – Assim, parece-me um outro momento importante o fato de o jogo também ser uma ação comunicativa no sentido de que ele não conhece propriamente a distância entre aquele que joga e aquele que se vê diante do jogo. O espectador é evidentemente mais do que apenas um mero observador que vê o que se passa à sua frente. Ele é muito mais alguém que "toma parte" no jogo, ele é uma parte do jogo. Naturalmente, em tais formas simples do jogo, ainda não nos encontramos junto ao jogo da arte. Mas espero ter mostrado que não há quase distância alguma entre a dança própria ao culto e a celebração do culto pensada como representação. E que não há quase distância entre esta celebração e a liberação da representação, por exemplo o teatro que surgiu a partir deste contexto de culto como a sua representação. Ou em relação às artes plásticas, cuja função ornamental e expressiva se formou no todo de uma conexão vital religiosa. Há aqui uma conversão recíproca. No entanto, o fato desta conversão recíproca confirma a presença de algo comum naquilo que discutimos como jogo, a saber, o fato de algo ser visado aí *enquanto algo*, mesmo se ele não é nada conceitual, plenamente significativo, consonante a metas, mas, por exemplo, a pura prescrição autoestabelecida do movimento.

Este fato parece-me extremamente significativo para a discussão atual sobre a arte moderna. Trata-se, por fim, da questão sobre a obra. É um dos impulsos fundamentais da arte moderna que ela queira romper a distância, na qual os espectadores, os consumidores e o público se mantêm em relação à obra de arte. Não há dúvida alguma de que os criadores artísticos mais importantes dos últimos cinquenta anos direcionaram os seus esforços justamente para o rompimento desta distância. Pensemos, por exemplo, na teoria do teatro épico em Bertold Brecht que combateu expressamente a imersão no sonho do palco como um fraco substitutivo para a consciência da solidariedade humana e social, na medida em que destruiu conscientemente o realismo dos cenários, a expectativa em relação à personagem, em suma, a identidade daquilo que se espera em um espetáculo. Poder-se-ia reconhecer, contudo, em todas as formas da moderna experimentação com a arte o motivo da transformação da distância do espectador no ser comovido como copartícipe do jogo[30].

---

30. O termo que traduzimos acima pela expressão "copartícipe do jogo" é o termo *Mitspieler*. Traduzido ao pé da letra, ele significa "cojogador". No entanto, essa tradução não acompanha peculiaridades da língua portuguesa e se mostraria, assim, como artificial. Em alemão, diferentemente do português, o verbo *spielen* [jogar, brincar] também designa o desempenho de um papel teatral e o ato de tocar um instrumento. Assim, ele tem uma relação direta com a atividade artística. (N. do T.)

Será que isto significa que não há mais obra? De fato, é assim que muitos artistas de hoje se compreendem – tal como os estetas que os seguem –, como se o que estivesse em questão fosse abandonar a unidade da obra. Mas, se voltarmos a pensar em nossas constatações sobre o jogo humano, nós mesmos encontraremos aí uma primeira experiência de racionalidade, por exemplo, na obediência a regras autoestabelecidas, na identidade daquilo que se procura repetir. Deste modo, já havia aqui algo assim como a identidade hermenêutica no jogo – e essa identidade permanece intocável com maior razão no caso dos jogos da arte. É um erro achar que a unidade da obra significa o isolamento ante aquele que se volta para ela e é alcançado por ela. A identidade hermenêutica da obra acha-se fundada de maneira muito mais profunda. Mesmo o mais fugidio e único, ao aparecer ou ser avaliado enquanto experiência estética, é visado em uma mesmidade. Tomemos o caso de uma improvisão no órgão. Nunca mais se ouvirá esta improvisação. Depois de tocar, o próprio organista quase não sabe mais como tocou e ninguém a gravou. Apesar disto, todos dizem: "Esta foi uma improvisação ou uma interpretação genial"; ou em um outro caso: "Hoje as coisas foram um tanto vazias". O que temos em vista com isto? Manifestamente remontamos a esta improvisação. Algo "se encontra presente" para nós, ele é como uma obra, ele é como um mero exercício para os dedos do organista. De outra forma, não se julgaria a qualidade ou a falta de qualidade. Assim, é a unidade hermenêutica que instaura a unidade da obra. Como aquele que compreende, eu preciso identificar. Pois aí se encontrava algo que julguei, que "compreendi". Eu identifico algo como aquilo que ele foi ou que ele é e que não é senão esta identidade que constitui o sentido da obra.

Se isto é correto – e acho que ele possui a evidência daquilo que é verdadeiro em si –, então não há como ter nenhuma produção artística possível que não "vise" sempre da mesma maneira àquilo que ela produz como aquilo que é. Mesmo este exemplo extremo de um aparelho qualquer – tratava-se aí de um garrafeiro – que foi repentinamente oferecido com um efeito tão grande enquanto uma obra o confirma. Em seu efeito e como este efeito com o qual ele se confundiu um dia, ele tem a sua determinação. Provavelmente, ele não será uma obra permanente no sentido da duração clássica. No entanto, no sentido da identidade hermenêutica, ele é com toda certeza uma obra.

O conceito de obra não está mesmo ligado de maneira alguma ao ideal classicista de harmonia. Mesmo que haja formas totalmente diferentes nas quais se dá uma identificação por concordância, teremos de continuar nos perguntando por meio do que chega a termo propriamente este ser tocado pela obra. Mas há ainda um outro momento aqui. Se esta é a identidade da obra, então ela nunca tem um real acolhimento, dada uma real experiência de uma obra de arte, senão para aquele que "participa do jogo", isto é, para aquele que apresenta um desempenho próprio, na medida em que é ativo. Por meio do que esta concordância chega a termo? Certamente não por meio da mera retenção de algo na memória. A identificação também é dada neste caso, mas não a concordância particular, por meio da qual a "obra" significa algo para nós. O que é isto por meio do que uma "obra" tem a sua identidade enquanto obra? O que transforma a sua identidade, tal como também podemos dizer, em uma identidade hermenêutica? Esta outra formulação tem em vista claramente que sua identidade consiste justamente no fato de haver algo aí "a compreender", de ele querer ser compreendido como aquilo que ele "acha" ou "diz". Esta é uma exigência colocada pela "obra" que espera por sua resolução. Ela exige uma resposta que só pode ser dada por aquele que assumiu a exigência. E esta resposta precisa ser a sua própria resposta, uma resposta que ele mesmo traz ativamente. O copartícipe do jogo pertence ao jogo.

Todos nós sabemos por uma experiência maximamente própria que a visita a um museu ou a escuta a um concerto, por exemplo, são exercícios de uma extrema atividade intelectual. O que se faz aí afinal? Certamente existem aqui diferenças: em um caso temos uma arte reprodutiva, no outro não se trata nem mesmo de reprodução, mas deparamos imediatamente com os originais que estão pendurados nas paredes. E, quando passamos por um museu, não saímos dele com o mesmo sentimento de vida com o qual entramos. Se temos realmente uma experiência artística, o mundo se torna mais luminoso e mais leve.

Além disto, a definição da obra enquanto o ponto de identidade do reconhecimento e da compreensão implica ao mesmo tempo que uma tal identidade esteja articulada com variação e diferença. Para aquele que a apreende, toda obra deixa como que um espaço de jogo que ele precisa preencher. Posso mostrar este fato mesmo a partir de ideias teóricas classicistas. Kant, por exemplo, tem uma teoria extremamente curiosa. Ele defende a tese de que, na pintura, o suporte propriamente dito do belo é a forma. A cor, em contrapartida, é um mero estímulo, isto é, uma mobilização sensível que permanece subjetiva e, nesta medida, não diz respeito à configuração artística ou estética propriamente dita[31]. Quem conhece algo da arte classicista – pensemos em Thorvaldsen[32] – reconhecerá em relação a esta arte classicista pálida como o mármore que nela, de fato, as linhas, o desenho e a forma se acham em primeiro plano. A tese kantiana é sem dúvida alguma um juízo historicamente condicionado. Nós nunca subscreveríamos que cores são meros efeitos provenientes de estímulos. Pois sabemos que também se pode construir com cores e que a composição não está necessariamente restrita às

---

31. *Crítica da faculdade de julgar*, § 13.
32. Bertel Thorvaldsen (1768-1844): escultor dinamarquês. (N. do T.)

linhas e às formas do contorno do desenho. No entanto, o caráter unilateral deste gosto historicamente condicionado não nos interessa aqui. O que nos interessa é apenas o que Kant tem claramente em vista aí. Por que é que a forma é afinal tão distinta? A resposta é: porque precisamos traçá-la quando a vemos, porque precisamos construí-la ativamente, tal como é exigido por toda e qualquer composição, pela composição gráfica tanto quanto pela musical, pelo espetáculo tanto quanto pelas leituras. Trata-se de um constante estar-coativo. E é claro que é precisamente a identidade da obra que nos convida a esta atividade que não é nenhuma atividade arbitrária, mas uma atividade introduzida e impelida em todas as realizações possíveis para um certo esquema.

Pensemos, por exemplo, na literatura. Foi um mérito do grande fenomenólogo polonês Roman Ingarden ter trazido isto à tona pela primeira vez por meio de seus trabalhos[33]. Qual é, por exemplo, a aparência da função evocativa de uma narrativa? Tomo um exemplo famoso: *Os irmãos Karamazov*. Temos aí a escada na qual supostamente cai Smerdiakow. Este fato é de alguma forma descrito por Dostoiéviski. Por meio daí, eu sei de maneira totalmente exata como é que esta escada se parece. Eu sei como ela começa, em seguida fica escuro e ela segue para a esquerda. Este fato é para mim palpavelmente claro, e, no entanto, sei que nenhuma outra pessoa "vê" a escada tal como eu. E, todavia, todos aqueles que se abrem para o efeito desta arte narrativa magistral "verão" a escada de maneira totalmente exata e estarão convencidos de que a veem tal como ela é. Este é o espaço livre que a palavra poética deixa nesse caso e que nós preenchemos na medida em que seguimos a evocação do narrador. As coisas dão-se de modo similar nas artes plásticas. Trata-se de um ato sintético. Nós precisamos reunir, juntar muitas coisas. "Lê-se" um quadro, como se costuma dizer, assim como se lê um escrito[34]. Começamos a "decifrar" um quadro tal como um texto. Não foi o quadro cubista que colocou pela primeira vez esta tarefa – agora certamente com uma radicalidade drástica –, na medida em que exigiu que por assim dizer folheássemos uma depois da outra as diversas facetas do mesmo, os diversos aspectos, de modo que, por fim, aquilo que é apresentado aparece na tela em sua multiplicidade de facetas, e, com isto, em um novo colorido e em uma nova plasticidade. As coisas não se dão apenas em Picasso ou em Braque e em todos os outros cubistas de outrora de tal modo que "lemos" o quadro. As coisas sempre se dão assim. Quem, por exemplo, admira um célebre Ticiano ou um Velázques, um habsburguense qualquer a cavalo, e não

---

33. Roman Ingarden, *A obra de arte literária*. Tübingen, 1972. Cf. também nas minhas GW 8 o artigo "Über den Beitrag der Dichtkunst bei der Suche nach der Wahrheit" [Sobre a contribuição da arte poética na busca da verdade], pp. 75 s.

34. Cf. neste volume "Sobre a leitura de construções e quadros" (Nr. 12).

pensa aí senão em "Ah, esse é Carlos V", não viu nada do quadro. É preciso construí-lo de tal maneira, que ele seja lido por assim dizer palavra por palavra enquanto quadro e que, por fim, esta construção concludente conflua para o quadro, no qual a significação com ele ressonante se faz presente, a significação de um imperador do mundo, em cujo reino o sol nunca se põe.

Portanto, gostaria de dizer fundamentalmente o seguinte: o que está em questão é sempre uma realização da reflexão, uma realização intelectual, quer me ocupe com as figuras legadas pela criação artística tradicional, quer seja colocado diante de um desafio pela criação moderna. A realização da construção que é própria ao jogo da reflexão reside enquanto exigência na obra enquanto tal.

Por esta razão, parece-me uma falsa oposição achar que há uma arte do passado, da qual podemos gozar, e uma arte do presente, junto à qual somos forçados à correalização em função dos meios refinados da configuração artística. A introdução do conceito de jogo buscou precisamente mostrar que, em um jogo, todos são copartícipes. Também precisa ser válido para o jogo da arte o fato de não haver a princípio nenhuma cisão entre a conformação propriamente dita da obra levada a termo pela arte e aquele por quem esta conformação da obra é experimentada. Sintetizei o que isto significa na exigência expressa de que é preciso aprender a ler também as obras da arte clássica, que nos são mais familiares e que são carregadas significativamente por tradições de conteúdo. Ler não é, contudo, apenas soletrar e pronunciar uma palavra depois da outra, mas significa antes de tudo levar a termo o movimento hermenêutico constante, que é dirigido pela expectativa de sentido do todo e se preenche finalmente a partir do singular na realização deste sentido. Pensemos no que acontece quando alguém lê em voz alta um texto que não compreendeu. Neste momento, ninguém mais consegue compreender realmente o que ele está lendo.

A identidade da obra não é garantida por meio de determinações quaisquer classicistas ou formalistas, mas é resgatada por meio da maneira como assumimos a construção da própria obra como uma tarefa. Se este é o ponto da experiência estética, então podemos nos lembrar da contribuição kantiana, da demonstração de que não se trata aqui de uma articulação ou de uma submissão a um conceito de um construto sensível aparente em sua particularidade. O historiador da arte e esteta Richard Hamann formulou isto certa vez da seguinte forma: o que está em questão é a "significância própria à percepção"[35]. Ou seja: a percepção não é mais inserida em relações vitais pragmáticas e nelas funcionalizada, mas se entrega e apresenta em sua própria significação. Para preencher a formulação com um sentido plenamente válido, é preciso ter certamente clareza quanto ao que significa per-

---

35. Richard Hamann, *Ästhetik* [Estética]. Leipzig, 1911.

cepção. A percepção não pode, tal como era natural para Hamann, por exemplo, no tempo do impressionismo emergente, ser compreendida como se a única coisa que estivesse em questão em termos estéticos fosse por assim dizer "a pele sensível das coisas". Perceber não implica que se reúnam impressões sensíveis totalmente diversas. Ao contrário, perceber [*Wahrnehmen*] significa, como essa bela palavra mesma o diz, "tomar" [*nehmen*] algo "por verdadeiro" [*wahr*][36]. Mas isto equivale a dizer: aquilo que se oferece aos sentidos é visto e tomado *como algo*. Assim, a partir da reflexão de que o critério em geral estabelecido como critério estético não passa de um conceito encurtado e dogmático de percepção sensível, escolhi em minhas próprias investigações a formulação algo barroca que deveria expressar a dimensão profunda da percepção: a "indiferenciação estética"[37]. Tenho em vista com esta expressão o fato de, caso devêssemos nos abstrair daquilo que nos fala por meio de um construto artístico e caso quiséssemos nos restringir totalmente a honrá-lo de maneira "puramente estética", este não seria senão um modo secundário de comportamento.

Tudo se daria aí como se o crítico de uma apresentação de teatro não discutisse senão o modo de realização da direção, a qualidade das pessoas que ocuparam os papéis e coisas do gênero. É muito bom e correto que ele faça isto – no entanto, esta não é a maneira como a própria obra e a significação que ela conquistou para alguém na apresentação se tornam visíveis. É justamente a indiferenciação entre o modo particular como uma obra é reproduzida e a identidade da obra por detrás da reprodução, que constitui a experiência artística. E isto não é válido apenas para as artes reprodutivas e para a mediação que elas contêm. É sempre válido o fato de a obra falar a cada vez de uma maneira particular, e, não obstante, de ela falar como a mesma obra naquilo que ela é, mesmo em encontros repetidos e variados com esta mesma obra. No caso das artes reprodutivas, a identidade na variação precisa ser certamente preenchida de uma dupla maneira, porquanto a reprodução tanto quanto o original se expõem a cada vez por si à identidade e à variação. Assim, aquilo que descrevi como a indiferenciação estética constitui manifestamente o sentido propriamente dito da conjunção entre imaginação e entendimento que Kant descobriu no "juízo de gosto". É sempre verdadeiro dizer que precisamos pensar algo junto àquilo que vemos para que possamos mesmo apenas ver algo. Há aqui, porém, um jogo "livre" que não aponta para o conceito. Esta conjunção obriga-nos a nos confrontar com a questão sobre o que significa propriamente isto que se constrói sobre este caminho do jogo livre entre a faculdade criadora de imagens e a facul-

---

36. Perceber em alemão significa literalmente "tomar" [-*nehmen*] algo por verdadeiro [*Wahr*]. (N. do T.)

37. *Wahrheit und Methode* (GW 1), pp. 122 s.

dade intelectivo-conceitual. Qual é a significância na qual algo se torna experienciável para nós e é experimentado como significativo? Toda pura teoria da imitação ou teoria da reprodução, toda teoria naturalista da cópia passa manifestamente ao largo da coisa em questão. Com certeza, nunca foi a essência de uma grande obra de arte auxiliar a "natureza" à cópia, ao retrato, de maneira plena e fiel. As coisas sempre se deram efetivamente de um tal modo – como mostrei, por exemplo, a partir da lembrança do quadro de Carlos V feito por Velázquez – que uma estilização peculiar é levada a termo na construção de uma imagem. Temos aqui os cavalos velázquianos que possuem em si algo tão particular, que sempre pensamos inicialmente nos cavalos de balanço de nossa própria infância. Em seguida, porém, temos este horizonte brilhante e o olhar perscrutador, um olhar de marechal e de imperador, o olhar do imperador deste grande reino – o modo como os elementos se conjugam, como a significância própria da percepção ressurge aqui justamente a partir desta conjunção, na medida em que, sem dúvida alguma, todos aqueles que viessem a perguntar "o cavalo está bem reproduzido?", ou mesmo "Carlos V, este imperador, foi bem reproduzido em sua fisionomia individual?", não veriam a obra de arte propriamente dita! Este exemplo pode nos tornar conscientes de que o problema é extremamente complicado. O que compreendemos propriamente? Em que medida a obra nos fala e o que ela nos diz? Para erigir aqui um primeiro escudo de proteção contra todas as teorias da imitação, é bom nos lembrarmos de que não temos esta experiência estética apenas em face da arte, mas também em face da natureza. Trata-se do problema do "belo natural".

Kant, que elaborou claramente a autonomia do plano estético, orientou-se até mesmo em primeira linha pelo belo natural. Não é certamente insignificante que achemos a natureza bela. É uma experiência ética do homem, uma experiência que faz limite com o maravilhoso, o fato de a beleza brotar para nós na potência geradora da natureza, como se a natureza nos mostrasse a sua beleza. Em Kant, este caráter distintivo do homem, o fato de a beleza da natureza vir ao seu encontro, possui um pano de fundo teológico ligado à ideia de criação e esta é também a base evidente, a partir da qual Kant apresenta a criação do gênio, a criação do artista, como uma elevação extrema da potência que a natureza, a criação divina, possui. No entanto, é claro que o belo natural é de uma indeterminação peculiar em seu enunciado. Em contraposição a toda obra de arte, na qual procuramos sempre conhecer ou interpretar algo *enquanto algo* – mesmo que talvez apenas para sermos impelidos a abdicar dele –, é uma espécie de poder anímico indeterminado da solidão que nos fala de maneira significativa a partir da natureza. Somente uma análise mais profunda desta experiência estética que consiste em achar a natureza bela é capaz de nos ensinar que esta é em certo sentido uma falsa aparência e que, em verdade, não podemos considerar a natureza hoje com outros olhos, uma vez que somos homens artisticamente experientes e educados. Lembremo-nos do modo como, por exemplo, no século XVIII, relatos de viagem descreviam os alpes: horríveis montanhas, cujo caráter selvagem terrível e apavorante era experimentado como uma expulsão da beleza, da humanidade, da intimidade da existência. Hoje, em contrapartida, todo mundo está convencido de que as grandes formações de nossas altas montanhas não representam apenas o sublime da natureza, mas a sua beleza propriamente dita.

Está claro o que aconteceu aqui. No século XVIII, víamos com os olhos de uma imaginação instruída pela ordem racional. Os jardins do século XVIII, antes de o estilo de jardinagem inglês ter produzido a ilusão de uma espécie de nova similitude com a natureza ou de nova naturalidade, sempre eram construídos geometricamente como um prosseguimento da construção da casa habitável em direção à natureza. Assim, tal como o exemplo mostra, vemos em verdade a natureza com os olhos educados pela arte. Hegel concebeu corretamente o fato de o belo natural ser um reflexo do belo artístico[38], de modo que aprendemos a perceber o belo na natureza guiados pelos olhos e pela criação do artista. – A questão continua sendo com certeza em que isso nos auxilia hoje na situação crítica da arte moderna. Guiados pela arte moderna, dificilmente chegaríamos, em face de uma paisagem, ao reconhecimento eficaz do belo na paisagem. As coisas se dão efetivamente de um tal modo que precisaríamos apreender hoje a experiência do belo natural quase como um corretivo ante as pretensões de uma visão educada pela arte. Por meio do belo natural somos novamente lembrados de que aquilo que reconhecemos em uma obra de arte não é de maneira alguma o âmbito, no qual a linguagem da arte fala. É precisamente por meio da indeterminação da referência que somos tocados pela arte moderna, e é esta indeterminação que nos preenche com a consciência da significância, da significação insigne daquilo que temos diante dos olhos[39]. Como é que precisamos entender este ser remetido ao indeterminado? Com uma acepção cunhada particularmente pelos clássicos alemães – por Schiller e Goethe –, denominamos esta função o simbólico.

II

O que significa "símbolo"? Trata-se inicialmente de um termo técnico da língua grega, que designa os fragmentos da memória. Um anfitrião entrega ao

---

38. *Vorlesungen über die Ästhetik* [Preleções sobre estética], org. por Heinrich Gustav Hotho. Berlin, 1835, Introdução I, 1.

39. Theodor W. Adorno descreveu isto detalhadamente em sua *Ästhetischen Theorie* [Teoria estética] (que apareceu inicialmente em: *Gesammelte Schriften*, vol. 7, Frankfurt, 1970).

seu hóspede a assim chamada "*tessera hospitalis*", isto é, ele parte um vaso, fica com uma metade e entrega a outra metade ao hóspede para que, se em trinta ou quarenta anos um descendente deste hóspede voltar uma vez mais à sua casa, as pessoas se reconheçam na junção dos fragmentos em um todo. Um antigo passaporte – este é o sentido técnico originário de símbolo. Ele é algo a partir do qual se reconhece alguém como um antigo conhecido.

Há quanto a isso uma história muito bonita no diálogo *O banquete* de Platão que, como penso, remete ainda mais profundamente para o tipo de significância que a arte representa para nós. No diálogo, Aristófanes conta uma história que continua até hoje fascinante sobre a essência do amor. Ele diz que os homens eram originariamente seres esféricos; em seguida, eles se comportaram mal e os deuses os dividiram. Assim, cada uma destas metades de uma esfera vital e ontológica plena procura o seu complemento. Este é o σύβολον τοῦ ἀνθρώπου[40], o fato de todo homem ser como que um fragmento; e o amor revela-se no fato de a expectativa de que algo seja o fragmento complementar necessário para a cura se realizar no encontro. Esta profunda alegoria sobre o encontro das almas e sobre a afinidade seletiva pode ser repensada em vista da experiência do belo no sentido artístico. É evidente que as coisas também se dão aqui de tal modo que a significância ligada ao belo da arte, à obra de arte, remete a algo que não reside imediatamente no aspecto visível e compreensível enquanto tal. – Mas que tipo de remetimento é este? A função propriamente dita do remetimento aponta para algo diverso, para algo que também se pode ter ou experimentar de maneira imediata. Se as coisas se comportassem assim, então o símbolo seria aquilo que denominamos ao menos desde a terminologia clássica uma alegoria: o fato de se dizer algo diverso do que é visado, mas de também se poder dizer imediatamente o que é visado. A consequência do conceito clacissista de símbolo que não remete desta maneira a algo diverso é que temos na alegoria a conotação em si totalmente imprópria de algo frio, não artístico[41]. Fala aqui uma referência significativa que precisa ser previamente conhecida. O símbolo, em contrapartida, a experiência do simbólico, tem em vista o fato de este singular, de este particular se apresentar como um fragmento de ser, um fragmento que algo que lhe corresponde promete completar, curando-o e formando uma totalidade; ou mesmo o fato de o outro fragmento, que sempre buscamos e que é completado para formar uma totalidade, pertencer ao nosso fragmento de vida. Esta "significação" da arte não me parece, tal como é o caso da significação da religião cultural burguesa tardia, estar ligada a condições sociais especiais, mas à experiência do belo, e, em particular, do belo no sentido da arte. Ela é a conjuração de uma ordem integral possível, onde quer que isto aconteça.

---

40. Em grego no original: o símbolo do homem. (N. do T.)
41. Para a reabilitação da alegoria, cf. *Wahrheit und Methode* (GW 1), pp. 76 ss.

Se continuamos pensando nisto por um instante, então torna-se significativa justamente a multiplicidade desta experiência que conhecemos como uma realidade histórica tanto quanto como uma simultaneidade atual. Nesta multiplicidade sempre nos fala uma vez mais a mesma mensagem de cura nas mais diversas particularizações que denominamos obras da arte. Esta parece-me de fato a informação mais precisa sobre a questão: o que constitui a significância do belo e da arte? Ela diz que não se experimenta o particular no particular do encontro, mas a totalidade do mundo experimentável e da posição ontológica do homem no mundo, assim como a sua finitude ante a transcendência. Neste sentido, podemos dar então um passo importante adiante e dizer: isto não significa que a expectativa indeterminada de sentido que torna uma obra significativa para nós possa encontrar a cada vez um preenchimento pleno, de modo que nos apropriamos da plena totalidade de sentido de maneira compreensiva e cognitiva. Foi isto que Hegel ensinou quando falou da "aparência sensível da ideia" como a definição do belo artístico. Uma expressão profunda, de acordo com a qual, em verdade, a ideia se atualiza na aparição sensível do belo, a ideia que só podemos ver voltando o olhar para fora. Apesar disso, essa me parece uma tentação idealista. Ela não faz justiça ao fato propriamente dito de que a obra nos fala enquanto obra e não enquanto a transmissora de uma mensagem. A expectativa de se poder resgatar no conceito o conteúdo de sentido que nos fala a partir da arte já sempre se lançou de uma maneira perigosa para além da arte. Justamente esta, porém, era a convicção diretriz de Hegel, uma convicção que o levou à tese do caráter de passado da arte. Nós a interpretamos como um enunciado principal de Hegel, porquanto para ele tudo aquilo que nos fala de maneira obscura e incompreensível na linguagem sensível particular à arte pode e precisa ser resgatado sob a forma do conceito e da filosofia.

Esta é, contudo, uma tentação idealista que é refutada por toda experiência artística, e, em particular, pela arte do presente, que se recusa expressamente a esperar da criação artística de nosso tempo uma orientação de sentido de um tipo tal que possa ser apreendida sob a forma do conceito. Contraponho a isto o fato de o simbólico, e, em particular, o simbólico da arte, repousar sobre um efeito recíproco indissolúvel de referência e encobrimento. A obra da arte, em seu caráter insubstituível, não é uma mera portadora de sentido – de modo que o sentido também poderia ser colocado sobre outros portadores. O sentido de uma obra de arte repousa muito mais no fato de ela estar presente. Para evitar toda falsa conotação, portanto, deveríamos substituir a palavra "obra" por uma outra palavra, a saber, pela palavra "construto". Esta palavra indica, por exemplo, que o processo transitório do fluxo discursivo no poema, um fluxo que passa de modo vertiginoso, conquista de uma maneira enigmática uma posição estável, transformando-se em um construto, tal como falamos da formação de uma cadeia de montanhas. Antes de tudo, o "construto" não é nada em relação ao que poderíamos pensar que alguém o realizou intencionalmente (tal como continua sempre acontecendo com o conceito de obra). Quem criou uma obra de arte não se encontra em verdade diante do construto de uma maneira diversa da de qualquer um outro. Há um salto entre planejar e fazer de um lado e o sucesso do outro. O construto "se ergue" agora, e, com isto, ele está de uma vez por todas "presente", passível de ser encontrado por aquele que depara com ele e perceptível em sua "qualidade". Trata-se de um salto por meio do qual a obra de arte se distingue em sua unicidade e em seu caráter insubstituível. Foi isto que Walter Benjamin denominou a aura da obra de arte[42] e que todos nós conhecemos, por exemplo, na indignação quanto àquilo que se denomina um sacrilégio artístico. A destruição de uma obra de arte continua tendo sempre para nós algo do sacrilégio religioso.

Esta reflexão deve nos preparar para que compreendamos a amplitude do fato de que o que é levado a termo pela arte não é uma mera abertura de sentido. Seria preciso dizer antes que ela produz a fixação e o encobrimento do sentido, de modo que este sentido não flui ou se perde, mas é fixado e velado no modo de estruturação do construto. Por fim, devemos ao passo de pensamento dado por Heidegger em nosso século a possibilidade de nos subtrairmos ao conceito idealista de sentido e de apreendermos por assim dizer a plenitude ontológica ou a verdade que nos fala a partir da arte na duplicidade de desencobrimento, desvelamento e abertura e velamento e abrigo. Ele mostrou que o conceito grego de desvelamento, *alétheia*, não é senão um lado da experiência fundamental do homem no mundo. Ao lado do desvelamento e de modo inseparável dele encontram-se justamente o encobrimento e o velamento que são parte da finitude do homem. Esta intelecção filosófica que estabelece os seus limites ao idealismo de uma pura integração do sentido implica o fato de haver mais na obra de arte do que apenas uma significação experimentável enquanto sentido de uma maneira determinada. Trata-se do fato deste particular em específico que constitui este "mais": o fato de existir algo assim – para falar com Rilke: "Algo assim encontrava-se entre os homens". Este fato de ele existir, a facticidade, é ao mesmo tempo uma resistência insuperável contra toda expectativa de sentido que se acredite superior. A obra de arte obriga-nos a reconhecer isto: "Não há aí nenhuma posição que não te veja. Tu precisas alterar a tua vida". O que acontece por meio da particularidade na qual toda experiência artística vem ao nosso encontro é um empurrão, um ser jogado ao chão[43].

---

42. Walter Benjamin, *Das Kunstwerk im Zeitalter seiner technischen Reproduzierbarkeit* [A obra de arte na era de sua reprodutibilidade técnica]. Frankfurt, 1969. (Edição Suhrkamp, 28)

43. Cf. Martin Heidegger, *Der Ursprung des Kunstwerks* [A origem da obra de arte]. Stuttgart, 1960. (Agora também na *Gesamtausgabe*, vol. 5: *Caminhos da floresta*. Frankfurt, 1977). Ver também a minha contribuição "Die Wahrheit des Kunstwerkes" [A verdade da obra de arte], in GW 3, pp. 249-61.

É isto que conduz pela primeira vez a um autoentendimento conceitual apropriado quanto à pergunta qual é propriamente a significância da arte. Tal como foi escolhido por Goethe e Schiller, gostaria de aprofundar em uma certa direção ou de desdobrar o conceito do simbólico em uma profundidade que lhe seja própria de modo que diga: o simbólico não apenas remete a uma significação, mas deixa que ela se atualize. Ele representa a significação. Com o conceito do "representar" temos de pensar no conceito de representação ligado ao direito canônico e ao direito público. Neste caso, representação não significa que algo está assumindo o lugar ou está presente de maneira imprópria e indireta, como se fosse um substituto, uma compensação. O próprio representado está muito mais presente e segundo o modo como ele efetivamente pode estar presente. Na aplicação à arte, algo desta existência é retido na representação. É isto que temos, por exemplo, quando uma personalidade conhecida que já possui uma determinada publicidade é apresentada de maneira representativa em um retrato. O quadro que está pendurado no hall da prefeitura ou no prédio da igreja ou em qualquer outro lugar deve ser uma parte de seu presente. Esta personalidade está ela mesma no papel representativo que possui, no quadro representativo presente. Nós pensamos que o próprio quadro é representativo. Naturalmente, isto não significa uma veneração a imagens ou ídolos. Ao contrário, significa que não temos um mero traço de memória, uma referência e uma compensação quando se trata de uma obra de arte.

Para mim – enquanto protestante – a contenda sobre a última ceia que foi discutida à exaustão na igreja protestante sempre foi muito significativa, principalmente o debate entre Zwingli e Lutero. Compartilho com Lutero a convicção de que as palavras de Jesus "Esta é minha carne e este é meu sangue" não têm em vista o fato de pão e vinho *significarem* isto. Acho que Lutero viu isto de modo totalmente correto e se manteve preso neste ponto, até onde sei, completamente à antiga tradição católico-romana de que o pão e o vinho do sacramento *são* a carne e o sangue de Cristo. – Aproveito este problema dogmático apenas para dizer que podemos e precisamos mesmo pensar algo assim quando queremos pensar a experiência da arte – o fato de na obra de arte não haver somente uma *referência* a algo, mas de nela *estar* propriamente *presente* aquilo ao que ela se refere. Em outras palavras: a obra de arte significa um incremento de ser. Isto a diferencia de todas as realizações produtivas da humanidade no trabalho manual e na técnica, nas quais os aparelhos e as instalações de nossa vida prático-econômica se desenvolveram. É claramente constitutivo destes aparelhos e instalações que cada peça produzida sirva apenas como meio e como instrumento. Nós não denominamos uma "obra" o objeto doméstico que adquirimos. Este objeto é uma "peça". É próprio a ele a repetibilidade de sua produção e, com isto, a possibilidade fundamental de substituição de cada aparelho como tal ou de cada peça do aparelho em vista do contexto funcional determinado para o qual eles são pensados.

Ao contrário, a obra de arte é insubstituível. Isto permanece verdadeiro mesmo na era da reprodutibilidade em que nos encontramos, na qual as obras de arte do tipo mais elevado vêm ao nosso encontro em uma qualidade de cópia extraordinariamente boa. A fotografia ou o disco são reproduções, mas não uma representação. Na reprodução enquanto tal, não há nada mais do acontecimento único que distingue uma obra de arte (e isto mesmo quando se trata no disco do acontecimento único de uma "interpretação", isto é, mesmo quando ele mesmo é uma reprodução). Quando encontro uma reprodução melhor, substituo a mais antiga por ela; quando ela desaparece, adquiro uma nova. O que é este elemento diverso que ainda está presente na obra de arte – diverso de uma peça que pode ser reproduzida de um modo arbitrariamente frequente?

Há uma resposta antiga à pergunta que se precisa compreender uma vez mais de forma correta: em toda obra de arte há algo assim como uma "mimesis", como uma imitação. Mimesis certamente não significa aqui imitar algo já previamente conhecido, mas apresentar algo de modo que ele esteja desta maneira presente em sua plenitude sensível. O uso antigo desta palavra foi tomado a partir da dança das estrelas[44]. As estrelas são a apresentação das puras leis e proporções matemáticas que constituem a ordem do céu. Neste sentido, acredito que a tradição tem razão ao dizer: a arte é sempre mimesis, isto é, ela apresenta algo. No entanto, precisamos ter cuidado com uma incompreensão que consiste em pensar que este algo aí apresentado poderia ser apreendido e estaria "presente" de uma forma diversa da que se dá por meio do fato de ela se apresentar de um modo tão eloquente. Com base neste fato, considero um engodo político-cultural e artístico logicamente inconsistente a pergunta sobre se a pintura é desprovida ou dotada de objeto. Há inversamente muitas formas de ação configuradora, nas quais "esta ação" se apresenta a cada vez na condensação de um construto que veio a ser apenas assim e que se tornou uma figura única, significativa enquanto um penhor de ordem, por mais diverso que aquilo que assim se apresenta possa ser de nossa experiência cotidiana. A representação simbólica que é realizada pela arte não necessita de nenhuma dependência determinada das coisas previamente dadas. A distinção da arte reside muito mais justamente no fato de aquilo que é apresentado nela, quer ele seja rico ou pobre em conotações, quer ele não seja senão um puro nada de tais conotações, nos mobilizar para que permaneçamos junto à obra e para a concordância, tal como em um reconhecimento. Precisaremos mostrar como se de-

---

44. Cf. Hermann Koller, *Die Mimesis in der Antike. Nachahmung, Darstellung, Ausdruck* [A mimesis na Antiguidade. Imitação, apresentação, expressão]. Bern, 1954 (Dissertationes Bernenses 1,5).

duz precisamente desta característica a tarefa que a arte de todos os tempos e a arte de hoje apresentam para cada um de nós. A tarefa é aprender a ouvir o que quer falar aí e precisaremos confessar que aprender a ouvir tem em vista antes de tudo se alçar para além de toda surdez e de toda cegueira niveladoras que uma civilização cada vez mais poderosa e sedutora trabalha para difundir.

Nós nos formulamos a pergunta: o que é propriamente transmitido pela experiência do belo e, em particular, pela experiência da arte? A intelecção decisiva que precisou ser conquistada aqui foi a de que não se pode falar de uma simples transferência ou mediação de sentido. Com esta expectativa, aquilo que é experimentado no belo artístico seria desde o princípio inserido na expectativa universal de sentido da razão teórica. Enquanto definirmos juntamente com os idealistas, por exemplo, juntamente com Hegel, o belo artístico como a aparência sensível da ideia – em si uma retomada genial do aceno platônico acerca da unidade do bem e do belo –, continuaremos pressupondo necessariamente que podemos ir além deste tipo de aparição do verdadeiro e que o pensamento filosófico que pensa a ideia é mesmo a forma mais extrema e apropriada da apreensão desta verdade. O erro ou a fraqueza de uma estética idealista parece-nos ser o fato de ela não ver que justamente o encontro com o particular e a aparição do verdadeiro só se dão na particularização em que a arte conquista para nós a sua distinção como algo que nunca pode ser sobrepujado. Este era o sentido de "símbolo" e de "simbólico": o fato de ter lugar aqui um tipo paradoxal de referência que incorpora ao mesmo tempo em si mesma e até mesmo garante a significação à qual ela se refere. A arte só vem ao nosso encontro nesta forma que resiste ao puro conceber – ela é um empurrão violento que nos comunica a grandeza na arte – porque sempre somos expostos de modo indefeso à supremacia de uma obra de arte convincente. Por isto, a essência do simbólico ou daquilo que possui o caráter de símbolo consiste precisamente em não estar relacionado com uma finalidade significativa que precisa ser resgatada intelectualmente, mas reter a sua significação em si.

Assim, a exposição sobre o caráter simbólico da arte une-se com as nossas reflexões iniciais sobre o jogo. Também no caso do jogo, a perspectiva de nosso questionamento desenvolveu-se a partir do fato de ele já ser sempre uma espécie de autorrepresentação. Na arte, isso encontrou a sua expressão no caráter específico do incremento de ser, da "repraesentation", da conquista de ser que um ente experimenta por meio do fato de ele se apresentar. Nesse ponto, a estética idealista me parece carecer de uma revisão, uma vez que o que está em questão é aprender de maneira mais apropriada esse caráter da experiência artística. A conclusão genérica que teremos de tirar daí já foi há muito preparada, a saber: a arte, qualquer que seja a sua forma, quer sob a forma das tradições marcadas pelos objetos e familiares, quer sob a forma da ausência de tradição do "não familiar" de hoje, exige de nós em todo caso um trabalho próprio de construção.

Gostaria de tirar daí uma conclusão que deve nos propiciar a visão de um caráter estrutural realmente sintético da arte, um caráter que constitui um elemento comum. Deveria ser compreendido como uma exigência genérica e não apenas como uma condição necessária para a assim chamada modernidade o fato de, na representação que uma obra de arte é, não estar em questão a representação por parte da obra de arte de algo que ela não é, ou seja, o fato de ela não ser em sentido algum alegoria, isto é, de ela não dizer algo para que se pense aí em algo diverso, mas de só se poder encontrar precisamente nela mesma aquilo que ela tem a dizer. Quando diante de um quadro perguntamos em primeira linha o que ele representa, isto não é senão uma forma espantosamente ingênua de conceptualização objetiva. Naturalmente, também compreendemos isto. Ele está sempre coinserido em nossa percepção, porquanto o podemos reconhecer. No entanto, as coisas certamente não se dão de tal modo que tenhamos isto em vista como a meta propriamente dita de nossa apreensão da obra. Para que nos asseguremos disto, é preciso apenas pensar na assim chamada música absoluta. A música absoluta é uma arte desprovida de objeto. No seu caso, não faz o menor sentido pressupor perspectivas fixas e determinadas de compreensão e entendimento – mesmo que se tente por vezes encontrar tais perspectivas. Também conhecemos as formas secundárias e híbridas da música programática ou mesmo da ópera e do drama musical, que remetem mesmo enquanto formas secundárias ao fato da música absoluta, esta grande performance abstrativa do Ocidente, e ao seu ápice, a música clássica vienense que surgiu sobre o solo cultural da antiga Áustria. Precisamente a partir da música absoluta, podemos ilustrar o sentido da questão que incessantemente nos mobiliza: por que uma peça musical é de um tal modo que podemos dizer dela: "ela é um pouco trivial" ou "esta é realmente uma música grande e profunda", por exemplo, em relação a um quarteto de cordas de Beethoven. Em que se baseia este julgamento? O que suporta aqui esta qualidade? Seguramente não uma relação qualquer determinada com algo que podemos denominar sentido. Mas também não uma massa quantitativamente determinável de informações, tal como a estética da informação gostaria de nos fazer crer. Como se as coisas não dependessem justamente da variedade em termos qualitativos. Por que uma canção voltada para a dança pode ser transformada em um coro da paixão? Será que sempre está em jogo aí uma articulação secreta com a *palavra*? Pode ser que algo assim esteja em jogo e os intérpretes da música sempre se veem tentados uma vez mais a encontrar tais pontos de apoio, por assim dizer derradeiros momentos residuais da conceptualidade. Mesmo junto à visão relativa à arte desprovida de objetos, nunca poderemos eliminar completamente o fato de olharmos para objetos em nossa orientação mundana cotidiana. Assim, na concentração com a qual a música se torna fenômeno para nós, também ouvimos com o mesmo ouvido com o qual procuramos compreender de outro modo a palavra. Subsiste uma conexão inexorável entre a linguagem sem palavras da música, como se gosta de dizer, e a linguagem vocabular de nossas próprias experiências discursivas e comunicativas. Talvez subsista da mesma forma uma conexão entre a visão objetiva, o orientar-se no mundo e a exigência artística de construir novas composições repentinamente a partir dos elementos de um tal mundo objetivamente visível e tomar parte na profundidade de sua tensão.

Ter lembrado uma vez mais destas questões-limite é uma boa preparação para tornar visível o traço comunicativo que a arte exige de nós e no qual nos unimos. Falei no começo deste texto como, desde o início do século XIX, a assim chamada modernidade encontra-se em um processo de abandono do âmbito comum autoevidente da tradição humanista cristã; como não se apresentam mais os conteúdos evidentemente obrigatórios que precisam ser retidos na forma da configuração artística, de modo que todos os reconheçam como um vocabulário autoevidente do novo enunciado. Como o formulei, este é de fato o elemento diverso, a saber, o fato de o artista não exprimir desde então a comunidade, mas formar para si a sua comunidade por meio de seu exprimir-se mais próprio. Apesar disto, então, ele forma a sua comunidade, e, segundo a intenção, esta comunidade é a "oikumene", o todo do mundo habitado: ela é verdadeiramente universal. Em verdade, todos deveriam se abrir para a linguagem – esta é a exigência de todo criador artístico – que ganha voz na obra de arte e se apropriar desta linguagem como a sua. Quer um âmbito comum preparatório e autoevidente de nossa visão de mundo suporte a formação e a configuração da obra de arte, quer precisemos nos inserir a princípio por assim dizer "soletrando" no construto com o qual somos confrontados, quer precisemos ainda aprender o alfabeto e a linguagem daquilo que nos diz algo aqui – permanece vigente aí o fato de se tratar em todos os casos de uma realização comum, a realização de um elemento comum potencial.

III

Este é o ponto em que gostaria de introduzir como terceiro momento o termo "festa". Se há algo que está ligado com toda experiência de festa, este algo é o fato de a festa recusar todo isolamento de um em relação ao outro. A festa é comunhão e apresentação do próprio âmbito comum em sua forma plena. A festa é sempre para todos. Assim, dizemos que alguém "se alija" quando não participa da festa. Não é fácil desenvolver ideias claras sobre este caráter da festa e sobre a estrutura da experiência do tempo ligada a este seu caráter. Neste caso, não nos sentimos suportados e apoiados pelos caminhos da pesquisa até aqui. No entanto, há alguns pesquisadores importantes que voltaram o seu olhar nesta direção. Lembro-me de Walter F. Otto[45], o filólogo clássico, ou de Karl Kerényi[46], o filólogo clássico húngaro-alemão. Além disto, é óbvio que sempre foi um tema teológico saber o que significa propriamente a festa e o tempo da festa.

Talvez pudesse partir da seguinte observação primordial. Diz-se: as festas são festejadas; um dia festivo é um *Feiertag* [um feriado][47]. – Mas o que significa dizer isto? O que significa "festejar uma festa"? Será que "festejar" não possui senão uma significação negativa: não trabalhar? E se este for o caso – por quê? A resposta precisa ser com certeza: porque o trabalho claramente nos separa e divide. Nós nos individualizamos em direção às nossas finalidades ativas; e isto apesar de toda concentração de pessoas que a caça conjunta ou a produção segundo a divisão do trabalho tornou há muito necessária. Em contrapartida, a festa e o festejar são manifestamente determinados pelo fato de não sermos aí primeiro individualizados, mas de todos estarem reunidos. Com certeza, esta distinção particular do festejar se mostra como uma capacidade que não conseguimos mais realizar tão bem. Festejar é uma arte. Neste ponto, tempos mais antigos e culturas mais primitivas foram muito superiores a nós. Nós nos perguntamos: no que consiste propriamente esta arte? Evidentemente em uma comunhão que não pode ser efetivamente determinável, em um reunir-se em vista de algo em relação ao que ninguém sabe dizer em vista do que efetivamente as pessoas se unem e reúnem. Não é certamente por acaso que estes enunciados são similares à experiência da obra de arte. O festejar tem determinados modos de apresentação. Para tanto, há formas fixas que denominamos costumes, costumes antigos; e nenhum destes é um costume que não seja antigo, isto é, que não tenha se transformado em um hábito normativo fixo. Também há neste caso uma forma do discurso que corresponde e é subordinada ao festejo e à festa. Fala-se de discursos festivos. No entanto, de maneira muito mais constitutiva do que a forma do discurso festivo, o silêncio pertence à festividade da festa. Falamos de um "silêncio solene"[48]. Podemos dizer do silêncio que ele por assim dizer se propaga e é deste modo que as coisas se dão com todos

---

45. Walter F. Otto. *Dionysus. Mythos und Kultus* [Dioniso. Mito e culto]. Frankfurt, 1933.
46. Karl Kerényi. "Vom Wesen des Festes" [Da essência da festa]. In: GW 7: *Antike Religion* [Religião antiga]. Munique, 1971. No que diz respeito ao conceito de festa e de festejar, ver também as exposições em *Wahrheit und Methode* (GW 1, pp. 128 ss.) e em meu ensaio "Die Kunst des Feierns" [A arte do festejar], in: J. Schulz (org.), *Was der Mensch braucht* [O que o homem precisa]. Stuttgart, 1977, pp. 61-70.
47. Ao pé da letra, o termo "feriado" em alemão significa "um dia [*Tag*] a ser festejado [*Feiern*]". (N. do T.)
48. O termo para "solene" em alemão é *feierlich*: festivo. (N. do T.)

aqueles que se veem diante de um monumento próprio ao processo artístico ou religioso de configuração: o monumento se "abate" sobre eles. Lembro-me do museu nacional de Atenas, onde a cada dez anos é resgatada uma nova maravilha de bronze das profundezas do mar Egeu e colocada uma vez mais em exposição. Quando se entra pela primeira vez em um tal espaço, somos tomados por um silêncio absolutamente solene. Pressente-se como todos estão reunidos em função daquilo que vem ao nosso encontro. Portanto, o fato de a festa ser festejada significa que este festejar se tornou uma vez mais uma atividade. Com uma expressão artística, podemos denominar isto uma "atividade intencional". Nós festejamos – e isto fica particularmente claro onde se trata da experiência da arte – na medida em nos reunimos em vista de algo. Não é simplesmente o estar um ao lado do outro enquanto tal, mas a intenção que unifica a todos e que os impede de decair em diálogos particulares e de se isolar em vivências particulares.

Perguntemos sobre a estrutura temporal da festa e sobre se nos aproximamos a partir desta estrutura do caráter festivo da arte e da estrutura temporal da obra de arte. Posso seguir uma vez mais o caminho que passa por uma observação linguística. Este parece-me o único modo consciencioso de tornar comunicáveis os pensamentos filosóficos: submeter-se àquilo que a língua que nos une a todos já sabe. Assim, lembremos do fato de falarmos de uma festa que se "celebra". A celebração da festa é manifestamente um modo totalmente específico de realização de nosso comportamento. "Celebração" – precisamos aguçar nossos ouvidos para as palavras se quisermos pensar. Celebração é manifestamente uma palavra que suspende de maneira expressa a representação de uma meta para a qual se tende. A celebração mostra-se de um tal modo que não se precisa seguir inicialmente o caminho para chegar lá[49]. No que celebramos uma festa, a festa está sempre o tempo inteiro presente. Este é o caráter temporal da festa, o fato de ela ser "celebrada" e não se decompor na duração de momentos que se dissolvem uns nos outros. Certamente, fazemos um programa para a festa ou organizamos um culto festivo de uma maneira articulada, apresentando-nos até mesmo um cronograma. Mas isto tudo só acontece porque a festa é celebrada. Também podemos, então, configurar de modo disponível as formas de sua celebração. No entanto, a estrutura temporal da celebração não é sem dúvida alguma a estrutura do dispor do tempo.

É constitutivo da festa – não quero dizer incondicionadamente (ou será que talvez o queira em um sentido mais profundo?) – uma espécie de retorno. Em verdade, nós falamos de festas que sempre se repetem em contrapo-

---

49. Gadamer alude aqui à presença do verbo *gehen* [ir, seguir, andar] no termo celebração [*Begehung*]. Traduzido literalmente, a celebração indica uma radicalização do verbo *gehen*, um modo de se encontrar plenamente em algum lugar. (N. do T.)

sição a festas que só acontecem uma vez. A questão é saber se a festa que só acontece uma vez não reclama sempre a sua repetição. Festas que sempre se repetem não são denominadas assim porque foram inseridas em uma ordem temporal, mas é inversamente a ordem temporal que emerge a partir do retorno da festa. O ano eclesiástico, o ano espiritual, mas também as formas com as quais falamos em nossa medição abstrata do tempo e que não expressam simplesmente o número dos meses e coisas do gênero, mas justamente o Natal e a Páscoa e o que quer que seja assim – tudo isto representa, com efeito, o primado daquilo que chega no seu tempo, daquilo que possui o seu tempo e não está submetido a um cálculo abstrato ou ao preenchimento do tempo.

Parece que se trata aqui de duas experiências fundamentais do tempo[50]. A experiência normal pragmática do tempo é o "tempo para algo", isto é, o tempo do qual dispomos, que dividimos para nós, que temos ou não temos ou ainda que não achamos ter. Segundo a sua estrutura, o tempo "vazio" é algo que precisamos ter para que possamos preenchê-lo com a inserção de algo. O exemplo extremo da experiência deste vazio do tempo é o tédio. No tédio, o tempo é em alguma medida experimentado em um ritmo repetitivo, desprovido de história como uma presença torturante. Ante o vazio do tédio encontra-se o outro vazio das atividades e dos negócios, isto é, nunca ter tempo e continuar pretendendo sempre fazer algo. Pretender fazer algo mostra-se aqui como a maneira na qual o tempo é experimentado como o tempo que é necessário para isto ou como o tempo para o qual é preciso esperar pelo instante correto. Os extremos do tédio e do funcionamento incessante visam da mesma forma ao tempo: enquanto algo que não está "preenchido" com nada ou que está preenchido com algo. O tempo é experimentado aqui como aquilo que precisa ser ou que é "impelido a correr"[51]. O tempo não é experimentado aqui como tempo. – Ao lado desta experiência do tempo, há uma experiência totalmente diversa, e ela me parece aparentada do modo mais profundo possível tanto com a experiência da festa quanto com a da arte. Em contraposição ao tempo vazio a ser preenchido, gostaria de denominá-lo o tempo cheio ou mesmo o tempo próprio. Todos sabem que, quando a festa está presente, este instante ou este curto momento são plenamente preenchidos pela festa. Isto não aconteceu por meio de alguém

---

50. Cf. *Über leere und erfüllte Zeit* [Sobre tempo vazio e tempo preenchido], agora in: GW 4, pp. 137-53.

51. Esta é uma passagem de difícil tradução porque repousa sobre uma especificidade da língua alemã. Em alemão, o verbo acima usado por Gadamer também forma a expressão passatempo [Zeitvertreib]. *Vertreib* designa o ato de tirar alguma coisa de um lugar e lançá-lo para outro e é normalmente traduzido por expulsar, desalojar, eliminar. Assim, o passatempo é o deslocamento do tempo. Nós procuramos encontrar aqui uma locução que vertesse este sentido específico do verbo em sua conexão com a experiência do tédio e do passatempo. (N. do T.)

que tinha de preencher um tempo vazio. Ao contrário, o tempo tornou-se festivo quando o tempo da festa chegou, e disto depende imediatamente o caráter de celebração da festa. É isto que podemos denominar tempo próprio e que nós todos conhecemos a partir de uma experiência de vida própria. As formas fundamentais do tempo próprio são a infância, a juventude, a maturidade, a velhice e a morte. Não contamos aqui e o tempo como um todo não é formado por partes que se compõem a partir da lenta sequência de momentos vazios. A continuidade do fluxo uniforme do tempo que observamos e calculamos com o relógio não nos diz nada sobre a juventude e a velhice. O tempo que faz com que alguém seja velho ou novo não é o tempo do relógio. Há evidentemente uma descontinuidade aí. De repente, alguém se tornou velho ou de repente se vê em alguém: ele não é mais uma criança. Aquilo que percebemos aí é o seu tempo, o tempo próprio. Isto também me parece, então, característico da festa: o fato de ela se dar previamente tempo por meio de sua própria festividade, e, com isto, reter o tempo, levando-o a perdurar. É isso que significa festejar. O caráter calculador, disponibilizador, no qual dispomos de nosso tempo, é por assim dizer apaziguado no festejar.

A passagem de tais experiências temporais da vida vivida para a obra de arte é simples. Em nosso pensamento, o fenômeno da arte tem sempre uma grande proximidade com a determinação fundamental da vida que possui a estrutura do ser "orgânico". Assim, todos compreendem que digamos: uma obra de arte é de algum modo uma unidade orgânica. O que se tem em vista com isso pode ser rapidamente esclarecido. Tem-se em vista com isto o fato de se pressentir como aqui cada singularidade e cada momento no espetáculo ou no texto – ou no que quer que esteja em questão – estão unidos com o todo, de modo que eles não dão a impressão de algo colado, nem chamam a atenção como um pedaço de algo morto, de algo arrastado na corrente do acontecimento. Estas singularidades e estes momentos são muito mais centrados em uma espécie de ponto médio. Também compreendemos efetivamente por um organismo vivo que ele tenha em si uma tal centralização, de modo que nenhuma de suas partes são subordinadas a uma terceira finalidade determinada, mas todas servem à própria autoconservação e à própria vitalidade. Kant designou isto de uma maneira muito bela como a "conveniência desprovida de finalidade"[52], uma conveniência que é própria tanto ao organismo quanto evidentemente à obra de arte[53]. Corresponde a isto uma das definições mais antigas que existem sobre o belo artístico: algo é belo "quando não se pode nem acrescentar, nem retirar algo dele" (Aristóteles)[54]. É claro que isto não pode ser compreendido literalmente, mas *cum*

---

52. Traduzido literalmente, a expressão significa "à conformidade a finalidades desprovida de finalidade". (N. do T.)
53. *Crítica da faculdade de julgar*, Introdução.
54. *Ética nicomaqueia*, B 5, 1106b10.

grano salis[55]. Pode-se até mesmo inverter esta definição e dizer: a concentração de tensão daquilo que denominamos "belo" consiste justamente no fato de ele admitir um âmbito de variabilidade de possíveis transformações, substituições, acréscimos, alijamentos, mas isto a partir de uma estrutura nuclear que não pode ser tocada, se é que o construto não deve perder a sua unidade vital. Nesta medida, uma obra de arte é de fato similar a um organismo vivo: ela é uma unidade em si estruturada. Todavia, isto significa que ela também tem o seu tempo próprio.

Naturalmente, isto não significa que a obra de arte tem a sua juventude, a sua maturidade e a sua velhice tal como o organismo vivo real. Ao contrário, significa muito mais que a obra de arte também não é determinada pela duração calculável de sua extensão temporal, mas por meio de sua própria estrutura temporal. Pensemos na música. Todos conhecem as indicações vagas de tempo que são utilizadas pelo compositor para a designação dos andamentos particulares de uma peça musical. Com isso, é indicado algo muito indeterminado, e, no entanto, não se trata, por exemplo, de uma instrução técnica do compositor, de cujo arbítrio dependeria o fato de algo ser "tomado" de maneira mais rápida ou mais lenta. Precisamos tomar o tempo corretamente, isto é, do modo como é exigido pela obra. As indicações de tempo são apenas acenos para manter o tempo "certo" ou para se colocar corretamente em vista do todo da peça. O tempo certo não é nunca mensurável, calculável. O fato de acontecerem aqui normatizações, por exemplo o fato de uma gravação "autêntica" feita pelos compositores ou de uma gravação "autêntica" autorizada pelo compositor com todos os seus tempos e ritmizações se tornar canônica é uma das grandes aberrações que se tornaram possíveis por meio da arte das máquinas de nossa era, uma aberração que em alguns países de uma burocracia particularmente centralizadora também se estendeu até o âmbito de funcionamento da arte. A realização disso seria a morte da arte reprodutiva e a sua completa substituição por meio de uma aparelhagem mecânica. Se na reprodução só se imitasse o modo como outrora uma outra pessoa fez uma interpretação autêntica, a reprodução seria reduzida a uma ação não criativa e o outro, o ouvinte, o notaria – se é que ele ainda nota alguma coisa.

O que está aqui em questão é uma vez mais a diferenciação já há muito conhecida por nós do espaço de jogo entre identidade e diferença. É o tempo próprio da peça musical, é o tom próprio de um texto poético que precisa ser encontrado, e isto só pode acontecer no ouvido interior. Toda reprodução, toda recitação ou apresentação de um poema em voz alta, todo espetáculo teatral no qual entram em cena grandes mestres da mímica ou da arte de falar ou do canto não intermedeiam uma experiência artística real da pró-

---

55. Em latim no original: com cautela. (N. do T.)

pria obra senão quando ouvimos com o nosso ouvido interior algo totalmente diverso daquilo que acontece realmente ante os nossos sentidos. Somente aquilo que é elevado à idealidade desta escuta interior – não as reproduções, representações ou performances mímicas enquanto tais – fornece a pedra fundamental para a construção da obra. Esta é uma experiência feita por cada um de nós, por exemplo, quando temos um poema particularmente no ouvido. Ninguém consegue recitar para alguém em voz alta o poema de uma maneira satisfatória, mesmo nós mesmos não. Por que as coisas se comportam assim? É evidente que nos encontramos aqui uma vez mais em meio ao trabalho de reflexão, o trabalho intelectual propriamente dito que se acha inserido no assim chamado gozo. É só porque participamos ativamente da transcendência em relação aos momentos contingentes que ressurge o construto ideal. Para podermos ouvir apropriadamente um poema em uma pura atitude receptiva, a sua apresentação não poderia ter nenhum timbre de voz individual. Um tal timbre não se encontra no texto. Cada um, porém, tem um timbre de voz individual. Nenhuma voz do mundo pode alcançar a idealidade de um texto poético[56]. Em certo sentido, cada uma destas vozes acaba necessariamente por produzir uma irritação por conta de sua contingência. Libertar-se desta contingência confunde-se com a cooperação que temos de realizar neste jogo como jogadores.

    O tema do tempo próprio da obra de arte pode ser descrito de uma maneira particularmente bela a partir da experiência do ritmo. Que coisa notável é o ritmo! Há pesquisas psicológicas que nos mostram como a ritmização é uma forma de nossa escuta e de nossa concepção mesmas[57]. Quando deixamos transcorrer uma série de ruídos ou sons que se repetem de maneira uniforme, nenhum ouvinte é capaz de deixar de ritmizar esta série. Onde é que se encontra propriamente o ritmo? Será que ele está nas relações físicas e objetivas de tempo, nos processos ondulatórios ou frequências físicas objetivas e coisas do gênero? Ou será que ele está na cabeça do ouvinte? Esta é certamente uma alternativa que se pode apreender imediatamente enquanto tal em seu caráter tosco e insuficiente. As coisas dão-se efetivamente de um tal modo que se extrai e insere o ritmo por meio da escuta. Este exemplo do ritmo de uma sequência monótona não é naturalmente nenhum exemplo artístico. No entanto, ele indica que só ouvimos mesmo um ritmo estabelecido na própria configuração se ritmizamos a partir de nós mesmos, isto é, se realmente nos mostramos como ativos para extraí-lo por meio da escuta.

---

    56. É possível encontrar uma exposição mais detalhada deste ponto em "Voz e linguagem" (Nr. 10) e "Hören – Sehen – Lesen", GW 8, Nr. 23.

    57. Cf. Richard Hömigswald. *Vom Wesen des Rhythmus* [Sobre a essência do ritmo]. In: *Die Grundlagen der Denkpsychologie. Studien und Analyses* [As bases da psicologia do pensamento. Estudos e análises]. Leipzig/Berlin, 1925.

Portanto, toda obra de arte tem algo assim como um tempo próprio, que ela por assim dizer nos impõe. Isto não vale apenas para as artes transitórias: para a música, a dança e a língua. Se lançamos o olhar para as artes estatuárias, lembramo-nos de que também construímos e lemos quadros ou que "passeamos" e "andamos" para conhecer uma arquitetura. Estes também são cursos temporais. Um quadro não é exatamente acessível como o outro (de maneira tão rápida ou tão lenta). Uma das grandes falsificações que despontaram por meio da arte da reprodução foi o fato de acolhermos com frequência as obras grandiosas da cultura humana com uma certa desilusão, quando as vemos pela primeira vez no original. Neste caso, elas não são de modo algum tão pictóricas quanto estamos acostumados por meio das reproduções fotográficas. Em verdade, esta desilusão significa que ainda não ultrapassamos a mera qualidade pictórica da visão da obra em direção à sua apreensão como arquitetura, como arte. Para tanto, é preciso ir até lá e se inserir na obra, é preciso sair dela, é preciso andar à sua volta, é preciso conhecê-la paulatinamente em meio a um passeio e conquistar aquilo que o construto promete a alguém para o seu próprio sentimento de vida e para a elevação desse sentimento. De fato, é assim que gostaria de resumir a consequência desta breve reflexão: o que está em questão na experiência da arte é aprender um tipo específico de permanência junto à obra de arte. Trata-se de uma permanência que se distingue manifestamente por meio do fato de ela não ser entendiante. Quanto mais nos inserimos e permanecemos aí, tanto mais eloquente, tanto mais multifacetada, tanto mais rica se mostra a permanência. A essência da experiência de tempo da arte é que aprendemos a nos demorar. Talvez esta seja a correspondência apropriada entre a nossa finitude e aquilo que denominamos eternidade.

Resumamos, então, o curso de nossas reflexões. Como em todo olhar retrospectivo, o que importa é que nos conscientizemos dos passos dados para a frente no todo de nossas reflexões. A questão diante da qual nos vemos colocados hoje pela arte contém desde o princípio a tarefa de reunir aquilo que se exclui e que se acha em uma tensa oposição: por um lado, a aparência histórica e, por outro lado, a aparência progressiva. A aparência histórica pode ser designada como o obnubilamento da cultura, um obnubilamento segundo o qual só o que é familiar a partir da tradição cultural é plenamente significativo. A aparência progressiva vive inversamente em uma espécie de obnubilamento crítico-ideológico, na medida em que o crítico acredita que o tempo deveria recomeçar hoje e amanhã, e, com isso, levanta a exigência de conhecer e deixar para trás inteiramente a tradição na qual nos encontramos. O enigma propriamente dito que nos é aberto pela experiência da arte é justamente a simultaneidade do passado e do presente. Nada é mero estágio prévio e nada se mostra como mera degradação. Ao contrário, precisamos nos perguntar o que uma arte deste gênero unifica consigo mesma enquanto arte e de que maneira a arte é uma superação do tempo. Nós tentamos fazer isto em três passos. O primeiro passo buscou uma fundamentação antropológica no fenômeno do excesso próprio ao jogo. O fato de, em sua pobreza instintiva, em sua própria carência de fixidez por meio de funções impulsivas, o homem se compreender em liberdade e saber ao mesmo tempo da ameaça à liberdade que constitui precisamente o humano é um caráter distintivo que determina profundamente a existência humana. Sigo neste caso as intelecções oriundas da antropologia filosófica inspirada por Nietzsche que foi desenvolvida por Scheler, Plessner e Gehlen. Procurei mostrar como cresce aqui a qualidade propriamente humana da existência, a unificação de passado e presente, a simultaneidade dos tempos, dos estilos, das raças, das classes. Tudo isto é humano. Como denominei de início, trata-se do olhar brilhante de Mnemosyne, da musa da manutenção e da retenção que nos distingue. Um dos motes centrais de minhas exposições foi deixar claro que o que temos em vista em nosso comportamento em relação ao mundo e em nossos esforços configuradores – quando formamos ou jogamos junto o jogo das formas – é uma perfomance ligada à manutenção daquilo que escapa.

Nesta medida, não é por acaso que a experiência da finitude da existência humana se sedimenta de maneira particular nesta atividade. Ao contrário, ela revela-se como o selo espiritual da transcendência interna do jogo, de seu excesso em direção àquilo que depende do arbítrio, que é escolhido e livremente eleito. Aquilo que para o homem é a morte mostra-se como a projeção do pensamento para além de sua própria permanência. O enterro dos mortos, o culto aos mortos, assim como todo o fausto descomunal ligado à arte mortuária e aos presentes consagratórios aponta para a retenção daquilo que perece e escapa em uma nova duração própria. Quando não designamos apenas o caráter de excesso do jogo como a base propriamente dita para a nossa elevação criadora e configuradora até a arte, mas quando reconhecemos como o motivo antropológico mais profundo por detrás disto aquilo que diferencia o jogo humano, e, em particular, o jogo da arte, de todas as formas de jogo da natureza, distinguindo-os em relação a estas formas, este me parece ser, então, o passo à frente dado a partir do todo de nossas reflexões. O jogo do homem concede duração.

Este foi o primeiro passo dado por nós. A este passo veio se ligar, então, a questão sobre o que é propriamente que nos fala de modo significativo neste jogo de formas, em sua assunção de uma forma e em sua "fixação" em um construto. Neste caso, articulamo-nos com o antigo conceito do simbólico. Também em relação a este ponto, gostaria de dar agora um passo além. Nós dissemos: o símbolo é aquilo em que reconhecemos algo – tal como o hóspede reconhece o hóspede a partir da "tessera hospitalis". Mas o que significa reconhecer? Reconhecer não quer dizer: ver algo uma vez mais. Reconhecimentos não se mostram como uma série de encontros. Ao contrário, reconhecer significa conhecer algo como aquilo que já é conhecido. O que constitui o processo humano propriamente dito de "acomodação em uma casa"[58] – um termo hegeliano que utilizo neste contexto – é o fato de todo reconhecimento já ter se liberado da contingência da primeira tomada de conhecimento e já ter sido alçado a uma idealidade. Todos conhecemos isto. No reconhecimento sempre reside o fato de conhecermos agora mais propriamente do que tínhamos conseguido em meio ao aprisionamento no instante do primeiro encontro. O reconhecer vê o que permanece a partir daquilo que escapa. Esta é, então, a função propriamente dita do símbolo e do conteúdo simbólico de todas as linguagens artísticas: levar este processo ao acabamento. Esta foi, porém, precisamente a questão em torno da qual nos empenhamos. Afinal, o que reconhecemos propriamente quando o que está em questão é a arte cuja linguagem, o vocabulário linguístico, a sintaxe e o estilo são tão peculiarmente vazios, uma arte que nos parece tão estranha ou tão distante da grande tradição clássica de nossa cultura? Não é justamente a característica da contemporaneidade que ela esteja imersa em uma penúria simbólica tão profunda que as possibilidades de reconhecimento nos são francamente negadas em todo o progressismo febril da crença no desenvolvimento técnico, econômico e social?

Procurei mostrar que as coisas não se dão de tal modo que poderíamos falar aqui simplesmente de tempos ricos em termos de familiaridade simbólica geral e tempos pobres de esvaziamento simbólico, como se o privilégio dos tempos e o caráter desfavorável do presente fossem coisas simplesmente dadas. Em verdade, o símbolo é uma tarefa de construção. É preciso realizar as possibilidades de reconhecimento, e isto em uma esfera seguramente muito ampla de tarefas e ante ofertas muito diversas de encontro. Assim, há certamente uma diferença quando nós, com base em nossa formação histórica e no fato de estarmos habituados com o funcionamento cultural burguês, nos familiarizamos com um vocabulário, que funcionou como o vocabulário autoevidente para a fala de tempos anteriores, por meio de uma apropriação histórica, de modo que o vocabulário aprendido a partir da formação histórica ganha concomitantemente voz no encontro com a arte, e quando encontramos, por outro lado, o novo soletrar de um vocabulário desconhecido que é preciso ser elevado até que aprendamos a ler.

Nós sabemos, porém, o que significa saber ler. Nós sabemos ler quando as letras desaparecem no imperceptível e só o sentido do discurso se constrói. Em todo caso, não é senão a constituição de sentido com coerência que nos permite dizer: "Compreendi o que foi dito aqui." É isso que leva pela primeira vez à plenitude um encontro com a linguagem das formas, com a lin-

---

58. *Einhausung* significa literalmente a entrada em uma casa e o acomodar-se de tal modo nela, que ela se torna nossa. (N. do T.)

guagem da arte. Espero que esteja claro agora o fato de se tratar de uma relação recíproca. É cego quem acredita que pode ter uma coisa e rejeitar a outra. Não há como deixar claro de maneira suficientemente decidida que quem acredita que a arte contemporânea é degenerada também não conseguirá apreender realmente a grande arte dos tempos anteriores. Vale aprender que é preciso primeiro soletrar cada obra de arte, e, então, aprender a ler. Só depois disso é possível começar a falar. A arte contemporânea é uma boa advertência contra a crença de que se poderia ouvir a linguagem da arte antiga sem soletrar, sem aprender a ler.

Com certeza, trata-se de uma tarefa a ser realizada que não é simplesmente pressuposta ou assumida com gratidão como um presente por um mundo comunicativamente comum. Nós temos mesmo de construir este elemento comunicativo comum. O "museu imaginário", esta célebre formulação de André Malraux para a simultaneidade de todas as épocas da arte e de todas as suas realizações em nossa consciência, é – ainda que de uma forma enrascada – um reconhecimento por assim dizer involuntário desta tarefa. O que cabe a nós é reunir esta "coletânea" em nossa imaginação, e a questão é que nunca possuímos a capacidade para tanto, nem a encontramos previamente dada como ao irmos, por exemplo, a um museu para visitar aquilo que outros reuniram. Ou dito de outro modo: enquanto seres finitos, nós nos encontramos em tradições, quer conheçamos ou não estas tradições, quer estejamos conscientes delas ou cegos o bastante para achar que começamos de maneira nova. Isto não altera absolutamente nada em relação ao poder da tradição sobre nós. Muito ao contrário, algo é que se altera em nossa percepção quando olhamos de frente para as tradições nas quais nos encontramos e para as possibilidades que elas nos oferecem para o futuro ou quando nos iludimos de que é possível voltar as costas para o futuro em direção ao qual vivemos e se programar e construir de maneira nova. Tradição não significa certamente mera conservação, mas transposição. Transposição, contudo, implica que se aprenda a dizer e a tomar algo mais antigo de modo novo. Assim, também se usa a palavra alemã *Übertragung* [transposição] como um sinônimo de *Übersetzung* [tradução].

O fenômeno da tradução é de fato um modelo para aquilo que a tradição realmente é. Aquilo que constituiu a linguagem cristalizada da literatura precisa se tornar linguagem própria. Somente então a literatura se mostra como arte. Isto é válido tanto para as artes plásticas quanto para a arquitetura. Pensemos na dimensão da tarefa que é unificar de maneira frutífera e objetivamente apropriada as grandes obras arquitetônicas do passado com a vida moderna e as suas formas de trânsito, os seus hábitos visuais, as suas possibilidades de imaginação e coisas do gênero. Como exemplo, posso contar quanto fiquei emocionado quando, em uma viagem à Península Ibérica, finalmente entrei um dia em uma catedral na qual ainda não havia nenhuma luz elétrica que obscurecesse por iluminação a linguagem propriamente dita das antigas catedrais da Espanha e de Portugal. As fendas nas janelas que se revelam aos nossos olhos como a própria claridade e o portal aberto, por meio do qual a luz aflui para o interior da casa do senhor: esta era evidentemente a forma propriamente adequada de acessibilidade destes violentos burgos de Deus. Mas isto não significa que poderíamos eliminar simplesmente os nossos hábitos visuais. Nós não podemos fazer isto, do mesmo modo que não podemos eliminar os nossos hábitos de vida, os nossos hábitos de trânsito e todas as coisas similares. No entanto, a tarefa de unir o hoje com este resíduo petrificado do passado é um boa exemplificação para aquilo que a tradição sempre é. Ela não é manutenção de monumentos no sentido da conservação. Ela é uma ação recíproca constante entre o nosso presente e suas metas e os passados que também somos.

Portanto, o que está em questão é deixar ser aquilo que é. Todavia, deixar ser não significa apenas repetir aquilo que já sabemos. Não é sob a forma de uma vivência da repetição, mas antes por meio do encontro ele mesmo determinado, que deixamos ser aquilo que foi para aquele que somos.

Por fim, o terceiro passo: a festa. Não gostaria mais de repetir quanto o tempo e o tempo próprio à arte se relacionam com o tempo próprio à festa, mas sim de me concentrar em um ponto singular, no fato de a festa ser aquilo que unifica a todos. Parece-me a característica do festejar que ele só possua um significado para aquele que toma parte nele. Esta parece-me uma presença particular, que precisa ser levada a termo com toda lucidez. Lembrar disto inclui que nossa vida cultural seja questionada criticamente com os seus locais de gozo artístico e com os seus episódios de descarga da pressão cotidiana da existência como forma de experiência cultural. Como lembrei, pertence efetivamente ao conceito do belo que ele designe a esfera pública, o ser bem-visto. Todavia, isto implica o fato de haver aí uma ordem vital que abarca entre outras coisas também as formas da configuração artística, a decoração, a formação arquitetônica de nosso espaço vital, o adorno deste espaço vital com todas as formas possíveis de arte. Em verdade, se a arte tem algo a ver com festa, isto significa que ela precisa ultrapassar os limites de tal determinação, tal como eu a descrevo, e, com isto, também os limites do privilégio cultural; do mesmo modo que ela precisa permanecer imune contra as estruturas comerciais de nossa vida social. Com isso, não se está contestando que se possa fazer negócio com a arte e que os artistas venham talvez a sucumbir à comercialização de sua criação. No entanto, esta não é mesmo a função propriamente dita da arte, hoje e sempre. Posso lembrar alguns fatos. Temos diante de nós, por exemplo, a grande tragédia grega – ainda hoje uma tarefa a ser resolvida para os leitores mais bem escolarizados e mais perspicazes. Pela densidade e precisão de suas declarações hínicas, certas canções para coro de Sófocles e Ésquilo dão a impressão de serem quase hermeticamente cifradas. Não obstante, o teatro ático era a unificação de todos. E o sucesso, a descomunal popularidade conquistada pela integração das encenações[59] ao elemento do culto em meio ao teatro ático, comprova que esta não era a representação de uma classe superior, nem servia tampouco à satisfação de um comitê de festa que concedia, em seguida, o prêmio para as melhores peças.

Uma arte similar era e é seguramente a arte relativa à grande história da polifonia ocidental, que se deriva da música eclesiástica gregoriana. Uma terceira experiência é uma experiência que todos nós ainda podemos fazer hoje, exatamente como os gregos – e a partir do mesmo objeto. A tragédia antiga. Perguntou-se certa vez ao primeiro diretor do teatro dos artistas de Moscou (em 1918 ou em 1919 – depois da revolução) com que peça revolucionária ele gostaria de inaugurar o teatro revolucionário – e ele encenou com um sucesso gigantesco *Édipo Rei*. A tragédia antiga em qualquer época e em qualquer sociedade! No que diz respeito a isto, o coro gregoriano e o seu desenvolvimento plenamente artístico, assim como as músicas de Bach sobre a paixão de Cristo se mostram como a contraparte cristã. Ninguém pode se iludir quanto a este ponto. O que está em questão aqui não é mais uma mera visita a um concerto: aqui acontece algo diverso. Como visitante de um concerto, fica claro que se trata aí de uma forma de comunidade diversa da que se dá quando a comunidade se reúne por ocasião da apresentação de uma música sobre a paixão de Cristo em grandes espaços das igrejas. O que tem lugar aí é o mesmo que em uma tragédia antiga. Algo assim estende-se desde a mais elevada exigência de uma formação artística, musical e histórica até a carência e a receptividade mais simples do coração humano.

Afirmo, então, com toda seriedade: a *Ópera dos três vinténs* e os discos que deixam soar músicas contemporâneas tão apreciadas pela juventude de hoje são igualmente legítimos. Eles possuem do mesmo modo uma possibilidade de enunciação e de instauração de comunicação, que se transmite a todas as classes e a todos os pressupostos culturais. Não tenho em vista com isto a embriaguez oriunda da contaminação em termos de psicologia das massas, que também existe e que sempre foi certamente uma acompanhante da autêntica experiência comunitária. Em nosso mundo de estímulos fortes e de uma ânsia de experimentação com frequência dirigida de maneira irresponsavelmente comercial, não há dúvida de que muita coisa se mostra como sendo de um tipo tal, que não podemos dizer que ele instaure realmente comunicação. A embriaguez enquanto tal não é nenhuma comunicação permanente. No entanto, o fato de nossas crianças, de uma maneira ób-

---

59. A representação e a encenação teatral em alemão também podem ser designadas a partir do termo *Spiel* [jogo]. Nesta passagem, Gadamer vale-se exatamente deste fato e fala da integração dos *Spiele*. (N. do T.)

via, se sentirem fácil e imediatamente expressas em um certo ser-tocado pela música, tal como precisamos denominá-lo, ou em formas da arte abstrata que frequentemente atuam de modo tosco, tem algo a nos dizer.

Deveríamos ter clareza quanto ao fato de aquilo que experimentamos aqui como uma luta inofensiva pelo programa a escutar ou pelo disco a colocar em meio à discórdia entre gerações, ou, digamos melhor, em meio à continuidade entre as gerações – pois nós mais velhos também aprendemos algo –, também se passa em geral em nossa sociedade. Quem acha que nossa arte é apenas uma arte da classe superior se equivoca redondamente. Quem pensa desta forma esquece que há estádios de esporte, salas de máquina, autoestradas, bibliotecas populares, escolas técnicas e profissionalizantes, que com boa razão são frequentemente equipadas de maneira muito mais luxuosa do que nossos antigos ginásios humanistas excepcionais, nos quais a poeira escolar era quase um elemento do processo de formação – e dos quais pessoalmente tenho uma sincera saudade. Por fim, ele também esquece ainda os meios de comunicação de massa com o seu efeito de difusão sobre o todo de nossa sociedade. Não deveríamos desconhecer que também continua sempre havendo um uso racional de tais coisas. Com certeza, há um perigo enorme para a civilização humana na passividade que entra em cena por meio da utilização de multiplicadores por demais confortáveis da formação. Isto é válido antes de tudo para os meios de comunicação de massa. Todavia, justamente aí se apresenta a todos, aos mais velhos que cativam e educam e aos mais jovens que são cativados e educados, a exigência humana de ensinar e aprender por meio do próprio fazer. O que é exigido de nós é justamente isso: iniciar a atividade de nosso próprio querer-saber e de nosso próprio poder-escolher em face da arte, assim como em face de tudo aquilo que se propaga pelo caminho dos meios de comunicação de massa. Somente então experimentamos a arte. A inseparabilidade de forma e conteúdo torna-se real como a não diferenciação, por meio da qual a arte vem ao nosso encontro como aquilo que nos diz algo e nos exprime.

Só precisamos ter clareza quanto aos contraconceitos, nos quais esta experiência se sedimenta. Gostaria de descrever dois extremos. Um é a forma do gozo de uma qualidade dotada do caráter de algo conhecido. Acredito que resida aí o berço do *kitsch*, da não arte. Extraímos por meio da escuta aquilo que já sabemos. Não se quer ouvir nenhuma outra coisa e se desfruta este encontro como um encontro que não abala, mas apenas ratifica de uma maneira morna. Isto equivale a dizer o seguinte: aquele que está pronto para a linguagem da arte pressente justamente o caráter proposital deste efeito. Nota-se que se quer fazer algo aqui com alguém. Todo *kitsch* tem algo deste empenho em si com frequência muito bem-intencionado, dotado de uma enorme boa vontade e de uma pureza de propósitos – e, no entanto, justamente isto destrói a arte. Pois algo só é arte quando necessita da própria construção do produto em meio ao aprendizado do vocabulário, das formas e dos conteúdos, para que a comunicação realmente se realize.

A segunda forma é o outro extremo do *kitsch*: a preponderância do gosto[60] estético. Conhecemos particularmente esta preponderância no comportamento em relação às artes reprodutivas. As pessoas vão à ópera porque Maria Callas está cantando e não porque essa ópera determinada está sendo apresentada. Compreendo que as coisas sejam assim. No entanto, afirmo que isto não constitui a promessa de uma mediação da conquista de uma experiência artística. É evidente que se trata de uma reflexão secundária tomar consciência do ator, do cantor ou em geral dos artistas em sua função mediadora. A experiência plena de uma obra de arte dá-se de um tal modo que as pessoas admiram a discrição dos atores quando eles não mostram a si mesmos, mas evocam a obra, a sua composição e a sua coerência interna até a obviedade involuntária. O que está em questão aqui são dois extremos, o "querer artístico" voltado para determinadas finalidades manipuláveis que se apresenta no *kitsch* e o ignorar completo da fala que uma obra de arte dirige até nós em favor de uma camada estética secundária de alegrias com o gosto.

A tarefa parece-me resider entre estes dois extremos. Ela consiste em assumir e reter aquilo que nos é transmitido, graças ao poder formal e à elevação configuradora da arte autêntica. No fim, trata-se de uma espécie de problema menor ou de uma questão secundária saber quanto se tem efetivamente em conta aí por meio da formação histórica do saber mediatizado. A arte das épocas mais antigas alcança-nos através dos filtros do tempo e da tradição conservada de maneira viva e transformada de maneira viva. A arte contemporânea desprovida de objeto pode – seguramente apenas em seus melhores produtos, que quase se tornaram para nós hoje indiferenciáveis em relação às imitações – ter exatamente a mesma densidade de sua conjunção e a mesma possibilidade de nos tocar imediatamente com a sua fala. Na obra de arte, aquilo que ainda não se apresenta com a coerência fechada de um construto, mas apenas passa de maneira fluida, é transformado em um construto permanente e duradouro, de modo que crescer no interior da obra de arte significa ao mesmo tempo crescer para além de nós mesmos. O fato de "haver algo passível de ser mantido na demora hesitante" – isto é a arte hoje, ontem e sempre.

---

60. *Geschmäcklertum* é um neologismo formado a partir do adjetivo *geschmäcklerisch* que, em sua relação com o substantivo *Geschmack* [gosto], designa "ou bem a apresentação de requisições extremamente elevadas em termos de juízos estéticos, ou bem a presença de um gosto específico, facilmente determinável". O sufixo *–tum* acrescenta nesse caso apenas um acento maior a esse sentido básico. Para juntar a presença de um gosto com este tom maior, optamos pela expressão "preponderância do gosto". (N. do T.)

14. HÖLDERLIN E A ANTIGUIDADE (1943)
[Hölderlin und die Antike]

O fato de ter conseguido acompanhar a mudança de nosso destino espiritual de uma maneira cheia de mistérios é o traço distintivo da Antiguidade em sua atuação sobre a cultura alemã. Se a imagem da história e a ordenação valorativa interna alteraram-se por um lado com o espírito alternante do tempo, a Antiguidade manteve apesar de tudo para a nossa vida espiritual em constante transformação a mesma posição de uma possibilidade de nós mesmos que nos ultrapassa. Com certeza, não há hoje uma prova mais aguda da verdade desta sentença do que a formulação da questão acerca da relação entre Hölderlin e a Antiguidade. Pois trata-se aí de um evento verdadeiro e ainda não concluído de nossa vida espiritual, que começou com o despertar da obra poética de Hölderlin em nosso século. Este contemporâneo de Schiller e de Goethe mostrou-se cada vez mais como contemporâneo de nosso próprio futuro, como alguém que nossa juventude em particular segue, até o ponto em que está em condições de ouvir a palavra poética, com uma incondicionalidade apaixonada – um acontecimento pura e simplesmente único na história espiritual da modernidade. Esta é a história de uma obra guardada por um século. Se a mudança da imagem dos gregos de Winckelmann até Nietzsche parecia já ter medido a envergadura extrema da essência grega – não há dúvida de que, depois da imagem humanista e política dos gregos, nossa imagem da Antiguidade foi uma vez mais transformada pela penetração no mundo hölderliniano. Os deuses da Grécia receberam aí um novo peso.

No entanto, a questão "Hölderlin e a Antiguidade" experimenta o seu aguçamento propriamente dito no fato de a existência poética de Hölderlin ter sido determinada por sua relação com a Antiguidade com uma exclusividade que o distingue mesmo na época do classicismo alemão. Sua obra poética, tanto quanto as suas reflexões teórico-artísticas, é na mesma medida uma colocação desta questão e uma resolução repleta de elementos ligados ao destino. Portanto, quando investigamos a relação de Hölderlin com a Antiguidade, o que está em jogo não é uma relação arbitrária, uma relação entre outras, tal como acontece no caso de Goethe ou de Schiller, de Kleist ou de Jean Paul. Com isto, estamos perguntando pelo fundamento de sua essência e pelo todo de sua obra. Deste modo, também permaneceria inapropriada uma investigação meramente estético-literária, que indagasse a influência dos poetas e pensadores antigos sobre Hölderlin, pela sua imagem de mundo, por sua linguagem poética, seu estilo, seu universo temático. Certamente, a poesia hínica de Píndaro é um pressuposto essencial para a poesia hínica tardia de Hölderlin, assim como a sua lida duradoura com a tragédia antiga é essencial para a sua própria obra como um todo. Não obstante, a poesia hölderliniana não pode ser apreendida a partir daquilo que, enquanto tradição cultural antiga, exerce uma influência sobre ela. Justamente isto o distingue em relação à Weimar clássica: o fato de o mundo antigo não vir ao seu encontro como matéria cultural, mas com a violência de uma requisição exclusiva. Entre o grego e o pátrio, entre os deuses antigos e o Cristo como o mestre da época hespérico-germânica existe o coração firme do poeta Hölderlin.

Trata-se de um hábito de pensamento atual transformar as envergaduras do ser espiritual que nos ultrapassam em fases de um desenvolvimento espiritual que seriam alcançáveis enquanto tais pela nossa compreensão. Por isso, é preciso designar como uma grande sorte o fato de o autor da primeira grande edição de Hölderlin, Nobert von Hellingrath, ter se oposto prontamente à concepção que se dispunha a compreender os cantos pátrios de Hölderlin como um abandono do modelo grego, como uma "versão hespérica" correspondente à recusa do ideal clássico pelo romantismo alemão[1]. Com isto, Hellingrath manteve para a essência poética de Hölderlin a sua verdadeira envergadura – ou melhor, ele reconheceu a tensão entre o elemento helênico e o elemento pátrio como expressão da essência mais própria de Hölderlin e como o segredo de sua grandeza similar à grandeza antiga. Desta forma, é apropriado dirigir o olhar para o ápice propriamente dito desta tensão, para a grande poesia hínica dos últimos anos de criação do poeta. De acordo com os relatos, Hölderlin parece ter continuado a tremer sob a força desta tensão nos primeiros anos de sua demência. Ao contrário, o romance *Hipérion*, que transcorre inteiramente na Grécia, reflete a nostalgia pátria do poeta com uma roupagem estrangeira e com a transformação frutífera que ganhou forma no grande discurso vituperiante dirigido aos alemães. Na grande obra hínica da fase tardia, em contrapartida, esta tensão encontra a sua expressão poética e o seu equilíbrio na tentativa constantemente renovada da fusão poética de todas as forças experimentadas de maneira viva.

---

1. No prefácio ao quarto volume organizado por ele de sua edição, p. XII.

No interior desta obra poética tardia, um hino mostra-se justamente como a configuração desta dissonância: o hino "O único"[2].

O que é isso que
Nas antigas e venturosas costas
Me cativa, de tal modo que mais ainda
As amo do que a minha terra pátria?
(...)

Quando ouvimos este assim chamado hino de Cristo, ele nos apresenta manifestamente um enigma: não é o amor desmedido pelos antigos deuses, confessado no início pelo poeta (e ele repete esta confissão em muitos outros de seus poemas), a causa de o Cristo permanecer distante, mas ao contrário: a culpa está no amor desmedido pelo Cristo (vv. 48 ss.). Não que os divinos se excluíssem mutuamente por ciúme – a inclinação do próprio coração do poeta, o seu amor pelo único é o erro que se opõe à unificação de Cristo com os antigos deuses. "Nunca encontro, como desejo, a medida" (v. 77).

---

2. No momento da redação desta contribuição no ano de 1943, só existia a edição de Hellingrath. É de acordo com ela que são feitas as citações a seguir (entrementes, é possível comparar incessantemente estas citações com a Grande Edição de Stuttgart, organizada por Beissner). Tanto a descoberta posterior dos "Festejos de paz" [Friedensfeier] quanto a versão tripla da apresentação do "Único" [Einzigen] só estavam contidas parcialmente na coletânea do material realizada por Hellingrath. Neste ínterim, estas coisas já foram muito investigadas. Quase não se pode dizer que o interesse por este grupo de poemas da fase tardia não tenha ocupado a nós leitores – não falo da pesquisa literária à qual tampouco pertenço. Toda a literatura posterior a 1914 é dominada em grande abrangência pelo efeito desta grande obra hínica de Hölderlin. Não se deveria esquecer disto. Entrementes, a pesquisa histórica, principalmente no comentário extremamente erudito de Jochen Schmidt (*Hölderlins geschichtsphilosophische Hymnen >Friedensfeier< – >Der Einzige< – >Patmos<*. Darmstadt, 1990), nomeou as ricas fontes teológicas sobre as quais repousa a teologia destes hinos. – A publicação deste livro de Jochen Schmidt chamou minha atenção porque também se encontra aí uma observação crítica em relação ao meu próprio ensaio reimpresso de 1943. Com certeza, foi com estupefação que li esta observação. Em verdade, senti falta nesta investigação extremamente erudita de uma indicação sobre como é que um grande poema pôde surgir de tanta teologia. Mas esta também não era certamente a pretensão da investigação de Jochen Schmidt. Em contrapartida, fiquei abismado com o fato de ele ter lido minha investigação surgida em 1943 manifestamente sob o signo de que precisariam ser encontrados aqui alguns rastros do clima ideológico superaquecido em termos nacionalistas deste momento. Lamento não poder encontrar nada, nada mesmo, ligado a isto. Não sou eu o responsável pelo fato de a introdução do "Único" colocar em contraposição a costa da Grécia e a nossa terra pátria. No entanto, minha interpretação encontra-se inteiramente e sempre uma vez mais expressamente em rejeição à oposição entre clássico e pátrio e tem por meta, de maneira muito similar ao sentido do comentário de Jochen Schmidt, a oposição entre mundano e pneumático. Sem dúvida alguma, não posso concordar com ele quando acredita que o hino quer dar expressão ao equilíbrio entre estas duas oposições extremamente tensas. O contrário é o correto. Este equilíbrio não pode acontecer. Este é o conhecimento doloroso que o poeta reconhece em relação aos limites postos para ele por seu ofício de poetar. Espero poder retornar por minha parte em um outro contexto à segunda versão em rascunho do "Único", que foi interpretada com grande cuidado por Jochen Schmidt.

De fato, foi isto que Hölderlin reconheceu e configurou de maneira mais profunda do que qualquer outro dos grandes viajantes da alma alemã pela Hélade: o problema do classicismo alemão não é a irrealizabilidade de sua predileção pela Grécia clássica, mas, inversamente, o fato de esta predileção não querer se deixar unificar com a inclinação do coração que não consegue plenificar o seu modo de ser cristão ocidental e pátrio junto às "venturosas costas da Jônia". A partir do fio condutor deste poema, queremos tentar refletir sobre os conhecimentos de Hölderlin, e, assim, aprender a conceber melhor a posição hölderliniana em relação à Antiguidade, tanto quanto a nossa própria posição. No que diz respeito ao caráter fragmentário dos hinos, utilizaremos ao mesmo tempo para o esclarecimento motivos oriundos da versão posterior (IV 231 ss.) que permaneceram totalmente em esboço.

O poeta começa com a sua filosofia, aquilo que para ele distingue a vida grega ante a vida em sua terra pátria: o fato de os deuses aparecerem lá entre os homens, se casarem com eles, o fato de a imagem de deus "viver entre os homens" (v. 27). Para nós, o lamento pelo fim deste dia divinamente preenchido dos gregos é o tom mais familiar da poesia hölderliniana, um tom que atravessa de maneira ressonante o romance *Hipérion* e que fez surgir de modo mágico as divinas imagens nostálgicas das grandes elegias, tal como "Arquipélago" e "Pão e vinho". Mas mesmo a incessante automeditação filosófica do poeta diz claramente aquilo que ele ama na vida grega e por que ele a ama: o fato de todos lá "pertencerem com sentido e alma ao mundo" e de surgir justamente a partir daí uma intimidade própria em meio às figuras e às relações, enquanto nos povos modernos reina uma "insensibilidade para a honra comum e para a propriedade comum", uma "limitação" que tolhe todos estes povos – e antes de tudo os alemães – mesmo internamente (III 366). A partir desta intelecção geral, Hölderlin conquista uma relação fundamentalmente positiva com a filosofia de seu tempo. Ele vê justamente como a missão do idealismo kantiano-fichtiano e de seu despertar da "grande espontaneidade da natureza humana" a educação para a universalidade – e visualiza aí uma influência certamente unilateral, mas correta enquanto "filosofia do tempo" (III 367). Não há dúvida de que ainda resta um passo gigantesco desta universalidade que se associa com o dever e o direito até o modo de vida dos antigos. "Mas quanto falta, então, para a harmonia entre os homens?" (III 370) Os antigos não necessitavam daquilo que a filosofia precisa realizar para os homens de hoje. Junto a eles, o círculo da vida, o círculo no qual eles se sentiam coatuantes e cossofredores, era suficientemente amplo para que cada um experimentasse a partir daí um incremento de sua vida. Hölderlin elucida este fato por meio de uma comparação com o guerreiro que, "quando age juntamente com o exército, se sente mais corajoso e poderoso, e o é de fato" (III 368). Aquilo que não ultrapassa o indivíduo singular apenas em seu sentimento, mas enquanto um poder ontológico real, enquanto uma esfera na qual todos os homens vivem ao mesmo tempo, é a sua "divindade comum" (III 263 s.). Assim, uma anotação feita à margem de uma poesia afirma diretamente: "A esfera que é mais elevada do que a esfera do homem: isto é deus" (IV 355). É mesmo do conhecimento geral que junto aos gregos todas as relações eram religiosas, todas aquelas "ligações infinitas mais finas da vida", como Hölderlin diz, que nós regulamos em nossa moral esclarecida ou em etiquetas com os nossos "conceitos férreos" (III 262 s.). Hölderlin denomina relações "religiosas" "tais relações que não precisam ser consideradas tanto como sendo em si e por si, mas como provenientes do espírito que reina nesta esfera na qual tais relações têm lugar". Esta vida exposta à presença dos poderes divinos e interpretada em seu nome, uma vida tal como a que os gregos viviam, possui, então, segundo Hölderlin, um primado ante a moderna "vida de lesma" da reflexão voltada para a ordem e para a segurança, isto é, ela é a experiência mais própria da vitalidade da vida.

No hino "O único", o poeta denomina então esse amor pelo dia dos deuses gregos um estar curvado (ou um ter sido vendido) para um "aprisionamento divino". Todavia, aprisionamento é um sofrimento do estrangeiro. Que tipo de sofrimento é esse? Uma vez mais um estudo teórico de Hölderlin oferece-nos sua ajuda, um estudo intitulado: "O ponto de vista a partir do qual precisamos considerar a Antiguidade" (III 257-259). Nesse estudo, fala-se da "servidão" "com a qual temos de nos comportar em relação à Antiguidade", uma servidão que é tão abrangente e esmagadora que todos os nossos discursos sobre cultura e devoção, originalidade e autonomia não passam de um sonho, de uma mera reação, "por assim dizer uma vingança tênue contra a servidão". Hölderlin escreveu certa vez para seu irmão e se valeu de uma imagem grotesca: "Mesmo eu, com toda a minha boa vontade, não faço outra coisa com minhas ações e meus pensamentos senão seguir de modo tateante esses homens únicos no mundo e, naquilo que empreendo e digo, sou com frequência tanto mais inábil e desengonçado porque me encontro como os gansos com seus pés chatos plantados na água moderna e não consigo alçar voo até o céu grego" (III 371). Nesse caso, para o caráter opressor dessa servidão, ele dá uma justificação profunda oriunda da filosofia idealista. O impulso cultural humano, isto é, o impulso que na modernidade já se mostra sem mais na maioria das vezes como fraco e que só vem à tona de modo vivo nos ânimos daqueles "que pensam por si mesmos" (uma expressão de Fichte), encontra no material conformado pela Antiguidade um número descomunal de coisas pré-formadas. Para ele, "o mundo prévio praticamente ilimitado do qual tomamos consciência por meio de instrução ou da experiência" é um peso opressivo que nos ameaça com o declínio tanto quanto as formas positivas, o "luxo que seus pais tinham produzido", teriam trazido o declínio para os povos mais antigos. – Com toda clareza, aquilo que

Hölderlin descreve aqui é o fantasma do classicismo, do mero humanismo cultural e da estrangeira compulsão ao estilo.

Mas ele vê nesse perigo elevado, intensificado pela consciência histórica, ao mesmo tempo uma circunstância favorável a partir da qual é possível, por meio do conhecimento das direções essenciais do impulso cultural, efetivamente "conceder-nos a nossa própria direção". Se refletirmos sobre esse rumo apenas aludido por Hölderlin, reconheceremos nele imediatamente a meta e o sentido de todos os esforços teórico-artísticos que encontramos em seus esboços em prosa, em seus assim chamados escritos filosóficos. Essa tentativa construída a partir do modelo antigo toca quase todos os objetos similares, a diferença entre os gêneros poéticos, reconhecidamente um princípio mantido com rigor pelos antigos. Hölderlin, porém, contava precisamente com a bênção desse rigor dos poetas antigos para si mesmo[3]. Nos modos práticos como eles procediam, os antigos poetas são para ele exemplares. De modo significativo, ele diz no prefácio à sua tradução de Sófocles que esse rigor é uma questão que está "vinculada a leis estranhas, mas fixas e históricas" (V 91)[4]. As "Observações sobre o Édipo" começam diretamente com a exigência de uma poética conduzida segundo o padrão grego (V 175). Em uma carta a um jovem poeta, esse fato ressoa quando ele diz: "E por isso louvo cada vez mais o entendimento artístico livre, desprovido de preconceitos, fundamental porque o considero a égide sagrada que resguarda o gênio ante a perecibilidade" (III 466).

No entanto, essa assunção hölderliniana do modelo do entendimento artístico grego não é de maneira alguma uma confissão de classicismo. Ao contrário, justamente no estudo dos antigos, ele percebeu, como ele mesmo escreve na célebre carta a Boehlendorff de 4 de dezembro de 1881 (V 314), "que além daquilo que precisa ser o mais elevado nos gregos e em nós, ou seja, além da relação e do destino vivo, não podemos ter certamente algo igual a eles. Mas o próprio precisa ser tão bem aprendido quanto o alheio. Por isso, os gregos nos são imprescindíveis. A questão é que não poderemos segui-los precisamente no que possuímos de próprio e nacional porque (...) o uso livre do próprio é o que há de mais difícil". Está completamente claro: a teoria da arte é mais do que ela parece, ela é a forma essencial da autolibertação do poeta em relação à servidão diante dos antigos. O mesmo nos é

---

3. Cf., por exemplo, III 463.

4. Cf. V 331. Na primeira versão desse trabalho, citei sem razão essa passagem como prova da assunção do modelo do entendimento grego de arte. Deveria ter seguido a interpretação de Beissner da preposição "contra" (Traduções hölderlinianas do grego. Stuttgart, 1961, p. 1968). Não apenas o uso linguístico exige que se tenha em vista com o "contra" a direção, mas mesmo em termos de conteúdo a passagem da carta confirma que Hölderlin acreditava ter alcançado a simplicidade grega justamente por meio do fato de ter conquistado a justa liberdade em relação às letras gregas. Com a expressão "contra o entusiasmo excêntrico", ele quer indicar a meta.

dito por sua última carta a Schiller, uma carta na qual ele fala sobre o estudo da literatura grega, sobre o fato de ter prosseguido esse estudo "até me ter sido restituída a liberdade que ele rouba tão facilmente no começo" (V 311). A libertação "em relação ao serviço das letras gregas", um serviço do qual ele se gaba por fim, conduz à subordinação fundamental do grego ao pátrio que é afirmada nas "Observações à Antígona" em uma profunda contraposição (V 257).

Portanto, esse caminho da reflexão artística hölderliniana é de fato um caminho de libertação da servidão aos antigos. Mas essa servidão e essa libertação são as mesmas das quais fala o nosso hino? A ruptura com a coerção estilística imposta por uma estética classicista não é algo diverso da superação desse amor demasiado grande pela vida divinamente preenchida dos gregos? Bem, é certo que cultura e devoção também estavam em questão acima (III 257). E, quando o entendimento é designado como a "Égide sagrada", o que se tem em vista não é apenas a reflexão poética. A palavra poética é a palavra enquanto tal, e a palavra é o efeito e a experiência do próprio divino, tal como ele é concebido e "disseminado". A vinculação do espírito à terra não é apenas tarefa do poeta, uma tarefa para a qual ele conta com a ajuda do entendimento artístico na medida em que reúne "sobriedade junoniana" com entusiasmo. A impetuosidade entusiasmada do coração sempre carece da Égide sagrada do entendimento tranquilo para se proteger das "ofensas dos homens" (III 364). Assim, em face da "ardente riqueza" do coração humano, Hölderlin pode dizer do homem em geral: "O fato de ele conservar o espírito, tal como a sacerdotisa a chama celeste, eis aí o seu entendimento" (IV 246). Mas esse amor enorme pela Grécia que é confessado poeticamente pelo poeta, será que ele deve ser efetivamente superado? Sem dúvida alguma, ele não é uma sujeição a um critério classicista, ele mesmo é que é já muito mais uma expressão da liberdade poética conquistada. O lamento que se enche de nostalgia pela Grécia e canta os deuses desaparecidos porta em si um sentido poeticamente transformado. Exatamente ao se proibir chamar de volta os deuses desaparecidos e vivificar novamente o que está morto[5], torna-se manifesto onde é que os deuses ainda estão presentes:

> Do divino, porém, recebemos
> Certamente muito. A chama nos foi
> Dada em mãos e o solo e a torrente marítima.
> ("Reconciliador", vv. 63 ss.)

Assim, a linguagem da paisagem local, os seus traços prenhes de destino, as montanhas e correntes nas quais se encontram terra e céu, se torna

---
5. Cf. o começo de "Germânia" IV 181.

objeto de um novo canto, do canto alemão. Esses são os "anjos da sagrada terra pátria" (V 91) os quais o poeta se propõe anunciar, os intermediários e os mensageiros do divino. Essa virada pátria não é, contudo, de maneira alguma uma recusa ao antigo curso da alma em direção ao oriente, ela se mostra como o mesmo curso do coração:

> Eles não, os bem-aventurados, que apareceram,
> As imagens dos deuses na antiga terra,
> Eles não posso mais evocar, apesar
> De suas águas natais! agora convosco
> Do coração o amor lamenta, que mais ele quer
> Esse em seu luto divino? (...) ("Germânia", vv. 1 ss.)

A confissão de amor à Grécia e o lamento por sua mangnificência perdida pertencem essencialmente a essa experiência poética do "presente vivo por toda parte" – na nova liberdade do canto alemão. É a essa experiência que esse lamento deve o fato de seu anúncio dos antigos deuses ser mais do que uma pompa classicista, o fato de ele evocar imagens vivas.

Justamente aqui, contudo, na liberdade celeste em relação a esse aprisionamento no passado-essencialmente-presente[6], vem à tona o outro lamento quanto ao fato de o Cristo permanecer distante, quanto ao fato de ele se recusar ("O único", vv. 36 ss.). A quem ele se recusa? Ao canto da imagem de Deus, portanto ao clamor poético. O poeta rejeita expressamente a hipótese de essa recusa repousar no ciúme irreconciliável dos seres celestes em relação uns aos outros. É o poeta por demais afeiçoado ao Cristo para poder compará-lo com os outros que está por demais empenhado para poder cantá-lo como um ser presente, como "mundo".

> Impede-me porém uma vergonha
> Comparar-te ao meus olhos
> Com os homens mundanos. (vv. 60 ss.)

Se é que possui algum sentido, a comparação mais justificada parece ser antes de tudo a comparação com Hércules e Dioniso (vv. 51 ss.). Pois todos os três são portadores de um nova ordem melhor: Hércules como aquele que

---

6. Gadamer utiliza aqui um termo central do pensamento heideggeriano: *das Gewesene*. Traduzindo ao pé da letra, o termo alemão *Gewesen* designa o que foi, o que se deu. Trata-se aqui de uma substantivação do particípio passado do verbo ser [*Sein*]. No entanto, Heidegger – assim como Gadamer claramente nesse caso – utiliza esse termo justamente para estabeler uma diferença entre o que foi essencialmente e continua nesse sentido decisivo para o presente [*das Gewesene*] e o que simplesmente passou e se perdeu [*das Vergangene*]. Para acompanhar o intuito heideggeriano-gadameriano, optei pela tradução por "passado essencial". (N. do T.)

purifica o mundo do monstruoso, Dioniso como o doador o vinho, como domesticados dos animais e como aquele que reúne os homens na embriaguez, Cristo como aquele que reconcilia, como o novo portador da paz entre Deus e os homens.

O próprio poeta procurou dar cada vez mais sustentação a essa comparação na versão posterior dos hinos. No entanto, a expressão "dessa vez" com a qual se interrompe o esboço da versão ampliada (IV 234) ensina que ainda aqui se visava ao retorno às duas estrofes conclusivas, que o fracasso do equilíbrio entre os deuses mundanos da Antiguidade e Cristo continuava sendo o tema fundamental inalterado do poema[7].

No particular, a parte anexada posteriormente apresenta algumas dificuldades. No entanto, ela traz consigo uma reconfiguração tão importante da comparação que é preciso tentar interpretá-la. O Cristo é equiparado aos "homens mundanos" pelo fato de também ele ter tido a sua hora, ter recebido uma missão e um destino de Deus, e, com isso, exatamente como esses homens, ter "ficado sozinho". Seu "astro", isto é, a sua missão era reger livremente "sobre o instituído". O instituído é o elemento positivo da norma na qual o espírito propriamente dito não vive mais – reconhecidamente o tema central dos "escritos teológicos de juventude" de Hegel. Esse fato é aí exposto de tal modo que "o elemento constante" do espírito vivo é suplantado por "aquilo que é marcado por uma atividade incessante", e, com isso, os "conhecimentos" se tornam incompreensíveis. Mesmo esse, porém, é o ofício de cada um desses heróis religiosos: doar novamente fogo e vida quando "expira o fogo divino" ("O reconciliador", v. 78). É assim que encontramos formulado também aqui:

> Eis que sempre festeja o mundo
> Para além dessa terra, uma vez que ela o
> Despoja; onde o humano não o retém. (v. 72)

Eles todos vieram para levar a termo uma tal retenção e fixação, em particular justamente os portadores de uma nova ordem como Hércules e Dioniso. Por isso, Hölderlin diz: "Assim entre si são eles iguais." De maneira similar, o poeta mostra no esboço prévio à versão tardia que ele insiste nessa igualdade de Cristo com os outros contra a pretensão cristã: mesmo o Cristo "também teve certamente algo que o arrebatou...." "Todos tiveram um destino que é" (é?) (IV 388).

---

7. O que foi dito acima me parece correto, mesmo depois de a Grande edição de Stuttgart ter apresentado mais exatamente os textos legados. É apenas a segunda versão dos hinos, uma versão que continua necessitando completamente de uma decifração em termos de conteúdo, que parece ter uma outra conclusão, mesmo um outro tema a partir do verso 54. Aqui é preciso indagar as pesquisas mais recentes.

Em seguida, a história da tentação (Mateus 4) é articulada de uma maneira obscura com essa doutrina dos portadores e guardiões do fogo. Evidentemente é o deserto, a terra desprovida do divino, que é evocado aqui pela história da tentação, e, uma vez mais, não com vistas à distinção, mas a fim de equiparar o Cristo com os outros ordenadores da terra caótica, com Hércules e Dioniso. Mesmo em tempos sem deuses continua sempre existindo "um rasto de uma palavra". Assim, Cristo sabe resistir à tentação do diabo porque ainda não se apagou para ele aquilo que se acha escrito[8]. Ele é um homem que ainda sabe apanhar o rasto de uma palavra no deserto da vida religiosa cristalizada, alguém que justamente com isso rejeita o tentador e assume a missão do redentor sofredor[9].

Em seguida, o poeta também continua se esforçando por mostrar o Cristo em seu caráter comparável com os outros. Na medida em que não o compara, por exemplo, com Apolo ou Zeus, mas com Hércules e Dioniso, que também são diferentes de "outros heróis", ele segue uma autêntica conexão histórico-religiosa. Para ele, é Dioniso em particular que se mostra como uma figura verdadeiramente fraternal em relação ao Cristo, tanto que ele já tinha ousado em "Pão e vinho" (Estrofe 8 e 9) a fusão poética dos dois portadores de alegria sírios e do doador do vinho. De fato, esses três parecem iguais entre si, "uma folha de trevo". Diferentemente dos outros "grandes", eles não são mutuamente excludentes. Ao contrário, isso os une muito mais e é "belo e adorável (...) comparar",

> (...) que eles sob a luz do sol
> Como caçadores da caça estão ou
> Como um camponês que respirando o trabalho
> Sua cabeça descobre, ou como um mendigo. (vv. 85 ss.)

Isso quer dizer: todos os três são o que são com uma entrega à sua missão, uma entrega que não retém a si mesma ("caçadores da caça"). Todos os três padecem, justamente não subsistem em si e são por meio disso deus: pensemos nos esforços de Hércules e em seu fim; Dioniso é o deus sofredor do antigo culto, o deus que morre. É antes de tudo isso que liga esses dois ao Cristo que morreu "com o olhar vitorioso" ("Patmos", v. 89). Assim, o poeta diz então: "Como um príncipe é Hércules. Espírito comum é Baco. Cristo, porém, é o fim"; ou seja, ele "preenche aquilo que ainda na presença dos seres celestes falta aos outros".

Não obstante, o desigual sempre se lhe apresenta uma vez mais em meio à comparação: "É a contenda, porém, que me seduz..." – justamente isso

---

8. Cf. a tripla aparição da expressão "Se acha escrito" no texto do Evangelho.
9. Com relação a tais "rastos", cf. também os "rastos da antiga raça" no primeiro fragmento sobre Píndaro (V 271).

constitui aquele "pudor" que se abate sobre ele quando se dispõe a equiparar o Cristo aos outros. O pudor consiste evidentemente no fato de o Cristo não ser presente no mesmo sentido que aqueles homens mundanos. Precisamente esses possuem "por necessidade enquanto filhos de Deus os sinais (...) em si".

> Pois de outro modo, com prudência,
> Cuidou o trovejador. Cristo, contudo, contenta a si mesmo.

A essência de Cristo manifestamente não se esgota em apenas concluir o "coro celeste" ("Pão e vinho"), isto é, em ser o último na série dos deuses que atuam como presença, em ser um deus essencialmente similar aos outros. O que o distingue é o fato de ele contentar a si mesmo. Os outros são o que são como aqueles que invertem um estado de penúria atual – o trovejador sempre continuou cuidando de outra forma: isto é, eles só realizam a sua missão limitada do presente. Cristo, em contrapartida, como aquele que contenta a si mesmo, se lança justamente por meio daí para além desse seu presente. Ele sabia mesmo o que "silenciava" ("Reconciliador", vv. 86 ss.), e, justamente porque não sofreu simplesmente a morte à qual estava destinado, mas a assumiu livremente sobre si (e podemos certamente pensar que esse é o sentido difereciador da história da tentação), ele é "o fim". Isso quer dizer, porém, que ele reina sobre todo o tempo subsequente (do qual não se podia mais cuidar de outro modo). Ele é o deus cujo anúncio e a promessa de retorno dominam como uma realidade silenciosa toda a era ocidental. Assim, continua sempre se impondo o fato de ele possuir "ainda uma outra natureza".

Mas isso não significa um excluir-se das próprias divindades e um erro do poeta? Dito de outro modo: a pretensão propriamente cristã de que ele é o único não derruba todas as tentativas de reconciliação do poeta? Será que a potência religiosa do cristianismo não se apoderou justamente do poeta? No entanto, a tentativa de uma tal interpretação pensada em termos cristãos[10] é fundamentalmente contradita pela totalidade da representação hölderliniana de Deus. Hölderlin nunca admite essa pretensão cristã de unicidade. No hino que estamos considerando é dito sobre o Deus supremo que ele não possui um, mas inúmeros mediadores:

> Pois jamais ele rege sozinho.
> E não sabe tudo. Sempre se acha alguém
> Entre os homens e ele. (vv. 65 s.)

---

10. Cf. Romano Guardini, *Hölderlin. Weltbild und Frömmigkeit* [Hölderlin. Imagem de mundo e devoção]. Leipzig, 1939, pp. 557 s.

E

Dos elevados pensamentos
Muito mesmo
Surgiu da cabeça do pai (...) (vv. 13 s.)

O hino "Patmos", dedicado ao duque cristão de Homburgo, tem francamente por tarefa justificar a devoção cristã do duque diante do ânimo pleno de deuses do poeta: "Pois ainda vive Jesus." A própria certeza segura do poeta, porém, diz que ele justamente não é o único:

Mas os heróis, seus filhos
Vieram todos, e as sagradas escrituras
Dele. E o rápido raio explicam
Os feitos da terra, um curso do mundo, irresistível (...)
("Patmos", vv. 204 ss.)

O que significa então o fato de o amor do poeta depender demais do um? Ele é chamado o "mestre e senhor", ele é chamado o "professor" ("O único", v. 36), isto é, o professor do poeta e da era ocidental à qual o poeta pertence. Portanto, é essa vinculação do poeta à sua era que se encontra no caminho do equilíbrio aspirado. Para essa era cristã-ocidental, vale o fato de o Cristo ser o seu Deus justamente como o invisível-ausente. Com uma incisividade extraordinária, Hölderlin descreveu no hino "Patmos" (vv. 113 ss.) a nova essência da devoção cristã:

(...) apagou-se
A alegria dos olhos com ele.
Pois se tratava de alegria
Desde então,
Morar na noite amante e manter
Com simplório sentido
Abismos de sabedoria (...).

O olho abaixado e a iluminação interior são as novas formas da devoção, em que

(...) Recatadamente olhando
Das sobrancelhas levantadas
Uma força silenciosamente brilhando cai (...)
("Patmos", vv. 192 s.)[11]

---

11. Cf. Max Kommerell, *Geist und Buchstabe der Dichtung* [Espírito e letra da poesia]. Frankfurt, 1940, p. 287.

Portanto, é em contraposição à própria realidade religiosa do Cristo que o poeta, com a riqueza de seus tesouros, tenta

> Formar uma imagem e, de maneira similar,
> Ver como ele foi, o Cristo (...) (idem, vv. 164 s.)

É aqui que reside a resposta dada pelo poeta a si mesmo: não que os próprios seres celestes que estão todos presentes uns para os outros se excluíssem por ciúme, mas é o poeta que não consegue encontrar o equilíbrio do ser divino desses seres celestes porque o Cristo ainda possui uma outra natureza, uma natureza diversa do presente. Justamente essa outra realidade do Cristo domina, porém, de uma tal forma a hora própria ao mundo do poeta, que ele não consegue festejar o Cristo à moda dos deuses gregos como presença mundana da "natureza". Aquilo que o poeta reconhece de início a si mesmo como culpa: "Mas eu sei que é culpa minha" ("O único", v. 48), aquilo de que ele se queixa como um "erro" a ser corrigido: "Nunca encontro como desejo a medida" (idem, v. 77), é reconhecido por fim por ele como o modo do poeta de ter um destino.

Assim, a conclusão do hino (idem, vv. 78-93) trata do aprisionamento do espírito em sua situação humano-histórica. Somente "um deus sabe, contudo, quando chegará o que desejo, o melhor". Todos os outros possuem um destino ao qual sua alma está presa. Mesmo o cristo foi um desses seres presos à terra e "muito aflito", até que ele se tornou livre para a sua determinação não terrena e espiritual, "até que ele se lançou pelos ares em direção ao céu, no qual estão igualmente presas as almas dos heróis". Mesmo a incondicionalidade do espírito heroico padece do destino do aprisionamento no "tempo". Mesmo os heróis não são livres, não são os mestres de suas destinações. E assim, em uma formulação final que abarca a todos, é atribuído a esses que são todos "espirituais" e, contudo, se encontram aprisionados o seguinte:

> Os poetas também precisam
> Ser mundanamente os seres espirituais.

Os poetas são para si mesmos "espirituais", isto é, eles estão subordinados à presença do divino como um todo, a todos os seres celestes simultaneamente. Mesmo eles, porém, padecem de um aprisionamento insuplantável no tempo. Foi isso que o poeta experimentou em si mesmo: mesmo eles não conseguem trazer necessariamente à existência segundo a sua vontade "o melhor" que desejam – isso permanece reservado a "um deus".

Portanto, os poetas precisam ser mundanos porque eles só podem cantar o presente no qual se acham aprisionados. Ao presente de Hölderling pertence o fato de o Cristo se recusar à configuração poética. Os deuses gregos são o presente da saga que se insinua para o poeta à luz da natureza "onipresente"– o Cristo, em contrapartida, é aquele que vive na crença e cujo louvor acontece "no espírito". "Pois ainda vive o Cristo." O poeta sabe que crime cometeria se quisesse impor o que lhe é recusado: "Mas quando alguém crava as esporas em si mesmo (...)" ("Patmos", vv. 166 ss.) ou:

> Em sonho ele se transforma para aquele
> Que quer se apoderar dele e pune quem
> Quer se igualar a ele com violência.
>   ("A viandança", vv. 113 ss.)

É precisamente o pertencimento do poeta à interioridade não mundana do Ocidente que o mantém enquanto poeta exposto ao aprisionamento celeste dos deuses mundanos que se mostram como os únicos a se oferecer a seu canto, assim como é esse pertencimento que lhe impede o equilíbrio aspirado. A tensão padecida dolorosamente que é reconhecida desse modo pelo poeta encontra a sua solução nessa intelecção. O espantoso dessa solução, porém, é o fato de ser justamente a recusa ao equilíbrio aspirado, a desigualdade percebida, que libera para a nova grande tarefa do canto pátrio. Cristo é de fato diverso dos outros[12]. Pois o presente do Cristo não é apenas o presente de sua curta viandança pela terra. Ele é presente no destino histórico do Ocidente. Assim, a recusa transforma-se em missão:

> (...) Este gostaria
> De cantar, como Hércules,
> Mas isso possível
> Não é. De outro modo se mostra como um destino. Mais maravilhoso.
> Mais rico para cantar. Imensurável
> Desde aquele a fábula (...)[13].

---

12. Essa tentativa de interpretação da desigualdade entre o único e os deuses mundanos parece ser contradita por uma passagem do outro hino sobre o Cristo intitulado "O reconciliador", na qual há em verdade uma referência ao Cristo, mas em que se diz em uma formulação genérica: "E cada vez maior, pois seu campo, como o deus dos deuses/ Ele mesmo, um dos outros também precisa ser" (vv. 86 s.). Isso, dito de maneira tão genérica, parece suspender o primado do único. No entanto, permanece como questão se não é justamente a promessa cristã que, conservada em gratidão, torna pela primeira vez verdadeira essa sentença mesmo para os outros deuses. Cf. o papel do consolador em "Pão e vinho" e aqui no esboço prévio: "Ninguém como tu vige no lugar de todos os restantes" (IV 355). F. Beissner, *Friedensfeier* [Comemorações de paz], Stuttgart, 1954, p. 36, aponta para o fato de uma variante para essa passagem "todos os restantes" ser "homens". Precisamente isso ratifica a distinção do Cristo – bem compreendida: no interior da divindade de todos.

Nesse ínterim, por meio da descoberta das "Comemorações de paz", os hinos encontraram um paralelo extremamente importante, na medida em que mesmo aí a figura do Cristo é particularmente acentuada e, apesar de toda distinção, articulada precisamente na invocação genérica dos deuses. (Já se deve ter reconhecido hoje que não é o Cristo que precisa ser compreendido nas "Comemorações de paz" como o "Príncipe da festa".)

13. "Patmos", Fragmentos de uma versão posterior, IV 229.

Ao poeta, graças a uma lógica verdadeiramente histórica, abre-se na recusa o todo da história ocidental. "A fábula imensurável" da história entra em cena ao lado do presente poético da saga grega.

Precisamos refletir de maneira mais exata sobre essas conexões para que possamos reconhecer como é que o poeta conquista a partir desse duplo aprisionamento no amor pelos gregos e na hora do mundo cristão ocidental a consistência única de seu saber sobre os dois, sobre os deuses gregos e sobre os "anjos da terra pátria". Aquilo que é reconhecido de modo ímpar no hino "O único" do qual partimos, mas que se acha mais velado do que manifesto, continua sendo para nós a chave de nossa compreensão:

A mundaneidade dos antigos e a interioridade da alma cristã ocidental também são efetivamente o fardo inconcebível que nós mesmos precisamos carregar.

Sob a forma elegíaca do êxodo dos deuses, de seu afastamento e fuga, o poeta experimenta esse fardo como a irrupção da tarde e da noite. A paisagem grega apresenta-se agora como uma enorme mesa vazia ("Pão e vinho", Estrofe 4), a "honra" dos seres celestes se tornou invisível.

> Somente como chama sepulcral arrasta então
> Áurea fumaça a saga para o alto,
> E se faz crepúsculo agora para nós que duvidamos, em torno de nossas cabeças (...)
> ("Germânia", vv. 24 ss.)

Assim, o poeta, o conclamado anunciador da presença divina na palavra, vive como um exilado entre os homens. "E para que poetas em um tempo de carências?" ("Pão e vinho", v. 122).

A resposta encontrada sempre uma vez mais pelo poeta para a dúvida dolorosa quanto à sua determinação surge para ele a partir da afirmação dessa noite. Já no magnífico começo de "Pão e vinho" é visível a sua essência dupla: na medida em que deixa perecer a vida diurna e os seus ruídos estridentes, essa afirmação desperta ao mesmo tempo uma vida até então velada, as vozes próprias à noite (idem, Estrofe 1); antes de tudo, porém, ela encoraja o homem que está despertando a uma "vida mais ousada", uma vida que também deixa se exprimir o segredo da alma e que assim assegura àquilo que se encontra no escuro da história ocidental o seu retorno a partir da preservação da memória do dia (idem, Estrofe 2). Aqui, a forma cristã do culto da ceia alcança uma interpretação totalmente peculiar a Hölderlin (idem, Estrofe 8). Cristo, o gênio silencioso, o último deus, que viveu de maneira presente entre os homens, deixou para trás um consolo e uma promessa de retorno para aqueles que foram abandonados na noite, e, como um sinal disso, a ceia, isto é, pão e vinho. Hölderlin não vê aí com isso a comunhão mística, ele não vê a "transformação", nem mesmo a ceia que permanece na memória da crença reformada e que foi estabelecida pelo redentor em sua partida – ele vê aí o caráter sagrado dos elementos, da terra e do sol dos quais provêm os dois, pão e vinho. Hölderlin parte do fato de esses dois, pão e vinho, continuarem sendo vistos mesmo em nosso tempo sem deuses de maneira diversa de todo o resto. Eles não são usados apenas em proveito próprio, mas permanecem sendo "honrados" com gratidão, "ainda vive em silêncio alguma gratidão", ou seja, junto a eles ainda se pensa nos seres celestes. Assim, como os bens mundanos mantidos sagradamente do pão e do vinho, eles são as garantias do retorno divino.

> Pão é da terra fruto, mas é pela luz abençoado,
> E do trovejante deus vem a alegria do vinho. (vv. 137 s.)

Memória é o presente do ausente em sua ausência. Pão e vinho são um tal presente que garante algo ausente, a totalidade dos dons divinos e da realidade divina. Seu caráter sagrado não vive da saga (por exemplo, da fundação por meio do Cristo), mas é muito mais a saga, a imagem de deus em seus símbolos, que vive no presente dos elementos e no agradecimento que os conserva.

Essa inversão e essa fundação da saga no presente são a conversão decisiva de abandono em expectativa, uma conversão que entrega à noite da história ocidental o seu sentido próprio, pleno de presente e de futuro. A memória, na medida em que possui presente, se transforma em expectativa. Preservar a memória sempre foi o ofício do poeta. Esse seu ofício conquista aqui o sentido do despertar e da evocação do ausente. "Sinais do céu" despertam a coragem. O lamento torna-se hino, clamor por aquilo que "diante dos olhos se mostra para ti" ("Germânia", v. 83).

Sim, mais ainda. Precisamente a noite, a distância dos deuses, o sofrimento com essa distância não são apenas falta e carência – neles acontece uma necessidade histórica. A noite é a noite da deferência. "Só por vezes a plenitude divina suporta o homem" ("Pão e vinho", v. 114). Mas essa noite também é noite da reunião e da preparação de um novo dia. É assim que se pergunta e responde o poeta:

> (...) quando a honra
> Do semideus e dos seus
> Se dissipa e o mesmo se dá com a sua face
> O mais elevado se volta,
> Para o alto, de modo que nenhum
> Imortal se pode ver no céu ou
> Sobre a terra verde, o que é isso?
>
> É o lance do semeador ao pegar
> Com a pá o trigo

E jogá-lo, em direção ao aberto, sacudindo-o sobre o sulco.
Cai a casca diante de seus pés, mas
No fim surge o grão. ("Patmos", vv. 145 ss.)

O futuro esperado insinua-se para ele como "fruto de hespéries" ("Pão e vinho", v. 150). Justamente o que está há muito velado e silenciado, aquilo para o que faltava a palavra porque o sentido universal para tanto não estava presente, será a verdade de um novo dia. Pois "cresce dormindo da palavra a violência" (idem, v. 68). O poeta, contudo, assume exatamente com essa intelecção o seu ofício e o seu destino sobre si: ele precisa ser sozinho, pois tem de nomear e aduzir pela primeira vez em sua palavra o divino comum a todos, tal como o prelúdio do órgão introduz o canto da comunidade, o coral ("Na fonte do Donau", Estrofe 1, "A mãe terra", Estrofe 1).

A conversão da memória no clamor do que está por vir, tal como essa conversão se dá na canção do poeta, é a nomeação de um presente totalmente próprio: não o presente dos antigos, a saber, o presente dos deuses conhecidos, nem tampouco o presente do gênio de Cristo, que reina sobre toda ausência – ele é clamor e interpretação de sinais e acenos eloquentes, de figuras significativas das montanhas e das correntes da terra natal antes de tudo, que reúnem como runas da história Antiguidade e Ocidente. Pensemos no simbolismo do curso do Donau. A natureza torna-se aqui história. O curso da corrente na qual se casam céu e terra transforma-se em alegoria do tempo e do curso da história ocidental. Ante o presente de tais signos plenos de futuro, a saga passa dos deuses desaparecidos para o anúncio de seu novo retorno. O presente da expectativa é o meio no qual pode se realizar desde então o equilíbrio de todo divino, um equilíbrio do qual se sentia falta. A expectativa é, como memória, o presente do ausente. Nela, mesmo o deus do Ocidente, o reconciliador, pode ser chamado de reconciliado ("O reconciliador", v. 74). Pois de nenhum deus a realidade é tão marcada quanto a sua pelo presente da promessa e da expectativa. Agora, o poeta pode dizer que já sempre servira – sem saber – à mãe terra e à luz do sol ("Patmos", Conclusão). Pois o que ele fez, aquilo que sua canção portou para além do clamor de esquemas clássicos em um novo futuro, foi justamente o fato de seu canto ter percebido algo presente.

(...) ama, porém, o pai
Que sobre todos reina
Ao máximo que se cultive
Da festa a letra, e o que existe bem
Se interprete. A isso segue o canto alemão.

A letra e o que existe não são apenas, por exemplo, a doutrina e o exercício do cristianismo, eles são "as línguas do céu" ("Cantado sob os alpes", v.

27) que são entregues ao poeta para a interpretação. "Algumas são por homens escritas. As outras são escritas pela natureza ("Na fonte do Donau", Desenvolvimento em prosa, IV 344).

O poeta hespérico pode então, porque também ele canta um presente – ainda que não o presente da plenitude e do dia comum a todos –, acolher a forma antiga dos festejos dos deuses presentes, o hino, sob a forma que Píndaro lhe deu. Não obstante, trata-se de uma linguagem totalmente diferente, a linguagem de Lutero, e de um espírito totalmente diferente, o que transforma e preenche essas formas antigas. Trata-se do presente da expectativa premente, não do presente da posse entrelaçada de maneira segura e rica em termos artísticos que é característica da devoção pindárica. Trata-se do presente do aberto no qual as antigas imagens dos deuses se transformam e que não se priva nem mesmo ao Deus cristão que mais do que todos os outros é o "Deus por vir" ("Pão e vinho", v. 54).

> (...) um é sempre para todos.
> Sê como a luz do sol! ("O reconciliador", vv. 102 s.)

Aqui também é possível se articular uma vez mais com as ideias teórico-artísticas de Hölderlin para destacar o que é próprio ao gênero poético hölderliano ante o modelo antigo. Hölderlin exercitou efetivamente essa nova liberdade da qual nos atestam seus cantos pátrios mesmo em meio ao trabalho expresso com o bem poético antigo; e isso antes de tudo em sua tradução de Sófocles, tal como nos ensinaram as pesquisas de Beißner. Aí, em reflexões expressas, ele fundamentou então[14] a razão pela qual o modo de representação pátrio ocidental é diverso, superior ao modo de representação grego, e está ligado de maneira contraditória com ele. Hölderlin toma a palavra trágica nos gregos por "mais mediatamente fática (...), na medida em que ela toca o corpo sensível". O declínio trágico realiza-se aqui na figura real do destino de morte corporal. Em contraposição a isso, a palavra trágica, "segundo o nosso tempo e modo de representação, é mais imediata, na medida em que ela toca o corpo mais espiritual". Ela mata, na medida em que aniquila interiormente. As pessoas tendem a aplicar essas considerações sobre a palavra trágica do drama ao novo estilo hölderliniano dos hinos e ao seu modelo pindárico. No entanto, o que lemos em seus estudos sobre a "ode trágica" ainda não reflete de maneira alguma sobre o elemento contraditório na relação antiga. Ele mostra apenas que Hölderlin também aqui, como no caso do drama, refletiu sobre o entendimento artístico dos poetas antigos de maneira a-romântica – assim como os seus próprios hinos obedecem ao rigor das leis arquitetônicas. Todavia, aquilo que ele pensa exaustivamente por

---

14. "Observações sobre a Antígona" 3, V 257.

ocasião da tradução de Sófocles com uma tal universalidade também se tornou claro para ele aqui. Mesmo a palavra lírica dos hinos pátrios é mais imediata do que a palavra pindárica, cuja relação reside no previamente dado, na linhagem e no mérito dos vencedores a serem festejados, assim como em uma sólida ordenação religiosa da realidade. Em verdade, Hölderlin também se dispõe a reter algo daí, na medida em que entrelaça o discurso direto ou a dedicatória em seus versos. Precisamente uma tal coroação da dedicatória, porém, torna consciente que aquele ao qual se dirige o discurso pertence a uma outra ordem poética e ontológica. Se olharmos para a relação religiosa da palavra, ficará completamente claro por que Hölderlin subordina a forma artística grega à forma artística pátria. Pois a palavra pindárica sobre os deuses refere-se a um presente religioso fixo cujo puro cuidado constitui o ofício do poeta. Em contrapartida, a palavra hölderliniana é exposta à afluência de forças irreconciliáveis tais como a mundaneidade grega e a interioridade ocidental. Mesmo junto aos antigos, junto a Píndaro, só se escolhe economicamente no hino, só se escolhe a partir da plenitude do que é digno de ser dito. Mas quando Hölderlin diz: "Haveria muito a dizer sobre isso" ("Patmos", v. 88) ou "Há muito no modo de ver" ("O único", versão posterior, v. 78), que riqueza não há aí?! Não é a riqueza do inexpresso, mas do inexprimível que ganha voz aí!

O lamento do "único": "Nunca encontro, como desejo, a medida" demonstrou com isso a sua significação para toda a postura poética hölderliniana. Ele não é a confissão de uma tarefa não realizada e de um fracasso que estabelece em uma certa posição os seus limites à maestria de resto vigente do poeta. Ao contrário, esse encontrar-se em seu limite mais extremo é o segredo da força poética hölderliniana que lembra o tom profético. "A medida não encontrar" é a expressão constante de sua constituição única. "De cantar gostaria um leve canto, mas nunca consigo" (IV, 315). É a "plenitude da felicidade", o "peso da alegria" ("O Reno", v. 158), que traz essa imediatidade interior para o derradeiro tom hölderliniano, um falar "simples e divino" (idem, v. 145) que continua cantando em meio ao emudecimento:

> Agora, porém, termina, chorando aventuradamente,
> Como uma saga do amor,
> Para mim o canto, e assim também ele
> Para mim, com enrubecimento, esvaecimento,
> Desde o início se deu. No entanto, tudo segue assim.
> ("Na fonte do Donau", vv. 89 ss.)

E então nos lembramos da contraposição entre os modos de representação gregos e pátrios que Hölderlin propõe nas "Observações sobre a Antígona". Nessas observações (V 258) ele diz sobre os gregos: "Sua tendência principal é poder conter-se porque aí residia a sua fraqueza. Em contrapartida, a tendência principal nos modos de representação de nosso tempo é poder encontrar algo, ter uma destinação, uma vez que o sem destino, o δυσ ορον, é nossa fraqueza".

Hölderlin conquista aqui, a partir da contraposição à autoconsciência antiga, a sua própria autoconsciência. Ele reconhece uma fraqueza (natural) e uma tendência (artística) em sua correlação. Assim como à fraqueza antiga de não poder se conter corresponde em suas aspirações artísticas essa determinação plástica incomparável, à falta de destinação corresponde a ausência de destino dos modernos que empresta às suas aspirações artísticas o *páthos* sagrado do entusiasmo, esse arrebatamento imediato da alma para o qual a medida da sobriedade se torna tão difícil. Com consciência Hölderlin considerou o modo de representação antigo subordinado ao modo de representação moderno – assim como Hegel achava mais difícil diluir e "espiritualizar" as formas do entendimento que tinham se tornado fixas do que, tal como se constitui o feito dos gregos, se elevar efetivamente de início à universalidade do pensamento[15]. No entanto, ele via nessa contradição ao mesmo tempo um complemento harmônico. Experiente no entendimento artístico grego, ele desenvolveu mais intensamente do que qualquer outro, amigo ou inimigo dos gregos, a "liberdade no uso do próprio" (V 316). Pode-se denominar o seu destino um destino antigo, o destino da superabundância do divino. Sua obra, porém, é de uma grandeza que evoca a lembrança dos antigos pelo fato de que com ele – como dentre os gregos para Homero[16] – teve sucesso a formação própria do canto pátrio.

---

15. Hegel, *Phänomenologie*, Prefácio, p. 30 (Lasson). Cf. quanto a isso também o meu estudo "Hegel und die antike Dialektik" [Hegel e a dialética antiga], in: GW 3, pp. 3-28.

16. Cf. a expressão hölderliniana sobre Homero de que ele tinha conquistado para o reino de Apolo "a sobriedade de Juno".

15. DO CURSO ESPIRITUAL DO HOMEM
Estudos sobre poesias incompletas de Goethe (1949)
[Von geistigen Lauf des Menschen]

Introdução

Os estudos que se seguem têm por objeto poesias dramáticas incompletas de Goethe que, contudo, foram inseridas pelo próprio autor na edição de suas Obras conjuntas e recebem por meio daí um peso particular. Tudo o que é incompleto aponta para o que fica de fora e que poderia pela primeira vez desvelar o sentido do todo. E, no entanto, esses fragmentos dramáticos possuem um fechamento interno que lhes concede o todo de um sentido. O arredondamento implementado por Goethe do fragmento surgido em 1773 sobre Prometeu por meio da inserção posterior da Ode a Prometeu pode ser artificial e questionável. Mas quem poderia contestar para a poesia "Pandora" ou para a "Flauta mágica" goethiana que elas se mostram à sua maneira como um todo? Para os leitores dessas poesias, os esboços dos prosseguimentos são completamente dispensáveis, mesmo que eles representem para o pesquisador um estímulo elevado quanto ao que se pode supor e servirem por outro lado quase como um comentário ao que foi apresentado.

Qual é o segredo desses fragmentos? – Não acho que seja o fato de eles permanecerem incompletos, mas antes o fato de serem completos. Que impulso poético realizou-se neles de tal forma que eles se antecipam à sua própria continuação?

São estudos casuais que se reúnem em torno dessa questão. O problema relativo ao Prometeu, para mim há muito um objeto de investigação detalhada, certamente assume uma posição privilegiada na poesia de Goethe, e as duas poesias que devemos a ele – uma oriunda dos anos 80 do século XVIII e a outra da primeira década do século XIX – referem-se mutuamente. "A outra parte da flauta mágica", em contrapartida, torna atraente a intepretação em vista da ópera de Mozart. E, contudo, é espantoso notar como essas obras oriundas de momentos tão diversos e de um peso tão diferente se encaixam de modo extremamente uniforme. Todos esses três construtos tratam do caminho da civilidade humana, dos dramas mitológicos, do mundo primevo titânico e de sua superação, as óperas com o caráter de contos de fadas, da contenda entre as forças elementares e espirituais em torno da gênese dos homens. O elemento e o espírito, a sua contraposição e a sua relação recíproca, dominam o "curso espiritual" da humanidade em seu todo, o caminho para a cultura assim como o caminho da educação do indivíduo. Por isso, o que estava em questão para Goethe era: dar forma ao subsolo do titânico, à ameaça constante do espiritual por meio do elementar noturno enquanto a conjuntura do destino humano enquanto tal. Não há nenhuma via direta do esclarecimento que conduza os homens até a sua determinação mais elevada. Aquilo de que eles se libertam ainda são eles mesmos. As múltiplas tentativas poéticas goethianas de apresentar esse fato se mostram a tal ponto como o que lhe é próprio que ele pode retomá-las a qualquer momento – como esses fragmentos dramáticos. Por mais diversa que seja a sua configuração no particular, nem as criações culturais da humanidade nem o respectivo sucesso da "educação" são uma "performance" humana. Nessas criações se entretecem profundamente sofrimento e ousadia, cuidade e graça. O poder da razão sobre si mesma é uma das ilusões do pensamento moderno. Esse pensamento pode ser medido em Goethe, onde se estabelecem seus limites.

O limite do titânico

Prometeu – Pandora

A figura mítica do titã Prometeu, do grande amigo dos homens que, por meio do roubo do fogo, se transforma no primeiro ancestral do trabalho cultural humano e, em virtude de seu amor pelos homens, é atingido pela vingança de Zeus em uma resistência heroica, sendo diariamente dilacerado pela águia do deus e insistindo de maneira desconfortável em si mesmo, foi cunhada pela poesia grega, por Hesíodo e Ésquilo, e ganhou uma forma duradoura e válida. Em uma mudança constante de sentido, ela acompanhou o pensamento antigo para além do limiar do cristianismo[1]. Pois mesmo o cristianismo helênico ainda pôde reconhecer nos atos e no sofrimento de Prometeu uma configuração prévia da própria mensagem religiosa da redenção da humanidade por meio do sofrimento assumido por um outro, na medida em que articulou consigo mesmo como era próprio aos antigos o mito legado. O conteúdo propriamente religioso do mito estabelecido por Hesíodo e

---

1. Cf. o meu artigo "Prometeu e a tragédia da cultura", neste volume pp. 265 ss.

por Ésquilo era certamente incompatível com as concepções cristãs da eternidade e da onipotência. Por isso, o interesse particular que passou a ser dedicado ao mito antigo desde o começo da Modernidade é um sinal do fato de que a imperatividade do cristianismo estava arrefecendo. O mito de Prometeu é apreendido agora em uma variante que já tinha se tornado dominante na Antiguidade tardia. Em articulação com uma tradição cultural mais antiga, Prometeu é visto como o criador dos homens, como o daimon oleiro extremamente perspicaz cujo gênio habilidoso forma a essência do homem a partir do som e o desperta com a ajuda de Minerva para a vida. Na Antiguidade tardia, essa história se mostrava como um motivo no fundo religiosamente indiferente de cunho alegórico-literário – agora, na filosofia do renascimento, em Boccaccio e em Bovillus[2], ela ascende ao nível de um autêntico símbolo que anuncia um novo sentimento vital e uma nova imagem do homem, a imagem do homem criativo, em contraposição à tradição cristã. Mas é somente no século XVIII que o novo símbolo encontra a sua cunhagem combativa na famosa ode de Goethe.

Sabe-se que a publicação desse poema de Goethe surgido em 1774, uma publicação empreendida por Jacobi contra a vontade do poeta no ano de 1785, fez época na história do esclarecimento moderno e da crítica ao cristianismo. Jacobi relatou a impressão que o poema tinha deixado em Lessing e o fato de esse ter visto aí uma confirmação de sua própria representação panteísta de Deus. O modo como, com uma autocracia obstinada, Prometeu combate aí o domínio dos deuses e volta a sua dependência em relação ao "tempo onipotente" e ao "destino eterno" contra sua pretensão de domínio funcionou no século do esclarecimento e da crítica à religião como "a chama de um novo tempo". Na apresentação que fez mais tarde retrospectivamente sobre a história desse poema, o próprio Goethe alude ao "panteísmo" que está ligado à sua publicação: "Ele serviu como estopim de uma explosão que descobriu as relações mais secretas de homens dignos e deu voz a elas: relações que dormitavam inconscientes para eles mesmos, em uma sociedade de resto extremamente esclarecida"; e ele se refere nesse caso à morte de Mendelssohn que aconteceu no curso dessa contenda. Sem dúvida alguma, Goethe não tem em vista aqui o descortinamento do panteísmo secreto de Lessing enquanto tal, um descortinamento que se deu no diálogo com Jacobi depois da leitura da ode sobre Prometeu – não se poderia dizer certamente de Lessing, que afirmava quanto a si mesmo que tinha tudo isso de primeira mão, que antes disso a sua posição religiosa tinha estado para ele inconsciente. O que Goethe tem em vista é muito mais o desencadeamento daquela contenda apaixonada sobre o panteísmo ou o ateísmo de Lessing que im-

---

2. Cf. E. Cassirer, *Individuum und Kosmos in der Philosophie der Renaissance* [*Indivíduo e cosmos na filosofia do Renascimento*], Berlin, 1927, pp. 98 ss.

peliu homens como Jacobi e Mendelssohn para uma acirrada rivalidade. Portanto, o efeito da ode sobre Prometeu não se resumiu de maneira alguma ao fato de um *páthos* revolucionário e anticristão ter se expressado poderosamente e, com isso, ter fortalecido as forças contrárias no interior do esclarecimento moderno. De uma maneira similar, o efeito do *Werther* também foi ambíguo – e mesmo aqui, no olhar retrospectivo próprio a *Dichtung und Wahrheit* [Poesia e verdade], Goethe se valeu da mesma imagem do estopim e da explosão que o livro provocou. Nos dois casos, Goethe se afasta desses efeitos, na medida em que diferencia o sentido poético da "apresentação" dessas matérias de sua valoração material e de sua utilização dogmática. Assim, quando se considera o poema sobre Prometeu em vista de seus efeitos, ele tem sem dúvida alguma o seu lugar na história da religião. No entanto, o que ele significa para Goethe e em sua obra poética só pode ser indagado a partir do elemento poético.

Com certeza, a figura de Prometeu não ocupou Goethe apenas dessa vez, mas, como ele mesmo confessa, "o ponto mitológico em que Prometeu aparece sempre esteve presente" para ele e "se tornou uma animada ideia fixa". Nisso reside o fato de a figura de Prometeu não representar para Goethe um motivo poético entre outros, mas apontar para uma identificação particular, cuja amplitude precisa ser determinada. Como sabemos por meio de Jacobi, o jovem Goethe era chamado no círculo de seus amigos justamente de Prometeu. O que estava à base dessa denominação vem à tona a partir do relato de Goethe: seu talento poético produtivo representava naquela época a "base mais segura" de seu sentimento de vida e se reconhecia na autonomia produtiva que Prometeu exercita como o escultor dos homens. Com isso, Goethe segue aquela representação que ganhou a autoconsciência da humanidade desde o renascimento, uma representação segundo a qual é preciso reconhecer no artista um "segundo deus" (*alter deus*, Scaliger), um segundo criador, uma representação que foi difundida por Shaftesbury no século XVIII sob o símbolo de Prometeu[3]. Essa linha de pensamento introduziu-se no conceito moderno do caráter criador e vive na consciência universal desde o *Sturm und Drang* sob a forma do culto à pessoa e ao gênio.

Não obstante, seria precipitado recorrer ao tema do Prometeu apenas em vista dessas coisas em sua significação em termos de estética e de teoria da arte para Goethe, tal como esse tema é considerado pelos teóricos humanistas do conceito de gênio. Ao contrário, a confrontação poética e pensante de Goethe com a figura de Prometeu possui uma significação muito mais abrangente porque, para ele, a consciência de seu talento poético – segundo a sua própria apresentação em *Dichtung und Wahrheit* – surgiu a partir da ex-

---

3. Cf. O. Walzel, *Das Prometheussymbol von Shaftesbury zu Goethe* [O símbolo de Prometeu de Shatesbury até Goethe]. Leipzig, 1910.

periência do destino "comum" (isto é, universal)[4] dos homens, "o qual todos nós temos de suportar". A solidão do poeta que só consegue ser produtivo no isolamento não torna senão visível de uma maneira excelente aquilo que é válido para todos os homens: "o fato de o homem estar remetido a si mesmo" e não ter nenhum apoio da divindade na necessidade. Portanto, se o que chamava a atenção de Goethe na figura mitológica de Prometeu, ao buscar fundamentar com pensamentos a sua própria existência em vista de sua atividade poética, era por um lado a autossuficiência conformadora do titã, então essa autoconsciência do artista Goethe também se misturou por outro lado profundamente com um sentimento religioso fundamental que diz respeito à posição do humano em relação ao divino. Goethe não se isolou apenas dos homens de uma maneira prometeica, mas também dos deuses. No entanto, isso não aconteceu sob a forma de uma autodivinização ingênua, tal como acontece de maneira irrefletida no moderno culto ao criador, mas com toda a consciência de nossa humanidade insuplantável ante o divino.

Foi por isso que toda a fábula de Prometeu conseguiu ganhar vida nele, "a relação amarga em que Prometeu acabou caindo com Zeus e com os novos deuses, na medida em que forma os homens com as próprias mãos, os dota de vida por meio do auxílio de Minerva e instaura uma terceira dinastia". As exposições mais detalhadas feitas por Goethe em *Dichtung und Wahrheit* para a elucidação da história da gênese da ode acentuam em verdade o caráter poético do mito e não querem se inserir em considerações filosóficas e religiosas. Mas fica de qualquer modo claro que a posição mediana do titã, descendente da mais antiga dinastia e, contudo, não um coproprietário da regulamentação do mundo, o torna significativamente apropriado para o seu papel como criador dos homens – significativamente, na medida em que o gênero humano mantém dessa maneira uma origem autônoma em relação ao senhor supremo do mundo, um símbolo eloquente da situação fática de seu destino de ser "remetido a si mesmo" e, contudo, estar totalmente subordinado. E, assim, Goethe acentua finalmente de maneira expressa que o "sentido titânico e gigantesco, vindo do céu como uma tempestade" não tinha emprestado ao seu gênero poético matéria alguma. "Parecia-me antes apropriado apresentar aquela resistência pacífica, plástica, em todo caso paciente, que reconheceu a violência superior, mas queria se equiparar a ela."

Todas essas são certamente autointerpretações tardias de Goethe que não têm em vista apenas a ode, mas também do mesmo modo o fragmento dramático redescoberto no ano de 1820. E é possível perceber quão distante Goethe se encontrava naquela época em relação aos seus "caprichos de juventude" pelo fato de ele ter tomado falsamente a ode pela introdução ao

---

4. O termo "universal" [*allgemein*] em alemão significa literalmente comum [*-gemein*] a todos [*all-*]. (N. do T.)

terceiro ato do drama e ter deixado que ela fosse impressa nessa posição nas diversas edições. Impõe-se mesmo a pergunta sobre se a autointerpretação de Goethe também é tão inadequada.

A resposta é difícil, uma vez que o drama é um fragmento inconcluso. Além disso, Goethe poderia ter razão ao contar que não tinha outrora senão escrito livremente, sem um plano pronto do todo. Portanto, é vão querer alcançar para si uma representação exata do progresso da ação. Só uma coisa é certa: Goethe realmente tinha planejado outrora (como ele mais tarde indica na redação impressa) uma mediação entre Prometeu e Zeus – e, com isso, um sancionamento do gênero humano por meio dos deuses. Não é apenas a tradição literária do material (a tradição antiga tanto quanto a moderna) que fala a favor disso. Mesmo as cenas expostas por Goethe permitem-nos esperar por isso, a segurança superior com a qual Zeus assume a criação dos homens (224 s.):

> O gênero dos vermes amplia
> O número de meus escravos,

e com a qual ele se contenta em ver aduzido mais tarde o reconhecimento de seu domínio. Aqui, o âmbito da ação dramática é demarcado de maneira suficientemente clara. Com o reconhecimento do domínio dos deuses por parte dos homens e de Prometeu, a ação é concluída, e, não sem uma significação para a constituição do mundo que então tem lugar, a oferta com a qual Zeus se aproxima no começo do drama de Prometeu poderia ser a de que Prometeu deveria morar no Olimpo e "reinar sobre a terra". Pois essa constituição do mundo é mesmo a constituição reconhecida por Goethe: ajudar a si mesmo por meio do trabalho e da atividade é justamente o que determina o destino humano sobre a terra. Essa verdade prometeica vigorará por fim, mesmo se o domínio superior dos deuses junto aos homens chegar a ser reconhecido. A parcela do homem é a autonomia, mas uma autonomia limitada, dependente. Esse é o âmbito que se estende visivelmente sobre o todo. Mas como é que ele deveria ser preenchido? Que experiência de vida levaria os homens ao reconhecimento do domínio divino? Quando é que eles necessitarão dos deuses?

Se nos lembrarmos do mito antigo, e, em particular, daquilo que Platão apresentou no *Protágoras*, então a existência social do homem, a sua capacidade para a vida no estado, é que lhe seria atribuída por Zeus apenas e por sua distribuição de direito [δίκη] e veneração [αἰδώς]. De fato, junto aos gregos, mesmo em Ésquilo, Zeus é o gênio da lei, e essa representação de que somente a lei torna o homem homem não era certamente estranha a Goethe. (Anotação no diário de 1797: "A lei faz o homem, não o homem a lei".) A questão é que, se questionarmos o que foi exposto em relação a se Zeus deveria ou não trazer reconciliação enquanto o instaurador da liberdade para a humanidade autodilaceradora, não se encontrará para tanto apoio algum. Ao contrário, Goethe não descreve de maneira alguma as experiências que Prometeu faz com as suas criaturas como se discórdia e autodestruição fossem o perigo que as ameaça. O estado natural da humanidade é pintado muito mais com cores amistosas. Nesse caso, a influência de Rousseau e das "Contribuições para a história secreta da razão humana" (1770) de Wieland é perceptível. O conceito de propriedade é deduzido como um direito natural a partir da aquisição ativa, e sua violação não é considerada como algo menos natural que é suplantado pela razão atuante na vida humana conjunta. Quando alguém tem sua cabra roubada, Prometeu o consola:

Deixe-o!
Se sua mão se volta contra todos os homens,
A mão de todos os homens se voltará contra ele. (308 s.)

E no todo ele constata:

Vós não sois degenerados, meus filhos,
Sois trabalhadores e preguiçosos,
E terrivelmente tenros,
Generosamente avaros,
Igualais a todos os vossos irmãos em destino,
Igualais aos animais e aos deuses. (311 ss.)

É preciso que algo diverso tenha conduzido segundo o intuito de Goethe – e pode-se pressupor que ele tenha sido dirigido pela representação de um todo mesmo sem um plano exato – os homens e Prometeu até o reconhecimento dos deuses. Uma intervenção de Zeus, por exemplo, por meio do dom de Pandora, tal como acontece com Wieland em seu "Diálogo onírico com Prometeu" ou em sua obra "Pandora", se adequaria mal às palavras seguramente de expectativa de Zeus no começo do segundo ato, abstraindo-se completamente do fato de, segundo Goethe, Pandora ser efetivamente uma criatura de Prometeu.

Assim, permanece a questão sobre saber se é um outro limite, estabelecido na essência dessas criaturas humanas e de seu criador, que deve voltá-las para o reconhecimento dos deuses. Pode-se reconhecer uma primeira indicação disso nas palavras de Goethe:

Em um recém-nascido encanto de juventude
Presumem-se suas almas como iguais aos deuses. (236 s.)

O fato de eles não serem deuses precisa se mostrar para eles junto ao mistério da morte. Também precisamos atentar para o que é dito no diálogo entre Zeus e Mercúrio: "Eles não te escutarão até que precisem de ti." Ou seja, eles não necessitarão um dia de Zeus, mas de Mercúrio, do emissário e tradutor. De fato, para Goethe não são os deuses que distribuem a morte (e a vida), mas o destino. No entanto, esse é o ponto: os homens recém-criados não sabem nada sobre a morte. Quando Prometeu enuncia a palavra morte, Pandora pergunta "O que é isso?" – e se Prometeu verdadeiramente sabe o que é a morte para os homens? Podia ser que eles necessitassem de um conselho mais elevado, de um conselho divino trazido por Mercúrio, para se reconciliar com a sua mortalidade.

Mas consideremos com atenção se já não está visível nessa poesia de juventude um limite que é estabelecido para o mundo prometeico e, com isso, também para as suas criaturas, os homens. Já se observou com frequência (por exemplo, O. Pniower no posfácio à edição comemorativa) que Epimeteu designa esse limite ao objetar a Prometeu:

> Tu te encontras sozinho!
> Tua teimosia desconhece o encanto,
> Quando os deuses, tu,
> Os teus e o mundo e o céu, tudo
> Se sentiam todos em uma íntima totalidade. (82 ss.)

De fato, o primeiro ato descreve – apoiando-se formalmente no Prometeu de Ésquilo – a "teimosia" do titã, o orgulho de si que emerge de sua atividade criadora, a consciência de uma autonomia plena ante os deuses:

> Vós conseguis me separar
> De mim mesmo? (41 s.)

O que ele reclama é algo que se encontra incondicionadamente sob a sua posse:

> Aquilo que possuo, eles não podem roubar. (72)

Pois se trata completamente de seu próprio mundo, de um "todo", do "círculo que preenche minha atuação efetiva", em um afastamento consciente dos deuses. É manifesto quão corretamente Goethe interpreta a si mesmo em *Dichtung und Wahrheit* ao reconhecer aí o orgulho de si de seu talento poético. Não há aqui certamente nenhum limite visível do mundo prometeico. A autoconfiança dessa força produtiva própria e o seu caráter soberano são tão dominantes que mesmo a objeção de que as criações com as quais ele preenche seu mundo estão ligadas pela ausência de vida não procede. O sentimento de seu criador é a tal ponto o mundo único e total que essas criações têm nesse sentimento a sua liberdade. Assim, elas são despertas por ele mesmo para a vida plena, na medida em que o mundo do elemento espiritual, representado por Minerva, diferentemente de em outras configurações da matéria-prima, não é aqui uma força estranha:

> E tu és para o meu espírito
> O que ele é para si mesmo. (100 s.)

Portanto, não é nenhum limite de sua atividade criadora que o restringe, nenhuma contradição entre o mundo interior e o mundo.

Em contrapartida, a cena final entre Prometeu e Pandora, sua filha que junto a uma companheira se torna testemunha do poder sinistro de Eros e procura se esclarecer com o pai sobre esse segredo desconhecido, é de uma intensidade poética que nos impede de ver nas duas cenas precedentes um outro exemplo da atividade de Prometeu como educador. E se é verdade que o fragmento sobre Prometeu é mesmo um autêntico bloco fragmentário sem um acabamento pleno, muito mais do que outras poesias inacabadas de Goethe, ele se mostra de qualquer modo como um ápice real junto ao qual a poesia se interrompe. É legítimo supor – se é que é legítimo supor em algum lugar – que se toca aqui o nervo vivo do drama. O modo como Prometeu entrelaça aqui radicalmente o mistério do amor e da morte não pode ficar sem uma significação decisiva para o todo. A experiência da morte é o limite propriamente dito da autonomia humana e, com isso, nós já o pressentimos, o limite do mundo prometeico. O modo como esse mundo soa aqui, muito diferente de si mesmo, entretecido na experiência da mais extrema paixão amorosa, é, contudo, significativo e não apenas uma capa pedagógica daquela força sinistra para a menina, de algo sinistro por meio de um outro. O que ele amalgama é a experiência do limite. Em versos descomunais, ele descreve Prometeu.

> Quando do mais íntimo e mais profundo fundamento
> Tu completamente abalado tudo sentes,
> Que um dia alegria e sofrimentos sobre ti tenha derramado,
> Tempestuosamente teu coração se expande,
> Em lágrimas quer se aliviar,
> E seu ardor amplia,
> E tudo soa para ti e estremece e trepida,
> E todos os sentidos para ti se dissipam
> E tu para ti dissipar-te pareces
> E caes,
> E tudo à tua volta mergulha em noite,
> E tu, em um sentimento interior próprio
> Abarcas um mundo:
> Então morre o homem. (395 ss.)

O amor é descrito aqui como a totalidade da tarefa própria ao homem e ao mesmo tempo como a elevação extrema de sua autoconfiança. Em um "sentimento interior próprio", o homem abarca um mundo. Assim como Prometeu se expande em direção ao mundo que ele mesmo povoou com suas criaturas, a realização do amor "no tempestuoso deleite" também é um instante supremo da posse de si mesmo. É possível que nos perguntemos se, assim como a experiência da morte é amalgamada aqui com a experiência do amor, as duas experiências não aparecem por fim em uma delimitação característica. Enquanto um sentimento "interior próprio" que retorna no ritmo natural entre sono e autorrejuvenescimento, tal como eles vêm ao nosso encontro aqui, falta aos dois algo essencial. Para a morte, o irrevogável, e, com isso, o segredo obscuro do depois; para o amor, o tu, a troca com ele, a origem do nós. Será que o drama deveria designar nessas situações-limite da posse humana de si mesmo as barreiras do mundo prometeico e a superação de sua "teimosia", realizando a inserção desse mundo em um maior, dominado pelos pensamentos ordenadores divinos?

Nós não sabemos. Mas sabemos que a "fixação" de Goethe pela figura mítica de Prometeu, uma fixação que também é atestada pelo plano de uma libertação de Prometeu oriundo do ano de 1795, conduziu mais tarde a desenvolvimentos ulteriores que seguiram efetivamente nessa direção. No ano de 1807, ele projetou um drama que deveria se chamar "O retorno de Pandora", do qual então dois atos foram realizados e, em uma posição privilegiada, constituíram sob o título "Pandora" a conclusão das Obras conjuntas. O próprio Goethe denominou essa configuração poética "intencional" e designou as suas significações pregnantes por meio da expressão "profundamente entremeadas". Juntamente com o esquema do prosseguimento, o que foi realizado esclarece perfeitamente a "ideia" da poesia que tinha aqui por base, de maneira totalmente diversa do que acontecia no drama de juventude, um plano fixo.

Epimeteu tornou-se um homem velho. Pandora, que tinha sido outrora sua mulher, deixou para trás com ele uma filha ao abandoná-lo, Epimeleia. Ele mesmo não consegue esquecer a Pandora desaparecida. Sua filha Epimeleia é a amante do filho de Prometeu, Phileros, que a persegue ciumento e, ao se abater sobre a suposta infiel, é impedido no último instante por seu pai e mandado embora. Ele se joga ao mar, mas, de uma maneira extraordinária, sobe de novo à terra, salvo como o jovem deus Dioniso e é então festejado. Aí aparece (novamente) uma caixa maravilhosa, uma *kypsele*, e o prosseguimento deveria descrever como tinha se desenrolado uma vez mais a contenda entre Prometeu e Epimeteu, sobre se ela tinha de ser pega ou destruída. A contenda só é por fim decidida por meio da aparição de Pandora. A *kypsele* se abre e se vê em seu interior um templo no qual demônios se encontram sentados: a ciência e a arte. O seu acolhimento festivo entre os homens deveria introduzir o final do drama no qual Epimeteu ascende com uma figura rejuvenescida juntamente com Pandora.

Portanto, a fábula articula-se com a tradição mais antiga da história de Prometeu que foi legada por Hesíodo e não, como o drama de juventude, com a história posterior sobre o criador dos homens. Como é frequente em Goethe, essa tradição continua interferindo na composição poética da fábula na geração seguinte. A ideia é evidentemente a de que a cultura mais elevada está fundada na superação da contradição entre Prometeu e Epimeteu. Não há dúvida de que o herói desse drama não deveria ser Prometeu, mas sim Epimeteu, e não pode ficar sem significação o fato de que para o poeta em fase de envelhecimento a única coisa passível de ser realizada era o Epimeteu voltado para a lembrança da Pandora desaparecida e não o seu rejuvenescimento por meio do retorno de Pandora. Não obstante, seria tolo querer interpretar as coisas aqui biograficamente. Não apenas porque, segundo as suas próprias palavras, Goethe também se mostrava outrora tanto como Prometeu quanto como Epimeteu – mesmo antes disso ele não era apenas Prometeu, mas também o ser que o limitava. Ainda que Prometeu apareça agora em uma fábula totalmente diversa, a pergunta sobre o modo como a nova configuração se articula com a antiga permanece de qualquer forma plena de sentido. Em 1830, Goethe disse sobre os seus fragmentos de juventude – e é certo que isso também é particularmente válido quanto ao fragmento sobre Prometeu e quanto à sua significação para a sua própria autoclarificação – que eles continham "o elemento verdadeiro, mas ainda não desenvolvido, de modo que se poderia considerá-lo um erro". Assim, também podemos deixar que o desenvolvimento da figura de Prometeu no pedaço realizado do drama "Pandora" continue vigente para a determinação do sentido do esboço de juventude, cuja parte realizada certamente só nos deixa advinhar relações veladas de sentido em face do todo planejado.

A mudança que teve lugar é suficientemente clara. O pano de fundo da teologia neoplatônica que foi trabalhado por Flitner[5] desapareceu. Prometeu não é mais o criador universal cuja autossuficiência conformadora possui um mundo interior e o povoa, mas alguém que age sem descanso e que sobressai em relação a todos os vigorosos trabalhadores. Precisamente enquanto o representante de um princípio desde o início limitado, porém, ele permanece no que há de decisivo aquele que ele era, o gênio da defesa de si próprio, da renúncia decidida de toda essência divina e *daimônica*. De maneira correspondente à fábula transformada, ele é aquele que se opõe uma vez mais ao retorno do dom divino, assim como ele tinha outrora afastado Pandora de si. Ele é o padroeiro dos ferreiros que ele chama para o labor matutino. Eles

---

5. W. Flitner, *Goethe im Spätwerk* [Goethe na obra tardia]. Hamburg, 1947, pp. 46 s.

são seu séquito, os seres ativos que ele conservara outrora ante a sedução de Pandora (223). Em cenas dramáticas, seu âmbito próprio ganha a luz mais plena possível. Ele vai ao encontro do filho desvairadamente apaixonado como advogado e como guardião da lei, ele, o "plenamente consciente" (237) bane de sua esfera o poder da paixão, o "elemento". Ante o irmão, ele representa um princípio que se julga superior: felicidade e beleza não o seduzem, pois "Nos picos, nem um nem outro perduram" (680). "Demônios, enviados por deus", tal como os que se abatem sobre o seu irmão em momentos de dor (731), não são acolhidos por ele. O acaso é para ele odioso (828), assim como a embriaguez da festa (1043). Assim, a sua renúncia de outrora tanto quanto a sua renúncia atual aos dons de Pandora são o cerne propriamente dito de seu ser. Ele não quer ser presenteado:

> O novo não me alegra, e dotada
> Suficientemente é a linhagem para a terra, (106 s.)

mas cuida de si mesmo em uma atividade consciente. Goethe conseguiu com a arte infinita que ele utilizou em "Pandora" – em sua riqueza formal tanto quanto em sua profusão de ideias, ela é sem dúvida alguma a mais densa de todas as suas obras – elevar e transfigurar esse sóbrio ideal de maneira tão poética que sua verdade perene e sua grandeza autêntica permanecem sempre visíveis. Mas mais visível ainda é a limitação dessa essência.

Toda a ação pretende manifestamente revalorar a fábula antiga da mitologia grega no que há de decisivo. O verdadeiro ideal da vida humana não é a cautela superior e a prudência dominante de Prometeu, tal como acontece em Hesíodo – as dores que lhe são trazidas pela paixão pertencem à sua verdadeira essência. Em Epimeteu e em seu destino doloroso, a humanidade iniciou apesar de tudo o caminho até si mesma.

Goethe sobrepuja a antiga sabedoria grega dos mitos, na medida em que prossegue o processo poético de composição da história até a geração seguinte. O próprio filho de Prometeu revela os limites do mundo prometeico. Ele experimenta os demônios da paixão, amor e ciúme, com uma violência mortal e mostra ao pai o poder superior desses demônios:

> Então tu acreditas, pai, que agora está feito?
> Com rígida legalidade tu te abates sobre mim,
> E não atentas em nada o infinito poder
> Que a mim, o infeliz, levou à miséria. (449 ss.)

Ele lhe dirige a pergunta, para qual Prometeu não tem resposta alguma:

> Diga-me então, pai, quem deu à figura
> A única e terrivelmente decisiva força?

Assim, junto ao filho do pai, os limites tornam-se visíveis. E quando o jovem, que amaldiçoado pelo pai se joga ao mar, sobe uma vez mais à terra sob o júbilo de toda natureza, salvo como por um milagre, um outro Dioniso, o que o salva não é a energia ativa do pai, mas algo mais elevado, a vontade dos deuses, um poder superior à nossa vontade e presunção humanas, o "desejo de viver" vitorioso nele como em todos os seres:

> Tua perspicácia, teu esforço
> Não o trará dessa vez de volta:
> Dessa vez é dos deuses a vontade,
> Da vida o próprio, puro,
> Indestrutível esforço que o trará
> Renascido de volta.

Essa é a hora de uma nova ressonância festiva entre todas as coisas. O Prometeu do drama de juventude tinha desprezado um tal

> Encanto,
> Quando os deuses, tu,
> (...)
> Se sentiam todos em uma íntima totalidade,

por conta da posse altiva de si mesmo e de seu próprio mundo criador. O Prometeu da "Pandora" se retrai contrafeito quando a paixão que coloca tudo em jogo e ganha forma em Phileros traz consigo a hora mais elevada e aquilo que permaneceu vedado à oposição insuplantável entre Prometeu e Epimeteu tem lugar no casamento com Epimeleia: a plena realidade do humano. O próprio Phileros tinha se queixado ao experimentar o poder demoníaco da beleza:

> Ela tragou a minha vida na sua:
> Não tenho mais nada para estar vivo. (487 s.)

Agora, porém, essa perda de si próprio transforma-se em preenchimento:

> Eles se encontram, e o um no outro
> Se sente totalmente e sente totalmente o outro.
> Assim, unido em amor, de modo duplamente maravilhoso,
> Eles acolhem o mundo. (1055 ss.)

Por sobre a precaução e a nostalgia, a posse de si próprio e a perda de si próprio dos mais antigos (Prometeu para Epimeteu: "e assim infelizmente ela se arranca eternamente de ti") eleva-se a nova geração, na qual se unem o passional e a "meditativa", em uma civilidade mais elevada. Símbolo disso é o fato de aparecer entre os homens nessa hora "divinamente escolhida" o dom milagroso da *kypsele*, cujo interior acolhe os espíritos da cultura humana: ciência e arte.

O prosseguimento deveria trazer consigo a luta pelo acolhimento desse dom divino. Não há como depreender daí senão muito pouco sobre o modo como a resistência de Prometeu e dos seus deveria ser superada. A plenitude divina que é trazida pelo retorno de Pandora convence por sua realidade superior. "Todos se apropriam disso." Essa é a essência da nova cultura espiritual que a ciência e a arte difundem. Eos já o tinha descoberto:

> Mais baixo mergulha o que é digno e belo,
> De início se vela para se tornar manifesto,
> Se torna manifesto para uma vez mais se recolher. (1050 ss.)

É a aquisição e a revelação da ciência e da arte que elevam os homens para além da brutalidade do tempo anterior titânico. Mas não por meio do fato de elas revelarem um segredo – elas mesmas são o segredo no qual se recolhe toda verdade.

Será que Prometeu também deveria aprender a reconhecer a realidade superior? Para além de sua compreensão, essa realidade não precisava ser a realização daquilo que ele tinha desejado para o gênero humano?

> Se eles quisessem o passado acolher mais no coração,
> Do presente, formando-o, mais se apropriar,
> Seria bom para todos; isso é o que desejo. (1074 ss.)

Uma tal "utilidade mais elevada" é trazida pela ciência e pela arte para o gênero humano; e isso certamente não por meio do caráter irrequieto do empenho prometeico, mas na elevação até os festejos e a festa. "Transformar o passado em imagem. Arrependimento poético, justiça" são as palavras-chave anotadas por Goethe para a interpretação da *kypsele*. Será que o poeta não deveria ter encontrado nessa interpretação da atividade poética Prometeu e Epimeteu reconciliados em si e para todos os homens? Os belos versos conclusivos da parte realizada, versos que coroam o festejo incompleto da cultura humana, contêm a resposta do todo:

> O que é desejável, vós aqui embaixo o sentis;
> O que é para ser dado, o sabem os lá de cima.
> Grandiosamente começam vossos titãs; mas conduzir
> Ao eternamente bom, eternamente belo,
> É dos deuses obra; deixai-os conceder. (1082 ss.)

A formação para o homem
A outra parte da flauta mágica

A flauta mágica de Mozart deixou uma impressão tão profunda e duradoura em Goethe quando ele tomou conhecimento de sua existência em 1795, que ele esboçou um prosseguimento para ela, um libreto para o qual, contudo, ele procurou em vão por um compositor e que, por isso, permaneceu incompleto. No entanto, em sua figura fragmentária, esse esboço se mostra com uma forma fechada que abarca uma ação apresentada até o desdobramento de umas poucas cenas. Ele apareceu pela primeira vez em 1802 e foi então definitivamente inserido em suas Obras conjuntas em 1807-08. Portanto, essa pequena obra poética pertence à série de tentativas empreendidas por Goethe durante a sua atividade teatral em Weimar, que buscavam a elevação do teatro alemão. É evidente que Goethe se apoiou de maneira completamente consciente no cenário, nas personagens e nos temas eficazes da ópera mozartiana; e isso por razões técnico-teatrais, na medida em que queria por um lado viabilizar para os palcos uma nova utilização dos apetrechos criados pela ópera mozartiana e a reutilização dos mesmos cantores, e, por outro lado, alegrar o público entusiasmado com o grande sucesso da ópera mozartiana com um encontro renovado com o mundo temático dessa ópera – uma tentativa como a que ele empreendeu no mundo do teatro, assim como com igual frequência em seu sucesso artístico costuma ser digna de questão. Mesmo a tentativa de Goethe fracassou – ele não encontrou nenhum compositor que tivesse ousado competir com o gênio predominante e excludente de Mozart, e, assim, a poesia de Goethe permaneceu um fragmento – um dos documentos que atestam a derrocada das esperanças de Goethe no teatro alemão e a renúncia ao teatro, uma renúncia que aconteceu na última fase de sua vida, depois da morte de Schiller.

Não obstante, Goethe considerou a sua poesia digna de conquistar um lugar na edição de suas Obras conjuntas e, de fato, em face da graciosidade e da profundidade do fragmento goethiano, não se pode julgar senão que ele é uma resposta produtiva e digna do grande poeta à vivência feita por ele da ópera de Mozart. Essa construção é tão poética que ela preenche todo o espaço significativo que esboça: ela está tão cheia da densidade sensível de sua configuração linguística que ela não deixa por si nenhum espaço para uma outra configuração musical. O olhar constante de Goethe para o compositor, os geniais acenos cênicos e musicais que ele entremeia não são capazes de alterar nada quanto ao fato de o mundo significativo fechado de sua configuração poética se opor a uma refundição musical. Todavia, o sentido poético do fragmento e a sua ligação com a ópera de Mozart é tanto mais carente de uma interpretação – que ainda não foi tentada até aqui[6].

A ópera magnífica de Mozart tem por base um libreto que provém de um escritor teatral mediano chamado Schikaneder. Mais recentemente, esse libreto foi exposto multiplamente à crítica mais incisiva e se ele não tivesse sido transfigurado pelo gênio da música de Mozart, ele nunca teria chamado a atenção para si. Pois ele se mostra de fato como uma obra mal acabada, composta de maneira grosseira e em vista de efeitos pragmáticos completamente a partir da tradição oriunda da ópera mágica, uma obra reunida a partir de múltiplas fontes em relação à qual mesmo apenas um mero questionamento sobre o seu sentido autônomo poderia parecer uma tergiversação. Mozart certamente reconheceu aí um sentido e verteu sobre esse libreto toda a riqueza de seu engenho musical, desenvolvendo as situações humanas de ódio e amor, angústia e coragem, ímpeto e espírito, nobreza e comicidade e transformando-as em uma canção elevada da humanidade. No entanto, essa foi uma criação própria a Mozart – uma nova criação. A questão é que o próprio Goethe também conseguiu manifestamente depreender do libreto um sentido próprio e profundo. Ele exprimiu esse fato certa vez dizendo que as pessoas poderiam ter a certeza de que o sentido mais elevado da construção poética se desvelaria para os iniciados.

As pessoas tentaram interpretar essa referência de Goethe, na medida em que partiram da significação que a maçonaria possuía indubitavelmente na ópera de Mozart e no libreto de Schikaneder. Se Goethe fala aqui dos "iniciados", então ele mesmo falaria como maçom e reconheceria na ópera um aguçamento político secreto, uma crítica da atmosfera obscurantista da vida cultural habisburguesa daquela época ou mesmo uma justificação do sentido ideal da maçonaria. Sim, as pessoas chegaram ao ponto de reconhecer na "rainha da noite" a imperatriz Maria Tereza e em Tamino o jovem rei para os quais se dirigim as esperanças dos homens orientados de maneira libertária na Áustria. Bem, uma coisa é certa: épocas de uma liberdade de expressão despoticamente reprimida, tal como eles também eram dados para o habsburgo daqueles dias, fazem frequentemente com que o teatro se transforme do modo mais inesperado possível em um fórum político, assim como

---

6. Independentemente de meus próprios estudos, dois outros trabalhos foram dedicados à *Flauta mágica* de Goethe mais ou menos na mesma época. Oscar Seidlin, in: *Monatshefte 35* (1943), pp. 49-61, nesse ínterim acessível nos *Essays in German and Comparative Literature* (Chapel Hill, 1961), pp. 45 ss., e in: *Von Goethe zu Thomas Mann. Zwölf Versuche* (Göttingen, 1969), assim como Arthur Henkel, in: *Zeitschrift für Deutsche Philologie 71* (1951/52), pp. 64-69. O trabalho de Seidlin insere a pequena obra de Goethe em sua Obra conjunta e persegue em particular a relação com o *Fausto II*. A pequena contribuição de Henkel (ampliada agora em *Goethe-Erfahrungen: Studien und Vortäge*, Stuttgart, 1982, pp. 147-161) sublinha o traço antimágico, ético-humano que eu também acentuei na recepção de Goethe e no prosseguimento da fábula schikanederiana.

em geral a pressão de estancamento gerada por uma censura rigorosa forma com o tempo uma perspicácia peculiar e uma alegria ressonante incalculável do público. Por isso, não se negará completamente que um canto de louvor à maçonaria que se encontrava sob perseguição política faz ressoar matizes políticas e que um aguçamento político pode ser aduzido, por exemplo, às palavras finais de Sarastro:

> Os raios do sol a noite expulsam
> Do hipócrita o poder usurpado aniquilam.

No entanto, em face do teor conjunto de sua criação poética, não há como acreditar que Schikaneder tenha pretendido alcançar um tal efeito. De outro modo, como é que ele poderia colocar na boca do sombrio mundo oposto da rainha da noite uma expressão que não faz senão obscurecer uma tal relação política?

> Os beatos desaparecem da terra decantada
> Com o ardor do fogo e uma poderosa espada.

Os intérpretes maçônicos da *Flauta mágica* não retiram do texto, mas inserem a sua interpretação no texto[7]. O sentido mais elevado dos fenômenos que Goethe reconheceu na *Flauta mágica* não pode ser certamente interpretado nesse sentido estreito de um panfleto político ou de uma apologia política da maçonaria.

Ao contrário, o tema propriamente dito do libreto é formado por um motivo mais genérico que se encontra à base mesmo das ideias da maçonaria: o justo esclarecimento, isto é, a elevação vitoriosa da luz sobre a noite. O fato de Goethe ter apreciado para além disso a realização apropriada em termos teatrais do libreto de Schikaneder, a riqueza dos efeitos dramáticos, das situações de contraste, o adorno sensualmente alegre da ação, não é comprovado apenas por seu reconhecimento expresso desses elementos, mas mais ainda pelo modo como ele assume e continua trabalhando em seu próprio prosseguimento da *Flauta mágica* o esboço dramático fundamental da ópera. Não obstante, já se notou há muito tempo que a sua própria construção poética é mais do que uma duplicação extrínseca ou do que uma variação da *Flauta mágica*, que ela é uma obra autêntica de seu próprio mundo poético, significativa em si e para o todo de sua obra poética, em particular para o

---

7. Gadamer joga aqui com o sentido dos termos alemães *Auslegen* [interpretar] e *Einlegen* [inserir] que se diferenciam apenas pelo prefixo *aus* [ex] e *ein* [in]. Na verdade, o termo "interpretação" em alemão designa etimologicamente o ato de expor algo e está próximo do termo "exegese" em português. Para acompanhar o intuito argumentativo do original, optamos pelas locuções "inserir e retirar a interpretação". (N. do T.)

acabamento posterior da obra poética *Fausto*[8]. Mas carece de investigação saber qual é a relação existente entre o prosseguimento goethiano e aquele "sentido mais elevado dos fenômenos" que Goethe percebeu no libreto de Schikaneder[9].

Qual é a configuração particular que a luta entre bem e mal, noite e luz, experimentou na construção poética schikanederiana? É realmente legítimo falar de um sentido conjunto uniforme desse libreto que se regala fartamente com efeitos exteriores? A ação da ópera pode com certeza ser suposta como conhecida: o começo próprio a um conto de fadas, no qual o jovem fugitivo Tamino é atraído para o círculo da rainha da noite por meio de sua libertação de uma serpente que o perseguia, vê a imagem da filha maravilhosamente bela da rainha e é enviado pela rainha da noite como libertador de sua filha até Sarastro, o homem que a tinha roubado, e, em seguida, de uma maneira inesperada e desconcertante, como a imagem se altera completamente. Quando Tamino adentra o reino do pérfido ladrão Sarastro, todos os valores são repentinamente invertidos. Sarastro não é um ladrão mau e violento, mas um homem nobre que tinha roubado a filha à mãe em uma sabedoria que reflete uma profunda providência, um homem que introduz então Tamino, o jovem filho do rei, em sua sabedoria, tal como essa sabedoria é cultivada em uma relação sacerdotal, por meio de uma série de instruções e provas. A ação da ópera que se transcorre como em um conto de fadas faz com que o par amoroso – comicamente contrastado por meio das figuras de Papagenos e Papagenas – passe pelas três provas e, depois disso, conduz aqueles que foram violentamente separados a uma feliz reunião.

A análise crítico-textual e genética há muito nos ensinou como teve lugar a mudança radical dos valores entre o começo e o prosseguimento da ação: o fato de o libretista Schikaneder ter transformado aqui completamente a partir do segundo ato o esboço original no qual ele tinha seguido uma outra fonte por razões teatrais totalmente exteriores e de, repentinamente, ter reconhecido no poder hostil e contrário de Sarastro a significação profunda de uma ligação simbólica, de modo que começou a vacilar inteiramente a estrutura inicial da ação e das personagens: a partir da mãe roubada que exige justiça constitui-se o princípio do poder noturno contrário que persegue

---

8. Cf. Max Morris, *Goethe-Studien* I. Berlin, 1902, pp. 310 ss.

9. Nesse ínterim, o libreto de Schikaneder também passou a ser visto sob uma luz mais positiva pelas pesquisas ligadas à obra de Mozart. Abandonou-se agora a teoria de que Schikaneder teria alterado o seu plano durante o trabalho no libreto por puro medo de plágio e de que daí provém a quebra nas personagens da rainha da noite e de Sarastro. Cf. E. v. Komorzynski, *Die Zauberflöte. Entstehung und Bedeutung des Werkes* [A flauta mágica. Surgimento e significação da obra – in: Mozart-Jahrbuch I, 1941, pp. 147 ss.] e Fr. Schnapp, *Die Fabel von der Zauberflöte* [A fábula da flauta mágica – Musica I, 1947, pp. 171 ss.]; assim, os resultados da mais recente crítica das fontes vão ao encontro da interpretação acima.

com fúria exasperada o círculo de Sarastro, o representante do bom princípio e da luz.

Nós sabemos que essa transformação entrou no libreto de uma maneira extrínseca, por meio da adução de um romance antigo e há muito desaparecido do Abade Terrasson, um romance chamado *Sethos*. A pesquisa recente nos ensinou que o colorido egípcio da ópera e o ritual histórico-religioso da iniciação nos mistérios de Ísis e Osíris provêm antes de tudo desse romance nutrido por fontes helenistas[10]. Sob a luz desse pano de fundo histórico-religioso da ópera coloca-se então a pergunta sobre se a "quebra" na ação da *Flauta mágica* é realmente uma quebra extrínseca, um mero vestígio da costura feita a partir da elaboração de diversos modelos. Pois o fato de a iniciação poder encontrar a sua forma em um culto secreto, o fato de o elemento estranho e mau se revelar para os iniciados com uma repentina transparência como o princípio de uma verdade nova e mais elevada está dado há muito tempo no tópico da "conversão" (já presente no culto a Dioniso). Mas não se pode certamente sobrecarregar Schikaneder com a intelecção consciente desse tema religioso. Mas não me parece absolutamente correto associar uma criação artística que é efetivamente experimentada como unidade – e isso acontece aqui por meio da força formal da música de Mozart que se eleva para além de todo raciocínio possível – à intenção consciente do criador dessa obra. O fato de o ouvinte compreensivo da *Flauta mágica* não experimentar a quebra provocada pelo segundo ato como tola e sem sentido, mas realmente acolhê-la, já é por si só suficiente para justificar o intérprete a questionar o sentido dessa "quebra", em vez de se deixar levar pela demonstração prévia de um puro *nonsense* dada pela análise filológica.

Além disso, poder-se-ia perguntar se essa quebra não precisa ser compreendida exatamente como as transformações acontecem em todas os contos de fadas. Transformação é em verdade mágica e espantosa alteração das coisas. Não obstante, não há nela nenhuma pura arbitrariedade. Ela indica parentesco entre aquilo que é contraditório. Desse modo, pode ser correto dizer que o ladrão transformado que se torna o sábio salvador pressupõe aqui algo assim como uma iniciação. Mas será que não é ao contrário toda iniciação que se mostra como uma tal transformação que esconde em si uma identidade secreta?

---

10. Cf. Siegfried Morenz, *Die >Zauberflöte< im Lichte der Altertumswissenschaft* [A 'Flauta mágica' sob a luz da Ciência da Antiguidade – in: Forschungen und Fortschritte 21-23, 1947, pp. 232-4]. A análise histórico-religiosa que Siegfried Morenz apresentou no artigo foi lançada nesse ínterim como o *Heft V* das Münsterschen-Forschungen (*Die Zauberflöte.Eine Studie zum Lebenszusammenhang von Ägypten – Antike – Abendland*. Münster/Köln, 1952), uma inserção erudita e instrutiva da maçonaria da *Flauta mágica* na egiptomania que se encontra em voga desde o helenismo. O valioso material para a explicação detalhada diz respeito antes de tudo à iniciação. Não há aí nenhuma referência ao prosseguimento feito por Goethe.

Assim, o momento histórico-religioso na *Flauta mágica* não está verdadeiramente vivo em sua significação religiosa. Mas é de perguntar se a quebra no libreto de Schikaneder não deixou surgir um sentido profundo que é assumido pelo ouvinte da ópera – por menos explicitamente que isso aconteça – e mesmo qual é esse sentido. Será que é realmente algo apenas extrínseco e no fundo desprovido de sentido o fato de a relação entre as personagens que tomam parte nessa construção poética operesca mudar de maneira tão fundamental que mesmo os caráteres também se transformam aparentemente em seu contrário? Mãe e filha são separadas uma da outra pelo acontecimento violento de um roubo – e então o ladrão e o mundo desse ladrão conquistam na obra poética uma significação constantemente crescente. O ladrão Sarastro torna-se o protetor, o realizador de uma necessidade positiva, espiritual, de uma necessidade luminosa. Será que não reside nessa quebra, tal como a obra poética a apresenta, nenhum sentido próprio e essencial? Manifestamente, a oposição entre os dois mundos é a partir de agora iluminada por uma significação válida. Trata-se da oposição entre o mundo elementar feminino e a constituição espiritual da vida que pertence ao mundo masculino. Uma tal mudança da avaliação é realmente uma mudança arbitrária? Será que ela não reflete algo essencial? Toda forma de desligamento da filha em relação à mãe, toda dissolução da ligação natural e elementar da filha com a mãe, tal como a vida ensina, possui sem dúvida alguma uma dureza e uma violência que lhe são próprias. Ela *é* um roubo. E, não obstante, pertence à determinação propriamente dita da mulher e à estrutura da sociedade masculinamente determinada suportar essa dureza da separação e da cisão. Somente isso dá consistência ao fundamento da nova unidade vital dos amantes, ao casamento e à família: somente isso dá consistência à inserção na ordem da sociedade que é estabelecida pelo mundo masculino. Será que não é isso talvez que o ouvinte da ópera compreende como o motivo propriamente dito e dominante na mudança dos acentos do libreto? Será que não é por meio daí que se articula o sentido do todo de uma maneira completamente uniforme?

Quando tentamos colocar à prova o libreto schikanederiano em vista dessa observação, então se mostra como um motivo constante dessa construção poética a apreciação da mulher por um lado e o realce das virtudes contrárias masculinas por outro. Comparemos, por exemplo, as exigências particulares que são apresentadas a Tamino quando ele é introduzido no grupo de homens em torno de Sarastro e colocado à prova. Os três rapazes dirigem a palavra a ele:

> À meta conduz-te essa via.
> Mas tu precisas, jovem, virilmente vencer.
> Por isso escuta nossa doutrina:
> Sê firme, tolerante e discreto.

Em contrapartida, encontramos toda uma série de declarações nas quais se diz justamente das mulheres que elas são indiscretas e mendazes. Comparemos nesse caso a passagem em que Tamino diz para si mesmo durante a sua prova:

> Um mestre não coloca à prova e não atenta para
> Aquilo que a plebe vulgar fala,

e quando as três senhoras lhe importunam, ele responde:

> Falatório, por mulheres repetido,
> Por hipócritas, porém, inventado,

e mais além, quando Papageno se reporta à rainha da noite:

> Ela é uma mulha, com um feminino sentido,
> Fica quieto, minha palavra é para ti suficiente!

Ainda mais claramente é enunciada a oposição principial entre o mundo feminino e masculino na cena propriamente fundamental na qual a rainha da noite fala para a sua filha sobre o legado de seu esposo e sobre a divisão que surgiu a partir daí. Nessa passagem, ela diz:

> "Teu pai entregou voluntariamente o sétuplo círculo solar aos iniciados. Sarastro porta esse círculo solar poderoso em seu peito. Ao tentar convencê-lo ardilosamente quanto a isso, ele falou com a testa franzida: 'Mulher, minha derradeira hora se apresenta – todos os tesouros que possuía sozinho são teus e de tua filha'. O círculo solar que consome a todos – caí rapidamente em sua conversa – 'é reservado aos iniciados', respondeu ele, 'Sarastro irá dirigi-lo de maneira tão viril quanto eu o fiz até aqui. E agora não quero ouvir mais palavra alguma. Não procure entender as essências que são incompreensíveis para o espírito feminino. Teu dever é entregar a ti e a tua filha à condução de homens sábios."

– E em uma outra passagem, quando Pamina sente o dever infantil de retornar para sua mãe, Sarastro retruca:

> Tu te privarias de tua felicidade,
> Se eu em suas mãos te deixasse,

e chama a mãe de "uma mulher orgulhosa":

> Um homem precisa vosso coração dirigir,
> Pois sem ele costuma toda mulher
> A esfera de seus efeitos ultrapassar.

Portanto, o que Sarastro enuncia com um saber superior é uma oposição estabelecida na essência das coisas humanas que se reveste em símbolos cósmicos, a oposição entre a ordem espiritual dos homens e a colocação dessa ordem em risco por meio do princípio elementar do feminino. "A mulher julga-se grande, espera fascinar o povo por meio de ilusões e superstições e destruir a construção firme de nosso templo. A questão é que justamente isso ela não deve fazer." A mulher é considerada por ele como a inimiga da comunidade masculina, enquanto ela não se submete ao homem no amor.

> Protegei-vos dos ardis femininos:
> Esse é da união a primeira tarefa!

A obtenção de Tamino para o círculo dos iniciados significa a vitória do princípio espiritual masculino nele. "Esse jovem quer arrancar de si os seus véus noturnos e olhar para o caráter sagrado da grande luz." E Pamina passa à sua maneira pela mesma prova, experimentando com ele a iniciação porque ela está pronta para sacrificar a si mesma ao amor (em um desesperado suicídio de amor):

> Dois corações que por amor ardem,
> Jamais a impotência humana pode separar,
> Perdido é do inimigo o esforço,
> Os próprios deuses o protegem.

Portanto, é a oposição entre dois mundos que determina a ação – o mundo feminino e o mundo masculino, o elementar e o espiritual, o natural e o formador de estados –, uma oposição que se reveste com os símbolos cósmicos de um mundo antigo de representações astrais e religiosas: o símbolo noturno da lua (a rainha da noite é representada com a lua crescente sobre a cabeça) e o sol (Sarastro como representante do mundo luminoso do dia porta o círculo solar em seu peito).

As exigências colocadas para Tamino no momento da introdução no círculo dos iniciados são exigências de discrição particulares. Lembremo-nos das cenas encantadoras da ópera nas quais Tamino observa em um contraste cômico com o tagarela Papageno o compromisso de silêncio que lhe foi imposto, mantendo esse compromisso até a rigidez terrível daquela cena na qual a adorável Pamina suplica que ele lhe diga uma palavra de amor e afeição. Como ele insiste apesar de tudo em sua rigidez, ele satisfaz com isso a ordem da associação. Podemos encontrar aqui algo da essência do mundo humano, algo daquela exigência que o mundo do elemento masculino e, com isso, como é natural, a ordem determinada pelo mundo masculino do estado e da sociedade portam de maneira decisiva. Reserva e silêncio não são aqui deveres religiosos de alguém que é acolhido em um culto secreto, mas se tornam imediatamente símbolo do pertencimento a uma ordem suprapessoal obrigatória, ante a qual recua o princípio elementar da existência que também exerce um poder sobre o homem.

Essas não são interpretações artificiais, mas aqui se exprime, ainda que de uma forma artificial e secundariamente legada, uma sabedoria que remonta muito profundamente à pré-história do gênero humano e aos primórdios de suas criações religiosas e que deixa a magia misteriosa de uma ordem social marcada pelo direito materno reluzir à margem de nossa tradição histórica. Foi um epígono do romantismo alemão, Bachofen, que desenvolveu o problema do direito materno em uma significação que dominou o mundo prévio da Antiguidade como um todo – talvez em um violento exagero da universalidade dessa princípio primevo. Mas é inegável que há testemunhos convincentes em profusão que falam a favor do fato de uma tal ordem marcada pelo direito materno ter existido, uma ordem na qual a sucessão ao trono e, por princípio, a pessoa propriamente dita da família que portava o direito, em contraposição à ordem para nós habitual do direito paterno, era representada pela mulher. Há nos ecos mitológicos singulares reunidos por Bachofen traços de um *hetairismo* pré-histórico comprovável que criou essa ordem legal primeva. Também não há nenhuma dúvida de que pertence à fundamentação de nosso mundo cultural historicamente tradicional o fato de tais ordens pautadas pelo direito maternal terem sido reprimidas pelo patriarcado por toda parte em que elas tinham existido.

Não se pretende dizer com isso que a construção poética da *Flauta mágica* possui uma relação com os testemunhos de uma tal ordem matriarcal pré-histórica, mas muito mais que nessa construção vive – talvez no caminho tradicional da história da religião helenística que se inseriu na fonte schikanederiana – toda a agudeza do pensamento marcado pelo direito paterno e assim também de seu mundo oposto, uma agudeza que foi reformulada na religião espiritual esclarecida da associação maçom entre os homens com uma autêntica consciência de um problema ético. Atentemos para o fato de que na *Flauta mágica* a mãe, como nas antigas sagas influenciadas pelo direito materno, incita a menina ao assassinato contra os representantes do mundo dos homens (ainda que não contra o amante) e que a defesa ante um ataque não tem sucesso para uma força superior masculina, mas para a superioridade do próprio princípio que vence em Pamino e Tamino. Sarastro não conhece nenhuma vingança:

> "Tu somente deves ver como me vingarei de tua mãe. Se o céu conferir apenas ao jovem gentil a coragem e a firmeza em seu probo propósito, então tu serás feliz com ele, e tua mãe deve retornar para o seu burgo envergonhada".

Não há nenhuma outra vingança. A vitória do amor, a introdução no mundo dos iniciados, é ela mesma a impotência do mundo elementar.

A análise do libreto schikanederiano mostrou os panos de fundo verdadeiramente significativos que se desvelaram por detrás da magia da ópera e de seu caráter de conto de fadas. Não é a maçonaria enquanto tal, mas o problema mais genérico da eticidade humana determinada pelo espírito que se mostra como o sentido mais elevado dos fenômenos reconhecido por Goethe na ópera. É de perguntar como o prosseguimento empreendido por Goethe se relaciona com esse sentido da *Flauta mágica*: que sentido próprio, pertinente à sua própria essência poética foi desenvolvido por ele a partir desse sentido primevo. Pois a mera repetição e elevação das situações e personagens da ópera, uma repetição e elevação que se acham abertamente patentes, não constituem uma resposta a essa questão que diz respeito ao sentido poético do todo. Também não me parece possível querer explicar algo difícil por meio de algo ainda mais difícil e aduzir para nos ajudar, por exemplo, uma outra obra poética goethiana que é codeterminada pela impressão da *Flauta mágica*, o conto de fadas oriundo das "Diversões de emigrantes alemães".

No entanto, a interpretação da construção poética goethiana é incomparavelmente mais difícil do que a interpretação do libreto schikadenederiano já simplesmente pelo fato de Schikaneder não ter sido um verdadeiro poeta e, por isso, ter enunciado com frequência os temas de pensamento que se acham à base da obra (e de suas fontes) sob uma forma reflexiva, de modo que eles são claramente destacáveis enquanto tais para o observador que a está investigando. A construção poética de Goethe, em contrapartida, é inteiramente poética. Aqui, tudo é convertido em ação e gesto, tudo é transformado em imagem significativa configurada em processos que quase não se deixam interpretar em termos de pensamento. É suficientemente significativo – suficientemente significativo precisamente para o poeta que mais tarde escreveu a segunda parte do *Fausto* – que essa construção poética seja um plano para uma ópera. As linhas mestras para o espetáculo operesco são claramente reconhecíveis nos primeiros atos do prosseguimento do *Fausto*. Mas não se trata apenas de um fragmento. Os planos conservados do prosseguimento só fornecem um quadro aproximado e por fim se precisará tomar o caráter fragmentário do todo de maneira positiva: o próprio Goethe acolheu esse fragmento como um todo em suas edições. O que o torna um todo? O todo de um sentido?

A ação transpõe-nos para o momento em que justamente uma criança nasce a partir do casamento entre Tamino e Pamina e começa com a renovação da luta entre a rainha da noite e a terra dirigida pela sabedoria de Sarastro e regida por Tamino com mão real. Com o nascimento da criança, a ordem ética cuja vitória tinha sido decantada pela *Flauta mágica* é uma vez mais atacada pelo mundo oposto da essência elementar noturna. Monostatos, o mouro renegado de Sarastro, auxiliar da rainha da noite, retorna com seus servos para relatar à rainha sobre uma missão realizada. Eles tinham sido enviados para roubar a criança tal como ela veio ao mundo – uma vingança da rainha da noite contra Sarastro e seus protegidos.

> Levantai-vos e louvais,
> Companheiros, nossa sorte!
> Nós retornamos triunfantes
> Para a deusa.
>
> Parecíamos sorrateiros,
> Nos esgueiramos até lá;
> Mas do que ela nos ordenou,
> A metade está feita.

Eles só tiveram um sucesso parcial no roubo da criança – como a magia da noite tinha difundido escuridão e confusão, eles colocaram no instante do nascimento a criança em um ataúde de ouro trazido por eles, mas quando eles quiseram fugir sorrateiramente com essa caixa ela se tornou de uma maneira espantosa tão pesada que eles não puderam movê-la do lugar. Assim, não lhes restou outra alternativa senão fechar a caixa por meio de um encanto mágico e fugir. Eles só tiveram um sucesso parcial na vingança. A criança ainda não tinha sido roubada, mas a magia negra a arranca, contudo, dos pais – esses não conseguem abrir a caixa e a magia continua atuando, de modo que os infelizes pais, logo que olham um para o outro, enlouquecem – a magia estabelece que a criança seria levada embora pela Parca, caso os pais chegassem um dia a vê-la. É até esse ponto que alcança a maldição da rainha da noite que é magnificamente configurada por Goethe como o "poder onipresente" das trevas, do silêncio e da morte, até o cerne dos "âmbitos sagrados".

A segunda cena descreve a corte real na qual Tamino tinha entrementes assumido o poder. As mulheres carregam em meio a cantos de lamentação o ataúde de ouro no qual a criança se acha trancada incessantemente para lá:

> Assim segui andando e nunca parai,
> Essa é dos sábios homens a vontade;
> Confiai nela, obedecei cegamente;
> Enquanto andares, vive a criança.

Tamino e as mulheres estão unidos em seus lamentos pela desgraça na qual se transformou a felicidade do nascimento do filho, mas a esperança de que a maldição venha a ser afastada os unifica:

Logo nos salvará com sagrada bênção
De Sarastro a libertadora palavra divina

e de que a felicidade aspirada da reunificação da criança com os seus pais se dê. A cena é de uma elevada força poética, entrelaçando de maneira maravilhosa flagelo, cuidado e preaução.

Então segue a cena entre Papageno e Papagena que mostra em um cômico contraste os dois infelizes em meio ao seu idílio característico de um conto de fadas, porque até agora crianças lhes tinham sido recusadas, e alegremente consolados, quando crianças lhes são prometidas – uma encantadora variação das célebres cenas de Papageno da ópera de Mozart.

A quarta cena conduz ao santuário do templo e à vida dos iniciados. À imagem dessa ordem Goethe insere aqui um novo traço que lhe é inteiramente característico: a determinação da ordem não se concretiza no mero isolamento de sua vida em relação ao mundo. Todos os anos – definido pela sorte – alguém da ordem precisa perambular pelo mundo como peregrino: a sondagem do mais íntimo precisa ser completada por meio da viandança "pelos campos mais distantes da terra". Somente assim, enquanto viandante, o homem passa a conhecer "a linguagem sublime da natureza, os tons da pobre humanidade" – um traço que corresponde totalmente ao mundo do *Wilhelm Meister*. Também aqui a peregrinação é pensada ao mesmo tempo como uma prova quanto a se a postura pura da irmandade se conserva e se mantém pura ante as tentações do mundo. O instante acabou de chegar. O peregrino recém-retornado mostra-se puro diante da pedra de toque do cristal e é reassumido no círculo. A nova escolha do peregrino recai sobre o próprio Sarastro. Ele precisa sair do círculo de seus leais companheiros, exatamente no instante em que a luta contra o reino noturno e perverso da rainha da noite se inflamou novamente. Assim, trata-se dessa vez de uma prova de um tipo específico, na medida em que o sábio protetor de toda irmandade não estará presente e a luta entre noite e luz precisa acontecer sem ele.

Então se seguem duas cenas não explicitadas: um novo ataque da rainha da noite faz com que o ataúde da criança ofertado no templo do sol mergulhe diante dos olhos de Pamina no escuro da terra. E uma outra cena: de ovos de ouro que Papageno e Papagena encontraram em sua cabana surgem três crianças. Sarastro vai até eles, "algumas palavras sobre educação", e relata então sobre a nova grande infelicidade na corte real. Para a distração do funesto casal real, ele envia Papageno com a flauta para a corte.

A próxima cena é uma vez mais desdobrada e descreve a chegada de Papageno à corte. O frívolo otimismo e o egoísmo vazio do mundo da corte tornam-se visíveis: o modo como a corte se consola com os rumores sobre a volta iminente de Sarastro (que tinha em verdade partido para a sua longa peregrinação) e com a falsa notícia de que a criança tinha sido encontrada e de que tudo se transformaria logo em felicidade e paz. Por causa do anúncio relativo aos ovos de ouro que encontrou em sua cabana, Papageno é bajulado pelos ávidos cortesãos até que por fim, para a decepção dos homens do mundo, ele apresenta os seus ovos de ouro que ele traz consigo sob a forma dos pássaros coloridos que saíram deles. O todo é uma crítica à vida na corte levada a termo a partir do grande conhecimento da alma humana por parte do poeta.

Então tem lugar uma das cenas mais encantadoras, particularmente digna do gênio dramático do poeta: o casal real mergulhou por meio da mágica maldição em um sono periódico – quando despertam e olham um para o outro, eles são tomados por loucura e desespero. Papageno toca a flauta e, enquanto ele continua tocando, se dissipam a loucura e o desespero. Eles veem tudo de maneira clara e alegre. Mas, logo que ele para de tocar, retorna a antiga dor e o antigo desespero. A força embriagante dos sons e os limites de seu poder logo que Papageno perde a respiração – uma cena inesquecível que faz jus à ópera e que se mostra imediatamente como significativa, simbolizando o poder e a impotência do encantamento artístico da vida.

Em seguida chega uma mensagem. Os sacerdotes encontraram o esconderijo onde o menino se encontra, ameaçado em seu ataúde pelo definhamento. A cena transforma-se na abóboda subterrânea, em cujo centro se encontra o altar desaparecido com o ataúde. A rainha da noite instiga os guardiões à resistência – em vão, e quando ela procura fazer com que os leões engulam o ataúde acontece o milagre: a criança desperta no ataúde com o timbre das vozes paterna e materna e emerge como gênio da caixa de ouro. Quando os guardiões repelem o casal real e ameaçam a criança com suas lanças, o gênio escapa voando – uma cena que antecipa a cena de Euphorion no *Fausto II*.

Com isso, o fragmento se conclui. Em termos da ação temos uma autêntica ópera mágica, inquestionada e despreocupada como um conto de fadas – e, no entanto, ela encerra a pergunta sobre um sentido que articula os motivos particulares e os fecha em uma totalidade de sentido. Podemos nos perguntar o que pode nos ensinar o prosseguimento que Goethe escreveu em apontamentos para além da parte realizada. Não é mesmo muita coisa: uma cena "Sarastro e as crianças" pode ter dado prosseguimento às "palavras sobre educação" da primeira cena das crianças; se pudermos inserir os versos impressos como "Paraliponemon 3", uma cena chamada "Gênio Pamina Tamino" parecerá mostrar o gênio que passa ao largo de maneira rápida e fugidia encontrando seus pais. Os versos dizem:

> Do leste para o oeste
> Do ramo para o ramo
> Do oeste para o leste
> De tudo provar

> De frutos para frutos
> Agrada-me apenas
> Assim venho e fujo
> E mudo o campo
> E quem me persegue
> Perde o rasto.
> Aí encontro-me sim em casa
> Essa é a mais bela árvore
> Suficientes para que me apraza
> São os muitos frutos parcos
> Bravas crianças tornam
> Os pais bravos e bons.

Indo além, é possível depreender do cenário que o gênio se junta a Papageno e Papagena e é preso aí por Monostatos. Uma grande batalha em uma "cena noturna com meteoros", manifestamente sob a intervenção de Sarastro, propicia a Tamino a vitória (uma cena de contraste: "Papageno armado", ao qual se adapta o verso Paraliponemon 4, também faz parte dessa cena). Então se segue uma grande festa da vitória que é perturbada uma vez mais por um incêndio provocado por Monostatos. Como conclusão, temos a anotação: "Depósito de armas e mantimentos. Os sacerdotes ultrapassados" (o que foi com razão aprimorado em: "Os ultrapassados. Os sacerdotes"). Portanto, o prosseguimento da ação devia apresentar a luta entre os dois mundos da luz e da noite em uma magnífica intensificação até a vitória definitiva da luz e a reunificação dos pais com o filho.

Precisamos tentar trazer à tona agora o fio de sentido que mantém coesos os elos particulares da ação e reúne o todo em uma significação uniforme, assim como a ação da *Flauta mágica* também apresentava efetivamente uma totalidade de sentido significativa. Pois foi precisamente o "sentido mais elevado dos fenômenos", reconhecido por Goethe na *Flauta mágica*, que também o inspirou ao seu prosseguimento da ópera. Isso não significa naturalmente que se encontraria à base de sua própria construção poética o mesmo sentido que ele encontrou na ópera. A oposição entre o direito materno e a irmandade dos homens, uma oposição que perfaz na ópera o sentido da luta entre noite e dia, não pode ser mais determinante na situação transformada da continuação que pressupõe o laço amoroso entre Tamino e Pamina e tem por objeto a felicidade e a bênção da família. A nova rebelião do elemento noturno, seu triunfo provisório e a sua superação final precisam ser compreendidos a partir dessa temática transformada da construção poética goethiana.

Antes de nos aplicarmos à ação propriamente dita, portanto, precisaremos investigar até que ponto a relação entre os dois mundos hostis se reconfigurou na construção poética goethiana e até que ponto a luta da luz com as trevas alcançou por meio daí um sentido transformado. De fato, o esquema fundamental do esclarecimento ético, o esquema que determina os tons maçons da ópera, não é o esquema de Goethe. Não há aqui nenhuma ascensão em linha reta da noite para a luz, da existência pulsional elementar para a ordenação espiritual da sabedoria, e o curso do homem não é prelineado inequivocamente por essa ascensão. A situação fundamental de tudo aquilo que é humano, mesmo daqueles que se reuniram no laço sagrado para o alegre gozo da luz, é a situação de ameaça. A luta entre o bem e o mal nunca chega ao fim. A ordem sagrada – na peregrinação, mas mesmo em sua própria subsistência – também está exposta à provação e precisa se conservar na luta com o mal. A voz das trevas, corporificada nos dois guardiões misteriosamente imóveis na grota, exprime aquilo mesmo que constitui o segredo propriamente dito da vida: o tempo.

> Faz-se dia?
> Talvez sim.
> Chega a noite?
> Aí ela está.
> O tempo passa.
> Mas como?
> Bate a hora com certeza?
> Para nós nunca.

E então se segue – visto a partir desse saber eterno acerca do tempo e de sua mudança indissolúvel – a profunda característica da aspiração humana:

> Em vão vós vos
> Empenhais lá em cima tanto.
> Corre o homem, foge
> Dele a móvel meta.
> Ele puxa e estica em vão
> O pano, que pesado sobre o
> Segredo da vida, sobre os dias e as noites repousa.

Na primeira versão dessa passagem fala-se diretamente do "segredo dos dias e noites" – portanto, o segredo da mudança de dia e noite que faz com que toda aspiração humana por claridade se torne uma ilusão. Tão inevitavelmente quanto dia e noite se alternam, a aspiração humana se enreda na ilusão na medida em que não quer apreender a mudança. Essa coexistência é manifestamente a nova cunhagem experimentada pela oposição gnóstico-iluminista entre noite e luz na poesia de Goethe.

O que se enuncia dessa forma na boca dos guardiões tampouco se acha velado ao sábio Sarastro. Em seu discurso de despedida diante de seus amigos, ele diz que as forças dos poderes hostis se tornam precisamente agora eficazes. E na versão original dessa passagem, uma versão que foi mais tarde cortada por Goethe, manifestamente porque ela possuía já por demais a forma reflexiva, indicando o sentido do todo de modo por demais imediato, encontramos a seguinte formulação: "Nós, porém, estamos submetidos ao destino, e o destino, a própria sabedoria eterna não pode transformar o dia em noite, nem a noite em dia. No entanto, determinar a alternância dos dois, isso é algo que ela consegue fazer. O instante apresenta-se no qual a luz da sabedoria deve se esconder por um instante e os poderes inimigos devem exercer sua influência. A vantagem é nossa. Pois somos colocados à prova." Se uma representação fundamental verdadeiramente goethiana torna-se visível aqui, então ela é a de que mesmo para a sabedoria mais elevada é impossível fundamentar um mundo do dia duradouro. Assim como no vigor da natureza a alternância constante entre dia e noite é determinada da mesma maneira para os dois, também não se pode jamais liberar a vida humana da ameaça por meio do elemento "fechado em si mesmo" das trevas, por meio do poder demoníaco do abismo, do silêncio, da morte. Não há nenhum mundo do espírito e do bem, que pudesse existir alheio a qualquer perigo e imóvel em si mesmo. A prova que é imposta aos membros da "irmandade sagrada" na construção poética de Goethe: o sair para o mundo, conservar a pureza do coração nele, não significa uma limitação ocasional ou providente de uma felicidade em si celeste por meio de um destino invejoso: "*A vantagem* é nossa. Pois somos colocados à prova." Sofrimento e provação não são apenas os dotes incondicionáveis da vida humana – eles conservam primeiro sua verdade.

Assim, mesmo a forma segundo a qual o sofrimento proveniente da cisão da vida na irmandade e a prova do ano de viandança são impostos aos iniciados, a saber, a forma do sorte, possui uma significação simbólica para a vida humana como um todo. O coro de entrada profundamente significativo que abre segundo o modelo da ópera mozartiana a reunião dos sacerdotes justifica, a partir da limitação do conhecimento humano e de sua capacidade de escolha, o questionamento do acaso que seleciona o peregrino para o sofrimento da viandança. É o estado em suspensão da essência humana que encontra sua expressão apropriada no ritual da irmandade:

> Olhar pode o homem e escolher!
> Mas de que lhe vale com frequência a escolha.
> Os perspicazes hesitam, os sábios erram,
> Dupla é então sua tortura.
> Justamente agir,
> O grau mudar,
> É do homem nobre a escolha dura.
> Deve ele sofrer,
> Não decidir,
> Fala acaso ao menos uma vez de forma pura.

A mais elevada sabedoria que está de acordo com o destino consegue determinar a alternância, isto é, acolhê-la – a abstrata "aspiração sombria", em contrapartida, conduz de ilusão em ilusão, ou seja, é ela mesma uma decadência ignara no poder do erro e da escuridão.

O fato de o princípio feminino aparecer sob uma nova luz na construção poética de Goethe corresponde a essa outra articulação da oposição conhecida a partir da ópera de Mozart entre a noite e a luz, o mal e o bem. A rainha da noite, a representante do poder contrário hostil, a potência cósmica da essência elementar obscura fechada em si não tem mais nenhum dos traços que são dominantes na ópera, os traços da mãe ofendida e da mulher ávida por domínio. Em contrapartida, é agora o amor materno que representa em Pamina a contramagia vitoriosa. Tal como Tamino passa pelas provas que lhe são impostas por Sarastro e pelos sacerdotes por meio da firme manutenção do mandamento da irmandade e como a amada que se submete a ele atravessa incólume os perigos da água e do fogo, é o amor materno que, na construção poética de Goethe, como é dito expressamente, conduz através da resistência inimiga e das forças contrárias próprias à essência noturna e que liberta a criança, o gênio. Os *paralipomena* também oferecem nesse caso alguns esclarecimentos que acentuam a significação basilar desse princípio ético:

> E o amor dos homens e as forças dos homens
> São mais do que toda magia.

E mais além:

> Não, por meio de nenhuma magia
> Pode o amor se profanar,
> E meu talismã aqui está.

Não sabemos como esses versos pertencem à ação. No entanto, o fato de Goethe revidar aqui conscientemente a essência da magia – mesmo a maravilhosa força de encantamento da *Flauta mágica* – por meio de uma essência ética mais elevada, por meio da magia estabelecida no amor humano, é sem dúvida alguma uma daquelas "elevações" daquilo que se mostra na ópera de Mozart, uma daquelas "elevações" das quais Goethe fala em vista de sua poesia. Aqui, o amor materno torna-se visível como um novo momento ético que deixa para trás a esfera elementar do feminino.

Coloquemos então a partir dessas constatações a pergunta acerca do sentido da ação como um todo. O que significa o encantamento da criança, o estranho transporte do ataúde de cá para lá e de lá para cá, e, por fim, a libertação por meio do amor dos pais e a fuga da criança como um gênio? Podemos acrescentar a partir do prosseguimento da ação que esse gênio passa rapidamente pelos pais como um ligeiro passarinho, que ele perdura junto às crianças e, novamente arrancado, retorna por fim vitoriosa e alegremente para o seio de sua família depois de uma confrontação definitiva das forças hostis à vida.

Por que tudo isso e o que significa tudo isso? Com certeza, seria um equívoco tomar esse conto de fadas poético como uma fria alegoria. Somente o que se apresenta poeticamente, isto é, não o caráter de conto de fadas dos acontecimentos, mas o elemento humano tal como ele vem ao encontro nesses acontecimentos, pode ser diretriz para nós. De início, o que significa o fato de justamente no instante do nascimento da criança a essência elementar da noite penetrar nos "espaços sagrados" com uma violência encatadora e de a criança ser trancada em um ataúde? Acho que esses fatos mostram o caráter fechado da nova vida ante o cuidado prospectivo e a esperança planejadora que os pais colocam sobre sua criança. Toda nova vida é para os pais um mistério que ainda se encontra fechado no elemental. Trata-se de sua carne e de seu sangue, e, todavia, de uma outra existência, de uma existência própria que não lhes pertence organicamente. E quando Goethe faz então com que se transporte incansavelmente o ataúde de lá para cá e de cá para lá – segundo a ordem dos sábios homens para que a criança permaneça viva? O que deve ser indicado com isso não é o fato de, apesar desse fechamento e do impedimento de toda realização asseguradora, a expectativa, o cuidado e a educação não serem desprovidos de sentido para a criança, o fato de, ao contrário, apesar desse fechamento insuplantável, no cuidado amoroso e na solicitude esperançosa dos pais estar dado um elemento vital essencial para a criança? E o fato de a libertação da criança, de sua saída da caixa acontecer no instante em que ela percebe a voz dos pais e em que responde com o seu próprio e "primeiro som" não possui uma significação? Não é realmente a alternância das vozes e a comunicação da linguagem que se forma a partir dessa alternância, essa primeira "enunciação", uma abertura do mistério fechado e dormitante da vida que vige na criança? Agora ela se alça incólume por sobre as lanças dos guardiões e as bocas dos leões – isso dá certamente concretude plástica para a indestrutibilidade do novo germe de vida, a sua capacidade de arrancar-se do elementar em direção à sua própria clareza espiritual. E esse "curso espiritual" da criança, seu sair voando daí como um gênio, no qual ela se subtrai também aos pais, também isso possui a sua verdade imediata. O novo ser espiritual ao qual a criança se alça apresenta-se sob a sua própria nova lei vital, na medida em que salta por sobre as advertências e esperanças, temores e angústias, assim como por sobre toda solicitude dos pais. Involuntariamente se pensa aqui nas cenas de Euphorion no *Fausto II*, nas quais um novo nascimento também se alça a partir de um novo casamento do belo e do sábio, o gênio mágico de Euphorion, que como uma figura aparente, como uma aparição onírica, adorna – e refuta – o casamento de Fausto e Helena, do mundo moderno e do mundo antigo. Mas em relação ao tema posterior do Euphorion, vivo em um simbolismo alegórico, a cena final realizada da segunda *Flauta mágica* significa algo essencialmente diverso. O gênio que ascende aqui se evade em verdade do círculo do espírito dos pais, mas ele retorna a esse espírito para uma nova comunidade mais espiritual. Pois se ainda pudermos expor conjecturas relativas ao sentido do prosseguimento planejado: o fato de esses belos versos nos quais o gênio se move rapidamente de lá para cá ao seu bel-prazer "de frutos para frutos" designar a maneira inconcebivelmente genial com a qual a criança em meio ao jogo e à brincadeira experimenta o mundo; e o fato de o gênio se irmanar com as crianças para ser arrancado de seu meio em um novo fechamento – até que por fim "a libertadora palavra dos deuses enunciada por Sarastro" produz o elemento ético da família: será que é por demais temerário pensar que o que está em questão com a luta dos poderes elementares e espirituais da vida é o acontecimento problemático da educação humana, da formação para o homem?

Goethe não levou muito em consideração a apreensibilidade de uma produção poética para o entendimento: "Quanto mais incomensurável e inapreensível para o entendimento se mostra uma produção poética, tanto melhor" (para Eckermann, 6 de maio de 1827). E, no entanto, a tarefa do intérprete consiste em interpretar a plenitude de sentido incomensurável da construção poética de tal modo que a sensibilidade para o elemento indissoluvelmente significativo da poesia se amplie e vivifique. Quando perseguimos a relação da pequena e deliciosa construção poética goethiana com aquilo que deu ensejo à sua criação, a ópera de Mozart e o libreto de Schikaneder, o que estava em questão não era outra coisa senão um direcionamento dessa sensibilidade. A oposição abstrata entre o elemento natural e o elemento ético-espiritual da vida que a ópera de Mozart transfigurou em um canto de luz triunfal transforma-se em meio ao mundo poético de Goethe que articula de maneira profundamente significativa a coexistência constante dos poderes elementares com a força espiritual configuradora, projetando assim a pequena obra de Goethe, normalmente posta de lado e desdenhada de modo exemplar por Schiller como insignificante, pela primeira vez em suas justas relações que também abarcam as construções poéticas mais grandiosas e mais significativas de Goethe, em particular a sua poetização do Fausto.

16. A NATURALIDADE DA LINGUAGEM DE GOETHE
Uma contribuição para um congresso (1985)
[Die Natürlichkeit von Goethes Sprache]

Para todos nós, há um acesso a Goethe que não precisamos escolher, mas que já determina previamente todo o nosso encontro com ele. Nós só precisamos tomar consciência desse acesso. Ele repousa sobre o fato de a figura e a obra de Goethe terem alcançado uma expressão tal no curso das décadas que se passaram – agora já faz quase um século – desde a sua morte que essa expressão fixou por sua parte critérios. Nesse caso, a primeira coisa que precisa ficar clara para nós é que hoje, no ano de 1982, também poderíamos muito bem comemorar um jubileu de cem anos. Pois foi o ano de 1882 que abriu pela primeira vez o efeito duradouramente determinante de Goethe. O desenvolvimento político da Alemanha, assim como o desenvolvimento político de outros estados europeus, conduziu do "cosmopolitismo ao estado nacional", para utilizar uma expressão de Friedrich Meinecke. Isso deu realce a Schiller, mas não foi nada propício para o cosmopolita Goethe. Durante os últimos quinze anos de sua vida, Goethe foi em verdade uma celebridade europeia. Não obstante, ele foi tudo menos um herói nacional. Como se sabe, a sua relação com sua amada Alemanha foi deveras tensa. Significativo é também o fato de o *Divã ocidental-oriental*, uma das obras-primas da poesia lírica alemã, ainda não se achar esgotado no ano de 1882 em sua primeira edição. Foi somente depois de a fundação do Império alemão ter se concretizado no sentido pequeno-alemão[1] e se consolidado que a figura cultural de Goethe ganhou a consciência geral. O que aconteceu foi a retomada da herança weimariana por toda a nova nação. A grande edição das obras de Goethe, a assim chamada edição Sophia que foi iniciada naquela época, deu grande impulso ao desdobramento crescente da fama de Goethe no mundo cultural alemão e na cultura mundial.

---

1. O adjetivo *kleindeutsch* refere-se à formação do Império alemão no século XIX, uma formação que aconteceu sem a Áustria por meio de uma resolução do estado alemão. (N. do T.)

Todavia, mesmo em nosso século, a obra e a personalidade de Goethe não permaneceram totalmente inquestionadas. Assim, não é irrelevante lembrar que a Universidade de Frankfurt só passou a se chamar "Universidade Goethe" a partir de 1932. Do mesmo modo, foi também em 1932 que o prêmio Goethe foi estabelecido, um prêmio cujo primeiro vencedor foi o poeta Stefan George[2]. A constelação política estava clara: o poeta Stefan George corporificava outrora a sensibilidade da nobreza conservadora que se posicionava com ceticismo e rejeição ante a República de Weimar, suas questionabilidades e fraquezas políticas, e que foi atropelada mais tarde com sua simpatia pela herança nacional de uma maneira terrível pela revolução do niilismo. Stauffenberg pertencia ao círculo de George e selou com sua vida a enorme ilusão dos homens que sonhavam outrora com uma revolução de direita. O fato de o legado de Goethe não ter sido sustentado depois de 1933 senão pela inteligência burguesa condenada à impotência é por si mesmo compreensível. Quando nós em 1949 aqui em Frankfurt, onde eu trabalhava como professor, procuramos dar o primeiro passo para a retomada de relações internacionais, nós utilizamos o jubileu Goethe desse ano para essa finalidade e escolhemos "Goethe e a ciência" como tema. O tema "ciência" permitia que alcançássemos uma forma de reconexão mais simples com a cultura internacional, uma forma que se alçava para além das barreiras linguísticas. Nós acentuamos com isso a tendência morfológica que possui sua significação nas próprias ciências naturais e fizemos valer Goethe como um de seus maiores pioneiros.

A história do efeito exercido por Goethe é sempre uma espécie de documentação do respectivo presente, e assim não me parece ter sido por acaso que a primeira conferência do congresso desse ano – ou seja, uma vez mais 1982 – foi dedicada ao tema "Goethe e o esclarecimento"; e isso naquele sentido amplo que o senhor Vierhaus nos descreveu ontem. Isso deu voz por sua vez a uma corrente fundamental da própria consciência social de nossos dias. Essa corrente talvez possa ser resumida no seguinte conhecimento: a época do "movimento alemão" (Dilthey), do movimento no qual foi cunhada a figura particular da história espiritual alemã a partir de Goethe, do idealismo alemão e do romantismo, não foi em última instância, como Ernst Troeltsch disse certa vez, senão um "episódio" no interior do grande acontecimento do esclarecimento moderno.

Se propus para hoje o tema "A naturalidade da linguagem de Goethe" – certamente não como filólogo que nunca fui nessa área, mas como leitor

---

2. Quanto aos bastidores da concessão do prêmio Goethe a Stefan George, ver agora Erwin Walter Palm, "Spuren in Frankfurt" [Vestígios em Frankfurt]. In: H-J. Zimmermann (org.), *Die Wirkung Stefan Georges auf die Wissenschaft. Ein Symposium, Heidelberger, 1995* [A influência de Stefan Georhe na ciência. Um simpósio, Heidelberg, 1995], Suplementos aos relatórios das reuniões da Academia da Ciência de Heidelberg, classe histórico-filosófica, ano 1984, vol. 4, pp. 73-6.

pensante de Goethe –, então acredito com isso lançar luz sobre uma outra corrente fundamental de nossa consciência social atual, uma corrente que também considero efetiva. O global do esclarecimento no qual nos encontramos hoje desperta novas reações – não é mais o esclarecimento do século XVIII que nos movimenta hoje, um esclarecimento voltado contra a pressão da igreja e da corte. – O esclarecimento penetrou nessa direção. Hoje temos uma nova onda do esclarecimento cujo efeito técnico leva a termo a conversão de nosso planeta em uma fábrica social e faz com que vejamos os limites de um tal empreendimento como ameaçadores. O que pode significar o Goethe próprio a essa onda? Se perguntarmos hoje aos livreiros, eles dirão que se acham completamente atropelados pela demanda pelas obras de Goethe, apesar de um grande número de edições ter sido lançado com esse intuito no mercado. Nós sabemos que o mercado é hoje certamente manipulado; nós autores não temos muitas ilusões quanto a isso. Mas mesmo para fazer negócios é preciso prever corretamente tendências fundamentais da vida social. E assim me parece significar algo que Goethe seja tão procurado hoje, de maneira manifesta antes de tudo por uma geração mais jovem. Por quê? Como todos os acontecimentos sociais desse tipo, esse é com certeza um acontecimento complexo. Mas acredito que uma de suas causas é o fato de muitas pessoas não suportarem mais o quase-alemão que é totalmente usual em tantos âmbitos da ciência e do jornalismo. A partir de um tal contraste, a serenidade natural do falar goethiano conquistou um novo poder de impactação. Para mim em todo caso, essa foi a razão para que eu me colocasse a questão para a qual não quero dar nenhuma resposta, mas que gostaria de articular em algumas direções: sobre o que repousa o fato de considerarmos a linguagem de Goethe tão explicitamente natural?

A fim de nos aproximarmos dessa questão, precisamos nos lembrar inicialmente da grande mudança que entrou em cena no curso das últimas décadas na avaliação de determinados valores ligados ao elemento artificial e ao elemento plenamente artístico. Pensemos de início em um acontecimento que se acha há muito tempo para trás: pensemos na descoberta do barroco. "Barroco" – essa foi um dia uma palavra de xingamento. Foi assim que ainda aprendi na escola, e mesmo no estudo de letras falava-se, por exemplo, da poesia barroca silesiana que ela era de uma empolação insuportável. Hoje em dia, ao lado de algumas outras formas da arte barroca, tanto o barroco inglês quanto o barroco poético schlesiano são elevadamente estimados; e mesmo para as pesquisas sobre Goethe o barroco se tornou um tema de pesquisa representativo. O mesmo pode ser depreendido no mercado de antiguidades: funcionários modestos só conseguem na melhor das hipóteses se equipar com móveis do estilo biedermeieriano, mas não com móveis barrocos que não são mais simplesmente pagáveis! Essas foram e continuam sendo mudanças no gosto e na sensibilidade estilística, e tais mudanças também se refletem hoje no comportamento social, marcando novas viradas, não apenas poéticas, mas também antipoéticas. Com que velocidade se dissipou, por exemplo, o enorme efeito de Hölderlin! Com certeza, ele permanece uma figura poética representativa. Podemos denominá-lo claramente o grande clássico do século XX. Pois foi somente por meio do século XX, somente por meio da edição de Hellingrath, somento por meio da decifração dos hinos tardios que Hölderlin deixou de se mostrar como uma figura marginal entre o classicismo e o romantismo e se tornou um dos grandes astros de nossa literatura[3]. Apesar disso, a ênfase de Hölderlin – ou, por exemplo, a de Heidegger, de George ou de Rilke – não é mais tão facilmente aceita. Antes ressurgem os tons silenciosos de Hofmannsthal, antes correspondem ao gosto do tempo que hoje se anuncia as inflexões imperceptíveis da prosa musiliana do que o maneirismo rico em termos artísticos de Thomas Mann. O que se concretiza aqui é algo que reside mais profundamente. Uma espécie de recusa a uma forma determinada de artificialidade, uma resistência instintiva – não precisam ser os verdes, mas os verdes são um sintoma. Eles indicam uma sensibilidade mais profunda para os estreitamentos e enredamentos, cuja saída se transformará em nossa tarefa de vida e de sobrevivência.

Assim, gostaria de apresentar algumas ideias sobre a naturalidade da linguagem de Goethe e de formular algumas questões. Naturalidade e artificialidade: posso começar com uma questão linguística. Já a palavra "naturalidade" dá o que pensar. Quem é que ainda possui efetivamente a escuta própria ao fato de "natureza" ser uma palavra latina?[4] Foi a esse ponto que a palavra se nos tornou natural. "Naturalidade", porém, é uma palavra que soa relativamente tardia; em todo caso, ela se acha na constelação de Rousseau. Foi por meio de Rousseau que, enquanto uma contranoção em relação ao racionalismo intrínseco a um esclarecimento desgastado e vazio, "a natureza" se transformou pela primeira vez em uma noção valorativa diretriz. Assim, não foi sem a influência de Rousseau que mesmo o desenvolvimento alemão na época de Goethe percorreu seus novos caminhos, caminhos inovadores em comparação ao barroco. É possível lembrar uma vez mais algo que está presente na consciência geral. Estou pensando na recusa do estilo de jardinagem francês e na virada para o jardim inglês. O que se reflete nessa virada é a descoberta da natureza na arte da construção de jardins.

---

3. Cf. quanto a isso, "Die Gegenwärtigkeit Hölderlins" [A atualidade de Hölderlin], Gesammelte Schriften, vol. 9, pp. 39 ss.

4. Nessa passagem, há em verdade dois níveis de compreensão. Por um lado, temos o nível meramente linguístico, no qual o que está em questão é a percepção do falante médio da língua alemã em relação ao fato de a palavra *Natur* [natureza] ser uma palavra de origem estrangeira. Por outro lado, há o nível propriamente conceitual, no qual o que está em questão não é a ligação do falante médio com a palavra, mas sim a ligação da tradição alemã de pensamento com o sentido próprio ao termo "natureza". *Natureza* é um dos temas mais centrais do pensamento moderno alemão. (N. do T.)

Com isso, aproximamo-nos da figura decisiva que desencadeou em sentido positivo tanto quanto negativo a incomparável naturalidade da linguagem de Goethe. Tenho em vista aqui Herder e a descoberta da canção popular. O fato de essa canção ter se tornado uma nova e grande figura valorativa, o modo de cantar dos povos, as "vozes dos povos em canções", o fato de a arte própria a essa naturalidade, por exemplo à naturalidade da balada escocesa ou de todas as outras coisas reunidas por Herder ter se tornado para Goethe uma espécie de modelo e de encontro que destrava a língua possui algo de esclarecedor. Mas ele certamente não é tudo. Pois o próprio Herder, esse descobridor das "vozes dos povos nas canções", não foi no fundo de modo algum um poeta melódico e musical. No fundo, ele não foi de modo algum um poeta, mas sim antes o grande orador do classicismo alemão – e isso mesmo em comparação com Schiller, cuja força poética deve tanto ao orador que havia nele. Em Herder, de uma maneira francamente elementar, a retórica derramou-se diante de nós uma vez mais em todo o seu ímpeto e amplitude, no *páthos* do púlpito e com a respiração de um entusiasmo que transcorria no infinito.

Esse é então exatamente o ponto a partir do qual podemos esboçar a naturalidade da linguagem de Goethe. Nela, o elemento retórico parece ter sido abafado até se tornar imperceptível. Não é preciso senão ler algumas páginas de Schiller ao lado de uma releitura de Goethe para que nos conscientizemos dessa particularidade do modo poético de Goethe. Não foi certamente sem um olhar de rabo de olho para si mesmo que Schiller formulou isso por meio de uma conceptualidade magistral como a diferença entre a poesia ingênua e a poesia sentimental. É evidente que Schiller não pretendia empreender com isso uma subordinação direta de Goethe à poesia ingênua; certamente, ele tinha em vista com Goethe antes a possibilidade de uma síntese do ingênuo e do sentimental que tinha permenecido vedada a ele.

Em uma primeira aproximação, essa é uma referência à naturalidade da linguagem de Goethe. O caráter distintivo dessa linguagem está em apresentar o que é cantável e o que é dizível com pureza. Vez por outra, Goethe chegou até mesmo a dizer de maneira ousada: a escrita é sempre já uma redução da veracidade. De modo similar, mesmo nos anos de velhice e com certeza temperado pelo olhar de Schiller, ele falou dos "talentos forçados" que querem impingir por meio da reflexão aquilo que, em verdade, precisa afluir por si mesmo para alguém apenas a partir de uma forma intensificada da imaginação poética e do caráter passional da fala. Aqui impõe-se a pergunta sobre como as coisas se comportam no que concerne a Goethe e à poesia augustiniana, sobre como as coisas se comportam em relação a Horácio. Não há dúvida de que Goethe reconheceu a maestria de Horácio e o admirou. Ao menos na juventude, está bem claro que ele soube apreciar a poesia anacreôntica. Nós ouvimos ontem uma canção que atesta o mesmo em relação à sua obra tardia. Apesar disso, em todas as reflexões de Goethe me parece faltar uma apreciação mais detalhada de Horácio; e acho que isso é bem compreensível. Quem lê Horácio precisa se exercitar em – como devo chamar isso? – uma espécie de arte de quebra-cabeça elevadamente literária. A ordem das palavras no verso de Horácio é de uma artificialidade tão consciente e elegante que continua sempre subsistindo, apesar de toda a imediatidade da força de sua linguagem e apesar de toda a magia da melodia linguística, uma ordem de contraposições plenamente artísticas nas quais a "fala" do poema horaciano se configura como poema. O caráter de canção, o elemento próprio ao canto que distingue o poema goethiano me parece muito distante desse ideal da poesia de Horácio. Isso não significa entregar a um deles o privilégio sobre o outro, mas torna visível um ideal artístico diverso: isso torna visível a plenitude artística que fez com que, na época do naturalismo, um Stefan George visse em Horácio um grande modelo – não foi senão uma arte similar própria ao trabalho manual de ourives que George demonstrou na formação de seus versos poéticos.

Para que compreendamos a naturalidade da linguagem de Goethe, ajuda fixar os panos de fundo que ressoam na palavra "natureza". Os contornos de um conceito distinguem-se a partir de seus contraconceitos. Pois conceber é diferenciar. Assim, naturalidade e natureza se me impõem em duas oposições que dão ao conceito de natureza aqui em Goethe o seu contorno: "natureza e arte" e "natureza e" – será que é realmente possível dizer isso em alemão? – "história" ou "sociedade" – ou "espírito"? Prefiro abrir as cartas e falar em grego: nesse caso, temos "phýsis" e "tekhne" (para natureza e arte); "phýsis" e "éthos" (para natureza e sociedade). Esses dois componentes podem nos inserir algo mais profundamente na concepção da arte da naturalidade que distingue a obra e a essência goethiana; e, em verdade, não apenas a poesia, mas também a sua prosa. Não foi à toa que, ao lado do que é cantável, denominei o dizível. Nesse contexto, também deveríamos pensar justamente no narrador Goethe – e em seu talento social que fascinou os seus contemporâneos desde os seus tempos de juventude.

A distinção entre natureza e arte certamente desempenha aqui o papel mais importante. Em particular depois de ter se aclimatado com uma certa linguagem conceitual por meio de Schiller, com uma linguagem que partia da filosofia kantiano-fichtiana, o próprio Goethe refletiu algumas vezes sobre a relação entre a natureza e a arte. No entanto, isso aconteceu na maior parte das vezes em seus últimos anos. Em contrapartida, há um testemunho da forma original com a qual Goethe procurou formular a sua capacidade elementar para o canto, um testemunho que provém de um tempo anterior: "a imitação formadora do belo" de Karl Philipp Moritzen. Goethe acolheu sim a partir daí um extrato essencial em seu "Viagem à Itália" e confirmou expressamente que esses também tinham sido de fato os seus pensamentos.

Qual é a ideia fundamental a partir da qual se apresenta aqui a relação entre natureza e arte? Do que fala a "imitação formadora do belo"? Manifestamente do impulso formador que quer criar. Essa expressão outrora muito utilizada provém das ciências naturais. A partir daí, ela deve dar voz para Karl Philipp Moritzen e para Goethe ao modo como um sentimento de força ativa que produz a obra de arte constitui a essência propriamente dita do belo. Isso está completamente claro em Karl Philipp Moritzen; aí se diz diretamente que "a obra, como já realizada, por meio de todos os graus de sua gênese paulatina, em furor obscuro, repentinamente se apresenta para a alma, e, nesse momento, a primeira criação se mostra aí como que diante de sua existência *real*; (...) com isso, o belo já alcançou a sua meta mais elevada em seu surgimento, em sua gênese: nosso *gozo posterior* com ele é apenas uma *consequência* de sua existência". O fato de a obra não ser nenhuma forma cristalizada, mas a gênese formal do instante e do próprio esboço configurador manifestamente se mostrou como inteiramente elucidativo para o jovem Goethe: ele se mostrou como uma forma adequada à sua própria experiência poética. É óbvio que a edificante estética do gênio se acha por detrás daí, e Kant formulou mais tarde a relação entre arte e natureza na *Crítica da faculdade de julgar* como a relação entre o belo natural e a arte do gênio. Justamente essa terceira "crítica" de Kant convenceu particularmente Goethe[5]. O gênio aparece aí como o "favorito da natureza", ao qual é dado, sem ter regras e modelos, configurar algo que fornece regras e é modelar. A formulação kantiana do "favorito da natureza" está já contida em uma certa abrangência nas ideias de Karl Philipp Moritzen. O gênio criador – a expressão também surge aqui nesse contexto – é de um tipo tal que só a reconfiguração criativa da linguagem representa efetivamente o que há de próprio na arte poética: "natureza, alçada a uma existência superior". O leitor é por assim dizer colocado diante do modelo do criador. Sua capacidade de sentir – é assim que o denomina Karl Philipp Moritzen – precisa se aproximar a tal ponto da capacidade de configurar (e essa é uma intelecção profunda) que um poema só está propriamente presente quando o conhecemos por dentro e de cor ou – para citar Goethe – na medida em que "moramos na obra de arte, a intuímos reiteradamente e precisamos dar a nós mesmos por meio daí uma existência mais elevada". Nisso reside o fato de a temporalidade do dizer poético, apesar daquele seu caráter de sucessividade que conhecemos a partir dos famosos problemas do *Laokoon* de Lessing, ter se tornado algo como uma simultaneidade, uma verdadeira presença – assim como uma figura de dança só ganha a presença de sua figura na sucessão. Na reflexão tardia que citei, é formulado precisamente como uma objeção que precisa ser

---

5. Ver quanto a isso "Goethe und die Philosophie" [Goethe e a filosofia], in: GW 9, pp. 61 ss.

afastada o fato de o artista aspirar a que sua obra apareça propriamente como uma obra da natureza. Com certeza, ela atua como natureza, mas ela o faz porque é supranatural, não extranatural, e porque aponta para o cerne de uma existência mais elevada. Assim, a relação entre arte e natureza é sem dúvida alguma ambivalente para Goethe: a naturalidade da arte permanece um conceito valorativo supremo, mas precisamente para a arte na arte.

Nós veremos como isso se sedimenta no elemento plenamente artístico da linguagem goethiana e na naturalidade de seu império artístico. Mas para poder fazer isso nós precisamos antes desdobrar mais exatamente a segunda vertente significativa no conceito de natureza e do elemento natural. É aí justamente que reside, tal como penso, o centro propriamente dito da naturalidade de Goethe. Para dizer isso com uma expressão de Goethe, trata-se da relação entre natureza e "sociabilidade". A linguagem de Goethe é uma linguagem sociável. Também podemos articular algumas questões com esse fato.

No Goethe tardio, há um testemunho particularmente belo – e ainda teremos de refletir sobre ele – da razão pela qual foi justamente esse Goethe tardio que formulou todas essas coisas. Ele defendeu certa vez as "frases modestas" – como ele as denominou. Ele quer dizer com isso: faz parte da virtude social que não se joguem grosseiramente as palavras sobre as cabeças das pessoas, mas que se usem expressões como "em certa medida" (esse é o seu próprio exemplo). Essas são expressões que trazem consigo uma moderação de um tipo sociável na exposição da própria opinião e atenuam o elemento intransigente e dogmático da afirmação. Aqui também me parece que tocamos um centro do modo poético de Goethe. É assim também que o encontramos descrito como homem. Sua rara sensibilidade para os sentimentos dos outros presentes ajudava-o a encantar as pessoas; sua maneira de ser repousava efetivamente no fato de ele reagir constantemente à situação social na qual falava. Também temos relatos de que como homem jovem, quando estava bem-humorado, ele conseguia apresentar num instante um drama totalmente novo que nunca tinha sido escrito e de que isso produzia uma impressão arrebatadora. Portanto, mesmo a sua vocação poética tinha o seu lado social. Pensado em termos histórico-conceituais, a relação entre *phýsis* e *éthos* – natureza e costume – se acha por detrás desses componentes sociais da linguagem e da fala. O caráter distintivo do homem é o fato de ele não se formar como os seres naturais em meio a determinadas compulsões formadoras para a sua *entelékheia*, para a sua figura, mas de ele mesmo precisar se formar. Para falar como Aristóteles, ele possui "proaíresis", isto é, ele prefere isso àquilo e o tempo de sua vida leva a termo uma longa série de tais atos de preferência que também são do mesmo modo atos de preterição (pois nenhum ato de preferência acontece sem uma preterição, nenhum ganho sem uma perda). Mas é justamente por meio daí que o homem se forma para aquilo que ele é. É isso que os gregos denominavam o seu *éthos*, essa segunda natureza construída a partir de exercício e hábito que não se cunha no homem com os gestos ameaçadores de um dever jamais realizável, mas antes com a autodevidência de um hábito, uma segunda natureza que constitui aquilo que ele possui desse modo em si e que se mostra como o seu caráter. A oposição que está em jogo aqui foi formulada pela primeira vez na ética aristotélica como a relação entre *phýsis* e *éthos*. O pano de fundo conceitual para a possibilidade e a distinção do homem me parece ser o fato de ele saber se elevar por força de sua naturalidade precisamente até a forma social da vida, até a arte da sociabilidade e até a configuração plenamente artística da linguagem, sim, mesmo até à poesia, e conseguir conquistar mesmo aí algo como uma naturalidade elevada. Como é que essa relação universal se reflete na linguagem de Goethe?

Gostaria de tentar formular algumas questões em cujas respostas poderíamos realmente aprender algo com os especialistas. Uma delas é: qual é o papel desempenhado pela língua materna e, em particular, qual é o papel desempenhado pela peculiaridade dialetal da língua materna de Goethe, ou seja, o dialeto de Frankfurt? Nós o escutamos de maneira extremamente violenta: "O neiche, Du Schmerzensreiche"[6] é um célebre exemplo. Há declarações de Goethe, não tanto sobre o dialeto, mas algumas sobre a língua materna. Elas apresentam-se em conexão com observações sobre a significação do aprendizado de línguas estrangeiras. Nesse caso, ele diz sobre a língua materna que os seus elementos não são outros senão poesia e discurso apaixonado.

Aqui impõe-se uma outra questão, a questão acerca da significação do francês para Goethe. Todos nós sabemos que, para toda a configuração de uma linguagem literária extremamente diferenciada, o latim se constituiu como uma tarefa particular dos séculos mais recentes. Assim, certamente não haveria sem Kant uma língua filosófica alemã com uma capacidade de expressão realmente suficiente. Mas o latim já representa para Goethe – apesar de todas as influências que ele exerceu sobre a configuração da semântica e da sintaxe da linguagem da literatura alemã – mais um pressuposto geral das possibilidades linguísticas do alemão. Em contrapartida, no século XVIII de então, o francês desempenhava um papel particular e dominante da camada superior culta. Pensemos apenas em Frederico, o Grande. Desse modo, o próprio Goethe, antes de tudo por meio dos anos em que passou em Estrasburgo, anos nos quais ele experimentou influências e avanços em sua formação, adquiriu um domínio excelente da língua francesa. Com isso, coloca-se a pergunta sobre se a intensa sociabilidade que pode ser atribuída

---

6. O termo *neiche* é uma variante de *Neige* que significa "resto, resíduo, borra". Goethe utiliza o dialeto frankfurtiano para formar a rima com *Schmerzensreiche*, reino de dores. (N. do T.)

à língua francesa não desempenhou um papel na naturalidade e sociabilidade da linguagem poética goethiana e de sua postura linguística. Nós sempre sentimos de modo particular esse elemento social no francês quando lemos, por exemplo, traduções francesas de textos gregos ou latinos, alemães ou mesmo espanhóis. Nesse caso, tudo é repentinamente reestilizado em uma espécie de cerimonial social. Eu me pergunto se o timbre notoriamente social da naturalidade de Goethe, um timbre que mostra em seus anos tardios precisamente algo cerimonial, não revela a influência da língua francesa.

No entanto, mais importante é a primeira questão colocada, a questão do dialeto. O dialeto de Frankfurt que Goethe adorava tanto falar no cotidiano não é também de uma qualidade particular? E ele não produziu um efeito nessa direção na capacidade expressiva da poesia de Goethe? Isso inclui naturalmente a questão genérica acerca da relação entre dialeto e linguagem poética, tal como essa questão se coloca por toda parte. Por mais que, em comparação com a linguagem literária desenvolvida, as linguagens dialetais fiquem muito atrás no que concerne à mobilidade e à diferencialidade, a questão é realmente saber se alguém que ainda dispõe de seu dialeto pode justamente por meio daí manter uma mobilidade mais elevada para o seu uso da língua culta, e, em verdade, justamente por meio da tensão que existe entre os dois modos de falar que lhe são simpáticos. É possível imaginar Lutero sem que "ele siga a boca do povo"?[7] Eu mesmo sempre senti como um grande empobrecimento o fato de nunca ter realmente falado o dialeto de minha terra natal eslésvica porque na vida social de outrora e no sistema escolar correspondente o uso do dialeto eslésvico era completamente malvisto. No centro e no sul da Alemanha, as coisas eram certamente diversas e as repercussões também eram igualmente diferentes. Assim, minha questão aponta para o modo particular de repercussão que o dialeto frankfurtiano pode ter tido sobre Goethe. Seguramente podemos encontrar muitas expressões suabas em Schiller ou em Hölderlin. Mas será que não significa algo o fato de haver dialetos onde houve o mais fácil intercâmbio com a linguagem culta, e esse é certamente o caso no meio da Alemanha, na Saxônia, mas também em certa medida na região de Hesse? Não podemos supor que aí a naturalidade da expressão linguística e, com isso, também a mobilidade na configuração da expressão encontram uma precondição particularmente favorável? Quão forçado não parece ainda hoje aquele que procura evitar em

---

7. Gadamer refere-se aqui a uma expressão popular que não há como traduzir literalmente. *Dem Volk aufs Maul sehen* significa ao pé da letra "fixar os olhos na bocarra do povo". O sentido da expressão, porém, é acompanhar o modo como o povo se expressa e fala, a fim de tirar proveito dessa experiência. Essa é uma expressão que cabe bem para um certo tipo de retórica política. Como o sentido da expressão aponta para um discurso que nunca desagrada ao ouvinte, optamos pela locução "seguir a boca do povo". (N. do T.)

seu modo de falar o saxão que lhe é natural?! Também começamos em todo caso a conquistar um conhecimento exato da mobilidade e da riqueza produtiva da linguagem de Goethe, uma linguagem que soa tão natural, por meio de um empreendimento particular; tenho em vista o *Dicionário Goethe* que foi estimulado em tempos por Wolfgang Schadewaldt. Essa foi de fato uma ideia genial que, em nosso alexandrinismo erudito, parece mais uma nobre exceção. Aqui podemos comprovar que um poeta de uma liberdade linguística peculiar conquistou uma flexibilidade realmente única no uso da língua alemã. Reformulações, leves transformações, novas composições, espantosas simplificações de palavras por ele criadas e inseridas em conexões poéticas também pertencem, porém, com certeza a esse ideal de fluidez, a esse ser-no-devir que encontramos em suas convicções poetológicas fundamentais, compartilhadas com Moritz. Nada soa aqui como um neologismo. Neologismos, recriações de termos são em geral de um tipo tal que o seu inventor os toma em verdade por imprescindíveis, mas ninguém os quer tirar dele. As construções goethianas não produzem de maneira alguma esse efeito. Não que se pudesse imitá-las, mas elas nos tocam em sua simplicidade precisamente inimitável como lançadas à praia pelas ondas da própria linguagem. Aqui me interessaria saber: o que significa o dialeto de Frankfurt para a mobilidade e a naturalidade da linguagem de Goethe? Essa mobilidade e naturalidade são passíveis de serem integradas na linguagem culta da literatura?

Acrescento uma outra questão: ela diz respeito às rimas impuras em Goethe. Elas desempenham um papel enorme e me parece totalmente questionável se fazemos bem em ver nelas uma espécie de falha e não antes a mais pura realização do efeito da rima. Não é justamente essa moderação das correspondências exatas que atenua a conexão da rima com o corpo linguístico de um verso, uma conexão que desempenha para o todo poético a mediação decisiva entre o mesmo som das palavras em rima e a assonância da vocalização interna? A leveza que nos chega com as cantilenas goethianas repousa muito frequentemente na impureza da rima, na leve dissonância que mostra a outra palavra rimada. Somente em casos raros é possível deduzir e exprimir isso de maneira tão própria ao dialeto frankfurtiano quanto eu fiz anteriormente de forma caricatural com "neiche" e "Schmerzensreiche". Em geral, a vocalização é sempre estabelecida em um grande campo de jogo que permite uma rica variação. Assim, como me parece, a rima impura também representa muito frequentemente uma abertura para a amplitude do cantar na qual a figura sonora do verso por assim dizer ecoa[8].

A postura sociável do homem e do poeta Goethe ainda alcança uma profundidade muito mais essencial. Vários pesquisadores, por fim até mes-

---

8. Quanto ao elemento melódico do verso goethiano, cf. também minha contribuição sobre a canção da atalaia no *Fausto* de Goethe, in: Gesammelte Schrifte, vol. 9, pp. 122 ss.

mo Emil Staiger, falaram muito sobre as discrepâncias na obra de Goethe. Eles apontaram com razão para o fato de Goethe não gostar propriamente de traçar um plano pronto e realizá-lo então de maneira por assim dizer metódica. Isso é sem dúvida alguma verdadeiro, mas será que é efetivamente correto e não muito mais algo sugerido por nossas regras de pensamento que essa é a razão pela qual Goethe parece ter levado a termo tão frequentemente alterações nas configurações de suas personagens ou na composição de sua ação? Esse é o acesso correto ao fenômeno? Para dar um exemplo: Staiger citou certa vez a figura do mediador em *Afinidades eletivas* em favor dessa tese. Esse homem aparece no início como um mestre das mediações entre as almas, como um verdadeiro mediador que, por toda parte em que se apresentam conflitos entre as almas, aparece com o seu conhecimento psicológico natural e com a sua vocação sugestiva de maneira apaziguadora e mediadora – e, em seguida, ele fracassa com a sua arte nas tragédias complicadas que se passam nas *Afinidades eletivas*. Isso significa realmente que a concepção goethiana dessa personagem se alterou? Acredito muito mais que os homens mesmos é que são expostos a transformações reais sob circunstâncias particulares e se comportam e apresentam de maneira totalmente diversa da que se está habituado a esperar deles.

Será que, em face de estacamentos elementares da paixão, a elevada arte humana da mediação, uma arte que esse mediador possui, também não depara aqui nas *Afinidades eletivas* com limites e dá por isso uma impressão tão abalada e desamparada? Na realidade é preciso contar com tais coisas. Mas, mesmo onde a discrepância enquanto tal parece imperceptível, acho que se pode contar com o elemento sócio-obrigatório na essência goethiana. Pensemos no modo como Goethe insere reflexões em sua obra narrativa. Contaram-me que há poucos dias aqui nesse lugar Wolfgand Hildesheimer confessou que as *Afinidades eletivas* eram insuportáveis para ele porque Otílio refletia nelas tal como Goethe. Certamente isso é assim mesmo. É característico de Goethe que ele entrelace de maneira peculiarmente despreocupada as suas próprias reflexões no fluxo da narrativa, ajustando-as por vezes de maneira crível às personagens, mas nem sempre. Mesmo onde isso acontece, as coisas se dão sempre uma vez mais de tal modo que esquecemos completamente durante a leitura que não é o próprio Goethe, mas uma de suas personagens que reflete aí. Isso corresponde ao elemento ocasional, ao caráter de *aperçu*, ao elemento incidental que Goethe efetivamente cultivava como uma atitude fundamental. Assim, ao inserir poemas do *Wilhelm Meister* como as canções de Mignon, as canções de Harfner e coisas no gênero, poemas que certamente possuíam o seu lugar próprio no todo do romance, ao mesmo tempo na série de seus poemas conjuntos, ele não precisou manifestamente parar um minuto para pensar. Parece-me que algo da natureza sociável de Goethe atua por toda parte. Ele não evita o incidental e o ocasional. Ele pressupõe a boa vontade do leitor e o livre acordo do interesse do outro; e esse acordo é para ele mais importante do que a configuração de uma obra fechada. Esse é um componente do deixar aberto em Goethe que alcança até o cerne das experiências profundas da vida. É assim que as coisas se encontram em muitas das assim chamadas discrepâncias na obra de Goethe. O que me interessa aqui não é uma apologia de Goethe, mas sim uma descrição daquilo que é notável para nós nele, quer queiramos ou não, quer nos sintamos próximos ou distantes. Quantas coisas ele deixa em aberto, quantas coisas ele deixa em aberto para si! Isso apresentou um desafio para os seus críticos morais – por exemplo, no estilo de Kierkegaard ou Jaspers. Mas será que esse deixar muitas coisas em aberto também não empresta às construções poéticas de Goethe algo de sua misteriosa vitalidade e profundidade? Muitas das aversões goethianas em relação a planos me parecem emergir dessa postura que permite pairar entre as mais diversas esferas. Quando sentimos que uma novela é introduzida em meio a um romance, consideramos o espelhamento recíproco da ação do romance e da narrativa que encontramos no romance, consideramos todos esses variados espelhamentos e reflexos que têm lugar, como algo mais ou menos natural. Vou ainda além. Sempre senti uma leve compaixão por aqueles que querem compreender o *Fausto* de Goethe no sentido de uma pergunta que eles colocam a si mesmos: como é que o próprio Goethe pensa a sua reconfiguração da saga popular do Fausto e como ele imagina a redenção do Fausto ao final? Essa pergunta me parece equivocadamente colocada. A pergunta pressupõe que Goethe precisa ter chegado em algum momento qualquer definitivamente a uma concepção uniforme e racional sobre se o Fausto deveria ou não ser redimido e com que direito. Também quanto ao que deveria ou não acontecer com Mefistófeles. Considero muitas das suposições apresentadas para a interpretação do *Fausto* muito interessantes; por exemplo, mesmo a contribuição de Henkel sobre a "apokatastasis", a reprodução de todas as coisas que também incluem ainda Mefistófeles enquanto o anjo decaído na grande redenção final[9]. Também tomo outras interpretações perspicazes do *Fausto* como frutíferas. Mas será que Goethe sabia efetivamente algo sobre isso que é perguntado aqui? O que me parece característico de Goethe é precisamente o fato de ele apenas insinuar as múltiplas possibilidades de interpretação e de compreensão. Nós sabemos que Goethe se comportava de maneira correspondente e que, quando as pessoas colocavam perguntas a ele sobre os seus poemas, ele gostava muito de se portar de maneira misteriosa e enigmaticamente evasiva.

---

9. Arthur Henkel, "Das Ärgernis Faust" [O escândalo Fausto]. In: V. Dürr/G. v. Molnar (Org.), *Versuche zu Goethe* [Ensaios com Goethe]. Heidelberg, 1976, pp. 282-304. Agora republicado in: A. Henkel, *Goethe-Erfahrungen. Studien und Vorträge (Kl. Schriften I)*. Stuttgart, 1982, pp. 163-79; 203-6.

Há mais em verdade nesse manter aberto do que apenas a sabedoria de um poeta que por assim dizer se "desdogmatizou" poeticamente de maneira constante. Um dos temas mais profundos que sempre ressoam uma vez mais em Goethe é o seu entrelaçamento enigmático de amor e morte. Nós o conhecemos a partir da grande cena do drama de juventude *Prometeu* no qual a filha de Prometeu observa sua amiga em uma cena de amor e, totalmente horrorizada, vai até seu pai precipitadamente para saber o que era aquilo afinal que tinha transformado totalmente sua amiga. Então, Prometeu responde com um discurso maravilhoso sobre essa autodelevação e dissolução de todas as coisas no êxtase, e, quando se espera que ele vá dizer: "Isso é o amor", ele diz "isso é a morte."[10]

E temos um outro exemplo oriundo do poema "O noivo", um poema enigmático do Goethe tardio que ele deu à sua nora. Nas edições feitas mais tarde, ele é acolhido por toda parte. Ele introduz o noivo como orador que – isso acontece em sonho ou na expectativa como que em sonho da noite de casamento que está por vir? – se exprime "à meia-noite" em versos magníficos. Mas como termina o todo?

> À meia-noite! Da estrela o brilho acaba por levar
> Em adorável sonho ao umbral em que repousa.
> Oh, que também me seja dado aí descansar
> Como quer que seja, a vida, ela é boa!

A expectativa da felicidade no amor e a antevisão do final da vida ressoam aqui em um entrelaçamento peculiar dotado da mais extrema elevação do sentimento existencial humano. Trata-se do mesmo entrelaçamento de "Morre e vem a ser" que Goethe contrapôs à sua maneira sempre uma vez mais à velhice e à proximidade da morte como uma eterna ressurreição. Isso também não é natural?

Eu interrompo minhas questões – todas essas são realmente questões que confluem para uma única pergunta: a naturalidade de Goethe não está precisamente no fato de ele se mostrar sempre também como alguém sociável e de ele ter recolocado sempre uma vez mais sua poesia na realidade social na qual ela possui sua presença expansiva?

Eu reparei que quando Goethe, esse grande conhecedor do artesanato poético, fala sobre outro poetas e poesias, sua palavra favorita é a palavra "habilidoso". A palavra designa uma virtude burguesa de primeiríssima espécie. Ela é extremamente apreciada por Goethe em todos os homens que a possuem, não apenas no artesão, mas também no poeta. Acho que se pressente aí algo da autoconsciência social do filho burguês de uma livre cidade.

---

10. Cf. "Do curso espiritual do homem", neste volume, pp. 215 s.

Se compararmos Goethe com os seus grandes parceiros no período clássico de nossa literatura, perceberemos que ele é o que menos apresenta os traços de algo como um conselheiro do príncipe, apesar de ele ter sido aquele que foi ao máximo um serviçal de um príncipe, um ministro. As virtudes burguesas da habilidade, do cuidado, da confiabilidade do saber fazer sempre disciplinaram uma vez mais a inspiração poética que afluía de modo tão rico em Goethe. Seu próprio balanço de vida está, como me parece, em uma correspondência maximamente estreita com a naturalidade de sua linguagem. É isso que mostra o papel por assim dizer incidental que o elemento poético representa para ele em sua obra de vida. Nesse ponto, acho que Staiger viu corretamente ao considerar no "Tasso" de Goethe não apenas a figura do Tasso como o autorretrato trágico-poético do sensível sofredor – que Goethe certamente também era –, mas também a figura de Antônio. Os dois, o grande adversário da vida real e o sonhador poético destruído pela realidade, descrevem a esfera plena das experiências de vida de Goethe. Também pertencem à naturalidade da linguagem de Goethe a medida e o meio com os quais ele soube conciliar condicionamentos sociais e elevação interior.

17. PROMETEU E A TRAGÉDIA DA CULTURA (1946)
[Prometeus und die Tragödie der Kultur]

Mitos são pensamentos originários da humanidade. Quanto mais ansiamos por interpretá-los, por apreender seu sentido originário e profundo, tanto mais permanecemos aquém da realidade impermeável do mito e de seu exigente mistério em uma tal tentativa de concepção. Tudo se dá como se só apreendêssemos nós mesmos, as alegorias ou os disfarces de nosso mundo interpretado – e como se o sentido verdadeiro dessas criações imemoriais vigesse mudo e sem interpretação acima de nós. A moderna pesquisa histórica dos mitos é cautelosa naquilo que recusa, na medida em que renuncia à questão sobre o sentido dos mitos e só persegue a história de seu surgimento e difusão. Mas mesmo assim não perdemos a sensação de uma impotência desamparada diante de algo demasiado grande. E assim também não nos mantemos completamente afastados de uma tentação que chega até nós a partir dessas vozes profundamente significativas oriundas de um tempo imemorial: a tentação de escutá-los. Escutá-los, porém, não significa senão: aprender a compreendê-los. Um tal mito a cuja linguagem muda não conseguimos escapar é o antigo mito de Prometeu[1]. A sua origem foi acom-

---

1. Nosso estudo contenta-se em articular Hesíodo e Ésquilo com uma questão totalmente determinada: como é que a autoconsciência da cultura humana se reflete em sua representação poética do mito? Uma tentativa de reconstruir a história do mito não foi empreendida. Quanto ao estado atual da pesquisa, cf. Karl Reinhardt, *Tradition und Geist* [Tradição e espírito], Göttingen, 1960, p. 191, Observação 1 (deparamos aí também com uma rica indicação de bibliografia secundária que pode ser completada pela representação abrangente que a história do símbolo de Prometeu na literatura universal encontrou em R. Trousson: *Le thème de Prométhée dans la literature européenne* – [O tema de Prometeu na literatura europeia], Genève, 1964. De acordo com Karl Reinhardt, Ésquilo foi o primeiro a transformar Prometeu em um Titã, e, com isso, a aprofundar a sua relação com o destino dos homens. A brilhante reconstrução do "Prometeu portador do fogo" que é aí (pp. 182-90; pp. 220-6) empreendida com base no fragmento do papiro de Heidelberg que recentemente se descobriu supõe que nessa parte final da trilogia, tal como é apresentado acima, tem lugar a reconciliação com Zeus e que, com isso, Prometeu é ao mesmo tempo festejado como Deus local ático da arte da ferraria e da olaria.

panhada de maneira indiferenciável para nós da história de sua tradição, reinterpretação e renovação, uma história que se estende dos dias de Hesíodo até a nossa época. Justamente por isso, contudo, essa sua origem não se nos mostra tanto quanto outros mitos como um enigma inquietante do tempo primevo, mas muito mais como uma voz louvável e importante por sua idade e pelos acontecimentos do destino no coro da automeditação humana. Pois nesse mito refletiu-se explicitamente desde o princípio a humanidade ocidental em sua própria consciência cultural. Ele é como um mito relativo ao destino do Ocidente. Desse modo, contar a história de sua interpretação significa contar a história da própria humanidade ocidental.

É fácil notar que o mito de Prometeu possui uma tal significação fundamental ao lermos a comparação nietzschiana desse mito com o mito semítico do pecado original. As duas sagas reportam a destinação penosa da vida a uma dívida: a saga semítica (para usar uma caracterização de Nietzsche) a reporta à curiosidade, à ilusão mendaz, à sedutibilidade, à concupiscência, em resumo, a uma série de afecções notoriamente femininas; em contrapartida, a representação "ariana" que se exprime no mito de Prometeu atribui dignidade ao delito e é distinta pela "visão sublime do pecado ativo como a virtude propriamente prometeica". Mas é exatamente isso que transforma o mito de Prometeu no mito verdadeiro de nossa cultura. Ele não olha o destino da vida humana como maldição e punição por um pecado original, mas como autodefesa paga com sofrimento do homem que constrói seu mundo em um trabalho ativo. Ele interpreta de forma mítica a tragédia da cultura.

É possível certamente supor em relação ao mito antigo ao menos que Prometeu roubou o fogo em favor dos homens. Isso parece-nos significativo: o homem aprende a atiçar e a manter o fogo que se dirige à terra no raio da trovoada, segundo unicamente a vontade e o parecer do trovejador. Isso é como uma injúria, uma decadência do senhor do tempo e é assim o começo de uma transformação injuriosa da natureza em um âmbito da ação humana, em um mundo do cuidado e do domínio próprios. Também parece significativo o fato de ser um divino adversário do deus supremo que conquista para o gênero humano essa nova autonomia, um espírito da própria contradivindade, um espírito titânico no qual a humanidade encontra a si mesma. E se compreende bem o fato de, em meio aos desdobramentos ulteriores do processo de formação do mito e em articulação com uma saga local ática sobre o *daîmon* oleiro Prometeu, esse ter se tornado o criador dos homens. Nós o reconhecemos como tal em numerosas representações imagéticas posteriores. Assim, o sentido originário da saga parece ser compreendido por si mesmo. Mas digamos de maneira mais cautelosa: o que designamos como esse sentido originário representa um derradeiro ponto comum no todo dessa história prenhe de elementos marcados pelo destino desse mito e de sua interpretação. A essa história passaremos a nos dedicar a partir de agora.

O legado mais antigo sobre Prometeu é a apresentação do mito em Hesíodo. Ele é tratado tanto na *Teogonia* quanto no poema doutrinário campestre *Os trabalhos e os dias*. Um funciona como um complemento seguramente ajustado do outro.

A narrativa da *Teogonia* tem a forma característica de Hesíodo, na medida em que, depois de descrever o nascimento de Prometeu e de seus irmãos, coloca diante de nós inicialmente o fim de sua história, o Prometeu punido pelo deus, acorrentado, cujas vísceras são diariamente devoradas pela águia de Zeus, até que Hércules o liberta, "sem, contudo, jamais se colocar contra a vontade de Zeus", como o poeta acentua. Somente então apresenta-se a história prévia: o modo como Prometeu, junto ao contrato sacrificial em Mecone, enganou Zeus em favor dos homens. A saber, ele cobriu uma parte que só compreendia os ossos com uma gordura brilhante, enquanto tornou a outra parte que continha a parcela propriamente valorosa em algo repulsivo, cobrindo-a com o estômago do touro. Zeus percebeu em verdade o engodo, mas deixou-o passar apesar disso, pois "alimentava no espírito para os homens mortais a ruína que logo deveria se realizar". Ele decidiu justamente recusar-lhes duradouramente o fogo, com o que eles perderiam totalmente a sua suposta vantagem na distribuição dos sacrifícios. No entanto, Prometeu enganou-o uma vez mais, roubando o fogo no buraco de um arbusto de nártex e levando-o para os homens. Em seguida, o narrador não chega a dizer expressamente que foi pela punição por esse engodo que Prometeu foi preso às rochas e entregue à tortura por meio da águia. Em vez disso, ele conta como, no lugar do fogo, Zeus preparou para os homens um mal, um belo mal, a mãe de todas as mulheres.

> Dela emergiram sim o pérfido gênero e as linhagens das mulheres,
> Que para a sua desgraça moram juntas com os homens mortais. (592 ss.)

Mas *Os trabalhos e os dias* relatam mais detalhadamente como Zeus aniquilou o novo engodo em favor dos homens com uma ironia triunfante, na medida em que mandou fabricar para eles a mulher, Pandora, um mal "com o qual todos se alegram, abraçando sua própria ruína". Todavia, a narrativa passa uma vez mais para o caráter mítico. Não se segue, como no caso da *Teogonia*, uma amarga queixa quanto à desgraça própria às mulheres, mas sim uma descrição do modo como todos os deuses ajudam a estabelecer os dotes de Pandora e como Epimeteu a acolhe contra o conselho de Prometeu. Ela, porém, abre a tampa de uma grande caixa, de modo que muitos males chegam a partir daí até os homens.

Somente a esperança permaneceu na casa nunca vacilante
Sob a boca ainda no vaso e para fora não pôde
Fluir, pois ela antes sobre o vaso a tampa ainda colocou. (96 ss.)

Isso é o bastante quanto à narrativa hesiódica que se fecha em um todo.

Se considerarmos essa narrativa agora mais atentamente, a conhecida declaração de Heródoto de que Homero e Hesíodo criaram para os gregos os seus deuses aguçará nossa visão. Não me parece haver nenhuma dúvida em relação ao lugar histórico-religioso em que se encontra Hesíodo. Sua genealogia mítica das linhagens dos deuses é realmente, tal como a passagem de Heródoto quer dizer, um grande feito ordenador que conduz para além da multiplicidade local de uma tradição do culto e oferece uma teologia helênica conjunta. Esse processo de formação teológica sistemática equivale à ascensão da religião de Zeus, uma religião cuja vitória consuma a imagem do mundo olímpico. Parece-me então evidente que esse intuito por nós conhecido a partir de Homero e Hesíodo também influenciou a narrativa de Prometeu. Junto ao engodo relativo ao sacrifício em Mecone, Zeus foi realmente aquele que foi enganado e que escolheu de maneira equivocada. Em seguida (554 ss.), ele se enfureceu terrivelmente "ao ver os ossos, os ossos brancos do touro cobertos com o engodo". Portanto, o que se tinha originariamente era um mito etiológico, determinado a fundamentar miticamente o costume fático da oferta do sacrifício de animais. O prosseguimento da história que contém a vingança de Zeus também exige manifestamente que ele se mostre como aquele que foi enganado. Assim, ainda é a imagem da coisa que *Os trabalhos e os dias* (Verso 49) pressupõem. Na *Teogonia*, em contrapartida, Hesíodo reinterpreta o mito e faz com que Zeus perceba o engodo. O motivo para tanto é ético: intensificar a superioridade de Zeus, elevar a sua sabedoria para além de toda competição. Isso é tão importante para o poeta que ele admite só poder justificar de maneira malévola a aceitação consciente do engodo relativo ao sacrifício, somente por meio da reflexão perversa de Zeus contra os homens. O segundo engodo, em contrapartida, o sucesso do roubo do fogo, não tem manifestamente para Zeus aos olhos do poeta nada de depreciativo. Um tal ser iludido pelo delito dissimulado não diminui a grandeza divina. É somente o ardil e o engodo de ser superado em um negócio, de ser enganado em um negócio legal, que parece ao poeta incompatível com a grandeza de Zeus. (Nós precisamos nos libertar do conceito cristão de omnisciência, se queremos compreender a história.) Desse modo, a reformulação apresentada da história original possui um pano de fundo teológico.

Mas a descrição em *Os trabalhos e os dias* também revela (por meio de seu caráter algo desajeitado) a reconstrução consciente de uma outra tradição. A história de Pandora está ligada ao mito de Prometeu. Mas o trabalho de sua inclusão não permaneceu sem ranhuras. O duplo engodo cometido por Prometeu tem por consequência uma dupla ação contrária de Zeus. Em primeiro lugar, a recusa do fogo que aniquila o engodo relativo ao sacrifício, e, em seguida, a criação da mulher que aniquila por meio da ânsia feminina por dissipação todo o ganho que os homens poderiam ter a partir da posse do fogo. Uma bela intensificação, cujo foco reside no fato de esse mal, a mulher, ser o flagelo definitivo do homem, contra o qual não há nenhum auxílio possível porque nenhum é buscado. Ao contrário, todos se alegram aqui, "abraçando sua própria ruína". A partir daí, não é mais possível ajudar o homem. Essa clara estrutura torna-se então obscura por meio da inserção do tema de Pandora. A própria história de Pandora parece ter sido fundamentalmente transformada aí. Originalmente, as coisas precisam ter estado de tal modo que havia na caixa dons extremamente bons. O homem (segundo Babrius 58) os deixa escapar por curiosidade – e isso até a esperança que, nessa vida roubada, permanece como o único bem para os homens. Pode-se tomar como certo que esse legado da fábula remonta ao mito de Pandora, de tal modo que Pandora deixa para o seu esposo Epimeteu, como o único dote que ela não dissipa, a esperança, o dote daqueles que não sabem prover (daqueles que não são προ ηθεις). Um belo sentido, que se ajusta multiplamente à tradição mais antiga, segundo a qual a esperança é a única posse segura do homem. Theognis (1135 ss.) nos dá a entender uma confirmação dessa tradição. Hesíodo, em contrapartida, transforma a caixa de Pandora em uma caixa de males. Manifestamente para inserir na antiga forma da saga o fato de a mulher trazer para o homem uma profusão de males. O contexto de sua história também torna necessária a dotação de Pandora com os males, pois ela é enviada efetivamente para a punição, para o malogro da amizade de Prometeu com os homens. Por meio daí, porém, o sentido da própria história se torna obscuro. O que significa agora o fato de a esperança permanecer na caixa? O contexto exige que ela seja considerada um mal. Além disso, essa avaliação da esperança também se ajusta bem a Hesíodo. O homem do campo deve preferir a provisão a construir em função de esperanças iníquas (*Os trabalhos e os dias*, 496 ss.). Aos olhos do poeta que pensa em termos campestres, a permanência da esperança na caixa pode se mostrar então realmente como uma espécie de atenuação da desgraça. Ao menos os homens permanecem sem serem seduzidos pela esperança e não mergulham em inatividade na fadiga amarga de sua vida desfigurada. É assim que Hesíodo pode ter pensado, com esse extremo amargor que ainda vê na condução desamparada da vida algo melhor do que o caráter vão da esperança. E se ele mesmo não tiver pensado assim, mas se ele tiver considerado as consequências de sua reformulação da tradição, ele indicou de qualquer modo esse sentido àqueles que pensam. Uma coisa, contudo, é certa – por que e em que direção Hesíodo reconstruiu o mito de Prometeu. O Titã que compete com Zeus em termos de perspicácia e traz algo de bom para os homens, por mais que ele mesmo precise expiar por isso, se torna aquele que é sempre completamente inferior e que fomenta de maneira impotente os planos malévolos de Zeus em relação aos homens. Assim, o feito cultural de Prometeu, a significação do roubo do fogo para a civilização humana, não vem absolutamente à tona. Falta com isso à desgraça que se abate tanto sobre Prometeu quanto sobre os homens a agudeza de sentido da contradição trágica.

Aqui, no entanto, se insere o sentido profundo do drama de Prometeu que chegou até nós ligado ao nome de Ésquilo. A interpretação que é dada aqui ao mito antigo revela em verdade um novo espírito, decidido para o pensamento. Não obstante, é precisamente o antigo espírito do mito que começa a falar nessa nova interpretação. Sim, quase parece como se Ésquilo tivesse prosseguido e retornado à profundeza do antigo mito exatamente no ponto em que Hesíodo havia parado. Ele colocou a figura de Prometeu sob a luz da tragédia da cultura, na medida em que reinterpretou com clareza de consciência aquilo que o roubo do fogo na saga significava para os homens: o começo de uma criação humana que se projeta em direção ao ilimitado.

O drama de Prometeu assume uma posição particular no interior da tragédia ática – ele é de maneira única um puro drama dos deuses. Seu sentido religioso não é por si mesmo claro. A simples ação transporta-nos para o tempo posterior ao delito de Prometeu e começa com o acorrentamento à rocha do Cáucaso distante. Ela experimenta a sua tensão dramática a partir do fato de o Prometeu acorrentado estar sob a posse de um segredo. Ele sabe por sua mãe que Zeus, ao se casar com a ninfa do mar Tétis, gerou um filho que deveria um dia derrubá-lo do trono do mundo. Zeus procura arrancar dele de todas as maneiras esse segredo. Mesmo os próprios amigos de Prometeu, Oceano e as nereidas,[2] procuram persuadi-lo. Mas ele persiste em uma obstinação inflexível; em face do mais horrível sofrimento, ele goza da consciência triunfante de que seu opositor sofrerá a derrubada. O drama conclui-se com Zeus enfurecido lançando com seu raio o Titã obstinado no abismo.

Mesmo se deixarmos de lado todas as informações relativas a um outro drama de Ésquilo sobre Prometeu, um drama segundo o qual, depois de um longo espaço de tempo, tem lugar a redenção por meio de Hércules do acorrentado sob sofrimentos elevados e a sua reconciliação com Zeus, é evidente que o "Prometeu acorrentado" que conhecemos não pode ter sido a última palavra do poeta. Essa última palavra precisaria se lançar para além da reconciliação final de Zeus e Prometeu, pois o domínio de Zeus é mesmo por fim eterno e permanece sem ser exposto a nenhum risco – segundo a religião grega vigente –, e o Titã se reconcilia com ele. Esse fato mítico religiosamente obrigatório também é sem dúvida alguma válido para o poeta do

---

2. Nereidas são as 50 filhas da ninfa Dóris e de Nereus, elas mesmas ninfas do mar. (N. do T.)

"Prometeu acorrentado". Com o seu drama, ele apenas recorre à história prévia desse estado sancionado da religião de Zeus, a um tempo no qual o novo senhor do céu e o titã ainda se encontravam contrapostos com uma rigidez irreconciliável.

O poeta dotou os titãs com uma fervorosa consciência de justiça. De acordo com isso, Prometeu tomou o partido de Zeus na grande batalha entre os deuses e os titãs e concedeu-lhe conselho e serviço. No momento em que Zeus, contudo, quer aniquilar o gênero humano, Prometeu se coloca contra ele e sofre com isso por seu amor pelos homens a terrível punição do rei dos deuses, que renega todo dever de gratidão. Ele mesmo não possui evidentemente uma essência menos desmedida do que o seu adversário. Hermes tem claramente razão ao dizer: "Não haveria como suportar se tu fosses feliz" (979). Por mais que o poeta tenha colocado em jogo a grandiosidade de sua obstinação inflexível, tanto Prometeu quanto o seu opositor precisarão aprender a adquirir medida e sabedoria. Somente por meio do fato de os dois abandonarem a sua rigidez um em relação ao outro funda-se a ordem duradoura da religião olímpica. Essa precisa ter sido a ideia complementar com a qual o teatro grego acolheu a peça acerca da obstinação do titã. Além disso, trata-se aqui de um pensamento autenticamente esquiliano – lembremo-nos do acolhimento de Eumênides na ordem olímpica que entrega à Oréstia sua conclusão religiosa.

Nessa história sobre a contenda dos deuses, o destino da humanidade é tramado agora em Ésquilo de uma maneira nova e profundamente significativa. Prometeu é o amigo dos homens, enquanto Zeus, em contrapartida, o novo senhor do céu embriagado por sua vitória, "não tem a menor consideração pelos pobres mortais, mas quer aniquilar toda a sua linhagem e criar uma nova" (Ésquilo, *Prometeu*, 231-3). Prometeu salva os homens – esse é o delito (ἡ αρτεσ 260) pelo qual ele sofre – e quando ele se reconcilia por fim com Zeus essa reconciliação significa ao mesmo tempo a reconciliação de Zeus com o gênero humano. O que isso quer dizer, porém, só se torna claro quando levamos em conta o modo como Prometeu afasta a ruína dos homens e como ele transforma as suas vidas.

Ele mesmo o diz: ele coloca um ponto final no fato de os homens preverem sua morte, na medida em que "lhes entrega vãs esperanças" – emprestando-lhes, além disso, o fogo, e, com ele, toda a capacidade rica em consequências para o aprendizado das "technai", a capacidade para a cultura. Se essa deve ser a salvação da humanidade ante a ruína completa, então esse ato de Prometeu precisa significar que ele deu aos homens a capacidade para *se autodefender*. Esse, contudo, é um privilégio dos deuses que ele proporciona assim ilicitamente para os seres efêmeros (os ἐφ ἡ εροι). Portanto, a própria cultura é um delito contra os deuses. Mas a opinião propriamente dita de Ésquilo é então manifestamente que o decisivo não é tanto a posse do fogo, mas antes a sua pressuposição espiritual para a cultura: a esperança. Em si, ela é em verdade ilusória, pois faz com que sempre permaneça o futuro que um dia se dissipará. Nessa medida, ela poderia parecer um mal, tal como pensava Hesíodo. Ésquilo, porém, vê mais profundamente: ela não é o oposto da autoconfiança prometeica do homem que não nutre esperanças, mas se provê. Ao contrário, ela é muito mais a sua possibilitação. Somente porque cada um tem futuro nutrindo constantemente esperanças, o gênero humano como um todo possui sua subsistência, mesmo se o singular venha a morrer. Só há "cultura" onde o homem singular não devora apenas sua vida, mas cria para todos aquilo que ainda hoje talvez continue sendo recusado ao indivíduo singular desfrutar. Em sua essência reside uma contradição trágica – a constante autoilusão de todos e, no entanto, ser em toda a verdade, ser um saber para todos, mas não para o indivíduo.

Esse é o pano de fundo espiritual da técnica do fogo que suporta a cultura humana. Ésquilo faz algo extremo para aguçar esse sentido espiritual do ato cultural de Prometeu. O próprio Prometeu descreve em um longo discurso o seu mérito na virada do sofrimento humano (442 ss.): "Eles viam e ao mesmo tempo não viam, ouviam e ao mesmo tempo não ouviam, mas deixavam, como seres oníricos, durante toda a sua longa vida, tudo se passar em grande confusão" (448-50), eles viviam desprotegidos em cavernas etc. Ele, porém, lhes deu – e então segue uma lista de artes humanas, da astronomia à navegação, da medicina à observação dos pássaros e à mineração, "em suma, escuta tudo isso em uma palavra":

Todas as artes provêm para o homem de Prometeu. (505-6)

Dessa forma, Ésquilo reuniu no amigo originário da humanidade tudo aquilo que uma consciência cultural mítica e profana dos gregos atribuía aos mais diversos inventores, Hefastos e Palamedes e como quer que eles se chamassem. E o que é o mais importante: as artes do fogo propriamente ditas, a mineração e a arte da forja, passam totalmente para o pano de fundo nesse autoenaltecimento. Essa é a virada consciente que o poeta entrega aqui à tradição.

A todas as artes da cultura, contudo, é comum o fato de elas designarem em verdade conjuntamente o domínio do homem sobre a terra, mas não conseguirem suspender o destino da mortalidade. Mesmo Sófocles, no grande canto do coro da *Antígona* que celebra a terrível magnificência do homem, conhece a impossibilidade de suspender essa barreira que não se encontra erigida no fim da aspiração cultural humana, mas que se mostra como o começo e o impulso inicial terríveis de cada singular. É justamente essa contradição trágica no coração da cultura humana, porém, que se reflete no destino do amigo dos homens Prometeu. Ele é o médico que não sabe ajudar a si mesmo, o dissipador heroico de seu espírito e o injuriador inflexível. Nele, chega a visualizar a si mesma a humanidade pela qual ele sofre. Ele é o herói trágico da cultura na qual a humanidade se quer na medida em que se sacrifica. Na desmedida trágica na qual ele entrega à humanidade a autodefesa, a humanidade já ultrapassa constantemente a sua própria medida. O orgulho da vontade cultural humana é sem medida e ao mesmo tempo desesperado. A consciência cultural é sempre já crítica cultural. Essa foi a forma na qual Ésquilo conquistou para a tragédia a ideia mítica originária do delito da posse do fogo. No entanto, na medida em que se dissolve a contenda do antigo deus titânico e o novo deus olímpico, também se conclui por sobre a tensão trágica da consciência cultural humana a ordem do ser fixada de maneira duradoura.

Se medirmos a vida de um mito pelo tempo em que ele permanece vinculado a uma ordem religiosa, então aqui, com Ésquilo, se teria alcançado o fim da história desse mito. O que se segue, uma autoprojeção antiga assim como moderna em sua figura, não apresenta mais nenhuma relação religiosa, mas é ou bem uma interpretação que pergunta sobre o sentido, que é algo *diverso* da própria história, ou bem uma nova formação da história e da própria figura – na fantasia poética. Os dois casos, contudo, permanecem metamorfoses do próprio pensamento mítico originário, variações de um símbolo no qual a humanidade se reconhece e se entrega ao seu destino. Indicaremos em traços fugidos como é que essa história se transcorre.

Se o Prometeu é a projeção mítica do ato cultural humano, então toda virada decisiva na história da consciência cultural humana deve ter se sentido estimulada à sua interpretação ou reconfiguração. A parte antiga dessa história é contada rapidamente. Trata-se da época da sofística na qual surgiu a nova figura esclarecida do espírito que chamamos "formação"[3]. No *Protágoras* de Platão, essa figura se apresenta explicitamente em uma nova interpretação do mito de Prometeu. Em meio à dotação dos seres com qualidades, Epimeteu não deixou para os homens nada justo: desprotegido e fraco, como era a sua constituição, eles pareciam destinados à ruína. Assim, Prometeu trouxe-lhes ἔντεχνος σοφία σὺν πυρί, o espírito das artes com o fogo. No entanto – e esse é o processo ulterior de cunhagem da história a partir da ideia de cultura –: mesmo assim a humanidade ainda não se mostrava apta a viver porque voltava o seu novo saber-fazer violento contra si mesma e ameaçava se autoaniquilar por meio da guerra e da desertificação. Assim, Zeus fez com que trouxessem até a humanidade justiça e pudor

---

3. A palavra alemã *Bildung* é normalmente traduzida por "cultura", "educação", "instrução", mas designa em verdade o processo de formação dos indivíduos. Em sua ligação com o verbo *bilden* [formar], ela designa a dinâmica intrínseca à educação e à cultura. (N. do T.)

(δίκη καὶ αἰθώς) e que os dois fossem distribuídos de modo uniforme entre todos os homens. Formação, *paideía*, não é outra coisa senão o despertar desses dons velados em cada homem, dons que os tornam aptos à existência na cidade. Com isso, o mestre sofista aparece como o verdadeiro consumador do ato cultural de Prometeu.

Com o autossentimento da cultura sempre se acha irmanada a crítica à cultura. Ao lado da interpretação sofística acha-se a interpretação cínica de Prometeu. Altera-se o sinal. Prometeu não é mais o salvador da humanidade (que só pode ser excedido pelo mestre formador), mas é o seu corruptor que com razão é punido pelo deus supremo. Pois que outra coisa é esse dom do fogo e das artes senão uma constante sedução da humanidade para o amolecimento e o luxo? Não é precisamente o dom prometeico da previsão e da provisão a desgraça da cultura, uma vez que sua aplicação é inconsistente e desprovida de finalidade?

De um modo ou de outro, como mestre ou sedutor, nas duas formas relativas à ideia de formação, o pano de fundo mítico desaparece completamente. Assim, é fácil compreender o fato de a partir de então vir à tona um outro traço da história e de toda a figura receber uma nova cunhagem: Prometeu transforma-se em *anthropoplasten*, em forjador do homem. Isso, porém, significa: o homem não está mais ligado a uma ordem divina contra a qual ele comete um delito e junto à qual ele pode fracassar, mas é entregue à responsabilidade por si mesmo e marcado pela autoconsciência de seu conhecimento e de seu saber-fazer. Essa é a forma na qual a Antiguidade tardia pensou a si mesma e a Prometeu; e isso em particular de tal modo que coube a Prometeu o auxílio de Minerva, do espírito. Prometeu e Minerva unificados são os autores e os deuses protetores da existência humana. Em seguida, porém, na saída da Antiguidade, um novo estímulo religioso se abateu sobre a humanidade. Sob a forma gnóstica da autorredenção da alma em relação ao mundo ou sob a forma cristã do redentor que sofre pela humanidade, a figura de Prometeu se tornou ocasionalmente ponto de partida para a automanifestação religiosa do tempo. Todavia, ela aparece aí com uma vestimenta na qual a figura do mito antigo se torna irreconhecível, por exemplo, na figura segundo a qual Prometeu previu o fim real do domínio olímpico.

É como uma nova história a que começa com a transformação moderna do símbolo de Prometeu. Ela articula-se com a tradição da Antiguidade tardia que considerava Prometeu como o criador do homem, mas reflete essa tradição no interior da nova autoconsciência do espírito que se liberta de laços cristãos. Essa história começou com o Renascimento – mas só se tornou efetiva com Shaftesbury e só conquistou a sua forma válida na famosa ode de Goethe. No Prometeu que forja o homem, a humanidade se reconhece então em seu próprio poder conformador no reino da arte. Trata-se aqui do mito do gênio, da produtividade onipotente da atividade artística, desse mito especificamente moderno do homem que se articula agora com o antigo símbolo. O artista é o homem verdadeiro porque ele é a manifestação de sua força produtiva. No âmbito criador da fantasia artística está estabelecida uma onipotência que não é limitada por nenhuma vinculação a algo dado. O homem criador é um verdadeiro deus. A ode "Prometeu" de Goethe retirou de uma maneira sensacional as conclusões anticristãs desse sentimento artístico de poder: "E para tua estirpe não atentar/ Como eu"[4] é a determinação do homem titânico. Depois de Goethe, outros então, antes de tudo Shelley e Byron, em suas próprias construções poéticas ligadas a Prometeu, voltaram a autoconsciência estética e ética do homem moderno contra a tradição cristã e a igreja cristã. Assim, em um momento decisivo para a história moderna, o mito antigo torna-se significativo. No levante do titã contra os olímpicos, esse tempo descobre o seu ideal heroico da liberdade ética.

No entanto, uma vez mais se transforma o símbolo de Prometeu, na medida em que acompanha a história psicológica do homem moderno. Da embriaguez da atividade criadora está próximo o sofrimento que surge a partir da contradição dessa onipotência na fantasia com a impotência na realidade. Mas isso também era Prometeu. Ele não era apenas o criador heroico de um mundo próprio, mas também aquele que era constantemente dilacerado pela águia de Zeus. O sofrimento do homem moderno não se sente certamente como um sofrimento junto a deus, mas junto a si mesmo. Assim, Prometeu se transforma em símbolo desse autodilaceramento da humanidade por meio de sua consciência moral, em símbolo da tragédia da consciência. Pressentimos aqui a proximidade de Nietzsche. De fato, André Gide conta em um trabalho antigo uma história satírica do "Prometeu mal acorrentado" que é similar ao espírito de Nietzsche. Nesse caso, Prometeu tem a ideia de se libertar da águia, de por assim dizer se redimir da própria dissonância oriunda do sofrimento moral, comendo a águia. A justificação artística dessa sátira não se encontra aqui em discussão. Em todo caso, esse uso arbitrário do mito antigo alcança uma significação mais do que arbitrária. Estar "para além do bem e do mal" parece hoje a alguns uma nova saúde, a cura de um antigo sofrimento junto a si mesmo.

Não obstante, assim como a história do homem, a história de Prometeu não me parece de maneira alguma ter chegado ao fim. Sim, talvez ela esteja começando a se aproximar do mito antigo que só sabia dizer algo sobre os homens na medida em que falava sobre a contenda dos deuses. Mesmo a experiência da humanidade atual começa a sentir os limites da moderna autoconsciência humana. Gostaria de concluir com uma figura do espírito cujas

---

4. Esses são os últimos dois versos da ode "Prometeu" de Goethe: "Aqui me sento, formo homens/ À minha imagem,/ Uma estirpe que é como eu,/ Para sofrer, para chorar/ Para gozar e se alegrar,/ E para a tua estirpe não atentar,/ Como eu!". (N. do T.)

medidas excedem infinitamente a todos nós – tenho em vista aqui a figura de Goethe. O símbolo de Prometeu não o tocou apenas uma vez, quando ele se deu conta do poder conformador das forças titânicas. Como fecho da edição organizada por ele mesmo até o último retoque, lemos um fragmento dramático, *Pandora*, cujo sentido permanece bastante obscuro[5]. Mas ao menos uma coisa é clara aí: Prometeu não permanece o ponto central titânico de um mundo soberanamente dominado. Ele é agora o espírito da atividade incessantemente sem descanso, mas mesmo essa atuação reprimida do titã ainda se vê limitada pelo direito de outros mundos espirituais. A capacidade de Goethe de superar e restringir a si mesmo tem para nós algo quase inconcebível. Nós não ousamos confiar à cultura humana como um todo forças iguais. Não obstante, aquilo que excede a força de nosso querer talvez se movimente por sobre a via do sofrimento em direção à sua meta. Mesmo a tragédia da cultura moderna talvez encontre em algum lugar, um lugar que nós não estamos mais em condições de atingir, a sua reconciliação.

---

5. Cf. minha tentativa de interpretação em "Do curso espiritual do homem", neste volume, pp. 215 ss.

18. O DEUS DO SENTIMENTO MAIS ÍNTIMO (1961)
[Der Gott des Innersten Gefühls]

O fato de o teatro levar adiante com os deuses e com os homens o seu próprio jogo livre e frequentemente frívolo nos é bem conhecido a partir da Antiguidade e de algumas outras culturas. Há algo convincente na afirmação de que uma religião marcada por uma ordem fixa em termos de rituais e cultos pode se permitir algo que, por exemplo, a religião cristã, uma religião que se acha ligada à sagrada escritura e exige uma crença ortodoxa, precisa vedar aos seus fiéis. Se no interior do mundo cultural cristão um antigo material cômico, tal como no caso do "Amphithryon" a confusão entre deuses e homens, é poeticamente renovado, o que acontece, por exemplo, com Molière, então esses deuses são meras máscaras com as quais se reveste a oposição humana entre os elevados senhores do mundo palacianos e seus súditos. Mesmo o "Amphitryon" de Kleist, o qual não passa de uma simples reelaboração de Molière, parece pertencer a essa linha, por mais que tons poéticos elevados possam fazer ressoar uma espécie de representação panteísta do divino. Portanto, não é de espantar que as pessoas normalmente não questionem de maneira alguma a reconfiguração poética de Kleist em vista de sua significação religiosa e distingam muito mais o sentido profundo e o caráter abismal que a peça enquanto tal conquista em Kleist. Mas isso é correto? Será que isso é mesmo apenas suficiente para realizar o curso cênico dessa peça? Se a peça kleistiana é aqui analisada uma vez mais depois de Thomas Mann, Max Kommerell, Peter Szondi e Artur Henkel, então isso acontece em vista dessa questão. As pessoas podem pensar que o "Amphitryon" foi celebrado pelos contemporâneos, em particular pelo entusiástico Adam Müller e pela sociedade de amigos teuto-cristãos à qual Kleist pertencia, como documento de uma verdadeira religiosidade e de uma representação purificada de Deus. Em verdade, as pessoas não terão como seguir essa posição em detalhes, por exemplo, elas não terão como seguir a interpretação concreta da figura de Alkmene na imaculada concepção de Maria. Todavia, a atmosfera religiosa do romantismo berlinense, uma atmosfera na qual se movimentava a vida de Kleist, manifesta-se aí de maneira indubitável. Assim, nós deveríamos nos perguntar se, segundo a sua obrigatoriedade religiosa, os enunciados de Kleist podem ser inteiramente medidos, por exemplo, com os enunciados hölderlinianos sobre o divino. Com certeza, a tonalidade afetiva fundamental religiosa da época em poetas tanto quanto em pensadores alcançou construções estranhamente livres e ousadas. No entanto, como Guardini constatou com razão, se estamos prontos a nos aproximar de Hölderlin e "acreditar em seus deuses", então também me parece ser preciso compreender o "Amphitryon" de Kleist a partir da experiência da transcendência e não a partir da perda dessa experiência. Seu Júpiter não é nenhuma mera figura cultural da consciência humanista como o Júpiter de Molière que representa sem nenhuma metafísica e transcendência o *Souverain des Dieux*[1], o qual por meio de sua posição principesca se encontra acima das leis da sociedade humana. Em contraposição a isso, o Júpiter de Kleist não possui nenhum perfil social. De maneira incomparável, os limites de sua pessoa passam constantemente para a totalidade do ser. Ele é aquele que a tudo abarca, que não é apenas essa pessoa, mas todo ente. Ele está presente em todas as figuras da natureza e do mundo dos homens. Será que essa é simplesmente uma heresia panteísta, assim como ela de resto também se apresenta como uma forma de dissolução da cultura cristã? Ou será que se trata de uma experiência humana que Kleist deixa ganhar aqui a dimensão da realidade mítica do divino? E será que precisamos ouvir o jogo dessa confusão entre homens e deuses de tal modo que o sigamos até aí?

Perguntemos inicialmente quais são os traços da peça de Molière que Kleist acentua particularmente e como ele traça uma vez mais o todo. Podemos nos abstrair nesse caso completamente da história prévia relativa ao mito grego, uma história que Kleist seguramente não tocou de maneira alguma imediatamente. Sim, não é preciso nem mesmo recorrer a Plauto e às mediações literárias entre Plauto e Molière que Kleist também não deve ter conhecido. O que encantou Kleist foi muito mais a virada engenhosa que Molière dá à fábula da antiga comédia, o tema da confusão entre esposo humano e amante divino: o fato de a distinção entre esposo e amante na paixão amorosa se tornar ela mesma uma questão autêntica. A instituição social do casamento, o círculo de deveres que ela abarca, o direito que ela cria para o homem, tudo isso parece a uma consciência amante como uma alienação daquilo que vive em seu coração apaixonado. E é a partir daí que Molière dá o seu sentido à fábula. O soberano divino que gostaria de se sentir como o felizardo amante procura mobilizar a mulher que ama para o reconhecimento incondicional da paixão, o que significa, porém, que ele precisa se dispor a destruir a ilusão da qual ele se serviu. Em Molière, a confusão cômica con-

---

1. Em francês no original: o soberano dos deuses. (N. do T.)

siste então no fato de o real "Amphitryon" aparecer e fazer valer o seu direito enquanto marido ofendido diante de todo o mundo. Nesse caso, de maneira fatal, não resta outra coisa ao deus senão continuar desempenhando por sua vez o papel que lhe cabe do marido. Posteriormente, ele precisa transformar em bagatela como uma piada de mau gosto a fissura que se instaura – quando o próprio "Amphitryon" recusa a visita noturna à sua mulher – e implorar para tanto o perdão de sua mulher. Essa ação não se dá sem um elemento objetivamente cômico, mas também não sem toda e qualquer dignidade. Em seu fim encontra-se a teofania na qual Júpiter deixa claro para toda a sociedade que ele era o visitante noturno e que compartilhar a mulher com o soberano dos deuses não é nada de desonroso, sobretudo porque o deus só tinha conseguido conquistar esse amor com a figura do esposo. O que está em questão para Molière é a honra de "Amphitryon". A personagem central da peça não é absolutamente Alkmene. Em nenhum momento da ação, Alkmene é tocada mesmo que apenas por uma sombra da suspeita de que alguma outra pessoa que não seu marido tenha estado com ela.

O "Amphitryon" de Kleist, em contrapartida, é o drama de Alkmene da qual ora se aproxima o deus amante com a figura do marido, ora o verdadeiro marido. É o seu "sentimento infalível" que se vê aqui ameaçado de se confundir em meio a essas trocas. Kleist introduz exatamente da mesma maneira o tema de Molière segundo o qual o deus empreende a distinção entre esposo e amante (I/4), mas esse tema não encontra sua solução propriamente dita na contenda entre os senhores, mas no ânimo feminino para o qual a distinção entre esposo e amante não é estranha e para o qual a unidade dos dois é de qualquer modo essencial:

> Não que me tenha escapado
> Nessa serena noite como antes do marido
> Com frequência o amado pode surgir por si;
> No entanto, como os deuses um e outro
> Em ti uniram para mim, perdoo a esse
> De coração o que ele talvez tenha cometido. (487 ss.)

A nova descoberta com a qual Kleist se desvia de seu modelo molièriano consiste no fato de a própria Alkmene não se deixar iludir. Ela descobre no cinto que lhe é entregue as letras erradas e é enquitada posteriormente pelas ambiguidades com as quais o deus promete a ela seu amor. Seu "sentimento mais íntimo" pode certamente continuar concordando na lembrança da noite de amor. Nisso, ela está segura de si mesma.

> Como de minha alma pura! De minha inocência!
> Tu precisas ter interpretado mal a emoção,
> Para que nunca o tenha achado mais belo do que hoje.

> Eu poderia tê-lo tomado por sua imagem,
> Por seu quadro, vê, feito por mãos artistas,
> À vida fiel, no elemento divino desenhado.
> Ele se achava, não sei, diante de mim, como um sonho,
> E um sentimento indizível se abateu
> Sobre mim para minha felicidade, tal como nunca senti,
> Quando ele brilhando para mim, como em glória, ontem
> O grande vitorioso de Farissa se aproximou.
> Era ele, Amphitryon, o filho dos deuses!
> Magnífico, eu poderia ter perguntado a ele,
> Se ele tinha descido até mim das estrelas. (186 ss.)

Certamente, essa é a "face do amor". Mas será que há aí uma verdade a aprender? E será que o que está em questão em toda essa cena extremamente tensa entre Alkmene e Júpiter não é por fim essa verdade?

Aqui se instaura o elemento mais próprio a Kleist. Em face das letras trocadas no diadema, Alkmene perde a sua certeza e se acredita enganada. A grande cena de reconciliação entre Alkmene e Júpiter-Amphitryon que se encontra em Molière transforma-se em um diálogo entre Alkmene e Júpiter, um diálogo que atravessa toda a extensão do ânimo feminino. A cena está entre as maiores delícias poéticas da literatura universal. Mas será que o sentido desse diálogo já está totalmente apreendido? Com certeza, deparamos aí constantemente com relampejos de verdade. Mas ainda não me parece reconhecido o fato de se tratar aí de um diálogo que conduz a uma meta, nem qual é essa meta. Sem dúvida alguma se pressente como Júpiter inquieta e confunde aqui o ânimo de Alkmene, libertando-o finalmente, assim como o fato de isso estar separado da cena de reconciliação operesca de Molière por um mundo, um mundo cheio de abismos. O sentido dessa cena, porém, como acredito, é sempre uma vez obscurecido quando se introduz na figura de Júpiter – seguindo Molière – um drama análogo ao que acontece em Alkmene e quando se equipara mesmo ainda a tortura do deus não redimido com a existência autotorturante de Kleist. Em vez de uma tal humanização do deus, gostaria de ver aqui a condução do homem ao divino, o testemunho de uma autêntica experiência mítica.

Certamente é correto dizer que o deus gostaria de ser conhecido e reconhecido em sua divindade; e, se Alkmene assegura de maneira igualmente firme que prefere o esposo mortal, esse se vê enganado no amor da mulher por conta do encontro consigo mesmo:

> Maldita a loucura que me trouxe até aqui!

Mas qual é o elemento amargo desse conhecimento? O fato de o marido não se ver reconhecido como marido e ser torturado pelo ciúme – ou o fato de ele não se ver confirmado como o deus? Por que Júpiter não se contenta em aquietar Alkmene, iludindo-a? Por que ele sempre a perturba novamente de uma maneira torturante? O sentido interno desse diálogo parece-me consistir no fato de o deus querer a si mesmo quando se propõe ensinar Alkmene a não rejeitar o sentimento inconfundível presente nela e no fato de ela, ao duvidar de si mesma, também colocar em dúvida a divindade do deus; e, inversamente, no fato de, ao se manter firme junto ao seu próprio sentimento, ela fazer com que o deus seja e apareça em seu caráter verdadeiramente divino.

Certamente, não se tem o direito de esquecer que é em uma ação cômica que tem lugar esse diálogo entre o coração feminino e o deus. Não temos o direito de considerar as cenas contrastantes dos serviçais como o único elemento cômico dessa peça. Quando Charis pensa reconhecer Apollo no olhar relampejante de fúria do sósia, então essa paródia torna visível o elemento objetiva e metafisicamente cômico que está efetivamente em jogo entre a finitude do homem e a infinitude do divino. Mas a verdade propriamente dita que está em questão nessa relação possui uma seriedade quase mortal. Na solenidade serena da teofania conclusiva, vem à tona algo que se mostra como uma verdade permanente do coração humano: o fato de a confusão que aparece terrenamente e que por isso precisa ser tomada tragicamente ser a confusão com um deus e com isso não ser confusão nenhuma. O que se resolve em Molière na esfera da etiqueta palaciana tem aqui uma seriedade religiosa. O "ah" de Alkmene, com o qual a peça se conclui, faz com que as diferenças que expelem um para cada lado o humano e o divino, o esposo e o amante, confluam com acordo na unidade que consuma tudo o que é finito.

O caminho até essa resolução final é tudo menos cômico. Se o deus onipresente procura afastar do coração de Alkmene a consciência de um delito em elevada festividade:

Quem poderia ser senão eu, amada? (1268)

então essa tentativa fracassa inicialmente pelo fato de Alkmene não estar mais familiarizada com o seu sentimento mais íntimo. Ela tampouco se aquieta com a posição que em Molière acaba por satisfazer a honra do esposo, o fato de o próprio enganador ser o enganado e reconhecer a superioridade do esposo, uma vez que precisa imitá-lo para enganar. Algo desse gênero não pode conferir nenhuma quietude ao ânimo feminino de Alkmene.

Ó deus, nós precisamos nos separar para sempre. (1299)

Assim, ela se transforma na heroína propriamente dita desse drama trágico e cômico porque ela não se deixa aquietar. Não resta então outra coisa ao deus senão impeli-la totalmente para além da esfera dos conflitos humanos, e, com isso, colocá-la diante de uma difícil prova para o coração feminino, uma prova completamente diversa. Ele desperta em Alkmene a crença de que tinha sido um deus, Júpiter, que a tinha procurado. É por meio disso, porém, que se dissimula pela primeira vez totalmente aquilo que deveria propriamente vir à tona. Pois no momento em que, com a figura de Amphitryon, Júpiter convence Alkmene de que só pode ter sido Júpiter, ele precisa experimentar quão pouco o divino significa para ela:

> Quanto gostaria de ter sentido a dor
> Que Júpiter me infligiu,
> Se tudo permanecesse tão agradável como era. (1412 ss.)

Então dá-se a cena mais estranha e emocionante do todo. O deus que quer ser um deus precisa se defender contra o fato de o ser divino ser transposto pelo coração amante da mulher para o interior de um ritual realizado meio a contragosto. Não se trata de uma ideia torturante de Júpiter, mas essa ideia toca o coração de Alkmene quando ele dá a entender para ela que a aparição do deus era uma vingança pelo fato de ela ter se esquecido na oração que acima do amante terreno havia o próprio deus. Isso toca seu coração, mas não a ponto de ela chegar já a aprender. Alkmene toma a advertência muito mais de tal modo que se sente fortalecida na ilusão de que deve distinguir o deus e o amante, e ela também pode fazer isso:

> Pois bem! Eu te prometo sagradamente! Sei
> Em cada movimento de sua face, como ele se parecia,
> E não vou confundir-te com ele.

Com certeza, o fato de uma tal confusão entre o esposo e o deus ser o delito religioso propriamente dito corresponderia às nossas representações teológicas da transcendentalidade do deus. O que parece sugerir que o deus proíbe a si mesmo uma tal confusão – mas será que essa é a teologia de Kleist? Acredito que a teologia kleistiana – se quiséssemos construir uma tal teologia – conteria tudo menos um acento da transcendentalidade do deus. O que seria então o deus para Alkmene?

> Bem, bem, tu deves estar satisfeito comigo.
> Na primeira hora de cada manhã não haverá
> Também no futuro nenhum pensamento em ti:
> No entanto, depois esqueço Júpiter. (1486 ss.)

Podemos acreditar que o deus se satisfaça com isso e possa ser realmente "tocado por tanto melhora"? Uma tal devoção consistiria justamente no esquecimento do divino. Kleist deixa isso bem claro, na medida em que Alkmene deseja para si até mesmo expressamente que ela pudesse "voltar atrás para viver um dia" e se "fechasse a sete chaves ante todos os deuses e heróis". Ela não quer em verdade se recusar francamente à determinação divina que lhe diz respeito, mas

> Se me deixassem escolha –
> ....
> permaneceria minha devoção voltada para ele,
> e meu amor para ti, Amphitryon. (1537 ss.)

Até esse ponto ela parece segura em sua distinção entre o deus e o esposo.

Essa suposta segurança de Alkmenes é em verdade o ápice da confusão, sim, da renegação de seu sentimento. Exatamente isso que ela elogia aqui é o que ela não consegue fazer. Para deixar isso claro a ela – e não por um prazer qualquer torturante ou egoísta e ciumento –, Júpiter pergunta repentinamente:

> E se eu fosse esse deus para ti? (1540)

Nessa reiterada palavra examinadora do deus descortina-se a confusão de Alkmene em toda a sua profundidade. A suposta segurança de sua distinção cai por terra e ela é lançada de volta ao ponto mais íntimo de seu sentimento, ao ponto onde ela não pode mais se manter junto a um pretenso saber e a uma pretensa distinção. Se ela fosse colocada então diante da escolha se ela preferia o deus que ela tinha nos braços ou o Amphitryon que se mostrava para ela, ela confessaria por fim:

> Sim – então eu ficaria tão triste e desejaria
> Que ele fosse para mim o deus e que tu
> Permanecesse para mim Amphitryon, tal como tu és. (1566 ss.)

E, em vista dessas palavras de Alkmene, Júpiter termina o diálogo com uma segurança imperial:

> Minha doce e louvada criatura!
> Na qual tão venturosamente me exalto venturoso!
> Tão originalmente adequada ao divino pensamento,
> Em forma e medida, em corda e tom,
> Como de minha mão não escapam eternidades!
> Alkmene: Amphitryon

Júpiter: Fica calma, calma, calma!
Tudo vai se resolver para a tua vitória.
Ao deus impele o desejo de se mostrar para ti,
E antes mesmo da roda do exército de estrelas
Para cá se mover através do silencioso campo da noite,
Teu peito também já saberá por quem ele arde. (1569 ss.)

Só se compreende a cena quando se reconhece aqui a conclusão necessária de todo o diálogo entre as almas. Júpiter não sai aqui, por exemplo, de seu papel, mas ele se encontra aqui no fim de seu papel. Aqui, ele conquista – finalmente – a vitória que estava em questão para ele na medida em que é um deus. É agora por fim que Alkmene se entrega de maneira total e incondicionada ao seu "sentimento mais íntimo". Ela não quer mais reter a diferença, ela se sabe segura daquilo que é. Agora, Júpiter a considera "originalmente adequada ao divino pensamento" – manifestamente porque ela não ama mais Amphitryon porque ele é Amphitryon, isto é, seu marido, mas porque ela escolheu aquele que ama e mantém presente em seu sentimento. Com isso, ela preenche a medida do pensamento divino. Na medida em que não distingue mais entre o esposo e o amante, ela entrega aos dois, ao esposo e ao deus, o seu ser. O deus é o deus do sentimento mais íntimo. Não é senão consequente que a perturbação de Alkmene seja suspensa a partir daqui e não retorne. Pois o sentido da cena da reconciliação precedente era justamente reconciliar a distinção de Alkmene com a certeza de seu sentimento mais íntimo. O deus não é mais "o outro". É tão claro que ele não o é que Alkmene não chega de maneira alguma à ideia de que aquele que fala com ela e que ela toma por seu esposo seja o visitante divino. Ela não chega a essa ideia nem mesmo quando ele lhe diz que há aí um mortal que afirma ser Amphitryon. Ela só sente novamente a vergonha indissolúvel que tinha se abatido sobre ela:

Horrível! Um mortal, tu dizes? (2167)

Ela está tão segura, apesar de todo desespero, de si mesma e de sua confiança naquele que está presente, que não se torna uma vez mais indecisa nem mesmo quando, como aparece entre o povo ao lado de Júpiter, o verdadeiro Amphitryon se encontra à sua frente. Ela não hesita em negar e fugir do verdadeiro Amphitryon. Esse não é nenhum erro de Alkmene. Ela retorna muito mais à certeza de si mesma, a uma certeza mais elevada que, como toda certeza contestada e reconquistada, é uma certeza mais elevada do que jamais tinha sido antes. Esse é também o sentido teológico da teofania de Júpiter que toca de leve o caráter panteísta: Júpiter louva venturosamente a si mesmo nessa teofania. Isso quer dizer que a divindade do amor se manifesta nela. Para o deus, isso significa o reconhecimento de seu próprio ser divino. Na medida em que caduca a possibilidade de distinção entre o esposo e o amante, também caduca a confusão possível entre o esposo e o amante e o deus.

Se o drama de "Amphitryon" também é o drama de Alkmene, pouco antes da derradeira revelação do divino, quando ela se decide pelo Júpiter-Amphitryon, ou seja, quando ela se decide de maneira "falsa", então Amphitryon percebe a mesma verdade para a qual Alkmene tinha se purificado: com a maior ênfase, ela se entrega à "crença inabalavelmente apreendida" de que o outro "Amphitryon é o seu". No drama entre Amphitryon e Júpiter, esse é o mesmo ápice que entra em cena no drama entre Alkmene e Júpiter quando Júpiter, ao final do longo diálogo doloroso, exclama:

> Minha doce e louvada criatura!
> Na qual tão venturosamente me exalto venturoso! (1569 s.)

É por isso que Júpiter acaba aqui com a confusão e explica diante de todo o povo:

> Pois bem! Tu és Amphitryon. (2291)

E se a isso Amphitryon diz e pergunta:

> Eu sou!
> E que és tu, espírito terrível? (2292)

E Júpiter responde:

> Amphitryon. Eu achava que tu o soubesses. (2293)

então isso não é apenas uma intensificação do contraste cômico, mas reflete a suspensão de toda experiência particular do eu que se dá no sopro do divino.

> Amphitryon! Tu tolo! Tu ainda duvidas?
> Argatiphontidas e Photidas,
> Cadmosburgo e Grécia,
> A luz, o éter e o fluido,
> O que estava aí, o que é, o que será. (2296 ss.)

Parece-me residir aqui a ideia religiosa nuclear da reelaboração poética kleistiana de Molière. Em Molière, ao aparecer em sua glória imortal, Júpiter não pôde, apesar de tudo, triunfar em seu próprio nome. Assim, o grão-senhor Júpiter consegue "adoçar a pílula" para o seu servo Amphitryon. Quando o Júpiter de Kleist, porém, aparece em sua glória própria, não há mais aí nenhuma contradição com o triunfo do marido terreno:

> O que tu, em mim, contigo mesmo fizeste, para ti
> Não danificará em mim, aquele que eu eternamente sou. (2321 s.)

O triunfo do deus e do esposo é um e o mesmo porque o mortal e o divino, o esposo e o amante são um e o mesmo no coração da mulher. A comédia marcada pela confusão se resolveu. O ser de um é o ser do outro, não apenas na medida em que Júpiter é a totalidade do ente, e, com isso, também Amphitryon, mas porque mesmo inversamente Amphitryon não é apenas esse "elevado vencedor de Pharissa" que é ratificado pelos cidadãos de Tebas, o esposo real de Alkmene, mas o único que existe para Alkmene, o amante.

Kleist também não poderia dizer como Hölderlin:

> E não vige um deus em nós?

19. PERECIBILIDADE (1991)
[Vergänglichkeit]

O manter-se junto ao ser

Mesmo em tempos nos quais o bem-estar e a prosperidade prometem-nos algo assim como uma agradável felicidade, o saber em torno de nossa própria finitude está sempre vivo em nosso sentimento existencial. Pertence à experiência fundamental do homem que, em relação à sua morte, ele saiba e ao mesmo tempo não saiba quando ou como logo será chamado. O saber em relação à morte já acompanhava a humanidade milênios antes de toda tradição atestada. Há quanto a isso um testemunho irrefutável. Os homens enterravam seus mortos e, com isso, eles não queriam apenas colocar de lado e reprimir algo fora da consciência. Ao contrário, eles procuravam reter os mortos, o grande senhor ou o grande dominador antes de tudo, muito para além da morte. É isso que nos mostram os túmulos nos quais a profusão de oferendas não fornecem apenas um testemunho da memória dos mortos, mas muito mais ainda parecem exprimir uma negação ritual da morte. Precisamos efetivamente aprender em primeiro lugar quase como algo inacreditável o fato de todos os aparelhos e construtos que os arqueólogos arrancam das escavações não refletirem tanto quanto parece resíduos da cultura de vida de épocas passadas. Em verdade, todos eles são oferendas e não são definidos para o uso real, mas para o uso pelos mortos. Também sabemos que isso não se restringe a uma determinada religião, por exemplo à Antiguidade clássica, à Grécia e a Roma. Acha-se multiplamente presente onde a vida humana tenha deixado para trás os seus rastos, em túmulos primitivos ou em cemitérios pré-históricos. É preciso compreender nisso uma negação da morte ou algo como uma resistência à morte.

Parece quase um contrassenso o fato de a particularidade do homem consistir em seu saber sobre a morte, um saber que acompanha toda a sua sabedoria de vida, e, no entanto, o homem ter erigido as fortificações mais descomunais contra a morte em seus monumentos mortuários e esses monumentos terem assumido às vezes dimensões gigantescas, como as pirâmides egípcias ou os túmulos reais dos vikings na Noruega. – E, assim, é de perguntar se não foram por fim os dois, o saber em relação à morte e a resistência contra a morte que tornaram o homem efetivamente homem. Por fim, esse poder misterioso da linguagem é um testemunho dessa conexão enigmática. Pois que outra coisa é a linguagem senão a instauração da memória e o tornar representável e presente para si o não-ente? "Ainda que ausente firmemente presente no espírito" – assim se encontra formulado no poema de Parmênides.

Isso acha-se velado na obscuridade do tempo primevo. Todavia, ele permanece passível de ser pressentido – em tudo aquilo que está ligado ao túmulo. Das oferendas à arte dos monumentos estende-se uma longa história das almas. O que ela tem a nos dizer?

O tragediógrafo grego Ésquilo ligou o deus oleiro Prometeu com o antigo mito de Prometeu que rouba o fogo do céu e traz para os homens. Na antiga saga, Prometeu era um dos titãs que, ele mesmo um imortal, ousou resistir a Zeus, o senhor do Olimpo. Assim, por meio do roubo do fogo cometido contra Zeus, ele possibilitou aos homens uma espécie de contramundo dotado de uma soberania própria[1]. O drama de Ésquilo mostra então que esse Prometeu pode ser considerado como o bom espírito de toda habilidade artística humana. O nome do titã, Prometeu (= aquele que prevê), diz que lhe é dada visão do futuro que permanece encoberta para todos os outros. Prometeu teve de expiar terrivelmente a sua rebeldia em relação a Zeus. Acorrentado no Cáucaso, uma águia vem diariamente para dilacerar seu fígado. Uma saga horrível, pavorosa, que mostra qual a aparência da luta entre os imortais. Ao mesmo tempo, porém, Prometeu é um modelo da obstinação inflexível que é corporificada nele. Seu crime contra Zeus é ao mesmo tempo a construção de todo o mundo humano, tal como o próprio Prometeu se vangloria. Prometeu retirou dos homens o saber em relação à hora de sua morte. No entanto, seu saber em relação à morte permaneceu para eles. Eles sabem que um dia precisam morrer.

Com isso, o saber em relação à morte se transformou no saber de um futuro encoberto e, justamente por meio daí, na abertura ilimitada para o possível. Esse saber é um dom próprio ao mesmo tempo à sabedoria de vida e ao futuro. Antes, conhecendo a hora de sua morte, os homens teriam vivido em cavernas e experimentado aí inertes e tristes o seu crepúsculo. Com o dom do fogo, o homem adquiriu por meio de Prometeu a habilidade artística e, com isso, todo o tipo de capacidade cultural. Esse é o dom propriamente dito de Prometeu: aquele que prevê doa o encobrimento do futuro. Assim, desperta nos homens a força vital, o dom da invenção e a alegria configura-

---

1. Ver quanto a isso "Prometeu e a tragédia da cultura", neste volume, pp. 265 ss.

dora. Tudo isso reside na inflexível sabedoria de vida dos homens que precisam aquiescer à sua própria derrota na luta mortal. Essa sabedoria tem o seu modelo verdadeiro na obstinação inflexível de Prometeu.

O caminho da humanidade até a cultura foi certamente um caminho múltiplo. O que se reflete aqui na mitologia grega é apenas um dos caminhos. No entanto, ele é um caminho que marcou de maneira duradoura o Ocidente como um todo. Foi a energia lógica dos gregos que se desenvolveu em sua vocação matemática e dialética e se tornou tão dominante que quase nunca deixou de ganhar a consciência a perecibilidade de todo ente. Um dos grandes pensadores dos primórdios gregos, Parmênides, recusou todo devir e todo perecimento como um perdido pensamento do nada. Do mesmo modo, o mais antigo esclarecimento grego que aconteceu em Mileto retirou da ordem equilibrada que domina a natureza todo agir casual e arbitrário oriundo de poderes mais elevados. E mesmo em Parmênides não se encontra senão uma única vez uma referência quase indesejada ao nada, quando ele fala do perecimento das cores brilhantes que, como todo tornar-se outro, ele rejeita como um equívoco.

Pois bem, os caminhos da humanidade até a cultura foram certamente muito diversos. Todavia, é seguramente comum a todos esses caminhos, assim como ao caminho grego do saber em relação à morte, o fato de a aflição com a perecibilidade estar em sua base e de todas as suas respostas, dadas pelo mito e pela saga, representarem respostas a essa aflição. Mesmo os gregos o sabiam, tal como Píndaro o decanta: "O sonho de uma sombra é o homem." Quando as cidades gregas encontraram a sua forma própria de vida e criaram finalmente, para além de algumas conturbações, algo assim como a autogestão no estilo da democracia grega, isso significou um asseguramento cuidadoso do equilíbrio de todas as forças. – Esse tornou-se o solo sobre o qual mesmo os dons lógicos dos gregos puderam se desenvolver até a arte da oratória e a arte da heurística, até a lógica e a dialética. Isso determinou a lei do progresso da cultura europeia até os dias de hoje – uma primeira preparação do movimento do esclarecimento que marcou então a modernidade emergente e a cultura atual do mundo.

Ao mesmo tempo, porém, brotou na Grécia a arte, a tragédia grega, a escultura grega e a filosofia grega, em cujas criações a ressonância entre mito e *lógos* alcançou um ápice único que determinou como um todo a história cultural da Europa. Assim, ainda hoje nos comove como se estivesse presente o tom de despedida e luto das almas que chega até nós com os relevos mortuários provenientes do tempo de Platão. Eles começam a ofuscar cada vez mais a forma das oferendas estabelecidas no culto. Esses relevos mortuários emergem da terra nos mais diversos rincões da Grécia e tornam visível a perecibilidade de uma maneira comovente na escultura. A riqueza crescente dessas descobertas atesta como o lamento silencioso e sutil nos toca a todos. Seguramente fala a partir daí a mentalidade e a postura da camada superior da sociedade daquela época. Todavia, é extremamente eloquente o fato de esses monumentos mortuários se voltarem em geral para aqueles que morreram cedo e conservarem no festejo comemorativo o presente daquele que partiu, quer se trate de jovens que tombaram na guerra ou de alguém que encontrou a morte em um acidente de caça, quer um relevo fixe uma jovem mulher em flor que brinca como em despedida com a joia que escorre por seus dedos. Em tudo isso reside uma interiorização totalmente familiar; por exemplo, se pensarmos no relevo mortuário na gliptoteca de Munique, no qual um jovem aparece na imagem com seu cachorro – ligados inseparavelmente e como em uma busca vã. Ou pensemos na justaposição que se repete de maneira multifacetada de duas figuras masculinas nobres. Aí, o mais velho segura o braço do mais jovem com uma mão que "toca sem nenhuma pressão": é a despedida do pai ante o seu herói que tombou na guerra. Em todas essas representações, nós nos encontramos diante do presente da memória. Assim, todo pensamento pensa para além do presente e mesmo para além do fim da própria vida. Junto a todo saber em torno da fluidez do âmbito terreno, as pessoas em luto e aqueles que estavam sendo chorados se elevaram a um presente duradouro em uma ordem fixa do culto.

O caminho das oferendas até o conteúdo imagético das cenas mortuárias dá prosseguimento a uma fixação. Ainda hoje o nosso sentimento linguístico confirma o fato de não se poder pensar a vida de alguém ou a própria vida como perecível porque o vivente já está sempre consciente da finitude de sua existência. Não podemos chamar de perecível senão aquilo que nos prometeu uma subsistência duradoura.

Sob o signo do além – o aquém das artes plásticas

Desse modo, foi por fim a virada do cristianismo que não viu mais na própria vida a vida propriamente dita. "Cristo é minha vida e morrer meu prêmio" ainda pôde cantar um devoto cristão em séculos mais recentes – e de fato foi por meio da radicalidade da mensagem cristã do sofrimento de Cristo em lugar dos homens que a morte perdeu seu ferrão. A crença na ressurreição emprestou ao céu do reencontro uma realidade junto à qual o mundo terreno se tornou pela primeira vez completamente autônomo. Assim, na era cristã, o tema da perecibilidade porta uma duplicidade de sentido característica. A perecibilidade encontra-se como que diante do solo áureo da eternidade. Por isso, os humanistas cristãos e seus preconizadores na era do romantismo não puderam desconhecer os limites da Antiguidade grega e o seu fracasso junto ao contrassenso da morte. Em seus "Hinos à noite", Novalis viu o limite da Grécia no fato de a morte só ter sido realmente superada por meio da mensagem cristã.

Aqui nem mesmo os deuses sabiam dar um conselho
Que o coração aflito com consolo preenchesse.

A mesma coisa precisou ser reconhecida mesmo por tais pensadores que estavam completamente comovidos pelo caráter divino do mundo e da mundaneidade dos deuses. Assim, Friedrich Hölderlin também o reconheceu. No poema "O único", ele sentiu incessantemente a precariedade de sua crença no mundo e atentou no poema "Patmos" para a reserva cristã[2]. Os versos dizem:

Esperam, porém,
Dos recatados olhos muitos,
Para ver a luz. Não querem
No agudo brilho florescer,
Por mais que a coragem áurea rédea contenha.
Se, contudo, quando
Com inchadas sobrancelhas,
Do mundo se esquecem,
Uma força silenciosamente luminosa da sagrada escritura sai, podem,
Da graça se alegrando,
No silencioso olhar se exercitar.

Esses são versos que o poeta dedica àqueles que percorrem o caminho da iluminação interior, que se sentem firmes na crença e se alegram com a graça. Para ele, não é mais ou ainda não é uma vez mais a áurea rédea do curso solar e a visão da ordem do todo que concede a felicidade do ver e a onipresença do mundo antigo dos deuses. Ante o monumento da cruz e do crucificado, ante o fundamento da eternidade da fé cristã e da promessa da escritura sagrada, o Cristo conseguiu "se esquecer do mundo". Com isso, o mundo perdeu o seu peso. A igreja cristã foi estabelecida a tal ponto sobre a palavra que ela só conseguiu pensar o divino na interioridade da memória, da redenção experimentada na fé e da expectativa do retorno do redentor. A sentença sepulcral que o pensador dinamarquês Søren Kierkegaard escolheu para si na metade do século XIX enuncia o todo decididamente:

Somente um curto prazo
E então se conquista.
E então toda a contenda
Em nada se desfaz.
E então me refrescarei
Em riachos da vida
E eterno, eternamente
Com Jesus falarei.

---

2. Cf. "Hölderin e a Antiguidade" neste volume, pp. 195 ss.

Assim, não foi tão fácil para a era cristã, uma era que ensinou a superação do mundo, acolher em si o grande conservador de toda memória: isto é, a arte. Somente em uma tal memória, contudo, a aflição com a perecibilidade e a sua assunção podem ganhar voz.

Desse forma, perseguimos a gênese da linguagem que se realizou na imagem como na palavra poética. A igreja cristã teve de vencer uma dupla contenda em torno das imagens. Em primeiro lugar, continuou efetiva a proibição das imagens oriunda do antigo testamento. A pintura em particular só podia ousar fazer uma imagem real do Deus criador envolto em nuvens. Mesmo o símbolo da cruz ainda não mostrava na Cristandade primitiva o corpo do crucificado. Do mesmo modo, foi só lentamente que a mãe de Deus e o Jesus criança penetraram na igreja cristã como figuras culturais. Mesmo então, a forma imagética ainda reteve algo do caráter vocabular da anunciação bíblica, quando a lenda ligada à vida dos santos satisfazia a necessidade de imagens dos pobres e quando a Madona, envolta por figuras sagradas, conduz o diálogo sem palavras com eles, que se denominou a "santa conversazione".

Foi só lentamente que algo mundano entrou no mundo imagético sem emanar o sopro de sacralidade. E isso se deu em particular depois que, com a reforma, o sucesso na atividade profissional, como Max Weber mostrou, passou a ser considerado como um bom sinal do perdão de todos pecados. Justamente com isso, porém, o mundo enquanto mundo se torna objeto em sua perecibilidade. Ele não repousa mais em sua beleza corpórea e na promessa da fé. No entanto, esse é o instante no qual a perecibilidade do terreno forma sob a palavra-chave da *vanitas* a tonalidade afetiva fundamental: "tudo é vão". A nova interioridade da religiosidade pós-reformatória leva à eternização mundana de acontecimentos históricos ou de personalidades de senhores representativos, e, por fim, no retrato individual, a que a obra de arte fixasse aquilo que é ameaçado pela perecibilidade.

Isso enuncia-se mais claramente no surgimento da natureza morta, da *nature morte*. Aqui, a própria perecibilidade torna-se tema. O fausto das coisas terrenas que começa a desfrutar de uma mundaneidade alegremente sensual possui o seu lado sinistro. Aí estão as ricas tábuas que são cobertas com a caça abatida ou com peixes fisgados e, por fim, com uma profusão de frutas da terra. Não se veem facilmente nessas coisas que elas expressam a perecibilidade desse mundo – tão grande é o fausto desse mundo. E, todavia, a caça que está pendurada na parede, um coelho ou um faisão, o peixe fisgado, cujos olhos mortos nos fitam embasbacados, as frutas e as flores, tudo isso se mostra como certezas sensíveis e, no entanto, como monumentos à perecibilidade. A casca de laranja que cai enrolada, as cascas de nozes, a vela gotejante que está queimada pela metade em sua base, os seres vivos mais fugazes, borboletas, insetos, vermes – isso fica claro para o mais cego dos homens quando um crânio se acha ao lado ou uma inscrição ensina: "Essas são as flores mais belas de todas as que dirigem o olhar para o alto." A sabedoria dos salmos do Antigo Testamento deixa-nos compreender imediatamente que a *vanitas*, a vaidade, vale para todo o mundo: trata-se de uma espécie de vazio brilhante, quer usemos a palavra agora para um homem ou para a fugacidade das coisas nas quais não há nenhuma consistência.

Nós nos encontramos todos em meio a uma confrontação duradoura entre a tradição grega e o esclarecimento que se expande. Todo conhecimento é despedida. Mas na despedida também amadurece o conhecimento. A história psicológica do Ocidente é dominada por isso. A debilidade de tudo o que é terreno e a perecibilidade de todos os planos que voam para o alto é ensinada pela experiência. Mas tanto a natureza como um todo quanto o mundo dos homens, os dois são ameaçados pela destruição. Na era cristã, já havia temores do fim do mundo no ano 1000 e eles ressurgiram por volta de 1830, e, em geral, vivia-se na expectativa do mais iminente julgamento como o fim do mundo terreno. Isso também se projeta no reflexo poético que paira de lá para cá entre temporalidade e eternidade como uma luz tremulante. Toda obra de arte possui algo disso, graças à perfeição fugidia e ameaçada que se atém a tudo o que é belo. Como todo criador, os artistas criadores de hoje sempre são tocados uma vez mais pela perecibilidade de todas as coisas e conquistam precisamente a partir daí sempre um novo impulso para servir ao encantamento por meio da arte. Entre a perecibilidade do mundo e o preenchimento do instante, a arte promete a todos nós que "há algo resistente no curto momento hesitante". Mesmo a ópera, esse antigo sítio das paradas sociais, quer tocar emoções veladas.

Alguns testemunhos oriundos do começo do século XIX podem ser aduzidos ao leitor. Uma novela de Kleist, *O terremoto no Chile*, apresenta destruição, debilidade e desertificação e, ainda mais terrível do que as forças desencadeadas da natureza que exigem aqui as suas vítimas, é a loucura assassina da multidão persecutória que esmaga o par amoroso poupado pela natureza. É uma frase curta ao final da desgraça que aprume com a sua força enunciativa o leitor abalado: sobreviventes acolhem uma pequena criança que ficou órfã em sua própria família, e isso faz com que acreditemos em edificação mesmo em meio às destruições mais terríveis.

Outros testemunhos de uma construção poética bem popular vêm à mente. O poeta alemânico[3] Johann Peter Hebel apresentou de maneira comovente em histórias simples e populares a debilidade de tudo aquilo que é terreno. O poeta atravessa a verdade simples da perecibilidade e da assunção da determinação própria em algumas histórias nas quais se experimen-

---

3. O alemânico é um dialeto falado no sudoeste da Alemanha. (N. do T.)

ta como a propriedade é uma ilusão vazia. Temos aí a história conhecida de todos do artesão que em sua viagem chega a Amsterdam e se espanta com as riquezas de lá. Quando ele se informa junto aos passantes a quem pertence aquele palácio ali ou aquela rica carga que acaba de ser descarregada no porto, faz-se sentir nele algo como uma inveja. Ele sempre recebe como resposta "Kannitverstan" e toma isso pelo nome de um homem muito rico. Mas então ele encontra repentinamente na rua um longíssimo cortejo fúnebre com uma carruagem, carregadores e um grande grupo de pessoas de luto. Uma vez mais ele acredita poder depreender daí que o senhor "Kannitverstan" estava sendo levado ao seu túmulo e ele sente um estranho alívio e fica agradecido e alegre. Quando pensa em sua própria vida modesta – ele continua querendo ficar com ela.

Esse é o tipo de histórias que Hebel conta de modo despretensioso e nada rebuscado em termos artísticos. Em suas histórias escritas em língua alemânica, porém, ele alcança as altitudes verdadeiras de uma sabedoria poética que já tinham encantado Goethe em seu tempo. Temos aí antes de tudo esse longo diálogo entre pai e filho sobre a perecibilidade de todas as coisas terrenas. As pessoas não compreenderão tão facilmente a versão original em dialeto alemânico. Todavia, um tom de franqueza e despretensiosidade toca-nos a todos, por mais que precisemos olhar nesse caso para a tradução. Pai e filho falam sobre a debilidade de todas as coisas e, em um diálogo lento, em uma verdadeira condução da alma, o pai camponês introduz seu filho infantil na verdade acerca da debilidade de todas as coisas. Por fim, o discurso do pai, completamente sem afecção ou artificialidade, em meio à contemplação da imagem da cidade de Basileia, ao largo da qual o caminho conduzia, eleva-se a uma visão verdadeiramente cósmica do futuro: ele fala sobre como na ascensão até o céu através da Via Láctea a terra queimada da cida mais antiga se torna visível e os castelos pelos quais eles tinham passado se acham aí embaixo arruinados. Os dois, pai e filho, tomam por fim as coisas como elas são com a mesma calma e serenidade: sim, é isso mesmo que acontece com todas as coisas. Talvez a própria criança já tenha se libertado há muito tempo em um estrela estrangeira e se unificado com a mãe falecida e com o pai, depois de ter concluído há muito o seu caminho na terra. A firmeza pura e simples do mundo campesino burguês e as suas representações cristãs incontestadas suportam todo o diálogo.

No final do mesmo século, o poeta Hugo von Hofmannsthal escreveu em tercinas "Sobre a perecibilidade":

> Isso é algo que ninguém jamais foi capaz de completamente imaginar
> E que é muito mais terrível do que a queixa das pessoas:
> O fato de tudo escorrer e para o passado se voltar.

A melancolia do *fin de siècle*[4] encontrou aqui a sua expressão poética. E, contudo, Hofmannsthal fala em uma outra passagem:

O que ajuda ter visto tanto algo assim?
E, contudo, diz muito quem "noite" diz,
Uma palavra da qual profundidade e luto escorre,
Como do oco favo mel pesado para mim.

E uma vez mais por volta do fim de um século lê-se em um poeta da Vestefália, Ernst Meister, que ainda foi contemporâneo de todos nós[5]:

O antigo sol
não sai
do lugar.

Nós
na
crepuscular mudança

vivemos
o temor ou
a difícil alegria.

O amor –
Abandono e
abandonado,

dele
Sabíamos
Sobre o satélite,

Antes de tudo
passar.

---

4. Em francês no original: fim do século. (N. do T.)
5. Quanto à interpretação desse poema, cf. "Poema e diálogo" neste volume pp. 379 s.

20. O POETA STEFAN GEORGE (1968)
[Der Dichter Stefan Georg]

No interior da literatura alemã, o poeta Stefan George é um fenômeno único – não apenas por meio de sua obra poética, mas antes de tudo por meio do poder encantador de sua personalidade que reuniu os seus amigos e admiradores não como uma sociedade anônima, tal como acontece com todo artista, mas como uma associação estreita entre pessoas para as quais ele era o mestre. Mesmo com a distância das décadas – Georg morreu em 1933 –, essas pessoas permaneceram até hoje ligadas a ele. Ele sempre conquista novos admiradores com igual incondicionalidade – apenas por meio de sua obra poética. Qual é a peculiaridade dessa obra poética? Que meios artísticos e que poder anímico proveniente dessas obras constituem a influência incomum e estranha do poeta, uma influência que impele tanto à recusa incondicionada quanto à entrega incondicionada?

Faz parte certamente da concomitância da grande construção poética o fato de facilmente esquecermos que George publicou suas primeiras obras poéticas significativas ainda no século passado. Ele foi um contemporâneo do jovem Hofmannsthal, era pouco mais velho do que Rilke e começou a sua ação poética efetiva com um sentimento explicitamente polêmico contra a atitude artística outrora dominante do naturalismo. Sua vida teve a sua postura secreta particular e a sua publicidade particular. Suas primeiras viagens, sua estada em Paris, sua frequente permanência em Munique, mas antes de tudo a volúvel, mas constante mudança de lá para cá de um amigo passando pelas casas de seus amigos forjam uma forma de vida extremamente incomum. Ele afastou-se acentuadamente dos laços sociais, evitou a inserção na estrutura social que é dada a cada um e estava orgulhoso de seu estar à margem e de sua independência que ele não tinha seguramente construído sem abdicação, nem tampouco sem um rigor em relação a si mesmo.

O que o tornou conhecido na esfera pública emergiu de seus próprios anseios na medida em que, já como jovem poeta, ele tomou a iniciativa de reunir pessoas com a mesma orientação e fundou um movimento literário.

Esse movimento foi estabelecido em torno da revista *Folhas para a arte*, em nome da qual ele procurou e encontrou seus companheiros em seus anos de juventude e no âmbito da qual Hugo von Hanfmannsthal também realizou outrora suas contribuições. A partir desse movimento literário, ele reuniu cada vez mais seus amigos. O empreendimento existiu inicialmente com base em uma subscrição. As pessoas não podiam se candidatar simplesmente como poetas para que fossem acolhidas nessas "folhas", mas eram convidadas a trabalhar como colaboradores, sim, elas precisavam até mesmo se empenhar como meros leitores pela honra de poder adquirir as publicações que surgiam no círculo das *Folhas para a arte*. Dessa maneira, George reuniu seus amigos e viveu além de Munique em alguns outros lugares: em Berlin, em Darmstadt, em Heidelberg. Tudo o que sabemos dele e que foi relatado sobre ele mostra um novo estilo da relação mestre-aluno que não tinha tampouco por predecessor o modelo original que Mallarmé representava para George. Gundolf, o grande professor de ciência da literatura da Universidade de Heidelberg, foi um daqueles que foi determinado pelo mestre na condução de homens – que esse poeta foi – a assumir uma relação de discípulo que perdurou por toda a sua vida. A indissolubilidade de seu laço interior conservou-se mesmo depois de George ter rompido com ele.

O que se constituiu nessa relação entre mestre e discípulos foi particularmente impressionante para todos aqueles que puderam observá-la mesmo apenas a distância ou que foram tocados por ela a distância porque ela contradizia decididamente a consciência geral do tempo tanto quanto os seus valores. Pois aqui achava-se no primeiro plano o valor da imitação, da "imitatio". A aspiração consciente de George, sua pretensão e a concepção de sua missão era por assim dizer ensinar a sua vontade poética, o seu sentido para as possibilidades da poesia e da linguagem a discípulos mais jovens. Qualquer um que recebe nas mãos pela primeira vez um volume oriundo da série *Folhas para a arte* espanta-se com a uniformidade e a similitude familiar dos produtos literários que foram reunidos aí – caracteristicamente sem que os nomes dos autores fossem comunicados.

Com o passar dos anos, esse círculo literário formado por pessoas com a mesma aspiração transformou-se cada vez mais em um círculo vital no qual George não era apenas a liderança poética, mas o grande educador e formador dos homens que, enquanto o mestre, constituía o ponto central no sentido literal da expressão.

Então veio à tona a experiência dificilmente reconstruível não apenas para nós hoje, mas também para muitas das pessoas daquela época, uma experiência que George tinha tido em Munique com um jovem adolescente, cuja morte prematura se mostrou para o poeta como uma espécie de vocação e iniciação de sua própria vida e atividade. A memória de Maxim funcionou como a instauração de um culto que transformou a obra poética de

George e produziu uma divisão dos espíritos entre aqueles que assumiram esse traço próprio ao culto e aqueles que se fecharam para ele. Mesmo grandes admiradores de George não conseguiram realmente segui-lo na constituição desse culto religioso – se é que ele deveria ser um tal culto.

Naquela época, o círculo de George começou a se desenvolver em uma nova direção. A relação vital aluno-mestre que dava sustentação ao "círculo" experimentou uma mudança de forma que foi impelida antes de tudo pelo engenho político de Friedrich Wolters. Wolters foi um historiador da economia da escola de Gustav Schmoller e estava entre os amigos mais próximos de George. Ele vislumbrou no crescimento de uma jovem geração que tinha sido marcada pelo modelo e pela vontade de seu mestre o princípio de uma renovação popular do estado como um todo. Em um pequeno escrito que fez época, ele interpretou a relação vital entre mestre e discípulos como o núcleo de uma nova ordem política formadora de estado. Seu livro chamava-se *Herrschaft und Dienst* [Dominação e serviço]. Ele buscou mostrar sob uma nova luz a honra do serviço e a consagração do ser-senhor, apontando para as formas de vida niveladas do reino medieval e da igreja romana. Com isso, veio à tona algo como uma institucionalização nas torrentes vitais da vida do círculo inspirado pelo poeta George e por sua poesia. A exigência de uma renovação social do povo como um todo foi uma exigência provocadora que dificultou para muitos o acesso. É isso que podemos ver, por exemplo, na crítica incisiva de Max Weber em sua problemática.

Não obstante, é fácil compreender retrospectivamente qual era a força desse modo de pensar. No espaço mundano de uma sociedade de massas, no interior de um mecanismo cultural difuso, essa comunidade formava algo assim como uma igreja marcada pelo lema: "Extra ecclesiam nulla salus."[1] O fato de nessa frase que a igreja romana fixou até os dias de hoje como a exigência de sua própria anunciação da graça também estar contida uma verdade mundana, o fato de não ser absurdo nem ofensivo quando ricos talentos que apareciam fora do círculo eram, contudo, rejeitados ante a pretensão de espíritos menores que faziam parte do círculo de amigos de George, tudo isso foi vivido de maneira exemplar pelos discípulos desse círculo de uma maneira impressionante (e certamente não por meio dos modos tão pérfidos e extrínsecos com os quais alguns procuraram se mostrar importantes).

Uma vivência particular pode elucidar a consciência missionária que vivia no círculo. Friedrich Wolters que, como estudante e como jovem doutor, eu escutei em suas preleções e seminários e com o qual tive um contato mais frequente, deu-me em 1922 um livro que tinha acabado de ser lançado de Wolff e Petersen sobre "O destino da música" e escreveu aí a seguinte dedicatória que, por mais privada que seja, possui um interesse geral:

---

1. Em latim no original: "Fora da igreja não há graça." (N. do T.)

> Louco é aquele que é tão temerário
> A ponto de lançar o espírito para fora do círculo.
> E ainda mais louco é aquele
> Que se aflige e cisma saber sua origem.
> E sem nenhum sentido é
> Quem quer saber seus pensamentos mais profundos.
> (*Novelle Antiche*, Fragmento 29.)

Manifestamente se trata aqui de uma tradução feita pelo próprio Friedrich Wolters para o texto italiano. Com esse texto não se exprimiu senão a consciência interior salvacionista daqueles que pertenciam ao círculo. Estava claro que essa dedicatória estava voltada para alguém que, aos olhos de Wolters, estava por demais direcionado para o pensamento – pois era isso que ele tinha em vista com o saber de sua origem. A forma da vida pensante que eu perseguia outrora como aluno de Paul Natorp era considerada perniciosa e infrutífera. O poema nietzschiano do "Sétimo anel" forneceu a isso uma expressão epigramática:

> elas deveriam cantar
> não falar essas novas almas!

Aqui ressoam sob a forma poética as antíteses que também foram outrora formuladas conceitualmente por Gundolf e por outros no *Livro do ano para o movimento intelectual*, as oposições entre ser e saber, entre substância e função, entre figura e conceito. O que se revelou para mim nessas antíteses apresentadas mais com arte literária do que com incisividade de pensamento foi, contudo, certamente uma verdade: a saber, o fato de esse pensamento ser colocado diante da prova sobre se o que é pensado pode ser resgatado pela experiência viva. Em um tempo marcado por uma jovialidade multiplamente ensaiada e à busca, essa não era nenhuma exigência confortável. Além disso, ela contradizia a alta apreciação geral da originalidade, do novo, do caráter errante e multifacetado do interesse, tal como esses vigiam na vida literária e científica.

Nos anos 1920, as ambições políticas do círculo tiveram como efeito o fato de seus discípulos terem penetrado em muitos lugares nas universidades. Como as universidades mais importantes nas quais o círculo em torno de Stefan George se tornou efetivo posso citar: Heidelberg, Marburgo, Giessen, Kiel, Berlin, Bonn, Basileia e Hamburgo. Com certeza faltam aí algumas outras. Naquela época, os discípulos e amigos de George começaram a conquistar posições científicas: Gundolf e Wolters, Bergstraesser, Bertram, Salin, Boehringer, Schefold, Von den Steinen, Hildebrandt, Singer, Von Blumenthal, Andreae, Von Uxkull, Landmann, Petersen, Stauffenberg entre outros. Não se tratava sempre aí de nomes de primeira linha na ciência, mas o exemplo de Ernst Kantorowicz mostra por meio de sua grande obra sobre Frederico II que os critérios estabelecidos pela experiência e pela figura exemplar de George também eram capazes de conduzir a um conhecimento histórico autêntico[2].

A isso aliou-se o fato de o círculo de George ter penetrado em algumas outras camadas profissionais. Sob o impulso da ambição política de Wolters foram travadas outrora, depois do fim da Primeira Guerra Mundial, relações com as associações juvenis nacionais e foi perseguida tanto na administração quanto na diplomacia uma política da expansão do novo estado interior. A história universal ultrapassou esse momento. Wolters morreu cedo, Max Kommerell renegou seu mestre e houve mais eventos desse gênero que experimentaram então no ano de 1933 o seu derradeiro acirramento. Nesse ano, a tendência progressiva para o efeito político do "círculo" fracassou. Mas quão grande e duradoura permaneceu mesmo durante o Terceiro Reich a crença na "Alemanha secreta", isso é algo atestado pelo fato de o Conde Stauffenberg, autor de um atentado, pertencer a esse círculo. O próprio George abandonou a Alemanha já em 1933. Muitos de seus amigos foram atingidos pelas leis raciais de Nuremberg e também abandonaram a Alemanha.

O ano de 1933 significou no fundo menos o ápice do que o derradeiro termo da grande influência pública de George. Quando Max Kommerell proferiu e publicou a sua preleção inaugural em Frankfurt no ano de 1930 sobre a "Juventude sem Goethe", lembro-me de meu espanto em meio à leitura dessa fala. Kommerell dizia aí que a juventude não tinha nenhum acesso a Goethe porque ela estava por demais absorvida exclusivamente pela poesia de Stefan George. Uma tal afirmação já não era correta naquela época. Para a geração de outrora, "Juventude sem George" teria sido um título ainda mais correto. Pois se estava aí diante do fato espantoso de, depois de uma ascensão que foi se preparando durante vinte a vinte e cinco anos e do apogeu nos anos de 1920, a influência de George e sua presença poética terem se esvaecido muito rapidamente. Muitas podem ter sido as razões para tanto; por fim, porém, também o fato de a grande decisão poético-política que partia de George e de seu círculo ter expressado um veredito contra um outro grande poeta da língua alemã que obscureceu George, de modo que esse outro poeta começou a ganhar a consciência geral com uma espécie de força brilhante interior acumulada: Rainer Maria Rilke, cujas obras tardias, as *Elegias de Duíno* e os *Sonetos a Orfeu*, se impuseram outrora. Durante todos os anos do Terceiro Reich, Rilke funcionou quase como um poeta da *résistance*, sobretudo pelo fato de o maneirismo inflado de seu estilo poético constituir um contraste extremo em relação à esfera pública uniformizante de outrora.

---

2. Cf. quanto a esse aspecto também "Die Wirkung Stefan Georges auf die Wissenschaft" [A influência de Stefan George sobre a ciência], in: Gesammelte Schriften, vol. 9, pp. 258 ss.

Isso não significa certamente que a maestria poética de George, antes de tudo a força epigramática de sua linguagem, não continuou produzindo um efeito constante, como se pode observar, por exemplo, em Gottfried Benn e Paul Celan. Todavia, o tempo da grande publicidade de George tinha passado.

Quando refletimos hoje sobre o que George significa para nós, então o efeito peculiar e incomum que parte dele dificulta esse empreendimento. Tanto os preconceitos positivos dos admiradores incondicionados quanto os preconceitos negativos dos opositores decididos se colocam no caminho. Nesse caso, os preconceitos contra George têm completamente a precedência. As pessoas classificam George entre os críticos da civilização técnica do século, os quais podem ser repreendidos com razão pelo fato de viverem daquilo que contestam. As pessoas criticam o distanciamento aristocrático de George em relação à vida das massas trabalhadoras – pensemos no verso provocativo "Já vosso número é um pecado" que certamente tinha mais em vista os comerciantes do que os trabalhadores. Há o preconceito da ciência que se funda no fato de George ter se colocado por sua parte com crítica e ceticismo ante a ciência e ter buscado mais o efeito intelectual do que a objetividade da investigação científica da verdade. Há o preconceito que, ante a exigência por uniformidade que partia de George, sente a falta da diferenciação individual. Há o despotismo do educador George que era de uma rigidez para se apoderar tanto quanto de uma rigidez para rejeitar que feriu e fere muita gente. E há por fim e antes de tudo a rejeição da autodestilização que envolve a figura de George e que ele mesmo reconhece, por exemplo, em uma carta a Sabine Lepsius na qual diz:

"Não posso viver minha vida senão em perfeita magnificência intelectual. Aquilo que contesto, sofro e sangro por isso não adianta que ninguém saiba. Mas tudo também acontece sim em nome dos amigos. Ver-me assim como eles me veem é o seu mais intenso consolo na vida. Sempre vou até as margens extremas – o que entrego é a última coisa possível... mesmo onde ninguém o pressente."

É antes de tudo a autodestilização que também fala a partir das construções poéticas de George que dificulta para muitos o acesso à sua obra poética.

Do outro lado acham-se os preconceitos em favor de George que não são menos embaraçosos. Todos aqueles que se encontraram com ele atestam o poder dominante de sua personalidade. Não parece um exagero dizer que quase não havia outrora uma outra pessoa da qual partia uma tal força cativante. Podemos observar ainda hoje quão grande era o poder que foi exercido por esse homem extraordinário tanto sobre os mais velhos quanto sobre os mais jovens, ao percebermos como esses homens nunca se libertaram totalmente da consciência da dependência, da subordinação, da subjugação voluntária à vontade superior e à sabedoria superior do mestre. É o sucesso do formador de homens George que dificulta a nossa reflexão de uma maneira peculiar.

Exatamente pelo fato de atrair para si a "imitatio", a imitação produtiva, todo formador de homens produz uma espécie de efeito de eco, e, com isso, turva-se a voz própria daquele que provocou o surgimento desse eco. Essa é uma lei necessária da influência espiritual, e todo professor e educador sabe algo do poder e da miséria desse efeito de eco. Isso é ainda fortalecido por meio da elevada consciência com a qual George planejava e dirigia seu próprio efeito. Trata-se de uma espécie de dogmática autocriada que atravessa todas as biografias do círculo de George. Quer se tenha em mãos o livro de Gundolf de 1920 ou o livro de Wolters sobre George de 1928 ou ainda uma das grandes biografias ligadas a figuras surgidas a partir do círculo de George, sempre se encontra por detrás das figuras históricas um modelo original fundado em uma tábua de valores em si consistente, um modelo que emprestava a todas essas figuras uma certa similitude familiar e encobria diferenças históricas. Isso não é sempre um ganho para o conhecimento. Quando Gundolf afirma, por exemplo, que George era o único homem antigo de nossos dias, então uma tal declaração é pensada a tal ponto a partir da autoconcepção de George e de seus amigos que não se diz realmente algo com ela.

Assim, não gostaria de tratar de Stefan George na profusão de relações que seu nome e sua pessoa significam, mas como poeta em cuja obra poética está contido o elemento que permanece e faz história próprio às grandes personalidades. Precisamos questionar a sua poesia em termos daquilo como o que ela permanece e perdura.

O tom poético de George possui uma força evocativa peculiar. Em verdade, nunca foram muitos aqueles que se viram despertados por essa força. No entanto, até hoje continua sempre havendo uns poucos homens poeticamente sensíveis que são alcançados por ela. Posso dar uma vez mais um exemplo oriundo de minha própria experiência. Ainda era um ginasiano quando, sem nenhuma orientação de meus pais, uma vez que os seus interesses residiam em outro lugar, nas ciências naturais, procurei me aproximar da lírica. Comprei um dia, sem ser aconselhado por ninguém, uma antologia da lírica moderna que tinha sido lançada pela editora Reclam. Na introdução a essa antologia, deparei com a queixa do editor Hans Benzmann pelo fato de o poeta Stefan George infelizmente não ter autorizado a publicação de seus poemas. O editor lamentou esse fato e, da maneira como tipicamente dificuldades jurídicas costumam ser contornadas, utilizou a introdução para citar integralmente dois poemas de George. Esses dois poemas produziram em mim um efeito similar ao contato com uma descarga elétrica. Eu não tinha a menor ideia de quem ele era. A impressão do livro era feita em caracteres góticos horríveis, tal como era próprio aos volumes da Reclam da época. Todavia, a pequena impressão foi ainda assim preservada – o editor tinha se mantido a esse ponto fiel ao texto. Como ainda me lembro, os dois poemas eram oriundos do livro *Teppich des Lebens*[3] ["Hora azul" e "Melancolia de julho"]. Eles tinham um tom tão próprio e eram algo tão inconfundível que se saía interiormente à procura do lugar onde o tom desse poeta ainda podia ser ouvido.

Descrevo essa experiência própria porque sei que isso pode ser assim até hoje e é sempre uma vez mais assim. Por isso, me parece ser objeto de uma autorreflexão racional se perguntar em que isso consiste. Uma coisa é clara: George é dominado a tal ponto pela vontade de arte que mesmo o seu estilo poético e a sua postura linguística se distinguem por meio de seu caráter incomum de tudo aquilo que é contemporâneo. A isso corresponde o fato de ele ter vivivo concomitantemente com o assim chamado "movimento estilístico", o *Jugendstil*, cuja significação durante muito tempo desconhecida residia no fato de esse movimento ter contraposto ao deserto historicizante do século XIX uma vontade estilística purificadora que remontava a formas simples. É digno de nota o fato de as artes práticas manifestarem hoje uma vez mais um interesse crescente em relação a esse novo movimento estilístico que se chamou por fim *Jugendstil*, enquanto a sobrevivência da palavra poética de George ainda não conseguiu superar a resistência estilística do gosto público do tempo.

O gosto do tempo é um poder próprio que define aquilo que pode efetivamente alcançar e tocar alguém. O gosto tem a sua força determinante pelo fato de preparar expectativas e esquemas de apreensão, contra os quais não podemos nos chocar se é que mesmo a maior qualidade artística não deve se tornar irreconhecível. Pensemos, por exemplo, em como só o "Sturm und Drang" [Tempestade e ímpeto] representou no século XVIII uma tal ruptura na expectativa de gosto do tempo ao descobrir Shakespeare. O gosto é justamente uma espécie de sentido superficial e reage como uma pele sensível a qualquer toque. Mas ele não esgota inteiramente aquilo que há de arte na arte. É preciso ter clareza quanto a isso hoje também no caso de George. O distanciamento em relação às expectativas de gosto do próprio presente, a virada do presente para o que não possui nenhum *páthos*, para o que possui o modo de ser da reportagem, para o desilusionismo provocativo, para a destruição das formas poéticas tradicionais é grande. É evidente que tudo isso se acha em um contraste maximamente intenso com aquilo que a poesia de George exige de nós.

Nesse caso temos aí inicialmente o acento consciente de George sobre a arte e o caráter artístico da palavra poética. Esse acento já está manifesto no título das "Folhas para a arte". Só a partir daí há um acesso àquilo que é

---

3. Tapete da vida. (N. do T.)

a poesia de George. No modo como George e seus amigos utilizam a palavra "arte" sente-se a proximidade da arte agostiniana, dos grandes poetas de Roma por volta da virada dos tempos, antes de tudo de Virgílio e Horácio que levantaram a pretensão de criar uma poesia própria, igual por nascimento à poesia grega. Sentir essa proximidade significa medir a distância que é preciso superar para a compreensão da arte georgiana. O rigor romano da vontade de George, a concisão e determinação imperiais de sua linguagem, a exposição consciente do elemento plenamente artístico na arte, tal como isso vem à tona em sua poesia, está claramente distante do ideal de melodia natural que foi constituindo o critério de medida desde a lírica de Goethe e pós-goethiana. Aqui está em obra uma arte de ourives da palavra que exige conscientemente o delicioso, o precioso e raro das pérolas linguísticas. George seguiu por sua parte certamente o modelo de Mallarmé que ele tinha conhecido quando jovem em Paris. De início, pode ser que ele tenha se compreendido francamente de tal modo que tenha querido reproduzir no material linguístico alemão essa *poésie pure*[4], a nova musicalidade do poema lírico tal como ele a admirava em Mallarmé, e repetir o seu modelo na vida literária alemã. O que aqui se denomina musicalidade da língua tem em vista a completa conjunção interior do som e da significação, da designação e do ser da palavra. Ela representa uma elevação extrema das possibilidades da palavra poética em geral que sempre mantém entre o som e a significação múltiplas possibilidades do equilíbrio. A elevação extrema da musicalidade poética significava coerentemente o abandono da música, na medida em que essa se destaca da palavra e da significação e se torna autônoma enquanto musicalidade liberada. O círculo de George via na música "absoluta" um poder dissolutor das almas. Em contrapartida, a musicalidade lírica articula o ritmo do sentido com o som. Ela não elimina o sentido objetivo do que é dito linguisticamente, mas o vincula completamente no movimento sonoro da poesia. Com isso, o grau da consciência compreensiva com a qual tais versos extremamente sonoros são concebidos é capaz de uma elevação ou de um abafamento muito grandes, sem que a impressão poética conjunta desapareça.

Isso justifica a utilização do conceito de mágico para designar o uso poético que George faz da palavra. No uso mágico da palavra não se afasta evidentemente de maneira total a compreensão das palavras, mas essa compreensão é secundária em relação aos fatores efetivos propriamente ditos. Na fala mágica reside uma concentração incomum de vontade e, de fato, George também é totalmente vontade em sua obra. A palavra mágica é além disso uma palavra que não é apenas ouvida e compreendida. Sim, ela não é de modo algum uma palavra primariamente compreendida, mas uma pala-

---

4. Em francês no original: poesia pura. (N. do T.)

vra que nos toca na escuta como a evocação dos espíritos. Algo que não era antes se apresenta e não por meio de algum processo natural: ele não é aduzido por meios específicos como no fazer artesanal, mas justamente por meio do não específico de seus meios tal como na magia. Desse modo, o efeito mágico, mesmo o efeito mágico de George, possui algo de inconcebível e algo de que não podemos escapar por meio da exigência de uma crítica racional.

Na forma tardia, madura de sua obra, George exige para além disso, de maneira similar ao uso de fórmulas religiosas e rituais, um preenchimento daquilo se torna presente por meio da linguagem – tal como se lança uma maldição e, no entanto, é só o "acolhimento" do que foi falado por parte do ouvinte que leva a maldição a termo. Quanto mais a obra poética de George é permeada pela requisição do sentido ritual – isso alcança a sua altura no *Stern des Bundes* [Estrela da aliança] –, tanto mais ela exige um tal preenchimento. A isso também corresponde a forma própria da recitação de poemas que George cultivava e em vista da qual ele também educou seus discípulos. Em verdade, as coisas deviam se mostrar aqui uma vez mais de tal modo que o bom recitador, isto é, aquele que à sua maneira obedecia à lei rítmica do poema, também era aos olhos de George o melhor e não aquele que apresentava por assim dizer um monótono ritual. Mas o falar, tal como ele era cultivado nesse círculo e como ele era inteiramente pertinente à própria poesia de George, também era um recitar. No círculo de George, as pessoas evitavam as palavras estrangeiras quando isso era possível. E, assim, a apresentação de poemas (não apenas em Robert Boehringer, mas já nas antigas séries) se chamava "Hersagen" [Recitar][5]. *Hersagen* significa enunciar [*Heraussagen*] para outros, para os ouvintes. Não é como eu diria, por exemplo, enquanto noção antitética, sobretudo em vista do tom poético de Hölderlin que outrora estava ganhando a consciência, uma declamação [*Hinsagen*][6]. O verso hölderliniano é um verso declamado, um verso que falamos para nós mesmos, como em uma imersão meditativa. De maneira consciente, o verso de George quer ser falado diante de outros.

É preciso reconhecer isso em sua justificação artística e não deixar que os hábitos de fala dominantes ou o gosto do tempo atual julguem a legitimi-

---

5. A palavra normal para recitar era de origim latina: *rezitieren*. (N. do T.)
6. Essa passagem é de difícil tradução por peculiaridades da língua alemã. Em verdade, *Hersagen* e *Hinsagen* são termos que só se diferenciam pela presença dos prefixos *her* e *hin*. *Her* deveria indicar a princípio a proveniência do dizer e *hin* a direção para a qual se dirige o dizer. Por peculiaridades ligadas à história da língua alemã, o *Hersagen* passou a designar o ato de recitar, enquanto *Hinsagen* passou a significar um dizer que não se articula necessariamente com as intenções reais do falante – como quando dizemos "você está falando da boca para fora" [*Das ist nur hingesagt*]. Na passagem acima, Gadamer emprega o termo *Hinsagen* para descrever um dizer que não se faz em função dos ouvintes, mas que é levado a termo como que para si mesmo. A fim de acompanhar esse campo semântico, optamos pela tradução por "recitar" e "declamar". (N. do T.)

dade de uma tal recitação. Assim, acho que Gundolf tem razão ao dizer em relação a George que ele dotou a língua alemã com o poder da magia católica. Aí está o seu elemento próprio. Pois, mesmo lá onde temos poetas católicos como Eichendorff ou Hofmannsthal, a história de nossa poesia alemã é determinada pela insistência na declamação, ou seja, pela virada protestante da interioridade cristã que tem o seu solo firme no alemão bíblico de Lutero. A obra de George irrompe nessa tradição como algo estranho porque transformou a magia litúrgica do elemento sensivelmente sonoro e cerimonial em sua lei fundamental.

Perguntemo-nos quais são os meios artísticos utilizados por George a fim de conquistar para a língua alemã, que também é para ele a língua de Lutero e do camponês, esse novo tom único. Nesse caso temos em primeiro lugar o seu arcaísmo linguístico. É significativo que amigos estrangeiros de George, que o tinham conhecido como pessoa e o adoravam, tenham experimentado apesar disso grandes dificuldades para compreender os versos georgianos. Há aí muitas expressões desconhecidas para os estrangeiros. Com isso não se tem em vista uma invenção de novas palavras. Esse não é o modo de ser de George, nem tampouco a reinterpretação violenta das significações vocabulares tradicionais. Seu arcaísmo linguístico repousa muito mais no fato de ele despertar novamente antigas formas vernaculares da história da língua alemã e enriquecer a sua própria língua com a linguagem do camponês e do artesão de sua terra natal.

Um momento essencial desse arcaísmo é a descoberta feita por George do poder do *simplex*, da forma simples. O que a palavra simples é capaz de realizar em contraposição à palavra composta, o verbo simples e o nome simples em contraposição ao composto, me parece ser o seguinte: eles reduzem as referências da palavra que apontam para a frente e para trás. Quando, em vez de chegada [*Ankunft*], George diz "vinda" [*Kunft*], o próprio vir [*Kommen*] é mantido presente com essa palavra e não é reenviado a um de onde e um para onde. Portanto, a palavra simples, não composta, reprime o caráter referencial da palavra em favor de seu poder de evocação de algo presente. Expresso com os conceitos de Gundolf: a substância das palavras aparece antes de sua função, assim como também segundo a doutrina de George sobre o funcionalismo da vida moderna a substância é desconhecida e precisa ser redescoberta. Com a preferência dada ao simples acontece a nomeação daquilo que é.

Uma outra consequência é o fato de aquilo que denominamos a sintaxe, isto é, os meios linguísticos de composição das palavras, ser substituído aqui por algo diverso que é menos corrente, mais inflexível na requisição e que não conduz tanto de uma coisa para a outra. Trata-se daquilo que já Hellingrath (para Hölderlin e a partir de Píndaro) denominava a "rígida junção". Os meios poéticos de ligação, que também precisam existir aqui para que não leiamos palavras, mas frases, são apenas em uma pequena parcela os meios de nossa sintaxe gramatical. Os meios de ligação usados por George para fazer surgir por meios linguísticos sonoros, a partir dos blocos de palavras do que é falado, a unidade do discurso e o presente daquilo que é visado são realmente de um tipo diverso.

Gostaria de denominar o primeiro desses meios a despotencialização da rima final. O peso excessivo que, na literatura alemã, antes de tudo no desenvolvimento da poesia romântica e pós-romântica, caía sobre a rima final perde a sua gravidade na construção dos versos de George. O meio pelo qual George leva a termo a despotencialização da rima final é a tensa densidade que ele confere ao interior do verso. Trata-se do meio da assonância e da vocalização interna que encontramos aqui aplicado com uma consciência única e que elevou enormemente o nível formal da linguagem poética alemã. A vocalização, a composição sonora interna do todo do verso, confere, por meio de suas assonâncias e simetrias, de suas antíteses e reduplicações, por meio de seu jogo de altos e baixos, uma suspensão mais leve ao som final da palavra rimada.

E esse é o terceito ponto: por meio daí, como o peso da rima é atenuado, o final do verso é abandonado em nome da manutenção do tom. Quem um dia escutou versos de George serem lidos como o próprio George e seus discípulos o liam sabe que a palavra final não deixa a voz cair como de costume, mas que a voz é mantida em sua altura. Isso só é possível quando o peso da vocalização interna de um verso consegue deixar o tom ressonante do verso por assim dizer pairar livremente. Isso intensifica, porém, a unidade do tom poético como um todo. É aqui antes de tudo que me parece emergir aquilo que constitui o efeito propriamente dito e inconfundível dos poemas de George. Pois o poema ganha uma espécie de condução do arco[7] que não se encontra dessa maneira em parte alguma na poesia alemã. A condução georgiana do arco é de uma espécie completamente diversa, por exemplo, da condução do arco em um hino de Hölderlin que atua como uma grande arquitetura. Em Hölderlin ousa-se um arremesso que sai de um ponto originário em direção a um marco estabelecido bem distante, um arremesso que se preenche e dissolve na meta. Tudo dá-se nele como um balbucio interior de plenitude e profusão. Aqui, em George, o grande arco que reúne seus versos em unidades mais elevadas repousa sobre meios totalmente diversos. É antes de tudo por meio da forma da repetição e da intensificação na repetição que o seu manuseio do arco chega a termo: temos nesse caso um sobrepujar-se e um incremento até uma elevação suprema do tom poético. Uma vez mais, são os mesmos meios de uma composição interna da

---

7. O arco que se tem em vista aqui é o arco próprio a instrumentos de corda como o violino e o violoncelo. (N. do T.)

configuração sonora, do corpo sonoro das palavras que são utilizados aqui. Mas a isso alia-se a forma curta das frases georgianas. Ela permite que a unidade rítmica seja ao mesmo tempo uma unidade de sentido e torna assim possível repetição e intensificação de uma maneira simples. Na arte alemã da versificação, esse é um caso único. Trata-se da substância melódica do coro gregoriano à qual o "tom" de George conferiu vida poética.

Em uma obra poética que cresceu de modo vivo como a obra de George, os meios artísticos não são naturalmente por toda parte os mesmos. O modo como os mesmos meios são utilizados em suas primeiras construções poéticas ainda é bem diferente. Nessas construções há uma certa ultraclareza que ratifica o caráter plenamente artístico do trabalho, mas que também guarda ao mesmo tempo, em comparação com a dimensão profunda que empresta à obra posterior o seu timbre sonoro, algo superficial. Os livros da fase intermediária, em particular o *Jahr der Seele* [Ano da alma] e *Teppich des Lebens* [O tapete da vida], mostram uma ligação maximamente interior de todos os meios linguísticos com um efeito artístico que quase possui em si algo como uma segunda natureza. Exatamente por isso, esses livros se ajustam melhor aos volumes posteriores do que a obra de juventude artificialmente refinada e do que o tom elevado do discurso estilizado e ritual. Mas é metodologicamente mais correto não começar com a maior ressonância dos meios linguísticos e versificadores descritos por mim, mas com os primeiros sons e com as configurações ulteriores dessa ressonância porque eles permitem distinguir mais claramente os meios enquanto tais.

Começo com um poema de juventude para mostrar como George constrói a sua postura de fala. Em *Algabal*, um de seus primeiros livros de poemas, as assonâncias ainda ressoam de modo extremamente claro no verso e em tudo aquilo que suporta a vocalização interna, e a isso corresponde o fato de a despotencialização da rima final ainda não ter alcançado a altura plena da imperceptibilidade que foi atingida pela obra intermediária de George. No último poema de *Algabal*, "Visão de pássaro", se diz:

Brancas andorinhas vi voar:
Andorinhas brancas como prata e neve.
Vi-as no vento se embalar
No vento claro, quente e leve.

Há um espessamento quase aliterante das assonâncias e uma forma de repetição das palavras que lhes confere o caráter similar ao de uma fórmula mágica. O poema quase repete literalmente a estrofe introdutória ao final e ainda ratifica por meio daí, na medida em que visa a um efeito de refrão, o efeito mágico.

Em um segundo exemplo que retiro dos *Hängenden Gärten* [Jardins suspensos], gostaria de mostrar como resulta dos meios descritos a intensificação e o incremento que caracterizei como o elemento inconfundível do tom georgiano:

> Quando através do crepúsculo repentinamente
> Amplo rubor se mostrou
> O odor do bálsamo a minha volta soprou
> A amistosa proximidade se fez presente:
> Da linhagem solo e muros.
> Orgulhoso e com felizes apupos
> Uma mudança da alma veio a acontecer
> Quando a nobre e frondosa
> Folha sobre mim se inclinando bondosa
> Das primeiras palmeiras pude rever.[8]

Aqui, os três últimos versos reúnem-se em uma unidade rítmica mais elevada. A isso auxilia por um lado a unidade de sentido da frase introduzida pelo "quando", uma unidade que implode a estrutura rimada dotada da forma a b b a por detrás de a. Mas o efeito rítmico dessa composição é por sua vez preparado pela quebra de sentido que rompe no meio do poema o único par rimado simples da forma a a e amarra as suas duas partes respectivamente para a frente e para trás. Assim, a primeira cisão por detrás de "muros" intensifica a segunda por detrás de "acontecer" que divide a sequência quiástica. Essa é a estrutura rítmica sobre a qual se eleva o arco da conclusão, fundindo som e significação em uma unidade magnífica: ao gesto do desfazer-se amplamente como um tapete de folhas de palmeiras se desenrolando que é formado pelo par rimado "frondosa" e "bondosa" segue a ascensão elegante e íngrime até a altitude do sentido e do som na qual se consuma o retorno da alma à casa.

Duas amostras provenientes da obra intermediária podem mostrar como os meios artísticos se recolhem aqui em uma simplicidade do efeito que é bem próxima da canção. A primeira que vem das "Tristes danças" no *Jahr der Seele* [Ano da alma] poderia tornar ao mesmo tempo claro com que direito Gundolf pode falar da magia "católica" que George conquistou para a língua alemã:

> Como no túmulo a antiga
> Viva lanterna ardente tremula!
> Como seu carbúnculo faiscante pula
> Em torno da trepidante basáltica liga!

---

8. Als durch die dämmerung jähe/ Breite röte sich wies /Balsamduft mich umblies/ Kannt ich die freundliche nähe:/ Stammes boden und mauern. /Stolz und mit glücklichem schauern/ Wandel der seele geschah/ Als ich die üppig und edel/ Zu mir sich neigenden wedel/ Erster palmen widersah. (N. do T.)

Da redonda janela lá no alto
Escorre todo o esplendor
De uma custódia em seu ardor
Com globos rodeados de ouro e cobalto.

E para um branco cordeiro –
E se a lanterna ardente tremula
E se sua joia faiscante pula
Será que há aí a fonte própria de um luzeiro?

Uma vez mais, a construção possui uma simetria e uma assimetria completamente refinada em termos artísticos. A série rimada a b b a mantém-se em verdade ao longo das três estrofes, mas a quebra de sentido que cinde os três últimos versos dos precedentes forma, visto em termos rítmicos, um claro hiato que possui um efeito incrível: as últimas três linhas conclusivas se tornam um movimento uno, intensificado ainda mais por meio da assunção sob a forma de refrão de um par rimado da primeira estrofe, e introduzem um *sursum corda*[9] que se lança para além de si no teor questionador da palavra final. Essa é a condução do arco do coro coriano.

Um exemplo oriundo do *Teppich des Lebens*, um exemplo que se distingue por sua simplicidade, "Canto da noite I", pode elucidar um pouco mais a arte linguística forjada por uma tal condução do arco:

Suave e turva
De mim está distante
A orla e segue
Minha fatalidade.

Tempestade e outono
Com a morte
Brilho e maio
Com a felicidade.

O que fiz
O que sofri
O que pensei
O que sou:

Como um incêndio
Que se dissipa
Como um canto
Que desafina.

---

9. Ao pé da letra, a expressão latina significa algo como "Elevai os corações!". Ela é uma fórmula usada para indicar a necessidade de as palavras serem acompanhadas de uma elevação da mente até Deus.

Também nesse caso as dissonâncias entre as unidades sonoras e significativas são meios poéticos conscientemente utilizados. O terceiro verso da primeira estrofe experimenta por detrás da palavra "orla" uma quebra de sentido que fere a simetria rítmica da medida do verso. Em verdade, quase esquecemos a ferida em meio à antítese bem pesada entre os dois versos seguintes nos quais "outono" e "maio", "morte" e "felicidade" se correspondem mutuamente. A isso alia-se o fato de o verso "minha fatalidade" que abre espaço para o surgimento da nova unidade de sentido estar ligado ao verso seguinte por meio da única rima que acontece no poema ("fatalidade"/ "felicidade"). Não obstante, a dissonância precisa ser escutada. Pois é somente graças a essa dissonância que a segunda metade do poema conquista o seu efeito harmônico pleno. Fazer e sofrer, cantar e ser pairam em um equilíbrio solto que possui algo da leveza da dança; a dissipação do fogo e a desafinação de uma canção não estão presentes apenas na desafinação rítmica dos próprios versos – nelas também está concomitantemente presente o fato de se tratar de uma canção da vida que dessa forma desafina. Assim, alcança-se a plena ressonância entre som e significação.

O deslocamento interno acima descrito da própria consciência vital do poeta, tal como esse deslocamento dominou mais tarde, por meio da vivência de Maximin e da instauração do culto a Maximin, a criação posterior de George e a sua configuração vital, também se mostra de maneira estilística na obra tardia do poeta. Foi aqui antes de tudo que a necessidade de preenchimento de seus versos se transformou em uma exigência consciente. Uma tal necessidade de preenchimento não é nada incomum em documentos religiosos. Nós consideramos, por exemplo, totalmente óbvio que os grandes textos do Novo Testamento, medidos a partir do critério literário da arte poética, estejam muito aquém daquilo que eles significam enquanto documentos religiosos. Isso não significa outra coisa senão que o preenchimento exigido por meio do sentido da anunciação dos textos é realizado pela fé. Pois bem, ao que me parece, o que está em questão no *Stern des Bundes* não é um movimento religioso ou um autêntico culto religioso que gostaria de se colocar ao lado ou contra a pretensão da igreja cristã. O que George oferece para a interpretação poética da vivência de Maximin são muito mais metáforas da encarnação. Se quiséssemos analisar de maneira mais exata o livro sobre Maximin do "Sétimo anel", seria possível mostrar como George erigiu de modo metafórico-poético o seu monumento a Maximin a partir de uma visualização constante dos documentos religiosos do cristianismo. De mais a mais, também são esses versos, e mais claramente ainda os versos do *Stern des Bundes*, que necessitam do preenchimento. Se se diz aí:

O corpo divinizar e o deus corporificar

então essa é mais uma fórmula do tipo das fórmulas de fé do que a presença poética do visado na palavra. É antes a seqüência dos poemas, uma seqüência engenhosamente ordenada em termos artísticos, que suporta poeticamente o caráter de fórmula das palavras de ordem que instauram a aliança. O exemplo dado por mim do *Stern des Bundes* pode se mostrar como representativo em um duplo sentido: como representativo para a significação que a vivência relativa a Maximin possuía para George no que diz respeito à esperança de renovação de toda a vida da terra pátria, assim como para o modo segundo o qual o seu estilo se eleva até o elemento didático, formador e doutrinador, de modo que a presença interior do visado acaba por se fundir com a palavra por meio do preenchimento por parte do ouvinte:

> Agora cresço contigo retrospectivamente nos anos
> Mais familiar para ti em uma aliança mais secreta.
> Tu brilhas para mim a partir das obras de soberanos antepassados
> De encantadoras contendas e embriagadas viagens
> E se mostra tão desperto quanto recatado, encoberto
> Na mais sábia e mais pia sentença de um vidente.
> O que mesmo sobre um vizinho por demais orgulhoso vela –
> No sangue uma incriada e imemorial herança:
> Tu lanças duradouramente frutificando no todo
> Uma palpitante flama uma áurea torrente
> Como é preciso chegar primeiro o dia: garantia e esperança:
> Onde tu apareceste como um ser desprovido de véus
> Como coração do círculo como nascimento como imagem
> Tu espírito da sagrada juventude de nosso povo!

Esses versos também são um testemunho de um exercício artístico mais elevado: o magnífico proêmio dos primeiros dois versos, o desenvolvimento dos quatro últimos versos, o gesto pomposo da parte intermediária. Não obstante, tudo isso só se efetiva se o leitor ou o ouvinte assumem a postura litúrgica que empresta ao poema singular a sua função no todo. Produzir isso por meio da palavra poética é o sentido do rigor na composição com o qual esse volume de poemas é construído.

O coro que fecha o volume não é senão um selo sobre o todo. É preciso confessar que uma tal autodestilização aguda exige mais do que a expectativa do leitor está preparada a pagar. Aqui, começam a se dissipar os limites que existem entre o efeito poético de George e o poder de sua paixão pela formação dos homens.

Todavia, o último volume de poemas *Das neue Reich* [O novo reino], que reúne manifestamente com poemas mais recentes uma coletânea de poemas que não se ajustam à estrutura rigorosa do volume precedente, mostra toda a amplitude de oscilação do tom georgiano, desde o dramático e expressivo discurso alternante, passando pela sentença visionária extremamente estilizada até o canto simples e popular. Aqui encontram-se poemas nos quais se destende a tensão da vontade que se acha à base da autodestilização de George. A tensão entre o ser-para-os-outros ao qual George se entrega na condução de sua vida como em sua obra poética e o ser-para-si do grande indivíduo singular que desde sempre é um solitário pode ser por toda parte pressentida na intensidade da arte linguística georgiana, e o tom de recusa, de modéstia, de não saber e de sofrimento é um tom velado constante, desde o gesto de melancolia e luto dos primeiros volumes até a criação posterior, cada vez mais econômica. Agora, porém, o sentimento de destino do poeta ganha uma expressão poética imediata. Assim, um dos poemas mais belos do *Neuen Reich*, cujo tom enigmático e obscuro de canção possui um tal tom de confissão, pode estar no final:

> Talvez descubra uma outra boca:
> Tu sentaste conosco à nossa mesa
> Tu consumiste conosco a carne pouca.
>
> A ti veio um belo e novo rosto
> Mas o tempo envelheceu: hoje não há ninguém a viver
> Se algum dia ele virá de um saber tu tens o oposto
>
> Ele que esse rosto ainda pode ver.

O poema é considerado difícil, apesar de o seu tema ser indicado de maneira clara e concludente por seu ritmo: a sentença da terra que tudo sabe e tudo retoma em si faz com que os destinatários do discurso reconheçam os limites e a dependência de toda a sua suprema magnificência[10]. Mas aquele para quem a palavra é dirigida aqui é o poeta, todo e qualquer poeta, o homem poético, todo e qualquer homem. Ele possui um rosto, e o que ele vê permanece sem ser visto por todos os outros. Isso impõe a recusa, tal como George percebeu muitiplamente, por exemplo, no tema do "Espelho" no "Sétimo anel":

> "Nós não somos! Nós não somos!"

E no tema da "Palavra" no *Neuen Reich*:

> Nenhuma coisa está onde a palavra falta.

---

10. Quanto à relação de Hölderlin com esse poema, ver "Hölderlin und George" [Hölderlin e George], in: GW 9, pp. 229 ss.

O que o poeta revela aqui a si mesmo como uma sentença da terra é justamente o fato de ninguém ser senhor dessa sentença a ponto de enunciá-la para si. Alguém mais tarde pode saber. Ele reconhecerá o que um dia esteve presente como a grande possibilidade da vida, sem ser reconhecido. Certamente, isso tem o seu tom sacral, como o estar presente desconhecido do filho de Deus ressuscitado entre os discípulos que esperam e não veem. Mas o poeta não se estiliza com isso de maneira alguma no papel de um salvador desconhecido que se sabe como um tal. Ele não se sabe. Pois ele sabe – e esse saber confere ao mestre Stefan George a sua credibilidade derradeira – que só o que é trazido à palavra, só o que é visto e para todos visível, realmente está aí. Ele sabe que o que é meramente visado não vale. O que assim se apresenta vige na obra poética de Stefan George.

21. EU E TU A MESMA ALMA (1977)
   [Ich und du die selbe seele]

   Vós pressentis as linhas de nossos claros mundos
   As coloridas encostas com as coroas de videiras
   O Zéfiro que através de aprumadas palmeiras sussurra
   De Tiburtina águas suaves como flautas amorosas?

   Aí se alça vossa loira cabeça: VÓS conheceis
   Das névoas a dança ilimitada no pântano
   Na cana fina das tempestades o tom de órgão
   E o barulho do mar descomunal?

As pessoas podem se perguntar se a palavra esclarecedora tem efetivamente algum lugar onde o discurso poético alcança o leitor e o ouvinte interior de maneira imediata e irresistível por meio dos velamentos da palavra e do sentido. Com certeza, apesar de todo o entroncamento epigramático de sua construção, esses versos do *Jahr der Seele* de George não pertencem às formas poéticas que sempre deixam para trás de si o processo compreensivo porque precedem esse processo em uma densidade obscura. Esses versos contrapõem significamente na simples construção de uma pergunta e de uma resposta duas paisagens, e ninguém precisa de nenhuma ajuda para reconhecer nelas paisagens da alma e para reconhecer a si mesmo na amplitude tensa dessas distâncias.

E, no entanto, a palavra interpretativa também se sente evocada aqui. O lugar em que os versos se encontram é: uma seção do *Jahr der Seele* cujos poemas são designados pelo próprio poeta como sombras fugiativamente recortadas. Duas iniciais (A. V.) tornam possível advinhar a presença de um homem determinado oriundo do círculo de amigos estrangeiros do poeta. Assim, podemos nos sentir tentados a perseguir esse aceno dado pelo próprio poeta e reconhecer no encontro de dois poetas, de um poeta nórdico com o poeta romano-renano do *Jahr der Seele*, o fundamento vital desse poema feito como uma dedicatória.

Todavia, lemos no prefácio à segunda edição desse livro uma advertência do poeta contra todo esclarecimento a partir do elemento biográfico e ocasional: "E raramente somos tanto quanto nesse livro eu e tu a mesma alma." Com certeza, no conjunto desse volume de poemas, essa poesia pertence ao grupo que mostra incessantemente iniciais e que se constitui como uma alocução. Nessa medida, pode ser que a advertência do poeta não valha quase nada em relação a esse grupo de poemas. Mas ela é suficientemente significativa. Justamente essas dedicatórias vinculadas pessoalmente são poemas que não podem ser decantados para esse ou aquele como gesto e dom, mas que se apresentam sim como partes de uma obra que foi trabalhada, ornada e disposta por um exigente ourives da palavra. Do mesmo modo que as canções da vitória que Píndaro deixou que fossem apresentadas na corte siciliana e que, não obstante, são delícias da literatura grega e do mesmo modo que as odes de Horácio que se abrem com uma alocução ressoante, esses poemas pertencem a uma outra ordem que não é a ordem da vida vivida de maneira única. O que as torna um "monumentum aere perennius"? Que arte, que destino, que força expressiva da palavra?

Por mais que a sua estrutura formal composta a partir de duas estrofes de quatro linhas seja comum aos outros poemas do grupo, o poema citado possui no interior da série desses recortes das sombras a peculiaridade de ser uma composição em duas vozes: pergunta e – ressoando na outra voz – resposta. E, como toda relação de pergunta e resposta, essa também possui uma correspondência exatamente ajustada – o tom que se mantém no limiar da tentativa e o caráter decidido da contrapalavra que coroa e transforma o todo em um todo. Pois com certeza esse poema pergunta-resposta também é um todo e a voz que pergunta tanto quanto a voz que responde são muito mais as vozes de uma composição musical do que as vozes da ilustração de um diálogo entre dois indivíduos singulares.

A voz que pergunta possui algo reivindicador. Superioridade e segurança emanam dessa voz – e ela sabe o que diz. Ela sabe contra o que ela fala. Na medida em que ela se reporta a seus mundos claros, os mundos mais sombrios do outro estão concomitantemente presentes. E, se aquele a quem o poema se dirige "pressente" os mundos claros, então isso parece sugerir que ele deve reconhecê-los como uma meta distante mais elevada ou como uma terra elogiada. Isso fica particularmente evidente por meio do fato de esses "claros mundos" se mostrarem como linhas – como as claras linhas da montanha de um lugar distante que temos por meta alcançar. Ou será que isso tem em vista ao mesmo tempo a clara condução das linhas *nesses* claros mundos, a sua arquitetura espiritual? Certamente trata-se das duas coisas – um claro modelo e um modelo de clareza: uma paisagem que é totalmente configurada pelos homens e animada pela clara espiritualidade do processo humano de formação. "As coloridas encostas com as coroas de videiras" evocam as vinhas renanas, uma paisagem magestosa, construída de maneira rigorosa e plenamente planejada, como que coroada pelo ouro outonal das videiras. O elemento com a sua violência pré-humana só se apresenta *per contrarium*[1], na clareza domada dessa paisagem. A voz artificial sussurrante do Zéfiro deixa esse elemento silenciado. O mesmo vale para as palmeiras aprumadas. Essa árvore transplantada para a Europa no século XVIII, uma árvore que acompanha o espírito do tempo, a paisagem regulada, compassada, planejada das ruas do século XVIII, é um símbolo da natureza humanamente organizada e humanamente dominada. Toda a magia de uma natureza transformada em arte ressoa no quarto verso. Com a evocação de Tiburtina, do célebre sítio do tempo de Augusto que é conhecido por todo humanista a partir de Horácio, é possível que surja uma dúvida na visão da paisagem que é estimulada no leitor, no ouvinte. Pode ser que eles questionem se o puro sul, a Itália, está contraposto ao puro norte – até que se reconhece a evidência mais forte da palavra simbólica (Tiburtina é Tivoli)[2] e se percebe com espanto que os célebres jogos aquáticos desse lugar abençoado visam mais do que à imagem significativa da peregrinação alemã por Roma: que eles trazem de volta a graça e o gozo vital da humanidade romano-renana como uma disposição da alma humana. De onde se sabe efetivamente que se trata das "águas de Tiburtina" no plural e não da água no singular?[3] Certamente não por uma cultura clássico-arqueológica, nem tampouco apenas pelas formas plurais abrangentes das palmeiras e das flautas – é antes de tudo o gesto poderoso do genetivo anteposto "De Tiburtina" que traz à tona a amplitude plena desses paraísos artificiais.

E, no entanto, há algo sem peso, algo irreal nessa paisagem que se promete àquele que pressente – a resposta, a contrapalavra dita pela segunda estrofe, já está presente na pergunta. Essa resposta é todo o outro lado da alma, é a alma pela primeira vez como um todo. Nenhum leitor do *Jahr der Seele* pode desconhecer o fato de a cabeça loira daquele que responde não apresentar nenhuma mensagem estrangeira, mas constituir verdadeiramente uma lembrança. Ela enuncia um saber maximamente interior em torno das forças elementares que emprestam pela primeira vez ao estado das almas e à essência espiritual a sua vida, a sua verdade e a sua realidade plenas. Não é em vão que os três últimos versos opõem até o cerne da vocalização o poder do elementar – esse orgulho não é apenas o orgulho do homem nórdico de cabeça loira com a sua terra natal, mas mais ainda o clamor do gran-

---

1. Em latim no original: por meio de seu contrário. (N. do T.)

2. Tiburtina é uma estação de águas construída pelos romanos nos arredores de Roma e extremamente popular até hoje. Essa estação fica dentro de uma cidade chamada "Banho de Tivoli". Daí a alusão gadameriana a Tivoli como sendo Tiburtina. (N. do T.)

3. Não há diferença em alemão entre água no singular e no plural. Nos dois casos usa-se a palavra *Wasser*. (N. do T.)

de poder da natureza e da alma, o poder do sublime cuja infinitude dinâmica Kant deixou certamente que se tornasse a "determinação inteligível da humanidade". Um outro orgulho que não está fundado na humanização, nem muito menos no controle da natureza, um orgulho que resiste muito mais à natureza e a mede espiritualmente é que torna possível para o homem levantar a cabeça.

Podemos nos perguntar se o equilíbrio balanceado dessa questão e dessa resposta, se o equilíbrio interno da alma que ama esses dois mundos ou mesmo se o resto da alusão biográfica que confronta o poeta renano e o poeta holandês não são por fim deslocados por meio de uma tal interpretação. Será que a contraestrofe é realmente mais do que uma réplica? Será que ela é realmente a reivindicação de um direito transferido? A interpretação de poesias nunca pode evitar ser unilateral e tem com isso de deixar outros lados em aberto. Com certeza, o poeta desses versos sempre esteve do lado do configurado, claro, controlado e nunca esteve inclinado para as amplitudes dissolutoras do indeterminado, do imensurável. Mas esse *Jahr der Seele* fala de maneira clara demais a partir do fundo noturno da alma para que se pudesse recusar-lhe como próprio as grandes imagens da tempestade, do pântano, do ar, do mar que tudo acompanha e a tudo contesta. Com certeza, isso também precisa ser justificado ante o texto. Essa justificação não deve ser fundamentada aqui por meio de um recurso que se lança para além do texto escolhido à situação anímica e ao poder da atmosfera do livro como um todo ou mesmo ao tópico da tempestade e do mar na obra conjunta do poeta, mas por meio de um recurso à conscientização do movimento sonoro desses versos mesmos.

Em verdade, a antítese é como uma mera contraposição. Mas como é que isso é preparado – de modo que ele não pode de maneira alguma ficar de fora? A tonalidade dos dois últimos versos da primeira estrofe, o sopro suave do vento, o leve burburinho dos jogos aquáticos de Tivoli, tudo mantido em tons elevados, claros, extremamente exigentes provoca francamente a confissão poderosa pelo fundamento. E são assim as configurações sonoras e significativas que ecoam amplamente que preenchem essa outra estrofe, como que escandida pelo *basso continuo* de um coro infinito. Trata-se de uma afluência desumana do elemento. Nenhum Macbeth, nenhum Hamlet é incomodado, e, no entanto, há como uma retumbância no ar que poderia se elevar às visões em verso shakespearianas. Mas como é que tudo isso é inserido no último verso, no qual se equilibram de uma maneira maravilhosa o mistério e a revelação da arte poética? São simples palavras – "barulho", "descomunal", "mar" – que compõem aqui a unidade indissolúvel de um construto – e de tal modo que elas brilham na nova versão como pedras raras, seletas. Quantas coisas não estão expressas no termo "barulho"?!?! Mas esse barulho é o rumorejar da própria arrebatação, é essa totalidade de uma quebra incessante e de um escorrer incessante – a melodia infinita, diante da qual todos os sons e todas as configurações humanas se tornam casuais e fugidias. Por que se escuta tudo isso? Certamente, aí se retoma o som, "r" para "r", a vogal pela vogal – e de algum modo o quiasmo presente no termo alemão *Geräusch* [barulho], o quiasmo de "r-äu-eu-r" é capaz de liberar o tom fundamental de "au" em *Rauschen* [rumorejar]. No entanto, também é então a formação coletiva que deixa o rumorejar se transformar em "barulho" e evoca a supremacia do elemento distante de todas as forças configuradoras humanas, serenamente superior a elas. O mar, essa água maternal que a tudo abarca, se chama "descomunal". Quase soa trivial: como "gigantesco" ou "ilimitado" – e ao mesmo tempo não. Então, porém, como uma palavra derradeira, definitiva. Pois o "mar descomunal", com certeza, é o mar do mundo, ao qual tudo retorna e do qual tudo provém. Mas ele é de qualquer modo "o mar"! – diante do qual nos sentimos tomados por admiração e júbilo. Pois não se trata de algo pequeno, mas de algo infinitamente maior do que tudo o que a mão humana dispôs para a ordem de um mundo claro, tudo o que a criação humana trouxe à luz – o mar nos deixa "da descomunal amplitude a bênção pressentir".

22. O VERSO E O TODO (1979)
[Der Vers und Das Ganze]

Se visualizarmos o século XIX até os dias de hoje, na última metade do século XX, e considerarmos as constelações alternantes que mostram, por exemplo, Schiller e Goethe: como Schiller avançou, na medida em que emprestou a sua voz para o sentimento do estado nacional alemão que estava se formando; como Goethe só alcançou a sua influência mais ampla e mais abrangente graças ao final do século XIX e de seu ideal liberal; ou como Hölderlin ascendeu em nosso século de um poeta menor da época romântica a um verdadeiro clássico. Inversamente, vemos inumeráveis figuras de uma significação central e que satisfazem a todos passarem para uma grandeza questionável ou minguante. E mesmo entre os grandes alteram-se as preferências. Pensemos em Richard Wagner em relação a Verdi ou em Beethoven em relação a Bach. Trata-se de tensões vitais que se expressam em tais coordenações. Ou – para nos aproximarmos de nosso tema – pensemos no espantoso retorno do *Jugendstil* em nossos dias. Dele tomou parte o jovem Stefan George quando deu forma e figura à sua vontade estilística. É certo que o próprio Stefan George e a sua obra ainda não experimentaram na consciência pública de nosso tempo uma nova iluminação correspondente como o *Jugendstil*. A ocasião que nos reúne aqui não foi criada sem uma consciência dessa situação. Precisamos esperar que a provocação há muito conhecida que lançou o poeta Stefan George contra a sociedade de massas desperte novas ressonâncias em nós hoje – em todos nós sem diferença de idade, de mentalidade ou de orientação política de nossas vontades. Pois em todos nós começa a despertar a consciência de que a natureza e o meio ambiente são mais do que o campo de exploração e de transformação de tudo em uma única e gigantesca estrutura de funcionamento industrial; a consciência de que o nosso mundo do trabalho humano-social precisa se preocupar muito mais com a reinserção no todo maior que nos suporta e nos alimenta. Assim, poderia muito bem ser que as sentenças visionárias de um poeta como Stefan George se desprendessem lentamente das aplicações de vista curta que lhe foram dedicadas nas últimas décadas e que elas mostrassem o seu verdadeiro critério; um critério que mede com pesos que valem para o futuro tanto quanto para o que foi.

O tema "o verso e o todo" pede para ser compreendido nesse sentido amplo e radical. Ele aponta para uma questão que abarca no fundo três perguntas que eu gostaria de tratar sucessivamente e iluminar.

1. Qual é o caminho do verso para o todo?
2. Como é a cisão entre o verso e o todo?
3. Como é que precisamos conceber por fim o todo no verso?

A primeira dessas questões é bem familiar a todo conhecedor da obra poética e da realização vital de Stefan George: "O caminho do verso ao todo."

Quando Stefan George ganhou pela primeira vez uma publicidade restrita em consequência das *Folhas para a arte*, ele enunciou no prefácio as frases direcionadoras de que essas folhas pretendiam servir à arte, em particular à poesia e à atividade da escrita, "alijando todo elemento ligado ao estado e à sociedade". Ele designou isso expressamente uma arte intelectual, uma arte pela arte. Ora, a essência da arte nunca se confunde certamente com a região de distensão de uma sociedade, uma região que deve servir à autossatisfação cultural. A essência da poesia sempre se eleva de algum modo a partir da língua falada e encontra eco nos ouvidos e nas almas de todos os que podem ouvir. Assim, uma outra sentença do poeta já pode indicar como é que o começo com a poesia pode conduzir ao todo. A sentença diz: "A essência da poesia tanto quanto do sonho: que eu e tu – aqui e lá – outrora e agora subsistam um ao lado do outro e se tornem um e o mesmo." Essa sentença fala a partir do fim do século XIX e se inscreve no começo de nosso século, no tempo antes da Primeira Guerra Mundial. Repentinamente se aproximam totalmente também para nós outrora e agora, esse tempo antes da Primeira Guerra Mundial e o nosso tempo, um tempo que – como esperamos – não se chamará um dia a época antes da Terceira Guerra Mundial. O tempo junta-se e nesse tempo unificado acham-se então, por exemplo, os poemas do *Stern des Bundes* com a sua intensidade profética. Aí deparamos com um poema como esse do qual cito apenas alguns versos:

> E no fim da sabedoria clamais vós pelos céus:
> 'O que fazemos afinal no próprio escombro sufocados
> Na própria construção fantasmagórica que nos consome a mente?
> Esse ri: tarde demais para cessar fogo e para remediações!

E então vêm os célebres três versos:

Dez mil precisa a sagrada loucura bater
Dez mil precisa a sagrada epidemia varrer
Dez mil a sagrada guerra.

Que distância há entre a "exclusão de todo elemento ligado ao estado e à sociedade" e esses versos! George formulou para si mesmo a questão sobre como essa distância poderia ser superada e como poderia surgir a partir daí uma justificação do próprio fazer. No *Stern des Bundes* é dito o seguinte no grande poema que evoca o tema propriamente dito dessa discussão:

COMO TUA TROVOADA Ó TROVEJADOR AS NUVENS RASGA
Tua tempestade desgraça sopra e as festas abala
Não é aí por sons procurar um injurioso esforço?
'A sublime harpa e mesmo a insinuante cítara
Falam à minha vontade através do ascendente e decadente tempo
Falam o que é imutável na ordem das estrelas.
E essa sentença fechou para ti: que pelas terras
Nenhum conde nenhum duque surgirá que com o primeiro sopro
Não sugue um ar cheio de música de profetas
Para o qual na balança não estremeça um heroico canto.

A questão impõe-se por si mesma: será que o poeta – o poeta que insistia tanto em permanecer sempre o poeta e que, mesmo que fosse para tantos o mestre, sempre quis ser visto como o poeta – conseguiu se dispor a despertar uma vez mais a partir da atividade poética aquilo que faltava tanto a esse tempo quanto o canto heroico? Mesmo em seus amigos, mesmo em homens com a grande vocação científica de um Friedrich Gundolf, George sempre viu de maneira resoluta antes de tudo o poeta e sempre os tratou assim. Educar significava para ele educar para a atividade poética. A formação e o ensino muito agressivamente empreendidos de seus amigos mais jovens a partir e no tom de sua própria capacidade magistral de versificação procuravam ser uma educação para a poesia e para a leitura de poesia e servir à meta – para citar uma expressão de George – de despertar novamente e fortalecer "a capacidade de sonhar". O despertar da capacidade de sonhar também deveria servir por fim ao culto de Maximin, o novo mito do círculo de George que deveria reunir enquanto culto da memória e por meio de uma vida em memória de uma experiência humana significativa para o poeta um grupo de pessoas e preenchê-lo com um novo sentimento de vida.

Perguntemo-nos: como é que esse caminho de um poeta pode ter se transformado em um caminho para o todo, se o todo é tão diferente do verso, se ele é tão alheio ao verso, quanto era o caso na própria juventude de George e como é com maior razão ainda o caso em nosso tempo? Perguntemos de início: como se chega à cisão entre o verso e o todo? Será que a poesia pode dizer algo diverso do que o pensamento do espírito comum? A poesia é o passar adiante do mito. O mito é a "saga" que não carece de nenhuma certificação. Mas onde é que se encontra uma tal saga que não carece de nenhuma certificação em nosso mundo a-romântico? Eu denomino o nosso mundo "a-romântico" e já utilizo com isso uma expressão que porta ela mesma um acento particular desde que o romantismo alemão diferenciou o clássico e o romântico. Preciso me lembrar aqui de Hegel, desse grande pensador do período romântico que hoje forma para qualquer um, mesmo que ele não saiba, um dos fios do tecido intelectual e linguístico de suas potencialidades pensantes. O que tenho em vista é a célebre doutrina, que é menos uma doutrina do que uma constatação formulada por Hegel, sobre o "caráter de passado da arte"[1]. A fórmula designa o fato de a arte não ser mais a forma mais elevada do espírito, mas pertencer como um todo ao passado. Com isso, o que se tem em vista é totalmente inequívoco: o fato de, na cultura clássica dos gregos, a unidade da aparição sensível e da realidade do divino ter estado presente de maneira incontestável. Nós, porém, não nos ajoelhamos mais diante dessas esculturas poderosas dos deuses gregos, mesmo que as admiremos e honremos como configurações supremas da força criadora dos homens. Para nós, elas não estão mais unificadas com o nosso próprio ser e com a nossa própria aspiração. Ao lado da escultura na qual se pode ver isso da maneira mais evidente possível, o mesmo também vale para as evocações do divino na poesia, na epopeia, na tragédia e, por fim, mesmo ainda para o mito platônico das almas e para o deus mundano aristotélico e estoico. Eles mesmos ainda são como derradeiras aparições sensíveis do não sensível. Nesse sentido, juntamente com o "Pão e vinho" de Hölderlin, pensamos o próprio Cristo como o último deus a ter estado presente no mundo e na realidade experienciáveis e vemos nele a despedida do último deus, o deus que cinde[2]. O Cristianismo, porém, produziu a desmitologização desse mundo. Ele substituiu a aparição mundana do divino por uma outra mensagem do divino. Sua essência é a transcendência: a nova postura cristã em relação ao divino foi venerada no espírito e na verdade. Tudo o que se mostra então na era cristã em termos de arte, por exemplo em termos da poesia cristã – para lembrar da grande epopeia cristã de Dante ou de Milton –, tudo aquilo que se reuniu na grandiosa unificação humanístico-cristã, representa, medido a partir da unidade designada do clássico, uma espécie de primeiro passado. No entanto, o que passou não foi a arte, mas a sua imediatidade religiosa. Ela é experimentada como "arte" justamente por meio do fato de ter perdido a sua imediatidade religiosa e de também ter sido levantada então a

---

1. Ver quanto a isso neste volume "A posição da poesia no sistema da estética hegeliana e a pergunta sobre o caráter de passado da arte".

2. Cf. quanto a isso "Hölderlin e a Antiguidade", neste volume.

exigência do conceber intelectual, a exigência que tinha sido apresentada pela mensagem cristã, agora mesmo ante a plasticidade de toda configuração artística. Hegel tem em vista toda a época cristã.

Ao mesmo tempo, porém, pressentimos que Hegel ainda eleva uma outra coisa em nossa consciência com a sua doutrina, algo muito determinado que não podemos negar: com o fim do século XVIII começa um segundo passado da arte. O que aconteceu outrora foi a dissolução da tradição mítica vinculada em termos greco-cristãos, a tradição na qual a arte vivia. O que segue então é como uma livre ressonância dessa tradição mítica. Quando Goethe oscila no *Divã ocidental-oriental* entre figuras orientais; quando Hölderlin, com a intensidade inaudita de seus olhos visionários, nos ensina a ver os sinais pátrios de nossa paisagem como o tempo presente dos deuses; quando Immermann decanta expectativas quiliáticas pela graça em um mundo confuso e materialista; quando Mörike apresenta o seu mito juvenil do "Orplid, minha terra", cuja canção está em nossos ouvidos como a "canção Weylas" na musicalização de Hugo Wolf; e quando então – cada vez mais duvidosamente – a Idade Média alemã, a pré-história alemã, retorna, por exemplo, no drama dos Nibelungos de Hebel ou na violenta fantasia teatral musical de Richard Wagner; quando figuras extremamente distantes como o Zaratustra são evocadas no pensamento de Nietzsche, e quando, por fim, Stefan George evoca no culto a Maxim o tom do elemento mítico para mantê-lo na memória e reunir os seus nessa memória – aquilo ao que tais evocações se reportam não é mais o todo, não é mais a igreja, não é mais o saber de todo um povo. Ele é uma espécie de variação do que outrora era obrigatório. O vocabulário religioso também continua mediando a atmosfera escatológica e uma expectativa que dá o tom até um ponto profundo do âmbito político e social; mas tudo isso não é mais manifestamente – por mais positivamente que possamos avaliá-lo – senão a captação e a conservação de um eco.

E, no entanto, a poesia continua sendo sempre o passar adiante da verdade. Esse me parece ser o outro lado do desenvolvimento por mim descrito. A cisão entre o verso e o todo não exclui o fato de, como um acontecimento da tradição, como um acontecimento do despertar constante e da reapropriação, isso penetrar a nossa própria totalidade espiritual e humana. Não se trata nesse caso, como se está acostumado a pensar na era da crença científica dogmática, de uma questão de falta de seriedade da estética ou de relativização histórica. Tal como a palavra de abertura de George o diz, a essência da arte tanto quanto a essência do sonho é que "eu e tu · aqui e lá · outrora e agora" se tornem um e o mesmo. Aquilo que se realiza no acontecimento tradicional da existência humana é uma reconquista constante. Isso não se confunde com aquela dispersão e com aquele distanciamento por meio de uma luz que se altera incessantemente na qual se estilhaça a consciência valorativa de uma cultura, tal como Nietzsche experimentou o historicismo de seu tempo. Aqui há uma outra coisa em jogo. Com isso, alcanço a maior legitimação que podemos exigir para nós, em nosso tempo tardio. Platão o descreveu no *Banquete*[3]. Lá, Diotima ensina a Sócrates que Eros, o poder mundano arrebatador do amor, não deve ser festejado como a suma do belo, mas como a essência demoníaca que tem em vista por toda parte a geração no amor. Nós mesmos somos esse estar-fora-de-si. Dessa maneira, Platão nos diz com um caráter resoluto sempre uma vez mais esquecido – até hoje, como me parece – que a essência e o saber humanos só se realizam por meio do exercício [ελετᾶν]: é somente por meio de uma geração sempre nova, por meio de uma reconquista constante, de uma renovação constante, de uma recriação constante que a permanência chega a termo. A palavra grega para a manutenção da memória [ν ή η] talvez tivesse em si para o ouvido grego algo de ἔνειν, de permanecer, de vir-a-ser-permanente. Em todo caso, "memória" tem para nós o grande sentido das câmaras dos tesouros interiores de nossa alma dos quais Agostinho soube falar pela primeira vez. Platão diz em seguida: esse procedimento da reconquista, essa geração sempre nova, é o modo como o mortal participa do imortal. Todo o vivente, e dessa forma também a espécie humana, só se conserva assim, por meio do prosseguimento físico da geração. Mas também há homens que geram nas almas. Dentre eles, Diotima insere em primeiro lugar os poetas e todos os outros homens que denominamos "criadores", inclusive o grande legislador: ela insere Homero, Hesíodo, Licurgo e Solon. Todos eles renovam o todo.

Deve ter ficado claro de que modo aquilo que podia parecer um mero eco de uma cultura outrora imediata, formada de maneira estritamente religiosa, concretiza uma possibilidade fundamental do homem, de modo que, por fim, se suspende a cisão entre o verso e o todo e se torna possível conhecer precisamente também o todo no verso. "Mnemosyne" vige sobre tudo: manter na memória significa ser homem. É isso que nos ensina efetivamente a tradição religiosa de todos os povos e todas as inumeráveis tumbas e descobertas feitas em tumbas que retornam até nós a partir da pré-história da humanidade. Mnemosyne vige antes de tudo na poesia. Mnemosyne é a base de toda a poesia épica que nos foi legada pela ação de gerações de rapsodos que intermediaram a nossa literatura épica mais antiga, e nós sabemos precisamente hoje, graças às novas pesquisas americanas feitas nos anos 1930 nos Bálcãs, que ainda havia e talvez ainda haja hoje, mesmo em nossas civilizações, uma tradição épica oral, apoiada simplesmente na memória.

Não obstante, é válido dizer: essa grande possibilidade da vida autoevidente na memória da própria tradição chega ao fim com o segundo passado

---

[3]. Para uma análise mais detalhada disso, ver "Unterwegs zur Schrift?" [A caminho da escrita?], in: GW 7, pp. 264 ss.

– do qual falei em conexão com Hegel. Nenhuma epopeia, nenhum drama que contamos como "literatura" é mais uma alusão real, um continuar incessantemente tocando o som mítico a partir do qual ressoa uma tradição. O que chega até nós é um eco multiplamente quebrado. A epopeia da modernidade, o romance social, já expressa em seu nome aquele que é o seu herói e o fato de ninguém mais ser herói; e, na medida em que o teatro e a ópera não são um mero eco, o mesmo vale para eles. Não obstante, mesmo essas formas literárias da prosa narrativa ou dramática enquadram-se na história dos gêneros literários. A dissolução da forma discursiva vinculada corresponde à nova materialidade que chega à apresentação. No entanto, precisa ser visto certamente como consequência o fato de a poesia lírica reduzir cada vez mais todos os conteúdos narrativos. Por fim, ela demonstra a sua pura força lírica por meio do fato de não levar mais adiante nenhuma herança mítica, mas realizar uma evocação mitopoética própria[4]. Denomina-se isso simbolismo. É só com isso que a poesia lírica preenche a lei plena de seu gênero, a lei de ser uma totalidade de som e sentido sonoro que não nos diz nenhuma saga e que nos diz de qualquer modo o que está acontecendo conosco. A poesia lírica é a sua própria saga. Ela ressoa a partir de si mesma e se torna assim em nosso tempo distante do mito a forma predileta do elemento poético. Desse modo, mesmo no poeta Stefan George – apesar de todo ímpeto para as formas de coro do dizer poético –, o lírico acha-se em primeiro plano.

Gostaria de apoiar essa possibilidade de conter e reter o todo na palavra poética com algumas reflexões filosóficas que estão próximas de cada um de nós. As pessoas não deviam temer tanto a palavra "filosofia". Ela designa aquela prestação de contas que cada um de nós exige de si. É apenas a dificuldade de encontrar palavras comunicativamente efetivas que enunciem a prestação de contas de todos nós que leva os filósofos à sua indigência e o colocam sob uma má fama.

Portanto, o que é que torna tão significativo para nós algo que não é outra coisa senão uma construção linguística, um poema? O que é a linguagem? Segundo Aristóteles, o grande mestre que ele foi e que George também denominou assim, a distinção do homem é o fato de ele ter linguagem. A linguagem e o uso de instrumentos distinguem o homem dos outros seres vivos animais. A linguagem, porém, é para ele mais do que um mero instrumento ou do que um mero sistema de sinais com a finalidade da comunicação. Entrementes sabemos algumas coisas sobre "linguagens animais", tal como costumamos denominá-las. Nós observamos sem compreender que os golfinhos possuem meios próprios de comunicação. Nós sabemos algo sobre

---

4. Cf. neste volume "Inversão mitopoiética nas *Elegias de Duíno* de Rilke", p. 345.

a linguagem das abelhas. Mesmo o telégrafo morse é um meio de comunicação e nada além disso. No entanto, a possibilidade que a linguagem representa para nós homens e que nós todos apreendemos ultrapassa a possibilidade de um instrumento e de um uso de instrumentos. A linguagem significa memória. Menemosyne, contudo, é a mãe de todas as musas, a doadora da arte. Quer imagem, quer palavra, quer som, quer canção, qualquer que tenha sido a sua origem ou qualquer que seja a sua função social atual, a arte significa no final das contas um modo de encontrar-se consigo mesmo no qual o nosso si próprio se torna presente. Na palavra tanto quanto na imagem, nos traços estabelecidos sobre as rochas tanto quanto no canto mais primevo, do mesmo modo que na configuração mais refinada e mediatizada da literatura posterior, o mundo se torna presente como um todo, a totalidade de nossa experiência do mundo se torna presente. Mesmo as configurações mais mudas de nossas imagens modernas das quais emana um silêncio chocante evocam em nós o "Tu és isso!" Uma tal experiência do todo na qual vamos ao encontro de nós mesmos movimenta-se sobre o caminho de uma constante renovação do eco da arte. Nessa renovação reside a nossa distinção humana propriamente dita. Na medida em que convertem em conceitos a antiga sabedoria platônica da "imortalidade" humana da qual me lembrei, os filósofos falam da situação fundamental humana da finitude. Essa finitude conforma-nos tão completamente porque nossa distinção é justamente saber disso. Ela constitui o nosso caráter de futuro essencial. Nós vivemos, na medida em que nos dirigimos para o nosso futuro, com expectativa e esperança. Em nosso fazer e deixar de fazer cotidianos, e antes de tudo em nosso trabalho, nós levamos a termo uma constante recusa pulsional. Nós não buscamos uma satisfação pulsional imediata, mas nós trabalhamos.

Por outro lado, porém, esse ser expelido do homem para fora da criação viva ligada por traços naturais significa uma tarefa constante de retorno e inserção. No entanto, o retorno a nós mesmos é sempre um retorno ao que é atribuído a nós, um retorno ao todo no qual somos e que nós somos. A palavra simbólica mais profunda para essa tarefa humana originária talvez seja "nomos". Essa palavra precisa ser sempre uma vez mais evocada à memória de uma geração que está se perdendo na crença no progresso. *Nómos* não significa apenas a lei e a ordem estabelecida por nós. *Nómos* é "aquilo que é atribuído", a medida. E conhecer a medida é humano. O poema ensina efetivamente a acolhê-la. Assim, o poeta Verwey, citado por George em suas "Folhas", disse certa vez: "Somente quando o movimento da vida se torna plenamente mensurado, ela alcança a sua força mais elevada." A partir daí compreende-se – como penso – o fato de a "leitura" e de a fala poéticas terem sido a forma educacional propriamente dita do mestre Stefan George na lida com os seus discípulos. A leitura poética é mais do que uma habilidade ou do que uma arte. Ela consiste em um aprender a se ajustar à medida que concede liberdade. Trata-se do "Cristo em meio à dança". A óbvia ultrarritmização que é exigida e mediada pela leitura de uma construção poética não articula e ordena a apresentação, a respiração do falante. Essa é uma experiência do todo e de nós mesmos no todo, uma experiência que é desse modo conquistada. Pois no verso, no verso em suspenso, e, se é que posso falar assim, no verso que se movimenta de cá para lá com a leveza da dança, vigora um aquietar-se em si. O retorno aconteceu a partir de todas as relações. O verso toma parte no caráter esférico de toda construção e é como o círculo, como aquela boa infinitude da qual fala Hegel e à qual ele contrapõe a má infinitude do progresso ilimitado e do constante ultrapassar-a-si-mesmo. Ela é o todo. Na medida em que o verso e a arte são por sua vez um tal todo, eles nos acolhem em si. Eles são, dito uma vez mais filosoficamente, reflexão em si. Nós mesmos somos abarcados pelo todo que somos e que está em nós, mas não abarcados de um tal modo que ele também estaria presente para nós como o todo. Ele só vem muito mais ao nosso encontro como o todo e como a grandeza na qual tudo é na manutenção do que nos é atribuído, do *nómos*, o que quer que ele seja. A nossa civilização terá de reaprender isso. Um passo em direção a esse aprendizado, porém, é a vida no poema. Ela é mais do que uma espécie de exercício de relaxamento em meio à pressa e ao acossamento da vida marcada pelo desempenho. A vida no poema é muito mais uma das maneiras nas quais experimentamos o ser-movimentado em nós, na qual apenas os homens conseguem encontrar o seu autopreenchimento. Nossa educação precisará voltar uma vez mais a reconhecer o que significa uma posse interior e o que é a vida no poema – certamente também o que é para o devoto a vida na oração – e o que significa para nós todos a vida na palavra inexprimível. Trata-se da redescoberta da riqueza que a memória consegue conceder à vida humana. Memória é conservação – não a conservação de ordens e disposições extrínsecas, mas de tudo aquilo que nós mesmos somos. A conservação não é a fixação inquestionável do que existe. Nós temos por fim de aprender com Platão o fato de precisarmos renovar constantemente aquilo que vale para nós como verdadeiro. O poema do poeta não nos permite nenhum juízo crítico-superior. Ante um poema, a crítica significa reconhecê-lo como tal, deixá-lo viger como verdadeiro. Depende de nós conservá-lo. Não obstante, a conservação é sempre e derradeiramente o modo propriamente dito no qual o verdadeiro pode ser para nós homens.

23. A INTERPRETAÇÃO DA EXISTÊNCIA FEITA POR RAINER MARIA RILKE
Sobre o livro de Romano Guardini (1955)
[Rainer Maria Rilkes Deutung des Daseins]

Não é de maneira alguma necessário fundamentar o fato de a poesia de Rilke não ser um objeto da ciência literária, mas sim um objeto verdadeiramente filosófico para os que vivem hoje, ou seja, um motivo de automeditação e de confrontação com a interpretação de mundo do poeta. Uma olhadela para a enorme literatura secundária sobre Rilke o demonstra. Pois o que fala a partir desses inumeráveis livros não é mais nenhum mero interesse estético-literário. Quanto a isso, o livro de Romano Guardini também não é nenhuma exceção[1]. Nessa medida, a sua pretensão de levar pela primeira vez a sério Rilke cai no vazio. Em termos do sentido para o elemento poético e da arte da interpretação, o livro supera com certeza a maioria dos outros tra-

---

1. Apesar de se tratar aqui da crítica a um livro, a minha confrontação com a interpretação de Rilke empreendida por Guardini é tudo menos um trabalho ocasional. Nessa confrontação insere-se um longo empenho em torno da interpretação das *Elegias de Duíno* que se iniciou já por volta de 1930. Diante de uma provocação oriunda das interpretações outrora emergentes vindas do lado teológico-protestante e sempre uma vez mais atônito com a imprecisão da leitura atestada pela bibliografia secundária sobre Rilke, planejei naquela época um comentário detalhado que foi repetidamente apresentado em minha docência acadêmica. Nos anos de desertificação crescente no período posterior a 1933, o Rilke tardio conquistou ao lado do Hölderlin tardio uma significação cada vez maior para a defesa da liberdade interior. O caráter sufocado e aflito de suas invocações que se avolumam em livre medida encontrou por toda parte o mais pronto acolhimento, e, lentamente, cresceu a compreensão dessa poesia hermética que serviu ao mesmo tempo ao pensamento filosófico. Foi por essa época também que surgiram as primeiras interpretações de Rilke feitas por Guardini, indo de encontro a algumas interpretações que não impeliam para além do círculo do auditório. Depois da guerra, então, a onda de interpretações filosóficas de Rilke ampliou-se cada vez mais. Mas não foi senão a interpretação conjunta poeticamente sutil de Guardini das *Elegias de Duíno*, uma interpretação consciente de sua posição, que me estimulou a mostrar que continua sendo sempre necessário ler mais exatamente e que a crítica teológica de Guardini – em comparação com a assimilação teológica do início dos anos 1930 e com a assimilação filosófica indiscriminada do início dos anos 1940 certamente um progresso significativo – passava ao largo de uma escuta à exigência da obra poética de Rilke. Entrementes, as constelações do espírito se transformaram claramente e Rilke não é mais lido como antigamente. Ao contrário, ele se tornou agora um objeto da ciência literária.

balhos. Mas essa não é a razão pela qual ele merece uma atenção filosófica particular. Ao contrário, ele conquista muito mais uma posição peculiar porque o seu empenho por levar a sério Rilke não pressupõe nenhuma identificação tácita da opinião do intérprete com a opinião do poeta, mas sim inversamente um distanciamento crítico consciente. Apesar disso, permanece sendo uma pressuposição que Guardini compartilha com quase todas as interpretações de Rilke o fato de a poesia rilkiana não ser compreendida de modo meramente estético, isto é, como um fenômeno expressivo avaliável em função de sua autenticidade, mas como um enunciado que diz algo verdadeiro. Por meio de Guardini, contudo, coloca-se o problema fundamental de saber o que significa uma crítica a um poeta se essa crítica não tem em vista o caráter poeticamente bem-sucedido, mas a sua verdade.

Com certeza, Guardini torna ambígua logo na introdução essa pressuposição comum e convincente que também atravessa a sua interpretação. Apelando para os enunciados de Rilke sobre si mesmo, ele considera as construções poéticas rilkianas como uma mensagem religiosa – e quer provar a sua legitimidade a partir da determinação do fato de seus enunciados serem ou não verdadeiros.

Não é fácil unir as duas coisas. Trata-se de duas instâncias completamente diversas às quais Guardini se reporta: a pretensão natural de qualquer leitor de Rilke de encontrar a verdade dita e a suposta pretensão particular de Rilke de transmitir uma mensagem religiosa. De fato, Rilke utiliza formas de descrição de sua inspiração poética que soam quase como uma pretensão de revelação religiosa, e ele chega até mesmo a dizer certa vez em conexão com o surgimento dos sonetos a Orfeu que esses sonetos não exigem esclarecimento, mas submissão. Para Guardini, isso significa que eles exigem crença. Não me parece haver nenhuma dúvida, porém, quanto ao fato de a pretensão universal de verdade que Guardini também pressupõe com razão junto a Rilke não apresentar realmente a exigência de uma autoridade religiosa. Não passa de uma suposição dizer que os enunciados poéticos de Rilke precisariam ser compreendidos com uma seriedade religiosa se não estivéssemos dispostos a assumir que Rilke "não tinha sido mais capaz de uma tal seriedade existencial".

Tertium non datur[2]: ou bem mensagem religiosa, ou bem brincadeira estética (20 ss.). Quem procura a verdade na poesia de Rilke ou em qualquer outra grande poesia, sem poder experimentar por isso em uma imediatidade ingênua, por exemplo, a tragédia grega como um pio grego ou o teatro de Calderon como um espanhol católico, quem, portanto, procura enunciados poéticos verdadeiros que não venham à tona com autoridade religiosa, vê-se desprovido de toda legitimação. Esse é computado por Guardini no "relativismo da modernidade em seu esgotamento" (21).

---

2. Em latim no original: não há nenhuma terceira possibilidade. (N. do T.)

Podemos compreender esse estranho exagero do interesse pela verdade em Guardini, aprofundando-nos em suas intepretações particulares. Pois Guardini não coloca de fato à prova um enunciado poético em vista de sua verdade a partir do modo como esse enunciado é experimentado enquanto a palavra precisa do poeta, uma palavra que afeta. Ao contrário, ele constrói a partir do discurso alegórico e dotado de muitas camadas do poeta um sistema homogêneo de interpretação da existência e uma "religião".

Na medida em que, enquanto cristão católico, Guardini mede esse sistema a partir das verdades da religião cristã, emerge a partir daí uma intelecção histórica importante. Rilke é inserido no processo genérico de secularização da modernidade, na medida em que só continua usando o mundo religioso do cristianismo e a matéria-prima da Bíblia como material para enunciados totalmente próprios. Conceder-se-á com prazer ao intérprete cristão a questão de saber se a força expressiva de um tal enunciado poético também não continua se nutrindo das verdades cristãs mesmo que ele as reconfigure a ponto de desfigurá-las. Pensemos, por exemplo, na história do filho perdido que é, segundo Rilke, a história daquele que não queria ser amado. Mas uma tal constatação histórica não me parece decidir nada acerca da verdade dos enunciados poéticos rilkianos. Ninguém contestará o que Guardini também constata totalmente com razão, o fato de Rilke alcançar as possibilidades decisivas para os seus enunciados poéticos a partir de um meio ambiente e de uma proveniência católicos.

Mas, quando se vê Guardini em meio às interpretações da primeira elegia exercendo uma crítica à "doutrina do amor" rilkiana porque Rilke coloca o amor sem a correspondência do tu do amado acima de tudo (49 ss.), é de perguntar se uma compreensão mais "relativista" não reconheceria melhor justamente a verdade daquilo que é aqui distintivo. Guardini não leva nesse caso manifestamente em consideração o fato de a doutrina rilkiana do amor ser uma doutrina do aprendizado do amor. "Não se deu do amor o aprendizado." Assim, ele evoca para si como aprendiz modelos cuja habilidade amorosa se conserva para além de toda correspondência. Esses são os amantes abandonados. Como é possível desconhecer que os verdadeiros amantes, isto é, os amantes que se entregam "infinitamente", conceder-se-iam *mutuamente* a mesma amplitude que é dada pelos amantes abandonados, e que esses são por meio daí exemplares?!? Eu não saberia dizer o que não seria verdadeiro aí – nem tampouco o que não estaria certamente na mais plena ressonância com a ética cristã.

Quando se reconhece a liberdade flutuante com a qual o poeta, como Píndaro nos diz de maneira tão bela, suga o pólen de todas as flores, o que está em questão não é nenhuma falta de compromisso característica da estética. Justamente para quem se interessa pela verdade dos enunciados poéticos, a multiplicidade de camadas intrínseca aos temas objetivos, uma multiplicidade da qual se serve a construção poética, não pode ser ocultada. O que é enunciado com o seu auxílio deve ser compreendido e tomado por verdadeiro. No entanto, isso não se dá quando, em vez disso, tratamos os meios materiais e objetivos desses enunciados como a coisa mesma. O que Guardini diz sobre o anjo, por exemplo, na segunda elegia está certamente correto em termos da história dessa matéria (77 ss.). Mas o que Rilke nos diz ao *dar forma poética* a tais seres que nos excedem infinitamente na ação de sentir, seres nos quais nós, nós que o mais rapidamente desaparecemos, compreendemos então a nós mesmos, não é senão encoberto pela questão acerca de saber se eles são figuras cristãs ou pagãs ou ainda quaisquer outras figuras numinosas, em relação às quais podemos nos comportar religiosamente. Não entendo por que o fato de não se compreender religiosamente o que é dito por um poeta nega a ele e a si mesmo "a seriedade existencial". O que se tem em vista na segunda elegia e a razão pela qual os anjos são anjos é de qualquer modo totalmente inequívoco. Em nós homens, a nossa ação de sentir é algo que vai se esvaecendo. Seres cujo sentir não se volatiza não são mais homens. Assim, parece-me completamente despropositado ligar a experiência grega do divino à denominação dos anjos que não são de maneira alguma deuses (99). Rilke não os denomina uma manifestação do invisível na célebre carta a Witold Hulewicz, mas uma garantia da requisição ontológica.

A crítica pode naturalmente se estabelecer aqui. Será que esse critério do puro sentir, um critério que mesmo para os amantes só é passível de ser preenchido na magia do começo, é suficiente para que vejamos corretamente a existência humana? Rudolf Kassner já tinha chamado a atenção para os limites do mundo rilkiano: segundo ele, o mundo rilkiano só está em casa no "reino do pai", não "no reino do filho". A ele falta a verdade da encarnação. A crítica de Guardini é certamente motivada por razões similares.

Pois ele também sente a falta do elemento nuclear da pessoa em Rilke e vê justamente nessa supressão do si próprio a atualidade questionável que Rilke associa com a modernidade. De acordo com Guardini, a perda da personalidade e a submersão na totalidade que caracteriza o mundo presente se compertencem. Visto em função do todo, isso talvez seja correto. Nós retornaremos a esse ponto.

Mas será que por isso o que é dito pelas poesias não é verdadeiro? Não possui uma verdade para todos os homens quando o eu poético se vê aqui como o aprendiz e como aquele que nunca se deixa ensinar, como aquele que nunca consegue alcançar o altruísmo do verdadeiro sentir e, com isso, o verdadeiro amor? Será que esse critério é realmente falso? Precisamente a terceira elegia, que Guardini designa (104 s.) como uma doutrina gnóstica equivocada na qual o obscuro e o mal são vistos como o contrapoder ôntico do claro e do bem, não conquista senão a partir daí o seu lugar. É difícil ser um si próprio, é difícil justamente não perder o seu si próprio no amor em meio ao caráter sem nome da pulsão. Onde reside aqui o erro? Será que não é afinal verdadeiro dizer que, para o jovem amante diante da "pura face" da moça, o "deus do rio do sangue" precisa ser denominado culpado?

Acho que é um princípio correto, sim, uma exigência hermenêutica para toda interpretação da poesia, deixar-se tocar pela palavra do poeta. Somente aquele que é tocado pela palavra compreende o que é dito. E o que está completamente em questão em uma construção poética como as elegias rilkianas que não se dirigem absolutamente a ninguém, pois é a esse ponto que o poeta já se sente todos os outros[3], é realizar cada elegia como a unidade de um curso meditativo. As interpretações sutis de Guardini, por mais úteis que sejam em muitas particularidades (o fato de eu considerar algumas explicações particulares equivocadas não atenua o que é dito), não deixam a unidade do anseio poético vigorar suficientemente. Essa carência pode ser sentida da forma mais clara possível onde esse anseio é desconhecido. Isso me parece acontecer particularmente na quarta e na quinta elegias e algo também na décima.

O tema uniforme da quarta elegia na qual se concretiza aqui o tema geral do aprendizado do verdadeiro sentir e do amar é a falsidade emergente da precipitação que penetra nas relações humanas de maneira funesta. Mesmo aqui não se carece de uma interpretação biográfica. "Quem já não se sentou receoso diante das cortinas de seu coração caloroso?"

Guardini acredita (155 ss.) que ajuda à compreensão quando acrescentamos aqui algumas coisas a partir da biografia de Rilke: o fato de seu pai, como oficial fracassado, ter determinado para o filho a mesma carreira e ter experimentado aí uma nova decepção. "(...) Assim, é compreensível o modo como Rilke se dirige ao pai: 'Aquele a minha volta para o qual a vida tinha um gosto tão amargo, degustando da minha (...), a primeira turva infusão de minha necessidade, foi aí que cresci'. É aqui que parece residir o centro da relação entre os dois: na angústia que o pai sente pelo filho; por outro lado, no ser tocado do filho pela angústia – um ser tocado que se mostra tanto como gratidão quanto como compaixão e talvez mesmo como irritação. Quando o filho nutre uma esperança, então é o pai e a angústia que estão nessa esperança. O filho sente então: o pai não tem nenhuma confiança em mim, senão ele não sentiria nenhuma angústia. Isso o aflige, talvez mesmo o estimule. Por outro lado, ele diz a si mesmo: quão pobre era o pai que não esperava mais nada para si mesmo e nem mesmo podia ter com confiança esperanças em mim. E as coisas continuam sempre assim. Ele continua não tendo confiança em mim; ele continua sem me libertar para a confiança em meu próprio caminho" (155/7).

---

3. Guardini compreende de maneira incorreta o "tu" da Elegia 1 (v. 23) ao não reconhecer aí a intensificação do autotratamento (37).

Tudo isso me parece conduzir completamente ao erro. Não permaneceu absolutamente nada disso no olhar retrospectivo maduro do poeta em relação a seu pai. Ele não fala de nada a não ser do *amor* paterno. A plena desfiguração do todo culmina na incompreensão das palavras "provaste meus olhos embaciados ao levantá-los": Rilke é muito mais exato, muito menos impressionista do que o seu intérprete supõe. Ele descreve com uma precisão maravilhosa o que acontece entre um pai e um filho quando o filho, junto à prova cuidadosa com a qual o pai busca medi-lo, considera de modo ao mesmo tempo seguro e inseguro, com a consciência de estar completamente embaciado, seu pai cheio de zelo.

Também são similarmente equivocadas as considerações sobre a vida de Rilke articuladas com a expressão "meu pequenino destino": "Quem teria tido um conteúdo de vida mais rico do que ele? Ele foi um poeta, certamente o maior desde Mörike. Inumeráveis homens estiveram ligados a ele, dentre eles muitos homens significativos e cheios de vida. O amor chegou até ele de todos os lados. Ele viveu na Europa e passou de uma beleza para a outra. Lugares que outros só puderam ver de fora o acolheram, e, não obstante, o sentimento "meu pequenino destino"! (158) – Em verdade, o que está em questão nessa expressão não é uma maior ou menor quantidade de "conteúdo de vida", mas aquilo que pode efetivamente significar um destino ante a simplicidade e a grandeza de vida e morte[4].

Permaneçamos preferencialmente junto ao texto da quarta elegia: "Quem já não se sentou receoso diante das cortinas de seu coração caloroso?" O animal e a criança, assim como o moribundo representam para aqueles que confessaram a falsidade de seus sentimentos algo digno de reflexão. Guardini não toca aqui de maneira alguma o ponto. E, no entanto, o que poderia ser mais plasticamente apreensível do que a descrição do falso entre amantes? Assim como eles são extremamente claros um com o outro na bondade porque eles se limitam mutuamente como inimigos de modo que o ato de amar – o contorno do sentir – nunca chega a assumir um traço pleno, cada um é para o outro ambíguo e cheio de cortinas. O poeta indica de maneira exata que o palco do qual se fala em seguida é o palco do próprio coração. De modo incompreensível, Guardini vê aí um desvio da "obra do coração" em direção à mera intuição (170 s.). Nesse caso, não somos de maneira alguma apenas aqueles que olham, mas do mesmo modo aquilo que é encenado. As entradas em cena no palco do coração apontam para os sentimentos. O coração que se coloca à prova experimenta o fato de todos esses sentimentos serem falsos, fruto do esforço, só aparentes (como maus atores). E, porém, sempre se espera novamente pela entrada em cena de um sentimen-

---

4. Cf. quanto a isso *Die Aufzeichnung des Malte Laurids Brigge*, Sämtliche Werke (ed. Zimm), vol. 6, pp. 898 s.

to puro, sempre se espera de modo inflexível, pois não há nenhum perecimento absoluto do coração: "Sempre há o ver." Quase não se consegue acreditar que essa expressão tão bela para a invernada que nunca chega a se dar realmente no coração seja tão mal compreendida por Guardini que ele não reconhece absolutamente como tal o chamado das testemunhas, do pai que ama e das mulheres amadas. Quem não se deixa mais enganar e quem soubesse realmente esperar, para esse o anjo precisaria acompanhar a ascensão da pura entrada em cena do sentimento, puxando para o alto o boneco (aquele que não alimenta mais nenhuma ilusão a partir de si mesmo): "Então se reúne aquilo que nós incessantemente dividimos, na medida em que existimos." Guardini acha essa sentença monstruosa (163). Mas será que ele a compreendeu corretamente? Essa queixa de Rilke pelo fato de não alcançarmos na existência a totalidade sagrada do sentir desprovido de reservas, autruísta, não é verdadeira? E não é verdade que só aquele que já está quase para além da existência – o moribundo – e a criança que ainda se encontra aí defronte conhecem realmente o puro sentir, confessado sem disfarces – e que os amantes buscam aprender isso? O anjo se apresenta logo que eles o conseguem.

Pressente-se que a morte, esse elemento temível e temido de nossa finitude, é a verdadeira razão de todas as nossas precipitações e subterfúgios. Não tenho como achar que a interpretação de Guardini da quinta elegia apreende corretamente essa conexão. Nesse caso, a metafórica artificial rilkiana é com certeza particularmente esquisita e a queixa do intérprete compreensível (204). Tudo depende manifestamente de apreender em seu sentido simbólico os viajantes com o seu exercício irrequieto e com o seu raro sucesso desprovido de sentido: um pouco mais fugazes do que nós mesmos que, tragados pela morte no padrão de nosso destino, tentamos incansavelmente alcançar os subterfúgios não verdadeiros e os encobrimentos de curto prazo do inverno que se aproxima. Parece-me significativo que Guardini (200) restrinja o "chocar-se com o túmulo" ao possível acidente do artista, em vez de perceber aí a transparência do símbolo dos viajantes e de ver aí preparada a sua aplicação ao destino de todos nós. Todo fracasso humano choca-se com o túmulo. Assim, ao final da elegia, encontra-se a verdadeira peça de nosso si próprio e da felicidade que residiria na capacidade do amor – também isso uma peça porque um modelo e o preenchimento no além de um sonho que fracassa aqui incessantemente. Nesse ponto, também não consigo entender o que Guardini acha falso e fatídico aí (222). Tomemos o fato de o coração humano experimentar infinitamente muitos fracassos e um raro sucesso em sua obra do coração; o fato de o esforçar-se em toda obra do coração trazer consigo algo falso e de a capacidade verdadeira também tornar possível um verdadeiro sorriso: em que medida isso suspende a personalidade?

Além disso: o fato de o "puro pouco demais (...) surgir abruptamente naquele demasiado vazio" (verso 82 até 84) é uma imagem pura da capacidade, do equilíbrio. O que parecia um empenho pequeno demais se mostra ulteriormente, desde o momento em que se alcança o equilíbrio, como algo demasiado vazio. A conta desponta sem resto, "sem números". Guardini desconhece (213) isso.

Guardini esquece aqui, ao que me parece, o que é uma elegia: queixa quanto ao caráter restrito de nossa existência, experiência de sua carência de modelos da graça e do todo. É certamente correto dizer que um elegista cristão poderia falar de outra forma dessa finitude de nossa existência, que ele poderia falar a partir de um outro saber. Mas Rilke faz bem em falar a partir daquilo que sabe; e não lhe fazemos jus quando não avaliamos a verdade de seus enunciados a partir de experiências que estão à base desse enunciados.

Assim parece-me sem sentido confrontar, por exemplo, na sétima elegia, a pretensão rilkiana de ver as coisas salvas na intuição do anjo com a salvação cristã de todas as coisas em Deus (282). Nesse contexto, salvação não significa outra coisa senão "a conservação da figura ainda conhecida", a sua preservação no coração que sente. Nisso, o anjo ultrapassa-nos porque o seu sentir não é condicionado e limitado, e, assim, com frequência turvo como o nosso. Não parece haver nada enaltecedor que esses seres sensitivos já não possuíssem há muito tempo.

A nona elegia, porém, a elegia mais bela aos olhos de Guardini, encontra algo que permanece reservado precisamente ao ser tão voltado para trás que o homem é: o terreno, o simples no qual o sentir humano ganhou forma, tornou-se algo como uma "saga". Seria de esperar que Guardini apresentasse aqui uma vez mais a secularização de uma ideia cristã. Trata-se da encarnação que Rilke atribui aqui ao homem. Nós seres terrenos somos superiores à pura essência sensitiva do anjo, na medida em que o nosso sentir não conhece o incondicionado e, por isso, desperta o condicionado, as coisas, em seu verdadeiro ser; e nós podemos fazer isso porque e porquanto conquistamos a relação correta com nossa própria condicionalidade, isto é, porém, com a morte.

São coisas muito importantes as que Guardini contrapõe (414 ss.) à "doutrina da morte" rilkiana. Ele vê no protesto contra a morte a "honra ontológica" do homem e na falta desse protesto a capitulação do homem. Isso é com certeza correto. Mas será que isso também possui uma razão contra Rilke? Será que Guardini realmente acredita que falta honradez ontológica a Rilke? Seria necessário para Rilke o empenho incessante pela afirmação da morte se ele não portasse em si esse protesto de maneira mais consciente do que qualquer outro homem? Precisamente essa "doutrina" de Rilke também me parece conter uma verdade. Há um comportamento falso e um comportamento correto do homem em relação à sua finitude: a exclusão pela mentira (pela ilusão da "felicidade envolta em beleza") e a percepção que dirige toda a força do próprio sentir para o finito e único. Sinto falta em Guardini do esclarecimento da razão pela qual Rilke pode denominar a "morte íntima" um "incidente sagrado da terra". O fato de o coração humano poder transformar o ente em coisas de uma autêntica duração, na medida em que deixa o seu sentir humano ganhar forma e se tornar espírito nelas, deve-se realmente à própria experiência da finitude.

Ésquilo já sabia disso. Essa não continua sendo uma descrição correta do ser terreno – mesmo que ela seja incompleta para o cristão, na medida em que esse incidente da terra, a própria terra e o homem se mostram como uma criação e uma determinação divinas? Pode-se duvidar se é possível para o homem realizar existencialmente uma tal afirmação da morte a partir de si – mas não se deveria negar que se trata de uma verdade o que Rilke conserva aqui da plenitude de sentido da época em cujo fim nos encontramos.

Não se trata justamente da carta branca do poeta, retida de maneira injusta por seus intérpretes, não precisar ter nenhum sistema filosófico ou teológico completo, mas construir enunciados verdadeiros em si, cuja verificação conceitual em um todo de sentido não é mais tarefa sua? As cartas interpretativas de Rilke são certamente acenos valorosos para aquilo que ele tinha em vista, mas a sistematização que ressoa nelas contém algo de diletante, e Guardini se subordina demais a elas. Aqui esconde-se um núcleo de verdade impassível de ser perdido, um núcleo de verdade do relativismo estético tão malvisto por Guardini (de maneira alguma um fenômeno meramente moderno: pensemos no tratamento da mitologia antiga na tragédia e na comédia áticas e na crítica de Platão aos poetas). Esse núcleo de verdade contém o fato de a verdade da arte e, com isso, o sentido de seus enunciados só experimentarem no intérprete a determinação e a limitação que torna possível a crítica imediata. Portanto, toda crítica à poesia – enquanto ela não diz que a suposta poesia não é poesia alguma porque lhe falta a "realização" – é sempre autocrítica da interpretação. A tarefa do intérprete, precisamente na medida em que procura verdade, é indagar o lugar da verdade assim realizada, e, com isso, ao mesmo tempo os seus limites, buscar em si a sua condicionalidade por meio de instâncias contrárias. Ele precisa deixar o que é válido vigorar na autocrítica. É algo que induz enormemente a erro criticar como relativismo estético aquilo justamente que torna pela primeira possível a pretensão de verdade da poesia.

Mesmo levando em conta as pressuposições particulares da interpretação que Guardini faz de Rilke, permanece espantoso para mim que a densidade superior da décima elegia não tenha se imposto à sua excelente receptividade para o elemento poético.

O discurso poético rilkiano só é transpassado um pouco demais por reflexão, a sua metafórica é com frequência extremamente rebuscada. No interior de seu estilo, porém, a décima elegia representa – nisso o seu próprio juízo é sem dúvida alguma correto – um ápice da transformação poética. Só se precisa indagar decididamente as verdades que são narradas aí sob a forma de uma ação.

Trata-se da história da expulsão de todos os sentimentos verdadeiros e, antes de tudo, do sofrimento, do mundo de hoje. Onde é que ainda há sofrimento? Onde ele se confessa? Na queixa! O jovem que experimenta a dor com o mundo sabe algo sobre o fato de o sofrimento pertencer ao ser – ele segue uma queixa que o conduz um pouco para fora do mercado anual do mundo, até que ele retorna "amadurecido" para a realidade sóbria. A queixa continua aí com o jovem morto. Aqui, a veneração racionalmente organizada da morte que é própria à "cidade do sofrimento" moderna não consegue mais colocar de lado a existência da queixa. Essa o recebe como jovem. Mais tarde, depois de algum tempo, uma queixa mais velha o acolhe. Já a partir da particularidade desse caso de morte, ela aponta para todo o amplo reino das queixas e do sofrimento e conduz finalmente à intelecção da majestade sublime da morte e do pertencimento desse sofrimento a todo um céu de estrelas da dor. Até que, por fim, a queixa mais velha também o abandona – somente o mudo sofrimento continua junto a ele, um sofrimento a partir do qual finalmente a "fonte da felicidade" emerge uma vez mais. Não se consegue ver em parte alguma mais claramente do que aqui o princípio da *mitopoiesis* poética de Rilke[5].

O ser da morte é acompanhado pela queixa até estar infinitamente morto, isto é, até não haver mais nenhuma queixa, nenhum derradeiro choro junto a ele, sim, até a dor atravessada até o fim se dissolver em alegria. A concordância com o estar morto dos "infinitamente mortos" é o sim à finitude, com o qual a elegia e o conjunto das elegias se concluem. A verdadeira felicidade da existência humana não é uma "felicidade crescente", ou seja, ela não reside em um ter em vista o futuro e a duração. Pode-se achar insuportável para o homem abandonado por Deus a resignação que se encontra nessa intelecção. Mas não se poderá dizer que não se trata de intelecção alguma, mesmo que a verdade dessa intelecção só tenha uma validade restrita para aquele que unifica a esperança cristã no além com uma tal salvação no aquém. Mas mesmo para esse ela não será falsa.

Do que foi exposto segue que uma legítima crítica filosófica da poesia não pode se estabelecer sobre o que uma poesia diz, mas sobre o que não é dito nela. O importante é ver o limite de sua verdade. O valor do livro de Guardini – além da rica profusão de ensinamentos interpretativos particulares – reside certamente no fato de ele fomentar a formulação dessa questão

---

[5]. Mais detalhadamente em relação a esse princípio, ver "Inversão mitopoiética nas *Elegias de Duíno* de Rilke", neste volume, pp. 345 ss.

à poesia rilkiana, mesmo que ele inicie sua crítica de maneira por demais imediata junto aos enunciados da poesia. Todavia, só se compreende corretamente a pergunta sobre os limites da verdade rilkiana quando ela visa ao limite que advém em nós à verdade rilkiana. Toda crítica a poetas que pressupõe o ter sido tocado pela palavra do poeta é e permanece sendo uma autocrítica do intérprete.

É preciso indicar a uma tal autocrítica que se realiza graças à própria poesia: o tema dominante de Rilke é amor e morte. Vê-se da maneira mais clara possível a conexão dessa temática, quando se parte da sentença rilkiana sobre os amantes: "Inimizade é para nós o que há de mais próximo." Tal como nós homens temos em vista a nós mesmos na medida em que vivemos, o tu é para nós o limite experimentado de maneira hostil – e a morte com maior razão ainda. O aprendizado do amor e o aprendizado do sim à morte se compertencem. Com certeza, sente-se a falta em Rilke – e esse é o caráter desconsolador de seu mundo – do fato de se conquistar o outro a partir do um. Tudo parece se dar em verdade desse modo, na medida em que o "contato com todas as coisas", e, com isso, o sim a tudo aquilo que é, emerge no encanto dos amantes e só é expresso pelo poeta. Mas uma tal entrega completa, na qual todo ente alcança o seu ser interior, é para Rilke um começo sempre rapidamente perdido do amor. Pois a "inimizade é para nós o que há de mais próximo". Precisar-se-á admitir: isso é verdadeiro. Ainda há, contudo, uma outra verdade, não a verdade mais próxima, mas talvez a mais distante e mais difícil, uma verdade que não é dita por Rilke, e que é a verdade do perdão e da reconciliação. Entre amantes, ela é a verdade propriamente dita, na qual a liberdade dos dois um em relação ao outro, essa liberdade ameaçada pela "inimizade", é reconquistada, sim, mesmo intensificada. É só aí que a pessoa se torna totalmente pessoa. A poesia de Rilke praticamente só conhece esse preenchimento sob a forma da queixa. Não obstante, esse também é um verdadeiro saber. Guardini não tem razão ao voltar sempre uma vez mais contra Rilke essa significação do tu (que naturalmente não é nenhum "objeto" do amor) para o si próprio verdadeiro da pessoa. O mestre do cristianismo acrescentará com razão que mesmo o sim à morte é um tal sim próprio à reconciliação, e, com isso, que é só com ele que começa a salvação propriamente dita da pessoa – só que o cristianismo ensina que esse sim não pode ser expresso por nenhum eu humano e por nenhum tu humano. O fato de Rilke exigir esse sim do "coração singular", na afirmação da finitude, mostrar-se-á ao cristão como a verdade cristã velada para o próprio poeta, uma verdade que continua lhe dando suportação. E quem não pensa como cristão talvez precise reconhecer que a verdade da reconciliação é o fundamento inconfesso sobre o qual apenas mesmo a labuta infinita do aprendizado rilkiano do sim foi possível. – Isso significaria – e não apenas para a relação de Rilke com o cristianismo – que, visto em termos filosóficos, Rilke continuaria sempre pertencendo ao círculo de Hegel.

24. INVERSÃO MITOPOIÉTICA NAS *ELEGIAS DE DUÍNO* DE RILKE (1967)
[Mythopoietische Umkehrung in Rilkes Duineser Elegien]

Toda interpretação é unilateral. Ela aponta para um escopo, para um ponto de vista que não pode pretender unicidade. Em todos os sentidos, quem interpreta poesia pode fazer isso de pontos de vista muito diversos. Ele pode proceder em termos da história dos gêneros poéticos, na medida em que insere o poema presente em uma tradição de modelos do mesmo gênero literário; ele pode proceder em termos da história dos temas, na medida em que persegue o acolhimento e a modulação de determinados temas tradicionais; ele pode trabalhar sobre os meios artísticos de um tipo poético-retórico e sobre a sua articulação no todo de uma "estrutura" etc. – Mas ele também pode assumir a tarefa hermenêutica originária de explicar o incompreensível. E ele pode proceder aí uma vez mais de maneira ocasional (como o fizeram a hermenêutica protestante do Novo Testamento e a filologia até o final do século XVIII) e procurar corrigir as dificuldades particulares preparadas pelas passagens incompreensíveis por meio de uma análise do contexto, pela introdução de paralelos etc. Ou ele partirá da unidade do que é dito e procurará interpretar o que o poema quer dizer, e isso preferencialmente junto às poesias que possuem um elevado nível de reflexão, e, com isso, são consideradas no todo como obscuras e dificilmente compreensíveis[1].

As *Elegias de Duíno* de Rilke pertencem a esse tipo de construção poética e exigem em primeira linha uma interpretação desse tipo. Essa interpretação também foi aliás amplamente aplicada a elas. De início, por parte dos teólogos, então por parte dos filósofos e de muitos autores engajados ideo-

---

1. O presente ensaio surgiu graças à decepção com o grande dispêndio de energia realizado no aplicado comentário de Jacob Steiner (*Rilkes Duiniser Elegien*. Berna/Munique, 1962). Só com muito esforço resisti até onde pude à tentação de corrigir as explicações particulares detalhadas que se acumulam aí. O presente ensaio está em consonância com muitas coisas que apresentei há doze anos em minha crítica a Guardini. No entanto, pareceu-me que o interesse teórico pelo princípio hermenêutico exigia um tratamento mais expresso e a sua colocação à prova a partir de um exemplo.

logicamente. – Todos eles seguiram o anseio de traduzir o que a poesia diz na prosa de seus pensamentos e na verdade obrigatória de seus conceitos. Na maioria das vezes, não se fala muito nesse caso do texto e de sua resolução exata. Em verdade, não se pode alijar totalmente de nenhuma interpretação de poesia o engajamento do intérprete (ou isso ao menos não deveria acontecer). Mas representa ao mesmo tempo uma tentação constante extrair do texto por meio da leitura e da escuta aquilo que vai ao encontro da maneira mais dócil possível dos próprios conceitos prévios, mesmo que nos choquemos aí com o cânone da compreensão que é dado pela coerência de sentido do todo.

Recentemente, a ciência literária começou a transformar as *Elegias* em objeto e a olhar exatamente para o texto que se decompõe para ela naturalmente em palavras. Assim, o comentário de Jacob Steiner que é trabalhado de maneira aplicada e cuidadosa é mais um comentário às palavras que lida de maneira por demais profusa em particular com os paralelos. Todavia, trata-se de um problema espinhoso saber o que é afinal que paralelos podem realizar em meio à interpretação da poesia. Em verdade, eles têm sempre um certo valor de balizamento para a fixação da terminologia, para a interpretação de temas particulares etc. Mas, se já é muito difícil e raro encontrar paralelos na filologia que realmente possuam consonância, no caso da interpretação da poesia as coisas são ainda muito piores, na medida em que mesmo os paralelos que possuem consonância trazem consigo o risco de desafinar a ressonância produzida pela unidade do discurso poético.

Quando hoje, em uma época sustentada pela onda de um novo esclarecimento que deixa para o enunciado poético um espaço cada vez mais estreito, de modo que evoca com decisão o *páthos* da sobriedade, da contenção, da insinuação epigramática e do *flash* jornalístico, se retorna a Rilke, o poeta que conseguiu ratificar da maneira mais profunda possível nos anos 1930 e no início dos anos 1940 a consciência do tempo, antes de tudo a consciência que resistia à "retificação"[2], por meio do maneirismo extremo de seus gestos linguísticos, o que é exigido de cada um é uma consciência de um tipo diverso. Em verdade, trata-se de uma necessidade genérica que experimentamos ante toda poesia "conceber o que nos comove" (E. Staiger). No entanto, em comparação com as traduções engajadas que se acham atrás de nós, essa necessidade assumiu agora uma outra figura. Não no sentido da análise e do comentário científico-literários, nem tampouco no sentido daquelas aplicações pré-engajadas, mas de tal modo que, para além de todo distanciamento de um sentimento vital violentamente transformado, a palavra poética de Rilke, que continua sempre possuindo a presença incontestável da grande

---

2. *Gleichschaltung* era um termo utilizado pelos nazistas para designar o processo de adaptação e ajuste das instituições sociais e dos indivíduos em geral à doutrina nacional socialista. (N. do T.)

poesia, exige a clarificação do horizonte que a envolve. Por fim, parece ter chegado a hora de alcançar em um desdobramento expresso do horizonte hermenêutico o nível de reflexão sobre o qual se movimenta a poesia rilkiana e de sair do âmbito do anúncio imediato de uma verdade de um tipo teológico ou filosófico, um âmbito no qual se encontrava outrora o anseio dos intérpretes[3].

Quem quer conquistar o nível de reflexão no qual as *Elegias de Duíno* se acham em casa precisa se libertar inicialmente de todos os preconceitos teológicos ou pseudorreligiosos que supõem que pelo desvio discreto por sobre os anjos se continuaria a falar de Deus. Aquilo de que falam as elegias pode ser muito mais bem determinado a partir de um caminho deveras simples, oferecido hermeneuticamente, e é espantoso que a literatura secundária sobre Rilke não tenha percorrido até hoje esse caminho. Tenho em vista o fato de, no próprio momento em que as elegias estendidas por mais de uma década em seu aparecimento foram ordenadas pelo poeta em um ciclo e preparadas para a publicação, a quinta elegia de outrora ter sido trocada por uma que acabara de surgir. O poema que deu lugar à nova elegia possui o título "Contraestrofes".

É fácil explicar por que ele precisou dar lugar ao poema que conhecemos como a elegia dos viajantes. A quinta elegia de hoje forma com as outras nove uma unidade estilística muito melhor – a mesma versificação que se desenrola amplamente, o mesmo gesto significativo que se inicia sempre de maneira primeva, o mesmo mundo de imagens indiretas extremamente refinadas em termos artísticos. Em contrapartida, ainda que de uma maneira extremamente habilidosa em termos artísticos, as "contraestrofes" abordam o seu tema imediatamente e também destoam totalmente em termos formais por sua figura marcada por respostas, uma figura que atua quase como uma sucessão de estrofes. Tanto mais importante, porém, é o fato de esse poema ter podido assumir algum dia a posição da quinta entre essas dez elegias. O enunciado direto, não cifrado que é feito por ele alcança com isso uma autêntica obrigatoriedade para o todo. Ele indica um tema central das elegias:

> Ó, que vós, mulheres, aqui entrais,
> Aqui entre nós, sofredores,
> Não poupadas como nós e não obstante em condições
> De tornar-nos venturosos como os bem-aventurados.

Trata-se do tema que nos *Sonetos a Orfeu* se expressa assim:

> Não é o amor aprendido.

---

3. Como o exemplo de Steiner o ensina, as indicações que procurei oferecer em minha crítica a Guardini feita há doze anos não foram de maneira alguma observadas.

A quinta elegia também ressoa nesse tema quando ela volta a construção aparente do grupo de artistas em direção à imagem nostálgica que representaria a unificação verdadeiramente feliz dos amantes.

Como todas as elegias, as *Elegias de Duíno* rilkianas também são cantos de queixa. Aquilo de que se queixa é a inalcançabilidade da verdadeira felicidade pelos amantes; ou melhor: a incapacidade dos amantes, e, antes de tudo, do homem amante, de amar de tal modo que seja possível um verdadeiro preenchimento. Com isso, porém, o tema das elegias se amplia até algo mais genérico. Trata-se da impotência do coração humano, de seu fracasso ante a tarefa de se entregar totalmente ao seu sentimento. As "contraestrofes" sabem se queixar quanto ao fato de a mulher amante estar em vantagem nesse caso em relação ao homem. De maneira similar, a obra das elegias inicia-se com os "infinitamente" amantes, com os abandonados que, apesar disso, continuam amantes. O espaço que essa obra percorre, no entanto, vai mais além. Com a experiência do amor articula-se a experiência da morte, as duas manifestamente experiências cuja exigência é grande demais para que o coração humano pudesse interiorizar o seu fracasso nelas. Em particular, é junto aos jovens mortos que o queixoso se conscientiza da impotência de seu coração. O que ele não consegue é manifestamente aceitar isso como ele é, sofrendo e queixando-se, mas sem cair em uma acusação contra a crueldade de um destino como o destino da morte de crianças e jovens: é preciso alijar "da injustiça a aparência".

É assim mais ou menos que podemos circunscrever a experiência inicial e toda a abrangência daquilo de que falam as elegias. É preciso partir dessa compreensão prévia daquilo de que se fala aí, algo que a própria poesia nos impõe, se buscarmos compreender o modo como se fala disso aí; ou seja, é preciso conquistar o horizonte de compreensão e de interpretação, no interior do qual o enunciado poético é realizável com exatidão.

À frente encontra-se a questão sobre o que significa o anjo das elegias. Não se necessitaria absolutamente da autointerpretação dada por Rilke, uma interpretação por demais ampliada em suas deduções até o cerne de uma dogmática espiritualista, para responder a essa questão. O anjo é em verdade um ser supra-humano e é evocado como o ser que nos excede infinitamente no sentir. Entretanto, ele não aparece de modo algum como um mensageiro ou um representante de Deus e não testemunha a presença de nenhuma transcendência no sentido religioso. Se Rilke o denomina certa vez a garantia do invisível, então essa caracterização também é tudo menos teológica. O invisível é aquilo que não se deixa ver e pegar, e que, contudo, possui realidade. No coração humano, o invisível é a realidade de seu sentir que requisita uma tal certeza incontestável sem poder se identificar. Dessa forma, essa certeza precisa se afirmar ante o ceticismo utilitarista de um realismo maciço que despreza o luxo dos sentimentos. Se a insistência na realidade daquilo que sentimos é ratificada pelo anjo, então isso significa que a condicionalidade e a parcialidade de nossos sentimentos, algo que poderia despertar dúvidas quanto à sua realidade, são elevadas no anjo acima de qualquer dúvida. O seu sentir é tão incondicionado e inequívoco quanto o coração humano só consegue sentir em instantes raros.

Portanto, não é senão uma possibilidade suprema do próprio coração humano que é aqui evocada como o anjo – uma possibilidade diante da qual o coração humano fracassa e que ele não consegue realizar porque muitas coisas condicionam o homem e o tornam incapaz da inequivocidade e da entrega irrestrita ao seu sentir. As situações poéticas nas quais se fala de nós e do anjo nas elegias o confirmam: "Eu pereci por sua existência mais forte", "sobressaltando-se fulminou-nos o próprio coração", "nós, onde sentimos, nos dissolvemos", o anjo da quarta elegia, que "brinca sobre nós", e então sempre uma vez mais o anjo ao qual algo é mostrado: o sorriso penoso da criança artista, a fadiga do destino de artista, mas também as grandes obras da arte humana, nas quais se inseriu sentimento, e, aquém de todos os sentimentos elevados, o mundo das coisas: há sempre algo diante do que o coração humano costuma falhar, na medida em que olha para aí distraído. Sempre se trata do poder e da impotência do sentir humano que pode ser pensado junto ao anjo como aquele cujo sentir não é limitado pelo sentir do outro, mas que acolhe o outro de tal modo que seu sentimento é totalmente idêntico a ele. Um sentimento que não se dissolve, mas permanece em si: é isso que significa "anjo" em Rilke; e isso porque um tal sentir ultrapassa o homem. As mulheres, tal como elas são tratadas na primeira das "contraestrofes", são consideradas pelo poeta como um pouquinho mais próximas do anjo.

Seguramente, Rilke não conheceu a teologia do anjo da Idade Média cristã. Como se sabe, ele se colocou até mesmo expressamente contra uma ligação com a representação do anjo no cristianismo. Apesar disso, reside na ideia "anjo" um problema ontológico que repercute manifestamente por toda parte: o fato de o anjo ser idêntico à sua missão, e, por isso, não poder possuir nenhum "tempo" no sentido da consciência temporal humana, nem tempo nem eternidade, ocupou bastante o pensamento medieval[4]. O anjo das elegias também não se mostra nem como uma aparição humana, nem como uma aparição divina – ele não aparece de maneira alguma enquanto o coração humano não consegue alcançar a inequivocidade que poderia evocá-lo ("Contra tão forte corrente tu não podes progredir"). O clamor do eu poético pelo anjo não é nenhum chamado que trouxesse alguém para cá. Ele é antes muito mais a conclamação e a evocação de uma testemunha que deve ratificar aquilo que nós mesmos sabemos. O que nós mesmos sabemos,

---

4. Cf. Tomás de Aquino, *De Instantibus* (Baeumker, *Impossibilia des Siger von Brabant*, pp. 160 ss.).

aquilo de que estamos conscientes e de que estamos internamente seguros é aquilo que é inseparável de nós – é isso que é aqui denominado (com Rilke) o sentir e o sentimento. A opinião e o ponto de vista podem se alterar, podem ser abandonados, podem desaparecer etc. – o sentimento, esse elemento de todos o mais fugidio, que querer reter, que *querer* efetivamente é o que há de mais absurdo, guarda uma realidade ambígua, na qual não há nenhuma outra coisa senão ele mesmo, que alguém, como dizemos, acolhe plenamente e preenche.

Mas o que significa o fato de esse conceito-limite de nosso próprio ser ser evocado como anjo, ou seja, como uma pessoa que age? É preciso estabelecer aqui uma reflexão hermenêutica quanto ao modo como o discurso poético é efetivamente compreendido. Todo discurso poético é mito, ou seja, ele não atesta a si mesmo de outra forma senão por meio de seu ser-dito. Ele narra ou fala de feitos e acontecimentos e, porém, só descobre crença – mas ele a descobre – na medida em que somos nós mesmos que vamos ao nosso encontro nesses feitos e sofrimentos dos deuses e dos grandes homens. Assim, o mundo mítico da Antiguidade sempre continua estimulando os poetas uma vez mais até os dias de hoje a despertá-los para o encontro presente consigo mesmos. Nisso está com frequência em obra a mais refinada lucidez, na medida em que o poeta também reconhece os seus próprios antepassados poéticos como compresentes no leitor. O horizonte de compreensão no qual se insere o discurso do poeta está aqui efetivamente preparado de uma maneira confiável.

Naturalmente, isso tampouco significa que o mito antigo ainda teria uma verdade religiosa. Não obstante, ele continua compreensível de uma maneira que nunca pode ser alçada ao âmbito do conceito senão por sobre a interpretação de um despertar poético bem-sucedido. Quando Walter F. Otto soube falar há décadas dos deuses homéricos com o tom silencioso e entusiástico do iniciado, de tal modo que as pessoas chegaram a compreender algo, isto é, de tal modo que elas não tomaram apenas conhecimento de estrangeiridades religiosas, mas alcançaram um acesso aos deuses a partir das experiências humanas, ele foi suportado por Homero (e quando ele empreendeu a tarefa de desvelar Dioniso, não sem profundidade e sutileza, ele não foi além de Nietzsche porque lhe faltou a poesia que desperta)[5]. O princípio da compreensão está fundado em todos esses casos em uma inversão: aquilo que se apresenta como o agir e o sofrer dos outros é compreendido como a própria experiência sofredora. Nessa medida, mesmo o conceito de "desmitologização", um conceito tão controverso na teologia hoje, implica o

---

5. Walter F. Otto, *Di Götter Griechenlands* (Os deuses da Grécia – Bonn, 1929); *Dionysos* (Frankfurt, 1953).

princípio dessa inversão porquanto a esfera de sentido se limita a partir de uma tal inversibilidade em uma compreensão da fé humana[6].

Precisamos nos assegurar desse pressuposto hermenêutico para que possamos compreender o modo de procedimento poético particular de Rilke. Não se leva mais adiante aqui a tradição mítica da Antiguidade e a sua compenetração cristã que ainda conseguiu conduzir na época do barroco a uma construção poética alegremente alegórica, nem mesmo sob a forma de um redespertar consciente tal como o que é válido, por exemplo, para a obra tardia de Hölderlin. Não há mais aqui nenhum mundo mítico, mas o que permaneceu foi o princípio da inversão poética. Em Rilke, esse princípio se transforma na inversão mitopoiética: o mundo do próprio coração vem ao nosso encontro na saga poética como um mundo mítico, isto é, um mundo composto a partir de seres que agem. Aquilo que ultrapassa a amplitude do sentir humano aparece como anjo, o abalo quanto à morte de homens jovens como o jovem morto, a queixa, que enche o coração humano e segue o morto, como um ser que o jovem morto segue, em suma, é toda a dimensão de experiência do coração humano que é liberada poeticamente na autoatividade da existência pessoal livre. É o autoesquecimento da consciência mítica que dirige Rilke. Por meio de sua arte maneirista elevada, ele consegue, em uma presença sem mitos, elevar o mundo da experiência do coração humano ao elemento mítico-poético.

A conclusão hermenêutica é clara. O fenômeno mitológico exige por sua parte uma espécie de inversão hermenêutica. É preciso retraduzir o enunciado poético. No entanto, a dificuldade metodológica consiste aqui no fato de que aquilo mesmo que precisa ser retraduzido já era algo retraduzido. Se a grande tradição mítica é então como que iluminada em um novo despertar poético e encontra seu crepúsculo a partir dessa luz em meio ao ininterpretável, a realidade mítica que vem ao encontro repentinamente no discurso poético rilkiano possui respectivamente os contornos exatos de um mero espelhamento de uma experiência do aquém. Refletir essa experiência em todos os seus aspectos e retransportá-la como escrita legível para a nossa compreensão não pode acontecer do modo como, por exemplo, em tempos de uma forma poética alegórica fechada, uma retradução na prosa do pensamento constantemente acompanha a compreensão poética. Não há aqui nenhum mundo em si consonante de figuras míticas ou de comparações expressamente preparadas que apresentaria para a nossa compreensão justamente a tarefa de desvendá-lo. Trata-se muito mais de uma ressonância repentina

---

6. É certo que R. Bultmann define "mito" e "imagem de mundo mítica" justamente como o contrário da anunciação que é compreendida na fé. Mas essa é uma dependência questionável da imagem de mundo da "ciência", que o princípio hermenêutico não pode restringir. Cf. "Zur Problematik des Selbstverständnisses", in: GW 2, pp. 121-32.

e inesperada de consonâncias a partir das quais uma construção poética cuja aparência é quase hermética se expande até o interior de nossa compreensão. Sempre permanece algo de dissonância em uma tal compreensão. Mas é precisamente a dissonância na ressonância de tais consonâncias que faz com que as margens poéticas se movimentem.

A seguir, a realização concreta do princípio da inversão mitopoiética deve ser apresentada a partir de duas elegias. Comecemos com a quarta elegia. Já o seu início dá ensejo a que coloquemos à prova o nosso princípio. O clamor "Ó árvores da vida" visa a nós mesmos. É incorreto ler o segundo verso com um acento no "nós". O tom recai sobre o não estar em unidade consigo mesmo: "Nós não estamos em unidade com nós mesmos" porque não sabemos quando chegará o nosso inverno, como árvores vitais que sempre são verdes. Mas isso só soa assim, pois é óbvio que "árvores da vida" não são árvores vitais. A articulação primorosa dos versos iniciais repousa muito mais sobre a inconfundibilidade do autotratamento: fala-se de nós, de modo queixoso. Nós não somos como os pássaros de arribação que conhecem o seu tempo, nem tampouco como os leões que se confundem tanto com o seu curso imperial que a impotência, isto é, o querer algo que não se pode, não os alcança.

Nessas imagens contrárias a um estar-em-unidade-consigo-mesmo torna-se consciente de maneira queixosa o caráter dividido e a violência de todo comportamento humano; e, a partir da pré-compreensão que foi preparada, fica claro que são antes de tudo os amantes que representam aqui o comportamento humano. A parcialidade de nosso coração e a limitação com a qual ele se imiscui em seus sentimentos, de modo que não conhecemos absolutamente os "contornos do sentir", fazem com que sempre sejamos repelidos de nossa entrega. O poeta denomina precisamente "inimizade" esse persistir-em-nós-mesmos preponderante que limita a entrega ao outro. A entrega real só é arrancada ao contrário, justamente ao persistir-em-si, "para o traçado de um instante". Isso quer dizer: esse persistir-em-si é em nós tão constante e está por toda parte tão expandido quanto o solo do qual se destaca um traçado. "A gente está muito distintamente conosco" – os exegetas se perguntaram sobre quem é esse "a gente". Trata-se de um caso simples de inversão mitopoiética: nós somos esse "a gente", nós que estamos tão distintamente uns com os outros, na medida em que preparamos os instantes de uma ressonância real por meio de tanta resistência, de tantos ruídos na escuta, de tanta insistência em si, como se fizéssemos isso intencionalmente, para que a entrega também fosse notada como tal. Naturalmente o "a gente" não significa "nós", mas ele nos visa, ele visa ao fato de não podermos ser de modo diverso, ao fato de isso acontecer conosco, como se não fôssemos nós.

Mesmo essa experiência de que isso acontece conosco acha-se à base da metafórica de tudo o que se segue, da representação de estar sentado diante de seu próprio coração como diante de um palco, em uma expectativa inquieta em relação àquilo que será encenado no palco, como se nós não fôssemos absolutamente nós mesmos. O caráter irrequieto com o qual nos vemos contrapostos ao que entra em cena repousa sobre o fato de sabermos que nunca podemos imergir completamente no sentimento que nos preenche, que não podemos fixar o estar em unidade com o nosso sentimento tal como o anjo é capaz, esse "tumulto de um sentimento encantado", isto é, a satisfação do sentimento em um crescimento constante. Por isso, as cenas sobre esse palco do coração são "sempre despedida". Com isso, não se têm em vista as vivências amorosas que sempre chegam ao fim, mas o saber prévio quanto ao fato de nós nunca estarmos completamente à altura da tarefa de nos acharmos completamente em unidade com o nosso sentir. Em uma inversão mitopoiética, isso alcança a forma segundo a qual "o dançarino" entra em cena, um dançarino que dá um falso espetáculo sobre um palco que balança como bastidores. O jardim que promete florescer vindo ao nosso encontro é falso, a unidade entre o homem e a dança é apenas ilusória. Não se esquece a existência privada do dançarino, a existência privada do cidadão que se empenha ao desempenhar seu papel e que se abandona quando chega em casa. Dessa maneira, o dançarino representa a parcialidade – e isso significa: o estar empenhado, o fato de o sentir ser desejado.

E, contudo, o poeta se senta diante do palco do próprio coração na expectativa da plena aparição íntegra de um verdadeiro sentimento. Nessa expectativa de seu coração, que espera constantemente o amor propriamente dito, a entrega que a tudo apaga, ele não se deixa enganar. Ele conclama testemunhas para mostrar que faz sentido esperar diante do palco do próprio coração pelo sentir verdadeiro e total: antes de tudo pelo pai. Uma vez mais, a inversão mitopoiética nos ajuda a compreender de maneira exata. É dito do pai que há muito morreu que ele possui "equanimidade como os mortos a possuem" – e ele abdica dessa equanimidade em nosso nome. É compreensível que o morto esteja de tal modo presente para nós que aprendemos a suportar sua perda com equanimidade. No entanto, essa equanimidade é perturbada em certas situações de vida. Há instantes insignes da vida, nos quais o pré-eu, o pai, sai por um instante de seu velamento equânime. As pessoas pensam nele lá onde precisam ousar sérias decisões. E, se no fim o anjo precisa chegar para puxar os fios dos bonecos, então também se descreve com isso uma verdade da autocompreensão, a saber, o fato de haver experiências e decisões de nosso coração nas quais não se dá mais nenhum arbítrio, nenhuma vontade livre, nem tampouco nenhuma dissociação entre querer e querer, nenhum estar dividido no próprio coração. As coisas se mostram então realmente de tal modo como se fosse um ser que nos ultrapassa que nos acolhe.

No que se segue, o poeta apresenta dois testemunhos de que é efetivamente possível se portar de maneira tão inequívoca em relação a si mesmo e em relação ao seu próprio sentir: o moribundo e a criança. O moribundo que já fechou a conta consigo mesmo percebe os subterfúgios que se abatem sobre todas as coisas ao seu redor com uma clareza imperturbada. Pensemos na morte de Ivan Ilitsch de Tolstoi: a visita de parentes, a visita de colegas, a falsa alegria e o espasmo de uma confiança aparente – com um olhar quase compassivo, o moribundo persegue os esforços falsos dos viventes por encobrir dele a incontornabilidade de sua morte. Ele já está em uma unidade muito maior consigo mesmo.

E então a criança. Esse testemunho do correto estar em unidade consigo mesmo permanece presente até o final do poema. A criança conhece uma imersão completa no instante a partir do qual mesmo o seu brinquedo ainda guarda algo da mesma incondicionalidade. Pois para a criança o brinquedo é em um instante tudo e no instante seguinte nada. Como não se requisita aí nenhuma continuidade, vem à tona o que constitui a existência da criança: presença plena, falta completa de passado e futuro. Assim, a totalidade do sentir é representada na criança, a concordância indivisa consigo mesmo.

Essa concordância perdura até o cerne da exigência extrema da morte. Trata-se de uma cadeia de questões retóricas: "quem mostra...", "quem coloca...", "quem faz....."; questões que explicitam o indescritível. Pois ninguém é capaz disso. É a esse ponto indescritível que se mostra o modo como a criança pode se apresentar aí, totalmente imersa em seu próprio ser presente, um modelo inalcançável de uma doação indivisa e conjunta. Também a criança tem o seu destino (ele está marcado "na testa"), mas ela tem nesse caso a "medida do distanciamento". Nada daquilo que acontece com ela é de um tal modo que ela se entregue a ele com rancor, com nostalgia ou sentindo a sua falta, mas tudo é "satisfeito com algo duradouro" – uma cunhagem maravilhosa da palavra *vergnügt* [satisfeito], na qual o suficiente *genügend* e o satisfeito *vergnügt* se unificam. A criança não depende daquilo que se dá com ela: quando um brinquedo se quebra, quando um brinquedo é destruído, quando ela é chamada para ir embora ou mesmo quando tem qualquer outra aflição – como a criança consegue passar tão facilmente da aflição mais extrema para o sorriso mais venturoso e de onde é que ela alcança esse distanciamento em relação a tudo que acontece com ela?

Esse grande exemplo da criança encontra a sua última prova e o teste propriamente dito na criança moribunda. O modo como a criança sabe deixar tanto o seu brinquedo quanto tudo aquilo que lhe é importante na vida e rapidamente se consola alcança até o ponto em que a criança deixa a vida ao morrer. Uma criança que precisa morrer é como um pão escuro que fica duro: é tão natural e sem quebras que se mostra esse processo. – Também pode se esconder um elemento folclórico na locução "Quem faz a morte da criança", pois um tal procedimento plástico de formar figuras de pão que conquistam a sua expressão propriamente dita por meio do endurecimento deve ter existido nos arredores da Boêmia. Mas me parece totalmente desimportante saber se Rilke estava pensando realmente em um tal costume popular. O fato de o direcionamento significativo dessa imagem ser traçado corretamente por nós é ratificado por meio do "ou". A imagem salta: primeiro, a morte é *feita*, e, então, *deixa*-se a morte na boca redonda da criança, "como a haste de uma bela maçã". O que o poeta não faz senão evocar é a expressão peculiarmente receosa que a criança assume quando não consegue engolir alguma coisa durante a refeição. O foco aí é o manter-se preso a isso. A criança não quer devolver aquilo que a sufoca. É a tal ponto que lhe pertencem conjuntamente o doce e o amaro. As duas metáforas querem manifestamente expressar a relação para nós irrepresentável de consonância na qual uma criança acolhe voluntariamente a morte. A morte só nos parece representável como o elemento hostil e violento com o qual não se pode concordar. Daí: "Assassinos."

Se a temática que é mantida homogênea durante toda a quarta elegia – como é que ela formulou a questão inicial de saber quando é que o nosso sentir foi algum dia tão indiviso – sempre nos abriu uma vez mais por meio do princípio da inversão mitopoiética o acesso à compreensão detalhada, é a décima elegia, uma elegia considerada pelo próprio Rilke como a mais bem-sucedida, que é mais dominada por esse princípio em toda a sua construção. Pode-se introduzir aqui de maneira particularmente ampla a interpretação na retradução. Todavia, no que se segue, isso só deve ser feito de maneira sumária.

O tema que é colocado imediatamente com a primeira conclamação é a significação da dor para a vida humana e o caráter equivocado que reside em nosso comportamento em relação à dor. Já nessa conclamação do proêmio vem ao nosso encontro uma maravilhosa inversão mitopoiética: as noites são designadas como "irmãs desconsoladas", isto é, elas se unem com o eu que fala de maneira fraternal e como irmãs, como se elas não se deixassem consolar, mas se entregassem totalmente à dor. É naturalmente o homem que se entrega à noite totalmente à sua dor porque não pode mais fugir para nada que pudesse distraí-lo. O medo da noite que aquele que é perseguido por aflições ou dores possui é um tema fundamental de Rilke, antes de tudo mesmo nas *Aufzeichnungen dos Malte Laurids Brigge*, na primeira obra de Rilke, uma obra que alcança a altura da obra tardia.

Rilke denomina-nos "dissipadores da dor". Ou seja, nós não nos mantemos com aquilo de que constantemente necessitamos e que nos é indispensável. – Não é aqui o lugar de considerar em si o tema da dor e a sua diferença em relação à alegria. Mas todo mundo sabe que a dor nos impele para o interior e justamente por isso nos aprofunda. Um rosto transfigurado por alegria é certamente algo maravilhoso, mas é só a dor que marca um rosto. Isso aponta para o pertencimento interno da dor à vida, à consciência, ao saber sobre nós mesmos. O presente constante da dor exprime-se até o cerne da vocalização na linha "vaga, sítio, leito, chão, morada"[7] que expressa uma presença que ressoa de modo cada vez mais profundo e com isso cada vez mais consistente.

Em vez disso, vemos quão pouco espaço a dor ainda possui em nossa existência humana. Isso torna-se visível junto a toda a falsidade do cemitério na periferia da cidade e é uma vez mais diante do anjo, do ser que não conhece nenhum sentimento parcial, nenhuma divisão no sentir, que não permanece nada de toda essa suposta dor (ele a aniquila "sem deixar rastos"). E, por isso, temos a fórmula amarga do "mercado da consolação", no qual se redime por dinheiro a simbólica da dor por meio da agência funerária. Não é preciso senão pensar nas antigas lápides gregas, nas "lápides áticas" da segunda elegia, para saber por contraste que os mausoléus de nossos cemitérios não são realmente senão "o cano feito a partir do molde do vazio".

Como a dor não possui aqui senão uma posição marginal falsa e repelida, a vida real é para os homens uma espécie de mercado anual constante, a caça a uma felicidade e a uma ilusão de liberdade que abafa todos os pensamentos sobre a dor. Sem adentrar mais minuciosamente na descrição desse "mercado anual" da vida, é de qualquer modo claro o que possui a validade propriamente dita nessa vida falsa: sucesso e dinheiro. Lá onde se trata de dinheiro, as coisas passam a ficar sérias para os homens. Isso é evocado pela expressão "para adultos": o dinheiro é algo sobre o que não se fala propriamente (assim como a relação sexual), e, no entanto, é isso que interessa a todos. Esse mercado anual é cercado e nas tábuas da cerca estão pendurados cartazes da cerveja "sem morte". Assim, é acentuado uma vez mais para nós que o sentido de todo o mercado anual é agir como se não houvesse a morte. Se mastigarmos juntamente com essa cerveja "frescas distrações", isso significa então: nós anestesiamos o pensamento na morte, na medida em que nos precipitamos em distrações.

É por detrás do mercado anual da vida, um mercado no qual se acha toda falsa lantejoula, que temos de encontrar pela primeira vez os verdadeiros sentimentos: crianças brincando, pares amorosos completamente imersos um no outro, cães que são finalmente libertos de seu aprisionamento humano constante – e é aqui então que o jovem segue adiante. O tom recai sobre o "jovem". Os jovens ainda não são, é isso que quer dizer o poema, tão racionais quanto os adultos. Eles ainda são profusos com os seus sentimentos, ainda são capazes de não passar adiante de uma coisa, de confessar que algo não está certo e que não devemos nos contentar com o modo de ser das coisas. Para eles, o dinheiro ainda não exerce uma tal fascinação, e, por isso, ainda há para eles a queixa. Uma vez mais deparamos com a inversão mito-

---

7. "Stelle, Siedlung, Lager, Boden, Wohnort". (N. do T.)

poiética quando o jovem segue a queixa, quando ele é como que atraído por ela – ele a segue, ele é tocado por algo que o encanta, até que por fim retorna para a seriedade e a realidade da vida. Ele não consegue mais se entregar de maneira melancólica e infrutífera ao pensamento sobre o caráter equivocado da realidade e, assim, ele abre espaço para a queixa.

Mas então se fala do "jovem morto" – como se esse não fosse senão um outro elemento em uma narrativa homogênea – junto ao qual as coisas são diferentes. Eles não retornam novamente, mas seguem a queixa. Não se compreende nada aqui se não se compreende que não são os mortos que seguem a queixa, mas a queixa dos que ficam para trás que persegue os mortos, e, antes de tudo, o jovem morto. Aqui, a queixa ainda é como que legítima, de modo que ninguém leva a mal quando alguém se confessa queixoso.

Então é construído o mundo mítico das queixas, o mundo no qual o morto penetra; e com certeza não se deve converter de maneira falseadora em uma alegoria gelada aquilo que não é comparado no particular, mas encantado no todo. Mas permanece claro que se fala aqui da queixa que vale para o morto, e, em verdade, de tal modo que o morto aparece como o sujeito do processo, na medida em que ele é juntamente com a queixa que lhe cabe. Se a queixa no que concerne às moças se mostra de maneira diversa do que no que concerne aos jovens, então é possível também nesse caso pressentir uma vez mais algo da diferença essencial que homem e mulher possuem em sua relação com a queixa. Se a queixa segue "silenciosa" com o jovem, então reside nisso algo do fato de o jovem não se entregar à queixa tão livremente quanto a moça. Assim se deve ver.

O poeta segue o jovem morto no reino das queixas. O que o poeta mostra inicialmente é que a queixa perdeu o seu lugar no nosso mundo. As queixas empobreceram-se. "Outrora éramos ricos." É uma queixa mais antiga que sabe disso. Também isso tem a sua dimensão humana. A jovem queixa libera-se da queixa mais velha e essa aponta para mais além, para o alto da montanha da qual provém; e a montanha não é mais uma montanha das queixas, mas do sofrimento, isto é, ela é a queixa muda, aplainada ou que se dá como uma ira, que é "petrificada como escória". O que se acha por detrás disso é por assim dizer toda a dimensão interior da dor, uma dimensão que vai da exterioridade da queixa tonitroante até a realidade mais íntima de um sofrimento que se unificou totalmente com o homem.

A queixa mais velha que ainda possui algo da legitimidade da dor e ainda conhece a queixa na existência humana conduz então o jovem morto como que através da arqueologia da terra do sofrimento. Ela mostra para ele o resto decadente de uma grandiosa ordem dominante do sofrimento e da queixa. Etnologia e história da religião permitem-nos preencher esse momento imediatamente com conteúdo, e até os nossos dias ainda há em regiões marcadas pelos costumes camponeses o domínio da queixa: carpideiras e todos os ritos de queixa que pertencem ao culto do enterro. A elevada força poética desses versos traz à tona para nós como que por magia uma paisagem das queixas, na qual as lágrimas são elevadas a altas árvores choronas e campos inteiros de melancolia estão em flor. No entanto, para nós, essas flores enfeitam "apenas como folhagem" em um lugar qualquer os peitoris das janelas, isto é, elas só tocam superficialmente a nossa existência de maneira ocasional e periférica. E, quando os animais pastando são mostrados em meio ao luto pelo jovem morto, também não tem lugar aqui nenhuma interpretação particular alegorizante. Ao contrário, é preciso pressentir como os contornos de um rebanho pastando à noite apontam para baixo e espalham tristeza.

Por fim, chega a noite e o que é descrito possui algo de egípcio. Todavia, não se deve obviamente pensar que essa paisagem de queixa é o Egito. O que é mostrado aqui não acontece junto ao Nilo. O Egito ressoa aqui porque essa é a cultura, na qual a morte tem a maior presença possível. O que devemos compreender, porém, quando uma outra esfinge sublime desponta sob a luz da lua, uma esfinge que é olhada com espanto pelo jovem morto, tal como Rilke descreveu certa vez em uma carta maravilhosa[8] a sua vivência da esfinge egípcia? "Da silenciada câmara rosto" visa certamente ao túmulo do faraó, sobre o qual o corpo gigantesco é construído com um rosto humano. Nós podemos sentir juntamente com o poeta o impacto de tirar a respiração que emana dessa face petrificada, quando esse elemento móvel e sempre alternante que conhecemos de maneira tão viva, esse elemento do rosto humano paira soberanamente diante do espectador mergulhado na luz da eternidade. É de tirar o fôlego o fato de essa existência humana fugaz dever efetivamente pesar algo, "na balança das estrelas colocada". Mas o que se tem em vista com tudo isso? Nesse ponto ajuda a ordem estrutural do todo. Uma clara intensificação conduz-nos até esse monumento sepulcral: uma "cabeça coroada". É a majestade da morte que representa aqui o ente que se assenhoreia de todas as coisas, a maior de todas as dores e a maior de todas as perdas, e que, com isso, confere à queixa em relação à morte a sua posição hierárquica. É aqui que a queixa possui a sua origem propriamente dita.

Desse modo, a descrição poética do encontro do jovem morto com a morte também é determinada pela intangibilidade da morte. Uma vez mais, precisamos empreender uma inversão: o jovem morto, que não consegue compreender o monumento sepulcral majestoso "em sua morte prematura imerso em vertigens", aponta para o intangível que uma morte prematura significa para nós que sobrevivemos. Nós não conseguimos compreender isso. No autoesquecimento mítico que o poeta sustém aqui até uma descrição conjunta de uma ampla viandança através da terra das queixas, nada

---

8. Agora impressa em J. Steiner, Comentário aos versos 77 ss.

disso se torna explícito. Pois tudo permanece uma descrição do que é visto. É só a coruja alçando voo que torna consciente pela primeira vez a grandeza desse rosto imperial da esfinge. Carecemos de uma folha "duplamente batida", ampliada em uma folha inteira a partir de nossa quarta habitual por meio de um duplo compasso, para que possamos acolher todo o contorno do intangível.

Se dirigirmos o olhar para um ponto "mais alto" – é assim que o começo da próxima estrofe é pensado –, então veremos "as estrelas da terra do sofrimento". Os exegetas, antes de todos bem recentemente Steiner, empenharam-se por interpretar particularmente algumas dessas constelações. É bastante questionável se esse empenho é correto mesmo apenas como tarefa. Precisamos pensar aqui muito mais na função poética de uma tal exatidão, tal como a semântica científico-literária mais recente está começando a reconhecer. Tal como se reconhecem lá, por exemplo, "sinais da mentira", aqui se reconhecem os sinais de uma dimensão da experiência das dores que é totalmente renegada por nós. Com todo certeza, cada interpretação particular precisa fazer jus à exigência de que as novas estrelas sejam "estrelas da terra do sofrimento". Os símbolos precisam ter algo em comum com o sofrimento, e a tarefa me parece ser acolher o todo desse céu de estrelas que desponta a partir da profundidade do conteúdo do sofrimento que está articulado com os símbolos particulares. Certamente, uma constelação também pode refletir o mundo do sofrimento na inversão, tal como, por exemplo, na felicidade do "berço" ou na unificação venturosa entre homem e animal no "cavaleiro". Um soneto a Orfeu fala-nos sobre isso (1, XI). Mas aí a unificação venturosa é apenas um momento fugaz e a decomposição da unidade já é passível de ser sentida tragicamente no retorno à casa, quando mesa e pasto, cavalo e cavaleiro se separam.

Se quisermos descrever na totalidade a direção desses símbolos estrelares, então o aceno hermenêutico mais importante é dado pela intensificação que pode ser encontrada na descrição. Essa intensificação torna-se de repente compreensível: no "m" que designa "as mães". Não há mais como desconhecer isso: a constelação das mães que se estende por todo o céu ao sul representa a mais profunda experiência do sofrimento e da queixa. Trata-se do sofrimento materno. Assim, é possível dizer algumas coisas sobre cada constelação particular da terra do sofrimento, coisas que despertam consonâncias e ressonâncias. No entanto, não me parece em sintonia com o poeta buscar as determinações de proveniência onde a direção dos caminhos e, com isso, a direção da compreensão estão claras no todo.

Sigamos então a conclusão do poema, isto é, acompanhemos a viandança até o fim, a viandança empreendida pelo jovem morto com a queixa e a viandança da qual ele se separa finalmente para ascender sozinho à montanha do sofrimento originário. Em uma inversão mitopoiética, essa viandança do jovem morto através da paisagem das queixas significa que aquele que mergulhou na dor por um jovem morto experimenta a sabedoria das antigas culturas da queixa na bênção da queixa. E, se a queixa precisa por fim interromper a viandança para apontar de longe a fonte da alegria que "brilha na luz da lua", então responde em nós a súbita intelecção de que ao final do luto queixoso a felicidade uma vez mais emergirá. A queixa precisa abandonar o jovem morto ao pé da montanha do sofrimento. Quando as queixas emudecem, a queixa não está mais então junto ao jovem morto. Ela não o acompanha mais. – Isso quer dizer: é a um tal ponto que ele pertence agora àqueles cuja perda aprendemos a suportar. O sofrimento que os seus familiares e que os que ficaram para trás trazem consigo emudeceu definitivamente e como que se petrificou no coração. É por isso que o jovem morto prossegue "sozinho" em direção à montanha.

Agora, ele pertence ao "infinitamente morto" que não evoca mais nenhuma memória, para não falar de uma queixa. Mas precisamente aqueles que estão infinitamente mortos devem "despertar uma alegria" em nós. Isso aponta expressamente para o fato de que há algo aqui a compreender. A longa viandança das queixas com o morto não é sem sentido e finalidade. Ela conduz a uma intelecção, e é para essa intelecção que aponta todo o clamor poético das elegias: "Que eu um dia, junto à saída da feroz visão,/ Júbilo e glória decante aos anjos que concordam." "Concordância" é a palavra-chave que reúne a décima elegia com a primeira ("da injustiça aparência").

O poeta compara aqui, e onde há uma comparação sempre se pode certamente compreender aquilo que a comparação tem em vista. Os gatinhos da aveleira vazia ainda aparecem diante da verde folhagem. O arbusto ainda está vazio. Mas um arbusto da aveleira que também porta flores femininas nunca pode fecundar a si mesmo. Assim, a aveleira é o símbolo de algo que não floresce por si, mas que se dissipa altruisticamente. Nesse ponto, ela se assemelha à chuva fecunda da primavera que também não visa à própria fecundidade, mas à fecundidade de um outro, quando se expande. E, então, o poema diz que também devemos ver desse modo o jovem morto. Quando sentimos a comoção, não é mais a queixa que nos preenche, o fato de aqui uma vida não ter sido vivida e de a expectativa de felicidade que começa com cada vida ter sido marcada por uma desilusão. O que nos enche de comoção deve ser muito mais o fato de que, em contraposição à nossa expectativa de felicidade, aquilo que não se preencheu por si mesmo também pode ser feliz. E isso é uma concordância que significa mais do que a resignação com a morte do homem jovem. Ela é como que aguçada pela criança moribunda que viveu essa concordância diante de nós em todo o seu ser-criança indiviso.

A inversão mitopoiética que utilizamos como a chave hermenêutica para a compreensão das elegias tinha na poesia de Rilke, como mostramos, um objeto de um tipo particular. O seu mito não é nenhum mito, isto é, nenhuma saga tradicional retrabalhada poeticamente. Também não é uma poetização do mundo que acontece aqui. Ao contrário, é precisamente o não poético de nosso mundo que se torna objeto do enunciado poético. Onde é que encontramos uma construção poética de um estilo elevado que pudesse ousar um verso como o verso do "correio de domingo", do qual se diz que ele está "fechado"?!? Mas é exatamente isso que faz com que o poeta, a partir da experiência do próprio coração, continue achando completamente maravilhoso esse mundo real no qual não há mais nenhum mito vinculatório e no qual a queixa da elegia consegue dizer de maneira penetrante o errado e o falso. É essa experiência imponente que se choca com o espírito do tempo que lhe permite ir além de si e falar do anjo e diante do anjo – uma *mitopoiesis* do próprio coração. Eu designo como a inversão mitopoiética o fato de o intérprete retraduzir nos próprios conceitos da compreensão aquilo que é dessa maneira projetado poeticamente. Há certamente aqui a ameaça da escolastização. Assim, não passaria de uma escolástica falsa, se buscássemos tornar agora expresso o princípio da inversão mitopoiética por toda parte, em vez de segui-lo. A consciência explícita de uma tal inversão só tem por tarefa conduzir a uma espécie de autopurificação hermenêutica, na medida em que ensina a revogar a metodologia da alienação científica que lida com a poesia como com qualquer outro objeto de nosso saber. Mas isso significa reconquistar o texto como plenamente significativo e eloquente, o texto que parecia se esconder como algo alheio e estranho. Nenhuma interpretação pode desembocar em outra instância senão na vibração dos arcos de ressonância, a partir dos quais a melodia poética canta de maneira mais forte em nossos ouvidos. Aquilo que serve às explicações interpretativas desse intuito precisa se autossuspender imediatamente. É preciso chegar a ler um dia por si mesmo um poema, cujo horizonte de compreensão foi preparado explicitamente, de um modo tal que todas as explicações sejam completamente alijadas em uma fusão plena por meio da clareza inequívoca com a qual o poema enuncia então a si mesmo.

Nessa universalidade, porém, o princípio da inversão mitopoiética é válido para toda poesia. Sempre precisa haver uma retradução que deixe o que está presente nos versos conquistar uma presença para nós. Nesse sentido, "parusia" não é apenas um conceito teológico, mas também um conceito hermenêutico. Parusia não significa outra coisa senão presença – e presença por meio da palavra e somente por meio da palavra e na palavra. É isso que se denomina: um poema.

25. RAINER MARIA RILKE DEPOIS DE CINQUENTA ANOS (1976)
[Rainer Maria Rilke nach 50 Jahren]

Se nos lembrarmos do aniversário de cem anos de Rainer Maria Rilke e se nos apercebermos do fato de que Rilke morreu com pouco mais de cinquenta anos, então ficará claro que uma distância de meio século nos separa de seu tempo – cinquenta anos nos quais nós mesmos, a essência e o efeito da arte poética se transformaram enormemente. Nós nos damos conta da distância histórica. Nós sabemos que desapareceram muitas coisas que concediam outrora à palavra do poeta a sua ressonância e que novos espaços de ressonância se abriram para os viventes de hoje, espaços que acentuam e abafam outras coisas. O que permaneceu válido e em que repousa a validade daquilo que ainda vige? Uma distância de cinquenta anos pode significar a distância mais extrema. Mesmo os cinquenta anos da morte de Goethe – tanto quanto o seu centenário – não trouxeram de maneira alguma consigo a ratificação inquestionada de sua presença espiritual. A primeira edição do *Divã ocidental-oriental* ainda não tinha se esgotado outrora! E até mesmo filósofos como Hegel ou como Heidegger estavam e estão – tal como a poesia de Rilke – cinquenta anos depois no período da maior distância em relação ao sol.

Assim, trata-se de uma questão genérica que não está dirigida a essa obra poética. Tudo aquilo que se inseriu na consistência duradoura daquilo que denominamos "literatura" se encontra de uma maneira enigmática entre o outrora e o sempre. O curso do tempo é como um grande processo de filtragem que retém pouca coisa, e isso de maneira duradoura. Ser tão seletiva é a essência de toda tradição. A obra de arte que foi retida pela tradição, mesmo a obra da arte poética que se manteve na maioria das vezes de modo "autêntico", se encontra para além disso sob leis particulares. Sua duração não é apenas a duração da sobrevivência, no sentido da conservação de uma informação sobre o que passou – uma conservação que retorna e remonta àquilo que passou. Todo encontro com uma obra de arte é muito mais presente absoluto, destacado de toda relação com um presente originariamente autêntico, mas passado. Trata-se aí ainda de uma duração do mesmo? O que dura aí? A mesma obra? Com certeza, ainda é o mesmo mármore, mas sem as suas cores originárias. Ainda é o mesmo texto, mas sem o auditório em uníssono, para o qual essa língua era a sua própria. Ela é "válida" como obra, apesar de o seu mundo, dos deuses e dos homens, quase não se mostrar mais para nós senão como uma informação sobre o que passou. Por que isso se mostra como válido?

A resposta de uma estética formalista será: nós admiramos e nos eleva o nível formal dessas configurações, cujo enunciado em termos de conteúdo permanece passado para nós. Talvez as pessoas clamem até mesmo pela ciência para que ela nos demonstre quanto de maestria do saber-fazer se tornou pedra, cor ou palavra nessas construções. Mas é isso que se mostra como válido? Arte para conhecedores? As coisas não se dão antes inversamente de tal modo que toda essa *expertise* – a não ser para uma percepção secundária do conhecedor – não é de maneira alguma percebida enquanto tal, que se ouve muito mais algo diverso por sua mediação? O que quer que isso possa ser, é isso que tem em vista nossa questão. É algo dotado do caráter inalterável do mesmo que é apreendido em todas as apreensões como essas? Ou será que o que constitui o estado ontológico da obra de arte, como pensava o jovem Lukács, é um ponto de encontro único de nossa emotividade estética com o construto, da subjetividade com a objetividade? As duas respostas perdem manifestamente de vista a tensão vital entre unidade e multiplicidade, entre determinação fixa e determinação ulterior alternante, uma tensão que constitui a durabilidade de uma obra de arte.

Também não é apenas a distância histórica que torna possível o aparecimento de coisas novas e diversas em meio ao retorno à mesma obra. Assim como toda a realização de nossa existência, toda a nossa apreensão da arte é dominada pela temporalidade. A obra de um poeta nunca vem ao nosso encontro de uma só vez. Mesmo se uma impressão artística parece se encontrar no ápice atemporal de um instante – nós nunca permanecemos os mesmos que nós éramos. Em verdade, todo novo encontro com uma obra sempre acaba por se relacionar de algum modo e em algum momento com encontros anteriores. No entanto, estranhamente, esse fato mesmo não significa que somos lembrados de um encontro anterior – esse encontro é como que apagado, tal como um palimpsesto, tal como uma escrita que quase não é mais legível por detrás do texto que lemos. Todo encontro tem a sua própria constelação, com o seu próprio pano de fundo marcado por ressonância e dissipação do som. Aguçamentos da sensibilidade aparecem e se embotam. Os astros mudam a sua posição.

Aqui temos uma lei relativa àquilo que podemos denominar "estímulo" e que foi trabalhado antes de tudo pela escola formalista russa – a escola que incitou e preparou o estruturalismo. Esse elemento, contudo, remonta no fundo às intelecções de Kant. Foi Kant que diferenciou o estímulo da forma – e de fato: aquilo que estimula se acha submetido à dialética do novo, uma dialética segundo a qual o novo envelhece e permite que o velho, esvaecido, esquecido conquiste um novo estímulo. Em contrapartida, a forma é uma tarefa espiritual duradoura que assegura a duração, algo que nós mesmos temos de construir, como espectadores, ouvintes, leitores. Por isso, ela é algo completamente nosso, se é que a deixamos vir efetivamente até nós.

Portanto, ao considerarmos a obra de Rilke a partir da perspectiva dos "cinquenta anos que se passaram", o que é que estamos colocando em questão? Com certeza, o que nos guia não é nenhum interesse histórico ou mesmo biográfico, nem tampouco um interesse ligado à história do efeito no sentido tradicional. Nós não estamos formulando uma questão sobre o mundo há cem ou há noventa anos, quando o jovem Rilke forjou os seus primeiros e inumeráveis versos, nem tampouco sobre o seu lento crescimento e amadurecimento ou sobre a história posterior à sua obra, uma história que se iniciou bem depois de sua morte em dezembro de 1926 e que excedeu a tudo aquilo que, não em menor medida, tinha sido atribuído a ele em termos de sucesso poético durante a sua vida. A expressão "depois de cinquenta anos" indica um autêntico inventário. O mais antigo empreenderá esse inventário como uma coisa que lhe é própria, a coisa própria a um jovem contemporâneo do poeta. No entanto, ele quase não poderá pretender ser a voz dos mais jovens. Em todas as faixas etárias, os mais jovens apresentam as suas próprias condições – e são de qualquer modo os mesmos bens que se têm em vista.

Há bens aqui? Assim como nos outros casos citados, também não se pode duvidar disso nesse caso. Nós pressentimos por nós mesmos que não foi apenas Rilke que nos inseriu nessa distância – o mesmo também vale certamente para George e mesmo para Hölderlin, cuja insistência aflita, desde a sua redescoberta na época da Primeira Guerra Mundial, deu durante décadas o tom para a afinação de nossos ouvidos em relação ao elemento poético. Trata-se desse "estilo elevado" – na época da recusa ao naturalismo e ao psicologismo da virada do século, um encanto mágico e poderoso –, diante do qual recua um tempo ao qual se chega de maneira tão extremamente clara na gritaria competitiva dos meios de comunicação de massa, da publicidade e da propaganda, que toda ênfase do discurso desperta resistência.

A obra de Rilke estruturou-se claramente por meio de sua culminação na obra tardia das *Elegias de Duíno* e dos *Sonetos a Orfeu*. Os poemas de juventude, em parte reunidos mais tarde contra a vontade do poeta sob esse título, não são poemas ruins. Eles são virtuosos e revelam uma habilidade extrema. Quantas tentativas não precederam mesmo essas pseudorrealizações? Nós reconhecemos neles uma flexibilidade inaudita da linguagem, uma riqueza de variações, uma abertura para os estímulos e uma vitalidade que se estendem por toda parte – e, não obstante: Rilke deu mais tarde "muita" razão ao conhecido veredito de George, segundo o qual ele teria publicado cedo demais. Talvez também tenha se estabelecido nele algo da diluição de um ânimo feminino em meio às amplitudes infinitas da postura da alma oriental, algo que quase o destruiu. Mas então começa a "obra": o livro das horas. O próprio poeta o sentiu como uma espécie de antecipação, à parte de seu ser e de sua criação de outrora, uma antecipação de si mesmo, e é verdade – o livro não contém apenas poemas maravilhosos e profundos, há também aí algo como um tom que se estabelece pela primeira vez e de modo definitivo, um tom sobre o qual é composta toda a criação posterior do poeta. Anuncia-se uma relação totalmente pessoal, individual com o divino – ainda que instrumentalizada pelas inumeráveis figuras e por uma variação infinita das vozes.

Se quisermos sintetizar em uma fórmula a história da lírica moderna desde Mallarmé, então a fórmula mais pertinente será sem dúvida alguma a superação do elemento retórico-prosaico na poesia. A retórica é em verdade arte, composição engenhosa de discurso e argumentação e tem por solo a unidade entre a retórica e a poética. Todavia, a arte da palavra poética só se eleva à sua plena normatividade própria na *poésie pure*, de modo que ela não carece mais de nenhum ponto de sustentação firme na unidade do elemento objetivo, material, mítico, para ser apesar de tudo um "dizer", um enunciado. Com certeza, Rilke nunca seguiu ao extremo o ideal da *poésie pure*. Um elemento retórico e, em particular, um elemento quase instrutivo lhe é próprio – na obra tardia das elegias, em específico, pensemos nas inumeráveis obstruções que nos parecem hoje supérfluas, para não dizer incômodas. No entanto, na obra tardia, todo elemento material permanece uma alusão que se imiscuiu na meditação – no *Livro das horas*, tanto quanto em alguns outros poemas de sua criação antiga, a meditação ainda é distribuída entre papéis assumidos. Assim, o *Livro das horas* ainda aponta para além de si e de suas delícias áureas em direção a uma pobreza e um rigor maiores.

A obra que marca o passo mais importante entre esse começo e o sucesso posterior foi um romance: *Os cadernos de Malte Laurids Brigge*. Desde Nietzsche, essa foi com certeza a mais bela, mais rica e mais madura prosa alemã que conheço, suportada por um ritmo dominantemente claro e como que transpassado pelo brilho de uma obscuridade transparente, sobre a qual reside a reluzência opalina de uma memória sofredora – um livro que como romance se mostrava outrora como um exemplar quase único, na medida em que dissolve todo o elemento romanesco no espaço próprio de um presente atemporal da lembrança. Quase se poderia denominá-lo a fanfarra de uma revolução que trouxe à tona um novo mundo romanesco marcado pelo acontecimento da memória: Proust, Joyce, Beckett – se não tivéssemos de apreender nessas linhas extremamente silenciosas da prosa alemã senão um único tom marcado pelo elemento paradigmático, exigente, incitante. Às vezes podemos pressentir a proximidade de Herman Bang e, com certeza, o exemplo incessantemente acentuado pelo poeta de Jens Peter Jacobsen. Trata-se de um romance, cujo "texto" é colocado na boca de um herói que não é o próprio narrador. Assim, ele permanece um romance contado por um narrador. O que coloca esse "romance" na primeiríssima linha da obra rilkiana não são os méritos de sua alma literária e de sua habilidade poética, mas a sua coragem. Porquanto um sofrimento torturante é aqui sustentado em si mesmo e uma queixa inútil é enobrecida por meio de todo desdém pelo consolo, é introduzido um novo tom masculino de rigidez na sensibilidade feminina da obra poética de Rilke. Desde então passou a ser possível saber que um dos maiores dentre os poetas desse mundo estava em formação, um poeta que foi até o limite mais extremo e resistiu aí. Sob a aparência de obscuridade que o "Malte" lança em torno de si, alguns dos *Novos poemas* conquistaram algo similarmente determinado e rígido, tal como uma promessa confiável de se dispor a suportar tudo.

No entanto, somente depois de esforços infindos e da tortura de um silêncio que durou quase dez anos, as *Elegias de Duíno* e *Os sonetos a Orfeu* trouxeram de uma vez o preenchimento, o sucesso, a colheita tempestuosa no inverno de 1922. Desde então, ninguém consegue mais continuar desconhecendo a linha dessa obra, uma linha que conduziu da diluição na amplitude à intensidade quase comprimida de um grito retido. Isso tem uma coerência imponente. O próprio poeta teve essa impressão, na medida em que ele mesmo designou mais tarde em particular *A vida de Maria*, o último ciclo de poemas, como uma espécie de retrocesso em relação às *Elegias*. Ele anunciou aos seus amigos o acabamento das *Elegias* com um profundo "está consumado".

Hoje, não é quase possível se subtrair à necessidade interna presente na construção da obra das elegias. Tudo parece estar aqui em seu lugar há muito determinado. Temos a impressão do preenchimento de um plano há muito preparado. Em certo sentido, essa impressão realmente procede: as primeiras quatro elegias surgiram já em 1912/1913, assim como as linhas iniciais da elegia que hoje temos como a elegia de número 10 e um prosseguimento posteriormente abandonado. A meta tinha sido por assim dizer estabelecida e vemos então o poeta nesses dez anos até o atingimento dessa meta em círculos malfadados, obstruído e desencaminhado pelo caráter desfavorável do tempo e ainda mais certamente por seu desvio interior. No entanto, não se deve tomar de maneira por demais literal a descrição comovente que é feita por Rilke em muitas cartas diversas, todas com quase o mesmo teor, da tempestade de êxito que se abateu sobre ele em fevereiro de 1922. Esse desenvolvimento descomunal foi a conclusão de um trabalho, a colheita de uma longa preparação, uma coerção interior repentinamente emergente para sintetizar – e, como as coisas não podem ser diversas, para oprimir, para alijar, para excluir aquilo que não se encaixava. O fato de esse ser o verdadeiro sentido dos processos descritos parece-me demonstrado pelo fato de Rilke ainda ter pretendido anexar uma segunda parte às elegias depois de seu acabamento: "algo fragmentário" – uma espécie de compromisso consigo mesmo, um compromisso do qual ele mais tarde abdicou manifestamente por si mesmo de maneira completa, ao ver em si mesmo e nos outros leitores como "se assentavam" essas dez elegias.

Sim, nós podemos até mesmo visualizar de maneira mais clara essas semanas inspiradas nas quais se deu a consumação. De início, não havia senão sete elegias que Rilke já considerou e anunciou como a obra pronta. Somente nos dias que se seguiram imediatamente surgiram as três elegias que faltavam. Foi somente nesse momento que apareceu a décima elegia? É difícil de imaginar que qualquer outra elegia que não essa iniciada já em 1912 tivesse podido formar a conclusão de uma série. Mas exatamente nesse ponto é possível documentar quão tosca era a conclusão inicial e quanto os fragmentos e esboços sobre os quais Rilke estava debruçado esperavam formalmente para se articular com o já configurado, como em um processo natural de cristalização.

Todavia, ainda muito mais espantoso e concludente para os acasos e necessidades próprios a essa tempestade de consumação é a troca empreendida da quinta elegia pouco antes do envio do manuscrito para Kippenberg, o dono da editora Insel. Aqui, o poeta tem sucesso, como ele escreve, em uma "pós-tempestade", com a elegia dos viajantes – dificilmente como uma nova inspiração repentina no todo, mas antes como o amadurecimento e a adequação – que chegaram de maneira suficientemente repentina – de esboços mais antigos, chegando assim à unidade convincente do poema. O elemento propriamente instrutivo desse processo reside, porém, no poema que constituía originariamente a quinta elegia e que pode ser encontrado nos *Poemas tardios* sob o título "Contraestrofes".

Contraestrofes

Ó, que vós, mulheres, passeiem por aqui,
aqui entre nós, cheias de sofrimento,
não mais consoladas do que nós e ainda assim em condições
de tornar venturosos como venturosas.

De onde,
quando o amado aparece,
vós retirais o futuro?
Mais do que jamais será.

Quem as distâncias conhece
até a mais extrema estrela fixa
admira, ao percebê-la,
vosso divino espaço do coração.
Como, em aflição, vós o resguardais?
Vós, cheias de fontes e noite.

Vós sois realmente as mesmas,
que, quando éreis crianças,
rudemente pelo pátio da escola
empurrava o irmão mais velho?
Vós sagradas.

Onde nós como crianças já
para sempre perfidamente nos disfigurávamos,
vós éreis como o pão antes da transformação.

A ruptura da infância
não vos fez mal. Subitamente
vós estais aí, como em Deus
de repente por milagre completas.

Nós, como que quebrados pela montanha,
muitas vezes já como garotos bem perto
das margens, talvez
às vezes talhados de maneira feliz;
nós, como pedaços de pedra,
sobre flores caídos.

Flores do reino mais profundo da terra,
por todas as raízes amadas,
vós, de Eurídice irmãs,
sempre cheias de divina conversão
por detrás do homem que se eleva.

Nós, por nós mesmos ofendidos,
Sempre gostando de ofender
Uma vez mais ofendidos por necessidade.
Nós, como armas, para a ira
ao lado do sono dispostos.
Vós, que quase sois proteção onde ninguém
protege. Como à sombra de uma árvore acolhedora
está o pensamento em vós
para os bandos do solitário.

Um belo poema, criado totalmente a partir da mais própria experiência amorosa e da mais própria moral amorosa rilkianas. Podemos denominá-lo mesmo uma elegia, essa queixa e essa acusação que se abatem sobre o amor nunca propriamente aprendido pelo homem. No entanto, tão diverso é o seu tom, a sua medida e a sua ressonância que ele não pode se mostrar para ninguém como uma elegia na série das *Elegias de Duíno*. O poeta o admitiu manifestamente para si mesmo logo que conseguiu escrever a elegia dos viajantes. Ele não pensou um instante sequer em inserir essa última elegia simplesmente como a décima primeira na série das elegias, mas substitui as "contraestrofes" por ela. Todavia, ele diz algo de qualquer modo: ele diz que as "contraestrofes", que já tinham sido manifestamente planejadas como a quinta elegia em 1912, tinham surgido como a primeira estrofe e que também só foram concluídas em fevereiro de 1922, sendo ainda outrora associada enquanto a quinta elegia com as quatro elegias já há muito concluídas. Percebe-se com isso qual foi a transposição de dimensões e qual foi a conquista de dimensões que se alcançaram com a consumação do todo.

Em verdade, não há dúvida alguma de que, se não soubéssemos de antemão, quase não conseguiríamos perceber que as quatro primeiras elegias tinham surgido mais ou menos dez anos antes. O tema do grande amante também permanece constantemente presente por toda a obra. Não obstante, já com a elegia dos heróis e mais ainda com as que se seguem – pensemos na elegia do animal dedicada a Rudolf Kassner –, a oposição entre homem e mulher, intensificada nas "contraestrofes" até o canto elegíaco alternado, perde a sua significação estruturante. O elemento comum, distribuído entre todos nós, do qual nós todos participamos, se torna agora dominante. Quão diversamente a elegia dos viajantes se inscreve nesse campo de tensão maior! A obra das elegias como um todo seria uma obra diversa – muito mais um canto entre homem e mulher –, se as "contraestrofes" tivessem permanecido nessa ordem.

Podemos nos esquecer de tudo isso – tal como se veem diante do texto que verdadeiramente se mostra como definitivo, as pessoas se esqueceram disso. É exatamente assim, porém, que uma construção poética ganha validade. Ela não afasta apenas a casualidade de seu surgimento, os impulsos iniciais e os desvios, as variações e as repetições que residiam nos germes e nos esboços – ela também afasta cada vez mais todas as relações resguardadas antes do momento de seu surgimento, sim, antes da época do surgimento. Ela se torna válida sem nome – apesar de todos os empenhos dos eruditos por adequá-la histórica e biograficamente ou dos sociólogos por "explicá-la" e derivá-la.

Nesse contexto, ajuda pouco constatar o fato de Rilke ter sido um poeta religioso[1]. Seria melhor que as pessoas não usassem a palavra "religião"

---

1. Cf. quanto a esse ponto a minha confrontação com Romano Guardini em "A interpretação da existência feita por Rainer Maria Rilke", neste volume pp. 333 ss.

onde nenhuma comunidade religiosa concretiza o sentido da palavra, e esse é certamente o caso da voz silenciosa dessa poesia. Tampouco poder-se-á escolher como orientação a cêntupla variação dos motivos cristãos – dos motivos relativos a uma cristandade católico-romana tanto quanto a uma oriental – que atravessa a obra de Rilke no mínimo desde a grande vivência da Rússia. O que constitui justamente a nova e grande seriedade das *Elegias de Duíno* é o fato de elas abdicarem radicalmente de toda ligação a religiões existentes e a mundos de fé e silenciarem discretamente mesmo o diálogo quase sem voz com Deus que o Malte não queria romper. O próprio Rilke, na recusa que foi se tornando por fim cada vez mais apaixonada ao Cristianismo e à sua oferta de consolos e promessas, deu por vezes mais razão à religião judaica e islâmica. Além disso, é provável que ele também tenha seguido o rasto da presença de algo familiar nas grandes religiões asiáticas – tal como ele também pressentiu algo da Antiguidade grega e egípcia. A discrição infinita ante Deus, contudo, uma discrição que ele confessou certa vez[2], rejeita todas as referências como essas.

É isso justamente o que importa: a poesia de Rilke admite que Deus está distante e que nenhuma evocação de representações de fé humanístico-cristãs ou de antigos símbolos míticos tem o direito de encobrir para nós a distância de Deus. É isso que entrega à mensagem dessa poesia o seu poder de incitação. Ela possui uma evidente ligação com a sua época e permanece ao mesmo tempo – enquanto um enunciado equivalente – verdadeira para toda anunciação religiosa que não queira declarar a si mesma como supérflua. Se as *Histórias do bom Deus* e o *Livro das horas* ainda continuavam em condições de iludir quanto à derradeira atingibilidade e presença de Deus, o Malte Laurids Brigge procura aprender a viver na distância de Deus. Com certeza não sem sofrer, mas sim sem admitir consolos ou promessas que não o tocam. A obra das elegias, por sua vez, só alcança justamente a sua posição hierárquica pelo fato de apreender plenamente a infinita distância de Deus, de ser autônoma e procurar afastar mesmo o clamor pelos anjos.

Assim, essa poesia é uma poesia sobre a distância de Deus. A ela corresponde da maneira mais exata possível o elogio do terreno e do "ser terreno": a confissão apaixonada em favor da existência terrena, mesmo em seu caráter extremamente lamentável, em sua penúria e aflição. Um tal aquiescimento articula-se com a recusa à esperança consoladora em um além. Essa é a mensagem que escutamos. Ela é nova para nós? Ela não nos é há muito conhecida? Não precisamos pensar na sentença "homem, permanece fiel à terra" do Zaratustra de Nietzsche. Nós já sempre compreendemos isso a partir daquela certeza mais profunda da vida que não quer se dar conta da morte

---

2. Em uma carta a Ilse Jahr de 22 de fevereiro de 1923.

e que fracassa irremediavelmente junto à sua incapacidade de compreensão. Justamente o Cristianismo viu a sua justificação total no fato de não ter embelezado ou encoberto o desespero da morte, mas de tê-lo erguido no crucificado como um sinal unificador. Não é por meio de um ocultamento de seu azedume, mas por meio de um completo abandono de si que a superação da morte é previamente vivida e ao mesmo tempo prometida no Cristo. A mensagem propriamente dita do Cristianismo é essa e não as tocantes esperanças próprias a um além-mundo no céu do reencontro e da retribuição pela fé, uma retribuição que indeniza toda uma existência de lamentações. Assim como Nietzsche, porém, Rilke também olhou para a administração doméstica terrena feita pela comunidade de fé cristã, os homens com o seu cálculo mesquinho de infelicidade e bem-aventurança, e rejeitou isso.

Rilke já tinha visto na suportação e na sobrevivência sem consolo a produtividade religiosa do *Malte*. O exemplo do jovem morto na primeira elegia dá um passo além em termos da concordância, ainda que só se apreenda o elemento negativo, "a aparência de injustiça", do jovem morto. Foi isso uma vez mais que o Cristianismo sempre ensinou à sua maneira na submissão à resolução insondável do Senhor. Só um cistianismo esvaecido e moralizado, que ainda se apresenta de modo fantasmagórico na postulatória prova da existência de Deus de Kant, pôde inserir aqui um pensamento voltado para o equilíbrio. Mas isso não surge por acaso. Esse "cômputo moral do mundo" das compensações é todo um sistema da vida que domina a todos nós – e é a isso que visa a mensagem das *Elegias*. Ela recusa todo e qualquer apelo a uma promessa religiosa porque uma tal promessa desemboca imediatamente no sistema das compensações. Ela evoca nos testemunhos do coração humano a elevação para além desse sistema mundano de cálculos emergentes: por isso, os que amam infinitamente, por isso, o herói, por isso, o exemplo dos amantes que verdadeiramente "se satisfariam um no outro". Por isso, o anjo, o ser que nos excede infinitamente.

Nas cartas em que Rilke apresenta a significação do anjo, não é senão um lado do todo que vem à tona: ele o denomina o lado dos esteios do invisível. Essa é por assim dizer a sua função demonstrativa para aqueles que necessitam da metafísica e para aqueles que se desacostumaram dela. Mas o outro lado é justamente o de que não se precisa de nenhum esteio porque é o nosso próprio coração que reponde por isso. Ele sabe quanto fica aquém daquilo que parece preencher plenamente. "Pois nós, onde sentimos, nos volatizamos." O anjo não é efetivamente outra coisa senão a apreensão de nossa própria incapacidade de acompanharmos a nós mesmos[3]. Pois nós mesmos somos seres "metafísicos" que nos ultrapassamos. E, no entanto, nem mesmo o anjo nos ouve.

---

3. Cf. quanto a isso "Inversão mitopoética nas *Elegias de Duíno* de Rilke", neste volume, pp. 345 ss.

Esse é o tema elegíaco fundamental que domina antes de tudo a primeira elegia. A queixa elegíaca não se volta, por exemplo, para os amantes abandonados, nem para os jovens mortos, para a criança que vive e morre "antes da vida". Ao contrário, ele se dirige para nós que nunca somos tão incondicionados como eles, mas sempre permanecemos ligados a nós mesmos e apresentamos incessantemente a conta. Assim, somos sempre dependentes e condicionados pelo oposto.

> Nós, por nós mesmos ofendidos,
> Sempre gostando de ofender
> Uma vez mais ofendidos por necessidade.

Rilke condenou o seus próprios pontos de partida poéticos justamente porque eles tinham em vista por demais o sucesso – esse polo oposto maximamente universal. Ele admirou Rodin e antes de tudo Cézanne por conta da firmeza inabalável de seus caminhos de criação e por suas decisões por estar e permanecer sozinhos na busca pela própria linguagem. Ele mesmo erigiu mais tarde a sua própria vida de tal modo que afastou de si os seus companheiros de vida, em primeiro lugar sua mulher, sua filha e alguns outros que se aproximavam dele, tal como em uma confissão afetuosa de sua incapacidade e ao mesmo tempo em uma resolução trabalhosa de suportar o ser sozinho e de não encobri-lo por nada. Ele desenvolveu todo um sistema da diplomacia do coração, para viabilizar a si mesmo a independência exterior e interior da existência. A correspondência conhecida deveria funcionar como a única justificação para o fato de ele ter cuidado de si, ter se deixado mimar, ter se retraído e fechado.

O anjo: a autointerpretação rilkiana diz que a dissolução do oposto, a transformação no invisível já tinha sido consumada e realizada no ser em meio ao sentimento que é próprio ao anjo[4]. Nós dizemos para tanto: colocar-se incondicionadamente em nome daquilo que diz o nosso coração é a nossa tarefa, a tarefa que nos ultrapassa constantemente como um ser que se encontra no além. Nossa limitação no cumprimento dessa tarefa é a nossa fraqueza. Assim, a figura do anjo é o ser que nos ultrapassa – de maneira terrível por meio da violência de sua incondicionalidade.

Mas então, no prosseguimento da obra das elegias e na mudança do tom, vem à tona o fato de o anjo não ser apenas aquele que nos excede, mas também aquele que nos gera. Pois a nossa tarefa não é menor: trazer aquilo que foi transformado no invisível até a ressurreição no visível – até a figura. O poeta faz isso ao mostrar e exaltar o elemento terreno, ao conservar "a figura ainda conhecida" (Elegia 7).

---

4. Carta a Witold Hulewicz, 13 de novembro de 1925.

Com isso não se deve tentar jogar de algum modo o privilégio do artista e da arte contra os homens. O cordoeiro em Roma e o oleiro no Nilo fascinaram o próprio poeta porque nesses casos o manejo é feito de maneira tão segura e óbvia, uma vez que a sabedoria de gerações mais antigas entrou aí, se preservou e continua se afirmando. A missão genérica do homem é – desde sempre – preservar e transformar. Ele entrega a si mesmo duração. Nisso não há nada de cálculo e cômputo com vistas ao futuro – é o ser aqui que assim se preenche.

Em verdade, as elegias falam inequivocamente do desaparecimento das "coisas", do desaparecimento que é introduzido inexoravelmente pela era dos martelos. Além disso, a preservação daquilo que assim desaparece representa efetivamente a missão do poeta que expõe algo visível no invisível – por meio do acolhimento no sentir humano: pedra e cor, som e palavra. No entanto, seria uma ultrarressonância falsa se pensássemos escutar aqui os sons da crítica cultural conhecida – a verdadeira ressonância é a inalterabilidade da natureza humana e da humanidade em todas as transformações. Aquilo que se aguça no mundo que rapidamente se altera de hoje não é em essência diverso da tarefa que a decadência geral de todas as coisas terrenas desde sempre representou para o homem. Nós mesmos somos os "que mais desaparecem".

A tese de Rilke é então a seguinte: a tarefa humana é dizer sim àquilo que desaparece – e essa tarefa encontra o seu derradeiro cumprimento no aquiescimento da morte.

Rilke deu expressão a essa verdade em inumeráveis cartas: a perda que a morte de uma pessoa amada significa para aqueles que ficam não é nenhuma perda propriamente dita. Trata-se de uma falsa negatividade que é atribuída assim injustamente à morte. Essa falsa negatividade apequena o poder universal do terreno, do estar aqui, do presente. Esse poder abarca concomitantemente a morte. Em verdade, porém, não apenas a morte também, essa *absence* que propiciou aos outros que se foram entrarem em um novo presente para nós – ante o fórum da eternidade. Ao contrário, esse ser do morto envolve a totalidade do ser aqui, pois esse ser aqui também toma parte na nova eternidade do morto e em seu presente transformado. O próprio aqui se tornou um outro. Não é apenas o morto que se movimenta de maneira estranha no espaço – o sobrevivente encontra-se de maneira estranha no espaço. "Mas os viventes cometem todos o erro de diferenciar de modo forte demais" (Elegia 1). Em suas cartas, Rilke assume um tom francamente suplicante ao festejar a morte como a grande afirmadora propriamente dita. Ele quer dizer com isso: só a morte fecha o círculo e torna perfeito o ser aqui em sua incondicionalidade – a tal ponto que não resta mais nenhum ser aqui insuportável. Tudo continua sendo sempre um ser aqui, "maravilhoso". As elegias acentuam isso para nós que "mais desaparecemos".

Dizer que se pode aguentar a dor[5] de qualquer perda, mesmo a mais dura, e que justamente isso significa viver é uma verdade que não há como ser rejeitada. Pois bem, faz parte do sentido da "mensagem" das elegias que precisamente a perda difícil de ser suportada comece a pertencer cada vez mais à própria vida: mesmo se e justamente quando "o ato de aguentar a dor" – que expressão maravilhosa – é realmente realizado, a vida e a alegria são uma vez mais acolhidas. Era isso manifestamente que Rilke tinha em vista ao descrever o destino dos jovens mortos no além como se eles estivessem aqui. Nesse reino invisível, que abarca os dois âmbitos, eles estão aqui tal como os seres terrenos e juntamente com eles. Eu denominei isso outrora o princípio da inversão mitopoiética e, com isso, não procurei senão propiciar as condições para que se faça justiça ao nosso modo de compreensão habitual, que é a base para que "compreendamos" os enunciados poéticos de Rilke. É sobre essa base que todos se encontram, mesmo que eles não estejam conscientes disso.

Em particular, esse estado de coisas pode ser ilustrado pela décima elegia. Nela, a força mitopoética rilkiana possui uma densidade inequívoca. Relatam-se aí as queixas, em particular a queixa pela morte (sem nenhum traço de acusação)[6], como se elas fossem seres de nosso mundo; seres outrora plenamente outorgados e hoje impelidos para a margem e desconhecidos em seu direito. As queixas pertencem à vida. É próprio queixar-se. Em seguida se fala do jovem morto cuja queixa prossegue para além da morte, como se fosse ele que seguisse a queixa. Não precisamos ter clareza quanto a essa inversão no sentido da transformação de uma equação, mas ela sustenta a nossa compreensão. Não há como negar esse fato. Por fim, essa décima elegia quer estabelecer o foco propriamente dito, o ponto da concordância definitiva e incondicionada. Isso é a vida: o fato de ela transverter mesmo a morte. Mais ainda, o fato de ela aprender a acolher a morte como aquilo que a morte é justamente a partir do reconhecimento de sua plena inconsolabilidade e de seu caráter terrível: não como uma duração inadmissivelmente restrita e ligada com a certeza repreensiva de logo ser esquecida. Em verdade, o que chamamos vida é mesmo um pequeno momento, as queixas realmente emudecem por fim e a fonte de alegria reluz a distância. Todavia, o fato de todos serem esquecidos não é um conhecimento amargo, mas uma

---

5. O termo alemão *verschmerzen* não possui nenhum correlato direto em português. Ele é composto a partir da junção de *Schmerz* [dor] com o prefixo *ver-*, que designa normalmente uma intensificação do sentido do radical. *Verschmerzen* indica nesse contexto o movimento de superar a dor não por meio de um abandono do sofrimento, mas antes por meio de uma abertura para os seus próprios desdobramentos. Para seguir minimamente o sentido do original, optamos pela expressão "aguentar a dor". (N. do T.)

6. Em alemão, os termos "queixa" e "acusação" compõem-se a partir do mesmo radical: *Klage* [queixa] e *Anklage* [acusação].

mensagem. Nós precisamos reconhecer com a poesia e junto a ela a violência puramente desalmada da vontade de vida que supera toda dor e que deixa todo morto ser por fim "infinitamente morto" – e nós devemos afirmar tudo isso.

A alegoria da aveleira vazia que floresce sem ter em vista o futuro do fruto não quer dizer apenas que podemos reconhecer os outros, os infinitamente mortos que perdemos, em sua destinação própria ao ter submergido no esquecimento. A alegoria despertará a nós mesmos, tal como se afirma expressamente, e isso quer dizer que nós mesmos concebemos aí a nossa própria destinação. Também nós seremos um dia – como eles – "infinitamente mortos", sem nome e esquecidos, e devemos aceitar isso com aquiescimento. Saber e querer isso – aprender a nos reconquistar em nosso caráter fugidio – é o que nos ensinam os mortos. "*Poderíamos* ser sem eles?", assim pergunta a primeira elegia. Na última elegia, compreendemos completamente a razão pela qual a morte pode ser chamada a "inserção divina" da natureza – ela nos adverte a ter uma clareza total e incondicionada quanto ao ser aqui.

Assim, por exemplo, é possível formular em palavras aquilo que a dupla mensagem da real capacidade de amar e do precisar morrer produz em nós. Nada que não soubéssemos, nada em que não precisássemos nos reconhecer – uma palavra oriunda da mera franqueza e nada além disso. Isso é o mais difícil. Não é de espantar que muitos não queiram escutá-la – em parte por esperança de que, por meio da ação e de feitos grandiosos, pudessem se assenhorear ou se esquecer mesmo do inalterável e do inexorável, em parte por submissão à moderação cética que não se entrega realmente a nada, nem mesmo àquilo que sabe. A poesia tem tempo. A poesia rilkiana teve o seu tempo, no qual nenhum refinamente estético, nenhum maneirismo ultracultivado, nenhuma ênfase e nenhum esoterismo hermético puderam impedir que ela fosse carregada como que pelas mãos de um número cada vez maior de leitores na Alemanha e no exterior. Este tempo da entrega imediata passou. No entanto, a poesia tem tempo e a poesia que soube despertar uma tal ressonância por meio século permanece uma oferta. O que um dia pareceu hermeticamente cerrado e magicamente atuante pode ter alcançado hoje uma clareza quase demasiada. Nós entramos todos nesse tipo de distância solar. Mas trata-se de um sol. Quando a linguagem ganha uma conformação e uma estrutura dotadas em si de uma consistência e de uma duração tais como as conquistadas na obra das elegias rilkianas e naquilo que se ordena a partir dessa obra, apesar de toda alternância entre esvaecimento e entusiasmo, um novo ressurgimento já está sempre uma vez mais assegurado para ele, um ressurgimento preparado por um leitor admirado.

Ninguém pode prever qual será o papel que a poesia em geral desempenhará na sociedade do futuro, ninguém, qual será o papel que a religião – o cristianismo tanto quanto outras religiões mundiais incorporadas no costume, no direito e na lei – desempenhará na era do ateísmo de massas e da religião da economia mundial. A mensagem de franqueza, porém, na qual a obra poética de Rainer Maria Rilke encontrou o seu tom persistente e o seu desfecho permanente, continua sendo verdadeira – como as outras grandes mensagens da literatura mundial, desde os deuses que riem e dos cavalos que choram de Homero. Nós somos fugidios demais para saber e poder dizer mais. No entanto, aquilo que a poesia rilkiana evocou a partir dos milênios de nosso sentimento, "colunas, portais, a esfinge, a elevação em meio a uma aspiração, cinza da cidade sucumbindo ou de uma cidade estrangeira, da catedral", de tudo isso também fará parte essa obra, e também valerá dizer em relação a ela:

Assim, contudo,
não desperdiçamos os espaços, esses que concedem, esses *nossos* espaços.

26. POEMA E DIÁLOGO
Reflexões sobre um extrato textual de Ernst Meier (1988)
[Gedicht und Gesprächt]

Não que eu queira fornecer uma interpretação da obra de Ernst Meier no interior da totalidade da criação lírica do presente. O que gostaria de fazer é antes ilustrar o meu tema a partir do exemplo de alguns de seus poemas. Realmente não teria competência para fazer nenhuma outra coisa. No entanto, o que as experiências líricas atuais apresentam é de qualquer modo um caleidoscópio desconcertante. Como um homem velho, penso naquilo que possui validade em minha própria juventude. Nesse caso, muitas coisas me vêm à cabeça. Por essa época tínhamos o experimento da lírica expressionista, antes e durante o período da Primeira Guerra Mundial que teve lugar outrora. Esse era um mundo, porém, no qual se destacava, ao lado de muitas coisas que se perderam, uma série de uns poucos indivíduos muito grandes – o jovem Hoffmannsthal, o poeta Stefan George, Rainer Maria Rilke e, como o quase único da geração poética expressionista que ainda fala hoje para todos, George Trakl. Tudo isso uniu-se ao fenômeno ímpar que a redescoberta do Hölderlin tardio representou nos anos de minha juventude. Mais tarde venho se juntar a isso, antes de tudo depois da Segunda Guerra, o tom poético próprio a um Gottfried Benn e a mensagem lacrada de um Paul Celan. Esses foram os poetas contemporâneos que realmente me acompanharam durante o meu próprio tempo de vida. E, se alguns outros poemas realmente me tocaram, isso seguramente não me permite que me arrogue como um conhecedor da poesia lírica moderna. É preciso que me legitime de outra forma. Gostaria de apontar para o fato de, no que diz respeito à estética filosófica, o livro mais significativo em língua alemã ser incontestavelmente a terceira crítica de Immanuel Kant, a *Crítica da faculdade de julgar*. Não obstante, Kant não parece ter sido realmente um bom juiz em termos artísticos quando cita como um exemplo lírico o seguinte poema: "O sol emergiu tal como a tranquilidade da virtude emerge." Abstraindo-se do fato de Kant errar na citação, uma vez que o original de Withof, um sucessor de Haller, diz "tal como a tranquilidade da bondade emerge", não se pode com certeza dizer que esse é o tom de harpa da mais autêntica poesia. E, contudo, graças à sua força conceitual, Kant atuou de maneira verdadeiramente pioneira e libertadora. Com esse livro, com a terceira crítica, ele preparou para a grande época da literatura alemã as bases filosóficas de sua autocompreensão.

Podemos ver a partir desse exemplo: aquilo que distingue o filósofo ou aquele que procura pensar uma vez mais conceitos filosóficos é algo diverso de uma extensa *expertise* crítica. É antes a partir do distanciamento, a partir da distância em relação àquilo que está justamente agora presente que aprendemos a ver aquilo que é sempre. E não é particularmente válido para a arte o fato de ela conseguir realmente nos mostrar o que é sempre? É por isso que a própria relação de nós todos com aquilo que é hoje é marcada pelo fato de nós sempre nos encontrarmos ao mesmo tempo sob a ressonância violenta de nossa proveniência histórica. Ela é nosso presente, e dela não é constitutiva apenas a nossa própria história, mas a vida e a criação conjunta da humanidade sobre esse planeta. Isso implica o fato de vermos constantemente com os olhos da arte de todos os tempos a arte que conhecemos. Em contrapartida, aquilo que é decisivo para a crítica, e, portanto, para aquele que julga a arte, é ainda mais e exige uma outra capacidade. O crítico é colocado diante da tarefa de reconhecer na criação contemporânea o elemento original, a densidade, o elemento realmente produtivo, distinguindo-os de uma grande profusão de imitações formalmente corretas que estão na moda. O bom crítico é capaz de fazer isso em um certo grau – o mesmo talvez seja válido para alguns artistas. Eu mesmo não tenho a pretensão de possuir uma tal capacidade. O que faço é refletir sobre o poder significativo da palavra poética, onde quer que essa palavra ganhe voz para mim[1]. É sobre essa base que gostaria de refletir sobre poesia e diálogo. Esses são dois modos, segundo os quais algo nos é dado a compreender. Como é que a poesia pode levar a termo o fato de precisarmos compreender mesmo quando nos opomos? Com certeza, podemos denominar hermenêutica a reflexão sobre isso. Hermenêutica significa teoria da compreensão. No fundo, porém, uma tal teoria não é outra coisa senão autoconscientização daquilo que propriamente acontece quando se dá algo a compreender a alguém e quando se compreende. Desse modo, gostaria de falar de poesia e diálogo e de procurar tornar clara a proximidade interna tanto quanto a tensão interna entre essas duas formas de indicação por meio da linguagem.

Mesmo que eu esteja consciente da tensão existente entre poema e diálogo, é evidente que há de qualquer forma um traço comum entre eles. Poe-

---

1. Quanto à proximidade entre poema e pensamento, cf. "Filosofia e poesia" neste volume, assim como todas as minhas contribuições programáticas sobre o tema "Poetar e interpretar" e sobre a relação entre filosofia e literatura que se encontram nas minhas GW 8.

ma e diálogo são casos extremos no interior do grande âmbito das formas de linguagem. O primeiro, o poema, é um enunciado. Que outra coisa no mundo se mostra tanto como um enunciado quanto o poema – um enunciado que fala como nenhum outro em favor de si mesmo, mesmo sem um selo jurídico! Em contrapartida, o diálogo é aquilo por meio do que a liguagem vive propriamente enquanto linguagem e no que ela percorre toda a história de sua formação. É somente pelo fato de os homens falarem uns com os outros que há linguagem. Todavia, a linguagem não aparece aqui como um material dado, palpável. Quando um diálogo se preenche com sentido ou mesmo quando ele perde o seu sentido, o que vem ao encontro na linguagem não é outra coisa senão atualização de sentido. Ser atualização de sentido parece-me ser a formulação mais sucinta do milagre e do enigma da linguagem, desse osso que Johann Georg Hamann disse ter passado a vida inteira roendo. Hamann vê-se aqui como um cachorro que não larga o seu osso, mesmo que não saia mais nenhuma lasca de carne desse osso. Se a linguagem é sempre a tal ponto atualização de sentido – qual é afinal a diversidade da linguagem do diálogo, qual é a diversidade do modo cristalino de aparição da linguagem no poema? Neles, não acontece apenas a atualização de um sentido duradouro na palavra que se volatiza. Ao contrário, é a presença sensível da palavra que conquista duração. O que faz com que a linguagem alcance um presente tal que ela mesma conquista consistência e duração? De maneira um pouco provocadora, gostaria de dizer que a força de sustentação do poema lírico reside no tom. Tenho em vista aqui a palavra "tom" no sentido de τόνοφ, "tensão", tal como a tensão da corda estendida a partir da qual soa o som harmônico. O fato de os versos possuírem um "tom" é a distinção incomparável do real poema. Esse conceito de "tom" foi usado antes de tudo por Hölderlin para designar aquilo que transforma um poema em um poema. É o tom que se sustém que leva a termo o milagre, que faz com que o poema "se assente sobre si", para falar como Hölderlin, em suma: que haja algo que se mantém no momento fugidio. Como o poema consegue fazer isso, como ele consegue ter dessa forma uma consistência, uma tal palavra é mais do que qualquer outra um texto, ou seja, algo junto ao qual nada pode e deve ser alterado, razão pela qual o poema resiste tão terrivelmente à tradução em línguas estrangeiras.

No sentido propriamente dito, a palavra "texto" é uma expressão para um tecido. Nesse caso, forma-se a partir de vários fios particulares um todo indissolúvel. É assim que também é composta no poema a partir de muitas palavras e sons uma tal unidade do todo, uma unidade que se distingue justamente pela uniformidade do tom. Nós todos sabemos muito bem como o não poeta faz versos que podem agradar, mas que não possuem nenhum tom próprio. E nós também sabemos disso a partir do encanto e da problemática da leitura em voz alta de poemas[2]. O que importa aí é encontrar o tom que o poema possui e levá-lo corretamente à escuta. Em verdade, esse tom já precisa estar no ouvido de todos para que o falante como que apenas exponha e diga em voz alta aquilo que todos escutam ao mesmo tempo interiormente. Pois é isso que é um poema: o refrão da alma. O refrão é o lugar onde tudo concorda. O refrão da alma não é certamente nenhuma mera consonância em um texto já ressonante, tal como ao cantarmos uma canção o refrão é repetido espontaneamente por todos. Desde o princípio, é muito mais para um acompanhamento de todo o canto que o poema convida, e esse acompanhamento só se realiza plenamente na coparticipação. Tudo dá-se aqui como em uma canção festiva, junto à qual cada um canta junto e nós todos somos "uma alma".

Em contrapartida, precisamente a troca entre palavra e resposta constitui o diálogo. A irrepetibilidade das perguntas que são formuladas e das respostas dadas também faz parte do diálogo. O diálogo morre no momento em que o outro não o segue e, em vez de responder, precisa perguntar: você podia dizer isso uma vez mais? Isso é o bastante para que se perca o espírito leve e quase dançarino, no qual um diálogo se movimenta por si mesmo quando um bom vento o leva. Para onde esse bom vento sopra? Nós o sabemos: para a concordância, para aquilo que, como parece, buscamos como seres pensantes. Acordo com o outro – e acordo com nós mesmos, tal como os seres vivos não pensantes estão em unidade consigo mesmos desde sempre. Todavia, aquilo sobre o que buscamos e encontramos concordância não é nenhum texto que seria previamente dado a nós ou que seria posteriormente alcançado. O curso de um diálogo é muito mais um acontecimento que, segundo a sua própria essência, não se presta a ser registrado em um protocolo.

Nós conhecemos isso por algumas experiências. Essa também é uma experiência literária. Ao que parece, nada é tão difícil como escrever diálogos ou relatar conversas nos quais não acontece outra coisa senão uma troca de palavras e a apresentação de razões que preparam a resposta correta a uma pergunta. Afora Platão, na literatura filosófica, quase todos os filósofos fracassaram na tarefa de escrever diálogos desse tipo. O fato de eles terem sempre tentado fazer isso uma vez mais é apesar de tudo compreensível. Trata-se manifestamente da natureza do movimento do espírito que nós pensemos em palavra e contrapalavra. Foi por isso que o pensamento pôde ser designado já por Platão como o diálogo da alma consigo mesma. Nesse caso, apresentamos para nós mesmos ofertas em todo e qualquer diálogo com nós

---

2. Para uma análise mais detalhada desse ponto, cf. "Voz e linguagem" neste volume, assim como os outros ensaios sobre a ligação do ouvir e do ler com a palavra da poesia presentes nas minhas GW 8.

mesmos, aceitamos ou rejeitamos essas ofertas, e, do mesmo modo que no diálogo com o outro, até o momento em que algo assim como um solo comum é conquistado, uma linguagem comum é encontrada e exista acordo (se é que nem sempre pode haver corcondância). Escrever algo assim, assentá-lo por meio da escrita ou mesmo inventá-lo e criá-lo poeticamente é difícil. É quase inevitável que um fio argumentativo preponderante assuma aí a posição principal e degrade por meio de uma estilização os parceiros de diálogo a falantes que apenas se alternam reciprocamente. Para além daí, a narrativa pode certamente tudo e o poeta teatral pode e precisa estar inteiramente em condições de configurar um diálogo. Ele não tem aí apenas a magia do palco, na qual pode confiar, de modo que tudo se transforma em ação e acontecimento. Mesmo sem isso, um tal diálogo, que é um acontecimento entre agentes, é acomodado como discurso e contradiscurso nesse acontecimento. Em contrapartida, onde as palavras se encontram no lugar de meros argumentos e o diálogo não tem por intuito senão atualizar sentido a partir de discurso e contradiscurso, não há propriamente nenhum texto. Quão distantes nós estamos aí daquilo que é um poema. "Poema" significa "ditado". Mesmo em termos linguísticos, a palavra não significa outra coisa. Quando o trazemos à tona, arrancando-o à memória, o poema prescreve por assim dizer por meio de sua fixabilidade ou mesmo de sua repetibilidade o texto exato que precisamos escutar e ter no ouvido. Essa é manifestamente uma inversão plena da relação que normalmente existe entre linguagem e escrita. A escrita é em geral a fixação ulterior do falar vivo. No caso do poema, ao contrário, toda fala real é o mesmo: uma tentativa mais ou menos imperfeita de levar o texto à fala do modo como o temos enquanto leitores no ouvido. Assim, poema e diálogo acham-se como extremos um em oposição ao outro. O poema vence então como "literatura", o diálogo vive do favor do instante. Mas nos dois acontece o mesmo: atualização de sentido.

    Antes de tentarmos agora o diálogo com os poemas, tal como eles nos foram legados por Ernst Meister, deveríamos apresentar algumas conjecturas sobre a conjuntura da lírica no mundo de hoje. Eu as estabelecerei como uma tese: nós vivemos na época da poesia semântica. Nós não vivemos mais em um mundo no qual uma saga, um mito ou uma história salvífica compartilhadas, ou mesmo uma tradição madura, ainda circundam como uma memória comum o nosso horizonte com imagens que reconhecemos na palavra. Juntamente com os pontos em comum dos conteúdos aos quais não precisamos senão aludir, a linguagem da retórica com as suas conhecidas fórmulas e floreios também foi apagada do poema. Com isso, não restam senão unidades semânticas que não se unificam por si mesmas, mas que divergem, plurissignificativas e dispersas como são. Derrida chamou isso *dissémination*, "disseminação". Isso entrega ao verso uma tensão de um tipo particular. Tudo dá-se como se o alheamento da linguagem precisasse corresponder à alienação crescente do homem ante o seu mundo natural (Um trovão de motores avança de modo atordoante pelas janelas: ah, os sinos das igrejas do mundo industrial?). No entanto, se quisermos entrar em um acordo quanto ao que é um poema lírico, então precisaremos, como penso, perguntar sobre o que há de comum na mudança. Como sempre, esse é o preconceito diretriz da filosofia, um preconceito que ela compartilha em verdade com todos os homens: a suposição de que o pensamento e a dotação fundamental do homem com razão e linguagem nos conectam por fim efetivamente. Não há nenhuma dúvida de que vivemos em um mundo de fragmentos e de um presente linguístico estilhaçado e de que a tarefa entregue ao poeta é apesar de tudo trazer à palavra a unidade de uma saga – de sua saga. Um poema é e permanece sendo uma reunião de sentido, mesmo que ele seja apenas uma reunião de fragmentos de sentido. A pergunta sobre a unidade do sentido permanece sendo colocada como uma derradeira pergunta em relação ao sentido e experimenta no poema a sua resposta. Se partirmos desse primeiro pressuposto, então veremos de uma vez uma ligação interior entre o poema e o diálogo. O poema unifica tudo em seu sentido. Mesmo o diálogo é uma tentativa de encontrar um ponto comum entre parceiros divergentes de discurso e contradiscurso, palavra e resposta – mesmo contra o trovão das motocicletas. Mesmo uma tal conferência é uma tentativa de entrar em diálogo consigo mesmo e com os ouvintes. Então poder-se-á objetar: ainda se pode efetivamente falar assim? Ainda é realmente significativa uma tal expectativa por um sentido com o qual as pessoas concordam? Os teóricos de hoje não suportam que se fale assim. As não mais belas-artes não são mais belas e perguntar sobre o sentido significa decair em uma metafísica da presença, para além da qual o tempo e o pensamento se lançaram.

Bem, na medida em que continuo falando, tenho certamente por dever pressupor sentido naquilo que digo – e exigi-lo do outro. Mas objetar-se-á uma vez mais: isso faz sentido? Perguntemos: o que é afinal o sentido? O sentido não é justamente aquela totalidade disponível, em relação à qual nós já sempre estamos todos de acordo, um mundo do sentido para além da realidade efetiva, um trasmundo platônico que não pode mais existir desde Nietzsche. Sentido é, como a linguagem pode nos ensinar, sentido direcional. Olha-se em uma direção, tal como os ponteiros do relógio, que sempre giram em um determinado sentido. Assim, nós todos sempre apreendemos em nosso sentido a direção, quando algo nos é dito. Formas de uma tal apreensão em nosso sentido são o poema, que compreendemos e cujo enunciado nunca se esgota, e o diálogo, no qual somos e que enquanto o diálogo da alma consigo mesma nunca chega ao fim.

Gostaria de colocar agora à prova essas reflexões a partir de versos seletos de Ernst Meister. Começo com uma estrofe de um poema que diz:

> Joga calmamente com palavras.
> É isso que elas te aconselham, as
> astutas irmãs, elas,
> para além da geração,
> como pássaros afinadas.

Nesses versos, o poeta encoraja-se por assim dizer para as suas liberdades semânticas. Esses versos dizem que se acha velada nas palavras uma astúcia superior, um saber ao qual se deve seguir. As palavras estão simplesmente aí, elas não foram geradas por alguém. Precisamente por isso, elas se mostram como um grande convite a que venhamos a segui-las. Uma unidade indissolúvel de sentido e som é oferecida nelas, e, como o canto dos pássaros segue o seu próprio júbilo, o poema está para além de todo fazer e opinar. E, contudo, elas enunciam algo, essas palavras, que são como vozes de pássaros.

Escutemos um outro poema:

> Sempre continuo
> me permitindo acreditar
> que há
> uma justiça da abóbada,
> a curva verdade
> do espaço.
>
> Pelos olhos feita curva,
> infinitude,
> celeste,
> ela torce o ferro,
> a vontade mortal
> de ser um deus.

Já as primeiras palavras desse poema: "Sempre continuo" evocam à consciência toda a situação aflitiva do homem que vive em um mundo no qual se presume que só o caminho reto em direção às metas planejadas seria o caminho correto. Isso conflui por assim dizer a partir de todo o rio das informações até nós. Ele sedimenta-se no uso cotidiano de nossa linguagem, tão bem quanto na forma maquinal com que a linguagem de hoje se abate sobre nós. Todos nós estamos expostos à tentação que emana daí, à tentação de decair nessa crença no próprio caráter retilíneo da vontade. Não é apenas a tentação do poeta pensar assim. Apesar de todas as objeções, o eu que fala quer firmar em contrapartida que há de qualquer modo algo assim como uma "curva verdade" do espaço. O poema também denomina essa verdade a "justiça da abóbada" e quase não se tem outra alternativa senão pensar na abóboda das moradas dos deuses que, apesar de tudo, devem continuar tendo razão. A segunda estrofe expõe esse fato: "Pelos olhos feita curva...": os olhos que por assim dizer acompanham a abóboda e se curvam com ela tocam a eternidade do arredondamento do círculo. Esse não é nenhum movimento que segue de um ponto inicial até um fim fixo. O círculo exemplifica plasticamente desde tempos imemoriais o movimento sem começo e sem fim, tal como aquele que é executado pelos astros que giram no céu. No que diz respeito a essa infinitude que se arredonda, o poeta nos diz: "Ela torce o ferro, a vontade". O caráter retilíneo e em si subsistente da vontade que é tão dura como o ferro precisa ser torcido. É a lembrança da suposição da própria divindade que sempre retorna uma vez mais ao mortal no movimento circular da "curva verdade".

Nós entramos lentamente em um diálogo com o poema. Esse diálogo exige tempo. Pois é com certeza verdade que não podemos compreender um poema quando só o ouvimos ou lemos uma vez. Quem acredita em algo assim ainda não experimentou o que é um poema. Ele convida-nos a uma longa escuta e a um discurso mútuo, no qual se realiza a compreensão. Eu digo isso a partir da competência do leitor. O poema precisa conduzir um diálogo com o leitor. No entanto, o poema não é apenas um diálogo com o leitor: o poema é ele mesmo um diálogo, um diálogo consigo mesmo.

Isso é o que gostaria de deixar claro uma vez mais com o auxílio de um poema de Ernst Meister. Os poemas que servem de base para as minhas citações provêm quase todos da última década de Ernst Meister. Neles predomina o tema do espaço desprovido de margens, o tema da infinitude do espaço, no qual o sítio dos viventes e dos mortos como que se perde. Trata-se de um tema central das criações poéticas desse poeta. Escutemos:

> Arrancado com a pele
> e o cabelo
> à floresta e ao prazer,
> do que ele cuida, o animal
> com o espírito como com um duplo chifre?
>
> Isso é verdade: ele
> cuida de seus caminhos,
> a língua falando certamente,
> quando se choca
> com os cantos
> do ar vigente, de sua
> morte avanço.

Nesse poema fica claro – e me desculpo por isso – que as aulas de filosofia também deixam rastros em um poeta. Pressente-se como se fala nesses versos a partir da experiência comum da cátedra filosófica e de seus ouvintes. Neles, o homem é interpelado como "o animal com o espírito como com um chifre duplo" e se mostra ao mesmo tempo como ele é arrancado do mundo da vida animal – e, em verdade, de maneira total, com a pele e o cabelo. Quanto desperta aqui um modo de falar para uma nova força sensível! Aí está ele, o homem. Ele abandonou a floresta da fuga segura e o prazer que domina essa floresta inquestionavelmente; e isso para viver em preocupação. Que troca é essa e em nome do que ela é feita? Essa é a questão do poema, uma questão quase desesperada. A resposta não é propriamente confiante. A segunda estrofe diz o que é essa preocupação e essa situação preocupante do homem, expelido de todas as vias naturais da floresta e do prazer. Essa exposição ao aberto possui a estrutura da questão que sempre tem em si também a ambiguidade da dúvida. Por isso, o "duplo chifre" que o animal porta com o espírito. Ele consegue colocar coisas diante de nós como possíveis, diante de nós em um espaço aberto de decisão, de prós e contras, para uma decisão correta ou falsa, para o uso e o abuso. Nós estamos expostos constantemente a essa situação que se chama preocupações. Nós compreendemos imediatamente que somos assim, na medida em que falamos. Pois é isso que é a linguagem, essa colocação-diante-de-nós do possível, essa representação do porvir, a caminho do qual estamos por meio da vontade e da escolha. Mas é maravilhoso esse "certamente": ele é como uma concessão que precisa ser reconquistada. Pois em toda antevisão do espaço aberto de seu futuro, que se acha à sua volta aberto e livre como um ar "vigente", ele se choca constantemente com os "cantos", nos quais a morte se insere nesse espaço. É com isso que ele se choca. A morte não nasce para ele apenas de um avanço que encurta o espaço livre, ela é muito mais, como disse Heidegger, antecipação para a morte. Cuidar de seu caminho, ocupar o espaço aberto com antevisões e planejamentos prévios, a língua falando, e se chocar constantemente com os cantos do fim, com a morte, não são duas coisas, mas uma e a mesma. Trata-se dos dois aspectos da finitude humana.

Antes de citar ainda um poema em conclusão, gostaria de adiantar algumas observações. Apesar de todo o seu caráter definitivo, um poema não se encontra de resto em uma situação diversa da palavra pensante: ele também se acha no horizonte daquilo que não foi dito. O que o distingue é o fato de ele se encontrar até mesmo sempre no horizonte daquilo que não foi dito. É sempre seguramente o todo que gostaríamos de compreender, tal como o tom de um poema o diz para nós e que nunca conseguimos dizer totalmente enquanto seres pensantes. Assim, um poema é constantemente um diálogo porque ele conduz constantemente esse diálogo, essa conversa a dois consigo mesmo. Nesse caso, pode-se tomar uma palavra – não gostaria de dizer: "escolhê-la", apesar de não estar disposto a apoiar de maneira alguma nenhuma representação romântica sobre o fazer de um poema. Acredito muito mais que as palavras "chegam a alguém". Elas estão presentes antes de as colocarmos diante de nós em uma meditação consciente; e isso mesmo quando dizemos: "a palavra escolhida". No poema não temos nenhuma escolha, uma vez que tomamos a palavra que vem e que veio ao poema. Por mais que a palavra que veio seja um pedaço e um fragmento daquilo que o poema é, ela já nos apresenta a exigência rigorosa de reproduzir no prosseguimento o equilíbrio do todo. Paul Valéry disse certa vez que o primeiro verso de um poema é o mais difícil, que ele decide tudo. De fato, um poema se parece com um diálogo. Ele desdobra-se, ele quebra por assim dizer a escuta constante, silenciosa, e expõe-se ao fato de um outro ganhar a palavra, de uma outra palavra surgir, como uma resposta. No pensamento, nós conhecemos isso como o *insight*, sobre o qual repousa no fundo toda a tensão de um enunciado que se constrói sobre esse ponto.

O poema tampouco cai do céu, como algo em si redondo, no colo do poeta ou do leitor. Ele é como um diálogo, e nossa relação com o poema precisa atualizar um sentido como no diálogo, na medida em que vibializa a participação nele. Aos poetas de hoje, que se recolhem tão frequentemente no elemento autobiográfico, podemos dizer que a autobiografia só tem efetivamente sentido na palavra poética se essa autobiografia abarca a todos nós, se ela conta a história de todos nós. Somente então podemos seguir juntos.

O grande privilégio do diálogo é que ele exige expressamente esse acompanhamento e se assegura dele. Foi por isso que Platão, de uma maneira por vezes quase cansativa, sempre fez com que o seu Sócrates fosse uma vez mais interrompido pelas respostas daqueles que diziam "sim", "não" ou "talvez", quando Sócrates não contava justamente como um homem inspirado os seus mitos, que nos dirigem para além de tudo aquilo que pode ser conhecido. Até o ponto em que Sócrates segue o logos do pensamento, o estar em diálogo com o outro fornece, pelo mero acompanhamento do outro, uma base incomparável para que ninguém venha a se desencaminhar e se perder. Seguindo junto, o outro é ele mesmo o outro de nós mesmos. Conquistar a possibilidade de seguir junto é aquilo que o poeta, tal como qualquer outro falante, busca. Ele certamente busca isso antes de tudo como um acompanhamento de si mesmo, como uma escuta a si mesmo, como uma escuta à palavra que precisa surgir. Como só se pode conduzir um diálogo com alguém que já não sabe tudo, mas escuta aquilo que surge para o outro e vem do outro, o mesmo se dá em meio ao poema e ao diálogo com o poema. O intérprete também precisa estar em um tal diálogo. É uma teoria louca dizer que a compreensão realizada em meio ao acompanhamento que toda interpretação tem em vista gostaria de ser algo assim como uma construção do sentido que reside supostamente no poema. Se isso fosse possível, não precisaríamos mais do poema. Como um diálogo que se desenvolve continuamente, o poema indica-nos muito mais a direção de um sentido que nunca podemos resgatar totalmente. Não há aí nenhuma reconstrução de um sentido disponível ou mesmo a redução ao que o poeta teria tido "em mente". O que importa é acompanhar a linguagem em um diálogo interior – tal como efetivamente fazemos quando estamos em diálogo. Procuramos perceber acenos da direção para onde temos de olhar. Por isso, não há nenhum outro critério para a interpretação correta de um poema como um todo senão o fato de a interpretação conseguir desaparecer completamente quando realizamos novamente o poema. Uma interpretação que continua sempre presente enquanto tal quando se lê ou recita novamente um poema permanece extrínseca e alheia. Algo foi incessantemente superexposto, algo superiluminado. Além disso, não se conseguiu retirar aquilo que tinha sido acrescentado pelo intérprete. Desse modo, toda interpretação de um poema é medida a partir do fato de ela conseguir ou não deixar o poema falar uma vez mais por si mesmo. O poema é o refrão da alma, que é sempre a mesma alma entre o eu e o tu.

Por fim, gostaria de citar um dos poemas de Ernst Meister que mais me comovem. Trata-se de um poema que parece propriamente desprovido de qualquer problematicidade – e talvez justamente por isso perguntamo-nos junto a ele: por que ele é propriamente um poema ao qual sempre retornamos e que chegamos propriamente a "saber" pela primeira vez como se sabe efetivamente poemas: só quando sabemos um poema de cor, recebemos acenos das palavras, acenos sempre novos que apontam para a direção do sentido.

> O velho sol
> não sai
> do lugar.
>
> Nós
> no
> crepuscular revolvimento
>
> vivemos
> o temor ou
> a pesada alegria.
>
> Amor –
> confiança e
> abandono[3],

---

3. Há aqui um jogo de palavras que se perde na tradução. Em verdade, confiança [*Verlass*] e abandono [*Verlassen*] são termos que possuem em alemão a mesma etimologia. Os dois se compõem a partir do verbo *verlassen* [abandonar] e designam nuanças semânticas desse verbo. Tal como em

dele
soubemos
no satélite,

De qualquer modo tudo
passa.

São palavras simples que deixam reluzir diante de nós algo assim como uma visão cósmica – Pascal evocou-a: o novo universo com o centro solar e a infinita pequenez do terreno. Esse não é certamente o novo universo de hoje. Astronautas, astrofísicos e a cultura geral que os segue não veem uma vez mais em nosso sistema solar senão um pequeno rincãozinho em movimento no todo. Algo sobre movimento também é citado na expressão, com a qual o poema se inicia: "O velho sol." Quem chamaria afinal o sol de "o velho sol"? Talvez alguém que pense nessas amplitudes infinitas dos sistemas astrais que preenchem a nossa imagem atual do universo. Todavia, também reside algo assim como familiaridade na expressão "o velho sol", algo de ternura – e quase de luto.

Já nessas primeiras palavras ressoa algo da fluidez de nossa própria existência. Não há de maneira alguma o curso solar familiar que vai da manhã até a noite, para além do verão e do inverno. O que há é o revolvimento, no qual nos encontramos. Trata-se de um "crepuscular revolvimento". É assim que ele é denominado em contraposição à fonte duradouramente fluente de luz que é o sol. No interior das medidas cósmicas da imagem de mundo copernicana já reside a experiência da limitação humana: há uma diferença gigantesca de dimensões entre o sistema solar no qual vivemos e esse satélite que segue o sol, o satélite no qual vivemos e no qual vivem todos os nossos temores e alegrias. Nesse contexto, o adjetivo para "alegria", viver em "pesada" alegria, conquista um peso descomunal. De maneira natural espera-se junto à alegria o elemento leve e aliviante que reside na experiência da alegria. No entanto, as medidas cósmicas nas quais o ser homem é visto aqui não fazem com que a alegria apareça apenas como algo leve, mas também como algo pesado. O prosseguimento do poema torna isso visível: "Amor – confiança e abandono." Pode-se apreender aqui de maneira particularmente boa a produtividade semântica de um tal poema. O modo segundo o qual duas significações tais como *"Verlass"* [confiança] e *"Verlassen"* [abandono] se interpenetram e ao mesmo tempo divergem – possui uma única significação abrangente no ritmo e no canto desse poema. Temos aqui tudo aquilo

---

português, o verbo *verlassen* possui em alemão o sentido correlato de entregar-se irrestritamente a alguém, abandonar-se a alguém, confiar em alguém. Desse sentido surgiu o substantivo *Verlass*, que significa confiança. Gadamer vale-se dessa passagem à frente como um exemplo da riqueza da poesia semântica. (N. do T.)

que nós homens trazemos conosco, nosso caráter minúsculo e a exposição ao vazio do espaço infinito. Aí está a confiança que se apresenta na experiência do amor, aí está o abandono que é uma experiência do amor, assim como a duração do amor para além de confiança e abandono. Soa quase como um contrapeso a um equilíbrio que falta o fato de existir tais possibilidades de experiência de unicidade com vistas a esse acompanhante acidental do universo em seu movimento circular. Essas possibilidades pertencem-nos, "de qualquer modo tudo passa". – Tudo passa? O avanço da morte, a inserção da morte em toda suposta duração e em todo suposto presente – quanto pesa essa certeza em relação à confiança e ao abandono? Esse poema é a resposta a essa questão. A breve representação desse poema talvez tenha dado um exemplo concreto do modo como muito de nosso ser humano está resguardado no espaço entre poesia e diálogo. Assim, pressentimos que o diálogo infinito do pensamento nos diálogos infinitos que ele conduz com os poemas sempre encontra uma vez mais os seus parceiros.

27. OS POETAS ESTÃO EMUDECENDO? (1970)
[Verstummen die Dichter?]

Em nossa sociedade dominada cada vez mais intensamente por aparatos anônimos, uma sociedade na qual a palavra não instaura mais uma comunicação imediata, levanta-se a pergunta acerca de saber qual é o poder e quais são as possibilidades que a arte da palavra, a poesia, ainda pode ter. A palavra poética diferencia-se fundamentalmente das formas perecíveis do falar, que sustentam normalmente o acontecimento comunicativo. O traço particular de todas essas formas do falar é o autoesquecimento na própria palavra. A palavra enquanto tal sempre desaparece ante aquilo que ela traz à tona. O poeta Paul Valéry formulou uma metáfora brilhante para expressar a diferença entre as palavras que falamos na comunicação e a palavra poética. A palavra que usamos na comunicação é como a moeda de latão. Ou seja: ela significa algo que ela mesma não é. O pedaço de ouro de outrora, em contrapartida, tinha ao mesmo tempo o valor que significava, na medida em que correspondia em seu valor de metal ao seu valor monetário. Desse modo, ele mesma era aquilo que significava. Exatamente essa é também manifestamente a distinção da palavra poética: o fato de ela não se referir apenas a algo, de modo que somos lançados para além dela a fim de aportar em algum outro lugar qualquer, tal como a moeda de latão ou a nota que precisam de sua cobertura. Na medida em que somos lançados para além da palavra poética, não somos senão remetidos uma vez mais para ela mesma. É a própria palavra que garante ao mesmo tempo aquilo de que ela fala. Quanto mais nos familiarizamos com uma composição poética, tanto mais rico de significações e tanto mais presente se torna o seu enunciado. É na forma segundo a qual a palavra poética apresenta a si mesma ao apresentar algo que reside a sua distinção peculiar.

Gostaria de colocar a pergunta ao nosso tempo e à literatura de nosso tempo: há ainda uma tarefa para o poeta em nossa civilização? Há ainda uma hora da arte em um tempo, no qual a inquietude social e o desconforto com a massificação anônima de nossa vida social são sentidos por toda parte e no qual sempre se levanta uma vez mais a exigência de redescoberta ou de refundação de autênticas solidariedades? Quando continuamos tomando a arte ou a poesia por um momento integral do ser humano, não se trata aí de um subterfúgio? Toda *littérature* não precisa ser agora *littérature engagée*?[1] E caducar rapidamente como toda *littérature engagée*? Há ainda a estrutura consistente da arte da palavra, se conteúdos alternantes devem formar em sua inconstância o verdadeiro cerne de legitimação da *littérature* em geral? Onde a consciência não é preenchida senão pela "*science*"[2], isto é, pela idolatria do progresso científico, ainda há uma composição tal de palavras que todos nos sentimos em casa nessa composição?

Sem dúvida a palavra do poeta precisará ser diversa em um tal hora. Ela precisará ter um parentesco com a reportagem, com a acidentalidade, com a frieza contida do falar técnico. Mas será que a palavra poética seria por isso realmente reportagem? Ou será que podemos mostrar como mesmo hoje ainda se pode construir com palavras uma composição consistente que não é de ontem, mas de hoje e sempre? Portanto, uma composição que sempre continua deixando o "espírito comum" findar no poema? Talvez a melhor caracterização genérica daquilo que distingue hoje a lírica esteja em uma frase escrita certa vez por Rilke. Falando sobre a sua relação com Deus, Rilke diz em uma carta a Ilse Jahr de 22 de fevereiro de 1923: "Há uma discrição indescritível entre nós." De fato, em suas poesias tardias, por exemplo nas *Elegias de Duíno*, Deus não aparece mais de maneira alguma. Não se fala aí senão do anjo, que talvez seja mais um emissário dos homens do que de Deus[3]. A frase de Rilke sobre a discrição indescritível descreve, ao que me parece, da maneira mais exata possível o tom da poesia lírica atual, um tom para o qual precisamos aguçar os ouvidos. Por exemplo, nós precisamos aguçar os ouvidos para os poemas de Paul Celan. A questão não é a constatação de que os poetas estejam emudecendo, mas antes saber se os nossos ouvidos ainda são sutis o suficiente para ouvir.

Para elucidar em nós as exigências de uma tal discrição, escolho um poema de Johannes Borowski. Ele chama-se: "A palavra homem."

> A palavra *Mensch* [homem], como vocábulo
> classificada, aonde é que ela pertence,
> no dicionário:
> entre *Mensa* [refeitório] e *Menschengedenken* [memória humana][4].

---

1. Em francês no original: literatura engajada. (N. do T.)
2. Em inglês no original: ciência. (N. do T.)
3. Cf. quanto a esse ponto "Mythopoietische Umkehrung in Rilkes Duineser Elegien" [Inversão mitopoética nas *Elegias de Duíno* de Rilke], in: GW 8, pp. 289 ss.
4. Fui obrigado a deixar os vocábulos em alemão para que fosse possível acompanhar a interpretação gadameriana que vem em seguida. (N. do T.)

A cidade
antiga e nova,
belamente animada, com árvores
também
e veículos, aqui

ouço a palavra, o vocábulo
ouço aqui com frequência, posso
enumerar de quem, posso
começar com isso.

Onde o amor não se apresenta,
Não enuncia a palavra.

Esse poema também se experimenta quase como hermético. O que ele diz propriamente? Que tipo de unidade se esconde aí afinal? É exatamente isso que faz com que tantas pessoas falem do emudecimento dos poetas: o fato de essas pessoas, se é que tenho o direito de falar assim, não conseguirem mais ouvir o discreto.

Comecemos a interpretação pelo ponto em que toda interpretação precisa começar, a saber, pelo ponto em que ela se nos torna clara pela primeira vez. Aqui, isso se dá sem dúvida alguma na estrofe conclusiva. Ela diz algo de maneira totalmente distinta: "Onde o amor não se apresenta, não enuncia a palavra." Isso significa – e é isso que precisamos antes de tudo presentificar para nós – que por toda parte onde o eu lírico escutou a palavra "homem" não havia amor algum. Assim, tudo fica claro. A primeira estrofe está cheia de um sarcasmo amargo e de uma agudeza quase corrosiva. Pode estar certo dizer que o vocábulo "*Mensch* [homem]" se encontra entre "*Mensa* [refeitório]" e "*Menschengedenken* [memória humana]" e que o poeta percebeu esse fato certa vez por acaso ao usar o dicionário. Pode estar certo dizer que a palavra vizinha anterior é "*Mensa*" e que a palavra vizinha posterior é "*Menschengedenken*". No entanto, se ele diz isso no poema, ele o faz intencionalmente. Nós temos inicialmente "*Mensa* [refeitório]", essa palavra muito familiar para as pessoas mais jovens que visa a um estado de coisas junto ao qual se experimenta a anonimidade da vida e a ausência de ligações depois que se deixa a família[5]. O refeitório mantém de algum modo em uma lembrança constante o que significa a família, por assim dizer sob a forma da

---

5. Essa passagem está diretamente relacionada a uma experiência comum na Alemanha. Logo que os estudantes terminam o secundário e entram para a universidade, eles saem da casa dos pais e passam a morar sozinhos em repúblicas ou em casas de estudantes. Com isso, eles normalmente optam por almoçar e jantar cotidianamente no refeitório da universidade, onde reina em certa medida uma determinada anonimidade por conta da quantidade enorme de estudantes de todas as áreas mais diversas. (N. do T.)

privação. Do outro lado, então, segue a palavra *"Menschengedenken"*, uma palavra que só continuamos a utilizar em uma única locução: *"seit Menschengedenken* [desde tempos imemoriais]". O que essa locução evoca é algo que já não é absolutamente verdadeiro – desde tempos imemoriais é assim. Não se tem nenhuma possibilidade de cálculo em relação a isso. Quando se diz: isso é assim desde tempos imemoriais, isso é tratado como algo que se tornou completamente autoevidente. De um lado, temos então o anônimo, do outro lado, aquilo que se tornou autoevidente, e, entre esses dois extremos, o vocábulo *"Mensch* [homem]" que se encontra como que comprimido.

A segunda estrofe fala da cidade, "antiga e nova". Quem aproxima o ouvido reconhece imediatamente: esse poema foi escrito depois da guera que deixou nossas cidades em escombros. A expressão "antiga e nova" visa manifestamente à tensão que atravessa a visão de nossas cidades. Ela talvez ainda seja pensada de maneira mais genérica e não evoque apenas a reanimação depois de sua desertificação e destruição. Pois o terceiro verso "belamente animado, com árvores" conduz mais além até o termo maravilhoso e bissílabo "também", que ocupa todo um verso e retém por meio daí um estranho peso. Aquilo que soa como uma riqueza adicional "árvores também" faz com que venha à tona toda a lamúria do destino da cidade. Também há certamente árvores aí, mas o que constitui a cidade é o seu trânsito, os veículos. Dessa forma, esse "também" se torna uma expressão tocante para o alijamento vertiginoso da natureza que vivenciamos nas ruas de nossas cidades. Esse "também" é um exemplo enfático de uma autêntica discrição poética.

E então, na sequência de palavras "aqui/ ouço a palavra", o "aqui" também recebe um acento particular. Ele não se encontra apenas no final de um verso, mas também no final de toda uma estrofe. Com isso, ele apresenta aquilo que chamamos um enjambamento[6]. O discurso prossegue, mas a conclusão da estrofe não desliza como que por meio do enjambamento, deixando os versos inaudíveis, como o leigo costuma pensar. Uma tal falsa aparência só surge por meio de uma tentativa de negar os versos enquanto versos. Quando se lê "aqui escuto a palavra", isto é, aqui na cidade, isso soa certamente como a prosa mais trivial do mundo. Mas o "aqui" precisa ser ouvido sozinho, completamente por si. É o enjambamento que torna o verso e a quebra das estrofes propriamente visíveis. No que a frase prossegue e a quebra se encontra de qualquer modo metricamente aí, o "aqui" recebe por assim dizer um ponto de exclamação rítmico. "Aqui" significa então: precisamente aí onde já é desde o princípio incrível que ainda falemos uns com os

---

6. Do francês *enjambment*: figura de linguagem que designa a passagem para o verso seguinte de uma ou de várias palavras que completam o sentido do texto. Também se denomina essa figura em português com o termo "cavalgamento". (N. do T.)

outros como homens e que ainda possamos lidar uns com os outros. Com frequência escuta-se a palavra – para tornar inconfundível o irreal de um tal discurso sobre o homem, o texto prossegue como um relato: "O vocábulo ouço aqui com frequência." A mudança do termo "palavra" para "vocábulo" indica que não se trata da coisa mesma em uma tal terminologia, mas de uma mera palavra que é arrancada ao uso real e não possui mais vida alguma. Por mais frequentemente que soe, ela não passa de um vocábulo vazio.

Então surge a passagem do poema como um todo que me parece a mais difícil: "posso/ enumerar de quem/ posso/ começar com isso". O primeiro verso é bem simples. Escutamos por toda parte a palavra e podemos assim enumerar de quem a ouvimos: aqui, aqui, aqui – todos continuam dizendo, eu continuo escutando. Mas o que significa esse prosseguimento: "posso começar com isso?". Estranho. Se posso enumerar de quem ouço, então posso naturalmente começar com isso. O que o verso quer dizer afinal? "Posso começar com isso" parece significar uma restrição similar à feita acima com o "também". Todos têm o vocábulo na boca. É um disparate enumerar todos. Eu permaneci em um impasse – é isso que reside no verso restritivo "posso começar com isso". Mas não permaneci em um impasse porque há muitas pessoas, mas porque logo me dei conta de que não há sentido algum em contar quantas pessoas têm na boca a palavra morta, sem que ela se tornasse viva.

A estrofe final mostra que essa interpretação é correta e que nesse elo da corrente acontece a virada do todo. Pois agora temos expressamente, como que em meio ao fracasso da busca enumeradora e como em uma censura: "Onde o amor não se apresenta, a palavra não enuncia." Essa conclusão sela por assim dizer o sentido do todo: a palavra "homem" não deve ser nenhum mero vocábulo. Não há nenhum ponto de exclamação ao final desse poema. A interpunção escolar sentirá a falta disso, pois trata-se de qualquer modo de um imperativo! Mas é exatamente isso que significa a discrição, com a qual falam os poetas de hoje.

Esse exemplo pode ter deixado claro por que acredito que não é senão uma falsa aparência dizer que os poetas estão emudecendo. Eles assumiram necessariamente um tom de voz mais baixo. Assim como comunicações discretas são feitas em tom baixo, para que ninguém sem autorização as escute, a fala do poeta também passou a se realizar nesse tom. O poeta comunica algo àqueles que têm ouvido para tanto e que lhe são simpáticos. Ele lhe sussura por assim dizer algo ao ouvido e o leitor que é todo ouvidos balança por fim a cabeça em sinal de acordo. Ele compreendeu. Desse modo, acredito que se pode verificar hoje tanto quanto outrora e sempre a sentença hölderliniana, segundo a qual "os pensamentos do espírito comum findam silenciosamente na alma do poeta". Quem quer se deixar alcançar por sua palavra realiza com isso uma verificação e se compreende com certeza que, em uma época da voz eletricamente amplificada, só a palavra mais silenciosa consegue ainda encontrar na palavra o que há de comum entre o eu e o tu, e, com isso, evocar o ser humano. Nós sabemos por que precisamos da palavra silenciosa: nós precisamos dela tanto para o falante quanto para o ouvinte. As coisas dão-se aqui como com as frases lentas em uma sinfonia – nelas se mostra pela primeira vez a verdadeira maestria do compositor e do dirigente. Quem quer medir que experiências de *expertise* alcançam essas construções de palavras a partir da vida da civilização tecnológica e estão capturadas nelas, de modo que possamos encontrar e saudar repentinamente a poderosa estrangeiridade do mundo moderno como algo familiar?!?

28. À SOMBRA DO NIILISMO (1990)
[Im Schatten des Nihislismus]

Se coloco sob esse tema dois poetas alemães, poetas de língua alemã, Gottfried Benn e Paul Celan, então isso não representa nenhuma escolha. Se quisermos designar nomes da literatura alemã do período posterior à Segunda Guerra Mundial, que conseguiram realmente retratar algo da situação psicológica, espiritual e religiosa fundamental do tempo, será preciso procurar entre os poetas líricos. Nós alemães não somos um povo de grandes narradores. Mesmo nomes como Hermann Hesse, Thomas Mann ou Robert Musil estão por demais ligados ao refinamento peculiar de técnicas de narração maneiristas para que pudessem possuir o grande fôlego de uma narrativa natural. Com certeza, o *Jogo das contas de vidro* de Hermann Hesse, um livro que chegou até nós depois da guerra, e mais ainda a confrontação tão profunda quanto artificialmente cifrada de Thomas Mann com a tragédia alemã e – talvez da forma mais duradoura possível – a retrospectiva genial de *O homem sem qualidades* tocam radicalmente. Com certeza, a concisão de Heinrich Böll e a flutuante ausência de margens narrativas em Günter Grass também encontraram ressonância fora da Alemanha. No entanto, será que estes autores tanto quanto aqueles podem concorrer com os grandes narradores da Inglaterra, da Rússia e da França, com Joyce e com Proust, com *Os demônios* ou *Os irmãos Karamasov* ou *Ana Karênina*, com romances que nos tocam a todos ontem, hoje e amanhã? Em contrapartida, pode-se dizer com certeza que a poesia lírica alemã é há cem anos uma expressão adequada do espírito alemão, uma expressão que sempre esteve articulada com as grandes experiências científicas e filosóficas da cultura alemã. Cito apenas o nome de Stefan George, que foi seguramente o artista da linguagem mais significativo em termos de língua alemã dos últimos cem anos. Cito Hugo von Hoffmannsthal, Rainer Maria Rilke e Georg Trakl. Sem dúvida alguma, a maioria deles não são, visto em termos políticos, cidadãos da República Federativa Alemã. Todavia, a *Res publica litteraria* não conhece nenhuma fronteira que não seja erigida pela linguagem, e todos nós nos empenhamos mesmo por superar as fronteiras da linguagem quando viajamos para países estrangeiros ou quando escutamos hóspedes estrangeiros em sua língua.

No interior da lírica do pós-guerra não havia nenhuma escolha. Gottfried Benn e Paul Celan foram os dois grandes poetas que, no período posterior à Segunda Grande Guerra, deram uma expressão poética válida ao sentimento de vida alemão, ao destino alemão, ao estado incerto entre crença e descrença, entre esperança e desespero. Os dois também são nomes conhecidos no exterior. Eles foram traduzidos para muitas línguas. Mas quem sabe o que é poesia lírica sabe que traduções não passam de aproximações e quase não conseguem despertar nem mesmo uma impressão daquilo que fala na língua original.

De início algumas palavras sobre Gottfried Benn. Gottfried Benn era médico, viveu em Berlin, alimentou depois de 1933 algumas falsas expectativas em relação ao acontecimento de outrora e se refugiou então, como muitos de seus iguais, no exército, para passar por tudo de maneira honesta. Essa foi a forma com a qual um homem em perigo no Terceiro Reich pôde escapar às perseguições de natureza antes de tudo políticas. Enquanto soldado, ele era médico militar. Enquanto poeta, ele levantou a sua voz uma vez mais logo depois da Segunda Guerra Mundial. E é preciso que se diga: foi só então que o reconhecemos propriamente em toda a sua significação. O que nos auxiliou nesse ponto foi o fato de lhe ter sido permitido adotar um estilo peculiar mais maduro, um estilo que atenuou intensamente o elemento provocativo de sua poesia anterior e verteu um tom melódico maravilhoso sobre os seus versos. Os versos que apresento agora só se tornaram conhecidos a partir da obra póstuma:

> Então articularam-se os sons,
> primeiro só caos e gritos havia,
> línguas estrangeiras, arcaicos tons,
> também vozes passadas de um dia.
>
> Uma dizia: sofremos,
> a segunda dizia: choramos,
> a terceira: o que pedimos
> não ajuda, Deus nega o que almejamos.
>
> Uma estridente: em embriaguez seguir,
> de erva, de sumos, de vinho –
> esquecer, esquecer, iludir
> a ti mesmo e a todos do teu ninho.
>
> uma outra: não há sinais,
> não há acenos, não há sentidos –,
> em alternância flores e cadáveres a mais
> e abutres sobre eles abatidos.

uma outra: fadiga,
uma fraqueza sem medida –
e apenas ruidosos cães em briga
recebem ossos e comida.

Mas então em hesitante virada
– as vozes se detêm –
falou uma: vejo no fim da estrada
um grande e silencioso homem que vem.

Ele sabe que aos pedidos
jamais um deus se apega,
ele suportou os suplícios
ele sabe, Deus nega.

Ele vê o homem perecer
em espaço de roubo e raça
ele deixa o mundo acontecer
e forja seu sonho de graça.

O poema não é difícil de entender. No entanto, para tornar claro o modo de fazer e o modo de cantar do poeta, talvez sejam necessárias algumas observações. De início, gostaria de fazer algumas observações – talvez pedantes – sobre a semântica lírica. Em seguida, algumas outras sobre a sintaxe lírica desse poema. Por "semântica lírica" não tenho em vista naturalmente a doutrina usual sobre as significações das palavras – tenho em vista antes o específico da semântica lírica, o modo como um poeta não compõe aqui apenas sons e figuras sonoras, mas reúne sons, ou seja, palavras, que suportam a significação, gerando, por meio daí, novas unidades semânticas e novas unidades sonoras. No caso de Gottfried Benn, isso é tão claro, que não preciso senão escutar uma linha para saber: trata-se de Benn. A partir de alguns exemplos que são retirados em parte desse, em parte de outros poemas, gostaria de caracterizar a semântica lírica de Gottfried Benn. Ela consiste antes de tudo no fato de conjugar sonoramente algo contrastante em sua significação, amalgamando-o dessa maneira em uma nova unidade semântica. Escolho aleatoriamente os exemplos:

Quer sentido, quer síndrome, quer saga...[1]
Ou: Quer rosa, quer neve, quer matungo...[2]
Ou: As torrentes, as chamas ardentes, as questões urgentes...[3]

---

1. No original: *Ob Sinn, ob Sucht, ob Sage...* (N. do T.)
2. No original: *Ob Rose, ob Schnee, ob Mähre...* (N. do T.)
3. No original: *Die Fluten, die Flammen, die Fragen...* Nesse caso, não consegui encontrar um modo de manter a aliteração presente no verso de Benn. (N. do T.)

Os meios sonoros são claros: aliteração, assonância, composição melódica tornam possível que coisas tão diversas quanto *Fluten* [torrentes] e *Flammen* [chamas ardentes] confluam para um gesto significativo abrangente. Característico da gramática lírica de Gottfried Benn é o fato de ele sintetizar em unidade coisas divergentes, totalmente distantes em termos semânticos, abrindo dessa maneira uma espécie de amplitude e de distância cósmicas. Mesmo no poema que temos diante de nós, há exemplos de uma tal síntese extensa tal como no belo verso: "de erva, de sumos, de vinho – esquecer, esquecer...". É evidentemente o componente dionisíaco de toda religião, "erva, sumos, vinho", que é evocado aqui – com certeza, com uma uniformidade ainda relativa do campo significativo. Outros exemplos que citei não têm essa unidade relativa. Por exemplo: "Sentido, síndrome, saga" – como é que isso repentinamente se reúne, como é que a ligação sonora se mostra aqui como uma figura uniforme e, como se precisa dizer, atravessa toda a distância com uma força enunciativa imediata, alcançando desde o discurso significativo, passando pela obsessão viciosa[4] e chegando à distância da saga que mergulha de maneira crepuscular no inverificável! Essa é de fato a semântica lírica original e inconfundível de Gottfried Benn e de nenhum outro. Não é de maneira alguma a unidade de um mundo de imagens poética que é almejada, mas uma unidade significativa por detrás dos contrastes, uma unidade que exerça uma força de evocação indeterminada e ao mesmo tempo universal.

A sintaxe, a articulação das frases, possui como que um estilo original. O poema começa com uma abertura deveras poética. Ele chama à tona o começo, na medida em que não inicia pelo começo. "Então articularam-se os sons, primeiro só caos e gritos havia": essa retomada evoca a ausência de começo do começo, o perder-se do começo, que não é nenhum instante primeiro, no crepúsculo de um tempo cósmico primevo e da pré-história da humanidade. É assim que o poema irrompe e vem ao nosso encontro nessas linhas, dizendo-nos então que, quando os sons se articularam e passou a existir a linguagem que sabe dizer algo, essa linguagem foi para os homens uma queixa. Essa é a sintaxe do poema: uma única frase longa, com uma clara intensificação do grito à queixa e da queixa que se tornou silenciosa à visão daquele que sabe e não se queixa mais. Tem-se aí inicialmente um grito desarticulado, então "sofremos... choramos", e, em seguida, as vozes se detêm – o que significa, todas elas prestam atenção e uma "fala": "vejo no fim...". Com isso, essa última voz evoca a visão de um homem que não renega, por exemplo, a Deus, mas que sabe: "Deus nega." Tal como me parece, um enuncia-

---

4. Na verdade, fui obrigado a buscar um termo similar para verter o original *Sucht*, uma vez que a opção pelo correlato direto em português (vício) produziria uma perda da aliteração. Nesse sentido, é preciso escutar na palavra "síndrome" o seu caráter patológico obsessivo. (N. do T.)

do grandioso e dotado de uma forte simbologia, um enunciado oriundo da teologia do *Deus absconditus*. Trata-se de um Deus que se esconde. Nessa medida, esse é um poema sintomático na era da mensagem nietzschiana sobre a morte de Deus e do niilismo emergente – e, ao mesmo tempo, uma boa e eloquente demonstração poética da força da palavra lírica, uma verdade não apenas para ser dita, mas para ser atestada pelo próprio ser.

Muito mais difíceis de entender são os versos hermeticamente cifrados de Paul Celan que escolhi.

Paul Celan é um poeta judeu de língua alemã que cresceu na Bukowina, ou seja, no leste distante, em Czernowitz, e que depois de muitas reviravoltas do destino se tornou tutor de língua e literatura alemã em Paris. Ele era casado com uma francesa e compôs quase exclusivamente em alemão – um fato totalmente peculiar. Não conheço nenhum poema de Celan em francês, mas conheço em contrapartida vários poemas em francês de George e de Rilke. Celan estava manifestamente ligado de maneira muito mais profunda à terra natal linguística do alemão, uma língua que não lhe ofereceu nenhuma terra natal, do que aqueles outros poetas que também tentaram por vezes criar em outras línguas. Escolho um poema da última fase desse poeta, que se entregou voluntariamente à morte em 1970, um poema cuja pertinência temática ao poema citado de Gottfried Benn saltará aos olhos de todos depois de alguns esclarecimentos. Trata-se seguramente de uma construção críptica, de um poema hermético. Ele reflete a grande virada em direção à economia, à concentração e, com isso, também ao adensamento, que conhecemos analogamente, por exemplo, na música moderna desde Schönberg e Weber. Essa virada marcou a lírica alemã do pós-guerra em uma medida particularmente intensa – efetivamente porque a lírica alemã fala uma linguagem cuja liberdade do posicionamento das palavras, até onde sei, só foi alcançada pela Grécia clássica. Sobre essa liberdade repousa a possibilidade particular de concentração do verso lírico. As expressões sintáticas funcionais do discurso, os meios retórico-prosaicos com os quais realizamos a formação da unidade lógica do discurso são quase totalmente eliminados. O poema entrega-se unicamente à força de gravitação das palavras:

Não atue de antemão,
não envie
fique
para cá:

transfundado pelo nada
liberado de toda
prece,
perfeitamente ajustado, segundo
a pre-scrição,

inultrapassável,
acolho-te,
ao invés de toda
quietude.

É preciso ler esse poema de tal modo que as três estrofes e as quebras entre as linhas possam ser desvendadas. Trata-se precisamente de versos. Isso significa: mesmo um verso de uma palavra possui a extensão dos outros versos, uma extensão que se dilata em nosso ouvido interior quando estabelecemos em nós a construção rítmica da linguagem, ouvindo e compreendendo. Esse poema final, por mais difícil que pareça, não é mais difícil do que muitos outros poemas do Celan tardio. Nesses poemas, ele se aproximou do emudecimento em um sentido mais profundo do que outros poetas que param quando lhes falta o ar. A semântica desse poema precisa ser inicialmente representada a partir de alguns exemplos. Uma vez mais trata-se de uma linguagem, que desenvolveu a sua própria semântica poética. Se em Gottfried Benn a articulação particular das palavras repousa essencialmente sobre o fato de Benn alinhavar e conjugar coisas desconexas, temos aqui em certo sentido um princípio inverso da semântica poética. Algo que parece uma palavra como que se estilhaça e evoca em estilhaços de palavras com significações diferentes uma nova unidade significativa.

"Não atue de antemão" – a esfera de sentido que ressoa na expressão "atuar de antemão" deveria ser a esfera da predeterminação e poderia colocar particularmente em jogo o dogma calvinista da predestinação. Com certeza, saber se Deus é interpelado com a expressão "não atue de antemão" é uma questão por si, que se deixa inicialmente em aberto na leitura. No próximo verso, em contrapartida, a esfera significativa da expressão "não envie" é inequívoca. Ela alude sem dúvida alguma ao envio do apóstolo, à missão que deu fundamento à Igreja Católica. É preciso que escutemos esse elemento e nós o escutaremos, contanto que haja alguns conhecimentos bíblicos. Mais difícil é o verso que se opõe ao "enviar": "fique para cá" [*hereinstehen*]. A palavra "*Hereinstehen*" também se acha no alemão austríaco em uma significação ativa. Tal como me falaram, pode-se dizer a alguém: "fique para cá!"[*Steh herein*], ou seja, "venha para cá" [*Komm herein*]. Mas não é isso que aquele que fala aqui tem inicialmente em mente. Um "venha para cá" seria um oposto ruim de "envio". Ao mesmo tempo, o poema dividiu esse "fique para cá" em dois versos: "fique" é um único verso e "para cá", um único verso. Nós ouvimos primeiramente por si o "fique", antes de ele se transformar e consumar em um "fique para cá". Com isso, entra em jogo a outra significação intransitiva da palavra. É preciso que se escute essa outra significação. "*Etwas steht herein* [Algo fica para cá]" significa: ele se acha no caminho, de modo que não se pode passar ao largo dele. Esse "fique para cá" não significa tanto "venha para cá", mas antes "se apresente de tal modo que eu não possa passar ao largo de ti".

Aqui conclui-se uma estrofe e a próxima começa uma vez mais com uma ousada implosão vocabular: a expressão "transfundado pelo nada" faz com que duas significações completamente incompatíveis venham a se fundir. "Fundado em algo" e "dominado pelo nada" são aqui repentinamente reunidos como em uma frase de Weber. Em vez de estar fundado em algo que é confiável em seu ser, o nada é que deve se mostrar como aquele que não dissolve todo ente, mas que forja um firme fundamento. E o poema segue novamente: "liberado de toda prece". Quem ouve a expressão "liberado de toda..." esperará de imediato algo totalmente diverso. Não tanto "liberado de toda bagagem", mas de qualquer modo "liberado de todo peso", liberado de tudo aquilo que sobrecarrega, de modo que nos tornamos mais leves. Em lugar disso, aparece a palavra "prece". Isso significa naturalmente que a própria prece era um "peso". Liberado de ser sobrecarregado designa um modo de ser livre. E ele segue uma vez mais: "perfeitamente ajustado" [*feinfügig*] – a palavra também não existe em alemão[5]. Existe a palavra *gefügig*, ou seja, obediente, e existe *sich fein ineinander fügend* [ajustando-se de maneira perfeita um ao outro]. Novamente podemos escutar as duas coisas em *feinfügig – fein* [perfeitamente] e *sich fügend* [ajustando-se]. E completamente "segundo a pre-scrição" [*nach der Vor-Schrift*] – aqui temos por assim dizer a prova escrita da práxis semântica de Celan. A palavra "prescrição" (*Vor-Schrift*) é escrita no texto com um hífen: "pre-scrição". Não se deve desconsiderar que o que se tem em vista aqui é a escritura sagrada [*die heilige Schrift*] e que se está aludindo à expressão "segundo a escritura" [*nach der Schrift*][6]. Isso quer dizer, porém: aquilo ao que me ajusto aqui de maneira tão perfeita não é precisamente "segundo a escritura", mas segundo a "pre-scrição", segundo algo que é ainda mais antigo do que o mais antigo dos documentos do gênero humano, para usar uma expressão de Herder. Trata-se de uma experiência que ainda antecede aquilo que é prescrito pela escritura sagrada e que, contudo, também produz uma vinculação tal como uma prescrição. A pre-scrição é denominada "inultrapassável" – ela não é nunca revogada, tal como as prescrições normalmente o são ou como o Antigo Testamento deve ser ultrapassado pelo Novo Testamento. Esse eu, portanto, que é transfundado pelo nada, diz de si mesmo: "acolho-te, ao invés de toda quietude". Talvez menos em termos semânticos do que em termos de conteúdo,

---

5. Não apenas *feinfügig* [sutilmente ajustado], mas também *durchgründet* é um neologismo criado por Celan. (N. do T.)

6. Esse jogo semântico perde-se na tradução. Em verdade, a palavra alemã *Schrift* significa tanto escritura quanto escrito e permite assim o acontecimento da alusão. Além disso, ao hifenizar a palavra *Vorschrift*, Celan escreve o termo *Schrift* com letra maiúscula, o que indica que se quer acentuar aqui o substantivo *Schrift* – em alemão todos os substantivos são escritos com letra maiúscula. Desse modo, é preciso forçar um pouco a leitura e procurar escutar na palavra "prescrição" a sua relação etimológica com inscrição e escritura. (N. do T.)

o que é dito aí é extremamente desconcertante: o fato de não haver por fim quietude, a assunção pacífica da mensagem da "escritura". Aquilo que é acolhido aqui não promete quietude, mas o que tu trazes contigo é uma inquietude constante – na medida em que tu ficas para cá.

Depois desses esclarecimentos semânticos introdutórios, a nossa interpretação começará pela sintaxe da coisa mesma, pelo conteúdo propriamente dito do poema, pelo enunciado que aqui é feito. Nunca se pode dizer com razão em Celan – e no fundo com certeza tampouco em qualquer outro real poeta lírico – quem se tem em vista, quando o poema diz "eu". Trata-se de um poema justamente porque o poeta não visa meramente a si mesmo. Eu enquanto leitor não estou de modo algum em condições de me diferenciar dele enquanto falante. O que é então esse tu em relação a esse eu, esse tu que é interpelado por esse eu com um "tu"? Temos aqui um imperativo: "não atue de antemão". Quem é esse tu? Com certeza, nós estamos habituados a dizer para nós mesmos "tu" e não seria impossível em termos puramente gramaticais e sintáticos ler o todo como um monólogo hermético. Alguém é interpelado e alguém responde. E os dois podem ser uma única e mesma pessoa. De início deixemos essa questão em aberto. Se alguém quiser ver aí uma interpelação de si mesmo, seguir-se-á nesse caso em sua pré-compreensão o princípio estoico εἰς ἑαυτόν[7] e procurar-se-á escapar de toda vontade de atuação e de validação. Isso parece completamente natural. Mas o ficar para cá – qualquer que seja a significação dessa expressão – não sustenta essa compreensão. É algo de fora que fica para cá, que deve estar presente ou advir.

Também parece inicialmente em aberto a referência própria àquilo que é dito na segunda estrofe. O dito refere-se a ti – quem quer que tu sejas – ou a mim? Os dois-pontos que concluem a primeira estrofe falam a favor do fato de tudo aquilo que vem em seguida se achar em uma copertinência e fundamentar a requisição de ficar para cá. Nesse sentido, não é o tu interpelado, mas o eu falante que é enunciado em sua prontidão para acolher o tu. Essa é a sintaxe resultante que reúne a segunda e a terceira estrofes.

O último verso da segunda estrofe forma uma pequena dificuldade: "inultrapassável". Esse atributo não se coaduna com a descrição desse eu. Nesse ponto, a referência significativa aponta antes para "pre-scrição". Muitas prescrições não valem mais, foram ultrapassadas. Essa prescrição que antecede a tudo nunca pode ser ultrapassada. Desse modo, esse último verso é gramaticalmente uma aposição atributiva a "pre-scrição" e não um atributo do eu, tal como a expressão "perfeitamente ajustado" sem dúvida alguma o é. Em todo caso, poder-se-ia supor um reforço das significações: porque me articulo com a pre-scrição inultrapassável, eu mesmo posso ser denominado

---

7. Em grego no original: rumo a si mesmo. (N. do T.)

"inultrapassável". Esse reforço pode ressoar aí. No entanto, a relação com "pre-scrição" permanece fundamental.

Todavia, além dessas razões próprias à gramática lírica, há ainda uma outra razão, uma razão hermenêutica, para compreendermos naquele que é interpelado o tu do totalmente outro, o tu de Deus. Esse foi o lugar que o próprio poeta indicou para esse poema nesse último livro de poemas composto por ele. Segue-se com isso o conhecido princípio hermenêutico já formulado por Schleiermacher, o princípio de que uma unidade de sentido também é codeterminada por sua função no contexto de uma unidade de sentido maior.

O poema que precede os nossos versos, o célebre poema "Tu sê como tu", abre o contexto religioso. Ele fala do sofrimento de alguém torturado por sua ruptura com a comunidade judaica e com a crença do pai. A passagem "mesmo quem o laço despedaça para contigo" pode aludir biograficamente ao fato de Celan ter se inserido em um casamento católico em Paris. Uma vez mais, porém, não se deve introduzir aqui nenhum conhecimento privado particular. Trata-se aqui do sofrimento inerente à busca de Deus, inerente àquela transcendência ante todo pertencimento religioso determinado qualquer, um sofrimento que não pode se desviar de qualquer modo da pergunta sobre Deus e, nessa medida, da experiência do divino. Ele "fica para cá". Assim, torna-se claro que o interpelado é um outro, o "totalmente outro", Deus. Mas não se liga a esse fato nenhuma promessa religiosa da salvação – nenhuma crença em uma providência e nada da mensagem feliz que Jesus envia aos seus discípulos em todo o mundo. Deus não deve fazer nada – só ficar para cá de um tal modo que eu não possa passar ao largo de "ti". Mas justamente isso constitui a sua existência, e, assim, a outra significação transitiva de "ficar para cá" se torna efetiva. Ele não deve senão ficar para cá – e as coisas não devem se dar como no prólogo de João, onde o mundo não acolheu o Logos. Portanto, toda a sequência dos versos depois dos dois-pontos representa o complemento que fundamenta a exigência do "fique para cá". E exatamente porque estou tão "transfundado pelo nada" e não alimento nenhuma expectativa religiosa determinada. "Liberado de toda prece" – é isso que sou. A prece é como algo que não consigo mais suportar, e, no entanto, precisamente como um tal, não sou livre, mas sei que tenho de me ajustar, não seguindo uma revelação, "segundo a escritura", mas seguindo uma "pre-scrição" que ainda é muito mais originária e inultrapassável do que toda religião e do que toda comunidade de fé eclesiástica possíveis. O eu que fala não quer de maneira alguma passar ao largo de "ti". "Tu" deve ficar para cá como algo em relação ao que não se pode passar ao largo. "Ao invés de toda quietude" – não que eu me entregue a uma nova crença qualquer, buscando e encontrando aí quietude. Ao contrário, eu não posso seguir nenhuma crença já existente que me vincule. É justamente essa inquietude que não me deixa passar ao largo de ti que eu não posso manter cerrada para mim mesmo.

Se podemos denominar o poema de Gottfried Benn uma espécie de hino negativo, um elogio daquilo que está maduro para deixar de lado toda queixa, poderíamos designar esse poema de Celan um diálogo hermético. Trata-se aqui de um poema que enuncia a nós todos que a experiência do divino é incontornável, mesmo se o Deus nega e se recusa. Para muitos, a experiência do divino pode continuar funcionando como vinculação, consolo e promessa de salvação – o eu que fala aqui para nós não espera nada, mas se declara em favor da inquietude do coração: *inquietum cor nostrum*[8]. "O Deus nega." O poema final de Celan encontra-se em consonância com os versos de Benn.

Em *Lichtzwang* [pressão da luz] encontra-se um poema que Celan escreveu depois de uma visada a Martin Heidegger na Floresta Negra, que ele também enviou a Heidegger e inseriu em seu livro de poemas.

Todtnauberg[9]

Arnica, alívio para os olhos, a
bebida da fonte com o
dado de estrelas por cima,

na
cabana

no livro
– qual o nome que ele tomou
antes do meu? –,
nas nesse livro
escritas linhas de
uma esperança, hoje,
de algo pensante
vindoura
palavra
no coração,

lamaçais da floresta, não aplainados,
orquis e orquis, singulares,

Algo, mais tarde, no carro,
claro,

---

8. Em latim no original: nosso inquieto coração. (N. do T.)
9. Todtnauberg é o nome de um pequeno vilarejo na Floresta Negra, onde Heidegger tinha uma cabana e onde passava boa parte de seu tempo. (N. do T.)

quem dirige, o homem,
esse também escuta,
as semi-
percorridas sendas
de madeira no alto pântano,

coisas úmidas,
há muitas.

As pessoas difundiram a versão de que o poema documentaria um transcurso infeliz do encontro. Tal fato pode permanecer entregue à sabedoria dos biógrafos – mesmo caso devamos incluir como autobiógrafo o próprio poeta. O poema não nos fala nada sobre isso – e ele o sabe melhor.

Eu mesmo conheço essa cabana por muitas estadias. É assim mesmo por lá: chega-se na parte alta da Floresta Negra a esses lamaçais, a esses pântanos altos. Lá em cima, nas proximidades dos limites da floresta do Stübenwase, se encontra uma cabaninha muito pequenina que se aconchega de maneira bem próxima à encosta, coberta totalmente por ripas e muito simples. Ela não possui nenhuma canalização de água. Na frente da cabana há um pequeno riacho, similar aos bebedouros que se constroem na Floresta Negra para o rebanho. Uma fonte que goteja silenciosamente traz sempre água fresca. Eu fiz muitas vezes a barba junto com Heidegger nesse riacho de água corrente. O mourão do riacho é um cubo de madeira talhado, no qual está gravado um ornamento com a forma de uma estrela. Seguramente não se precisa saber disso, mas se deve com certeza reconhecer nessa circunstância algo extremamente significativo, algo sobre estrelas do destino e sobre o dado do destino, um bom sinal. Tal como toda a pequena propriedade, ele é um "alívio para os olhos". O poema evoca esse sentimento, na medida em que conclama no início o nome "arnica", em alemão "alívio para os olhos", uma planta medicinal original de altas montanhas. Na cabana, o livro. Era hábito de Heidegger que todos os hóspedes da cabana tivessem de escrever seu nome aí.

Celan chegou evidentemente até lá, também se viu diante da necessidade de escrever seu nome no livro e o fez[10]. Em todo caso, fica claro qual foi a expectativa ou talvez ausência de expectativa, qual foi a questão que movimentou o poeta: saber se um pensador como esse talvez tivesse uma palavra, uma palavra "de uma esperança, hoje". Preenchido por essa esperança no coração, o poeta escreveu suas linhas.

Em seguida, a cena descreve manifestamente um passeio pelo lamaçal, "lamaçais da floresta, não aplainados, orquis e orquis, singulares". Não aplai-

---

10. Nesse ínterim, um filólogo germano-americano procurou em vão descobrir o que Celan tinha escrito. Também há esse caminho para se aproximar de um poema.

nados: assim são de fato esses terrenos lamacentos. Uma vez mais, porém, não se deve fazer uma viagem de estudos até a Floresta Negra, para compreender melhor o poema. Deve-se compreender que não há nenhum caminho aplainado para os indivíduos pensantes, para nós indivíduos pensantes. Orquis é uma pequena orquídea de altas montanhas. O verso "orquis e orquis, singulares", contudo, não diz naturalmente algo em primeira linha sobre a vegetação no lamaçal, mas algo sobre a singularidade dos dois homens que passeiam, dos homens que seguem juntos e, porém, cada um permanece um singular, como as flores, pelas quais eles passaram.

A próxima cena é a viagem de volta do visitante em seu carro. Alguém o conduz aí e ele mesmo é acompanhado por algum outro, com o qual ele fala. Eles conversam um com o outro e somente agora, enquanto falam um com o outro, algo "cru" se torna claro para ele. Aquilo que Heidegger disse e que Celan a princípio não tinha compreendido: as palavras de Heidegger conquistam repentinamente sentido, para ele e para o outro – não para aquele "que dirige". Com isso, a narrativa dessa visita chega por assim dizer ao seu fim. A primeira estrofe voltou-se para a visão reconfortante da modesta propriedade, a segunda transcorre-se na cabana, descrevendo a significação do homem que está sendo visitado e a expectativa secreta do visitante; a terceira estrofe é o passeio, esse estar um ao lado do outro de singulares, e, então, o retorno, no qual as impressões são comentadas. O que se segue não é mais "ação", mas algo assim como uma suma que foi retirada na conserva entre aqueles que estão retornando para casa: a ousadia dessa tentativa de caminhar pelo intransitável. "Coisas úmidas, há muitas."

Essas são as "semipercorridas sendas de madeira no alto pântano". As coisas se mostram de fato assim na montanha. As pessoas tornam os caminhos úmidos junto ao pântano por meio de ripas madeiras de alguma maneira transitáveis. Aqui temos as semipercorridas sendas de madeira, isto é, não conseguimos atravessar e precisamos tomar o caminho de volta. Eles são "caminhos da floresta"[11]. Trata-se de uma alusão ao fato de Heidegger não ter pretendido e conseguido dizer uma "palavra vindoura", ter "uma esperança hoje" – de uma maneira ousada, ele tentou dar alguns passos. Esse é um caminho ousado. Qualquer um que se aproxima desse caminho entra no pântano e se vê ameaçado de afundar no úmido. Trata-se da descrição do caminho ousado de pensamento desse pensador – e uma vez mais de uma si-

---

11. A expressão remonta ao título de uma das obras centrais de Heidegger e funciona ao mesmo tempo como uma rica metáfora para a descrição do pensamento heideggeriano. *Holzwege* não são simples caminhos da floresta, mas se referem àqueles caminhos da floresta que repentinamente se interrompem e que nos obrigam a tomar o caminho de volta. No caso de Heidegger, esses caminhos são determinantes porque o seu pensamento não procura escapar da historicidade da existência (a floresta), mas antes inversamente se embrenhar cada vez mais intensamente em seu elemento. (N. do T.)

tuação na qual nós todos hoje nos encontramos mais ou menos conscientemente enquanto homens, uma situação que nos obriga a seguir caminhos ousados.

Assim, é mesmo bem possível que o poeta obscurecido não tenha experimentado nenhuma transformação em esperança e claridade em meio a essa visita. Um poema surgiu porque aquilo que foi experimentado enuncia isso para nós todos. Enquanto descrição da visita que realmente aconteceu, o poema não é único na obra de Celan. Celan escreveu muitos poemas por assim dizer articulados com situações. Em seu discurso no recebimento do Prêmio Büchner, ele diferenciou os seus próprios poemas em relação à poética simbólica de Mallarmé justamente por meio dessa sua ligação "existencial". Todavia, não se trata aqui de nenhum convite à pesquisa biográfica. Mesmo essa vinculação situacional que empresta ao poema algo ocasional e parece exigir um preenchimento por meio do saber em torno de situações determinadas é em verdade elevada a uma esfera plenamente significativa e verdadeira que permite o surgimento de um autêntico poema. Ela nos expõe a todos.

Portanto, nós já estamos um passo além do que a teoria geral do método da hermenêutica conseguiu registrar – tenho em vista aqui a questão da multiplicidade de aspectos possíveis da interpretação. Como sucessor de Schleiermacher, August Boeckh diferenciou quatro desses aspectos: a interpretação gramatical, a interpretação genérica, a interpretação histórica e a interpretação psicológica. Em verdade, sou da opinião de que esses quatro aspectos da interpretação são completamente passíveis de ampliação e acredito, por exemplo, que o estruturalismo representou uma tal ampliação, seja para os conteúdos míticos da tragédia grega, seja para a compreensão da configuração linguístico-poética. Eu mesmo também me empenhei por começar com um procedimento metodológico pela semântica e por só deixar a sintaxe emergir por assim dizer a partir daí. Uma palavra reluz, ela desenvolve forças semântico-gramaticais. Um grupo de palavras reluz e desenvolve forças sintáticas. Se quiséssemos denominar o princípio com o qual se trabalha aqui, quando se procura apreender a unidade particular do todo, poderíamos designá-lo o princípio da dissonância harmônica. Em contraposição às formas mais antigas e mais correntes da poesia, formas que contêm muito da elegância e do brilho do elemento retórico, as dissonâncias alcançam aqui o cerne dos elementos da composição e ainda dissolvem as unidades das palavras. Em uma e mesma palavra "instaura-se a dissonância". Nós vimos isso, por exemplo, no poema final de Celan, no "fique para cá", no "perfeitamente ajustado", no "segundo a pre-scrição", no "inultrapassável". Divergir em meio ao som chama-se dissonância. Tal como na composição musical, aqui também a consonância torna-se possível justamente por meio da dissolução das dissonâncias. Quanto mais dura é a dissonância, tanto mais forte é o enunciado. Pensemos, por exemplo, na palavra *Gepäck* [bagagem] que ressoa em *Gebet* [prece][12]. Que terrível dissonância! No entanto, mesmo essa dissonância conduz à composição do todo em um sentido sonoro mais significativo. "Liberado de toda prece" – de um momento para o outro vemos algo do tipo do consolar-se por meio de uma promessa supraterrena para que as coisas fiquem mais leves a alguém. Em contraposição a isso, o poema apresenta o caráter casto daquele que torna as coisas mais difíceis para si. Nesse sentido, ao que me parece, o poema final por mim escolhido é tão essencial quanto aquele outro, "*Tenebrae*", no qual, apesar do amargor da morte que a tudo envolve em obscuridade, o todo se transforma efetivamente em clamor e em canto[13].

Posso me lembrar de uma sentença de Heráclito: "A harmonia que não é manifesta é mais intensa do que a manifesta"[14]. A sentença não é pertinente apenas para construções poéticas. Tivemos realmente a oportunidade de aprender em nosso século a verdade dessa sentença de Heráclito. Os poemas de Celan, sua mensagem, se é que se pode falar assim, não se encontram sozinhos. Sigo uma vez mais o princípio hermenêutico de que aquilo que se procura compreender pode encontrar o seu esclarecimento em um contexto maior. Lanço o olhar para além de Celan e tampouco o restrinjo apenas à assim chamada literatura, mas o dirijo também a outras formas artísticas. Essas podem por vezes nos fazer visualizar mais claramente o surgimento da modernidade e de suas tensões internas do que a literatura, na qual a interferência com a prosa do pensamento, que penetra por toda parte com a sua reflexão, frequentemente encobre as coisas. Aquilo que a mensagem de Celan expressa possui o seu peso propriamente dito, assim como certamente o seu aguçamento dramático nas atrocidades dos crimes cometidos na Segunda Guerra Mundial. Não obstante, vista em termos histórico-formais e estético-filosóficos, ela teve a sua preparação já no começo do século.

O que já não aconteceu nessa primeira década anterior à Primeira Guerra Mundial! Temos aí a grande revolução da pintura moderna, que teve ela mesma os seus precursores, por exemplo, em Hans von Marée ou em Paul Cézanne. Neles, a tela foi redescoberta e o espaço profundo da pintura apareceu como que cravado na superfície. Na música, temos descobertas revo-

---

12. No poema de Celan, a palavra *Gepäck* ressoa tanto pela expectativa de sentido criada por "liberado de" quanto pela proximidade sonora entre *Gepäck* e *Gebet*. (N. do T.)

13. Cf. quanto a isso "Sinn und Sinnverhüllung bei Paul Celan" [Sentido e encobrimento do sentido em Paul Celan], in: GW 9, pp. 425 ss.

14. Heráclito, Fragmento 54: "ἁρ ονίη ἀφανὴς φανερῆς κρείσσων". Normalmente traduz-se: "A harmonia velada é mais forte do que a manifesta." No grego, porém, temos o mesmo radical que aparece uma vez como "velado" e outra vez como "não velado". Cf. de resto meus estudos sobre Heráclito em GW 7, pp. 43-82.

lucionárias similares na teoria e na prática. Considerados a partir do ponto de vista formal da tradição, elas parecem medidas estilhaçadas que se unificam aqui em novos gestos que falam intensivamente, gestos que são eles mesmos como textos. Textos herméticos, como os que temos a oportunidade de ler em Celan, precisam ser apreendidos a partir do exemplo de tais textos com os quais já costumamos ter há muito tempo uma lida em meio ao aprendizado da leitura. Lembremo-nos da revolução na pintura que entrou em cena antes da Primeira Guerra Mundial no destroçamento cubista da forma, por exemplo nos quadros de Picasso. Nesse caso, vemo-nos diante de uma massa que explodiu em mil estilhaços e que só lentamente permite ao nosso olhar dirigido pela figura e pela forma reconhecer o sentido do todo a partir de todos os fragmentos de sentido. Tão lentamente como aprendemos justamente em nossos poemas a realizar nas unidades propriamente gravitantes da palavra as ressonâncias que compõem o texto.

Tal como nos imperativos do começo de nosso poema, os fragmentos de sentido em um quadro de Picasso também se mostram como repentinamente reconhecíveis, um pedaço de nariz ou um par de lábios ou um olho, e, então, começa-se a folhear as diversas camadas desse todo estilhaçado, até que se tem diante dos olhos um todo em si estruturado e, por meio de sua estruturação monumental, um todo formado. O modo de pintar cubista não foi ele mesmo senão uma tentativa entre outras que só se manteve por uns poucos anos. O procedimento da pintura moderna, contudo, não está restrito a esse jeito de pintar. Nós encontramos em muitos pintores grandiosos a mesma tentativa decidida de rebaixar cada vez mais os elementos prenhes de significação que podem ser interpretados a partir da retratabilidade a meros fragmentos de sentido que só conseguem ganhar voz de maneira plenamente significativa em uma composição maior. Com isso, confia-se ao observador de tais imagens uma nova atividade. Não podemos mais descortinar o enunciado daquilo que é dito por meio das artes plásticas a partir da rede densa própria à riqueza significativa do que é apresentado e a partir de uma configuração harmônica[15].

A mesma experiência nos é oferecida pela música moderna no mesmo período. Aquilo que começou com Schönberg ou com Anton von Webern não foi uma novidade menos provocante. Repentinamente antepuseram-se fragmentos de uma brevidade extraordinária, que possuem em sua figura comprimida uma reluzência própria poderosa. Temos aí como que uma mata espessa de dissonâncias, das quais quase não parece mais possível esperar que deva se formar uma harmonia. Não há mesmo realmente nenhuma harmonia que esteja à espera fácil e seguramente com promessas para nós, tal

---

15. Ver quanto a isso "Begriffene Malerei?" [Pintura concebida?], in: GW 8, e "Arte e imitação" neste volume.

como acontece nas resoluções musicais das quais a música clássica vienense é mestra.

E como as coisas estavam em relação à literatura? Não quero apontar para as rupturas profundas com a tradição que começaram a subtrair dos romances os seus heróis e uma ação ou do drama a unidade do traço de caráter. Mesmo na poesia, no gênero lírico, tem lugar uma ampla transformação, que se cinde fundamental e radicalmente do naturalismo e de seu *páthos* descritivo. Penso, por exemplo, nas grandes criações poéticas de um Mallarmé e de seus sucessores no idioma francês, assim como de um Stefan George na Alemanha. Penso aí antes de tudo na eliminação da retórica da poesia. Imagens poéticas, acentos luminosos ou metáforas estabelecidas, que se destacam a partir do fluxo coloquial do discurso como ápices retóricos e que gostamos de denominar justamente metáforas porque eles não se ajustam ao conteúdo direto da comunicação, mas se lançam para uma outra esfera, são elementos retóricos que desapareceram da poesia. A poesia quase não conhece mais metáforas, ela é em si mesma metáfora. Ela é em si de tal modo que a base discursiva da linguagem cotidiana, tanto quanto a base de conteúdos comuns, por assim dizer míticos, isto é, inquestionadamente prenhes de significação que se estendem desde a tradição de séculos mais antigos até nós, parecem completamente abandonadas. Já tivemos a oportunidade de perceber a partir dos poemas de Celan quanto a rima, por exemplo, está desaparecendo da poesia lírica. Isso copertence a essa transformação, que também emprestou a outras formas de literatura uma nova face.

Se fizermos a soma final de todas as observações, então não se poderá desconhecer o ganho de intensidade que surgiu com esse novo modo de fazer. Para qualquer um que esteve um dia em um dos grandes museus nos quais a arte clássica e a pintura moderna são expostas em salas separadas e que, depois de atravessar as salas voltadas para a arte clássica, permaneceu e se deixou envolver por mais tempo pela pintura recente, toda a pintura familiar e rica em termos harmônicos da Renascença e do barroco parecerá mais esvaecida ao retornar do que em meio à primeira travessia admirada. Nós experimentamos o mesmo ganho de intensidade junto à nova música, sendo que nesse caso o que está em questão essencialmente não é nem mesmo a manutenção do sistema dodecafônico. A função extrema da dissonância enquanto tal é o manifestamente novo em relação à música clássica. Mesmo em algumas experiências que fazemos com a arte da linguagem o mesmo se mostrou – seguramente com transformações essenciais.

Essa foi a primeira ruptura com a qual já nos acostumamos. Trata-se, ao que me parece, da ruptura com a consciência cultural do historicismo e com a sua venturança com a imitação. Se também nos mantemos presos a obras de qualidade, sim, a obras de um tipo clássico, mesmo a belas imagens e belos poemas, e se são eles que continuam nos acompanhando, então o desenvolvimento do século XX seguiu certamente em uma direção, segundo a qual não se consegue mais encontrar na criação da arte de hoje essas formas de uma reconciliação que console quanto à degeneração (para usar uma expressão hegeliana), formas que a arte nos promete.

Com essa primeira ruptura articula-se a segunda, da qual Celan falou de maneira particularmente insistente em seu discurso por ocasião do recebimento do Prêmio Büchner e que está desperta na consciência de todos nós. Não foi apenas a deterioração de nossos conteúdos representativos míticos por meio da consciência cultural de uma época burguesa que chegou ao fim que trouxe à tona transformações tão profundas. Para além disso, também nos espantamos com a terrível impotência desse mundo cultural. Em face da nova barbárie do século XX, isso se abateu sobre nós de maneira formal. Com isso, também surgiu na fala poética um novo tipo de intensidade, comparável com a intensidade elevada das cores e dos contrastes entre as cores, dos sons e das dissonâncias sonoras. Em verdade, permanece sempre em todas as configurações da arte algo do testemunho de um mundo são. Todavia, também permanece aí algo de uma desconfiança em relação a reconciliações demasiado simples, uma espécie de indisposição para a crença. Isso parece-me o pano de fundo propriamente dito da criação poética de Celan e encontra uma expressão francamente literal no poema final do qual partimos. O postulado da harmonia, que mantivemos até aqui em todos os desvelamentos de sentido que vieram ao nosso encontro como uma expectativa de sentido, foi retirado. O desvelamento de sentido é afirmado em um estado de expectativa, no qual não se pressupõe mais a dissolução de um tal desvelamento, as conclusões em uma nova harmonia. Trata-se de uma ruptura da expectativa de sentido, uma ruptura que é uma resistência sem efeito prévio e sem a crença em uma salvação. Foi isso que encontrou a sua expressão poética no poema do qual partimos. Um tal poema que se encontra além disso em um ponto insigne da criação poética de Celan, um ponto ao qual aludi, recebe por fim a sua derradeira força enunciativa justamente por meio do fato de ele avançar até as raias do suportável, até as raias do não resistir mais, até o lugar em direção ao qual o poeta nos deixou.

29. QUEM SOU EU E QUEM ÉS TU?
Comentário à série de poemas de Celan Atemkristall [Sopro de cristal] *(1986)*
[Wer bin Ich und wer bist Du?]

Se cria do poeta a pura mão,
A água se acastelará

Goethe

Em seus volumes de poemas tardios, Paul Celan aproxima-se cada vez mais do estilo febril próprio ao emudecimento em palavras que se tornaram crípticas. No que se segue, consideraremos uma série de poemas do volume *Atemwende* [Mudança de ar] que foi impresso pela primeira vez em 1965 em uma edição bibliófila com o título *Atemkristall* [Sopro de cristal]. Cada um dos poemas tem o seu lugar em uma série e com certeza cresce a partir daí para cada poema algo em termos de determinação. Toda a série desses poemas, porém, é cifrada hermeticamente. Do que se fala aí? Quem fala?

Não obstante, cada poema dessa série é uma construção com uma determinação inequívoca. Em verdade, eles não são transparentes e dotados de uma clareza que nos fala de modo imediato. De qualquer modo, contudo, eles não são de tal modo que tudo permaneceria, por exemplo, encoberto ou poderia significar algo arbitrário. Essa é a experiência da leitura que se dá para o leitor paciente. Com certeza, esse leitor não pode ser nenhum leitor apressado que queira compreender e decifrar a lírica hermética. Mas ele não precisa ser de maneira alguma um leitor erudito ou particularmente instruído – ele precisa ser um leitor que sempre procura escutar uma vez mais.

As lições que um poeta consegue dar sobre as suas criações cifradas – também se disse em relação a Paul Celan que uma tal exigência por lições foi por vezes dirigida a ele e que ele buscou satisfazê-la amistosamente – têm sempre algo precário. Precisamos realmente de uma informação sobre aquilo que um poeta pensou ao escrever seu poema? A única coisa que está aqui em questão é com certeza o que um poema realmente diz – e não o que seu autor tinha em mente e talvez tenha procurado dizer. Sem dúvida alguma, o aceno do autor que aponta para o estado não transformado da "matéria-prima" pode ser útil mesmo em um poema em si plenamente acabado e pode advertir contra tentativas equivocadas de compreensão. Mas esse permanece sendo um auxílio perigoso. Quando o poeta comunica os seus motivos privados e ocasionais, ele impele no fundo aquilo que se equilibrou como construção poética para o lado do elemento privado e contingente – que em todo caso não se encontra presente no poema. Seguramente, ante poemas hermeticamente cifrados, temos com frequência grandes dificuldades em relação à tarefa da interpretação. Mas mesmo quando nos equivocamos, quando percebemos sempre uma vez mais o nosso fracasso em uma permanência reiterada junto a um poema e quando a compreensão permanece em um âmbito incerto e aproximado, é sempre ainda o poema que fala a alguém nesse âmbito incerto e aproximado e não um indivíduo particular com o caráter privado de suas vivências ou sensações. Um poema que se recusa e não concede uma clareza mais ampla me parece continuar sendo sempre mais plenamente significativo do que toda clareza que pode surgir por meio do mero asseguramento que um poeta faz em relação àquilo que ele tem em vista.

Assim, é claro que permanece bastante incerto quem são nesses poemas de Celan o eu e o tu, e, no entanto, não se deve perguntar ao poeta. Trata-se de uma lírica de amor? Trata-se de uma lírica religiosa? Trata-se de um diálogo da alma consigo mesma? O poeta não o sabe. Nesse caso, é possível prometer a si mesmo um esclarecimento antes por meio dos métodos de pesquisa da literatura comparada, em particular por meio da adução de algo aparentado em termos de gênero. Todavia, não encontraremos esse esclarecimento senão sob certas condições: somente se não utilizarmos nenhum esquema de gêneros alheio à coisa mesma e se compararmos aquilo que é realmente comparável. Para nos assegurarmos disso, porém, não necessitamos certamente apenas do domínio dos métodos da pesquisa literária. A construção dada precisa decidir na polivalência de sua estrutura, qual é dentre as possibilidades de subsunção que se oferecem na comparação aquela que se mostra como apropriada e se essa possibilidade propicia um poder de elucidação – em si limitado. Assim, no que concerne aos poemas de Paul Celan, não espero muito do aparato teórico-genérico em relação à pergunta aqui levantada sobre quem é o eu e quem é o tu. Toda compreensão pressupõe já a resposta a essa pergunta – ou melhor, uma intelecção prévia superior à própria colocação dessa questão.

Quem lê um poema lírico sempre já compreende em certo sentido quem é aí o eu. Não somente no sentido trivial de saber que é sempre apenas o poeta que fala e não alguma pessoa introduzida por ele. Para além disso, ele sabe o que o eu-poético propriamente é. Pois o "eu" que é dito em um poema lírico não se refere exclusivamente ao eu do poeta, um eu que seria diverso do eu do leitor que se expressa em primeira pessoa. Mesmo que o poeta se "pese em figuras" e se cinda expressamente da massa que "logo escarnece", tudo se dá como se ele quase não tivesse mais a si mesmo em mente, mas inserisse o próprio leitor na sua configuração-eu e o cindisse do mesmo modo da massa, tal como ele se sabe cindido. E isso mesmo aqui em

Celan, onde se diz de maneira totalmente imediata, sombriamente indeterminada e constantemente alternante "eu", "tu", "nós".

Será que essa reflexão contém agora uma resposta à pergunta sobre quem é aqui o tu que é interpelado em quase todos os poemas desse ciclo de modo tão imediato e indeterminado quanto o eu que fala? O tu é o interpelado pura e simplesmente. Essa é a função semântica genérica de "eu" e "tu", e será preciso que nos perguntemos como o movimento significativo do discurso poético preenche essa função. Faz sentido a pergunta sobre quem é esse tu? Por exemplo, no seguinte sentido: ele é um homem próximo de mim? O meu próximo? Ou mesmo o mais próximo e mais distante de todos: Deus? Não há como descobrir. E não há como descobrir quem é esse tu porque ainda não está definido quem ele é. A interpelação aponta para uma meta, mas ela não tem nenhum objeto – a não ser aquele que se coloca na interpelação, na medida em que responde a ela. Mesmo junto à oferta do amor cristão não está definido até que ponto o mais próximo é Deus ou Deus o mais próximo. O tu é tanto e tão pouco um outro eu determinado, quanto o eu é um eu determinado.

Com isso, não se tem em vista, por exemplo, que na sequência de poemas que dizem "eu" e "tu" se apagaria a diferença entre o eu que fala e o tu que é interpelado, nem tampouco que o eu não manteria uma certa determinação no prosseguimento da série de poemas. Assim, por exemplo, fala-se de quarenta tuias e se alude assim à idade do eu. Decisivo, porém, continua sendo o fato de mesmo nesse caso qualquer eu-leitor poder assumir voluntariamente a posição do eu-poético e se saber coimplicado aí, o fato de o tu se determinar a cada vez a partir desse estado de coisas. Em toda a sequência não parece haver senão uma exceção, e essa exceção aparece naqueles quatro versos que o poeta colocou entre parênteses e que também se destacam por meio de sua dicção quase épica. Eles parecem dados como que acidentalmente porque não se universalizam de imediato como todos os outros. – Assim, permanece tudo em aberto, quando nos aproximamos agora dos poemas da série de Celan. Nós não sabemos antes, nem a partir de uma visão panorâmica ou prévia distanciada, o que "eu" e "tu" designam aqui e se é o eu do poeta que tem em vista a si mesmo ou o eu de cada um de nós. Isso é algo que temos de aprender.

> Tu podes tranquilamente
> com neve servir:
> tantas foram as vezes que ombro a ombro
> com a amoreira percorri o verão,
> gritei sua mais jovem
> folha.

Esse trecho é como um proêmio de tudo o que segue. Trata-se de um texto difícil, que começa de maneira estranha e sem mediação. O poema é dominado por um contraste agudo. A neve, aquilo que iguala todas as coisas, que torna frio, mas também aquieta, não é aqui apenas acolhida, mas saudada. Pois é evidente que quase não se conseguiu suportar o verão no excesso de seu ímpeto germinal, de seu rebento, de seu autodesdobramento, o verão que se acha atrás daquele que fala. Com certeza, não se trata de nenhum verão real que se acha efetivamente atrás daquele que fala, assim como o tu interpelado também não designa o inverno ou oferece uma neve real. Manifestamente foi um tempo de excesso que funcionou como uma boa ação ante a pobreza e a escassez do inverno. O falante percorreu o verão ombro a ombro com a amoreira que floresce incansavelmente. A amoreira é sem dúvida alguma aqui a suma conceitual da energia impulsionadora e da formação sempre uma vez mais exuberante de novos impulsos, um símbolo da sede insaciável de vida. Pois, diferentemente de outras árvores, ela não tem folhas novas apenas no início do ano, mas durante todo o verão. Não me parece correto penar na tradição metafórica mais antiga da poesia barroca. É preciso admitir que Paul Celan também foi um *poeta doctus*[1] – ele foi ainda mais um homem de um conhecimento absolutamente espantoso da natureza. Heidegger contou-me que Celan conhecia melhor do que ele as plantas e os animais lá de cima na Floresta Negra.

Também nesse caso, precisamos compreender as coisas em uma primeira aproximação de maneira tão concreta quanto possível. Aí é certamente importante avaliar corretamente a consciência linguística do poeta, que não toma as palavras em sua clara referência aos objetos, mas joga constantemente com aquilo que nas palavras ressoa em termos de significações e relações significativas paralelas. Assim, é de perguntar aqui se o poeta alude com o componente *Maul* [bocarra] de *Maulbeerbaum* [amoreira] aos *Maulhelden* [fanfarrões][2] da palavra; e, se seguirmos o contexto poético no qual o nome emerge, então não restará dúvida alguma de que o poema não se refere a amoras ou a *Maul* [bocarra], mas ao verde recém-madurado que brota incansavelmente nas amoreiras para além de todo o verão. É a partir daí também que todas as outras transposições precisam receber a sua direção significativa. E nós veremos que essa outra transposição do dito aponta por fim para a esfera do silêncio ou do falar maximamente econômico. Por meio

---

1. Em latim no original: poeta douto. (N. do T.)
2. Esse jogo de palavras perde-se completamente na tradução. A palavra amoreira possui em alemão o termo "Maul" [focinho, boca, bocarra] como componente. A partir da presença desse componente vocabular e do campo semântico do verão em sua exuberância excessiva, Gadamer procura escutar aí uma alusão à expressão *Maulheld* [fanfarrão]. Nesse contexto, é preciso ressaltar também o fato de a palavra *Maul* possuir em alemão uma relação direta com uma boca grande, com uma boca que fala demais e antes da hora. Assim, quando alguém se vangloria por antecipação por algo que ainda não aconteceu, quando alguém em um jogo assume ares de já ganhou antes mesmo de jogar, costuma-se dizer que esse alguém tem *"ein großes Maul"* [uma boca grande]. (N. do T.)

do paralelo com a amoreira, porém, é evidente que não se está apontando de maneira alguma para amoras, mas sim para a exuberância florescente da folhagem. Assim, o duplo sentido de *"Maul"* [bocarra] em *"Maulbeerbaum"* [amoreira] não é suportado pelo contexto, mas é sobre o grito das folhas que o movimento do sentido se funda. Isso acha-se intensamente acentuado como a última palavra do poema no texto. Portanto, é a folha e não as amoras que sustentam a transposição para o interior daquilo que é propriamente dito. Com isso, em um plano dos tons superiores podemos remontar do grito ao componente vocabular *"Maul"* [bocarra], reunindo-o com discurso. Há certamente fanfarrões [*Maulhelden*][3]. E isso poderia deixar ressoar em nosso contexto todos os discursos e camadas vãs e vazias. Mas isso não altera nada no fato de a palavra *"Maul"* [bocarra] não se mostrar absolutamente como uma unidade de sentido autônoma, mas apenas como a significação introdutória de *"Maulbeerbaum"* [amoreira]. Os frutos [*die Beere*] da bocarra [*des Maules*] em vez das flores da boca, esse não me parece o caminho para conectar o primeiro plano do dizer com o movimento de transposição da expressão, um movimento para o interior do qual esse poema dotado de várias camadas nos transpõe.

Tanto mais precisamos perguntar o que é que o poema expressa, ou seja, ao que se remete a realização do sentido do seu teor vocabular. Atentemos para um detalhe em particular. "Ombro a ombro": andar ombro a ombro com a amoreira significa manifestamente não ficar atrás dela e, tal como ela o faz com o seu crescimento, jamais se deter – e isso seria aqui o mesmo que: retornar a si mesmo. Mais além, é preciso notar que a esperança do viandante de ser acompanhado ao menos uma única vez tranquila e silenciosamente pela amoreira da vida, uma esperança que sempre irrompe novamente, nunca se preenche. Sempre se faz presente um novo brotar que requisita como o grito sedento do lactante e não deixa surgir a quietude.

Continuemos a perguntar quem é interpelado por esse primeiro "tu". Com certeza, nada mais determinado do que a outra coisa ou o outro que deve receber alguém depois desse verão marcado por um grito incansável. Na medida em que um novo grito oriundo da sede da vida sempre acompanha uma vez mais o eu, a neve lhe é por contraste bem-vinda, a neve, essa coisa uniforme na qual não há mais nenhuma atração ou estímulo. É justamente isso, contudo, que deve ser um serviço em um hotel ou em um restaurante, isto é, um "seja bem-vindo". Quem se disporia a fixar aquilo que se desenrola entre exigência e renúncia, entre verão e inverno, vida e morte, grito e tranquilidade, palavra e silêncio? O que se encontra nesses versos é a prontidão para acolher esse outro, o que quer que ele seja. Assim, parece-me

---

3. Traduzido ao pé da letra, a palavra *Maulheld* significa "herói de boca". (N. do T.)

completamente possível ler uma tal prontidão por fim francamente como prontidão para a morte, ou seja, como acolhimento da derradeira e mais extrema oposição à vida em sua profusão demasiada. Não há dúvida alguma de que o tema da morte está constantemente presente em Celan, mesmo nesse ciclo. Não obstante, é importante se lembrar da determinação particular do contexto que advém a esse poema enquanto proêmio de um ciclo, do *Sopro de cristal*. Esse fato remete-nos para a esfera da respiração, e, com isso, para o acontecimento linguístico por ela formado.

Desse modo, perguntemos novamente: o que significa aqui "neve"? É à experiência da atividade poética que se está aludindo aqui? Será mesmo talvez a palavra do poema que enuncia a si mesma aqui, na medida em que promove em sua discrição a tranquilidade invernal que é oferecida como uma dádiva? Ou será que ela visa a nós todos e então se mostra como aquele emudecimento depois de tantas palavras, um emudecimento que todos nós conhecemos e que pode se mostrar para todos nós como uma verdadeira boa ação? Essas questões não podem ser respondidas. Fracassa aqui a diferenciação entre eu e tu, entre o eu do poeta e nós todos que somos tocados por seu poema. O poema diz ao poeta tanto quanto a nós todos que a tranquilidade é bem-vinda. Trata-se da mesma tranquilidade que podemos escutar em meio à mudança de ar, em meio a esse extremamente silencioso recomeço do sopro da criação. Pois é isso antes de tudo que é a *Mudança de ar*, a experiência sensível do instante sem som e sem sobressaltos entre inspirar e expirar. Não há como negar o fato de Celan não articular esse momento da mudança de ar, o instante em que a respiração se inverte, apenas com o manter-se em si sem sobressaltos, mas deixar ressoar ao mesmo tempo a esperança sutil que está ligada a toda inversão. Assim, ele diz no discurso do meridiano: "Poesia: isso pode significar uma mudança de ar." Mas dificilmente se conseguirá atenuar por isso a significação da respiração "silenciosa" que domina essa série. Esse poema é um verdadeiro proêmio que com o primeiro tom fornece, como em uma composição musical, a tonalidade para o todo. Os poemas dessa série são de fato tão silenciosos e quase tão imperceptíveis quanto a mudança de ar. Eles testemunham uma derradeira opressão da vida e também apresentam sempre novamente a sua solução – ou melhor: não a sua solução, mas a sua elevação até uma figura linguística fixa. Ouvimos esses poemas como se ouve o profundo silêncio invernal que envolve todas as coisas. Algo dito em um tom extremamente baixo expõe-se em cristal, algo maximamente diminuto, simples e ao mesmo tempo extremamente exato: a palavra verdadeira.

> Pelo não sonhado corroída
> lança ao alto a insonemente percorrida terra do pão
> a montanha da vida.

A partir de suas migalhas
tu amassas novamente nossos nomes,
que eu, um olho ao teu
equivalente
junto a cada um dos dedos,
sigo tateando à busca
de um lugar, por meio do qual
possa em tua direção despertar,
o claro
círio da fome na boca.

Uma toupeira está trabalhando. Como algo evocado pelos dados semânticos primários, não se deveria contestar isso. A expressão "lançar ao alto" é inequívoca. O fato de o sujeito desse "lançamento" ser a "terra do pão" não pode nos induzir a erro, mas apenas introduzir uma primeira transposição – a transposição da toupeira para o movimento cego da vida que se mostra como uma viandança insone através da "terra do pão". Isso é evocado pelo trabalho voltado para o pão e pela conquista do pão, assim como por tudo aquilo que está implicado nessa hipoteca da vida. Em seguida, o poema diz: aquilo que impele a sua essência em revolvimentos constantes e que denominamos vida é um sonho não sonhado. Trata-se, portanto, de algo descuidado ou vedado que sempre se impele para a frente por meio de sua agudeza constante: ele "corrói". Sucos corrosivos que partem daquilo que mutila por sua recusa é uma das metáforas diretrizes do ciclo que estamos considerando e, com certeza, do destino humano tal como o poeta o vê. O que é percorrido é a terra do pão que nos promete em verdade saciedade. No entanto, a viandança não conduz a lugar algum. Essa viandança e esse revolvimento acontecem de maneira "insone", isto é, não há nenhuma entrada no sono e no sonho, e, assim, o morrinho é lançado ao alto cada vez mais. Ele transforma-se em toda uma montanha da vida. Mas as coisas soam aqui como se a vida fosse enterrada sob o seu peso cada vez mais opressivo. Ela deixa seus rastos como a toupeira permite que reconheçamos os seus caminhos lançando para o alto os seus morrinhos.

De fato, nós somos a "montanha da vida", com toda a nossa experiência que se agiganta. É isso que mostra o prosseguimento: "A partir de suas migalhas, tu amassas novamente nossos nomes." É possível que se achem presentes aqui determinadas alusões bíblicas ou mítico-judaicas. Mas mesmo se não as reconhecermos, mas tivermos apenas os versos do "Gênesis" no ouvido e os deixarmos ao mesmo tempo no pano de fundo, o verso celaniano conquistará um sentido. Se é a partir da carga pesada da vida que nossos nomes são novamente amassados, então toda a nossa experiência do mundo certamente precisa ser de qualquer modo aquilo que se constrói a partir dessa matéria-prima experiencial. Esse todo chama-se nesse caso "nossos nomes". O nome é aquilo que nos é inicialmente dado e que nós ainda não chegamos nem mesmo a ser. Ao dar o nome a alguém, ninguém está em condições de saber o que aquele que ele batiza dessa forma será. As coisas dão-se assim com todos os nomes. É somente no decorrer da vida que todos eles se tornam o que são: tal como nós nos tornamos o que somos, é só dessa maneira que o mundo se torna o que ele é para nós. Isso significa que os "nomes" são constantemente amassados de novo ou que eles são concebidos ao menos em um processo constante de formação. Não se diz de quem. Mas trata-se de um tu. A aliteração entre "novamente" e "nome" reúne de tal modo a segunda metade do verso que recai no ponto central o acento de um leve hiato que repercute nas próximas linhas. Nesse ponto, particulariza-se de repente o que é comum a todos – nossos "nomes" – em um eu: "que eu....". Com o eu, o movimento da vida conquista de repente pela primeira vez a sua direção natal propriamente dita, na medida em que o eu alimenta uma aspiração contra o encobrimento constantemente crescente da vida e busca uma passagem para o espaço livre. Sem ser sufocado pela morro crescente da vida ou pela montanha da vida que é aqui lançada para o alto, o eu continua sendo sempre ativo e se encontra sempre à procura – de visão e clareza, por mais que ele seja cego como uma toupeira.

"Eu" só consigo perceber aquilo que há de mais próximo com uma mão tateante. De qualquer modo, porém, ele é percebido: nosso olho cego é "ao teu" equivalente. O poeta talvez faça alusão aqui à mão da toupeira, a essas superfícies claras e peculiarmente formadas que são características das mãos escavadoras da toupeira, mãos com as quais a toupeira cava os seus caminhos que levam adiante no escuro até o claro da saída. Em todo caso, existe uma tensão entre o cavar no escuro e a aspiração pela luz. Todavia, o caminho no escuro não é apenas o caminho que nos conduz para a claridade, mas é ele mesmo um caminho da claridade, ele mesmo um ser-claro. Nota-se como "o claro" se propaga formalmente nessa penúltima linha por meio do isolamento desse atributo. Trata-se de uma claridade particular. Pois é a atividade do eu que está em obra aqui, e ela não é outra coisa senão o despertar ("em tua direção despertar"). O despertar, contudo, acolhe a renúncia ao sono e ao sonho, dos quais se estava falando no começo do discurso, e, do mesmo modo, na expressão "círio da fome" tem-se em vista o passar fome, isto é, o desprezo do pão que sacia, um desprezo que sobrecarrega a montanha da vida. Assim, a insistência na claridade e no ímpeto para a claridade é como que a realização de um jejum. A imagem final do "círio da fome na boca" interpreta esse fato por meio de um determinado ritual religioso, e, com isso, o tu, buscado, é caracterizado como aquele que é honrado em um culto. Como Tschizewskji me contou, há nos Bálcãs uma prática do círio da fome que torna visível para todos o jejum casto (na porta da igreja) – uma espécie de prece – e o jejum suplicante que os pais, que esperam pelo retorno do filho, assumem sobre si. De maneira análoga, é aqui um "jejum" que acompanha a aspiração pela claridade. Mas o particular desse jejum é manifestamente o fato de aquele que aspira pela claridade manter o círio da fome *na boca*. Isso só pode significar que não se trata de jejum, mas que o eu se proíbe todas as palavras ricamente saciantes, com as quais as pessoas se conformam na vida – para ser ele mesmo capaz da palavra verdadeira, iluminada. Assim, o ritual torna-se eloquente para uma realização de fé de um tipo totalmente diverso. Não há manifestamente nenhum ritual do círio da fome *na boca*! Com essa ligação paradoxal, o poema rompe muito mais a prática evocada do jejum. Trata-se de um outro jejum, e aquilo em nome do que ele acontece também é algo diverso. Como Milojcic me contou, ele conhecia a prática do círio da fome de outra forma: quando alguém empobrecia e a sua posição social anterior lhe impedia de mendigar, ele se colocava encoberto na porta da igreja com o círio da fome para receber doações sem ser visto e sem ver. De acordo com essa prática, o que era indicado pelo círio não era um jejum voluntário, mas a penúria inerente ao próprio passar fome. Em todo caso, chama-se "na boca" – trata-se da verdadeira palavra, segundo a qual eu passo fome ou da qual me abstenho. Ao que me parece, podemos deduzir esse ponto mesmo sem nenhuma informação folclórica, caso venhamos apenas a refletir sobre a tensão entre um círio da fome ritualístico e a expressão "na boca". Será que o círio da fome, tal como todos os círios, alude ao fato de ser estabelecido um prazo para a nossa aspiração faminta por claridade? Talvez. Em todo caso, porém, não se deixa de aspirar por claridade quando se tocam de maneira tateante os "nomes". O movimento do poema é claramente um movimento dividido: um dos movimentos é executado por todos, na medida em que eles realizam sonhos não sonhados, deixam um rasto de vida cada vez mais longo e lançam para o alto uma montanha que sobrecarrega cada vez mais pesadamente. O outro movimento é o movimento subterrâneo do eu que impele para a claridade como uma cega toupeira. Pensemos em Jacob Burckhardt: "O espírito é um revolvedor."

Sigamos ainda uma vez mais o movimento de transposição em que recaímos: quem é aqui o tu que amassa novamente os nomes, possui um olho que vê verdadeiramente e promete iluminação? Quem é que o "eu" e o "tu" têm em vista? A passagem para o eu é repentina e intensamente acentuada. O "eu" destaca-se do destino comum de todos. A montanha da vida é constantemente lançada para o alto e a partir dela se forma o sentido e a ausência de sentido de cada vida. Assim, todos os nossos "nomes" são amassados. No entanto, não se trata de todos: o "eu" que é visado aqui é um "eu" que toca de maneira tateante esses nomes. Ressoa o fazer do poeta que empreende um experimento com os nomes, com todos os nomes. Portanto, temos a confirmação: o termo "nome" não designa apenas os nomes dos homens.

Ele visa seguramente a toda a montanha das palavras, ele visa à linguagem que está armazenada sobre toda experiência da vida como um peso que os cobre. É ela que é "tocada de maneira tateante", isto é, que é colocada à prova quanto à sua permeabilidade; e isso para saber se ela não promove em algum lugar a abertura para a claridade. Parece-me que o que é descrito aqui é a privação e a distinção do poeta. Mas será que essa privação e distinção pertencem apenas ao poeta?

> Nos sulcos
> da moeda celeste na fresta da porta
> tu comprimes a palavra,
> para a qual me desenrolei,
> quando com trêmulos punhos
> o teto sobre nós
> derrubei, cimento por cimento,
> sílaba por sílaba, do cúprico
> brilho da mendicante
> taça lá em cima
> em favor.

Essas são linhas amargas. Nas edições em geral, em vez de "moeda celeste" lê-se "ácido celeste". Teremos de corrigir isso. Mas a questão persiste: como é preciso compreender o modo de ler as edições? Pois sem dúvida alguma foi possível compreender esse modo de leitura com uma certa abrangência. Não é apenas o comportamento do poeta enquanto tal que fala em favor disso, do poeta que – segundo relatos – permaneceu extremamente sereno ao perceber o erro de impressão. A coerência de sentido do todo é em seu conjunto suficientemente forte para que as partes singulares possam ser trocadas[4]. Walter Benjamin já tinha descrito esse fato em seu tempo sob o conceito do "poetizado". Se as coisas não fossem assim, então tudo seria interpretação que precisaria trabalhar com suposições incertas, sem valor. Nós discutiremos os dois modos de leitura paralelamente, a fim de alocar cada um deles no todo daquilo que foi poetizado.

Entre a agudeza corrosiva do ácido celeste, uma agudeza da qual estamos cindidos manifestamente por uma porta que nunca se abre e que também seria certamente insuportável para nós, e o cúprico brilho da mendicante taça "lá em cima" tensiona-se o arco de uma única sentença. Acha-se aí à base uma teologia do céu que se recusa. No entanto, a porta é permeável. O ácido celeste do qual estamos vedados pela porta gravou sulcos na fresta e, assim, algo passa através dela. O que passa por ela é a palavra. Evidentemente, a metáfora do ácido corrosivo é dita em relação ao céu porque

---

4. Cf. quanto a isso à frente p. 471.

ele se recusa. Ele tem a sua agudeza devoradora como aquele que se recusa e, contudo, busca-se cada gota daquilo que chega até nós aí – justamente a "palavra".

No entanto, temos de levar em conta em seguida que não se trata no texto de um "ácido celeste", mas de uma "moeda celeste". Com isso, a representação imagética se transforma completamente. O genitivo "da moeda celeste" não está mais naturalmente ligado de maneira causal a "sulcos", mas precisa ser compreendido como um genitivo subjetivo: a moeda tem sulcos. Se perguntarmos como a moeda chega à fresta da porta, não encontraremos nenhuma resposta. É suficiente saber que ela se encontra aí dentro. É possível imaginar que ela deveria servir para abrir a porta, mas essa não se abre, ela não concede nenhuma entrada real. Em vez disso, algo se impele para fora através da porta. As coisas dão-se então manifestamente de tal forma que os sulcos das moedas vedam a porta. O que parece estar em questão é o fato de não ser a própria moeda enquanto taxa de entrada legítima no céu (ou como taxa de saída e de passagem para fora do céu?) que cria a pequena permeabilidade, mas algo que está na moeda e aponta em verdade para uma moeda lisa, recém-cunhada, que não tem mais nada em comum com o seu valor monetário. Isso parece extremamente obscuro. Trata-se de um símbolo refinado para a graça? Em todo caso, não teve nenhum sucesso a tentativa de pagar a taxa de entrada. A única coisa desse céu que se recusa a estar entre nós é "a palavra". As coisas são pensadas dessa forma? De modo tão luterano assim?

Com certeza não há como negar que a moeda celeste corresponde à mendicante taça "lá em cima". As duas têm uma ligação com uma transcendência inatingível. Na mendicante taça juntam-se moedas (Moedas celestes? Moedas para o céu?) – e é a esse pobre tesouro que parece aspirar aquele que deriva sua determinação da "palavra", a única coisa de toda a riqueza do céu que está entre nós.

De fato, trata-se de palavras amargas que também se acham à base dos dois modos de leitura. Em todo caso, porém, uma coisa é certa: nada se manifesta a partir desse céu senão aquilo que "tu" – uma vez mais esse tu desconhecido – comprimes através da permeabilidade da porta que veda. O que está em questão não é nenhuma mensagem de salvação fluente, mas uma palavra penosamente pressionada. Além disso, esse parece um esforço estranhamente invertido. Pois é manifesto que não somos nós que nos esforçamos para entrar ou sair daí, mas que é "a palavra" que deve evidentemente vir à tona. Assim o quer o tu. Isso significa que nós estamos vedados da verdade e que a verdade não é de maneira alguma recusada? Mantemos por assim dizer a porta fechada ou não encontramos a chave porque acreditamos na validade de nossa moeda? Formulo todas essas questões com a consciência de que ressoa aqui em todo caso a teologia do *deus absconditus*.

Uma outra dificuldade: quando a palavra vem à tona e se apresenta, sou "eu" que "desenrolei" para ela. Quem – eu? Sou eu a partir da palavra? Sou eu a palavra tal como toda criatura é uma palavra do criador? Trata-se da palavra da qual provenho e para qual almejo agora e sempre retornar? Essa palavra conferiria sentido mesmo junto à mais extrema distância de Deus. Pois todos nós vivemos sob o teto da linguagem. Talvez também seja válido dizer em relação a nós todos que, apesar de o teto fornecer proteção conjunta para nós todos, como ele retira a passagem e a visão, cada um de nós gostaria de derrubá-lo, a fim de olhar para cima, para o espaço livre. Antes de todos os outros, é certamente o poeta que fala aqui sobre si que talvez valha para todos nós. A cobertura das palavras é como um teto sobre nós. Essas coberturas asseguram o elemento familiar. Todavia, na medida em que elas nos envolvem totalmente com a familiaridade, elas impedem toda e qualquer visão do estranho. O poeta – ou nós todos? – procura destruir sílaba por sílaba, isto é, penosa e incansavelmente, aquilo que encobre. É evidente que essa destruição "sílaba por sílaba" corresponde àquilo que no poema anterior se mostrou como o tatear dos nomes e o despertar em tua direção. Aqui como lá, descreve-se ao que parece um esforço desesperado daquele que aspira à elevação.

Mas chega-se algum dia à meta? A resposta do poema é fulminante. Aquilo que foi aqui alcançado por meio do trabalho dos punhos trêmulos não é outra coisa em verdade senão a cúprica taça mendicante com os seus brilhos transcendentes. O fato de uma taça mendicante totalmente usual em uma rua de Paris ter inspirado o poeta, tal como nos conta Bollack, não altera nada quanto ao fato de se falar aqui de uma "mendicante taça lá em cima" e de ser exigida de nós com isso uma determinada transposição. O poema desloca a taça mendicante para o contexto da sacralidade e da exigência pela salvação. Mas com que tom? O tom da expectativa? Muito pouco. Ele o faz antes da seguinte forma: nós não vamos mais além com a nossa representação da salvação do que justamente até a taça mendicante, uma taça na qual são reunidas as oferendas – no espaço da igreja, o mais profano de todos os utensílios. Ou mesmo: nós só alcançamos a parca caridade de uma "reunião", na qual não há nem calor, nem amor. Em todo caso, não há nem mesmo algo de um caráter verdadeiramente sagrado esperando por mim, quando eu busco destruir o teto protetor. Não há senão muito pouco da reluzência do sagrado. Ou será que não há absolutamente nada de sagrado, mas apenas algo que talvez reluza como algo sagrado, mas em um brilho falso? Em todo caso, aquele que se empenha desesperadamente está cheio de amargor e tem consciência da desilusão que espera por ele.

Mas deixemos por enquanto toda teologia de lado e coloquemos à prova as locuções particulares. O que significa o fato de eu ter desenrolado para a palavra? Junto ao termo "desenrolei-me" e na destruição "sílaba por sílaba" pensamos inicialmente na atividade de desenrolar o rolo de um papiro e de decifrar um texto original, tal como poderia ser, por exemplo, a palavra poética. A palavra "desenrolei", porém, é usada aqui de maneira intransitiva. "Eu desenrolei-me" para a palavra que penetra e se infiltra de cima, para essa gota mínima de uma substância celeste transcendente. Isso soa paradoxal. Não fui "eu" que desenrolei sílaba por sílaba a palavra – como o rolo de um papiro –, mas foi para a "palavra" que eu mesmo me desenrolei. As coisas dão-se manifestamente de tal modo que o próprio poeta vem da palavra e que todo o seu empenho depende de alcançar uma vez mais essa palavra, a partir da qual ele provém e que ele sabe como a sua. Não há nenhuma dúvida de que essa busca febril e desesperada pela palavra para além de todas as sílabas e palavras vale para "a palavra" – a palavra verdadeira: a palavra, no interior da qual aquele mesmo que busca a palavra se encontra. As coisas parecem se dar de fato de tal modo que é o poeta que fala aqui de si com o "eu" e que vive totalmente na palavra. A tarefa do poeta consiste justamente em aspirar pela palavra verdadeira, que não é o teto protetor usual, como por sua verdadeira terra natal e, por isso, em precisar destruir sílaba por sílaba a armação dos termos cotidianos. Ele precisa lutar contra a função desgastada, usual e encobridora da linguagem, uma função que a tudo nivela, a fim de liberar o olhar para o brilho lá em cima. Isso é que é a poesia.

Mas também há ainda outra coisa nesse ponto. Temos aí a afirmação de que o poeta se desenrola para a palavra quando procura em sua atividade poética, palavra por palavra, por sua proveniência a partir da palavra verdadeira e de que ele nunca pode perceber mais do sagrado do que os seus brilhos mais profanos e mais pobres – talvez mesmo: a sua reluzência falsa, desfigurada pela mendicância. Com isso, o desenrolar conquista ainda um outro tom, um tom negativo. Com a destruição do teto, com a busca pela palavra correta ("quando derrubei"), ele não volta para casa, mas justamente se perde. Ele "desenrolou-se para a palavra" que ele propriamente é, foi cindido de maneira desesperançada da palavra e se empenhou em vão – "com trêmulos punhos" – por retornar a ela. "Nós traduzimos sem termos o texto original" (G. Eich). E uma vez mais se pergunta: é realmente apenas com o poeta que acontece de a palavra propriamente dita permanecer inatingível por mais que ela seja o seu elemento mais próprio? Ou será que estar cindido da palavra propriamente dita e de sua verdade é muito mais a experiência de todos nós; e isso justamente pelo fato de construirmos palavras e de sermos ativos "com trêmulos punhos" com vistas a algo que gostaríamos de ter, que não é alcançável e que, por fim, não é nem mesmo de uma tal forma que valha a pena?

> Nos rios ao norte do futuro
> lanço a rede que tu
> hesitante carregas
> com por pedras escritas
> Sombras.

Não se precisa ler apenas exatamente o poema em sua quebra entre as linhas, mas também é preciso ouvi-lo desse modo. Os poemas de Celan, que possuem na maioria das vezes um número muito curto de linhas, tomam esse preceito muito exatamente. Em versos que fluem de maneira ampla, em versos tais como, por exemplo, os versos das *Elegias de Duíno* que, contudo, não puderam evitar a presença de muitas quebras técnicas entre as linhas, em particular nos versos das edições que se seguiram à primeira edição, só cisões muito claras entre os versos possuem uma expressividade tão lapidar quanto a das linhas finais desse poema de Celan. Em nosso caso, o verso final possui uma única palavra: "sombras" – uma palavra que submerge tão pesadamente quanto aquilo que ela significa. Não obstante, ele é uma conclusão, e, como toda conclusão, fixa as medidas do todo. Mesmo segundo a significação evocada, temos aqui o seguinte: a expressão "sombras caem" sempre significa ao mesmo tempo: elas são lançadas. Onde quer que as sombras caiam e produzam obscurecimento, a luz e a amplitude luminosa sempre se fazem ao mesmo tempo presentes e, realmente, faz-se claridade nesse poema. O que ele evoca é a claridade e a frieza de águas próximas do gelo. O sol atravessa a água até o seu fundo. São as pedras que carregam a rede que lançam as sombras. Tudo isso é extremamente sensível e concreto: um pescador lança a rede e um outro o ajuda nessa atividade, na medida em que carrega a rede. Quem é o eu? Quem é o tu?

O eu é um pescador que lança a rede. Lançar a rede é uma ação de pura expectativa. Quem lançou a rede fez tudo o que podia fazer e precisa esperar para ver se pega alguma coisa. Não se diz quando essa ação foi realizada. Trata-se aqui de uma espécie de presente gnômico, isto é, um presente que sempre acontece uma vez mais. Isso é sublinhado pelo plural "nos rios", que não significa como o natural "águas" uma indicação locativa indeterminada, mas indica antes lugares muito definidos que procuramos porque eles prometem pesca. Esses lugares ficam todos "ao norte do futuro", isto é, ainda além lá fora, longe dos caminhos e viagens habituais, lá onde ninguém mais pesca. Temos aqui evidentemente um enunciado sobre o eu, a saber, o fato de ele ser um eu de uma tal expectativa particular. Ele espera o que está por vir lá onde nenhuma expectativa da experiência alcança. Mas todo eu não é um eu de uma tal expectativa? Não há em todo eu algo que se agarra ao futuro, que se acha para além daquilo com o que se pode calcular futuramente? O eu que é tão diverso dos outros é justamente o eu de cada um.

O arco tensionado de maneira plenamente artística nesse poema que se mostra como uma única sentença simples repousa então sobre o fato de o eu não ser sozinho e de ele não poder realizar a pesca sozinho. Ele carece do tu. O "tu" encontra-se acentuado no final da segunda linha, como que retido, como uma questão indeterminada que só se preenche com sentido por meio do prosseguimento do terceiro verso – ou melhor: da segunda metade do poema. Aqui descreve-se de maneira bastante exata uma ação. A expressão "hesitante carregas" não tem em vista uma hesitação interior própria à indecisão ou à dúvida da qual o tu, quem quer que ele seja, não deixa compartilhar totalmente a confiança do eu pescador. Seria uma incompreensão total se colocássemos esse sentido no "hesitante". O que é descrito é muito mais o carregar a rede com pedras. Quem carrega a rede com pedras não pode fazer de mais nem de menos; ele não pode fazer de mais, para que a rede não afunde, e não pode fazer de menos, para que ela não permaneça na superfície. A rede precisa, como o pescador diz, "assentar-se". A partir daí determina-se o hesitante do ato de carregar. Quem carrega a rede com pedras precisa acrescentar cautelosamente pedra a pedra, como em uma balança na qual se pesa o peso de algo. Pois o que está em questão é o instante correto do equilíbrio. Quem faz isso junto ao ato de carregar a rede com pedras ajuda a tornar a pesca efetivamente possível.

No entanto, a concreção sensível do processo é alçada de maneira plenamente artística até o âmbito imaginário e espiritual. Já a primeira linha impele por meio da locução sensivelmente irresgatável "ao norte do futuro" a que compreendamos o enunciado em sua universalidade. A mesma função é exercida na segunda metada pela não menos irresgatável locução sobre o carregar com sombras e mesmo "com por pedras escritas sombras". Assim como lá o homem se tornou visível como a essência da expectativa nos gestos sensíveis do pescador, determina-se aqui mais proximamente o que é e torna possível a expectativa. Pois indicam-se aqui manifestamente duas ações em sua correlação: o lançar e o carregar a rede. Entre elas há uma tensão secreta, e, contudo, elas constituem a ação uniforme que promete por si só a pesca. É precisamente a oposição secreta entre lançar e carregar que está em questão. Compreenderíamos mal as coisas se compreendêssemos a carga como um obstáculo ao puro lançar ao futuro, como um turvamento da pura expectativa por meio de uma intelecção marcada pela sobrecarga, pela intelecção daquilo que puxa para baixo. O sentido da tensão é muito mais o fato de ser só por meio dessa carga que o vazio da expectativa e o caráter vão da esperança conquistam a determinação de futuro. A ousada metáfora sobre as "sombras escritas" não permite apenas que o imaginário e o espiritual venham à tona, mas gera algo assim como sentido. Aquilo que é "escrito" pode ser decifrado. Ele significa algo e não é simplesmente a surda resistência do que é pesado. Se tivermos de transportar a situação, poderemos dizer: tal como o ato do pescador só é promissor por meio da conjunção de lançar e carregar, o futuro no qual a vida humana se insere de maneira essencial também não é nenhuma abertura indeterminada para o porvir. Ao contrário, ele se determina por meio daquilo que foi e pelo modo como isso foi preservado, como em um livro escrito pelas experiências e desilusões.

Mas quem é esse tu? As coisas soam quase como se houvesse alguém aí que soubesse com quanto ele poderia carregar o eu, quanto suportaria o coração esperançoso do homem, sem que a esperança afundasse. Um tu indeterminado que talvez encontre sua concreção no tu do próximo, talvez no tu daquele que se encontra o mais distante possível ou mesmo no tu que eu mesmo sou quando torno os limites do real passíveis de serem sentidos por minha própria confiança – em todo caso é a conjunção do eu com o tu que promete a pesca, é aquilo que está propriamente presente nesses versos e empresta ao eu a sua realidade.

Mas o que é então que deve ser designado aí como pesca? A troca fluente entre o poeta e o eu permite que a compreendamos em um sentido particular tanto quanto em um sentido genérico – ou melhor: que reconheçamos no particular o sentido geral. A pesca que deve ser bem-sucedida pode ser o próprio poema. O poeta pode ter em vista a si mesmo com o fato de lançar a rede lá onde a clareza e o caráter intacto das águas da linguagem não parecem turvos e deixam-no esperar que aquilo que se lança para além de tudo o que há de tradicional em sua ousadia conceda-lhe uma pesca. O fato de o poeta ter em vista a si mesmo ao se apresentar dessa maneira como um eu pescador também pode ser sustentado pelo contexto – e não apenas pelo grande contexto da literatura mundial, que gosta de trazer à tona a descoberta poética a partir da obscura profundidade – de uma fonte ou de um lago. Pensemos nos conhecidos poemas de Stefan George "O espelho" e "A palavra". Mesmo o contexto particular da série de poemas precedente faz com que se destaque a verdadeira face, que não é nenhum "pretenso poema", nenhum juramento ilusório da presunção, em contraposição ao vão negócio com as palavras, no qual a linguagem é arrastada de um lado para o outro. Assim, é completamente justo compreender mesmo em nosso poema todo o acontecimento do poeta e de sua expectativa pela palavra que lhe advém de modo pleno. E, contudo, aquilo que é descrito aqui é de um tal modo que vai muito além do elemento particular do poeta. E isso não apenas aqui. Uma das grandes metáforas fundamentais da modernidade como um todo consiste em dizer que o fazer do poeta é um exemplo do próprio ser humano. A palavra que advém plenamente ao poeta e à qual ele empresta consistência não aponta para um sucesso artístico especial, mas é um modelo para as possibilidades da experiência humana em geral, um modelo que permite ao leitor ser o eu que o poeta é. Em nossos versos, o eu e o tu são descritos em uma secreta solidariedade em meio à ação bem-sucedida, e essa solidariedade não é apenas a solidariedade do poeta e de seu gênio ou de Deus. Não se tem aí um ser que sobrecarrega, homem ou Deus, um ser que nos pesa aí com sombras de palavras, sombras que encurtam a liberdade. Nesse poema, que pode ter em vista um sucesso próprio à existência poética, enuncia-se em verdade quem é o eu, na medida em que se torna claro quem é o tu. Se os versos do poeta tornam presente para nós essa copertinência, então cada um de nós se insere justamente na relação que o poeta enuncia como a sua. Quem sou eu e quem és tu? Essa é uma questão para a qual o poema dá a sua resposta, deixando a questão em aberto.

Otto Pöggeler sugere que precisaríamos compreender a expressão "ao norte do futuro" como uma paisagem de morte, na medida em que, a partir do "abismo intangível" da morte, todo futuro que chega até nós já se encontraria ultrapassado – uma radicalização da experiência humana fundamental que tornaria necessário compreender o tu como o pensamento da morte que concede a toda existência o seu peso. É verdade que a expressão "ao norte do futuro" seria compreendida assim de maneira mais precisa: como o lugar onde não há mais futuro algum – e isso significa: tampouco alguma expectativa. E, não obstante, temos a pesca. Vale a pena refletir sobre esse ponto. É o estar de acordo com a morte que promete uma nova pesca?

> Ante a tua tardia face
> sozinho -
> caminhante entre
> noites que também me transformaram,
> assentou-se algo,
> que já tinha estado um dia junto a nós, in-
> tocado por pensamentos.

Esse poema pareceu-me por muito tempo particularmente difícil. Pois, apesar de toda a inequivocidade de seus enunciados, ele deixa um espaço particularmente amplo para o preenchimento. Trata-se de um poema de amor? Ou será que ele está falando do homem e de Deus? O que "me" transformou foram noites de amor ou as noites do homem solitário?

Tal como acontece com frequência em poemas com um pequeno número de linhas, precisamente por conta da brevidade e da concisão, um peso particularmente intenso recai sobre as últimas linhas do verso. "Tocado por pensamentos" – esse é quase um selo epigramático. É a partir daqui como que a partir de sua compressão que o todo precisa ser no fundo concebido. A separação extremamente tensa em "in-tocado por pensamentos" autonomiza o ser tocado por pensamentos. Mas em que sentido? Há duas possibilidades de compreender esse fato: como um enunciado positivo que é intensificado pela separação das linhas, um enunciado sobre o caráter intocado daquilo que surgiu aí "ante a tua face" – o fato justamente de não se tratar aí de nada que se sabe e pensa expressamente. Ou, por outro lado, como um enunciado sobre o fato de algo "que já tinha estado um dia junto a nós" se apresentar agora de um outro modo, a saber, "tocado por pensamentos", e, portanto, transformado. Desse modo, o que temos não é precisamente: tanto antes quanto depois intocado. Nesse momento, o enunciado do poema passa a estar inteiramente dominado pela tensão entre "depois" e "antes". Fala-se de uma face "tardia" que evoca uma anterior; fala-se de um "já uma vez" e explicitamente de noites "transformadoras". Assim, no "in-tocado" que não comporta em si à toa uma separação entre as linhas também precisa residir a tensão entre outrora e agora.

A questão atinge as últimas peculiaridades do ritmo, da construção dos versos e da composição de sentido. Trata-se de uma questão acerca de uma coerência derradeira de sentido – e essa coerência parece-me falar em favor da interpretação sugerida por mim de que foi introduzida uma nova clareza de consciência. Pois aquele "algo" que se assenta permaneceria por demais indeterminado se não fosse enunciado absolutamente nada sobre ele. Em contrapartida, se o sentido é o de que o caráter intocado dos pensamentos é destruído pelos pensamentos, então continua-se compreendendo que "algo" entrou em cena, a saber, apesar de toda indeterminação uma nova consciência que envolve o ser sozinho. Clareza de consciência crescente, distanciamento, ser sozinho: essa não é a constatação desiludida de um acesso perdido – como o seria um processo de alheamento. Ao contrário, tem lugar aqui um reconhecimento mútuo: as noites são aqui denominadas noites "que também me" – portanto, também te – "transformaram". O distanciamento que se torna agora consciente sempre esteve em si presente como aquilo que se denomina discrição[5]; e isso até aquela "discrição infinita" com a qual Rilke descreve a sua relação com Deus.

Mas é essa então a experiência propriamente dita que fala a partir desses versos: nesse ínterim, as coisas se transformaram. Aquilo que era intocado por pensamentos não se acha mais dessa forma e isso aconteceu de uma vez por todas. É justamente o caráter derradeiro daquilo que agora se introduziu que fala a partir da linha final epigramática "tocado por pensamentos".

Aqui, a pergunta parece particularmente urgente: quem é o eu e quem é o tu? Mesmo aqui, porém, não podemos perguntar desse modo. A única coisa que está em questão é o fato de ser evocada a história de uma relação interior entre o eu que fala aqui e o tu que é interpelado, uma relação cujo começo remonta a um ponto bem atrás no tempo. A isso alude o adjetivo "tardio" que é atribuído ao poema e que continua ressoando de um modo tal como se essa face retornasse entrementes a si e se fechasse mais fortemente em si. Pois temos um "sozinho caminhante", e essa expressão não designa apenas um estar caminhando sozinho, mas um estar sozinho conscientemente escolhido e retido. Uma vez mais, é a separação da palavra que incorpora a tensão desse ser sozinho. Ela deixa as duas coisas ressoarem, o ser sozinho e, além disso, a vontade. Por um outro lado, isso confirma-se por

---

5. Com relação a esse conceito e o seu papel para a compreensão da lírica moderna, cf. "Os poetas estão emudecendo", neste volume, pp. 393 ss.

meio da "minha" admissão de que também eu me transformei. Aquilo que se apresenta aí "ante a tua tardia face", contudo, não pode ser considerado expressamente como algo estranho que antes não estava aí. Ele já esteve efetivamente um dia "junto a nós". Aquilo que entrementes se alterou não suprime de maneira alguma a familiaridade da vinculação mútua. Não se trata de algo estranho. Não se deve perguntar o que é isso. Manifestamente, o próprio falante não o sabe denominar. Ele é "nada".

O que o poema oferece quanto a esse ponto reside unicamente na expressão "in-tocado por pensamentos". Isso quer dizer que as pessoas começaram entrementes a pensar e que exatamente por meio disso "algo se assentou". Atentemos para o fato de não se afirmar que algo interveio. Não se tem em vista absolutamente nenhum dado particular que a tudo transformou, mas antes a sedimentação do próprio tempo que não descortina, por exemplo, algo novo, mas deixa assentar-se em si aquilo que já é em si conhecido porque "já esteve um dia junto a nós". Fala-se em "junto a nós" – e não: entre nós. O que vem à consciência talvez não seja outra coisa senão o ser sozinho em uma familiaridade recíproca.

Assim, quase não parece necessário saber quem é o eu e quem é o tu. Pois isso de que se fala acontece com os dois. O eu e o tu são os dois transformados, estão os dois em transformação. Trata-se aqui do tempo que acontece para eles. Independentemente do fato de esse tu portar a face do mais próximo ou do totalmente outro que é característico do divino, o enunciado diz que, apesar de toda familiaridade entre eles, o distanciamento que persiste entre eles vai se tornando cada vez mais consciente. Naquelas noites, ou seja, na proximidade e na intimidade do estar junto, uma intimidade que consegue apagar todo o resto e dissolver todo elemento de separação, foi justamente aí que algo se transformou e se assentou. Será que esse algo é efetivamente algo que separa? Ele veio à tona "ante tua face". Com certeza, também reside nesse ponto o fato de eu não possuir mais nenhum acesso tão imediato a ti, mas ao mesmo tempo também o fato de eu não estar separado de ti. Ele já esteve sim anteriormente "junto a nós". As coisas mostram-se antes como se fosse afirmado em um novo saber o distanciamento que sempre houve, o distanciamento em relação ao Deus velado ou a distância daquele que é de todos o mais próximo.

> Através das corredeiras da melancolia
> pelos lisos
> espelhos das feridas passando:
> as jangadas as quarenta
> descascadas árvores da vida transporta.
> Único a contra a corrente
> nadar, tu
> as contas, as tocas
> todas.

O que está em questão nesse poema é a experiência do tempo. Em um ponto torna-se palpável aquilo ao que o poema alude. Alguém pensa nos seus quarenta anos. E, no entanto, naquilo que o poeta diz aqui sobre si mesmo há com certeza algo genérico, algo que é tão comum a todos que esses quarenta anos em particular não são apenas os quarenta anos do poeta. Em todo o poema não se diz absolutamente "eu", pois é a um tal ponto que na fala da palavra lírica está presente o eu que nós todos somos. Esse eu que nós todos somos pensa em seus quarenta anos, isto é, em tudo que se passou com ele e em tudo pelo que ele mesmo passou: tempos de melancolia, corredeiras que não são tanto um perigo por sua existência, mas antes pelo caráter repentino e imprevisível de sua aparição. A periculosidade daquilo que se abate assim repentinamente sobre alguém é evocada na expressão sintética "corredeiras da melancolia" – mas também o fato de o eu ter atravessado todas as tentações. Agora passamos por águas mais tranquilas, pelo lago especular que, em contraste com as corredeiras, é uma superfície líquida tão imóvel que tudo pode se refletir nele. Assim, há nele saber e lembrança. O que se reflete nele são os rastos visíveis de ferimentos visíveis, feridas das quais a vida que flui impetuosamente está dolorosamente consciente. São essas feridas antes de tudo que surgem no balanço da vida.

E, contudo, o movimento propriamente dito do poema é o de que a vida prossegue, passando ao largo dos bruscos obscurecimentos tanto quanto da visão clara de patentes sofrimentos. As árvores da vida em sua ligação com os anos, as árvores que impelem para a frente são por sua vez denominadas árvores "descascadas". Isso pode significar: só há aí o cerne (para aquele que se lembra?), de tal modo que tudo aquilo que é inessencial é arrancado. Talvez mesmo: o propriamente vivo não se encontra mais presente. O descascar não deixa mais o fluxo dos sucos da vida subir e afundar. Aquilo que se apresenta é apenas a sua casa feita agora madeira. Em todo caso: elas são transportadas por uma jangada. A força das águas as leva para lá, descendo em direção ao vale. Nada ao encontro dessa corrente do perecer alguém para quem, como o "único a contra a corrente nadar", todas essas diferenças entre os bruscos obscurecimentos e a clareza especular das feridas e de tudo aquilo que a vida encerra em si não parecem absolutamente existir. Esse nadador contra a corrente é interpelado como um tu, de maneira admirada, ratificadora.

O último verso "todas" deixa claro o caráter universal desse contramovimento. Aquele que nada contra a corrente conta todas e toca todas essas árvores da vida. A simetria e a exatidão inconfundível que estão aqui em obra deixam claro, ao que me parece, o fato de o nadador contra a corrente ser o próprio tempo que passa. Nenhuma lembrança ou memória humanas ou mesmo o cuidado de um outro que segue junto conseguiriam estar presentes de maneira tão constante, inalterada e inseparável desde os primeiros anos. Platão ensina-nos: o tempo é o número, o sair um do outro movimentado. O nadador contra a corrente é aqui certamente mais do que apenas uma medida junto à qual se mede o movimento. Ele faz algo, na medida em que ele mesmo resiste à transposição para a corrente do perecimento. É somente por meio daí que ele é como uma medida fixa, com a qual podemos sintetizar e medir tudo e a partir da qual ele se certifica pelo cálculo, como com uma mão que toca, de tudo aquilo que flui e passa. Nada é deixado aí de fora, tudo está incluído, mesmo todos os "incontados" sofrimentos, cujo deixar para trás e esquecer significa viver. Portanto, aquilo que é contado é toda a soma do tempo vivido. Nesse contexto, Aristóteles ensina-nos: a alma está de algum modo presente com o tempo. O "contra", que não se deixa arrastar e que não cessa de estar aí e de a tudo contar, não é com isso tanto o próprio tempo quanto o si próprio que finca pé e resiste, o eu, o lugar em que o tempo é. É somente nele que, como mostrou Agostinho, a história de vida é reunida em um todo. Somente nele o tempo se apresenta. Há algo enigmático com a ipseidade do eu. Ele vive porque esquece – mas ele também só vive enquanto eu porque todos os seus dias são e estão contados "para ele", todos os dias inesquecíveis. O fato de nada que eu fui ser deixado de fora constitui a essência do tempo. Mas com certeza não é a consciência real do homem de quarenta anos ou de qualquer um outro, que olha para trás para abarcar tudo dessa maneira. Ele experimenta muito mais precisamente essa diferença entre o tempo que conta e a consciência vital do eu. Junto a uma tal simetria do tempo e junto à equanimidade dessa consciência que pensa ela mesma o tempo, o homem de quarenta anos torna-se consciente de si como um si próprio mais elevado.

> Os números, em laço
> com das imagens a fatalidade
> e a contra
> fatalidade.
> Virado para mais além
> o crânio, em cujos
> insones sonos um fátuo -
> fogo acende um martelo e
> tudo isso no compasso do mundo
> canta.

Também nesse poema, o que está em questão é a vivência do tempo. "Os números" acolhem o cálculo do tempo. O tempo aparece aqui como fatalidade, pois ele se encontra "em laço com das imagens a fatalidade e a contrafatalidade". A expressão "das imagens a fatalidade" visa evidentemente aquilo que está desperto por detrás do crânio, a inevitável fatalidade da consciência, na qual algo sempre se reflete. Não pode deixar de haver algo aí –

não algo conclamado, não algo desejado. Os números, ou seja, esse transcurso dos instantes, não são por si. Eles são "em laço", isto é, sempre envolvem ao mesmo tempo o fato de imagens estarem presentes como dados da experiência interior. Essas imagens, então, que acompanham indissoluvelmente os números e o tempo, não são apenas como o tempo "fatalidade", isto é, um acontecimento necessário, inalterável. Elas também possuem a função de uma "contrafatalidade". Isso quer dizer que elas se acham ao mesmo tempo em contraposição aos números, à monotonia da série que bate incessantemente como um martelo. No entanto, essas imagens também são elas mesmas fatalidade. Enquanto fatalidade das imagens, porém, a palavra fatalidade conquista um novo contrassentido, a saber, o de que algo impõe fatidicamente, de modo que aquilo que é assim imposto não se acha mais aberto em sua figura propriamente dita e é visível sem encobrimentos. Porquanto a contrafatalidade das imagens é as duas coisas ao mesmo tempo, não apenas algo imposto fatidicamente, mas também algo que impõe fatidicamente, a própria fatalidade também conquista algo de um duplo sentido: ela é imposta fatidicamente e, ao mesmo tempo, fatidicamente impositiva. Aquilo em contraposição ao que as imagens se mostram como algo fatidicamente impositivo e imposto são os números, o tempo, o perecimento inexorável. Não se trata apenas – enquanto em laço com as imagens – de uma batida incessante da perecibilidade, mas tudo se mostra ao mesmo tempo como um véu que se encontra lançado sobre o presente. E aquele outro véu, o tapete colorido de imagens, atenua-se lentamente para esquecer esse véu.

O tempo é o sentido interior no qual a sucessão das representações se encontra. Isso já tinha sido ensinado por Kant e, no começo, já por Aristóteles. Compreende-se o caráter estranho que é intrínseco ao fato de essa infinitude da série e das imagens estar inserida como que sob um elmo. É na parede externa do crânio que essa infinitude interior se manifesta na batida de martelo do pulso temporal. No entanto, diz-se em seguida: "no compasso do mundo canta". O fato de o ritmo do martelo temporal ser o compasso do mundo é claro – ele abarca tudo. Mas o que significa dizer que o martelo em sua batida "canta" toda essa série interior? De um tal compasso próprio ao que incessantemente passa não surge verdadeiramente música alguma. A metáfora ousada presente em "canta" forma um verso final e tem por isso uma forte ênfase, a ênfase do paradoxo que se coloca e se contrapõe a si mesmo. Pois bem, "cantar" significa aqui em todos os casos: não se contrapor, mas celebrar, e, nessa celebração, tornar presente. O que significa isso? Em que medida é o "martelo que acende um fogo-fátuo", o breve reluzir da consciência que segue a corrente do tempo e da imagem, e, caminha com ela, que se mostra ao mesmo tempo como aquilo que diz sim à corrente, que a torna totalmente minha – como aquele "eu penso" que precisa poder acompanhar todas as minhas representações?

Ou será que é precisamente a monotonia dessa batida de martelo da perecibilidade que é denominada em um amargo oxímoro "cantar"? De qualquer modo, o dado semântico parece-me inequívoco: no grande compasso do tempo que é como a batida do pulso, o reluzir da consciência é como uma fatalidade. Essas são imagens cujo conteúdo alternante anima e acende como um fogo-fátuo a monotonia do perecimento em uma série ininterrupta. A locução "insones sonos" na segunda estrofe mostra quão proximamente se encontra aqui à espreita – como em geral em Celan – um jogo de palavras. Como todos os jogos de palavras, esse também incorpora uma quebra de pensamento – ou melhor: uma harmonia velada que, como Heráclito bem o sabia, é mais forte do que uma harmonia patente[6]. De fato, trata-se do enigma da própria consciência saber como ela consegue ser ao mesmo tempo sono e insônia, essa insônia no sono. Quando estamos conscientes de nós mesmos, estamos despertos. Mas aquele que se torna aí consciente de si mesmo é sempre como alguém que foi despertado do sono. Nós estamos tão seguros de nossa ipseidade na autoconsciência que a sua vigília abarca inquestionadamente mesmo o seu sono, seu anoitecimento e esquecimento. Pois bem, o martelo que bate em meio aos sonos, em sintonia com o prosseguimento do tempo, é canto – ou como canto? – Em todo caso, tem-se em vista aí algo que chega a termo e se assenta. Esse é o enunciado propriamente dito. Na medida em que o martelo não bate apenas o compasso do mundo, mas canta no compasso tudo aquilo que emerge em toda a tangibilidade das imagens, a monotonia é suspensa. As imagens alternantes ganham um ser permanente que resiste ao perecimento no sem tom e que acontece na concordância.

Quem sou eu e quem és tu?

Caminhos nos talhos de sombras
de tua mão.

Do sulco de quatro dedos
escavo para mim a
petrificada bênção.

Segundo um princípio hermenêutico, começo com a linha final acentuada. Pois é nessa linha que reside manifestamente o cerne desse pequeno poema. Ela fala de uma "petrificada bênção". A bênção não é mais concedida de maneira aberta e fluente. A proximidade e a dádiva daquele que abençoa precisa estar a tal ponto reduzida que a bênção só continua presente em

---

6. Quanto à amplitude desse princípio heraclítico não apenas para a compreensão de Celan, mas também da arte moderna em geral, ver "À sombra do niilismo", neste volume, pp. 399 ss.

petrificação. Em seguida o poema diz: essa bênção da mão abençoadora é buscada com o ardor de um carecimento que escava desesperadamente. Com isso, acontece uma transformação ousada da mão abençoadora na mão em que se encontra velada uma mensagem de esperança rica em bênçãos, uma mensagem a ser descoberta pela leitura da mão. O que se tem em vista com os "talhos de sombras" é ensinado pelo contexto. Quando as mãos se curvam um pouco e as dobras lançam sombras, então se tornam visíveis nos "talhos de sombras" da mão, isto é, no entrelaçamento de quebras e dobras, as roturas como linhas que o quiromancista interpreta. O "sulco de quatro dedos" é por fim a dobra transversal contínua que reúne os quatro dedos em contraposição ao polegar.

Como tudo isso é estranho! O eu, quem quer que ele possa ser, o poeta ou nós, procura "escavar" a bênção que se tornou distante e intangível a partir da mão que abençoa. Isso não acontece, porém, em uma decifração versadamente experta dos jogos misteriosos entre as linhas. A situação do quiromancista, uma situação que é aqui claramente evocada, forma em verdade e em suma uma situação de contraste. Precisamos admitir: a quiromancia, quando ela acontece de maneira séria e não por pura brincadeira, contém um estranho poder de comoção. A insondabilidade do futuro preenche com um segredo sedutor todo enunciado sobre tais sinais. Mas as coisas dão-se aqui de maneira totalmente diversa. O ardor e a penúria desesperada daquele que busca são tão grandes que ele não permanece, por exemplo, na interpretação versada sobre a escrita enigmática da mão e do futuro de maneira em parte jocosa, em parte séria – na confusão das linhas da mão, ele não procura senão como alguém que está morrendo de sede o maior e mais profundo sulco, em verdade o menos misterioso, em cujas sombras não está escrito nada. No entanto, a sua penúria é tão grande que ele mesmo continua implorando a esse sulco da mão que não doa mais nada algo assim como uma bênção.

De quem é essa mão? Parece difícil ver nessa mão abençoadora que não abençoa mais outra coisa senão a mão do Deus velado, cuja abundância de bênçãos se tornou desconhecida e só continua chegando até nós em petrificações, quer essas pertrificações possam ser o cerimonial enrigecido das religiões ou o poder de fé enrigecido dos homens. Todavia, as coisas se dão uma vez mais de tal modo que o poema não toma nenhuma decisão quanto a quem aqui é o tu. Seu único enunciado é a penúria insistente daquele que busca bênção em "tua mão" – de quem quer que essa mão possa ser. O que ele encontra é uma bênção "petrificada". Esta ainda é uma bênção? Algo derradeiro na bênção? A partir de tua mão?

> Cinza claro de um es-
> cavado e íngreme
> sentimento.

Terra adentro, uma para cá
vedada vegetação praiana sopra
o padrão de areia sobre
a fumaça de cantos vindos das fontes.

Uma orelha, cortada, aguçada,
Um olho, em riscos talhado,
Faz jus a tudo isso.

O caráter crasso das imagens da orelha cortada e do olho talhado em riscos entrega a esse poema um cunho único. Precisamos e devemos sentir uma espécie de repulso em relação às coisas crassas atribuídas a alguém aqui, a fim de superar essa repulsa por meio da compreensão. Mas o que há aí para compreender? Penso que o seguinte: nenhum ouvido aberto para a melodia do mundo e nenhuma visão que a tudo abarca e que está embriagada pela superabundância áurea do mundo correspondem de uma maneira correta àquilo que é. Um aguçamento empenhado dos ouvidos – de modo que o ouvido é cortado, é "todo ouvidos" – e um olho que apenas espreita pela mais estreita fresta – é a isso que me parece estar sendo visado com a expressão "em riscos talhado" – são os únicos que ainda conseguem apreender aquilo que é. Pois aquilo que efetivamente se anuncia ("fumaça de cantos vindos das fontes") só continua se mostrando como algo singularizado, pouquíssimo visível.

Nesse caso, contudo, "tudo isso" continua presente nas mais rigorosas exclusões: o mar – pois se fala de "terra adentro" –, as pedras calcárias no cinza-claro de um solo partido, e, então, em direção ao interior, distanciado do mar próximo, algo completamente diverso: fumaça e fontes. A costa íngreme evoca solidão, mas também o vir à luz, o estar descoberto daquilo que sempre se encontra velado. Mas trata-se aqui de um "íngrime sentimento" (pensemos na "ira como granizo petrificada" de Rilke). Aquilo que é assim descoberto alcança a profundidade do sentir como um abismo. É isso que reside na palavra "íngrime". Mas ele não é como uma fonte dos sentimentos. Trata-se de algo cinza-claro que se encontra sem cor e sem vida cristalizado e que é abandonado às mudanças do tempo como uma pedreira que é "escavada".

O que começa propriamente na segunda estrofe que se inicia com a expressão "terra adentro"? O que se acha por lá, terra adentro, é com certeza algo menor do que a linha de quebra cinza-claro da solidão que se encontra entre os grandes elementos mar e terra. Em "terra adentro", porém, ressoa algo assim como uma expectativa, como se a inteira solidão do sentimento esgotado, "escavado", pudesse ser dissolvida pelos tons ressonantes do humano. Não obstante, a imagem se altera: saem das aberturas singulares da profundeza, das fontes, cantos que emergem como fumaça, cantos que se devem escutar. A expressão "fumaça de cantos vindos das fontes" desperta algo múltiplo: chaminés de fumaça das moradias humanas, fontes das aldeias, sons humanos, canto. – Todavia, tampouco estamos aqui distantes do abandono da praia. Por toda parte, a vegetação praiana sopra o seu padrão de areia. O pobre e parco da areia fina que se arrasta terra adentro e de seu padrão uniforme descreve um mundo que se uniformizou, um mundo no qual nada humano vem mais abertamente à luz e o canto das fontes é quase abafado por completo. Esse canto, esse autoenunciado do humano em um mundo assoreado, só permanece audível para o aguçamento empenhado do ouvido e é só em quebras instantâneas que reluz como um raio para a espreita tensionada algo humanamente ordenado. A crassa perversidade da metáfora final sobre a orelha e o olho permite que percebamos a miséria acossante do mundo, no qual o sentimento quase não consegue mais nada.

> Com mastros cantados em direção à terra
> Viajam os destroços celestes
>
> Nessa canção de madeira
> tu te agarras com os dentes em forte mordida.
>
> Tu és a
> flâmula
> que canta firmemente.

Em três curtas estrofes descreve-se a cena de um naufrágio que é naturalmente invertido desde o princípio em direção ao irreal: trata-se de um naufrágio no céu. Em todo caso, mesmo no céu um naufrágio significa o que sempre pensamos com a metáfora do naufrágio e talvez pudéssemos mesmo pensar nesse contexto antes de mais nada no célebre quadro de Caspar David Friedrich sobre o naufrágio no gelo do mar do oeste: o fracasso de todas as esperanças. O tópico é há muito conhecido. Aqui também são as esperanças frustradas que são evocadas pelo poeta. Mas trata-se de um naufrágio no céu, uma infelicidade de uma proporção totalmente diversa. Os mastros dos destroços apontam para a terra e não para cima. Pensemos nas palavras profundas de Celan no discurso do meridiano: "Quem se coloca de cabeça para baixo tem o céu como abismo sob si."

Mas agora fica claro: esses mastros são cantados. Temos aqui canções. No entanto, essas são canções que não apontam de maneira consoladora para um alto e um além. Pensemos na inversão em "Tenebrae": "Camas para nós, Senhor."[7] Não se espera mais pela ajuda do céu, mas pela ajuda da ter-

---

7. Cf. quanto a esse ponto "Sinn und Sinnverhüllung bei Paul Celan" [Sentido e desvelamento de sentido em Paul Celan], in: GW 9, pp. 452 ss.

ra. Os navios fracassaram todos, mas o canto continua sendo entoado. A canção da vida continua ressoando, mesmo quando os mastros acenam agora em direção à terra. Portanto, é o poeta que se agarra a essa "canção de madeira", com os dentes, isto é, com um último esforço extremo, para não perecer totalmente. Aquilo que o mantém nesse caso sobre a água é a canção. Por isso, ela se chama "canção de madeira". Como alguém que está afundando não larga a tábua de salvação que está boiando como o seu último ponto de apoio e se agarra a ela com os dentes em firme mordida, o eu também se agarra assim à canção. E em uma inversão plena da realidade frustrada, depois do naufrágio do céu e de todas as suas promessas, o poeta denomina a si mesmo uma "flâmula". Ele está preso ao mastro da canção, ou seja, ele não pode ser separado desse mastro. Como a flâmula de um navio que está indo a pique, o poeta também se mostra com sua canção como o último a trazer uma promessa de vida, um derradeiro tremular da esperança. Ele chama-se enfaticamente aquele que "canta firmemente". Pois não há outra coisa duradoura senão a canção, outra coisa que não pereça. Assim, é apenas a essa canção que se agarram depois do naufrágio todas as esperanças dirigidas para o céu.

É dessa maneira que o poeta fala aqui de sua obra. No entanto, tal como a metáfora da "canção da vida", a "flâmula que canta firmemente" também não visa certamente apenas ao poeta e à sua persistência na esperança. Ao contrário, ela diz respeito à esperança de todas as criaturas. Uma vez mais, não há nenhum limite entre o poeta e o homem que mantém a sua esperança no alto com a sua derradeira força.

> Tenazes das costeletas,
> por teu malar atentamente observadas.
> Seu brilho prateado aí,
> onde ela se agarrou com forte mordida:
> tu e o resto de teu sono –
> logo
> fareis aniversário.

É claro que se trata aqui do clamor da idade, um clamor ao qual o poeta responde. As "tenazes das costeletas" têm em vista as costeletas encanecentes que indicam a idade que se aproxima e que se abate sobre nós inexoravelmente. O segundo verso "por teu malar atentamente observadas" expressa-se em verdade quase de maneira anatomicamente sóbria, e, contudo, insere-se por meio da expressão "observar atentamente" um tom de receio controlador. Além disso, o prosseguimento fala de modo totalmente claro sobre o modo como o pensamento da morte ganha força. Pois se diz aí: "tu e o resto de teu sono" – um oxímoro ousado, pois ele se apresenta como um correlato do resto de uma vida. E o que significa a locução acentuada "logo fareis aniversário"? Isso não tem naturalmente em vista o fato de que vós logo nascereis[8]. Fazer aniversário não é vir a nascer, mas designa antes os festejos pelo retorno do ter nascido. E com certeza o retorno do dia de aniversário significa para aquele que nos sonos já encanece uma consciência crescente da inclinação da vida e da brevidade da vida. Não obstante, não é propriamente perceptível nos versos um tom de queixa.

Perguntemo-nos quem é aqui propriamente interpelado. O eu fala para si mesmo? Em todo caso, soa estranho que "tu e o resto de teu sono" sejam sintetizados em um "vós" relativo àqueles que fazem aniversário juntos. Assim, é preciso começar a interpretação no ponto em que o poema soa estranho, ou seja, nesse final. Nele encontram-se duas antíteses veladas. Uma é a antítese entre o tu que interpela a si mesmo aqui e que mantém a guarda sobre si mesmo e o sono, tal como a sua vida é aqui denominada – juntamente com Heráclito, Píndaro, Eurípedes, Calderón e muitos outros. A segunda antítese reside na contradição entre a festa de aniversário feliz e cheia de esperanças e o sentimento prévio da idade e da morte. A alegria própria à expectativa é acentuada por meio da palavra "logo" e ela se rompe na renúncia do falante à expectativa no momento em que ele se conscientiza do envelhecimento. Um exemplo maravilhoso de como a inversão irônica e a intangibilidade furta-cor podem ser elevadas à evidência poética. Pois que tipo de aniversário é esse? O que é lembrado e festejado aí? O dia da "euforia existencial" (como o Conde Yorck von Wartenburgo denominou certa vez o aniversário)? Mas da existência de quem? Escutar-se-á corretamente se se compreender: a existência daquele que conhece a si mesmo, daquele que toma a si mesmo, a existência daquele que tem clareza quanto à sua finitude. Estar maduro é tudo.

>No grão de granizo, na
>mangrada espiga
>de milho, em casa,
>às tardias, às duras
>estrelas de novembro obediente:
>
>com o fio do coração os
>diálogos dos vermes ligados –:
>
>uma corda, a partir da qual
>tua escrita de flecha vibra,
>atirador.

Tal como o poema anterior, a consciência do poeta toma a morte por objeto: esse poema também tem a ver imediatamente com a morte. O fato de

---

8. No que diz respeito à "tenaz do sono", cf. abaixo pp. 483 s.

a derradeira palavra "atirador" ser uma metáfora da morte é indubitável. Mas muitas coisas também apontam manifestamente para essa esfera: o grão de granizo, a espiga de milho que fica mandraga, o fim de novembro. Celan vem do leste e se pressente como essa lenta irrupção do pesado inverno no leste desperta nele um saber em torno da perecibilidade da existência, um saber que está íntima e profundamente entrelaçado com o seu sentimento de vida: os pensamentos da morte – os diálogos dos vermes – estão "ligados com o fio do coração". Tudo dá-se como um roer interior ou mesmo como uma certeza da finitude e da perecibilidade de nossa existência, uma certeza da qual tomamos conhecimento em nosso ponto mais íntimo.

A composição como um todo é de uma rigidez inequívoca. Por duas vezes deparamos com os dois-pontos. A segunda vez é intensificada por meio de um travessão. Eles deixam a locução ao final do poema seguir como uma conclusão a partir de duas premissas. Essa locução final sintetiza tudo aquilo que veio antes na expressão sobre a tensa corda, a partir da qual vibra a flecha. No entanto, não é a flecha, a própria morte, mas a "escrita de flecha" que vibra a partir dessa corda. Se a flecha se mostra como escrita, então ela é mensagem, anúncio. Não há nenhuma dúvida de que essa escrita nos diz algo exato: trata-se da mensagem da perecibilidade que fala a partir de tudo aquilo que foi designado. Mas é uma mensagem. Por isso, precisaremos distinguir como as partes fundamentais aquelas partes semânticas do texto do poema que não anunciam apenas a perecibilidade, mas assumem a mensagem da perecibilidade com decisão. Assim, o "obediente" que reconhece o inverno em sua irrupção é um momento significativo fundamental. Em um sentido similar, também se estabelece o "em casa" correspondente – junto ao grão de granizo, junto à espiga de milho mandraga. Ele não designa naturalmente em sentido literal a terra natal ao leste propriamente dita, mas o estar em casa nos emissários do inverno, da morte, da perecibilidade. Assim, temos aqui uma dupla concordância que empresta à parte média do poema a sua articulação. Os sinais do inverno que está chegando e a certeza interior do coração em relação à morte são afirmados. É por isso que os diálogos dos vermes estão ligados "com o coração". O roer interior da perecibilidade não permanece como algo corroído de fora, mas é assumido totalmente no ponto mais interior. Com isso, as duas premissas, a partir das quais a conclusão é tirada, são asseguradas pela concordância. A conclusão é válida: a flecha que envia a sua mensagem é a certeza da morte que nunca erra o seu alvo. Mas há ainda algo mais aí: há uma única grande prontidão na qual a atiradora morte deixa que escrevam a sua palavra.

Talvez ainda devamos dar um passo além e reconhecer ao mesmo tempo o "fio do coração" como a corda pela qual a flecha é atirada. Pois o fio do coração que os vermes roem é de certa maneira a força de tensão da própria vida – e é justamente com ele que "os diálogos dos vermes estão ligados". A sentença final não retira nenhuma nova consequência – ela apenas sintetiza. A profunda certeza interior da perecibilidade e da morte não é como a corda de um arco mortal, cujo tiro repentinamente nos dilacera, mas é inversamente aquilo que é tensionado pela própria vida. Dessa corda do coração não surge tanto a morte, mas a certeza familiar da morte, uma certeza que se confunde com a vida e que já sempre foi decifrada por cada um de nós – e isso no súbito ter sido acertado pela "escrita de flecha".

Ficar, à sombra
da cicatriz no ar.

Não-estar-a-favor-de-ninguém-e-de-nada.
Desconhecido,
para ti
apenas.

Com tudo o que tem espaço aí,
mesmo sem
linguagem.

Trata-se de algo invisível, desconhecido, a cicatriz no ar. Portanto, não é nada que se possa pegar, nada com os sinais de Jesus que convenceram até mesmo o descrente Tomé. Essa cicatriz talvez esteja "no ar" – no entanto, de uma maneira tal que ela lança uma "sombra". Mas evidentemente apenas sobre mim, de modo que nenhuma outra pessoa sabe que estou sob essa sombra. Isso é dito claramente: quem se acha aí se acha para si apenas. Achar-se para si apenas significa fincar pé e resistir. Também reside aí ao mesmo tempo o fato de aquele que finca pé e resiste não subsistir aí propriamente em si. Ele não se acha em favor de algo ou de alguém, ele se acha por assim dizer para si apenas, e, por isso, "desconhecido". Mas isso não é pouco. Ficar e resistir significa: testemunhar algo. Se se diz daquele que se acha aí: "mesmo sem linguagem", então isso significa certamente que ele está tão sozinho que nem mesmo se comunica mais. Mas também significa inversamente que esse eu que diz "tu" para si, quando se encontra à sombra da cicatriz invisível, se comunica totalmente, "com tudo o que tem espaço aí" – que ele se comunica como linguagem. Sim, se o último verso é composto a partir da palavra única "linguagem", então a "linguagem" não é apenas enfaticamente acentuada, mas "posicionada". Por isso, a expressão "mesmo sem linguagem" ainda designa algo mais. Mesmo antes de haver linguagem, mesmo no ficar mudo e no manter-se junto àquilo de que mesmo Tomé não pode duvidar, já há de qualquer modo linguagem. Deve haver o lugar no qual o testemunho do ficar se manifesta e deve se manifestar totalmente. Deve haver linguagem. E essa linguagem é, como o ficar desconhecido que não se acha em favor de ninguém e de nada, verdadeiramente testemunha; e isso justamente porque ela não quer nada: "para ti apenas". Seria pachorrento imaginar o preenchimento concreto daquilo que é aí testemunhado. Ele pode ser muita coisa. Mas o "ficar" é sempre um e o mesmo – para cada um.

> Teu sonho pela vigília chocando-se.
> Com o doze vezes heli-
> coidal em seu
> chifre entalhado
> rasto de palavra.
>
> O último ímpeto que ele conduz.
>
> O barco na perpendi-
> cular, estreita
> garganta do dia para cima
> impelindo:
>
> ele translada
> o lido nas feridas.

O poema é rigorosamente construído. Duas estrofes, a primeira e a terceira, são a cada vez seguidas por uma estrofe curta que retira respectivamente uma espécie de consequência. Assim, o poema decompõe-se em duas metades. Trata-se de duas esferas de imagens completamente diversas que são evocadas nessas duas partes. No entanto, elas dizem respeito a algo comum: ao sono e ao sonho tanto quanto à vigília. Também são dois processos muito diversos em termos rítmicos que se ligam aqui. De um lado, o impulso do sonho que se choca e mobiliza como um bode, e, do outro lado, o barco que impele lentamente para cima. Não obstante, ainda que visto de modos muito diferentes, essas duas partes têm por meta o mesmo.

Esse é um primeiro ponto de partida para a pergunta sobre o modo como precisamos compreender o poema como um todo. É preciso tentar partir dos elementos particulares. O sonho passou a funcionar como os "choques" de um bode. Por meio desses choques, algo sai da obscuridade e ganha a luz. Nesse momento, é preciso notar que não se trata aqui em última instância de um sonho que passa a ser marcado por choques em virtude da proximidade do despertar, uma experiência que de resto conhecemos a partir da vivência do sono de pessoas que estão dormindo. Ele é muito mais impelido aos choques pela vigília. Portanto, temos aqui um processo longo demais do despertar que faz com que o sonho se torne por fim tão marcado pelo choque que algo acaba sendo transportado para cima, "transladado". Uma coisa é em todo caso certa: o poema não tem em vista o sonho real no sono, e isso fica totalmente claro e inequívoco por meio da expressão estimulante no verso final: "lido nas feridas". Daí provém o fato de ser o mundo das palavras e da leitura o mundo em que o sonho se movimenta. A ele corresponde o fato de esse bode brabo possuir um chifre sobre o qual, como se conhece em algumas espécies de caprinos, se estendem até a ponta voltas entalhadas, e o fato de esse rasto entalhado se chamar um "rasto de palavra". Assim, fica claro que o poema descreve o nascimento da palavra, um nascimento que está há muito à espera de acontecer, que está há muito se preparando. O chifre se retorce em doze voltas até a ponta, com a qual o bode realiza o último choque. O número doze aponta para uma totalidade circular do tempo, doze meses, todo um ano, em todo caso um longo tempo. Com outras palavras: já faz muito tempo que a vigília reprime o sonho, e o sonho que se agita sempre realiza uma vez mais seus choques. Portanto, tudo se dá como um longo "despertar para cá", para usar uma expressão do poema "Sobre o não sonhado" (acima p. 422). O poema quer manifestamente dizer que um poema não é um *insight* repentino, mas exige um longo trabalho de preparação. O trabalho real no poema, porém, o trabalho que se mostra na segunda alegoria como um barco lento que conduz penosamente para cima, não é o seu enunciado propriamente dito. O enunciado propriamente dito é muito mais o fato de ser algo "lido nas feridas" que assim chega até em cima. Algo "lido nas feridas", algo que percorreu as feridas – essas expressões têm em vista algo que se tornou ferida a partir da viandança longa demais pela leitura. Ou será que a expressão algo "lido nas feridas" possui uma ambiguidade ainda mais profunda e não visa apenas ao sofrimento da leitura, da leitura demasiada e sem sentido, mas também talvez à dor e à "ferida daquilo que é lido", isto é, à experiência dolorosa enquanto tal que também pode ser denominada "lida": lido e reunido como por meio de uma colheita do sofrimento?[9]

Em todo caso, aquilo que é "transportado" para a palavra, traduzido na palavra[10], é o poema, o texto conquistado a partir da obscuridade do inconsciente com a ajuda do sonho por meio de uma espécie de trabalho do sonho.

Será que ainda precisamos elucidar alguma coisa? As esferas de imagens possuem um poder extremamente elevado de autointerpretação intuitiva: os choques do bode que rompem finalmente – com o último choque – o mundo da vigília e despertam o sonho. Que maravilhosa troca entre sonho e vigília! E então essa profunda "garganta do dia": tal como a luz do dia invade uma estreita garganta perpendicular, aquilo que é reunido na obscuridade, o que é "lido nas feridas", trabalha como em uma escada de luz para ascender até a luz – assim como o bode não desperta o sonho com um úni-

---

9. O verbo alemão *lesen* [ler] não designa apenas o ato da leitura de um texto, mas também o ato de colher os frutos de uma plantação. Gadamer alude a esse sentido na passagem acima. (N. do T.)

10. Em alemão, as palavras "transportar" e "traduzir" são homônimas: *übersetzen*. A única diferença aparece na formação do particípio passado [*übersetzt* e *übergesetzt*]. (N. do T.)

co choque, também isso não se dá em uma única tacada. Mas ele desperta por fim o sonho, aquilo que é transportado da obscuridade para a luz dá-se por fim – é isso que é o poema.

> Com os perseguidos em uma tardia, não
> silenciada,
> reluzente
> aliança.
>
> O prumo da manhã, ultra-áureo,
> agarra-se no con-
> jurante, co-
> explorador, co-
> partícipe da escrita
> encalço.

A primeira estrofe fala sobre os perseguidos. Nesse poeta e nesses anos, essa perseguição não pode ser compreendida de outra forma senão em ligação com a perseguição dos judeus por Hitler. O fato de ter sido uma confissão do poeta que se tornou aqui poema "coparticipando da escrita" parece mais claro do que nunca. Não obstante, ele tornou-se poema. Mesmo que gerações posteriores venham algum dia a esquecer essas perseguições que se deram em algum momento e em algum lugar, o poema conservará o seu lugar exato do saber e do compartilhamento do saber. Pois não se consegue esquecer esse seu lugar próprio. Ele é a situação humana fundamental enquanto tal, o fato de haver perseguidos, aos quais nós mesmos não pertencemos mais de maneira total (em uma aliança "tardia"), mas em nome dos quais nós continuamos nos declarando como partidários ("não silenciada") – tão inteiramente que a aliança com eles pode ser denominada "reluzente"; e isso não significa apenas: irrestrita e convincentemente, mas apresentando e reluzindo uma verdadeira solidariedade – como luz.

Ainda que de uma forma estranha, a segunda estrofe também fala da luz. Sem dúvida alguma, ao depararmos no poema com a expressão "prumo da manhã", devemos pensar na aurora [*Morgenrot*]. E por que esse prumo da manhã é designado "ultra-áureo" (e não áureo)? O "prumo da manhã" tem em vista manifestamente o fato de a aurora com a qual o dia e o futuro constantemente se alçam só dar início a um verdadeiro futuro quando a aurora é experimentada como um prumo, isto é, como uma medida perpendicular e infalível para aquilo que é correto[11]. Esse prumo é pesado. Ele chama-se "ul-

---

11. Interessante é aqui o modo de leitura do estágio prévio: "a (imensurável) manhã". Esse modo de leitura entrega ao todo uma outra direção interpretativa: a incerteza da manhã que (nunca) pode ser (totalmente) medida, e, em "ultra-áureo", a questionabilidade do dia que se anuncia com a aurora. Quanto a esse modo de leitura, cf. abaixo Nota 19.

tra-áureo", quer dizer, sob o brilho áureo do dia e do futuro que a manhã promete está presente o peso-pesado, o peso da experiência e da aliança com os perseguidos. Além disso, esse peso é ele mesmo algo que nos persegue, algo que faz com que nos tornemos perseguidos.

Isso está indubitavelmente presente na locução da segunda estrofe: ele "agarra-se no (...) encalço". Esse prumo da manhã é como um perseguidor. O que isso significa? Trata-se de uma repreensão a nós mesmos quando vivenciamos efetivamente a manhã e, em vez de morrermos junto com os perseguidos, possuímos futuro? Mas não há aí nenhuma menção à morte, por mais que se saiba certamente bem demais que ela está presente, e não seria mesmo senão bem pouco adequado ver em todos os casos na sobrevivência uma injustiça. Não obstante, porém, poderia haver uma constante advertência que nos perseguiria e que não nos deixaria esquecer os perseguidos e faria com que ficássemos ao seu favor e a favor do futuro do homem.

O prosseguimento do poema transforma esse último ponto em sentido dominante. Pois diz-se do encalço ao qual o prumo da manhã se agarra, do encalço levado à fuga e constantemente perseguido pelo prumo da manhã, que ele é "con-jurante, coexplorador, copartícipe da escrita". Um clímax exato no interior de uma direção significativa uniforme: testemunhar, descobrir, ratificar. Mas a questão é: com quem "tu" deves te conjurar (em vez de fugir daí)? Com certeza, tem-se em vista aqui em última instância os perseguidos e os seus sofrimentos pelos quais o tu se declara não silenciado. O destino é como um juramento e uma nova impassível de ser desconsiderada. Por isso, "con-jurante" não significa tanto atestar que as coisas se deram de tal maneira. É efetivamente o prumo da manhã, a medida para o futuro, que se agarra no encalço. Portanto, tem-se em vista aí o juramento com vistas ao futuro: o juramento de que isso nunca mais deve acontecer.

Não menos plurissignificativo é evidentemente o segundo atributo do encalço: "coexplorador". Sempre precisamos explorar um espaço em que algo não se acha patente, mas encoberto; ou ainda um espaço em que, a partir de muitas coisas vulgares, devemos alcançar pelo trabalho um extrato puro. Esse seria, por exemplo, o ganho permanente a partir da injustiça e do sofrimento vividos. Se, então, o terceiro elo desse clímax é "copartícipe da escrita", todo leitor pensará antes de tudo no poeta que se declarou partidário da aliança com os perseguidos e que confessa a si mesmo como um perseguido que não pode nem deve se livrar de sua aliança com eles. O encalço daquele que escreve gostaria de fugir rapidamente, talvez para o reino de uma imaginação mais amistosa própria ao mundo poético – e ele é retido como que por um peso de chumbo em sua tarefa, atestando pela escrita a aliança com os perseguidos. É isso que pode ter sido visado. Assim, o clímax seria compreensível.

Mas algumas perguntas permanecem em aberto. De início: podemos compreender desse modo a intensificação desse clímax que precisa necessariamente existir? Nesse caso, em contraposição a conjurar e explorar, "copartícipe da escrita" precisaria ter em vista o testemunho e a fixação na maioria das vezes imediata da mensagem. Contra isso temos, porém, o fato de a tripla hifenização das palavras, que isola por três vezes o prefixo "co", precisar designar em todos os três casos a mesma coisa. No entanto, não há um "conjurar" ou um "coexplorar" do mesmo modo que, por exemplo, uma "coparticipação na escrita" que pode ser chamada a retenção imediata do teor exato da palavra. Tal como ele se conjura e explora juntamente com os outros, o falante também quer escrever com eles. Se nos opusermos a reconhecer como o sentido pleno do todo a intensificação aberta que precisaria residir na confissão pela escrita, na confissão do poeta, então talvez ajude a seguinte ponderação: com quem "tu" deves propriamente conjurar e escrever? Com os perseguidos? Com certeza, como mostramos acima, isso pode ter o sentido de que o próprio sofrimento dos perseguidos era como um juramento e como uma mensagem fixada de uma vez por todas para todos. Todavia, eu pergunto agora: é preciso completar tudo isso? Esse sentido não se encontra imediatamente no próprio texto, a saber, como o "prumo da manhã"? O prumo da manhã anuncia realmente o dia. Mas se ele o anuncia para todos e se é que deve surgir o dia do direito, do direito próprio ao prumo que informa a todos sobre a injustiça que aconteceu, não está pensado de maneira bastante exata que é essa aurora/esse prumo da manhã que se agarra ao teu encalço e que é com ele, com a sua nova e o seu dever, um dever que ele impôs a todos de maneira imperiosa, que "tu" te con-juras, coexploras e coparticipas da escrita? Nesse caso, porém, a escrita do poeta é de fato algo supremo, ao qual aspira o discurso que se intensifica porque ele não tem em vista apenas o fazer poético – trata-se aqui de um cofazer com o qual nós todos temos a ver, se é que deve haver futuro. Quem sou eu – e quem és tu?

> Feixos de sóis
> sobre o cinza escuro ermo.
> Um pensamento
> da altura de uma árvore
> apanha para si o tom de luz: há
> ainda canções a cantar para além
> do homem.

São espaços violentos que se abrem no grande gesto desse pequeno poema. Ressoa aí um processo meteorológico que nós todos já observamos um dia alguma vez: como por sobre o ermo cinza-escuro de uma paisagem encoberta abrem-se em feixes de luz espaços luminosos e distâncias luminosas. Parece-me abstrato e contraintuitivo compreender, tal como foi sugerido, os "feixes de sóis" como sóis que se tornaram finos como um fio, sóis que não são mais redondos como nos melhores dias[12]. Com certeza trata-se de uma paisagem espiritual (e não de uma atmosfera de inverno), cujo "cinza-escuro ermo" se abre aqui e sobre a qual os feixes dos sóis se encontram. Mas será que não devemos pensar nesse caso realmente nos feixes que o sol encoberto pela nuvens estende nas margens dessas nuvens? Dizemos do sol que ele puxa a água. E esse fato não possui algo de sublime para qualquer um, não é essa uma experiência de sublimidade acessível a qualquer um, uma experiência mediada pelo "espetáculo dramático do sol"? Chama a atenção que "feixes de sóis" seja uma forma plural – um plural que aponta para a amplitude anônima de mundos anônimos. Em seu pano de fundo perfila-se o singular, a unicidade do pensamento que se eleva. Pois é evidente o que o poema diz: os espaços descomunais que se abrem em tais espetáculos do céu podem nos fazer esquecer a desoladora paisagem humana, na qual não há verdadeiramente mais nada sublime visível. Assim, trata-se de um "pensamento da altura de uma árvore" que se eleva aí, um pensamento que não perambula de maneira errante, buscando em vão algo no ermo do mundo dos homens, mas que se coloca à altura das medidas de um tal espetáculo dramático e que se apega ao sol como uma árvore. No entanto, o tom luminoso que é assim captado é um tom de canção. O pensamento da altura de uma árvore, o pensamento que se apega a um tal tom de luz, tal como o espetáculo dos feixes de sóis o dissipa ao redor, possui medidas que ultrapassam todas as medidas e as carências humanas, como uma árvore que cresce de maneira descomunal.

É assim o enunciado propriamente dito do poema: "Há ainda canções a cantar para além do homem".

> Em carros de cobras, ao
> largo do branco cipreste,
> através da torrente
> eles te conduziram.
>
> Mas em ti, por
> nascença,
> espumou a outra fonte,
> no negro
> raio memória
> tu vens à luz.

O poema decompõe-se em duas sentenças. Elas formam duas estrofes. Tal como acontece frequentemente nesses poemas curtos, temos uma vez

---

12. Ver quanto a esse ponto agora "Phänomenologischer und semantischer Zugang zu Celan?" [Acesso fenomenológico e acesso semântico a Celan], in: GW 9, pp. 468 s.

mais uma antítese quase epigramática que se inicia com um "mas" e unifica as duas estrofes.

A primeira estrofe descreve a embriaguez de vida. Pois aquilo que é evocado aí com a expressão "carro de cobras" é Dioniso, o deus da embriaguez. É a viagem da vida que começa desse modo, na entrega a tudo aquilo que os sentidos oferecem. Se a viagem da vida passa – inicialmente – ao longo do branco cipreste, então isso talvez signifique que a embriaguez da vida também tinge até mesmo a morte. O negro símbolo de morte do cipreste ergue-se como uma branca coluna luminosa ao longo da qual passamos, totalmente banhados pela vida, de maneira despreocupada. A viagem conduz através da torrente, através da maré da experiência sensível que incessantemente arrebenta sobre nós. Permanece indeterminado quem é o condutor dessa viagem através dessa torrente. O plural "eles" deixa ao menos uma coisa clara: não sou eu que dirijo essa viagem. O nominativo "eu" não aparece em parte alguma no poema – apesar de ser totalmente certo que não se está falando de ninguém mais a não ser de mim, de cada eu. De início, porém, cada um de nós não é justamente um eu, mas algo que está sendo arrastado pela corrente; e a experiência que o poema descreve é exatamente essa: como eu venho a ser um eu. Por isso, a ênfase existente nesse poema no verso de uma única palavra "nascença", nesse primeiro começo da gênese do eu.

Com a partícula adversativa "mas" tem lugar uma virada para o interior. O que é descrito nesse momento é o modo como o ser sensível arrastado através da torrente da vida se forma e se eleva até o eu humano. Esse é por assim dizer um contramovimento que se coloca contra a superfluição por meio dos sentidos. Por isso, o discurso acerca da(s) "outra(s) fonte(s)". Ela "espumou" desde a nascença. Isso significa que, mesmo quando não sabemos, essa fonte espuma, e, em verdade, incessantemente. Todavia, ela é verdadeiramente experimentada como fonte e não como as ondas cintilantes e brilhantes da experiência sensível enquanto uma torrente que cega e que nos envolve por toda parte. Essa "outra fonte" é muito mais algo que vem do obscuro. Ela é denominada um "negro raio". É espantoso como a força sensível desses versos permite ao poeta introduzir uma palavra tão conceitualmente sobrecarregada como "memória", sem se tornar em momento algum escolástico por isso. A memória é o raio negro que cresce, ela não é a ampla torrente da posse espiritual que se reuniu. E, de fato, não é em um saber acumulado, mas nesse raio que vem do obscuro do inconsciente que se forma o eu. O eu que interpela a si mesmo, que "sobe" e vem à luz nesse raio, ou seja, a memória, o saber interior sobre si mesmo, não se eleva simplesmente como a torrente dos sentidos que flui amplamente a partir da outra fonte de vida. Ao contrário, o eu trabalha penosamente em si, passo a passo, para alcançar a claridade do eu consciente. Por fim, ele se transforma para si mesmo no tu. Mas isso não acontece sem que o "negro raio memória" continue espumando do mesmo modo que a torrente arrebatadora dos sentidos continua fluindo.

Poder-se-á certamente notar como o "branco" do segundo verso e o "negro" do terceiro verso final respondem um ao outro. Mesmo o cipreste reconquista no negro raio memória a sua cor natural, o seu verdadeiro sentido simbólico. O saber sobre si significa saber o que é a morte.

> Vincos na armadura, eixos em dobras,
> Pontos
> de abertura:
> teu terreno.
>
> Nos dois polos
> da rosa dos ventos, legível:
> tua proscrita palavra.
> Verdade boreal. Claridade meridional.

Dois enunciados, contrapostos um ao outro, mas um correspondendo ao outro: terreno e palavra. "Teu terreno" é o terreno da "tua" palavra. Assim, as duas estrofes estão em conexão. – Em contraposição a uma primeira aparência, sob a qual eu mesmo me encontrava na primeira edição desse comentário, a esfera imagética também não muda. Não se fala aí primeiro do esgrimista pronto para a luta e, em seguida, do timoneiro que mantém firmemente o curso. As expressões inabituais da primeira estrofe "vincos na armadura", "eixos em dobras", "pontos de abertura" e então a expressão "rosa dos ventos" da segunda estrofe me induziram a erro. Elas compertencem-se e provêm do mesmo campo semântico. Todas elas são expressões técnicas da geologia. As primeiras três expressões descrevem – como se pode imaginar e como eu também poderia ter imaginado – formações da crosta terrestre e têm em vista em todo caso, como vi corretamente, a couraça da linguagem. O terreno é o terreno da palavra. Como vejo agora de maneira mais clara, tudo não se mostra senão como descrições do terreno, de suas inscrustações e falhas, assim como dos pontos nos quais uma camada mais profunda veio à tona.

Não há mais do que isso nessas expressões incomuns. Eu fui longe demais ao escrever o seguinte: "O primeiro mundo, o mundo da palavra que se comporta como em uma luta de espadas, não é visto no sentido de uma oposição entre dois lutadores, mas a partir de um deles. Em verdade, a partir da palavra que coloca à prova e procura perfurar uma couraça. A palavra é uma 'espada' que tenta descobrir na armadura o ponto em que ela pode perfurar. A armadura de quem? A armadura que todos aqueles que falam portam? É evidente do que se trata aqui: perfurar a couraça da linguagem em direção à verdade."

O fato de eu só ter podido compreender os "vincos na armadura" como vincos produzidos pela armadura no corpo já mostrou que algo não estava certo aí. Ao mesmo tempo, em contrapartida, "eixos em dobras" tanto quanto "pontos de abertura" designavam para mim necessariamente a própria couraça da armadura. Agora sei que essa descrição aparentemente bélica do terreno utiliza termos técnicos normais provenientes do uso dos geólogos. O elemento poético nesses termos inspirou manifestamente o poeta. As expressões deixam ressoar a relação do poeta com a linguagem. Trata-se da couraça da linguagem e da tendência de enrijecimento que reside na linguagem. As dificuldades que tive na conexão de vincos na armadura e eixos em dobras comprovaram-se a partir de então como infundadas: é assim que o geólogo descreve a crosta terrestre. Portanto, não foi senão falso quando, junto aos "pontos de abertura", pensei no olhar atento do espadachim que procura perfurar a armadura inimiga. Esta expressão também não foi uma invenção barroca do poeta, mas se encontra igualmente na linguagem técnica da geologia. Não obstante, o que está em questão nessa linguagem também é descrever a estratificação e superposição da crosta terrestre a partir das formações visíveis, pelas quais toda penetração no mistério do interior da terra procura se orientar, uma especialidade do geólogo.

"Orientação" é uma palavra diretriz e nada além disso: orientação nas formações previamente encontráveis do terreno que documentam a história de formação de nossa superfície terrestre – portanto, orientação no terreno da linguagem que está enrijecida em suas formações, na gramática, no uso das palavras, na construção frasal e na formação de opinião. Há para tudo regras fixas e convenções, e, contudo, há ao mesmo tempo pontos onde é possível a penetração em camadas mais profundas. Uma pessoa familiarizada com as expressões técnicas da geologia não chegará senão muito dificilmente em meio à palavra "abertura" à imagem do esgrimista que procura perfurar a armadura. Todavia, eu não deixava de ter razão, na medida em que o poema descreve a experiência que o poeta faz com a linguagem quando procura quebrar as convenções rígidas próprias ao uso das palavras – e do "falatório". No entanto, foi no que diz respeito à segunda estrofe que o esclarecimento geológico trouxe para mim um verdadeiro ganho. A orientação no terreno permanece nessa estrofe a esfera imagética dominante. Mesmo "rosa dos ventos" é um termo técnico geológico e designa um instrumento de orientação que, como a bússola, indica pontos em uma escala. Todo estudante de geologia conhece esse instrumento, e, assim, o nosso *poeta doctus*[13] também não precisou nesse caso de um léxico ou de uma obra de consulta. O que está em questão aqui também é a orientação que a palavra do poeta necessita. Se seguirmos a indicação que o próprio poema sugere, então só mui-

---

13. Em latim no original: poeta douto. (N. do T.)

to dificilmente poderemos duvidar de que está em jogo com o polo norte e o polo sul dos quais falam o primeiro e o último verso dessa estrofe a bússola de viagens e, com isso, a descoberta e a manutenção da direção correta – mesmo que também não se esteja em mar aberto. Em verdade, ainda continuo sem saber como o geólogo trabalha particularmente com essa bússola de terreno que ele denomina "rosa dos ventos", mas penso que o poema nos permite aqui sondagens especiais ulteriores junto ao geólogo. O poema convida-nos sim à transposição, e essa transposição conduz expressamente para a esfera da palavra. Isso fica aqui inequivocamente claro. Pois diz-se: "tua proscrita palavra". A palavra é proscrita. Essa não é apenas uma expressão forte de desdém e desprezo. Tem-se em vista também: algo que é odiado e perseguido. Alguém é proscrito quando não tem direito à terra natal em lugar algum, quando se encontra fora da lei por ter sido desterrado. Pois bem, o texto diz manifestamente que essa palavra foi desterrada injustamente – é essa palavra que mantém precisamente a direção e que não pode ser afastada por nada da direção correta, da direção do correto. Ela segue de maneira inalteravelmente clara e incorruptível a direção indicada pela rosa dos ventos.

Em seguida, o poema diz nessa segunda estrofe: a rosa dos ventos precisa ser legível nos dois polos, tanto no norte quanto no sul. A palavra precisa conhecer por assim dizer toda a escala de variações possíveis, pelas quais ela é ameaçada. Nos dois polos deve ser legível essa palavra desterrada que é ela mesma desprotegida. Com isso, a palavra "proscrita" adquire aqui um sentido exato: a palavra depende apenas de si mesma – ela é rejeitada por todos, experimentada como indesejável por todos os lados, por causa do caráter retilíneo da verdade que ela diz. Isso significa em suma que a palavra é verdadeira, uma verdade boreal, e que ela é clara, uma claridade meridional. Essa palavra chama-se então aqui a "tua" palavra. Quem é aqui interpelado? Não há certamente nenhum princípio fixo, sob o qual se possa solucionar a pergunta "quem sou eu e quem és tu?" nos poemas de Celan (ou em poemas em geral?). Não acredito que só se deva pensar em um tu nesses poemas quando se fala de um tu e que só se deva pensar no poeta quando ele diz "eu". As duas coisas parecem-me falsas. Quem estaria disposto a excluir o fato de um eu dizer "tu" para si mesmo? E quem é o eu? O eu nunca é apenas o poeta. Ele é sempre também o leitor. O esquecimento do eu foi acentuado com razão por Celan no discurso do meridiano como o caráter de um poema. De quem é que ele é palavra? Do poeta? Do poema? Ou trata-se de uma palavra que o poema só repete e anuncia? Ou mesmo de uma palavra que nós todos conhecemos? Aquilo que "teu" e, com isso, "tu" significam aqui não se encontra certamente fixado desde o princípio. Aquilo que dá a orientação no terreno da linguagem não precisa estar nem mesmo, como entendi inicialmente, em uma espécie de autotratamento do poeta ou no poema. Também pode ser, por exemplo, a palavra de Deus que talvez irrompa junto aos pontos de abertura corretos na couraça da terra – como revelação. "Tua palavra proscrita" poderia remontar até mesmo aos dez mandamentos do Antigo Testamento que devem fornecer como eixos do norte e do sul a orientação segura. Ou a qualquer palavra verdadeira. Assim, não se tem por fim nenhum motivo para cindir a palavra do verdadeiro poeta e a palavra verdadeira em geral.

Em seu discurso do meridiano, portanto, Celan conferiu-nos algo assim como uma legitimação. Ele insere aí dentre as esperanças do poema "levar a fala *até o elemento de um outro* – quem sabe talvez até o elemento de um *totalmente outro*". Celan repete expressamente a alusão ao "totalmente outro", o termo histórico-religioso de Rudolf Otto para o sagrado. Assim, o poema também pode ser a palavra verdadeira e ao mesmo tempo a palavra proscrita. Ele conhece os pontos de abertura através da crosta do falatório – somente então ele acontece plenamente como poema e o poeta pode denominar totalmente a sua palavra uma palavra proscrita, mesmo depois de ele ter sido distinguido com a concessão do prêmio Büchner. Não precisamos nos perguntar: quem sou eu e quem és tu? O poema diz sim a toda e qualquer resposta. – Em seguida, as duas estrofes passam a formar uma clara unidade. Trata-se da orientação no terreno da linguagem. Tal como o geólogo imagina mais do que atinge a profundeza da terra junto às formações que aparecem na superfície, a palavra do poema também procura penetrar em uma profundeza velada, na medida em que, colocada sobre si mesma, segue a sua verdadeira bússola.

> Aterro da palavra, vulcânico,
> ultramarulhado.
> Em cima
> da afluente plebe
> das contracriaturas: ele
> içou a bandeira – retrato e imitação
> cruzam-se em vão rumo ao tempo.
>
> Até tu a lua da palavra para fora
> lançares, a partir da qual
> o milagre
> baixa-mar acontece
> e a cratera com forma de
> coração
> nua em favor dos começos testemunha,
> reais
> nascimentos.

Dois poemas formam a conclusão da série: "Aterro da palavra" e "caminho corroído". Eles contêm uma quadra colocada entre parênteses, quatro versos que se destacam por meio da métrica convencional e do estilo convencional de rima e que conquistam com certeza exatamente por meio desses meios estilísticos um caráter próprio.

Tal como muitos poemas dessa série, o "aterro da palavra" também é dominado por uma oposição simples. Ele fala do acontecimento da palavra como de uma explosão vulcânica que a projeta contra a atividade cotidiana da fala.

Logo no começo descreve-se a paisagem por completo: o aterro da palavra é uma rocha de origem vulcânica que vem da profundeza e, arrefecida, se encontra aí, como uma montanha no mar, isto é, banhada pelo marulhar. É assim que a linguagem se encontra aí: como um construto petrificado de irrupções anteriores de vida e como criação que ela foi, escondida do mar que transborda monocordiamente, que a tudo consome e a tudo iguala. Aquilo que é visível como linguagem chama-se muito mais "contracriatura", uma plebe afluente, ou seja, sem nome, proveniência e terra natal. A plebe iça a bandeira, isto é, adorna-se com alguma coisa da qual ela é orgulhosa e que ainda não é, contudo, em verdade sua, mas que é tão arbitrariamente escolhida e içada quanto os galhardetes dos velejadores de domingo. As contracriaturas cruzam-se na superfície da linguagem "rumo ao tempo", ou seja, sem direção e meta, mas de qualquer modo tão impelidas pelo tempo que não possuem nenhuma duração em si. Elas são "retrato e imitação" da autêntica palavra, isto é, elas soam apenas em imitação ou em uma ressonância de uma autêntica criação, uma atividade vã que segue sempre em frente, até –

Tudo aponta para esse "até". Por meio do acontecimento da nova irrupção, a atividade supérflua é descortinada em todo o seu caráter vão e em toda a sua imageticidade aparente. Trata-se de uma metáfora cósmica grandiosa que descreve o acontecimento de uma autêntica gênese da linguagem: "tu" – aquele tu sem nome que só aquele para o qual ele é um tu conhece e reconhece – "lanças a lua da palavra para fora".

É preciso escutar de maneira bem exata. Com certeza tendemos a articular de início imediatamente a imagem da projeção da lua para fora da Terra (uma opinião sobre o surgimento da lua que era até bem pouco tempo difundida) com o "aterro da palavra" que sob o mar fluente dos discursos constitui o fundamento velado da linguagem. Não obstante, em um ousado movimento hiperbólico, essa "lua da palavra" parece mais lua do que palavra. Não é a própria palavra esférica, luminosa, uma palavra que sempre reluz uma vez mais de maneira esférica, por exemplo a palavra do novo poeta, que pode ser "a lua" que é aí lançada para fora. A locução "lua da palavra" – e não: uma "lua da palavra" – só pode ser interpretada no sentido de que o senhor das tempestades dos tempos e das terras se serve sempre uma vez mais dos mesmos meios, a fim de liberar os começos para um novo acontecimento linguístico autêntico. Pois se fala agora de fato do novo efeito da gravidade que parte da lua, que deixa a montanha velada da linguagem ressecar-se e, assim, torna visível a sua verdadeira origem. Todo o deserto linguístico convencional transcorre-se como água salobre. O "milagre baixa-mar" acontece, a saber, o milagre de que, onde antes aparecia o elemento vacilante no qual não conseguimos fincar pé, emerge a terra firme que está em condições de fornecer apoio e sustentação. Nesse momento diz-se então: aquilo que aí resseca libera a "cratera com forma de coração" que depõe em favor dos começos. Isso quer dizer: reconhece-se finalmente uma vez mais naquilo que é novamente visível a violência de estancamento e descarga, a partir da qual a palavra poética desde sempre conquistou a sua força de tensão e a sua duração. Se se diz além disso que são gerados aí nascimentos reais, isto é, fundadores de dinastias, então se trata sim realmente de toda uma dinastia da linguagem, sob a qual nós falantes nos encontramos e que nos rege nas grandes criações da poesia que alcançam essa linguagem.

Ou será que estou tomando o poeta aqui de maneira por demais literal – ou será que não o estou tomando de maneira suficientemente literal? Essa lua da palavra que "tu", ao que parece, lanças de tempos em tempos para fora da profundeza encoberta pelo falatório e que põe um fim na pseudoatividade vã do falar e do poetar, é ela mesma por fim palavra, e, de qualquer modo, esférica, autêntica, reluzente. O efeito de gravidade que a lua exerce com a criação da maré é o efeito exclusivo da palavra. Pois somente a própria palavra libera e pode liberar o que é uma autêntica rocha de palavra. Assim, ela não faz apenas com que todos os "começos", que regem a nossa linguagem como criações da poesia e que tinham desaparecido sobre o vão entrecruzamento do falar que se movimenta de lá para cá e de cá para lá, se tornem visíveis: ela faz o mesmo consigo mesma. Se compreendermos as coisas desse modo, então a lua da palavra se mostra como a suma conceitual da lua cheia da palavra, na qual todas as novas erupções do solo vulcânico são em si sintetizadas. E as coisas se dão de fato de tal modo que não experimentamos apenas a nova criação linguística que o poeta leva plenamente a termo, mas descobrimos novamente sob a sua influência todas as figuras reais de nossa linguagem. Esses são "nascimentos reais" – algo que aconteceu há muito tempo, fundamentando um domínio, e que se torna novamente efetivo em sua validade imperial por meio do novo poema. Todo verdadeiro poema toca as profundezas veladas do solo da linguagem e suas configurações criativas. Ele reconhece domínio e instaura um novo domínio sob a própria dinastia.

Em todo caso, temos aqui uma metáfora que descreve de uma maneira maravilhosa a verdadeira palavra poética como um acontecimento cósmico. Todavia, não apenas como algo que não destrói nada que é verdadeiro e que descobre o verdadeiro, mas antes de tudo como uma palavra em relação à qual ninguém, nem mesmo o poeta, pode dizer: ela é minha palavra. O poeta não iça nenhuma flâmula.

> (Eu te conheço, tu és a profundamente curvada,
> eu, o trespassado, estou a ti submetido.
> Onde arde uma palavra que seja em favor de nós dois testemunhada?
> Tu – totalmente real. Eu – totalmente enlouquecido)

O eu, que fala aqui e admite por fim quanto a si mesmo que está "totalmente enlouquecido", não se transforma nesses versos naquele eu omnipresente, no qual poeta e leitor são amalgamados no poema lírico. Os parênteses também o restringem com isso à particularidade do eu-que-fala, retirando-o da universalidade que o eu lírico normalmente possui – e eles também restringem com isso o tu interpelado, de tal modo que o todo recebe algo do caráter de uma discreta dedicatória ou da assinatura de um quadro; e isso a tal ponto que os versos jogam em seus temas com os temas da *Pietà* (Profundamente curvada/trespassado).

Mas o enunciado desses quatro versos mantém a sua relação com a série de poemas na qual eles estão inseridos – naturalmente com um gesto de retorno. O poeta, que diz aqui "eu" em relação a si mesmo – e não em relação a todos nós –, se atemoriza por assim dizer ante a exigência de dever ser realidade em sua palavra e de enunciar a realidade daquela que é tão totalmente diversa quanto ele. A frase "onde arde uma palavra que seja em favor de nós dois testemunhada?" soa como uma renúncia da qual o poeta está consciente: a renúncia a, mesmo na palavra mais verdadeira, atingir aquilo que é "totalmente real".

Não obstante, precisamente esse gesto de confissão e renúncia que atua aqui por assim dizer de maneira comprimida reúne em verdade de modo particular os dois poemas que formam o final do ciclo *Sopro de cristal*. Temos dois poemas sobre a linguagem e em particular sobre a linguagem verdadeira que é a linguagem do verdadeiro poeta.

> Caminho corroído pelo
> vento irradiante de tua palavra
> o colorido falatório do que é de perto
> vivenciado – as mil
> línguas de meu
> poema, o iníquo tema.
> Para fora
> rodopiado,
> livre
> o caminho através da antropo-
> mórfica neve,
> a neve dos penitentes, até

os hospitaleiros
aposentos e mesas glaciais.
Profundamente
no rasgo temporal,
junto ao
favo de gelo
espera, um sopro de cristal,
teu irrevogável
testemunho.

O poema é dividido claramente em três estrofes que possuem, contudo, um número diferente de versos. Ele se mostra como o segundo ato do acontecimento dramático que foi evocado em "Aterro da palavra". Essse poema começa depois do evento que destruiu a falsa aparência da linguagem. Só assim se determina aquilo que se tem em vista com "o vento irradiante de tua palavra": um vento que irrompe a partir de distâncias cósmicas e por meio do qual a claridade e a agudeza de sua força elementar corroem o "falatório do que é de perto vivenciado" como um sopro perturbador. É assim, porém, que são todos os pseudopoemas que são denominados aqui "colorido falatório". O falatório é colorido porque a linguagem de tais pseudocriações é arbitrária, motivada pela mera necessidade de um efeito de ornamento, do *ornatus*, e, por isso, não possui nenhuma cor e nenhuma língua próprias – pseudocriações da linguagem que, justamente pelo fato de serem tão arbitrárias, falam em cem línguas, o que significa: não atestam em realidade absolutamente nada – prestam por assim dizer um falso testemunho. Esse é o "meu poema"[14] que realiza um falso juramento e é "iníquo", ou seja, nulo apesar de toda aparência de uma construção.

O discurso sobre o "vento irradiante de tua palavra" continua falando a partir da metáfora cósmica fundamental, na qual o poema "Aterro da palavra" já se movimentava. "Tua linguagem" é a linguagem do tu que lança para fora a lua da palavra, e, com isso, não designa tanto a linguagem de um poeta, desse poeta enquanto tal, mas antes o fenômeno da própria linguagem, da linguagem verdadeira, luminosa e esférica. Essa linguagem corrói todos os falsos testemunhos, ou seja, ela os alija de tal modo que não permanece aí nenhum rasto deles. Nesse contexto, é possível que "vento irradiante" evoque as dimensões cósmicas dessa irrupção. No entanto, ele também evoca com certeza antes de tudo a pureza e a sacralidade irradiante, a verdadeira espiritualidade da linguagem que não imita nada e não simula enunciados com ares de grande obra, mas desmascara os enunciados como tais.

---

14. Cf. quanto a isso à frente, pp. 471 s. e *Phänomenologischer und semantischer Zugang zu Celan?* [Acesso fenomenológico e semântico a Celan?], in: GW 9, pp. 464 s.

Mas somente no momento em que o "vento de tua linguagem" é introduzido e sopra em sua pureza irradiante, começa o caminho em direção ao poema, ao "sopro de cristal" que não é outra coisa senão a construção pura, estruturada pela mais rigorosa geometria e que se realiza a partir do nada silencioso do sopro. O caminho está agora livre. Essa palavra una "livre" expande-se sobre toda a extensão de uma linha em verso, tal como a locução "para fora" assumiu toda uma linha em verso. De fato, o caminho que está livre tornou-se visível enquanto caminho, depois que o vento irradiante "rodopiou para fora" a neve que a tudo encobre e iguala. O caminho é como o caminho de um peregrino que conduz a alturas glaciais. O peregrino atravessa a "neve dos penitentes"[15], ou seja, o inóspito, inamistoso, frio, que exige sacrifícios e se mostra como monocordicamente igual. É isso que o peregrino penitente pretende superar. Sem dúvida alguma, é preciso converter o elemento visual na esfera da linguagem: pois se trata de atravessar uma neve *antropomórfica*. São os homens com o seu falatório que a tudo encobre. Mas para onde conduz o caminho dessa viandança? Não é evidentemente nenhuma romaria, mas o próprio mundo glacial com o seu ar luminoso e claro que acolhe como uma hospedagem os peregrinos. Esse mundo do gelo eterno é denominado "hospitaleiro" porque só o esforço e a perseverança conduziram para lá, e, por isso, não reina mais nenhum monte de neve trazido pelo vento para os homens sem escolha. Assim, o caminho dessa viandança é por fim o caminho da purificação da palavra que se priva de todas as atualidades e de todos os padrões de linguagem que se aglomeram multiplamente e que se exerce no silêncio e na ponderação. Ela conduz as viandanças nas altas montanhas que não são visitadas no inverno até um lugar hospitaleiro. Onde quer que estejamos suficientemente afastados das atualidades das práticas humanas, aí estamos próximos da meta: da meta que a palavra verdadeira é.

Aquilo que espera por alguém aí também se acha mesmo agora profundamente velado: profundamente no rasgo temporal. Essa expressão soa como um rasgo que se abre no gelo glacial de maneira imensurável. No entanto, trata-se de um "rasgo temporal", uma brecha no fluir uniforme do tempo, em um lugar no qual o tempo não corre mais porque mesmo ele, como tudo, se encontra em uma rígida eternidade. Lá, "junto ao favo de gelo" – essa expressão também é de uma plasticidade ótica e sonora arrebatadora: o gelo, que é armazenado e construído como um favo em uma colmeia, é de uma construção imutável, ou seja, ele está protegido de todas as influências do "tempo torrencial" –, é lá que espera o "poema", o sopro de cristal. Com certeza, devemos experimentar nesse caso o contraste que existe entre as paredes de gelo construídas à nossa volta e o mínimo cristal próprio ao sopro,

---

15. Cf. quanto a esse ponto à frente, pp. 482 s.

essa existência maximamente fugidia de um milagre geométrico, tal como o é o floco de neve sutilmente traçado que rodopia solitário pelo ar em um dia de inverno. Esse elemento singular, pequeno, é, contudo, testemunho. Ele é denominado um "irrevogável testemunho", evidentemente em uma clara oposição aos depoimentos perjuriantes de poemas "feitos". Aquilo em favor do que ele testemunha ("teu" testemunho) é um tu – o tu familiar, desconhecido, que para o eu, que é aqui o eu do poeta tanto quanto do leitor, é o seu tu, "totalmente real".

1. O direito do leitor

Se se examina a ressonância teórico-literária e crítico-literária da obra de Paul Celan tal como essa ressonância entrementes se apresenta, o amante dos versos celanianos experimenta em múltiplos aspectos uma desilusão. Aquilo que é dito por expertos e conhecedores sobre esses versos, frequentemente com muita sutileza, às vezes com uma real força de penetração, pressupõe sempre, voluntária ou involuntariamente, o fato de precisarmos compreender os versos e julgar com base nesse compreensão, por exemplo, ao constatarmos o fracasso aflitivo do poeta na palavra que se torna críptica ou o seu súbito emudecimento. Para a compreensão da palavra que ainda não emudeceu, em contrapartida, me parece que as pessoas fizeram muito pouco até aqui. Para o leitor de Celan, uma das tarefas mais urgentes ainda permanece amplamente sem ter sido realizada. Aquilo de que ele necessita não é um julgamento crítico que constate o fato de não se compreender mais, mas iniciar lá onde se consegue avançar com a compreensão, e, então, dizer como se compreende. Nos bons e velhos tempos denominava-se essa compreensão de maneira totalmente simples "interpretação real". Não se deveria abandonar o direito e a possibilidade a uma tal interpretação de maneira leviana; e isso muito menos junto a um poeta tão consciente da tradição quanto o foi Paul Celan. O que está em questão aí não é verificar a inequivocidade daquilo que o poeta tinha em vista. Isso de maneira alguma. O que está em questão também não é fixar a inequivocidade do "sentido" que os versos expõem. O que está em questão é antes o sentido do elemento plurissignificativo e indeterminado que o poema atiçou e que não se mostra como um espaço voltado para o arbítrio e a veleidade do leitor, mas como o objeto do esforço hermenêutico que é exigido por esses versos. Quem conhece a dificuldade dessa tarefa sabe que não pode se tratar aqui de denominar todas as conotações que ressoam na "compreensão" da construção poética, mas sim de tornar a tal ponto visível a unidade de sentido que advém a esse texto enquanto uma unidade linguística que as conotações inabarcáveis que se articulam com ele encontrem o seu suporte de sentido. Em um poeta que cultivou tão elevadamente o estranhamento em relação ao falar natural, essa é constantemente uma atividade cheia de riscos que necessita do controle crítico. O presente comentário é dedicado a uma tentativa que conterá certamente muitos erros, mas que não pode ser dissolvida ou substituída por nada enquanto tarefa.[16]

O fato de justamente a série *Sopro de cristal*, uma série que foi outrora publicada separadamente e que introduz o volume *Mudança de ar*, ser tratada aqui não tem de início nenhuma outra razão senão o fato de eu acreditar ter compreendido esses poemas em alguma medida. Um antigo princípio hermenêutico, contudo, é o de que é preciso começar a interpretação de textos difíceis pelo ponto em que se possui uma primeira compreensão, parcialmente segura. Pode permanecer em aberto se a série *Sopro de cristal* representa além disso, como me parece, o ápice da arte celaniana e se é nessa medida mais do que mero acaso o fato de eu acreditar compreender justamente esses poemas porque eles não me deixam mergulhar tanto no indecifrável quanto alguns de seus poemas posteriores.

Estou consciente de que o mundo de Paul Celan possui origens que se distanciam muito do mundo tradicional no qual eu mesmo – como a maoria de seus leitores – cresci. Falta-me o conhecimento original da mística judaica, do chassidismo (que mesmo Celan só conhecia a partir de Buber), e, antes de tudo, dos costumes populares judaico-orientais que formavam para Celan a base óbvia, a partir da qual ele falava. Falta-me também o conhecimento espantosamente pormenorizado da natureza e com frequência ficaria no fundo grato se alguém prestasse alguns esclarecimentos em uma direção ou outra. Mas um tal esclarecimento também teria o seu elemento duvidoso. Recairíamos em uma certa zona de perigo: poderia acontecer de as pessoas oferecerem informações que o próprio poeta talvez não possuísse. Celan advertiu-nos vez por outra ante uma tal febre de saber. Mesmo quando conhecimentos ou quiçá informações oriundas do próprio poeta nos auxiliam, é junto ao próprio poema que se decide por fim a legitimidade de tais auxílios. O auxílio pode ser "falso" – e ele é "falso" quando a poesia não o resgata completamente. Naturalmente, todo poeta exige uma certa imersão, e, assim, a linguagem do poeta também não pode ser aqui retirada do contexto de sua obra. Talvez os estágios prévios conservados dos poemas celanianos venham a nos auxiliar um pouco mais – mesmo que esse auxílio não seja nenhum auxílio inequívoco, como o exemplo de Hölderlin nos ensinou. No final das contas, parece-me saudável assumir o princípio de não consi-

---

16. As observações seguintes referem-se às contribuições na coletânea organizada por Dietlind Meinecke (*Über Paul Celan*. Frankfurt, 1970, edição ampliada, 1973). A rica pesquisa posterior traz certamente consigo muitas coisas dignas de conhecimento. No entanto, ela precisa se submeter ao critério que um leitor possui ao buscar a unidade de sentido dos poemas que ele lê.

derar a poesia como um criptograma erudito para eruditos, mas como algo determinado para os membros de um mundo que encontra seu elemento comum por meio da comunidade da linguagem, um mundo no qual, tanto quanto seus leitores e ouvintes, o poeta está em casa. Se e quando o poeta consegue configurar construções linguísticas que se mostram como autônomas, também deve ser possível para o ouvido poético elevar a uma certa clareza o elemento válido independentemente de um tal saber particular e para além dele, e, com isso, aproximar-se da precisão que é o segredo aberto dessa poesia críptica.

Com certeza, o procedimento da compreensão de um poema não se transcorre em um único plano. Em verdade, ele se apresenta inicialmente apenas em um único plano: o plano das palavras. Por isso, compreender as palavras é o que vem em primeiríssimo lugar. Além disso, todo aquele que não conhece a língua em questão está excluído, e, na medida em que as palavras de um poema se mostram como a unidade de uma fala, de uma respiração, de uma voz, não são tampouco de maneira alguma apenas as palavras particulares que precisam ser compreendidas. Ao contrário, a significação exata de uma palavra só é fixada por meio da unidade de uma figura de sentido que é formada pela fala. Essa unidade, que a figura significativa de uma fala poética possui, pode ser uma unidade extremamente obscura, tensa, fissurada, rompida e quebradiça – a polivalência das palavras fixa-se na realização do sentido da fala e faz com que uma significação se estenda ao máximo, enquanto as outras apenas repercutem. Assim, a inequivocidade que é própria a toda exposição dotada de necessidade também é própria à *poésie pure*[17]. Isso deveria ser óbvio, e me parece completamente equivocado negar que nem toda palavra precisa ser primeiro apreendida na concreção exata de sua significação na fala e que não podemos saltar por sobre esse primeiríssimo plano da compreensão. Não há como considerar e averiguar de maneira suficientemente exata aquilo que a fala "inicialmente" diz, se a precisão própria àquilo que é dito e que transforma a fala em um poema não for concretizada nesse primeiro âmbito das palavras, no âmbito de sua função significativa e designativa e no âmbito da unidade da fala que ela forma. Em verdade, não podemos nos manter de maneira alguma nesse plano, pois diversos planos já sempre se interpenetraram. É isso que torna a tarefa da compreensão tão difícil.

Mas o que significa aqui efetivamente "compreender"? Há muitas formas de "compreender" que conseguem se realizar em uma certa independência mútua. Todavia, já sempre se acentuou na teoria hermenêutica mais antiga o entrecruzamento recíproco dos diversos tipos de interpretação; e isso mesmo quando as pessoas, tal como F. A. Boeckh em sua doutrina do

---

17. Em francês no original: poesia pura. (N. do T.)

método da interpretação, se esforçaram por manter agudamente cindidos uns dos outros os diversos métodos de interpretação. Particularmente em relação à doutrina mais antiga sobre o quádruplo sentido da escrita, é válido dizer que ela é apenas uma descrição das dimensões do compreender. O que significa em Celan o *"sensus allegoricus"*?[18] Como se sabe, Celan não quis tomar conhecimento do fato de haver metáforas em sua obra. Se compreendermos as metáforas como partes discursivas e como meios discursivos que se destacam daquilo que foi propriamente dito ou que se articulam com ele, então compreenderemos plenamente a sua posição defensiva. Onde tudo se mostra como metáfora, não há metáfora alguma. Quando o teor puro e exato da palavra não tem em vista aquilo de que se fala aí como algo "positivo" no sentido hegeliano, como um mundo previamente dado de sentido e de forma, mas tem em vista em uma coisa a outra, no dito de maneira alguma o próprio dito e no "de maneira alguma o próprio dito" apesar de tudo nada diverso, não se distinguem apenas os diferentes planos do dizer, mas também se os reúnem justamente em sua diversidade. Aí não há nenhuma alegoria. Tudo é aí aquilo que ele mesmo é.

A palavra poética é "ela mesma" no sentido de que não se apresenta aí nada diverso, previamente dado, pelo qual ela pudesse se medir – e, no entanto, não há nenhuma palavra que também não seja além dela mesma – ou seja: além de sua significação multifacetada e além daquilo que é denominado com essa significação em seus diversos planos – o seu próprio ter-sido-dito. Mas isso significa que ela é reposta. A resposta inclui e conclui perguntas, isto é, o dito não provém apenas de si mesmo, ainda que não se possa apresentar nada além de sua realidade linguística.

Isso não altera nada quanto ao caráter inconcebivelmente obrigatório de um poema, quanto ao fato de ele estar assentado em si mesmo, de nenhuma de suas palavras se encontrar de tal modo em nome de algo diverso que uma outra palavra também pudesse se apresentar para esse algo. "A linguagem que se mostra para mim como a linguagem propriamente dita é aquela na qual a palavra e a coisa coincidem" (G. Eich). Todavia, a unicidade do modo de seu ter-sido-dito sempre implica ainda uma outra coisa. Mesmo o poema possui – tal como cada palavra de um diálogo – o caráter da contrapalavra, que permite que escutemos concomitantemente aquilo que precisamente não foi dito, mas que é pressuposto como expectativa de sentido, sim, que é desperto pelo poema – talvez apenas para ser quebrado enquanto expectativa. Isso parece ser digno de nota particularmente no caso da lírica de hoje, no caso de uma lírica tal como a de Celan. Não se trata aqui de uma lírica barroca que mantém os seus enunciados no interior de um quadro referencial uniforme e que possui em termos mitológicos, iconográficos e se-

---

18. Em latim no original: senso alegórico. (N. do T.)

mânticos um dado prévio comum. As decisões vocabulares de Celan lançam-se ousadamente em um feixe de conotações linguísticas, cuja sintaxe velada não pode ser aprendida em nenhum outro lugar senão a partir do próprio poema. É isso que prescreve o caminho da interpretação: não somos remetidos pelo texto para um mundo de sentido familiar em sua coerência. Fragmentos de sentido são como que cunhados um no outro, e não se pode percorrer o caminho da transposição de um plano do ter sido visado pura e simplesmente para um segundo plano daquilo que foi propriamente dito – de uma maneira difícil de ser descrita, aquilo que foi propriamente dito continua sendo sempre a mesma coisa que o discurso tinha em vista. Aquilo que acontece na compreensão não é tanto uma transposição quanto a atualização constante da transponibilidade, isto é, a suspensão de toda a "positividade" daquele primeiro plano que se "suspende" e conserva por meio daí justamente no sentido positivo.

Esse ponto é totalmente decisivo para a interpretação de Celan – e não apenas para ela. Pois a partir daí se define o valor conjuntural extremamente contestado das informações que não provêm do próprio poema, mas que podem ser conquistadas a partir de relatos do poeta e de seus amigos e que dizem respeito ao ensejo "biográfico", ao motivo biograficamente localizável ou à situação concreta e determinada de um poema. Sabe-se efetivamente a partir de um relato do próprio Celan em seu discurso relativo ao recebimento do prêmio Büchner que, precisamente em oposição ao conceito de arte de Mallarmé e de seus discípulos, é característico de Celan o fato de sua poesia ser uma espécie de criação e de descoberta da palavra, uma criação e uma descoberta que emergem a cada vez como uma confissão a partir de uma situação de vida precisa. Isso não é certamente apreensível em todas as suas determinações particulares a partir do texto do poema. Tomemos um poema como "Flor", que pode ser visualizado nesse ínterim em seus níveis textuais por meio de um trabalho de Rolf Bücher.

Lembremo-nos da versão definitiva do poema:

Flor

A pedra.
A pedra no ar, à qual sigo.
Teu olho, tão cego quanto a pedra.

Nós éramos
mãos,
nós esvaziamos as trevas, nós encontramos
a palavra que trouxe à tona o sol:
flor.

Flor – uma palavra cega.
teu olho e meu olho:
eles cuidam
da água.

Crescimento.
Uma parede do coração após a outra
folheia.

Mais uma palavra como essa e os martelos
vibrarão livremente.

 Não passa de um vão desvario imaginar que se estaria em condições de desvendar nesse poema o fato de se tratar aí do pequeno filho de Celan que adquiriu um dia a palavra "flor" enquanto palavra e como uma promessa. Não há naturalmente nenhuma dúvida de que a história de um crescimento e de uma abertura está articulada nesse poema com a palavra "flor" – e não apenas como em Hölderlin com a flor da palavra que visa enquanto palavra à "linguagem". Mas é preciso ter conhecimento do fato de serem o pai e o filho que crescem aqui um para o outro. Ou melhor não – isso é o que não precisamos saber: dentre as consequências dos planos de transposição desse poema está justamente o fato de a particularidade determinada da ocasião passar por fim para o elemento universal determinado que se encontra totalmente à disposição de qualquer homem nessas linhas. Crescer um para o outro é algo que pode ter lugar em constelações muito diversas: na espiritualidade de uma recordação que desperta o morto para a vida, na atualidade de um encontro amoroso que leva o olhar morto, que só ardia de maneira fugidia como um meteoro, à florescência reluzente, na relação entre pedra, estrela e flor ou mesmo na doação crescente entre pai e filho que, ao que parece, o poeta "tinha em vista", por assim dizer como o despertar da criança de sua existência mineral, na qual o olho ainda é como a pedra, para o interior do olhar, da troca de olhares e do mundo crescente da palavra. Quem ousaria dizer que só seria possível encontrar nesse poema esse último elemento e nada além disso?!? Sim, mais ainda: será que quem "sabe" aquilo em que o poeta pensou também já sabe por isso o que o poema diz? Talvez esse possa até mesmo sentir como um privilégio pensar somente no que é "correto" e em nada além disso – segundo a minha convicção, porém, ele estaria preso ao mais terrível equívoco, um equívoco que o próprio Celan com certeza teria sido o último a apoiar. Ele insistiu no fato de um poema estar estabelecido em sua própria existência e ter se desprendido de seu criador. Quem não compreende mais do que aquilo que o poeta pode dizer mesmo sem realizar a atividade poética não compreende o suficiente.

 Não há dúvida de que tais informações que chegam de fora também são frequentemente deliciosas. Elas protegem contra perder completamente de vista o correto, quando nós mesmos tentamos levar a termo a interpretação. Ao menos em um primeiro plano, elas facilitam a compreensão correta de todas as coisas, isto é, elas propiciam uma compreensão com uma coerência uniforme. Mas os poemas de Celan não são compreendidos como poemas enquanto permanecemos apenas em um plano ou em outro. Conta-se que Celan disse certa vez que não há nenhuma ruptura em seus poemas, mas antes diversos começos possíveis. Ele tem em vista com isso evidentemente que o mesmo poema poderia ser realizado de maneira coerente e precisa em diversas transposições. Assim, o poema "Flor" parece-me realizável em planos diversos. Pensemos, por exemplo, na questão que formulei a partir do ensejo da série de poemas *Sopro de cristal*: quem sou eu e quem és tu? – Quem se disporia a respondê-la? Preciso insistir: a figura desse tu é ela mesma e não esse ou aquele, um homem adorado, um outro ou o totalmente outro.

O que tentamos empreender aqui, ou seja, interpretar sem nenhuma informação de um tipo particular um ciclo de poemas de Celan, permanece certamente algo arriscado. No entanto, repito a locução "de um tipo particular", pois a massa de informações que todo leitor traz consigo já é em si em muitos aspectos "particularizada". Um leitor vivenciou algo que o outro só conhece por livros. Um leitor conhece, por exemplo, o leste teuto-eslavo ou quiçá o culto judaico ou mesmo a mística cabalística, o outro talvez precise se orientar nesse campo pelo léxico ou por uma leitura penosa. O mesmo vale para a relação da palavra e da contrapalavra com o já dito. Um leitor tem George e Rilke tão no ouvido quanto talvez o poeta – o outro não. Um leitor conhece uma das expressões técnicas utilizadas pelo poeta a partir de sua própria terminologia, o outro precisa se esforçar enormemente para tomar conhecimento delas. Tais particularizações estão constantemente em jogo. Nessa medida, a particularização peculiar que é representada pela informação privada dada pelo poeta não é de maneira alguma tão particular assim. Não há em leitor algum uma compreensão sem particularizações, e só há de qualquer modo compreensão em cada leitor quando a particularização da ocasião é suspensa na universalidade da ocasionalidade. Isso quer dizer: não é o dado determinado único que se pode conhecer como testemunho ou como algo ensinado diretamente pelo poeta que ganha voz no poema, mas as coisas se dão antes de tal modo que cada leitor consegue penetrar no que é evocado pelo gesto linguístico como em uma mensagem. Aquilo que cada leitor consegue perceber no poema precisa ser preenchido por ele a partir de sua própria experiência. Somente isso significa: compreender um poema.

Mas se vemos, por exemplo, no caso do poeta acima citado "Flor", quão elucidativos são os níveis textuais que conhecemos desse poema a partir da obra póstuma de Celan, não precisamos conhecer por toda parte esses níveis textuais para nos controlarmos e não ousarmos algo inadmissível quando tentamos "compreender" por conta própria? Estou longe de menosprezar o auxílio de tais níveis textuais[19]. Não obstante, mesmo a sua utilização correta pressupõe uma conceptualidade prévia, uma compreensão prévia e uma meditação sobre o próprio texto que o coloque seriamente à prova. Além disso, é preciso conceder a todo poeta a liberdade de não ter percorrido de maneira consequente os seus níveis textuais. O valor interpretativo dos níveis textuais precisa ser satisfeito no texto pronto. Um interesse pelos níveis textuais enquanto tais pode ser justificado historicamente, mas esse não é nenhum caminho interpretativo para o poema pronto. A imagem que nos é oferecida pela amostra comunicada dos níveis textuais do poema "Flor" torna visível a evolução do poema como a evolução de uma condensação, de um encurtamento e de um alijamento cada vez mais amplamente empreendidos. Isso lembra-nos de Mallarmé, que disse certa vez que a tarefa principal junto ao real poema consistia em deixar de fora e riscar no começo e no final de cada pensamento tanto quanto possível, a fim de preparar para o leitor o prazer de poder encontrar ele mesmo o complemento do todo. Não considero essa afirmação nenhuma autodescrição correta do modo mallermésiano de poetar e não estou de maneira alguma inclinado a reconhecer aos poetas um privilégio quanto à autointerpretação. Pois não se trata manifestamente tanto de alijar quanto de comprimir. Mesmo os níveis textuais de "Flor" não mostram meros alijamentos, mas também intensificação e lastreamento. As coisas dão-se como se a desvinculação das palavras e dos componentes frasais carregasse a potência das partes da fala, de modo que elas dizem mais, que elas irradiam para mais direções do que elas conseguiriam em meio a ligações sintáticas fixas. Portanto, o que é correto na observação de Mallarmé sobre o "deixar de fora" é o fato de um poema, em virtude de sua própria condensação linguística, conseguir se completar e de, por meio de sua construção poética e de sua condução temática, alcançar mais para a compreensão do que parece estar enunciado em suas meras palavras. Aquilo que distingue um bom poema de um truque de magia extremamente enigmático é o fato de sermos tanto mais convencidos de sua exatidão quanto mais profundamente penetramos em sua estrutura e na técnica de sua produção efetiva. Quanto mais exatamente se compreende, tanto mais multirrelacional e rica em significações se torna a criação poética. Nesse ponto, a análise estruturalista observou algo correto. Todavia, na medida em que se restringiu à configuração sonora, ela deixou de intermediar a "estrutura" apresentada na armação tensa de sentido e som com a unificação homogênea de sentido do texto. Há aí com certeza tarefas que exigem uma extrema sensibilidade da escuta e ao mesmo tempo toda a agudeza da compreensão.

---

19. Graças à ajuda de Beda Allemann, pude expor os modos de leitura objetivamente importantes de *Sopro de cristal* na edição revisada de "Quem sou eu e quem és tu?" (Biblioteca Suhrkamp, vol. 352, Frankfurt, 1986). Para o leitor interessado, faço referência a pp. 142-150.

A coisa torna-se muito mais difícil quando a base textual do texto pronto, tal como ela é oferecida na versão impressa, se mostra como falsa. De modo fatal, esse é precisamente o caso em um dos poemas da série por mim escolhida (p. 426). Na revisão de minha edição privada de *Sopro de cristal* descobri repentinamente que, no segundo verso do terceiro poema, não se encontram "ácidos celestes", mas "moedas celestes"; e as pessoas confirmaram para mim que a configuração conhecida do texto feita pelo próprio Celan reconheceu essa alteração como um erro de transmissão que se inseriu nas impressões posteriores e só mais tarde foi reconhecido e corrigido por ele – aliás, sem exasperação. O dado textual falso submete o intérprete naturalmente a falsas ilações. Assim aconteceu comigo e precisei buscar novamente as ilações corretas sobre a nova base. Seguramente um fato interessante que mostra como as coisas se encontram em relação ao grau de certeza da coerência precisa que se pensa ter encontrado. Não obstante, seria de perguntar até que ponto a compreensão conjunta do poema é modificada por algo desse gênero. Poder-se-á dizer com certeza de modo geral que a estrutura da coerência de um poema é suportada por muitos esteios e que a estrutura como um todo não cai completamente por terra por meio da troca de esteios particulares. Em todo caso, o risco de tais inseguranças com relação à base textual parece-me ainda inofensivo em comparação com o risco de ter de suportar toda interpretação enquanto tal. E, contudo, isso tampouco é uma objeção para não tentar fazer o possível. Os poemas estão aí. Em meio à tentativa de compreender os poemas, as pessoas não ficam esperando pela edição crítica e pelos resultados da "pesquisa", mas procuram completar a compreensão "parcial" sobre a qual repousa a força de atração dos poemas para todo e qualquer leitor.

Uma outra contenda, semelhantemente elucidativa em termos hermenêuticos, surgiu no ciclo por mim selcionado (p. 460). Temos aí a expressão "meu poema" [*Meingedicht*]. Leitores muito sérios compreenderam-na como se ela designasse o poema que permanece inserido no elemento meramente meu e que, nessa medida, persistiria como privado. De fato, também vem à tona nessa suposição uma coerência de sentido insigne e não muito diversa da "correta". Em seguida, porém, ouço que o próprio Celan rejeitou essa falsa interpretação de "meu poema", uma falsa interpretação que ela sem dúvida alguma é. Mas suponhamos que ele tenha aceitado expressamente aquela outra interpretação que também seria bem "possível". Sua voz teria dado então o tom decisivo? Penso que não. Pois podemos denominar as razões pelas quais "meu poema" (*Meingedicht*) precisa ser aqui compreendido enquanto um "falso testemunho", como perjúrio [*Meineid*][20]. O poema con-

---

20. Há uma clara proximidade sonora entre os termos *Meingedicht* [meu poema] e *Meineid* em alemão. Gadamer utiliza-se dessa proximidade para defender a transposição semântica de "meu poema" para "perjúrio". (N. do T.)

quista por meio daí um grau de coerência superior, uma precisão mais elevada. "Meu poema" contrasta nesse caso da maneira mais exata possível com o "irrevogável testemunho", com o qual o poema termina. Naturalmente não me surpreendi por Celan ter compreendido corretamente seu poema. A questão é que nem todos os casos são tão claros. Além disso, eles não são com frequência tão claros precisamente quando, de maneira similar à que se dá aqui, nenhuma perturbação séria da coerência do todo entra em cena por meio da "compreensão" falsa, mas quando muito uma diminuição da precisão. Podemos pensar inteiramente em um caso no qual o poeta não compreende a si mesmo corretamente, ou seja, um caso no qual ele segue uma interpretação – sugerida seja pelos outros, seja por ele mesmo – que é similarmente possível e que, contudo, é tão evidentemente incorreta quanto a falsa interpretação de "meu poema". Quando isso acontece, o texto mantém por fim a razão contra o poeta. Isso não é de maneira alguma tão monstruoso quanto pode soar. Pensemos, por exemplo, no célebre erro do velho Goethe, que não era de modo algum tão terrivelmente velho assim, ao tomar o seu poema "Prometeu" como um pedaço de seu drama fragmentário *Prometeu*[21]. Na medida em que não conhecia aqui nenhuma informação privada sobre o ciclo interpretado de Celan, essa ponderação permanece nesse instante puramente teórica. Mas ela deixa com certeza claro em que sentido um poema é destacado de seu criador – a tal ponto que seu criador pode permanecer aquém dele, sim, a tal ponto que ele talvez precise ficar aquém dele. "Minha palavra não é mais minha."

Nós lemos a partir da obra póstuma de Peter Szondi o seu trabalho sobre o poema "Tom da neve" que alude ao assassinato de Karl Liebknecht e de Rosa Luxemburgo[22]. Aqui, Szondi relata detalhes biográficos incomparavelmente exatos que "descortinam o poema" e protesta ao mesmo tempo contra todo recurso a esse material real de vivências: "Nada, porém, seria uma maior traição ao poema e a seu autor." Em seguida, Szondi procura reconstruir a lógica do poema. Infelizmente não permaneceu dele para nós senão esse fragmento inacabado.

Não obstante, ele formula as questões acentuadamente e convida por meio daí a um prosseguimento, a uma conversa com ele – mesmo agora. Quando ele cita Jakobson e – com razão – contrapõe uma espécie "de imiscuição preparada pelo material linguístico" à sucessão dos enunciados proposicionais, ele não pode se abster ao mesmo tempo dessa sucessão e de sua petição de sentido. Mas até que ponto o resgate dessa petição é independente das informações?

---

21. Quanto à problemática mais profunda que se encontra por detrás dessa autointerpretação, ver "Do curso espiritual do homem", neste volume, pp. 353 s.

22. Peter Szondi, *Celan-Studien* [Estudos sobre Celan]. Frankfurt, 1972, pp. 113 ss. Reimpresso in: *Schriften II*. Frankfurt, 1978, pp. 215 ss.

Talvez não se careça de informações particulares tais como as que Szondi possuía e que ele nos relatou. No entanto, até que ponto alcançam as possibilidades de compreensão sem essas informações? Em primeiríssimo lugar, é preciso ter clareza quanto ao seguinte: nenhum leitor está totalmente sem informações. O ponto zero fictício da ausência de informações ou mesmo a acessibilidade geral das informações não é nenhum critério significativo para o poema e seu leitor – e isso evidentemente do mesmo modo que o conhecimento biográfico especial de Szondi. Portanto, quanto se precisa saber? Formulemos questões concretas ao poema de Celan:

Tu te encontras em grande espreita,
envolvido por arbustos e por flocos.

Vá ao Spree, vá ao Havel,
vá aos ganchos de carne,
vá às vermelhas hastes de maçãs
da Suécia –

Chega a mesa com os presentes,
ela dobra em um Eden –

O homem tornou-se peneira, a mulher
precisou nadar, a porca,
por si, por ninguém, por cada um –

O canal de defesa não marulhará.
Nada
    se interrompe.

É fácil reconhecer pelos rios Spree e Havel que se trata aqui de Berlin. Quem conhece Berlin também sabe que há em Berlin o canal de defesa, ou quem não o sabe pode constatar esse fato com facilidade. Só muito dificilmente um meio de informação genérico como a expressão-chave "canal de defesa" designará aquele terrível assassinato político que aconteceu em janeiro de 1919. Como é que um leitor consegue ir além? Temos aí a palavra provocadora "a porca". Nesse caso, a conexão com o canal de defesa torna o acontecimento inequívoco: o assassinato; a partir daí, fica igualmente claro o que significa dizer que o homem se tornou peneira. Um homem e uma mulher foram atingidos por tiros e a mulher foi jogada ao canal. O fato de "a porca" ter em vista uma judia não possui verdadeiramente o caráter de uma citação (tão pouco quanto a "peneira", apesar de Celan ter encontrado os dois termos no relato policial); e isso por mais fervorosamente que jovens filólogos de hoje talvez sejam dessa opinião. Ao contrário, esse é um palavrão – ao menos para leitores mais velhos – e ele é compreendido imediatamente em uma aplicação antissemita. Em todo caso, o termo é visado por Celan como um termo compreensível – e não como uma referência literária. Isso basta. Quem não sabe mais do que isso continuará sempre compreendendo pouco demais. Por mais que a crueza e o ódio dos assassinos sejam reconhecíveis nas palavras – é preciso saber ou buscar como algo que se precisa saber a resposta à pergunta sobre para quem elas se destinam. É para isso que somos diretamente requisitados. Pois é completamente claro e é mesmo acentuado pela conclusão "o canal de defesa não marulhará" que precisa se tratar aí de um acontecimento único e terrível. Mas como ir além?

O que se experimenta ainda a partir do próprio poema? "Envolvido por arbusto" e "por flocos" são expressões que se ligam certamente com o inverno em Berlin – mas certamente não com a vista da janela que Celan tinha da cama em sua visita à cidade. Antes se compreenderá em arbusto e em flocos a ideia de proteção ("envolvido por arbusto e por flocos") e uma tranquilidade sossegada voltada para o interior (por isso: "em grande espreita").

E escutar-se-á a atmosfera pré-natalina em "chega a mesa com os presentes"? Dificilmente. Compreender-se-á de maneira mais genérica. Não obstante, de tal modo que essa expressão contenha contraste e contradição com o elemento repulsivo que é evocado em seguida. A isso auxilia antes de tudo a ousada locução: "ela dobra em um Eden". Quem? A mesa? A alegria adventícia? Uma vez mais, antes de se ter conquistado a ligação concreta por meio de outras informações, não se poderá ligar essa expressão nem com o antigo, nem com o novo hotel Eden. Todavia, o prosseguimento de "ela dobra em um Eden" torna possível perceber em todo caso a contradição amarga com uma rica mesa de presentes. Qualquer que seja o Eden – a própria festa cheia de presentes? –, ele não é a meta dessa viagem ou desses presentes vindouros. "Dobrar em um Eden" designa um caminho que conduz para além da felicidade e não em direção a ela. O que se encontra no poema é isso e não o passeio de automóvel do poeta que passa ao largo do hotel Eden.

Com isso, a tensão de contraste ascende e se transforma em elemento determinante do poema. Mas será que também poderemos auscultar essa tensão nos versos precedentes (assim como as pessoas informadas por Szondi o fazem)? Com certeza, "ganchos de carne" e "vermelhas hastes de maçãs da Suécia" encontram-se em todo caso em contraste. O vermelho, que vem à tona com maçãs e – talvez se descubra isso – com a sua exposição em uma haste, acha-se em contraste com "ganchos de carne". Mas ainda não se chega a partir daí às descrições das câmaras de horrores do Plötzensee[23] junto ao

---

23. Local onde eram cumpridas as execuções de criminosos desde 1890. O presídio foi usado também pelo regime nacional-socialista durante a Segunda Guerra Mundial. Quase 3 mil pessoas morreram depois de serem julgadas por tribunais nazistas. O presídio tornou-se hoje um memorial em lembrança das vítimas. (N. do T.)

Havel. Será que se chegará efetivamente a descobrir isso? Tal como se experimenta a partir do relato de Szondi, o próprio poeta foi até o "Havel" e até os ganchos de carne do Plötzensee. Mas nós estamos de acordo: não se deve empregar isso como um fato biográfico. Isso é confirmado pela forma imperativa "Vá". Exige-se de cada um de nós que veja tudo isso. Mas o que é propriamente que se deve ver aí – sabe-se isso? Tudo não é compreensível no poema, sem que saibamos algo sobre o Plötzensee, sobre Leibknecht e Rosa Luxemburgo?

Realmente?

Nós estávamos de acordo quanto ao fato de que a tosca cena de assassinato descrita ao final remete o leitor a um acontecimento único e quanto ao fato de que quem não desvenda aquilo que se tem em vista aqui com base no saber e na informação não sabe o suficiente justamente no sentido do poema. O poema quer que se saiba disso. Ele o quer a tal ponto que os últimos dois versos, as últimas duas palavras do poema, "nada" e "interrompe-se", congregam uma vez mais de tal modo a terrível tensão que domina o poema que ela explode todos os limites. Depois daquilo que veio antes, "nada se interrompe" precisa ser ouvido em um primeiro momento da seguinte forma: tudo continua seguindo o seu curso tal como o calmo fluir do canal de defesa. Ninguém se detém sobre essa monstruosidade. – Mas então pressentem-se de uma vez a quebra entre as linhas e a dinâmica autônoma que o "se interrompe" conquista a partir daí. Tem-se em vista por fim que o nada-senão-seguir-em-frente em face da monstruosidade se interrompe – ou deveria se interromper? A conclusão não tem em vista que não deveria ser assim, que tudo não deveria continuar prosseguindo desse modo?

Mas então o poeta manifestou-se verdadeiramente – não como esse indivíduo casual que se esgueirou até a noite invernal de Berlin e foi envolvido pelas impressões do dia: pelo Plötzensee e pelo mercado de Natal festivo da Berlin atual, pela leitura do relato sobre o assassinato de Liebknecht e Rosa Luxemburgo, pela lembrança de um outro hotel evocada pelo hotel Eden e pelo seu testemunho do horror. A sequência do imperativo: "Vá ao Spree, vá ao Havel, vá aos ganchos de carne" não é apenas uma exortação a cada um de nós para ver e saber tudo isso. Trata-se mais ainda de uma exortação para que nos conscientizemos de quão contraditoriamente essas coisas se apresentam aí: o Spree e o lago Havel habitado fantasmagoricamente pelas atrocidades, os ganchos de carne do horror e a alegria colorida com os natais, com o hotel de luxo no lugar de uma tragédia – tudo isso existe simultaneamente. Tudo isso existe, horror e alegria, Eden e Eden. Nada se interrompe – realmente nada? Aqui me parece residir a resposta para a pergunta colocada com bravura por Szondi.

Não se precisa saber de nada privado e efêmero. Se o sabemos, é preciso até mesmo afastar o pensamento dessas coisas e só pensar naquilo que o poema sabe. Mas o poema quer, por sua vez, que se saiba, experimente e aprenda tudo isso que ele sabe – e que nunca se esqueça a partir de então tudo isso.

Portanto, no que diz respeito à questão do conteúdo informativo, dever-se-ia fixar de maneira fundamental o seguinte: a tensão entre uma informação particular e uma informação que se pode retirar do próprio poema não é apenas, como mostramos acima, uma tensão relativa. Ela também é seguramente uma tensão variável, na medida em que essa tensão se atenua cada vez mais no curso da história dos efeitos de uma obra. Muita coisa torna-se por fim obviamente conhecida, de modo que cada um passa a sabê-lo. Pensemos, por exemplo, no ensejo das *Sesenheimer Friederike-Lieder* de Goethe. Mas também ainda em outra coisa. Talvez alguns poemas de Celan só se desvelem para nós se novas informações afluírem até nós, por exemplo, a partir dos níveis textuais da obra póstuma, a partir dos conhecimentos dos amigos, a partir das descobertas de uma pesquisa direcionada. Nós ainda estamos nesse caso no começo de um caminho, sobre o qual um poeta também já tinha precedido o seu leitor, fornecendo uma elucidação. Pensemos no soneto de Rilke "Matar é uma figura de nosso luto viandante"[24]. Um poeta insere-se cada vez mais na consciência comum do leitor, quanto mais o seu próprio tom canta em nossos ouvidos e o seu mundo transforma-se em nosso mundo. Isso é completamente possível e, no caso de Celan, até mesmo de esperar. Mas isso não nos permite dar o segundo passo antes do primeiro, e o primeiro passo continua sendo querer compreender aquilo que nos interpela aí.

Também há aí uma outra motivação, e essa é a motivação que se encontra aqui presente: aquilo que cada um deveria saber é requisitado de tal modo pelo poema apresentado por Szondi que por fim todo leitor acaba por sabê-lo. Por meio de seu poema, o poeta instaura lembrança.

Não é contraditório se deixamos – em um caso – diversas interpretações possíveis que ressoam no gesto linguístico do poema viger uma ao lado da outra e se achamos – em outro caso – uma interpretação mais precisa, e, por isso, precisamos tomá-la pela interpretação correta. Trata-se aí de coisas diversas, do processo de aproximação em direção ao "elemento correto", ao qual toda interpretação aspira, e da convergência e equivalência entre planos de compreensão que são todos "corretos". A precisão de uma compreensão autobiográfica enquanto tal, por exemplo, não é maior do que a precisão de uma compreensão mais intensamente descolada e abstrata. Pois a determinação particular mais rica, que aflui ao leitor a partir de relatos autobiográficos privados ou exegéticos privados, não intensifica enquanto tal a precisão do poema. Precisão significa medição incisiva a partir de algo que serve para

---

24. *Sonetos a Orfeu*, 2. Parte, XI.

medir. É esse último que fornece o critério para a medição, e está fora de questão o fato de o plano do poema, sobre o qual o poeta faz relatos privados, não ser o plano no qual o próprio poema é estabelecido como critério de medida. Assim, um leitor dotado de tais informações pode reconhecê-las de uma maneira precisa no poema. Mas isso não se confunde com a compreensão do poema, nem tampouco precisa conduzir a essa compreensão. A precisão na compreensão do poema, uma precisão que o leitor ideal não alcança senão a partir do próprio poema e dos conhecimentos que ele possui, é com toda certeza o critério de medida propriamente dito. Somente se o modo de compreensão ilustrado de modo autobiográfico resgata plenamente essa precisão, os diversos planos da compreensão podem estar aí uns com os outros; era isso que Szondi tinha em vista com razão. Somente esse critério de medida protege de uma traição marcada pelo elemento privado.

Também me parece totalmente equivocado achar que precisaríamos ou poderíamos nos subtrair à exigência de precisão de uma tal compreensão porque a ciência não nos sustentaria nesse âmbito ou porque recairíamos apenas em impressões facultativas. É correto dizer que impressões não são em lugar algum interpretações e que elas representam o desconcerto de toda interpretação. É preciso admitir que a sintaxe das conotações que estão concomitantemente em jogo aqui só se anunciam com frequência em vagas associações e que frequentemente não se alcança uma concretização precisa. Todavia, isso não é melhor junto às assim chamadas ajudas científicas, por exemplo, junto à comparação ou à adução de paralelos. Há fracassos junto a todo e qualquer modo de interpretação. A fonte comum de cada fracasso poderia ser o fato de se dissimular o poema por meio do fato de se buscar compreendê-lo a partir de uma outra impressão ou até mesmo por meio de sua própria impressão subjetiva. Sua requisição por ser compreensão é híbrida, quer essa seja a requisição fundada sobre uma impressão subjetiva, quer a requisição fundada sobre uma informação privada. Mesmo essa última requisição permanece suficientemente perigosa quando ela é tomada como um valor pleno. A admissão da não compreensão é ante a obra de Celan na maioria dos casos um mandamento da honestidade científica.

Não devemos nos deixar assustar assim pelo fracasso, mas precisamos tentar dizer como compreendemos – com o risco de que se compreenda mal às vezes e de que se fique às vezes preso ao caráter vago de impressões que nos desautorizam. Somente desse modo se dá a chance de que outros tenham um ganho nisso. Um tal ganho não consiste tanto no fato de a unilateralidade da própria tentativa ter provocado uma contraunilateralidade, mas muito mais no fato de o espaço de ressonância do texto ter se expandido e enriquecido no todo.

A lógica das conotações possui o seu próprio rigor. Com certeza, ela não possui nada da unilateralidade de processos conclusivos ou de sistemas dedutivos, mas também nada do caráter arbitrário de associações privadas. Pressentimos a presença desse rigor quando a compreensão acontece plenamente. Tudo tenciona-se no texto, o grau de coerência cresce de maneira inabarcável, assim como a imperatividade geral da interpretação. Enquanto a totalidade de um dado texto não é completamente coberta por coerência, tudo ainda pode estar errado. No entanto, do mesmo modo que a unidade da fala como um todo é realizável, um certo critério para a correção é conquistado. Sem dúvida alguma, a coerência também é uma condição suprema na construção poética. Seguramente, aquilo que se mostra como a coerência de uma construção não depende de representações previamente concebidas de simetria ou de correção a regras e a exigência de coerência não possui de ponta a ponta uma rigorosa inequivocidade. Como mostramos acima, o texto pode se desdobrar em diversos planos de compreensão. Todos esses planos, porém, possuem a sua validade plena. Um poema manifestamente amoroso pode ser compreendido como uma comunhão metafísica, um tu como mulher ou como criança ou como Deus. Sim, a unidade de sentido fechada de um poema é mesmo tão rigorosa que ela quase não pode ser redefinida a partir de um contexto maior, tal como junto a unidades discursivas é o caso de que só do contexto resulta o seu verdadeiro sentido. Em verdade, junto a um poema, também podemos ter em vista o contexto maior que é representado por uma série de poemas e buscar aí uma coerência estendida de maneira mais ampla. Isso é muito conhecido a partir da hermenêutica e pode-se passar para o respectivo contexto maior: o contexto que é apresentado por um livro de poemas composto pelo autor; o contexto de uma obra conjunta ou ao menos o contexto de determinadas fases na atividade criadora do autor; o contexto mesmo de uma época. Tudo isso é correto e no mínimo desde Schleiermacher conhecido a partir da teoria do círculo hermenêutico, sobre o qual nossos teóricos da ciência de hoje se agitam de maneira tão bela. Não obstante, o conceito de coerência não padece por meio daí nenhum enfraquecimento de seu sentido.

    O rigor da exigência de coerência diminui nessa escala com grandes razões. Assim, é possível pressentir claramente, por exemplo, na série precedente como Celan a "compôs". Os poemas preparatórios, a condução ao tema central e a síntese do todo no final assemelham-se à estrutura de uma composição musical, e, no entanto, a meu ver, seria equivocado supervalorizar essa unidade. Ela está presente, mas apenas com base na construção particular em si subsistente dos poemas e apenas sob o modo de uma articulação livre e secundária em uma unidade. Isso vale com maior razão para a obra conjunta. Também essa obra é a voz de um homem, com certeza – inconfundível e única: um estilo que é passível de ser reconhecido mesmo nos imitadores – nesse caso, naturalmente de uma maneira constrangedora. Mesmo na pluralidade de suas formas, cores e motivos, o poeta possui uma paleta uniforme. E, contudo, tem-se uma coisa própria mesmo com os motivos. Se, como se conta, Celan disse certa vez em advertência às pessoas que falavam de "eu lírico" na interpretação de um de seus poemas: "Mas não é verdade, o eu lírico *desse* poema!", então também gostaria de reconhecer em verdade para toda a investigação de motivos, que eles podem aguçar os olhos de tal modo que se vê melhor o particular, por exemplo, quanto ao significado de "pedra" em Celan – mas não é verdade: a pedra *desse* poema. Ante a tarefa legítima de estudar o vocabulário poético de Celan enquanto tal, isso precisa ser constantemente lembrado.

Como acentuamos acima, as coisas são diferentes quando o poema se remete expressamente ao que foi dito antes. Isso pode formar um momento interpretativo importante, inconteste, e ele é patente de maneira exemplar junto a Celan em todas as citações expressas – por exemplo, de Hölderlin – ou em alusões literalmente caracterizadas – por exemplo, a Brecht. Agora, não podemos negar que também há constantemente alusões subconscientes de um tal tipo que podemos e devemos tornar conscientes com maior ou menor segurança. Os limites para a mera suposição e para as associações que permanecem privadas são naturalmente fluidos e a tarefa infinita. Por fim, é uma questão do tato, da maior virtude do intérprete correto, que a elaboração e a conscientização da sintaxe múltipla das conotações, às quais também pertencem efetivamente tais alusões, não esgarcem ou decomponham a figura de sentido e a unidade do movimento de transposição, que é representado pela compreensão.

Será que ainda precisa ser dito em conclusão quão estreitamente a requisição de cada interpretação se limita? Não pode haver absolutamente nenhuma interpretação que possua um caráter derradeiro. Cada um pretende ser apenas aproximação e não seria aquilo que pode ser, se ela mesma não assumisse o seu lugar na história de seus efeitos e não se voltasse com isso para o acontecimento do efeito da obra. Nenhuma interpretação deve certamente desprezar aquilo que a ciência consegue contribuir em termos de conhecimento prestimoso, mas ela seguramente também não se restringirá àquilo que é "reconhecido" dessa maneira e não poderá abdicar do risco propriamente dito da interpretação – e isso consiste em dizer como se compreende. Também não se poderá esperar por nenhum auxílio científico para a compreensão, se o esforço interpretativo e compreensivo não anteceder também à própria colocação científica das questões. A compreensão não se encontra apenas no fim da investigação científico-literária, mas também em seu começo e transpassa de maneira dominante o todo.

Naturalmente, toda interpretação precisa ser de tal modo que se ache empenhada em se reconquistar. Assim como o poema é algo dito de maneira única, um equilíbrio incomparável, intraduzível entre sentido e som, junto ao qual a leitura se estrutura, também a palavra interpretante é algo dito de maneira única. O seu vir a termo também não pode acontecer com sucesso sem que o ouvido interior "ouça" nesse caso cada palavra do texto interpretado e resgate sempre novamente o nosso copensamento e a nossa realização do movimento da linguagem do poema a partir de muitas coisas "inomináveis" que são acrescentadas pelo pensamento interpretante e que o "conceito levado em conta" (Kant) gostaria de apreender. A tentativa presente leva adiante em alguns giros o jogo entre imaginação e entendimento, tal como Kant descreveu a experiência estética (o juízo de gosto), na medida em que procura dizer o que compreende e mostrar, junto ao texto exato mesmo, que a interpretação não se liga a algo arbitrário, mas procura dizer de maneira tão exata quanto possível o que, tal como ela pensa, se encontra aí.

2. O que o leitor precisa saber?

Paul Celan era um *poeta doctus*. Apesar de ele ter possuído um conhecimento técnico incomum em muitas áreas, não desprezava o uso do léxico. Em todo caso, como sei por uma conversa pessoal, ele não se envergonhava de censurar intérpretes que compreendiam mal dizendo que eles poderiam ter simplesmente procurado no léxico. Não é certamente nenhum hábito genérico daquele que lê poesia trabalhar com o léxico. Com certeza, a verdadeira opinião do poeta era antes a de que se poderia e se deveria saber tudo aquilo que é necessário para a compreensão de seus poemas. Quando perguntado, como sabemos, ele dava com frequência uma única sugestão: não se deveria senão ler sempre uma vez mais os poemas – com isso, a compreensão acabaria por chegar.

Tinha seguido desde o princípio esse procedimento, ao me aprofundar no ciclo de poemas *Sopro de cristal*, e, no todo, não sem sucesso. Em inúmeros poemas de Celan, com certeza na maioria dos poemas de sua fase tardia, eu teria precisado naturalmente ampliar o meu conhecimento por meio de recursos eruditos. Isso vale para mim particularmente, quando se trata da tradição religiosa judaica e da mística da cabala, as quais conheço muito pouco. Em tais poemas encontra-se indicado às vezes por meio de elementos linguísticos hebraicos ou manifestamente teológico-judaicos aquilo que o ignorante tem de fazer. Mas mesmo no prosseguimento de *Sopro de cristal*, mesmo em *Mudança de ar*, foram necessários com certeza alguns complementos de meu conhecimento, por mais que eu pretendesse ir além com sucesso apenas por meio do primeiríssimo plano, do plano semântico. A vantagem particular de minha escolha pelo *Sopro de cristal* foi a de ter podido me orientar aí em alguma medida sem nenhum recurso à erudição. Eu não tinha nenhum léxico à mão. Eu estava em uma concavidade de areia nas dunas holandesas e pesava os versos para cá e para lá, "espreitando seriamente no vento úmido", até achar que os tinha compreendido. Uma questão completamente diversa é naturalmente saber até que ponto se pode apresentar um tal encontro com a poesia por meio de palavras interpretadoras e até que ponto a esgotamos aí. Quem tem ouvidos abertos e quem também não fecha os olhos e não deixa o pensamento dormir será sempre alcançado mais ou menos por um enunciado poético, ainda que ele não saiba explicitamente como se estrutura o enunciado em detalhe. É claro, porém, que o intérprete precisa se empenhar para penetrar no particular e para intermediar a sua compreensão instrutiva com as representações do leitor.

No fundo, acredito estar em ressonância plena com o poeta quanto ao fato de tudo se encontrar no texto e de todos os momentos biográfico-ocasionais serem reservados à esfera privada. Na medida em que não se encontram no texto, justamente por isso eles não lhe dizem respeito. Isso limita o valor de todas as informações que chegam de um outro lugar, por exemplo, o valor das informações que os amigos do poeta, aqueles para os quais ele contou algo, podem dar. Com certeza, uma tal informação pode corrigir no caso particular o erro que se cometeu na compreensão poética – seguramente um erro que deveria e poderia ter sido evitado. Se compreendemos mal o texto, essa má compreensão não foi nem o erro do poeta, nem tampouco seu intuito. Quem quer compreender corretamente um poema precisa em todo caso esquecer uma vez mais completamente o elemento privado e ocasional que se atém à informação. Isso não se encontra no texto. A única coisa que está em questão é compreender aquilo que o próprio texto diz, sem levar em conta nenhuma instrução que chegue de fora a partir de informações.

Posso elucidar isso a partir do exemplo de um texto conhecido: "Quem das legiões dos anjos afinal me ouviria se eu gritasse?" Trata-se do célebre começo das *Elegias de Duíno* de Rilke. No que concerne a esse começo, alguém descobriu que ele chegou até Rilke quando esse estava na escarpa de Duíno em um dia de tempestade e olhou para o mar revolto e o auscultou. Se essa informação é correta, precisamos nos esquecer dela novamente o mais rápido possível, se quisermos compreender o que esse chamado aos "anjos" realmente diz na poesia de Rilke.

Em contrapartida, todo leitor, e com maior razão todo exegeta, fica completamente grato quando lhe são feitas correções por meio de pessoas que sabem algo que se deveria e poderia saber. Nesse caso, não se trata de algo privado e acidental, mas de componentes do próprio discurso poético. Também chegaram até mim nesse ínterim muitas retificações, algumas úteis e algumas mais do que isso, a saber, essenciais, porque retificam algo que não tinha sido suficientemente compreendido. Assim, foi útil para mim ter experimentado por meio da fonte de informação alpinista algo que tenho de agradecer a A. Nypels, o sentido técnico de "neve dos penitentes"[25]. A ex-

---

25. Paul Celan: *Sopro de cristal* (Poemas). Transcrito por A. Nypels. Editora L. J. C. Boucher, 1978.

pressão precedente "antropomórfica neve" é elucidada de maneira conclusiva por meio desse sentido. Saber que "favo de gelo" não é nenhum neologismo poético, mas do mesmo modo uma expressão técnica precisa, também é útil e satisfatório. Ou que também se deve pensar na fórcipe [*Geburtszange*] dos médicos ao ouvir a expressão "tenazes das costeletas" [*Schläfenzange*][26]. Todas essas são descobertas textuais semânticas primárias que é bom saber exatamente. Elas não fornecem ainda nenhuma interpretação completa, mas contribuem para uma tal interpretação com um elemento de um tipo semântico-gramatical. Permanece em aberto se elas exercem uma influência na interpretação – isto é: no enunciado propriamente dito do poema.

Coloquemos os exemplos à prova: pergunto-me, em primeiro lugar, se no poema final (p. 461) está real e totalmente anulado aquilo que deixei ressoar lá em meio à representação de um peregrino penitente que atravessa o caminho aberto. Com certeza, como sei agora a partir de informações alpinistas, a imagem da paisagem não foi apenas aduzida poeticamente como em um passe de mágica, mas também se mostra como uma designação bastante exata ao falar de uma "neve dos penitentes". Todavia, devemos nos perguntar por que o poeta escolhe aqui essa expressão técnica propriamente dita. Quem conhece a expressão compreenderá mais exatamente por meio daí por que se chamava antes uma "antropomórfica neve". Mas trata-se apenas disso? Não se poderá contestar que a explicação de "neve dos penitentes" por meio de "antropomórfica neve" ou a explicação de "antropomórfica neve" por "neve dos penitentes" ainda significa algo mais. Uma totalidade torna-se com isso visível, a saber, o fato de o caminho até o sopro de cristal conduzir através de uma indiferença morta da neve dos homens. Talvez também possamos perguntar então se o caminho que é percorrido aqui não é para o falante um caminho de penitência, um caminho que atravessa a penitência. Penitência é renúncia consciente e me parece claro que se exige renúncia aqui. Trata-se do pecado da vaidade que eleva por soberba o "vivenciado" a um pseudotestemunho. Somente quem está em condições de renunciar ao efeito banal que se lhe impõe por meio do falatório e segue além de todos os outros que são tão penitentes quanto ele alcança por fim as mesas hospedeiras. Será que precisamos compreender assim?

Ou por que outra razão "neve dos penitentes" se encontra aí presente? Que não me venham com uma tópica comparativa. Eu mesmo sei que a "neve" é um termo simbólico plurissignificativo que conseguiu formar todo um "tom da neve" e que também estabelece os limites de *Sopro de cristal* – o

---

26. Há aqui um jogo de palavras que se perde na tradução. A palavra alemã traduzida por "fórcipe" [*Geburtszange*] significa literalmente a "tenaz do nascimento". Assim, ela possui uma relação direta com as "tenazes das costeletas" [*Schläfenzange*] em sua ressonância de fundo com envelhecimento e morte. Além disso, essa relação acirra-se ainda mais na medida em que o vocábulo alemão para "costeleta" também significa "sono" [*Schläfe*].

primeiro poema tanto quanto o último falam de neve. Nada contra a pesquisa topológica. Mas todo poema é um topos próprio, o que digo: um mundo próprio que não se repete, que é único como o próprio mundo. Essa neve dos penitentes só é aqui o que ela é aqui. Nesse ponto sei que estou de acordo com o discurso do meridiano de Celan.

Assim, acolho com prazer o que aprendi, e, contudo, não acho que aquilo que aprendi de útil exerça nesse caso uma influência sobre aquilo que o poema propriamente diz.

As coisas dão-se de maneira similar com as "tenazes das costeletas" (p. 443). Em um artigo interessante[27], Pöggeler apresentou a tese de que o tu e o resto de seu sono apontariam para a Schechina[28] e seu nascimento. Não há uma palavra sobre isso no poema. Todavia, a sua lembrança do fórcipe é inteiramente correta. No entanto, ela só diz respeito à camada semântica mais externa. Eu deveria ter pensado nisso – mas só precisaria ter corrigido algo se isso realmente provocasse mais do que uma mera intensificação daquilo que foi por mim compreendido no poema. Como as coisas se encontram aqui? De que nascimento se fala aqui afinal? O fórcipe que se utiliza no nascimento é algum dia observado pelo malar do recém-nascido? Mas é assim que as coisas se encontram no texto. Esse acréscimo obriga a converter imediatamente as "tenazes das costeletas", como o fiz, e a compreender aí as costeletas encanecentes. Somos impelidos pelo texto a compreender o olhar no espelho, o susto ante os primeiros sinais do envelhecimento. Com isso, a conclusão "fareis aniversário" conquista o seu verdadeiro e amargo sentido. Deus sabe que essa não é nenhuma alegria de aniversário: idade e morte, o resto de teu sono, fazem aniversário! O fórcipe que ressoa por detrás de "tenazes das costeletas" aponta de antemão para esses pontos, tal como vejo agora claramente.

O terceiro exemplo (p. 454) que é tocado tangencialmente no artigo de Pöggeler e começa com "vincos na armadura" acha-se então certamente em uma situação totalmente diversa. Aqui, as correções recebidas tocam um ponto essencial. Quando soube há anos dessas correções, elas me convenceram imediatamente. Aqui gostaria de reconhecer um ganho essencial para a minha compreensão do poema. Por isso, procurei dar uma interpretação melhor do que aquela que tentei inicialmente e a inseri agora no texto. O fato de o poema transcorrer entre crosta terrestre e crosta linguística permanece verdadeiro. Entrementes, porém, ficou claro para mim que precisaria ter tomado literalmente o verso "teu terreno" na primeira estrofe. Meus conheci-

---

27. Otto Pöggeler, *Mystische Elemente im Denken Heideggers und im Dichten Celans* [Elementos místicos no pensamento de Heidegger e na atividade poética de Celan]. In: *Zeitwende* 53 (1982), pp. 65-92.

28. Na religião popular judaica, o nome para a presença personificada, compreendida por alguns como feminina, de Jahves. (N. do T.)

mentos eram nesse caso insuficientes e eu teria necessitado do conselho do léxico, se é que se pode encontrar aí o conselho correto, ou precisaria ter conquistado em outro lugar o esclarecimento correto, tal como o encontrei, por exemplo, a partir de amigos, para "círios da fome" (p. 423).

3. Método hermenêutico?

Não há um método hermenêutico. Todos os métodos que as ciências encontraram podem trazer um ganho hermenêutico – se os utilizarmos corretamente e se não esquecermos nesse ponto que um poema não é nenhuma descoberta que poderíamos explicar como caso de algo mais universal, tal como a descoberta experimental se mostra como o caso de uma lei natural.

Um poema também não pode ser produzido por uma máquina. O fato de um computador conseguir fabricar eletronicamente poemas, tal como Max Bense, por exemplo, mostrou, não é senão aparentemente uma objeção. É possível que seja verdadeiro dizer que aquilo que de algum modo chega a termo em algum momento depois de inumeráveis combinações de letras é um poema. Decisivo, porém, é o fato de ele só escapar enquanto poema de todo o lixo computacional quando ele é lido para além daí – e isso não acontece uma vez mais por meio de um computador. O computador não o isola como um poema, mas na melhor das hipóteses como um discurso gramaticalmente correto.

Hermenêutica não designa tanto um procedimento, mas antes o comportamento do homem que quer compreender um outro ou que quer compreender como ouvinte ou leitor uma exteriorização linguística. Isso sempre significa então: compreender esse homem em específico, esse texto em específico. Um intérprete que domina realmente todos os métodos da ciência só os aplicará para tornar possível a experiência do poema por meio de uma melhor compreensão. Ele não utilizará o texto cegamente, para aplicar métodos.

Não obstante, não faltaram objeções que pretenderam caracterizar a minha tentativa de interpretação como "hermenêutica" ou como alguma outra coisa qualquer. Quem diz, por exemplo, que toda a poesia de Celan, tal como toda a sua vida cheia de sofrimentos, seria uma única confissão e um único horror ante o holocausto terá certamente em última instância razão com essa afirmação. Há confirmações disso no discurso do meridiano, assim como alusões a declarações correspondentes de Adorno. Fundamenta-se com isso o fato de o poema mostrar hoje uma forte tendência para o emudecimento – ou mesmo o fato de não ser mais suficiente pensar Mallarmé de maneira consequente até o fim. A posição à margem que é atribuída por Celan ao poema de hoje é certamente digna de nota em uma medida extrema. Mas isso não conduz a um princípio para compreender melhor os seus poemas.

Isso é válido mesmo para aqueles seus poemas que, como a "Fuga da morte", têm expressa e inequivocamente por tema o holocausto. A poesia é sempre ainda mais – e mais ainda do que o leitor engajado sabe de antemão. Senão, ela seria supérflua.

Uma outra objeção é a de que o poeta tomou a sua orientação com certeza mais intensamente pelo jogo de palavras do que ele gostaria de se dar conta e que meu procedimento seria por isso fenomenológico demais (essa crítica me foi feita por J. Bollack). É difícil para mim encontrar aí um sentido crítico. O que deve ser afinal o oposto de "fenomenológico"? O fato de não se dever pensar nada junto às palavras? Ou o fato de só podermos pensar algo junto a palavras particulares, mas não junto à unidade de sentido de um poema? A essa objeção seria preciso responder que palavras nunca têm sentido por si e que elas só constroem por meio de sua significação talvez pluriposicional o sentido uno que conserva em muitas interpenetrações de linhas de sentido que vibram conjuntamente a unidade do todo textual e discursivo[29]. Ou será que isso deve significar que não se deve representar nada intuitivamente em meio à compreensão de tais textos? Como se palavras tanto quanto conceitos não fossem vazios sem intuição. Nenhuma palavra tem sentido sem o seu contexto. Mesmo palavras particulares que se encontram por si – como as palavras do título *Mudança de ar* – só conquistam o seu sentido em seu contexto. Nesse caso precisamos observar aqui expressamente que *Mudança de ar* designa como o título desse livro de poemas a passagem e a mudança sem som e com a forma de um sopro entre aspiração e inspiração – quando o sopro de cristal do poema cai na pura figura como um floco de neve singularizado. É isso que me parece ensinar o contexto[30] de *Sopro de cristal* e antes de tudo o poema final. No discurso relativo ao Prêmio Büchner, em contrapartida, *Mudança de ar* tem em vista inicialmente um outro lado da significação da expressão, a saber, a inversão que tem lugar entre inspiração e expiração, e não primariamente o milagre de sua imperceptibilidade. No entanto, gostaria de perguntar se não há aqui uma conexão entre os dois acentos da expressão "mudança de ar". As coisas não se dão de tal modo que uma real inversão nunca se mostra como um acontecimento espetacular, mas sempre como um acontecimento que consiste em mil imperceptibilidades sem som? Isso adequar-se-ia a uma passagem no discurso do meridiano, na qual Celan diz: "Poesia: isso pode significar uma mudança de ar. Quem sabe, não é possível que a poesia talvez percorra o caminho – mesmo o caminho da arte – por causa de uma tal mudança de ar?"

---

29. Para uma análise mais detalhada desse ponto, cf. entre outras coisas "Sprache und Verstehen" [Linguagem e compreensão], in: GW 2, em particular pp. 196 ss., assim como "Text und Interpretation" [Texto e interpretação], idem, pp. 353 ss.

30. Ver quanto a isso acima p. 422.

Uma outra objeção é a formulada por Pöggeler ao perguntar[31] se minha tentativa de "reconduzir as imagens de Celan tal como os símbolos de Goethe a experiências genericamente compreensíveis não desconhece aquela estrutura alegórica que se constrói lentamente em termos históricos e artificiais a partir da não compreensão como uma nova compreensão ousada". Nessa bela formulação reconheço o meu próprio esforço! A única diferença é que eu não gostaria de aguçar essa formulação com vistas à oposição entre símbolo e alegoria, que é em verdade tolerada por Goethe, mas que não foi com toda a certeza praticada por ele. Pöggeler alude nesse contexto até mesmo ao fato de eu mesmo – sucedendo a Benjamin – ter contribuído para a reabilitação da alegoria. Mas não sei por que Pöggeler se empenha pela oposição entre símbolo e alegoria. Eu não veria inicialmente na descrição da ousadia de nossa compreensão outra coisa senão o fato de nós todos não sabermos nem de longe o suficiente. Essa é antes de tudo a minha própria deficiência. Gostaria de ser tão erudito quanto Pöggeler e gostaria certamente que ele fosse tão erudito quanto Celan. E Celan? Bem, ele não queria certamente senão que o poema acontecesse plenamente para ele.

É difícil para mim admitir aqui o conceito de alegoria. Assim como o conceito de metáfora, acredito que Celan não teria tolerado esse conceito. Se na época do barroco a comunidade dos leitores tinha integrado em si Antiguidade e Cristianismo, então isso é hoje ainda mais válido. Em todo caso, não há uma comunidade cultural que já teria desde sempre o enorme conhecimento de Celan. O sentido de sua poesia não é certamente trazer à tona uma tal comunidade cultural que se estendesse de Homero, passando pela Bíblia e chegando até a Cabala. Ele quer ser ouvido e supõe que no estrondo da vida moderna a voz silenciosa daquilo que não é mais quase compreensível é necessária, para convidar à escuta paciente e para elevar por fim à consciência os "dados" que não devemos esquecer. Nesse sentido, o poema que se teria o direito de escrever hoje quer ser um "irrevogável testemunho" – mas ele quer ser um tal testemunho enquanto poema. Não há nenhuma dúvida de que continuamos sentindo sempre por toda parte lacunas de conhecimento e de que precisamos preenchê-las. Minha questão é como se compreende o que o próprio texto diz, depois de termos preenchido aqui e acolá as lacunas do conhecimento. E nesse caso acho que Celan foi um verdadeiro poeta que, de maneira penosa e cheia de privações, sim, talvez mesmo de maneira penitente, percorreu o caminho até o sopro de cristal. Em todo caso, o que ele procurou encontrar foi a palavra comum a todos. Não foi em vão que ele pronunciou a frase já citada acima: "Leiam, leiam sempre novamente, que a compreensão acabará por chegar!" Ele contava manifestamente com o fato de a experiência universal humana, na qual as atrocidades de nossa época adentraram, e o saber que é adquirido mais ou menos por todos aqueles que não se

---

31. Citado aqui (ver nota 27), p. 464.

fecham totalmente para essas coisas descortinariam seus poemas. Quer sem método ou com todos os métodos – isso o teria inquietado pesadamente. É sim mesmo uma experiência inegável a de que esse poeta hermético, em relação ao qual nenhum homem racional afirmará que compreendeu todos os seus poemas – tal como se compreende hoje, por exemplo, os poemas de Goethe –, é lido por milhares de pessoas porque elas o experimentam como poesia. A compreensão mais exata pode ser vaga e limitada, as pessoas o compreendem mesmo nesse caso como poesia. Não, a estrutura alegórica pressupõe um consenso autoevidente que não existe mais hoje enquanto tal. A poesia de hoje pressupõe um consenso que deve primeiro surgir[32]. Aquilo que empreendi em minha investigação sobre essa questão pretendia exatamente tornar questionável a cesura artificial entre alegoria e símbolo[33]. Tal como penso, sigo mesmo no caso de Celan as minhas próprias intelecções.

E então em conclusão uma vez mais: o que o leitor precisa saber? Parece-me indiscutível que o leitor e o exegeta que nesse caso eu sou deveriam saber tanto quanto possível e infelizmente nunca sabem o suficiente. Esse fato está estreitamente ligado com o princípio fundamental da ciência de que ela não pode estabelecer nenhum limite para si. Mas a questão "o que o leitor precisa saber?" não é respondida com isso, nem mesmo em relação aos poemas de Celan. Por fim, poemas não são escritos para a ciência, mesmo que os leitores, para os quais eles foram escritos, possam se valer dos auxílios que a ciência lhes pode conceder. Se ele não sabe, ele também usará léxicos – mas esses não passam de frutos podres da ciência. Em contrapartida, há uma outra resposta, precisa e imperativa, só que certamente não controlável e fixável, à pergunta "o que o leitor precisa saber?" Ela diz: ele precisa saber tanto quanto possa e precise realmente inserir em sua leitura do poema, em sua escuta ao poema. Apenas tanto quanto seu ouvido conseguir suportar sem ensurdecer. Com frequência, isso será muito pouco – mas continua sendo sempre ainda mais do que quando se tem conhecimento em demasia.

Gostaria de aplicar aqui ao ouro da ciência uma sabedoria socrática. No final do *Fedro*, Sócrates solicita em uma oração a Pan, que tinha imperado sobre a hora veranil do diálogo, entre outras coisas o seguinte: "Do ouro tanto quanto um homem dotado de um entendimento saudável possa carregar e levar consigo." O ouro da ciência também é ouro. Como todo ouro, ele exige a sua aplicação correta. Isso vale com maior razão para a aplicação da ciência à experiência da arte. Enquanto princípio hermenêutico fundamental, isso significa: uma interpretação só é correta se ela consegue por fim desaparecer totalmente, na medida em que adentra totalmente na nova experiência do poema. É somente em casos raros que nos encontramos inicialmente junto a esse ponto final com Celan.

---

32. Cf. quanto a isso "Dichten und Deuten" (agora in: GW 8), com a referência a Kafka.
33. Cf. *Wahrheit und Methode* (GW 1), pp. 77 ss.